D1688528

Richard Tüngel/Hans Rudolf Berndorff
Stunde Null
Deutschland unter den Besatzungsmächten

Richard Tüngel
Hans Rudolf Berndorff

Stunde Null
Deutschland unter den Besatzungsmächten

Mit einem Essay von László F. Földényi

Matthes & Seitz Berlin

Dieses Buch erschien zuerst unter dem Titel «Auf dem Bauche sollst du kriechen ... Deutschland unter den Besatzungsmächten» im Jahre 1958 im Christian Wegner Verlag, Hamburg. Die Neuausgabe erscheint mit freundlicher Genehmigung von Herrn Dr. Matthias Wegner, Hamburg.
Das Foto auf dem Buchumschlag zeigt den Goetheforscher Ernst Beutler mit seinem Sohn im Sommer 1945 in der Ruine des Frankfurter Goethe-Hauses.

© 2004 MSB Matthes & Seitz Berlin Verlagsgesellschaft m.b.H., Göhrener Str. 7, 10437 Berlin. Alle Rechte vorbehalten. Umschlaggestaltung: neo design consulting, Bonn. Druck: AALEXX Druck, Großburgwedel. ISBN 3-88221-809-6
www.matthes-seitz-berlin.de, info@matthes-seitz-berlin.de

10. September 1941 Heute vor einem Jahr sagte der offizielle Propagandist Fritsche im Rundfunk anläßlich eines Luftbombardements Londons: »Einst regnete Feuer auf Sodom und Gomorra, und es blieben nur siebenundsiebzig Gerechte übrig; es ist sehr fraglich, ob heute in London siebenundsiebzig Gerechte sich finden«. Ich weiß schon viele Gründe, warum Deutschland den Krieg nicht gewinnen wird. Diese Fritsche-Rede ist auch einer.

THEODOR HAECKER

2. 5. 1945 1½ Stunden um 2 Teller Suppe gestanden. Hitler ist tot, der letzte deutsche Sender – Hamburg – verkündet es durch einen näselnden borniert en Sprecher, hinterher Torgauer Marsch! Unrühmlich, im Stile eines Schauerromans. Es entsteht kein Bild, da Nachrichten fehlen. Göring soll schon zurückgetreten sein, aber warum folgt auch Himmler nicht? Dönitz, ein brutaler dummer odioser Bursche wird »Führer« und redet von Weiterkämpfen, von erträglicher Zukunft in einem neuen Reich. Idioten und Verbrecher!! Alles bricht wie Eis und noch im Untergang zetern sie Triumph! *Was* sollen die Feinde denken von solch einem Volk!! – wenn schon wir uns verachten!

3. 5. 1945 Hitlers Tod läßt alle gleichgültig. Man hat Politik satt, will seine Ruhe haben, nichts neues hören …

4. 5. 1945 Gestern kam kein deutscher Sender – – – Hamburg, Heeresbericht mehr. Zum letztenmal sandte ein deutscher Sender: Hamburg. Er schloß mit der Hymne, aber nicht dem Horst-Wessel-Lied! Wie als schmölze Deutschland von uns, gehe uns verloren, verdunste! Nun ist es nur innerlich und verwandelt!

5. 5. 1945 Unwürdiges Ende: Die Armeen kapitulieren einzeln und ungeschickt. Keine deutschen Nachrichten. In den Händen der Sieger. Ein Amerikaner tröstet eine Alte, die vor ihrem Haus steht, das sie räumen mußte und weint: »Ach was, nicht heulen, wir sind ja gar keine schlechten Menschen, wir sind doch keine Deutschen!«

JÜRGEN VON DER WENSE,
GÖTTINGER TAGEBUCH

ERSTER TEIL

Richard Tüngel beginnt

Mein erster Engländer, den ich nach der Übergabe Hamburgs, Anfang Mai 1945, traf, war ein junger Mann von den »Desert Rats«, an dessen Haltung man sofort die gute Herkunft erkennen konnte. Er sah aus wie ein Gentleman aus dem Bilderbuch. Wir standen, mein Gastgeber, Robert Lachmann, und ich, an der Gartenpforte, und mein Engländer sagte zu mir im besten Oxford-Englisch: »Geben Sie mir Ihre Armbanduhr!«
Und dann, zu meinem Freund gewandt: »Sie haben keine?«
»Nein.«
»Dann bringen Sie mir alle Fotoapparate und Ferngläser, die Sie im Hause haben.«
Wir produzierten ein vierzig Jahre altes Opernglas, das er verächtlich ablehnte. Dann ging er weiter, das nächste Haus abzugrasen.
So war es also. Da war ich vierzehn Tage vorher aus Berlin mit Müh und Not vor den Russen geflüchtet und freute mich auf eine gute Zusammenarbeit mit unseren demokratischen Siegern, und dies war die erste Begegnung. Robert und ich setzten uns in sein Wohnzimmer, entkorkten die letzte Flasche französischen Kognak, mit der wir eigentlich unsere Befreier hatten begrüßen wollen, und sahen uns ziemlich verzweifelt an. Er war von den Nazis ins Zuchthaus geworfen und später in ein Arbeitslager gesteckt worden; mich hatten sie 1933 von meinem Posten beim Hamburger Staat davongejagt, und ich hatte in Berlin ein ziemlich verwegenes Leben führen müssen.
Unsere Enttäuschung war eine heilsame Vorbereitung für vieles, das in den nächsten Jahren kommen sollte. Gerade was wir nach dem Willen unserer Befreier nicht tun sollten: kollektiv denken, taten sie in bezug auf uns. Da war der Befehl der Non-Fraternisation, den der Oberkommandierende, General Eisenhower, erließ. An den Hauswänden klebten Plakate mit Fotos von Belsen und anderen Konzentrationslagern, Haufen von ausge-

grabenen Toten, zum Skelett abgemagerten Gefangenen, und darunter stand: Soldaten, vergeßt nicht, so hätten es die Deutschen mit euren Frauen und Kindern gemacht, wenn sie England erobert hätten.
Ich will gleich sagen, daß die vielen einfachen Soldaten, die in unserer Straße wohnten und mich morgens im reinsten Londoner Cockney-Dialekt stereotyp mit den Worten begrüßten: »Nice day to-day« und die abends an unsere Fenster klopften, weil sie mit uns gemeinsam Radio hören wollten, sich ob dieses Befehles offensichtlich sehr schämten. Sie sahen uns traurig an, wenn wir vorbeigingen, und es war ihnen sichtlich unbehaglich, daß wir nun durch sie hindurchsahen.
Der nächste Engländer, mit dem ich zu tun hatte, war ein Captain. Er saß im Ufa-Haus in der Rothenbaumchaussee, suchte, wie man mir sagte, einen Mann, der etwas vom Film verstände, und wohlmeinende Freunde hatten mich ihm empfohlen. Ich ging zu ihm, in der Annahme, ich solle über alte Ufa-Filme eine Art Zensur ausüben und diejenigen heraussuchen, die wieder aufgeführt werden könnten. Er hingegen suchte jemanden, der das Vermögen der Ufa-Theater verwalten sollte. Ich erklärte ihm, hierfür sei ich völlig ungeeignet. Er erwiderte, und das war eigentlich sehr charmant: »Aber Sie müssen doch sicher Geld verdienen!«
Und als ich verneinte, sagte er: »Oh, I see, you are a gentleman of your own means.«
Gegen alle Wahrheit bejahte ich dies. Und nun schob er mir einen Stuhl hin und lud mich ein, mich zu setzen. Er ließ Tee kommen mit Sahne und Zucker, Cakes von Huntley & Palmer und bot mir köstliche englische Zigaretten an. Wir unterhielten uns ganz freimütig. Ich sagte offen, wir wären sehr enttäuscht, daß alles so langsam voranginge, wir hätten doch Lust, endlich anzufangen, Trümmer zu beseitigen und das neue Leben aufzubauen. Er belehrte mich: »You see, we British are lazy.«
Ich grinste: »Sonst hätten Sie auch längst die Herrschaft über das Empire verloren.«
Damit standen wir auf, machten lachend shake-hands und gingen auseinander.
Das war mein zweiter Unterricht im Verkehr mit Engländern. Ich hatte gelernt, daß es sehr gut angeht, nein zu sagen, wenn man sich dabei keine Blöße gibt. Diese Lehre habe ich in der Zukunft fast immer beherzigt und bin damit gut gefahren.
Weder Lachmann noch ich wollten uns aber mit der rein passiven Rolle, die die Engländer uns Deutschen zugedacht hatten, begnügen. Wir waren der Meinung, daß es nötig sei, unseren Befreiern in ihrer relativen Hilflosigkeit gegenüber den deutschen Problemen mit einem freimütigen Rat

beizustehen. Die wichtigste Frage, die damals alle Deutschen beschäftigte, war die: Was soll eigentlich aus den ehemaligen Parteimitgliedern werden? Soll man sie bestrafen? Und wie? Mit Geldstrafen, mit Haft oder mit Ausschluß aus dem öffentlichen Leben? Dies, so fanden wir, mußte in einem größeren Kreise durchgesprochen werden, damit wir zu einem gemeinsamen Beschluß kämen, den wir den Engländern vorlegen könnten. So bildeten wir denn einen Kreis, den wir absichtlich aus je einem Vertreter verschiedener Berufe zusammensetzten. Da war also ein Kaufmann, ein Industrieller, ein Maler, ein Verleger, ein Universitätsprofessor, ein Jurist, ein Arzt und schließlich ein Journalist. Wir trafen uns wöchentlich ein- bis zweimal, und unsere Meinungen gingen zunächst sehr auseinander. Das entsprach nicht nur den verschiedenen Charakteren und Temperamenten, sondern auch dem Maß der Bedrückung in der Nazizeit, die den einen mehr, den anderen weniger getroffen hatte.

Damals war die These von der Kollektivschuld der Deutschen, die der Theologe Professor Barth in Basel aufgestellt hatte, in Deutschland zum erstenmal bekannt geworden. Solche Nachrichten, die uns Deutsche ohne Unterschied treffen mußten, wurden von den Blättern der Militärregierung mit Vorliebe verbreitet. Der Tübinger Theologe, Professor Thielicke, machte sich zu einem begeisterten Apostel von Karl Barth. Ihm widersprach der Göttinger Kirchenhistoriker, Professor Wolff. Das war eine befreiende Diskussion. Zur Kenntnis des deutschen Volkes kam sie auf dem gleichen Wege wie in der Nazizeit die Predigten des Bischofs Graf Galen in Münster: durch Blätter, die mit Schreibmaschine vervielfältigt wurden. Jeder, der eine solche Abschrift erhielt, schrieb sie wiederum ab und gab die neuen Exemplare weiter.

Natürlich wurde diese Frage auch in unserem Kreise diskutiert, und ich muß sagen, es hat mich einige Mühe gekostet, bis ich mich mit meiner Meinung durchsetzte, daß nämlich diese These die persönliche Verantwortung vor Gott negiere, daß es auch in allen drei christlichen Konfessionen niemals eine Grundlage für eine so überspannte These gegeben habe.

Wir einigten uns nach vielen Wochen darauf, es dürfe niemals dazu kommen, daß wir für die zukünftige Rechtsfindung den Typ des Gesinnungsverbrechers schüfen. Bestraft werden dürfe nur, was nach deutschem Recht strafbar sei. Wir faßten dieses Ergebnis in einer Denkschrift zusammen und schickten es an die englische Militärregierung, mit der Bitte, uns anzuhören und uns bei Entscheidungen über die Frage der Entnazifizierung zu Rate zu ziehen. Drei Jahre später, nachdem bereits die meisten Nürnberger Prozesse vorüber waren, nachdem vor allem die Gesetze über die Entnazifizierung, die sich zum größten Teil auf dem Delikt des Gesinnungsverbrechens aufbauten, formuliert und erlassen worden waren, erhielten wir einen Bescheid auf unsere Eingabe: die Militärregierung teilte uns mit, sie habe nichts dagegen, wenn wir unseren Kreis als Verein konstituieren und ins Vereinsregister eintragen lassen würden.

Inzwischen hatte es sich in Hamburg herumgesprochen, daß ich in meiner Vaterstadt wieder eingetroffen war. Einige Künstler, die mit mir noch aus jener Zeit vor 1933 befreundet waren, als ich ehrenhalber Sekretär der Hamburgischen Sezession gewesen war, wollten mir durchaus den Posten eines Direktors der Hamburger Kunsthalle verschaffen, wozu mir natürlich alle Voraussetzungen fehlten. Aber immerhin war dadurch ein Wirbel entstanden, und die beiden Bürgermeister Petersen und Schönfelder zerbrachen sich den Kopf, was man mit mir anfangen solle. Sie fürchteten, ich könnte Anspruch darauf erheben, Leiter meiner früheren Behörde, also Oberbaudirektor von Hamburg, zu werden und diesen Posten mit Hilfe der Engländer zu usurpieren. Ich dachte überhaupt nicht daran, aber ich war nun, ohne daß ich es wollte, im Senat im Gespräch. Da kam man auf den Ausweg, mich zum Direktor der Landeskunstschule zu machen. Der Leiter der Kulturbehörde, Senator Biermann-Ratjen, ließ mich kommen, um mich zu überreden, diesen Posten anzunehmen. Ich sagte ihm: »Alles, was ich hierfür mitbringe, ist meine totale Unkenntnis der Materie. Ich habe noch nie an einer Kunstschule gelehrt, und erst recht habe ich noch nie eine Kunstschule geleitet.«

Aber er ließ nicht locker. Und für mich war es schwer, ihm zu widersprechen. Ich kannte diesen vortrefflichen sehr gebildeten und kunstverständigen Mann schon aus der Zeit vor 1933. Das Wohlwollen, das er mir entgegenbrachte, war unverkennbar, und außerdem: der gentleman of his own means, den ich den Engländern gegenüber gespielt hatte, existierte eben nicht; es ging mir in der Tat allmählich ziemlich dreckig.

So erschien ich denn eines Tages als neuer Direktor im Hause der Landeskunstschule am Lerchenfeld. Ich fand ein Gebäude vor, das ungefähr zu einem Drittel von Bomben zerstört war und dessen Dach und Decken großenteils nicht dicht hielten, sondern den Regen durchließen. Aber was viel schlimmer war: ich fand einen Lehrkörper vor, der zum größten Teil die von den Nazis propagierte Kunstauffassung vertrat und bei der Beseitigung jener Kollegen, die der »entarteten Kunst« gehuldigt hatten, nicht untätig gewesen war. Jetzt trat also praktisch an mich die Frage der Entnazifizierung heran. Natürlich waren diese Lehrer alle Parteimitglieder gewesen. Aber ich hatte doch selbst dafür gestimmt, daß man Gesinnungsverbrechen nicht bestrafen dürfe. Hier habe ich den Konflikt erlebt, in den später manche Behördenleiter gekommen sind, den Konflikt nämlich, aus Bequemlichkeit Leute als Nazis zu entlassen, weil sie im Grunde untauglich oder unbequem waren – was übrigens die Nazis selber im Jahre 1933, zwar mit umgekehrtem Vorzeichen, aber dem Prinzip nach genau so, auf Grund des »Gesetzes zur Wiederherstellung des Berufsbeamtentums« getan haben.

Ich entschloß mich, hierüber nicht mit Senator Biermann-Ratjen zu sprechen, sondern diesen Gewissenskonflikt mit mir selber auszutragen. Ich nahm mir jeden der betreffenden Lehrer persönlich vor und erklärte ihm, daß zwar keine gesetzliche Bestimmung da sei, ihn aus seinem Amt zu entfernen, daß ich auch, wenn dies versucht werden sollte, selbstverständlich als Direktor für sie eintreten würde. Eines könne ich ihnen jedoch garantieren: Wenn sie jetzt freiwillig zurückträten, würden sie eine Pension bekommen. Es würde keine Untersuchungen mehr geben und sie könnten, finanziell gesichert, weiter ihrer Kunst leben. Sie waren alle meist älter, wohnten zum Teil außerhalb Hamburgs in ihren kleinen Häuschen und wählten den Weg der Pensionierung. Erst jetzt ging ich zu meinem Senator, der die Entlassungsgesuche dankbar entgegennahm.

Jetzt hatte ich also freies Feld vor mir. Damals war Hamburg, obgleich es im Kriege schwer zerstört worden war, noch ein Magnet für viele Leute, die im kulturellen Leben standen. Es hatte die gleiche Chance, die diese Stadt schon einmal, nämlich nach dem Dreißigjährigen Krieg, gehabt hatte, als sie, eine sehr starke Festung, von den Kriegswirren verschont geblieben war. Damals, im 17. Jahrhundert, wußte man die Chance zu nützen. In Hamburg wurde die erste bürgerliche Oper gegründet, im Verfolg davon entstand hier später das Nationaltheater, in dem Lessing Dramaturg war, und wir hatten sogar einen dichtenden Bürgermeister, den liebenswürdigen Barockpoeten Barthold Heinrich Brockes. Diesmal aber ließ man fast alle Möglichkeiten ungenützt.

Wir hatten einen der besten deutschen Theaterintendanten in unseren Mauern, Heinz Hilpert, der das Deutsche Theater in Berlin geleitet hatte. Gewiß, seine Forderungen waren etwas seltsam, er wollte nicht nur Hamburger Schauspielintendant sein, sondern auch mit einem grünen Wagen, einem neuen Thespiskarren, durch Deutschland ziehen, und die Schauspieler sollten alle anonym auftreten – man denke sich die Dorsch, die Gold, Hartmann und Krauß als anonyme Figuren! Aber auch dieses Projekt war durchaus wert, studiert zu werden. Die besten Verlage aus Leipzig hatten auf der Flucht in Hamburg Station gemacht, der Hamburger Verleger Claassen drängte Bürgermeister Petersen, er möge helfen, ihnen Platz zu schaffen, denn die Druckkapazität Hamburgs war erhalten geblieben und lag brach. Aber hier setzte sich der Geist des 19. Jahrhunderts durch, der die Parole geboren hatte: Hamburg ist eine Handelsstadt und anderes wollen wir nicht, nicht einmal Industrie wollen wir haben. Das ging so weit, daß auch der Rauchwarenhandel aus Leipzig hier die Stätte nicht finden konnte, die er erstrebte.

Der einzige, der auf kulturellem Gebiet von dem Zustrom profitieren konnte, der nach Hamburg kam, war damals ich als Direktor der Landeskunstschule. Ich engagierte zusammen mit meinem Senator nach Herzenslust, was mir in den Wind kam. Da war der beste Buchkünstler Deutschlands, Wiemeler, da war die beste Weberin Deutschlands, die Mögelin. Mit Hilfe des vorzüglichen englischen Kultur-Offiziers in Berlin gelang es mir, Gerhard Marcks aus der Sowjetzone herausholen zu lassen. Es gelang mir noch, einige ausgezeichnete Hamburger Künstler zu berufen und vor allem auch einen zukünftigen Nachfolger für mich selber, Friedrich Ahlers-Hestermann, denn man kann als Laie wohl den Aufbau einer Kunstschule organisieren, aber nicht sie auf die Dauer leiten. Durch seine Vermittlung kam auch der Bildhauer Edwin Scharff als Lehrer an unsere Schule.

Das Lehrerkollegium aufzubauen war im ganzen nicht schwer, denn hier waren die Engländer, die jede einzelne Anstellung genehmigen mußten, verhältnismäßig willfährig. Der Mann, mit dem ich es damals zu tun hatte, verstand von der Materie überhaupt nichts und versuchte, sich keine Blöße zu geben. Um so unangenehmer wurde er, als ich ihm befehlsgemäß die Listen der Schüler und Schülerinnen vorlegte, die sich bei uns gemeldet hatten. Natürlich konnten wir die nahezu tausend, die bei uns ankamen, nicht aufnehmen. Es gab damals keine Hochschulen, keine Berufsschulen, es gab kaum Handwerksbetriebe, die Lehrlinge annahmen, und so hatte es sich sehr schnell in Norddeutschland herumgesprochen, daß hier – vor allen anderen – eine Schule eröffnet werden würde, an der man studieren könne. Mit unendlicher Geduld mußte ich mir jeden einzelnen, der ankam, anhören. Viele Gespräche wiederholten sich fast mit denselben Worten:

»Sie wollen also Künstler werden?«
»Jawohl.«
»Sie haben sich aber noch nicht überlegt, was Sie eigentlich werden wollen.«
»Jawohl.«
»Künstler sein ist ein sehr mageres Brot, wäre es da nicht besser, wenn Sie es erst einmal mit einem Handwerk versuchten?«
»Jawohl.«
»Mensch, sagen Sie doch nicht immer jawohl!«
»Jawohl, Herr Direktor.«
Sie konnten einem unendlich leid tun, wie sie so waren, völlig verpfuscht

durch die Hitlerzeit, mit dem ehrlichen, anständigen Gefühl: Du mußt doch irgend etwas machen. Und nun standen sie vor einem, und man konnte ihnen nicht helfen. Etwas über dreihundert waren es schließlich, die ich angenommen habe. Das waren sehr viele, aber ich brauchte ja auch Arbeitskräfte, um die Dächer zu dichten, den Schutt wegzuräumen und das Gebäude so weit instand zu setzen, daß man anfangen konnte.
Mit dieser Liste von Schülern und Schülerinnen ging ich nun zu den Engländern. Ich nahm meinen Freund, den Maler Ivo Hauptmann – den ältesten Sohn des Dichters Gerhart Hauptmann – mit in das Büro an der Esplanade. Wie es uns befohlen war, stand neben dem Namen eines jeden Studenten die Organisation, in der er während der Nazizeit gewesen war, und auch der Rang, den er eingenommen hatte, also zum Beispiel erstens: Rottenführer in der SA, zweitens: Mitglied der Arbeitsfront. Es waren alles harmlose Mitgliedschaften und Ränge. Aber mein Engländer brüllte, erklärte mir, daß, wer in mehr als einer Organisation gewesen sei, nicht zugelassen werden dürfe und daß ich mich nicht unterstehen solle, noch einmal mit einer solchen Liste zu erscheinen. Er deutete wütend mit dem Zeigefinger auf die Tür und schrie: »You get out!«
Das war unsere Verabschiedung.
Ivo Hauptmann war weiß vor Wut. Immerhin hatte er sich als Sohn seines Vaters und als angesehener Maler viele Jahrzehnte lang in internationalen Kreisen bewegt. Eine solche Behandlung war ihm neu. Er wollte aus dem Haus stürzen, ich hielt ihn aber zurück und fragte einen Sergeanten: »Wer ist der Vorgesetzte dieses Mannes?«
Ich wurde in ein Zimmer gewiesen, dessen Vorzimmer ich ignorierte, und stand nun einem großgewachsenen rothaarigen Engländer gegenüber, von dem ich nur den Vornamen, David, behalten habe. Ich machte ihm eine sehr offizielle Verbeugung: »Sir, ich melde Ihnen, daß das gesamte Professoren-Kollegium der Landeskunstschule einschließlich des Direktors hiermit sein Amt niederlegt.«
Er fragte mich entsetzt, was denn geschehen sei, und ich sagte ihm, wenn wir keine Schüler annehmen dürften, die in zwei Organisationen gewesen seien, dann könnten wir auch nicht als Lehrer fungieren, denn auf uns alle träfe das gleiche zu. Das war, was mich betraf, geflunkert, und auch auf Ivo Hauptmann traf es nicht zu, aber David ließ gleich Tee kommen. Wir unterhielten uns angeregt und interessant, und ich verließ sein Zimmer mit dem schriftlichen Befehl, daß alle »Kinder«, für die ich mich einsetzte, zum Studium zugelassen seien.
Leider war damit der Fall keineswegs abgeschlossen. Denn inzwischen hatte ich ein deutsches Entnazifizierungs-Komitee gestellt bekommen, das über die Aufnahme der Schüler entscheiden sollte. Es bestand aus je einem

Mitglied der CDU, der FDP, der SPD und der KPD. Ganz unerwarteterweise teilten diese Herren den Standpunkt, den der erste englische Offizier eingenommen hatte. Die ungegorenen Ansichten, die ich dabei zu hören bekam, waren unerträglich. Ich half mir auf folgende Weise. Ich beraumte eine Sitzung mit dem Komitee an, an der einige Lehrer der Schule, unter anderem Ahlers-Hestermann und Ivo Hauptmann, teilnehmen sollten. Dieser Versammlung sollte jeder Schüler und jede Schülerin vorgeführt werden. Als die Jugend, die ich damals »meine Kinder« anzureden pflegte, versammelt war, suchte ich mir das hübscheste Mädchen aus und fragte es, ob es weinen könnte, wenn ich es fürchterlich anschrie. Sie versprach es mir. Zu Beginn der Sitzung ließ ich sie hereinführen: »Sie waren also Führerin im BDM?«
»Ja.«
Und nun, mit der Faust auf den Tisch schlagend:
»Und Sie wagen es, sich hier zu melden, obgleich Sie dieser verbrecherischen Organisation angehört haben?«
Jetzt brach das unglückliche Mädchen, das Ernst und Schauspiel nicht mehr unterscheiden konnte, wirklich in Tränen aus. Mein Kommunist, der neben mir saß, sagte:
»Herr Tüngel, seien Sie doch nicht so hart!«
Ich glaube, es war der Mann von der FDP, dem die Tränen in den Augen standen. Man war allgemein der Ansicht, man könne doch dieses Mädchen nicht vom Studium ausschließen. Ich schickte die Schülerin hinaus und sagte:
»Meine Herren, gegen alle übrigen 317 Schüler und Schülerinnen liegt nicht mehr vor als gegen dieses Mädchen. Sie sind doch alle einverstanden, daß wir auch die anderen aufnehmen?«
Und so geschah es. Mit solchen Tricks mußte man damals der gesunden Vernunft Geltung verschaffen.

Der erste aus unserem Berliner Kreis, den ich in Hamburg wiedergetroffen habe, war der ehemalige Chefredakteur der »Woche«, Lovis H. Lorenz. Er hatte sich nach der Kapitulation aus einer Marine-Propagandakompanie irgendwo in Schleswig selbständig abgesetzt. Englischen Soldaten gegenüber, die ihn unterwegs anhielten, gab er sich als Tierarzt aus. Und auf die Frage, wieso denn in seinem Paß Schriftsteller stände, gab er an, dies sei eine Tarnung gegenüber den Nazis gewesen. Nun war er in Hamburg mit einem Auto, das deutlich als Wehrmachtsauto zu erkennen war, also ein corpus delicti darstellte, denn wenn es auf der Straße entdeckt worden wäre, hätte man auch den Marinemaat Lorenz gefunden und schleunigst in ein Gefangenenlager gebracht. Sehr beunruhigt, suchte

er mich sofort auf, und wir brachten den Wagen in einer Garage, deren Besitzer ich kannte, unter. Wohl war uns dabei nicht zumute, denn allen Deutschen war das Autofahren verboten. Am nächsten Tage war der Wagen gestohlen, was uns sehr erleichterte.
Lorenz und ich verbrachten die nächsten Wochen, so gut wir konnten: wir gingen spazieren. Das Wetter war, und das war eigentlich der beste Trost in jenen Tagen, fast gleichmäßig schön. Unsere Gespräche hingegen waren sehr melancholischer Natur. Was eigentlich sollten wir anfangen? Der provisorische Hamburger Senat hatte einen Beschluß gefaßt, die Berliner – man hatte sie in Hamburg nie sehr gern gehabt – wegen der Überfüllung der Stadt in das von den Russen besetzte Gebiet zurückzuschicken. Man wird begreifen, daß diese Aussicht uns nicht sehr fröhlich stimmte. Um so wichtiger war es offenbar, irgendwie zu dokumentieren, daß unsere Anwesenheit für unsere Vaterstadt nützlich und notwendig sei. Was aber konnten wir tun?
Lorenz kam zuerst auf die Idee: wir müßten eine Zeitung gründen. Ich weiß noch genau, wo das war: am Harvestehuder Weg, am Eichenpark. Neben uns stand eine englische Kompanie zum Löhnungsappell angetreten. Dies vollzog sich – vielleicht vollzieht es sich heute immer noch so – nach einem barocken Zeremoniell aus dem 18. Jahrhundert.
»Jetzt tillern sie wieder«, sagte ich zu Lorenz. Er mußte so lachen, daß der englische Feldwebel mit einem bösen Blick einige Schritte auf uns zu machte. Wir hielten es für besser, zu verschwinden.
Von da ab haben wir dieses Projekt nicht mehr aus den Augen verloren; auch als ich bereits Direktor der Landeskunstschule war, setzten wir unsere Spaziergänge fort, auf denen wir uns den Kopf zerbrachen, wie es gelingen könnte, die Engländer für unsere Pläne zu gewinnen.

Einige Wochen später klingelte es bei Lachmann in der Böttgerstraße. Ich öffnete die Haustüre. Draußen stand ein anderer Berliner Freund, Hans Rudolf Berndorff. Er sagte nicht guten Tag, er fiel mir auch nicht um den Hals, er begrüßte mich mit diesen Worten: »Das also ist eure berühmte Böttgerstraße!«
»Die berühmte Böttgerstraße«, wies ich ihn schmunzelnd zurecht, »ist in Bremen und, soviel ich weiß, völlig zerstört.«
»Aber nein«, sagte er, »dies ist doch die Straße, durch die Ihre Großtante ging, die dann zu ihren Nichten sagte: Denkt euch mal, was mir heute passiert ist! Da gehe ich durch die Böttgerstraße und treffe einen ganz schwarzen Pudel, den ich gar nicht kenne.«
Ich hatte meinen rheinischen Eulenspiegel wieder.

Berndorff beginnt: Er fliegt aus dem Stab eines britischen Admirals heraus und will eine Zeitung gründen

Der erste englische Soldat, den ich nach dem zweiten Weltkrieg in Deutschland sah, war ein Admiral Seiner Großbritannischen Majestät; hochgewachsen, etwas rundlich, und sein Gesicht zeigte die Farbe eines rosigen Babys. Er roch nach einer Eau de Cologne von Yardley: »Bond Street« heißt sie.

Dieser Admiral nahm mich, der ich zu dieser Zeit seltsamerweise in der Uniform eines Leutnants des »Allgemeinen Marinedienstes« steckte, kaum hatte er mich gesehen, gefangen. Und nach der Gefangennahme reihte er mich in seinen Stab ein.

Diese Handlung war von einer so eleganten Unsinnigkeit, daß ich ihn sofort liebte.

Ganz kurz muß ich erklären, wie das gekommen ist.

Die Königlich Preußische Armee entließ mich nach dem ersten Weltkriege mit vielen Orden, vielen Verwundungen und mit dem Recht zum Tragen der Uniform eines Königlich Preußischen Leutnants im Zweiten Lothringischen Feld-Artillerie-Regiment Nr. 34. Die Verwundungen waren die Ursache dafür, daß das Dritte Reich auf meine kriegerische Mitwirkung an seinen Unternehmungen verzichtete; aber zum Schluß erinnerte man sich meiner und machte mich zum Bataillonskommandeur des Volkssturmes in Berlin-Wilmersdorf. Das Bataillon bestand auf dem Papier aus 1036 – in Wirklichkeit 28 – Mann. Befehlsgemäß ernannte ich vier Kompanieführer, zwölf Zugführer, einen Verpflegungsoffizier, einen Bataillonsarzt, und nachdem ich das getan hatte, verfügten wir noch über zehn gewöhnliche Männer. Kaum war das Bataillon gegründet, erhielt ich den Befehl, die Besetzung von Barrikaden einzuüben. Die Barrikaden wurden von den Wilmersdorfer Damen, unter anderem von Frau Berndorff, gebaut und waren wenig fotogen.

Ich kommandierte: »Volkssturmmänner auf die Barrikaden!«
Wir stiegen alle auf die Barrikade, und Frau Berndorff erklärte, wenn wir doch wieder alles zertrampelten, was die Damen mit Mühe aufgebaut hätten, dann habe das alles gar keinen Sinn. Die Damen gingen nach Hause.
Als ich mit meinem Bataillon wieder auf dem Bataillonsgefechtsstand – sprich: in einer Schule – anlangte, waren vier Mann verlorengegangen.
Das Bataillon hatte auch eine Waffe, eine Mauserpistole, die ich gegen Kriegsende immer in der Tasche mit mir herumtrug. Ich sann darauf, wie ich mich diesem ganzen Unsinn entziehen könnte, und fuhr nach Potsdam zu Dr. Ulrich Mohr, einem Chemiker, den ich gut kannte und der als Kapitänleutnant die Marine-Kriegsberichter-Abteilung führte. Er erreichte es, daß man mich einzog, nachdem ich mich freiwillig gemeldet hatte. Kaum war ich in der blauen Uniform eines Marineoffiziers zu seinem Truppenteil gestoßen, als er mit dem ganzen Haufen nach Norden aufbrach. Ich wurde auf ein Kriegsschiff kommandiert, auf ein kleines zwar, aber immerhin auf ein Kriegsschiff, und ich tat auf diesem Schiffe tatsächlich Dienst. Daß es niemals untergegangen ist, gehört zu den seltsamsten Geschehnissen des Krieges.
Irgendwo in Dänemark kam ich auf einen großen Minenbock – ich glaube, so hießen derartige Kriegsschiffe –, und wir fuhren nach Kiel; ausschließlich deshalb, weil der Krieg sein Ende gefunden hatte. Auf dem Schiff waren Hunderte von Offizieren, die sich beeilten, Dänemark zu verlassen. Der Minenbock legte am Pier in Kiel an; wir wurden aufgefordert, an Land und in Gefangenschaft zu gehen. Auf einem Stein stand einsam der Admiral, von dem ich gesprochen habe. Um ihn herum war alles wüst und leer; der Kieler Hafen lag in Trümmern; die Wracks von einigen Schiffen schauten unwesentlich aus dem Wasser. In der Ferne, weit hinter dem Admiral, standen ein paar Jeeps mit britischer Militärpolizei, auf die Gefangenen wartend. Wir alle gingen an dem britischen Admiral vorbei. Der sah in die Luft und machte keine Bewegung, wenn die deutschen Offiziere salutierten. Hinter ihm stand ein jüngerer englischer Offizier, der mit einem Stöckchen Kreise auf den Boden zeichnete.
Und dieses war das Erstaunlichste: Dicht beim Admiral stand Kapitänleutnant Dr. Ulrich Mohr. Als ich nun herankam, sah ich, wie er den Mund bewegte. Der Admiral schaute nicht mehr in den Himmel, sondern auf mich, winkte mich heran und bedeutete mir durch eine Geste, hinter ihn zu treten. Ich betrachtete mich als seinen Privatgefangenen.
So stand ich eine ganze Weile, bis alle übrigen in die Gefangenschaft abmarschiert waren, und dann verließen wir den Platz. Im Gänsemarsch. Erst der Admiral, dann der britische Offizier, dann Dr. Mohr und dann ich. So zogen wir in eine Art von Bunker, in dem sich der britische Admi-

ralstab etabliert hatte. Der Admiral sah mich träumerisch an, zog sein Taschentuch, wischte sich über die Stirn und sagte zu mir: »Sie kommen also in meinen Stab!«
Der Admiral wies mit dem Daumen auf Dr. Mohr und befahl: »Der Kapitänleutnant wird Ihnen in Zukunft sagen, was Sie zu tun haben!«
Dr. Mohr steckte mir heimlich eine Schachtel englischer Zigaretten zu; ich rauchte und sah mich um. Da waren viele englische Offiziere, die ununterbrochen Funksprüche erhielten, in denen ihnen die Positionen von Schiffen gemeldet wurden, die in die Kieler Bucht einfuhren. Von englischen Schiffen und von deutschen, die ja auch schließlich irgendwo hin mußten. Der Stab des Admirals hatte sie zu dirigieren, sobald sie in seinen Bereich kamen.
Es gab nur zwei deutsche Marineoffiziere in diesem gutgelaunten Ameisenhaufen, das waren Dr. Mohr und ich. Ich bekam ein Papier, auf dem alle britischen Militärstellen angewiesen wurden, meinen Wegen keine Hindernisse zu bereiten, denn ich gehöre zum Stab des britischen Admirals in Kiel.
Am Abend gingen Mohr und ich nach Hause. Er wohnte in irgendeiner Villa und hatte meinen Koffer mit komplettem und reichlichem Zivilzeug in seinem Quartier. Ich zog mich sofort um und erklärte ihm, nunmehr wolle ich versuchen, in die nächste Großstadt zu kommen, also nach Hamburg, denn ich sei von Beruf Journalist. Ich glaubte, nun etwas tun zu müssen.
Mohr erwiderte, das sei blanker Unsinn! Ich sei im Augenblick nicht Journalist, sondern Mitglied des Stabes eines hohen britischen Admirals. Wir beiden würden die Verpflegung der englischen Offiziere erhalten, ihre Zigaretten, ihren Gin und was ein Mann so alles braucht.
Ich sagte: »Mohr! Sie wissen besser als ich, daß ich von der Marine nichts verstehe. Ich war dank Ihrer jetzt das erstemal auf einem Kriegsschiff; ich kenne nicht die Sprache, die Gebräuche und überhaupt nichts von der Marine. Wenn man das entdeckt, gibt es einen furchtbaren Krach!«
»Die Engländer entdecken überhaupt nichts. Lassen Sie mich für alles sorgen; ich mache das für Sie schon mit. Außerdem können Sie gar nicht nach Hamburg, denn Sie dürfen die Stadt nicht verlassen.«
Er holte eine Flasche Schottischen, und wir tranken.
Am nächsten Morgen zogen wir zusammen auf die Marinestation des britischen Admirals. Es kamen schrecklich viel Schiffe, ich entfaltete eine wilde Pseudotätigkeit; so halb und halb begriff ich, worauf es ankam. Aber das Unheil rollte schnell heran. Ein britischer Korvettenkapitän schmiß mir einen Zettel auf den Tisch und sagte, dieses Schiff müsse an einen Platz gebracht werden, an dem es Brennstoff nehmen könne. Ich solle es

organisieren. Auf dem Zettel war die Type des Schiffes genau bezeichnet. Sicherlich, aber ich konnte sie nicht lesen. Mohr war im Augenblick nicht da. Ich veranlaßte, das brave Schiff zu einem Platz zu fahren, auf dem es mit Öl versorgt werden konnte; und als es da lag, stellte sich heraus, daß das Ding Kohlen brauchte.

Eine Viertelstunde später stand ich in einem Kabuff und vor mir drohend ein Offizier des Intelligence Department der Navy. Dieser Mann hatte etwas rötliches Haar, und er schielte mit dem linken Auge, aber nur ein ganz kleines bißchen. Insgesamt war er glücklich, mich gefangen zu haben. Für wen ich Spionage triebe, wollte er wissen. Denn ich könne doch unter gar keinen Umständen behaupten, daß ich die Uniform eines deutschen Marineoffiziers zu Recht trüge. Ich gab mir eine verzweifelte Mühe, dem Manne auseinanderzusetzen, wie ich in dieses Kostüm gekommen sei. Er glaubte mir nichts.

Er begann mich zu verhören: »Was sind Sie von Beruf?«
»Schriftsteller und Journalist!«
»Geben Sie mir mal Ihr Soldbuch!«
Er blätterte darin und rief plötzlich aus: »Was ist denn das? Sie sind erst vor sechs Wochen Soldat geworden?«
»Jawohl«, antwortete ich, »vor sechs Wochen!«
»Wieso sind Sie denn Leutnant?«
»Ich habe die Königlich Preußische Armee als Leutnant verlassen!«
»Ja, aber zum Donnerwetter«, wollte er wissen, »warum sind Sie denn nicht in den ersten Tagen dieses Krieges zur Waffe geeilt?«
»Ich wurde in den ersten Tagen des Krieges eingezogen, untersucht und für untauglich befunden.«
»Das alles ist sehr verdächtig! Warum sind Sie denn jetzt plötzlich tauglich?«
»Ich habe mich jetzt freiwillig gemeldet.«
»Und warum haben Sie das nicht bei Beginn des Krieges getan?«
»Dieser Krieg ist nicht mein Krieg!« sagte ich.
Er wurde ganz böse: »Was ist das für ein Unsinn! Ein Mann kann sich die Kriege nicht selber aussuchen! Das tut die Regierung für ihn. Und warum haben Sie sich jetzt plötzlich freiwillig gemeldet?«
»Ich sollte in Berlin ein Volkssturm-Bataillon kommandieren! Das war aber eine hoffnungslose Sache, und ich hatte nicht den Mut, diese armen Leute ohne Waffen in irgendeinen Unsinn hineinzuhetzen.«
»Da hört doch alles auf! Man vertraut Ihnen ein Bataillon als Leutnant an! Als Leutnant ein Bataillon! Das ist doch eine hohe Auszeichnung, und Sie kratzen aus? Und erzählen mir hier, das wäre nicht Ihr Krieg gewesen? Haben Sie noch andere Papiere als Ihr Soldbuch?«

Ich hatte meinen Paß und gab ihm den.
Er studierte ihn aufmerksam, und dann sagte er:
»Da habe ich mir eingebildet, daß Sie etwas mit Spionage zu tun hätten! Was bin ich für ein Idiot! Sie sind weiter nichts als ein Drückeberger! Scheren Sie sich zum Teufel! Lassen Sie sich hier nicht wieder sehen!«
Ich brachte es tatsächlich fertig, Kiel zu verlassen. Das war ein Kunststück, denn die Stadt war im weiten Bogen abgesperrt. Die Engländer wollten alles, was sie von der Marine gefangen hatten, einmal durchsieben. Aber ich trug, zum ersten, Zivil, und zum zweiten hatte man vergessen, mir den Ausweis, nach dem ich im Dienste eines hohen britischen Admirals stand, abzunehmen.
Mühelos, geradezu komfortabel, kam ich nach Eutin in Schleswig-Holstein. Frau Berndorff hatte in der Zeit, in der ich in der Uniform eines Marineoffiziers steckte, im Hause ihrer Mutter, in Eutin – in der früheren »Rosenstadt« –, Zuflucht gefunden. Als ich an einem Abend dort ankam, war es keine Rosen-, sondern eine Flüchtlingsstadt. Wir hielten uns nicht lange in Eutin auf, sondern zogen nach Lübeck. Aus keinem anderen Grunde als dem, daß Lübeck eine richtige Stadt war. Was man damals – unmittelbar nach Kriegsende – eben so unter einer deutschen Stadt verstand. Wir bekamen schnell Quartier – ein geräumiges sogar. Ich hatte mein Bankkonto in Berlin abgehoben und in die Hosentaschen gesteckt. Mein Nachrichtenhunger in dieser Zeit beschränkte sich auf die Sucht, zu erfahren, wohin sonst noch Kollegen aus Berlin entkommen waren. Ich wollte vor allem erfahren, wo Tüngel abgeblieben war, denn ich wußte, daß er sich von Berlin aus auf abenteuerliche Weise nach Hamburg aufgemacht hatte. Ob er dort auch angekommen war, das war unter den damaligen Umständen nicht sicher.
Ich fand in Lübeck ein paar Kollegen aus Berlin, Müller-Marein, Nicolaus. Fand einen prominenten Berliner Schauspieler und den sehr bekannten Generaldirektor eines Operettenhauses. Dem hatte der Lübecker Intendant der Städtischen Bühnen Asyl gewährt. Der Operetten-Mann hauste im obersten Stock des unversehrten Lübecker Stadttheaters, und seine Behausung war aus der Möbel- und Requisitenkammer des Theaters möbliert. Seine Räume waren die größten; der Schwarzmarkt von Lübeck war dicht beim Theater. Und diese beiden Umstände machten es, daß wir uns regelmäßig am Abend bei ihm trafen. Wir Berliner. Er selbst saß immer auf dem anspruchsvollen Thronsessel eines Shakespeareschen Königs und verließ ihn nie. Er war nicht zu bewegen, aufzustehen. Später stellte sich auch heraus, warum er ständig und penetrant auf dem Thronsessel verharrte; der Stuhl hatte nämlich einen doppelten Boden und in

dem verwahrte er das reichlich aus Berlin gerettete Geld. Auch den Schmuck seiner Frau und vielerlei Wertgegenstände mehr.

Abends nun also erzählten wir uns Geschichten aus vergangenen Tagen in Berlin, und tagsüber war ich recht verzweifelt. Wie sollte das werden?

In Lübeck hatten wir es schwer. Die städtischen Ämter weigerten sich beharrlich, uns Berliner Flüchtlingen Lebensmittelkarten zu geben. Die Sorge um eine Unterkunft kam hinzu, denn die Amtsstellen in Lübeck verhielten sich so, daß wir sicher sein mußten, sie würden uns eines Tages auf die Straße setzen. Die Engländer hatten den Deutschen verboten, »Reisen« zu machen. Ich sollte mich theoretisch also nicht von Lübeck nach Hamburg begeben. Aber es gelang mir, per Anhalter dort hinzukommen. Ich wollte mit Tüngel reden.

In unseren letzten Berliner Tagen hatte ich mit Richard Tüngel mancherlei Gespräche gehabt. Durch die zog sich dieser rote Faden: Was tun wir nach dem Kriege? Wir waren der – wie wir erst viel später merkten – überheblichen Meinung, daß es uns im Zusammenwirken mit anderen möglich sein müßte, die deutsche öffentliche Meinung in irgendeiner Form zu beeinflussen.

Ganz primitiv stellten wir uns das vor. Wir meinten, es müsse gelingen, sofort nach dem Kriege allen Leuten klarzumachen, in welch diabolischer Verzauberung ein großer Teil der Nation gelebt habe. Die Trümmer, die Millionen von Toten, die Krüppel, die Elenden und Verzweifelten, die ständig vor unser aller Augen waren, schienen uns ein Argument, dem niemand widerstehen konnte. Als ich endlich in Hamburg war, fand ich Richard Tüngel schnell.

Er hatte ein Notquartier in dem Hause eines Bekannten in der Böttgerstraße. Im Nebenzimmer spielte der Sohn des Hauses alle Grammophonplatten, die im Dritten Reich verboten gewesen waren. Ich sagte zu Tüngel: »Also jetzt machen wir einen Plan!«

Und, weiß der Teufel, von nebenan her klang es aus der »Dreigroschenoper«:

> »Ja, mach nur einen Plan,
> Sei nur ein großes Licht
> Und mach dir noch 'nen zweiten Plan,
> Gehn tun sie beide nicht.
> Denn für dieses Leben
> Ist der Mensch nicht schlecht genug,
> Doch sein höh'res Streben
> Ist ein schöner Zug.«

Mein »Plan« war recht einfach. Wir beide sollten, je nach dem Platz, an dem wir uns befanden, also Tüngel in Hamburg und ich in Lübeck, versuchen festzustellen, welcher britische Offizier für das Pressewesen zuständig war; denn daß bei den Engländern die »Zuständigkeit« eine weit höhere Rolle spielte, als sie es jemals in Preußen getan hatte, war uns mittlerweile klargeworden. Man mußte mit einem Presseoffizier der britischen Armee reden, man mußte ihm folgendes sagen:
Die deutschen Familien sind in alle Winde zerstreut! Man möge also die Erlaubnis geben, ein Blatt zu gründen, das zunächst keine andere Aufgabe haben soll, als Familien zusammenzuführen. Ein Inseratenblatt also. Zudem sollte es noch Angaben darüber enthalten, welche Züge wohin führen. Von wo gingen sie ab? Wo endeten sie? Gerüchtweise verlautete, daß alle Main-Brücken zerstört seien. Um es kurz zu sagen: Man mußte den Deutschen sagen, ob und wohin sie mit der Eisenbahn fahren konnten. Das Blatt sollte weiterhin in die Lage versetzt werden, mitzuteilen, welche Reisevorschriften oder, besser gesagt, welche Reisebehinderungen in der russischen, in der französischen und in der amerikanischen Zone herrschten. Auch dachten wir uns, daß es wichtig sei, den Deutschen die Abgrenzung der Zonen mitzuteilen, denn so unwahrscheinlich das auch heute klingt, damals hatten wir davon keine Vorstellung. Die Summen, die die Gründung eines solchen Blattes erfordern würde, trugen wir in den Hosentaschen ständig mit uns herum. Es gab damals ja noch Tausendmarkscheine. Wir vereinbarten weiter, daß, wenn mir die Sache in Lübeck glücken würde, ich Tüngel und, wenn die Sache in Hamburg klappen sollte, er mich herbeirufen werde.
Nachdem wir das ausgemacht hatten, stotterte ich mich nach Lübeck zurück. Am Abend ging ich wieder ins Stadttheater. Der Kreis um den Thronsessel des Operetten-Theaterdirektors hatte sich vergrößert. Zu seinen Füßen spielte man Poker. Was aus der Welt des Theaters, des Films, der Literatur und der Presse nach Lübeck und Umgebung gekommen war, fand sich abends dort ein. Die Kollegen erzählten mir eine Neuigkeit, die mich sehr aufhorchen ließ. Irgendwo in der Hauptstraße der Stadt war ein Schild angebracht worden, auf dem stand »Press Section«.
So zog ich also am nächsten Morgen zu der »Press Section«. Ich kam in ein großes Zimmer, das spärlich möbliert war. Am Fenster aber stand ein prächtiger Ohrensessel, und in dem saß ein schottischer Sergeant im Schottenrock, rauchte Zigaretten und las in einer Zeitung. Das beruhigte mich und schien mir ein gutes Omen. Ich liebte nämlich im Augenblick die Sergeanten der britischen Armee – vor allen Dingen, wenn sie in schottischen Uniformen steckten –, und das hing folgendermaßen zusammen: Der Oberbefehlshaber Eisenhower hatte ein Fraternisierungs-

Verbot erlassen. Kein Angehöriger der ihm unterstellten Truppen durfte mit einem Deutschen private Gespräche führen oder privat umgehen. Auch durften die Alliierten sich nicht mit den Kindern der Deutschen abgeben. In diesem Erlaß war das noch besonders zum Ausdruck gebracht worden.

So hieß es denn: Die Deutschen möchten sich nicht wundern, daß die englischen Offiziere, Unteroffiziere und Mannschaften es ablehnten, sich mit deutschen Kindern abzugeben. Ihre Eltern seien Deutsche und alle Deutschen seien summarisch für die während des Krieges begangenen Verbrechen haftbar zu machen. Daß die deutschen Kinder darunter leiden müßten, sei also nur Schuld ihrer Eltern und nicht Schuld der Engländer. Wir wohnten damals in einer Villenvorstadt von Lübeck, in der es von Kindern nur so wimmelte, von einheimischen und von den Kindern der Flüchtlinge. Die trieben sich in großen Scharen auf der Straße herum, spielten ihre kindlichen Spiele, waren aber insgesamt halb verhungert und körperlich sehr heruntergekommen. Vor unserem Hause war auf der Straße für eine schottische Kompanie eine Feldküche aufgebaut worden. Um die Mittagszeit kamen die Soldaten, holten sich ihr Essen, setzten sich unbekümmert in die schattigen Veranden der Häuser und verzehrten ihre Mahlzeit. In den Garten des Hauses, in dem wir damals wohnten, kamen stets sechs Soldaten. Sie hatten es da draußen etwas unbequem. Infolgedessen deckte Frau Berndorff immer für sie in unserem Zimmer den Tisch. Diese Liebenswürdigkeit nahmen sie mit Freundlichkeit auf, gaben uns von ihrem Essen ab und versorgten uns vor allen Dingen mit Salz, das man damals unter gar keinen Umständen in Lübeck kaufen konnte, wenn man nicht den Nachweis erbrachte, daß die Familie, aus der man stammte, in Lübeck ansässig gewesen war. Hatten die Soldaten gegessen, so begann ein seltsames Spiel. Wenn die Feldküche dampfte, dann hatten sich schon in den umliegenden Straßen, auch in den Gärten, ganze Scharen von Kindern angesammelt. Die standen dort etwas ängstlich herum und warteten geduldig. Hatten die Soldaten gegessen, so trat ein großer, hochgewachsener korpulenter Sergeant auf die Straße und stellte Posten auf. Meldeten diese Posten durch Zurufe, die Luft sei rein, so winkte der Sergeant den Kindern; die stellten sich brav in eine Reihe und wurden gespeist. Genau nach den Worten Christi »Lasset die Kindlein zu mir kommen und wehret ihnen nicht« handelte der schottische Sergeant. Stieß aber einer der als Wachtposten aufgestellten Soldaten eine bestimmte Art von Pfiff aus, dann winkte der Sergeant mit der Hand, und die Kinder verschwanden blitzschnell in Nebenstraßen und Gärten. Dann war nämlich ein Offizier in Sicht. Sowie der vorbeigeschritten, winkte der Sergeant abermals und die Kinder konnten weiteressen.

Ein Sergeant von dieser Art also saß am Fenster eines Quartiers, das mit »Press Section« bezeichnet war. »Na«, fragte der Mann mich freundlich, »was suchen Sie denn hier?«

»Ach Gott, Sergeant«, sagte ich, »ich brauche einen Job!«

Er wies auf einen Stuhl, ich zog ihn mir heran und erklärte dem Manne offen, was ich wollte, denn ich hielt es für vernünftig, das schon dem Sergeanten zu sagen.

Der hörte sich alles an und meinte: »Eine gute Idee.« Und dann fragte er: »Gibt es denn hier eine Druckerei?«

»Aber Sergeant«, sagte ich, »Sie machen hier eine Press Section auf und wissen nicht, ob es hier eine Druckerei gibt? Es gibt hier mehrere Druckereien.«

Der Sergeant war geduldig mit mir und fragte weiter: »Gibt es auch Papier?« Wir hatten Informationen, daß es noch Papier gab, und ich sagte: »Natürlich, Papier gibt es auch.«

»Verdammt noch mal«, sagte der Sergeant, »so einen Burschen wie Sie suchen wir gerade; können Sie uns ein Exposé darüber machen, was es in Lübeck für Möglichkeiten gibt, ein Blatt, na, beispielsweise so etwas, wie Sie planen, herauszubringen?«

»Natürlich«, sagte ich, »das kann ich jederzeit tun.«

Er sagte: »Tun Sie das wirklich! Kommen Sie morgen, sagen wir mal, vormittags um halb elf mit dem Exposé her. Der Major ist nämlich ganz schlechter Laune. Er soll ein solches Exposé seiner vorgesetzten Dienststelle einreichen, und der Major hat keine Ahnung, wie er zu diesen Angaben kommen soll. Wissen Sie«, meinte der Sergeant etwas vertraulich, »der Major hat natürlich auch andere Sorgen. Er hat ein sehr hübsches Segelboot entdeckt, das heißt ›Malwine‹, und da ist auch eine Dame, mit Vornamen heißt sie Anna – sie ist ein bißchen rötlichblond.« Er dachte nach und sagte: »Nein, ich habe mich geirrt. Das Segelboot heißt ›Anna‹ und die Dame ›Malwine‹.«

Ich sagte: »Sergeant, auf mich können Sie sich verlassen! Der Major kann in Zukunft segeln und bei der Dame seine Kenntnisse in der deutschen Sprache vervollkommnen. Ich werde Ihnen das Exposé schon machen.«

Der Sergeant griff in die Tasche, horchte vorsichtig, ob sich auf der Treppe nicht Schritte hören ließen, steckte mir vier Zigaretten zu, und ich brauste glücklich ab nach Hause.

Den Tag verbrachte ich mit meinen Kollegen. Am Abend schrieb ich das Exposé. Darin war genau angegeben, wie viele Druckereien es in Lübeck gab, wie es um deren Kapazität bestellt war, wo Papier lagerte. Alles, was man wissen mußte, wenn man eine Zeitung in dieser Stadt herausbringen wollte, faßte ich zusammen.

Am nächsten Morgen um halb elf Uhr fand ich mich pünktlich ein. Der Sergeant saß diesmal nicht am Fenster, sondern an einem Tisch. Er schrieb. Die Tür zum nächsten Zimmer war offen. Ich sah einen Major, der auch an einem Tisch hockte. Der Sergeant war sehr kühl: »Sie waren gestern hier!«
»Jawohl!«
»Ich erinnere mich. Haben Sie das Exposé verfaßt? Ich habe Ihnen aufgegeben, ein solches zu machen!«
Er drehte dem Major den Rücken zu und blinzelte mit einem Auge, um mir zu bedeuten, daß er nun natürlich in Anwesenheit seines Offiziers mit mir barsch reden müsse.
»Jawohl, Sergeant«, sagte ich ebenso kühl, »ich habe alles getan, was Sie mir aufgegeben haben.«
»Warten Sie hier«, befahl er kurz, ging in das Zimmer seines Majors und schloß die Verbindungstür. Dann kam er wieder: »Gehen Sie hinein zum Herrn Major!«
Ich kam hinein: »Good morning, sir!«
Der Major wies auf einen Stuhl: »Der Sergeant hat gestern mit Ihnen gesprochen. Sie haben sich erboten, uns einige Angaben zu machen. Haben Sie sie schriftlich niedergelegt?«
»Jawohl«, sagte ich, »aber in deutscher Sprache.«
»Ich spreche Deutsch«, sagte er. Ließ sich das Exposé geben und las es durch. »Das ist gut«, knurrte er, »das ist sogar sehr gut. Und Sie wollen nun diese Zeitung selbst hier machen?«
»Jawohl, zusammen mit einem Kollegen, der augenblicklich noch in Hamburg ist.«
Er stand auf, ging durch den Raum, schaute einen Augenblick aus dem Fenster, kam zurück und sagte: »Kommen Sie in acht Tagen wieder. Ich glaube, das Ganze läßt sich machen.«
Dieser Major war ein großer, hochgewachsener Mann, eigentlich ein Schotte aus dem Bilderbuch. Sein Wesen strömte eine verhaltene Freundlichkeit aus.
Ich verbeugte mich und ging glücklich davon. Nach acht Tagen aber war alles anders. Ich wurde wieder sofort bei dem Major vorgelassen. Der stand auf, als er mich sah, und begann, nach seiner Art, im Zimmer auf und ab zu gehen. Er sprach deutsch mit mir:
»Nein! Daraus wird nichts. Sollten Sie sich Hoffnungen gemacht haben, dann bin ich daran schuld. Es tut mir leid. Man ist höheren Orts der Meinung, daß es in absehbarer Zeit in Deutschland keine Zeitungen geben soll, die ausschließlich von Deutschen gemacht werden. Die britische Militärregierung wird eigene Nachrichtenblätter herausgeben.«

Das war ein schwerer Schlag.

»Na«, sagte er, »dann hat man mir auch bedeutet, daß nach dieser ›absehbaren Zeit‹ auch noch andere Absichten bestehen. Man wird den Deutschen in der britischen Zone, und nur über sie können wir ja reden, etwas zu Hilfe kommen.«

Er schwieg einen Augenblick, sah zum Fenster, drehte sich um, und mir war so, als ob er grinste:

»Sagte ich ›zu Hilfe kommen‹? Ja, ich sagte ›zu Hilfe kommen‹«, fuhr er fort, »es gibt ja hier nur sehr geringe Mengen von Papier. Man kann sich denken, daß englische Unternehmer hier Blätter gründen werden. Englische Unternehmer haben Papier und Geld. Man ist wohl der Ansicht, daß die Besatzungszeit sehr lange dauern wird. Sehr lange.«

Er ging vom Fenster weg und besah ein Bild an der Wand. Auf ihm kämpfte ein Segelschiff durch schweren Sturm.

»Ganz falsch getakelt«, sagte er, »der Maler versteht nichts von der Schiffahrt. Schlechtes Bild, ich werde es auch wieder abhängen. Ja, und um nun zu Ihnen zu kommen! Sie sind meiner vorgesetzten Stelle kein Unbekannter. Ich habe gehört, daß Sie in Deutschland viel publiziert haben. Sie waren zuletzt bei der Berliner Illustrierten Zeitung. Ist das richtig?«

»Ja, Major«, sagte ich, »das ist richtig!«

»Man traut Ihnen auch nicht«, sagte er recht offen.

»Mein Gott, Major«, sagte ich, »warum traut man mir denn nicht?«

»Ach«, sagte er, »als ich Ihren Plan erörterte, lachten meine Kameraden. Sie meinten nämlich, daß Sie mich aufs Glatteis führen wollten! Mit dem Blatt, das durch Inserate Familien wieder zusammenführen wollte, so meinten sie, würden Sie anfangen und dann würde sich das Ganze unmerklich, aber recht schnell, in eine richtige Zeitung verwandeln.«

»Und welche Zeitläufe haben Ihre Herren Kameraden in Erinnerung, in denen ich schon einmal so etwas getan haben soll?« wollte ich wissen.

Der Major lachte. Er war nett zu mir, als ich mich verabschiedete, aber ich ging recht traurig von dannen. Und dann dachte ich mir, daß ich meine Zelte in Lübeck abbrechen müßte. Hamburg war größer. In Hamburg würde es mehr Möglichkeiten geben. Also wandte ich mich nach Hamburg. Doch auch in Hamburg gab es im Anfang für einen deutschen Journalisten keine Möglichkeiten. Aber immerhin, wir hatten Pläne, Pläne, Pläne.

Tüngel erzählt, wie er sich gleichfalls vornimmt, eine Zeitung zu gründen

Bei der Zeitungsgründung, die Lorenz und ich in Hamburg hartnäckig und bockstirnig, in Tuchfühlung mit Berndorff weiterbetrieben, tauchte die größte Schwierigkeit an einer Stelle auf, wo wir sie überhaupt nicht erwartet hatten.
Zunächst war alles verhältnismäßig glatt gegangen. Wir hatten als Vierten den Rechtsanwalt Bucerius hinzugenommen; denn wir brauchten jemanden, der im damaligen Hamburg, in dem wir als »Berliner« nicht so sehr Bescheid wußten und auch schlecht angesehen waren, als kontinuierlich anwesender Indigene durchaus versiert war und über die nötigen Verbindungen verfügte. Ihm gelang es denn auch, custodian der Besatzungsmacht für das Pressehaus zu werden, und er verschaffte die gleiche Stellung Dr. Lorenz bei der Druckerei von Broschek. Damit hatten wir zwei wichtige Punkte besetzt, von denen aus wir gewissermaßen die Operationen leiten konnten.
Unerwartet schwierig aber war es, herauszufinden, welche englischen Dienststellen und welche Offiziere für die Genehmigung einer Zeitungsgründung überhaupt zuständig waren. Es war Berndorff, der als findiger Reporter den Major Barnetson ausfindig machte. Leider stellte sich später heraus, daß ihm nur die Gründung neuer Buchverlage unterstand und daß er mit Zeitungen nichts zu tun hatte.
Immerhin machten wir die Bekanntschaft eines sehr amüsanten Mannes, der von Beruf gleichfalls Journalist war. Ich holte ihn eines Abends zusammen mit Berndorff in einem Auto ab – und das war schon etwas Ähnliches wie ein Wunder, damals über ein Auto verfügen zu können. Wir fuhren zusammen in die Elbgegend zu Bucerius hinaus, der als einziger von uns eine Wohnung besaß, in der man einen wichtigen englischen Offizier empfangen konnte. Während der Fahrt sagte Barnetson, ohne sich von seinem Vordersitz umzusehen:

»Herr Berndorff, kennen wir uns nicht? Sind Sie nicht der Journalist, der mich während des spanischen Bürgerkrieges verhindert hat, meine Nachrichten nach London weiterzugeben? Das war in Hendaye, jenseits der französisch-spanischen Grenze, in dem einzigen Hotel, von dem aus man telefonieren konnte. Sie hielten die Leitung ständig besetzt, weil Sie die Ullstein-Vertretung in Paris angewiesen hatten, Sie ununterbrochen anzurufen, damit kein anderer Journalist Nachrichten durchgeben könne.«
Berndorff lachte.
»Ich entsinne mich genau, Major. Haben wir uns damals sonst noch gesehen?«
»O gewiß«, erwiderte Barnetson, »wenigstens ich habe Sie gesehen. Das war in Burgos, wo damals das Hauptquartier von General Franco war. Wir alle wollten ihn interviewen, aber niemand wurde zugelassen. Dann kam der Fronleichnamstag. Natürlich sahen wir uns alle den Zug an, denn wir hatten ja sowieso im Augenblick nichts zu tun. Vorneweg, hinter der Geistlichkeit, ging Franco mit einem großen Stab von Generalen und anderen hohen Offizieren. Dann kam ein einzelner Zivilist mit einer sehr dicken Kerze, das waren Sie, Berndorff. Und am nächsten Tag hatten Sie Ihr Interview.«
Barnetson war den ganzen Abend sehr angeregt und erzählte ununterbrochen amüsante Geschichten. Eine aus dem spanischen Bürgerkrieg ist mir noch in Erinnerung geblieben. Kurz nachdem er, als Reporter, von der Roten Front zu der Falange hinübergewechselt hatte, lud ihn General Queipo de Llano zu einem Bankett ein, bei dem dieser damals hochberühmte General auf das Wohl des englischen Kriegskorrespondenten einen kurzen Trinkspruch ausbrachte. Barnetson erwiderte sofort und schloß mit dem Wort: Salute! Sein Nachbar zog ihn am Rock auf den Sitz zurück, nach einem kurzen, peinlichen Schweigen bemühten sich alle Anwesenden, über gleichgültige Dinge zu sprechen, und erst später erfuhr Barnetson, welchen Fauxpas er eigentlich begangen hatte: Salute war der rotspanische Gruß. Bei den Anhängern Francos hieß es statt dessen: Arriba!
Unser neuer Freund verabschiedete sich von uns in bester Stimmung, er werde alles für uns tun, was in seiner Macht stände. Leider stand überhaupt nichts in seiner Macht, wie wir einige Wochen später erfuhren. Denn sein Ressort war, wie gesagt, die Aufsicht über die Buchverlage. Sich für uns bei einer anderen Stelle, die zuständig war, einzusetzen, wäre nach englischer Sitte ein schweres Vergehen gewesen. Nicht anders etwa als Wildern unter Jägern. Der Ausdruck, den die Engländer hierfür haben, to trespass, bedeutet in der Tat das gleiche. An jenem Abend immerhin waren wir sehr siegesgewiß, obgleich Major Barnetson in dem Auto allein

zurückfahren mußte; inzwischen war nämlich die Stunde des curfew eingetreten, und Deutsche, auch wenn sie von einem so mächtigen Offizier begleitet wurden, durften nun nicht mehr auf der Straße angetroffen werden. Wir mußten also ein improvisiertes Nachtlager auf dem Fußboden des Wohnzimmers arrangieren.
Berndorff verließ unser Team bald darauf; die Gabe des Wartenkönnens war ihm nicht gegeben. An seiner Stelle fand sich Ewald Schmidt di Simoni zu uns, der früher Vertriebsleiter im Frankfurter Societätsverlag gewesen war. Er nun kannte den zuständigen Offizier, Colonel Garland, einen Oxford-Don, Professor für Germanistik, der, seit er nach England zurückgekehrt ist, ein sehr gutes Buch über Lessing geschrieben hat. Jetzt kannten wir auch, was vielleicht noch wichtiger war, die zuständige deutsche Sekretärin bei der englischen Besatzungsmacht. Sie hat uns sehr geholfen, und gewiß nicht zuletzt ihr verdanken wir, daß die Gründung unserer Wochenzeitschrift, der wir den Namen »Die Zeit« gegeben haben, so verhältnismäßig schnell erfolgen konnte.
Zunächst ließ uns Colonel Garland einzeln kommen, um uns kennenzulernen. Ich war der letzte, der bei ihm erschien, und hatte mich darauf vorbereitet, die gleichen Fragen zu beantworten, die er an die anderen Herausgeber gestellt hatte – über den Lebenslauf im allgemeinen, über die Hitlerzeit im besonderen, über Vorbildung und frühere Beschäftigung. Zu meiner Verblüffung fing er bei mir ganz anders an. Er fragte: »Wie ist Ihr Programm für die Zeitung, die Sie herausgeben wollen?«
Ich mußte blitzschnell überlegen, ich war hierauf nicht vorbereitet. Dann antwortete ich: »Gestern hat der Hamburger Senat einen Beschluß gefaßt, demzufolge alle Deutschen aus der russischen Besatzungszone und vor allem die Berliner, die nach Hamburg geflüchtet sind, ihre Wohnberechtigung in Hamburg verlieren und in ihre Heimat zurückkehren sollen. Ich sagte zu einem mir bekannten Mitglied des Senats, der während der ganzen Hitlerzeit sich als ein aufrechter Gegner und guter Demokrat erwiesen hat, diese Maßnahme stelle doch eine völlig unmögliche Härte dar. Und er antwortete mir: ›Aber Tüngel, es handelt sich doch nur um 28 000 Menschen!‹ ›Nur!‹ sagte ich, Colonel Garland, nur! Sehen Sie, selbst dieser ausgezeichnete Mann ist so sehr im kollektiven Denken befangen, daß es ihm nicht bewußt geworden ist, daß es sich um 28 000 einzelne Schicksale handelt. Dies den Deutschen wieder beizubringen, daß alle Völker in der Welt aus einzelnen Menschen bestehen, deren Individualität man achten muß, halte ich für meine erste Aufgabe. Mein zweites Ziel ist dieses: Es ist in Deutschland das Gefühl für das Recht verlorengegangen. Der Hitlersche Satz: Recht ist, was dem Volke nützt, hat sich tief in die Seele vieler Deutscher eingefressen. Wir stehen jetzt vor der gewalti-

gen Aufgabe, zu bestimmen, wer für das, was er in der Nazizeit getan hat, zu bestrafen ist und wofür er zu bestrafen ist. Hier besteht die Gefahr, daß Rachedurst, Eigennutz, Feigheit und ganz gewöhnlicher Schwindel über die Rechtsfindung triumphieren werden. Es wird die Aufgabe unserer Zeitung sein, hier die richtigen Maßstäbe aufzustellen, nach denen gehandelt werden muß. Ich will also zwei Begriffe wiederherstellen, die in unserer früheren Nationalhymne standen: Recht und Freiheit!«

»Sie vergessen«, sagte er lächelnd, »die Einigkeit.«

»Die Einigkeit ist vorhanden, soweit sie überhaupt vorhanden sein kann, die Einigkeit nämlich, daß wir alle Deutsche sind. Was uns fehlt, ist die Einigung, die Einigung der vier Zonen und die Einigung zwischen den Deutschen und den freien Völkern der Welt. Auch dafür werde ich kämpfen.

Und drittens endlich muß unsere Zeitung die Aufgabe haben, den Deutschen ein ganz klares, ungeschminktes und unparteiisches Bild der Hitlerzeit sowohl wie der gegenwärtigen Zustände in Deutschland und in der Welt zu vermitteln. Sie werden es mir hoffentlich nicht übelnehmen, Colonel Garland, wenn ich ganz offen sage, in dieser Hinsicht haben die Blätter der Militärregierung in allen Zonen völlig versagt. Aber das deutsche Volk muß endlich lernen, wie die Wirklichkeit aussah und wie sie heute aussieht, es muß endlich urteilsfähig werden, sonst wird es wieder in ein dunkles Schicksal taumeln.«

»Sie haben sich viel vorgenommen. Ich freue mich darüber, und ich gratuliere Ihnen dazu.«

Als Preis jedoch für die Erteilung einer Lizenz, die uns die Herausgabe der »Zeit« ermöglichte, hatten wir vorher noch gewisse Dienste abzuleisten.

Wir mußten nämlich Vorarbeiten machen für das Erscheinen einer repräsentativen Besatzungszeitung.

Das ging folgendermaßen vor sich: Colonel Garland gab mir den Auftrag, eine Denkschrift auszuarbeiten – vom englischen Standpunkt natürlich –, die er zunächst seinen Vorgesetzten und dann dem bevollmächtigten Minister für die Besatzungszone einreichen konnte. In dieser Denkschrift begründete ich – für Colonel Garland –, warum eine solche Zeitung im englischen Interesse und zur Erziehung der Deutschen unbedingt notwendig sei. Ich beschrieb genau, wie sie auszusehen habe, was sie enthalten solle und wie man sie am besten aufteilen könnte. Als Titel schlug ich »Der Tag« vor, und unter diesem Namen ist sie auch eine Zeitlang blind gelaufen. Dann wurde sie neu getauft und hieß nunmehr »Die Welt«. Mein etwas höhnischer Vorschlag: sie doch gleich »Der Kosmos« zu nennen, wurde mit Nichtachtung abgelehnt.

So hatten wir denn also eine Zeitung – »Die Welt« nämlich –, die zwar nicht zu kaufen war, doch immerhin intern erschien. Chefredakteur war Hans Zehrer, den wir den Engländern vorgeschlagen hatten. Er blieb nur wenige Monate auf diesem Posten; dann wurde er auf Grund einer völlig sinnlosen Denunziation in die Wüste geschickt und erhielt Schreibverbot.

Der gewissermaßen ruhende Redaktionsbetrieb des »Tag« gab uns eine willkommene Gelegenheit, unsere eigene Redaktion als Schattenkabinett aufzubauen. Unser zukünftiger Chefredakteur, Ernst Samhaber, leitete mit unserem zukünftigen Wirtschaftsredakteur, Erwin Topf, zusammen die Wirtschaftsredaktion des »Tag«, und ich stand einer großartig besetzten Feuilleton-Redaktion vor, in der mit mir E. A. Greven, Jürgen Schüddekopf und Kurt W. Marek, der unter dem Namen Ceram später weltbekannt wurde, arbeiteten. Ich übernahm auch das Archiv des ehemaligen Fremdenblattes und setzte als Leiter einen Herrn von Flotow, den Urenkel des Komponisten, ein, einen Mann, der im Kriege völlig zuschanden geschossen war. Trotz meines lebhaften Protestes warfen ihn die Engländer sogleich wieder hinaus. Man belehrte mich, Junker – und er war ganz gewiß keiner – würden in einer englischen Zeitung nicht angestellt. Besonders gut kam ich mit Schüddekopf aus. Er erklärte mir, er könne am besten zu Hause arbeiten; ich habe ihn denn auch während meiner Tätigkeit beim »Tag« nie wiedergesehen.

Mit Ausnahme unseres Zerwürfnisses über den armen Herrn von Flotow habe ich während dieser Arbeit mit den Engländern nur angenehme Erfahrungen gemacht. Sowohl Colonel Garland wie sein Adjutant, Captain Hetherington, verhielten sich sehr kameradschaftlich. An einiges mußten wir uns natürlich gewöhnen, so, daß Colonel Garland im Hof des Verlagshauses Broschek & Co. sich einen Stall bauen ließ, weil er die Absicht hatte, täglich in die Redaktion zu reiten, oder daß Hetherington immer versuchte, den Umbruch der Zeitung vorher mit Lineal und Bleistift und unter Zuhilfenahme eines Rechenschiebers genau auf dem Papier zu entwerfen, während wir zu seinem Entsetzen dies aus freier Hand vor dem Setzkasten zu erledigen pflegten. Aber wie zuvorkommend beide waren, will ich an zwei kleinen Beispielen demonstrieren:

Es erging damals ein Befehl, daß alle ehemaligen Soldaten zur Entlassung in der Hamburger Kunsthalle antreten sollten. Dort ging es außerordentlich bürokratisch zu, und die meisten, die durch die vielfachen Barrieren hindurchmußten, wurden an einem Tage nicht fertig und hatten die Nacht dort auf Steinfußböden zu verbringen. Colonel Garland sagte mir, ich möge ihm eine kurze Aufstellung machen, weshalb es im Interesse des Military Government dringend erforderlich sei, mich schnell durchzuschleusen; er werde dies dann unterschreiben. Das war eines jener Dokumente, deren man damals so vieler bedurfte, die mit den Worten begannen: To whom it may concern. Da es nötig war, hier auch den Beruf anzugeben, schrieb ich: Baurat a. D.; denn ich dachte, das könne Eindruck machen, und es entsprach auch durchaus der Wahrheit. Garland sah mich freundlich und ein wenig fassungslos an. Dann sagte er: »Das dürfen Sie nicht schreiben; alle, die die Bezeichnung ›Rat‹ tragen, kommen zur Untersuchung zunächst ins ehemalige Konzentrationslager Neuengamme.«

Und was Captain Hetherington angeht, so half er mir, als längst »Die Zeit« erschienen war, einmal in einer großen Verlegenheit. H. G. Wells war gestorben, ich mußte über ihn schreiben und hatte keine Bücher und keine Unterlagen. Da lieh er mir das letzte, ganz kurze Büchlein, das Wells verfaßt hat – »Mind at the end of its tether« –, eines der erschütterndsten Dokumente, geschrieben von einem Schriftsteller, der seinen Tod vor Augen sah und der sich verpflichtet fühlte, der Welt noch einmal das Wichtigste mitzuteilen, das ihn bewegte. Auf der ersten Seite stand eine Widmung von Wells an Hetheringtons Vater, der Rektor von Edinburgh war. Mit einem etwas schüchternen – typisch englischen – Lächeln sagte der Captain: »Ich hätte es sehr gern zurück.«

Berndorff beschreibt, wie er Reporter beim englischen Nachrichtendienst »German News Service« wird. Er soll umerzogen werden und bei der Umerziehung der deutschen Nation helfen

Frau Berndorff sagte, es genüge nicht, daß ein Mann die Absicht habe, wichtige Dinge vorzuhaben, er müsse zum mindesten auch kleine Schritte machen, um sie zu verwirklichen. Nur herumzuliegen und Balzac zu lesen, sei nicht verdienstlich. Ich überlegte mir, ob ich nicht Frau Berndorff dazu überreden könnte, auch Balzac zu lesen; denn dann hätten wir ja zusammen herumliegen und die Zeit verbringen können. Aber Frau Berndorff mag Balzac nicht. Sie liebt Stendhal.
So trieb sie mich an einem schönen Frühjahrsnachmittag aus dem Hause, und ich ging in Hamburg die Rothenbaumchaussee hinauf. Da sah ich, wie vor einer Villa viele Lastwagen standen, aus denen man Kisten auslud. Auf einer dieser Kisten stand »Hell-Writer«. Ein »Hell-Writer« ist eine drahtlos gesteuerte Schreibmaschine.
Da dieser Apparat meiner Kenntnis nach nur für die Presse verwendet wurde, so interessierte mich diese Entdeckung sehr. Ich ging auf und ab und betrachtete alles genauer. Was da sonst noch ins Haus gebracht wurde, nun, das waren Fernschreiber, Schreibmaschinen, Teile einer Sendeanlage, viel Papier, Schreibtische, kurz, alles dieses schien mir die Einrichtung eines Zeitungsbetriebes zu sein.
Ich ging auf die andere Straßenseite, sah durch vorhanglose Fenster ins Erdgeschoß und erblickte einen Mann, dessen Erscheinung mich faszinierte. Er war groß, sehr dick, trug eine englische Militärhose, ein ebensolches Hemd und schöne, farbige Hosenträger. Die Hemdärmel hatte er

aufgekrempelt, wie das aus Gründen, die kein Mensch kennt, alle englischen und amerikanischen Journalisten zu tun pflegen. Und dann wurde es mir ganz klar: dieser große, fette Mann, der jetzt auch noch ans Fenster trat, auf die Straße hinausblickte und also deutlich erkennbar wurde, war niemand anders als Sefton Dellmer.
Ich ging erst einmal wieder ein bißchen die Straße entlang. Sefton Dellmer! Chef-Korrespondent des »Daily Express«. Sagenumwobener Chef des englischen antideutschen Kriegspropaganda-Dienstes. Chef des »Senders Calais«, der durch das Radio verkünden ließ: »Hier spricht der Chef!« Chef des englischen Kriegspropaganda-Senders »Gustav Siegfried I«.
Sefton Dellmer: Churchills rechte Hand in der britischen Kriegspropaganda, die deutschsprachig von England nach Deutschland durch den Äther gespuckt oder, auf Flugblättern gedruckt, über Deutschland abgeworfen wurde.
Großer Gott! Was machte Sefton Dellmer in Hamburg? Ich ging noch ein wenig über die Rothenbaumchaussee spazieren.
Was wollte Sefton Dellmer in Hamburg? Ich war sehr versucht, Sefton Dellmer Sefton Dellmer sein zu lassen, nach Hause zu gehen und Balzac zu lesen; aber zu Hause war Frau Berndorff und jagte vermutlich die Ratte »Amanda«, die uns immer besuchte, aus dem Quartier. Käme ich jetzt nach Hause und würde berichten, daß ich Sefton Dellmer gesehen hätte, ohne ihn zu besuchen, so würde es mir gehen wie der Ratte »Amanda«, dachte ich mir.
Kennengelernt hatten wir ihn, als in Düsseldorf ein Mörder sein Unwesen trieb – Kürten hieß er und brachte die Stadt tatsächlich in eine Panik; des Nachts, wenn ich mich recht erinnere, auch einige Male am hellen Tage, ermordete er Frauen oder junge Mädchen durch einen Dolchstich und warf die gräßlich zugerichteten Leichen provokatorisch auf die Straße oder auf einen Platz. Einmal sogar in den Vorgarten einer Kirche.
Der Verlag Ullstein schickte mich zur Berichterstattung von Berlin nach Düsseldorf.
Die Sache machte ein so gewaltiges Aufsehen, daß alle Zeitungen der Welt und auch alle Nachrichtenbüros ihre Leute in Düsseldorf hatten. Der »Daily Express« schickte damals den jungen Sefton Dellmer – einen Mann, der in unserem Gewerbe noch gar keinen Namen hatte. Dellmer war damals ein schlanker, bildhübscher Bursche mit viel natürlichem Charme, guten Formen, und er war besessen von dem Ehrgeiz, Karriere zu machen. Für die ausländischen Kollegen war es nicht leicht in Düsseldorf. Die Polizei konnte den Mörder nicht finden und geriet mit all ihren vorgesetzten Dienststellen in einen schrecklichen Konflikt. Keine Düssel-

dorfer Behörde hatte ein Interesse an Verbreitung von Nachrichten über diese schreckliche Geschichte, die sich geradezu zu einem Polizeiskandal allerersten Stiles ausweitete. Völlig mit Unrecht natürlich – wie wir Reporter genau wußten –, denn einen Sittlichkeitsverbrecher, einen Mörder aus derartig gelagerten Motiven, zu fangen, ist das Schwierigste, was es für die Polizei gibt; ein solcher Mann ist natürlich ein Einzelgänger und verkauft später keine Beute, hat keine Mitwisser.

Die Polizei verlor daher den Kopf, was die Behandlung der Weltpresse anbetrifft. Wenn am Mittwochabend eine Leiche gefunden wurde, dann gab sie das erst am Freitag bekannt. Die Journalisten wurden dann von ihren Zeitungen unfreundlich behandelt. Eine Mittwoch-Leiche gehört nun einmal in die Donnerstags-Morgenblätter und nicht in die Sonnabendzeitungen. Die Journalisten rächten sich und machten die Polizei in ihren Zeitungen madig.

Ich aber hatte die Mittwoch-Leiche immer am Donnerstagmorgen im Blatt. Ich bin Rheinländer, und ein Kind aus meiner Klasse war bei der Kriminalpolizei in Düsseldorf. Das Kind aus meiner Klasse war traurig; denn es hatte deshalb wenig Geld, weil sich seine Gattin ein Schleiflack-Schlafzimmer auf Abzahlung gekauft hatte. Infolgedessen hatte ich alle Leichen als einziger immer sofort. Mit dem Tatort und all den gräßlichen Umständen dazu. Dieses fiel Dellmer auf. Ich lieh ihm manchmal das Kind aus meiner Klasse, und das bedeutete für ihn so viel, wie sich kein Mensch, der diese Art des Journalismus nicht kennt, vorstellen kann. Einmal wurden unter recht scheußlichen, aber recht sensationellen Umständen zwei Morde in einer Nacht verübt.

Das wußte nur ich. Das wußte ich so früh in der Nacht, daß ich mit der Nachricht noch die Morgenblätter bei Ullstein erreichte. Dem Ullstein-Konzern, für den ich arbeitete, konnte es nun gänzlich gleichgültig sein, ob der »Daily Express« im fernen London dieselbe Nachricht zur selben Zeit im Blatt hatte wie er oder nicht. So steckte ich die Geschichte Sefton Dellmer auch für sein Morgenblatt.

Für die englischen Zeitungsleute war die Sache deshalb wild, weil ein englischer Rekord auf dem Spiele stand. Kaum hatte die Affäre in Düsseldorf begonnen, als die Engländer sich an ihr nationales Untier – an Jack the Ripper – erinnerten, der im Jahre 1888 über zwanzig Frauen in Whitechapel in London ermordet hatte. Für die Engländer kam nun alles darauf an, ob Kürten die einundzwanzigste Frau umbringen würde; dann war der Rekord nämlich gebrochen.

Es war für die englischen Kollegen sehr wichtig, daß sie den einundzwanzigsten Fall gemeinsam hatten. Aber das trat nicht ein. Der »Daily Express« hatte den einundzwanzigsten Fall allein.

Aus dieser Zeit kannte ich also Dellmer, und er begann seine große und steile Karriere in dieser Branche damals in Düsseldorf.
In Berlin sah ich ihn einige Male. Wenn wir miteinander sprachen, stand er an seinem Schreibtisch, hatte vor sich ein Einmachglas voll Gin, Wermut, Oliven und Eis. Nachdenklich mischte er in diesem Behälter unsere Martinis. Beim Röhm-Putsch blieb er seiner in Düsseldorf angenommenen Gewohnheit treu. Er hatte die Sonntagsleichen schon am Montagmorgen im Blatt. Das mochte die deutsche Regierung nicht, und Dellmer mußte an einen anderen Ort reisen.
Mit einem plötzlichen Entschluß ging ich, nicht sehr gerne, in das Haus an der Rothenbaumchaussee. Alle Türen waren offen, und im Erdgeschoß zur rechten Hand hockte Dellmer auf einem Schreibtisch.
Sofort sah er mich. Er winkte mit der Hand und sagte: »Tag, Berndorff!«
Ich antwortete: »Tag, Dellmer!«
Er fragte: »Wie kommen Sie denn nach Hamburg? Sie waren doch sonst in Berlin!«
Ich fragte zurück: »Wie kommen Sie denn nach Hamburg? Sie waren doch sonst in London!«
Wir lachten beide; er sagte: »C'est la guerre!«
Er war herzlich, schlug mir auf die Schulter, drückte mich auf eine Kiste, die neben ihm stand, suchte in seinen Hosentaschen, fand eine Schachtel Zigaretten, schob sie mir in die Hand, gab mir Feuer und sagte: »Was denn nun?«
»Na ja«, antwortete ich, »was denn nun?«
Dellmer: »Wollen Sie für uns arbeiten?«
Ich: »Was machen Sie denn hier, Dellmer?«
Er erklärte es mir.
Die vier Siegermächte hatten beschlossen, jeweils in ihren Bereichen deutsche Nachrichten-Agenturen unter ihrem Kommando aufzubauen. In der wilhelminischen Zeit und in der Republik hatte das zentrale deutsche Nachrichtenbüro »Wolffs Telegrafenbüro« geheißen. Goebbels taufte es dann in »Deutsches Nachrichtenbüro« um; dessen Organisation und technische Einrichtungen waren natürlich vom Sturmwind des Krieges verweht worden. Dellmer richtete also im Augenblick in der britischen Zone ein Nachrichtenbüro ein, und da Dellmer Engländer war und er es im englischen Auftrage tat, so sollte es den Namen »German News Service« – abgekürzt »G. N. S.« – erhalten. Es sollte alle Nachrichten aus der Welt heranschaffen, die man für geeignet hielt, in Deutschland verbreitet zu werden. Auch die Nachrichtensendungen des Rundfunks mußten später von ihm gespeist werden. Ich fragte sofort: »Aber es gibt doch noch gar keine Zeitungen in Deutschland. Wer soll denn die Nachrichten drucken?«

Er antwortete: »Zeitungen erscheinen schon in den nächsten Tagen. Die Press Sections in den deutschen Städten werden deutsche Journalisten beauftragen, die Blätter herzustellen. Selbstverständlich jeweils unter englischer Aufsicht.«
Ich war also offenbar genau an der richtigen Stelle. Ich konnte mir im Augenblick nicht vorstellen, daß ich, was die Art der Nachrichtengebung und die Verbreitung von Nachrichten angeht, mit den Engländern nicht eines Sinnes sein würde. Was sie für gut hielten, dachte ich, würde ich auch für gut halten, was die Form der Nachrichten und was den Inhalt anbetrifft. Während wir miteinander sprachen, trugen englische Soldaten, unter Aufsicht eines Sergeanten, ununterbrochen Stühle, Schränke, Tische, Möbel und was sonst noch gebraucht wurde, in das Haus hinein.
Dellmer stellte mich seinem staff vor. Im Augenblick wußte ich nicht, daß ich bei diesen Männern diejenigen Leute vor mir hatte, die die Kriegspropaganda gegen Deutschland unter ihm geleistet hatten. Ihre Namen – meistens ins Englische changiert – vernahm ich zum ersten Mal. Niemand von ihnen war, bevor er in Dellmers Hände kam, Journalist gewesen, und in Dellmers Hände waren sie alle als Emigranten geraten. Einer war wenigstens in einem dem Journalismus benachbarten Beruf tätig gewesen, und zwar als Angestellter eines Berliner Manuskript-Vertriebes.
Den Inhaber dieser sehr angesehenen Firma – der nach New York emigriert war – besuchte ich 1939 in Amerika. Dort hatte er mit anderen, auch mir bekannten Leuten eine Bild-Agentur aufgemacht, die schnell zur Bedeutung gekommen war. Wir saßen zusammen, und dann sagte er zu mir: »In meinem Büro sitzt jemand, der Sie gern sprechen möchte.«
Dieser Jemand war Hermann Ullstein – mein früherer, von mir verehrter und geliebter Chef. Wir tranken miteinander Kaffee und waren nicht heiter.
Die Partie an der Rothenbaumchaussee stand ein bißchen ungleich. Dellmers Leute wußten alle, wer ich war. Von ihnen wußte ich nichts. Das war für mich schlecht.
Dellmer wurde plötzlich abgerufen. Während er ging, rief er mir zu: »Fangen Sie morgen früh bei uns an!«
Kaum war Dellmer gegangen, da wurde die Atmosphäre für mich weniger freundlich. Ich begriff, daß ich allen im Wege stand, und sie machten mir das durch ihre Mienen auch klar.
Ich ging nach Hause.
Nach Hause!
Das oberste Stockwerk des Hamburger Pressehauses, in dem die parteiamtlichen Zeitungen des Dritten Reiches gedruckt worden waren, war ausgebombt worden. Eine wilde Mischung von Stahlträgern, Betonmassen

und sonstigen Trümmern bedeckte das nunmehr flache Dach des Hauses, auf dem ein winziger Flügel stehengeblieben war. In diesem Flügel hatte ich mir ein Quartier organisiert, und zwar folgendermaßen:
Richard Tüngel war gut bekannt mit einem Hamburger Anwalt – Dr. Gerd Bucerius –, einem Manne von untadeliger politischer Vergangenheit. Der wurde von den Engländern mit der treuhänderischen Verwaltung dieses Pressehauses betraut. Er war also custodian des Hamburger Pressehauses.
Tüngel sagte mir: »Gehen Sie mal zu Bucerius, grüßen Sie ihn von mir und fragen Sie, ob er Sie nicht im Pressehaus unterbringen kann.«
Niemand von uns Deutschen, die damals heimat- und quartierlos unter Trümmern lebten, glaubte so ganz besonders stark an das Gute im Menschen. Ich natürlich auch nicht. So machte ich mir also – bevor ich zu Dr. Bucerius ging – einen Plan. Folgendermaßen führte ich ihn aus:
Ich ging zu ihm hin. Er saß im fünften Stock des Pressehauses, also in dem kleinen stehengebliebenen Flügel, in einem Zimmer auf dem Schreibtisch. Umgeben war er von vielen Papieren und diktierte seiner Sekretärin. Ich sagte ihm meinen Namen.
Er: »Tüngel hat mir schon von Ihnen erzählt.«
Das war mir angenehm. Er fragte weiter: »Was kann ich für Sie tun?«
Ich antwortete: »Da ist doch dieser Major Wilson hier von der Property Control. Die Press Section, für die ich arbeite, hat mich zu ihm geschickt. Der hat mich wieder zu Ihnen geschickt. Sie möchten so gut sein, mir vorläufig hier irgendwo einen Raum zu geben, wo ich leben kann.«
»Gut«, sagte er, »gewiß. Da muß da hinten links noch ein großes Zimmer sein. Sie müssen den Hausmeister schon selber suchen. Und sagen Sie ihm, er solle Ihnen dieses Zimmer öffnen.«
»Vielen Dank«, sagte ich.
Wie ich an der Tür war, rief er mir zu: »Grüßen Sie Tüngel und den Major Wilson.«
Den Tüngel gab es durchaus, den Major Wilson gab es nicht. Den hatte ich erfunden. Ich kannte damals noch keinen Menschen von der britischen Press Section.
Den Hausmeister fand ich natürlich schnell und wechselte mit ihm einen Händedruck so inhaltsschwer, daß er unsere ganzen Beziehungen für die Zukunft bestimmte. Er schloß mir das Zimmer auf, von dem Dr. Bucerius gesprochen hatte, und ich sah mich ratlos um. An den Wänden waren Hell-Writer, Fernschreiber, Doppelkopfhörer zum Abhören von Telefongesprächen und Rohrpostleitungen. In die Ecke des Raumes hatte man eine große, schalldicht abgesicherte Zelle eingebaut. Ein Lautsprecher-Telefon, in die Wand eingelassen, hatte hier seine Nachrichten ausge-

spuckt, und der Stenograf der Aufnahme hatte sie dann niedergeschrieben.
Mein Herz klopfte. Ich nahm das nicht für einen Zufall, sondern verlieh dem Vorgang in meinem Innern eine tiefere Bedeutung. Es war ein Scherz des Schicksals; aber die Ironie schien mir nicht zu fehlen. Die Ironie bestand darin, daß dieses alles – tot, gestorben und dahin – da stand und da lag. Der Raum war groß, seine Fenster noch heil, Tische und Stühle vorhanden. Aber die Decke! Das war eine sagenhafte Decke! Aus ihr hing das Stroh bis ins Zimmer hinein, und wenn es regnen würde, mußten die Wasser den Raum überfluten – das meinte auch der Hausmeister. Ich glaubte, man müsse der Decke die »Haare« schneiden, dann könne man es behaglich haben. An eine Abdichtung der Decke konnte man später denken. Im Augenblick regnete es nicht, sondern draußen schien die Sonne. Ich entdeckte Wasserhahn und Waschbecken. Das Wasser lief. Das elektrische Licht brannte. Was wollte ich im Augenblick mehr?
Der Hausmeister aber fragte: »Und wo wollen Sie schlafen?«
Wo sollte ich schlafen?
Der Hausmeister schlug vor: »Wir haben im ehemaligen Luftschutzkeller noch ein paar Strohsäcke. Soll ich Ihnen einen heraufholen?«
Er holte einen herauf. Ich würde mich des Nachts in meine schöne schottische Decke einhüllen, um, von ihr gewärmt, von der Zukunft zu träumen. Sobald der Mann draußen war, ging ich ans Telefon, hob es ab – Strom war in der Leitung. Das war geradezu unglaubhaft und sehr wichtig; denn die Hamburger Telefone waren zu diesem Zeitpunkt noch alle gesperrt.
Es wurde Abend. Ich sah aus dem Fenster; die Bewohner der Hansestadt eilten ihren Behausungen zu, soweit sie noch solche hatten, denn die Zeit des curfew kam heran. Ich ging derweil zwischen meinen gestorbenen Apparaturen auf und ab und kam mir unendlich verlassen vor. Ich machte einen Gang durch das Haus. Die Etagen waren völlig verlassen, die Türen geschlossen. Alles erschien mir gespenstisch. Als ich ins Erdgeschoß kam, sah ich in der Ritze einer eisernen Tür Licht. Ich öffnete diese eiserne Tür und stand in einer großen Halle vor einer prächtigen Rotationsmaschine. Mir klopfte das Herz.
Eine Rotationsmaschine! Auch sie war gestorben. Ganz langsam ging ich um sie herum und sah sie verliebt an; in Träumerei verfiel ich. Was gibt es auf der Welt Schöneres als eine Rotationsmaschine? Immer, wenn in der Berliner Illustrierten Zeitung eine lange Geschichte von mir lief, war ich nach Tempelhof hinausgefahren, und dort habe ich zugesehen, wie die Rotationsmaschine meine Geschichte – meine Geschichte! – in Millionen von Exemplaren in die Welt hinausschleuderte. Meine allererste

Nachricht, für die Vossische Zeitung verfaßt, hatte ich durch alle Stufen verfolgt. In der Setzerei hatte ich dabeigestanden, wie sie gesetzt wurde. Ich war beim Umbruch anwesend, bis man mich wegjagte, und ich war in die Werkstatt gegangen, in der gematert wurde; ich hatte schließlich an der Rotationsmaschine in der Kochstraße gestanden. Ich wollte bei der Geburt meines Kindes anwesend sein.

Wer dieses Gefühl nicht kennt, wer nicht fasziniert betrachtet, wie das Ergebnis seines geistigen Handwerks hinausgeschleudert wird, wer nicht verliebt ist in eine Rotationsmaschine – der ist kein Journalist!

Wie ich nun da so träumend stand, lösten sich aus dem Halbdunkel des hinteren Raumes zwei Gestalten. Zwei Männer kamen langsam auf mich zu. Der eine fragte: »Wer sind Sie? Und was wollen Sie hier?«

Ich stellte mich vor und beschrieb die Umstände, unter denen ich ins Haus gekommen war.

Die Männer schwiegen und sahen mich lange an. Dann sagten sie: »Sie sind also ein Journalist? Früher von Ullstein? Kommen Sie mal mit!«

Wir gingen weiter und kamen in einen Raum, in dem lauter Setzmaschinen standen. Linotypes und Monotypes. O Gott! Ich verliebte mich sofort auch in diese armen, toten Maschinen. Der eine zeigte mit der Hand auf eine Monotype und sagte: »Was ist das?«

Ich sagte: »Das ist eine Monotype!«

Von diesem Augenblick an waren wir Freunde.

Und ich fragte: »Und wer sind Sie, meine Herren?«

Die Männer waren Setzer und Drucker in diesem Betrieb gewesen, und sie waren im Auftrag der Belegschaft zur Wache in der Nacht erschienen, denn die brave Belegschaft wünschte nicht, daß aus ihrem Arbeitsbereich auch nur ein Stück Papier gestohlen würde. Mit der Wache wechselte die Belegschaft sich untereinander ab.

Nachdenklich meinte ich, wir sollten eigentlich einen trinken.

Die Herren nickten und sagten, das wäre keine schlechte Idee.

Aber woher sollten wir einen nehmen? Die Herren wiesen mit dem Daumen nach oben und meinten: »Hausmeister!«

Ich kletterte die vielen Treppen hinauf, fand irgendwo den Schein von Licht, klopfte an die Tür und stand im Zimmer des Hausmeisters. Der Dialog spielte sich in einer für die Hansestadt Hamburg typischen, klaren und knappen Form ab.

Ich sagte: »Möchte eigentlich gerne etwas zu trinken haben.«

Er sagte: »Hab nur ein bißchen Gin!«

Ich fragte: »Englischen Gin?«

Er sagte: »Ja!«

Bezahlte eine Flasche englischen Gin und ging wieder die Treppe hin-

unter. Die beiden anderen holten Gläser. Wir setzten uns neben die Rotationsmaschine. Sahen uns melancholisch an, und ich brachte den Toast aus:
»Auf daß hier wieder alles läuft!«
Die anderen antworteten ebenso: »Auf daß hier alles wieder läuft!«
Wir tranken das erste Glas. Wir tranken in der Nacht so viele Gläser, wie in der Flasche gewesen waren. Und das war gut; denn das Gefühl von Verlassenheit fiel von mir ab. Als ich die Hand auf die Klinke meiner Tür legte, raschelte es hinter dieser Tür. Ich riß sie auf und sah im Schein der elektrischen Lampe des Korridors eine Armee von Ratten nach oben verschwinden.
Diese Ratten blieben unsere Lebensgefährten, bis wir das Pressehaus verließen. Ich sage wir, denn bald kam Frau Berndorff, die veranlaßte, daß der Decke die »Haare« geschnitten wurden. Es kamen zwei eiserne Bettstellen mit Matratzen. Die Ratten blieben.
Richard Tüngel zog auch ins Pressehaus – er wohnte uns gegenüber. Auch ihn besuchten die Ratten. Die älteste und schönste von ihnen war die Ratte »Amanda«. Sie sah in der Nacht oft zu Frau Berndorff und mir herunter, wenn wir in den Betten lagen. Ihre Augen leuchteten. Wenn sie uns am Tage ihre Achtung oder Verachtung beweisen wollte, so steckte sie ihren langen Schwanz derart nach unten, daß er zu uns ins Zimmer baumelte. Frau Berndorff litt unter der Ratte »Amanda« sehr.
Tüngel gewöhnte sich bald an sie. Wenn er ins Badezimmer ging, so schritt die Ratte ihm voraus. Auch ihn betrachtete »Amanda«, wenn er im Bett lag, durch die Decke.
Ich ging nun zu »G. N. S.«.
Dellmer war nicht da. Sein Vertreter setzte mich an einen Tisch, gab mir eine Schreibmaschine, Schreibmaterial und sagte mir, »G. N. S.« würde vier Tage blind laufen. Das hieß, man wolle vier Tage arbeiten – also Nachrichten verfassen und zusammenstellen – und so tun, als würden sie gesendet und als gäbe es schon wieder Zeitungen, die sie aufnähmen. Derart blind auf Probe zu arbeiten, ist Sitte in unserem Gewerbe. Die Ullstein-Zeitung »Tempo« ist mindestens zehn Tage blind gelaufen. Zehn Tage lang stellten wir »Tempo« her, aber immer nur in ein paar hundert Exemplaren für den Hausgebrauch.
Als erstes flog eine Meldung auf meinen Tisch von »Associated Press« – abgekürzt »A. P.« –, die besagte, daß irgendwo in der britischen Zone ein stellvertretender Gauleiter, der sich eine Weile lang in einem Schafstall verborgen gehalten hatte, verhaftet worden sei; von den Engländern.
Ein Herr, den ich bis dahin noch nicht gesehen hatte, kam und sagte: »Machen Sie das groß auf! Sie haben den Mann ja sicherlich gut gekannt!«

Ich hatte keinen einzigen Gauleiter gekannt. Schon erst recht keinen stellvertretenden; aber ich hielt es für vollkommen unnötig, dieses Manko zu offenbaren.

Ich setzte mich also hin und machte diese Routinearbeit. Ich weiß nicht mehr, wie der Verhaftete hieß; nennen wir ihn also »Heinrich Müller«.

Ich fing an:

»Der frühere stellvertretende Gauleiter Heinrich Müller ist in der vergangenen Nacht bei dem Orte Neudorf in einem Schafstall, in dem er sich verborgen gehalten hatte, verhaftet worden.«

Dann vermeldete ich die Umstände der Verhaftung. Beschrieb den Schauplatz und zählte anschließend die Karriere des stellvertretenden Gauleiters im Dritten Reich auf.

Die Meldung legte ich, nachdem ich sie geschrieben, auf den Tisch des »Editor«, des Mannes also, der die ganze blind laufende Ausgabe zusammenstellen sollte. Sofort stürzten sich alle Leute in Halbuniform auf meine Meldung.

»Halbuniform« muß ich deshalb sagen, weil sie alle in Militärhosen und Militärblusen ohne Rangabzeichen gekleidet waren. Es wurde mir bald klar, daß sie sehr darunter litten.

Ich sah mich um. Außer mir waren noch zwei, drei Deutsche da: die waren den Engländern schon vor mir zugelaufen und sollten, wie sich später herausstellte, auf die englische Art von deutschem Nachkriegs-Journalismus geschult werden.

Auf einmal kam ein Mädchen zu mir und sagte, ich möchte doch einmal mit ihr kommen. Das Mädchen war nett, und ich ging mit ihr. Sie brachte mich in einen kleinen Raum, der zum Garten des Hauses lag. Hier stand ein sehr schöner, alter Mahagoni-Tisch mit dem dazugehörenden Stuhl. Ein prächtiger Teppich verlieh dem Raum eine diskrete Wärme. Auf dem schönen Stuhl vor dem schönen Tisch saß – nun, nennen wir ihn Mister »X«.

»Bitte, nehmen Sie Platz«, sagte er gütig und wies auf den schlichten Stuhl vor seinem prächtigen Tisch. Bevor er mit mir sprach, nahm er ein Schlückchen von seinem guten, duftenden Tee, tat noch etwas Zucker in die Tasse, noch etwas Milch, rührte um und verzehrte die Hälfte eines Zwiebacks mit Butter und Orangenmarmelade.

»Sie werden umlernen müssen«, begann Mister X.

Langsam stopfte er seine Pfeife. Sie war nicht sehr schön, und ich dachte an meine gute Dunhill, die ich durch alle Fährnisse gerettet hatte.

»Ja, Sie werden umlernen müssen, sonst können wir Sie nicht gebrauchen. Diese Meldung haben Sie doch geschrieben, nicht wahr?«

Er gab mir meinen verhafteten stellvertretenden Gauleiter.

Ich nickte nur.

»Das ist antiquiert. Völlig antiquiert. Haben Sie vergessen, daß Krieg gewesen ist?«

Ich schwieg.

»Sie haben auch wohl vergessen, daß Drittes Reich gewesen ist. Wir haben natürlich die Erfahrung gemacht, daß die Deutschen den Krieg und das Dritte Reich so schnell wie möglich vergessen möchten, und es ist unsere Aufgabe, dafür zu sorgen, daß ihnen das nicht gelingt.«

»Meinetwegen«, sagte ich. »Das ist ja nun Ihre Sache. Aber was hat das mit der Meldung von dem verhafteten Gauleiter zu tun?«

Er nahm ein Papier von seinem Schreibtisch und sagte: »Lesen Sie einmal!«

Das, was ich jetzt las, sah nach meiner Erinnerung etwa folgendermaßen aus:

»Den gräßlichen Tod von hunderttausend Männern und Frauen, das Elend von vielen Familien, weinenden Kindern und fluchenden Greisen hat verschuldet ein Mann, den der Scharfsinn der britischen Militärpolizei in der vergangenen Nacht bei dem Orte Neudorf aus einem Schafstall, in dem er sich feigerweise verborgen gehalten hatte, herausholte.«

»Das ist doch nicht Ihr Ernst?« sagte ich.

Mr. X. fuhr zurück: »Was sagten Sie?«

Ich sagte: »Das ist doch nicht Ihr Ernst?«

»Hm«, meinte er, »es ist nicht so, daß ich besonders empfindlich wäre. Der Krieg härtet den Mann. Aber es würde gut für Sie sein, Ihre Ausdrucksweise in Zukunft etwas zu modifizieren. Ich entnehme aber Ihren Worten, daß Sie diese Fassung mißbilligen? Und warum? Wollen Sie bestreiten, daß ein stellvertretender Gauleiter all das begangen hat, was ich präziserweise im ersten Satz sagte?«

»Ich habe keine Ahnung, was ein stellvertretender Gauleiter im Dritten Reich zu tun hatte. Aber die Nachricht ist doch die, daß der Mann verhaftet worden ist. Hat er hunderttausend Leute umgebracht? Dann liegt das in der Vergangenheit und nicht in der Gegenwart. Die Nachricht ist die Verhaftung. Die gehört in den ersten Satz. Wenn Sie recherchieren können, daß der Mann diese Untaten begangen hat, wie Sie behaupten, dann können Sie das in den zweiten Satz stellen.«

»Wir kommen der Sache schon näher. Für normale Zeiten könnte man Ihre Meinung vielleicht teilen. Aber wir sind hier, um den Deutschen in jeder Nachricht klarzumachen, was sie verbrochen haben. Infolgedessen gehören die hunderttausend Toten an die Spitze der Nachrichten.«

»Die gehören nicht dorthin!«

»Warum nicht?«

»Wollen Sie bitte einmal unterstellen, ich wäre der Meinung, daß man den Deutschen ununterbrochen vorwerfen müsse, sie hätten Verbrechen begangen. Dann können Sie das doch in keiner Meldung im ersten Satz sagen!«

Er wurde heftig: »Und warum nicht, wenn ich Sie das fragen darf?«

Ich las von dem Papier ab: »Ihre Meldung beginnt mit folgenden Worten: ›Den gräßlichen Tod von hunderttausend Männern und Frauen‹. Das liest kein Deutscher weiter. Davon hat er genug.«

»Ja, zum Donnerwetter, ich habe Ihnen doch eben gesagt, daß wir es eben verhindern möchten, daß die Deutschen davon genug haben, daß sie ...«

»Nee«, sagte ich, »die haben die eigenen Toten auch gesehen! Deshalb scheuen sie solche Sätze. Und Sie wollen doch erreichen, daß die Deutschen Ihre Nachrichten lesen!«

»Ich danke Ihnen«, sagte er böse.

Ich ging.

Am Abend sah ich mir die »Blind-Ausgabe« von »G. N. S.« an. Dellmer war noch immer nicht da. Der stellvertretende Gauleiter begann mit dem Satz: »Den gräßlichen Tod von hunderttausend Männern und Frauen ...«

Ich saß noch über dem Packen Papier, als Dellmer kam. Er riß sich den Rock vom Leibe und begann zu lesen.

Plötzlich brüllte er auf englisch: »Wer hat diesen Quatsch gemacht mit dem Gauleiter?«

Irgendeiner rief: »Herr Berndorff!«

Ich ging hin und sah Dellmer über die Schulter: »Toller Unsinn, was?« fragte ich ihn.

Alle Augen im Raume waren auf Dellmer und mich gerichtet. Er trat mich heimlich und zärtlich vor das Schienbein: »Halten Sie den Mund!« sagte er und griente.

Er redigierte den ganzen Packen noch einmal durch und ließ ihn neu abschreiben. Die Meldung hieß jetzt: ›Der stellvertretende Gauleiter Heinrich Müller ist in der vergangenen Nacht bei dem Orte Neudorf in einem Schafstall, in dem er sich verborgen gehalten hatte, verhaftet worden.‹

»G. N. S.« lief schon »sehend« und nicht mehr »blind«, als mich in der Redaktion ein Captain ansprach.

Der sagte zu mir auf englisch: »Kommen Sie mal mit auf die Straße!«

Der Mann sah glänzend aus, war schlank und hochgewachsen. Ein echter Engländer in echter Captain-Uniform.

»Nice people?« fragte er mich, »nette Leute, was?«

»Gehören Sie auch dazu?«

»Na ja! Ich bin Reserveoffizier und hoffe, daß meine Zeit bald um ist.

Ich habe in England nämlich einen Job.«
›Aha‹, dachte ich, ›er hat in England einen Job. Das ist ein bißchen anzüglich gegen die anderen.‹
»Was für einen Job haben Sie denn, Sir?« fragte ich.
»Denselben wie Sie«, eröffnete er mir, während wir die Rothenbaumchaussee entlanggingen.
»Nanu! Wie heißen Sie denn?«
Er nannte seinen Namen.
Und darauf nannte ich ihm die Zeitung, bei der er als Reporter fungierte. Das freute ihn sehr.
Dann bewies er mir, daß er mich oft gelesen hatte. Er nannte meine Bücher, die in England erschienen waren. So hatten wir uns nichts Unfreundliches zu sagen.
»Machen Sie, daß Sie bei ›G. N. S.‹ rauskommen!«
»Aber nein!« sagte ich, »keineswegs! Mich interessiert das sehr.«
»Zu gefährlich«, knurrte er. »Ein Deutscher, der einen Besatzungsangehörigen erschlägt, wird aufgehängt.«
»Ich erschlage bestimmt keinen.«
»Giftmord ist besser, aber, wenn's rauskommt, auch ganz schlecht!«
»Sir!« sagte ich.
»Für Sie heiße ich Robby«, antwortete er, »ich habe Sie nicht auf die Straße gebeten, um Ihnen das alles zu sagen, sondern ich muß etwas anderes mit Ihnen besprechen. Morgen werden die Gewerkschaften in Hamburg wieder zugelassen. Der General kommt, eröffnet diesen Beschluß den einzelnen Gewerkschaftsführern, gratuliert ihnen und möchte jeden einzelnen vorgestellt haben. Ich glaube, das sind so an die dreißig oder vierzig Leute.« Er seufzte. »Den offiziellen Bericht über diese Geschichte, also den für die englische Öffentlichkeit, erwartet der General von mir. Den für die deutsche Öffentlichkeit sollen Sie machen. Nun besteht die Schwierigkeit für mich darin, daß ich nichts von den Gewerkschaften weiß. Ich reserviere mir bei meinem Blatt alle Kriminalfälle, und außerdem bin ich ein Konservativer – ein Tory. Also nun müssen Sie folgendes tun: heute abend oder morgen vormittag sich alles sagen lassen, was es über die Hamburger Gewerkschaften zu sagen gibt, und von jedem einzelnen Mann, der da sein wird, ein paar Personaldaten zusammentragen.«
»Das ist keine große Schwierigkeit«, meinte ich.
»Wenn wir das hinter uns haben, machen Sie den Bericht. Damit müssen Sie aber sehr schnell machen, weil Sie ihn ins Englische übersetzen lassen müssen. Wenn uns nämlich A. P. und U. P. zuvorkommen, kriege ich Ärger.«

Ich überlegte mir die Sache und sagte ihm dann, er könne sich darauf verlassen, daß wir die Ersten sein würden. Aber dann wollte ich etwas wissen. »Ich verstehe das nicht ganz«, sagte ich, »der oberste General der britischen Besatzungsarmee in Deutschland hat doch gestern schon mit den obersten Gewerkschaftsführern gesprochen. Die Gewerkschaften sind wieder zugelassen. Das habe ich bei Associated Press gelesen. Warum wollen Sie nun dieses Hamburger Lokal-Ereignis noch hinausposaunen?«
Robby schüttelte den Kopf.
»Das können Sie sich nicht denken? Wir stehen in England vor den Wahlen! Die konservative Regierung, die im Augenblick am Ruder ist, muß der Bevölkerung doch beweisen, daß auch sie Interesse für deutsche Gewerkschaften hat.«
»Ach so«, sagte ich, »das ist natürlich etwas anderes.«
Einen Curfew-Befreiungsschein hatte ich mittlerweile bekommen, und so brauste ich am Abend bei den Gewerkschaftsführern herum, verschaffte mir die Liste der Leute, die vom General begrüßt werden sollten; die Namen der Männer und ihre Personalnotizen.
Die Sache sollte vor dem Gewerkschaftshause vor sich gehen. Nun war alles ganz einfach. Ich schrieb in der Nacht, bevor das alles stattfand, die Meldung. Die einzige Schwierigkeit war die: Was sagt ein englischer General, wenn er Gewerkschaftler beglückwünscht? Ich ging zu Richard Tüngel.
Tüngel spielte sofort britischen General und sagte herrliche Sätze: »Die britische Besatzungsmacht nimmt die deutschen Gewerkschaften deshalb unter ihren Schutz, weil die siegreiche britische Armee sie von ihren Unterdrückern befreit hat.«
Was die Gewerkschaftler sagen würden, das hatte man mir vorher gesagt. Dann trieb ich noch ein Mädchen auf, das in einem englischen Zeitungsbüro in London gearbeitet hatte. Sie übertrug mir das alles in eine englische Zeitungssprache.
Am nächsten Morgen lud mich Robby in einen Jeep. Vorn saß der Fahrer, neben ihm ein Sergeant. Im Fond Robby und ich. Robby flüsterte mir zu: »Deutscher Gin ist letzter Dreck!«
»Warum trinken Sie deutschen Gin?« flüsterte ich zurück.
Robby zischte böse: »Deutsches Mädchen hatte keinen anderen!«
Wie wir vor dem Gewerkschaftshaus ankamen, standen da ein paar Dutzend Männer. Natürlich in Rudeln, und unterhielten sich in der Sonne. Wir kletterten aus dem Wagen. Der Sergeant murrte; er sagte zu Robby: »Sir, das geht nicht! Sind das da etwa diese Deutschen, mit denen der General sprechen soll? Wenn sie es sind, so müßte man ihnen sagen, daß sie sich ordentlich hinstellen sollen. Sie dürfen auch nicht rauchen!«

Robby sagte zu mir: »Stell mal die Leute ordentlich hin!«
Ich antwortete: »Der Satan soll dich holen! Bist du Captain oder bin ich Captain?«
Der Sergeant zu Robby: »Sir, Sie sollten wirklich diesem Deutschen, den wir da im Wagen haben, befehlen, zu den Leuten hinzugehen und ihnen mit Nachdruck zu sagen, daß jetzt bald ein General Seiner Großbritannischen Majestät erscheint. Sollten die Leute nicht begreifen, was das bedeutet, so müßte der Deutsche den Auftrag erhalten, ihnen das klarzumachen.«
»Mach schon!« sagte Robby zu mir.
Ich suchte mir von den Männern denjenigen aus, der mir am einflußreichsten erschien. Zu ihm ging ich, sagte, ich käme von dem englischen Nachrichtenbüro, das über die Angelegenheit berichten würde. Kaum hatte ich das gesagt, da schossen zwei Wagen heran. Wie sich später herausstellte, saß in dem einen der Kollege von Associated Press und in dem anderen der von United Press. Ein Amerikaner und ein Engländer. Die beiden stürzten auf Robby zu und zeigten ihre Ausweise. Robby befahl ihnen, recht entfernt zu warten. Diese Schmutz-Konkurrenz!
Ich sagte zu dem Manne, den ich angesprochen hatte, jetzt käme also ein britischer General und es würde vielleicht höflich sein, wenn sich die Herren alle in einer Reihe aufstellen würden. Der General wolle nämlich auch mit jedem einzelnen sprechen. Ob er eine Liste der Anwesenden habe?
Sofort erbebte der Platz, denn der Mann brüllte:
»Mal herhören! Alles in einer Reihe antreten!«
Alles trat in einer Reihe an. Ich sah mich um. Der Sergeant griente; Robby war grün im Gesicht – deutsches Mädchen hatte nur deutschen Gin –. Ich erinnerte meinen Mann an die Liste. Er brüllte: »Hat einer die Liste der Anwesenden?«
Niemand hatte die Liste der Anwesenden.
Niemand – außer mir.
Wir formierten jetzt alles um. Nach meiner Liste.
Der General kam.
Mit Adjutant und Ordonnanzoffizier. Robby stürzte ihm entgegen. Machte Männchen. Der General trat vor die Front. Associated- und United-Press-Kollegen stürzten heran. Robby und der Sergeant traten ihnen entgegen, und ich hörte, wie Robby rief: »Nicht während des Aktes!«
Ich blieb hinter dem General. Er sah wohlgefällig auf die stillstehende und gut ausgerichtete Front von Männern und sagte, er beglückwünsche die Herren dazu, daß ihr Verband wieder ins Leben gerufen werde. Die briti-

sche Besatzungsmacht nähme die neuen deutschen Gewerkschaften deshalb unter ihren Schutz, weil die siegreiche britische Armee sie von ihren Unterdrückern befreit habe.

Dann ging der General zum rechten Flügel, und ich wußte, was jetzt kommen würde. Ich winkte hinter seinem Rücken Robby heran, gab ihm beide Berichte – den englischen und den deutschen – und sagte: »Hau ab und spuck das aus!«

Er haute ab. Ich gesellte mich dem General zu und stellte ihm an Hand meiner Liste und der Personal-Daten jeden einzelnen Mann vor.

Als ich damit fertig war, sah ich, wie der Jeep mit dem Sergeanten wieder vorfuhr.

Einige der Gewerkschaftsführer hielten kleine Ansprachen an den General.

Der General verstand kein Wort. Nach jeder Ansprache sagte er zu dem Redner: »Thank you!« Dann grüßte er alle und sagte zu mir, er freue sich, daß die Führung der Hamburger Gewerkschaften in so geschickten Händen läge wie den meinen.

Ich ging zu dem Sergeanten. Der griente noch immer und fuhr mich zur Rothenbaumchaussee. Robby nahm mich beiseite und sagte: »Komm mit in mein Quartier! Da sind ein paar Mädchen!«

Ich wollte nicht: »Deutscher Gin?«

»Nein«, sagte Robby, »ich habe sechs Lunchpakete und zwei Flaschen Gordon hingeschickt.«

Was sollte man da machen?

Berndorff erfährt,
daß die deutschen Atomforscher nach England gebracht worden sind

In jeder Stadt und in jedem Landkreis erschien ein Militärblatt. So gab es in der britischen Zone eine ganze Menge von Blättern. In der britischen Zone bekamen sie ihre Nachrichten ausschließlich durch uns – durch G. N. S. Wenn ich mir ansah, was sie so ausspuckten, wurde ich weiß vor Zorn. Alles, was irgendein Staatsmann der Siegermächte über den vergangenen Krieg und über den augenblicklichen Waffenstillstand gesagt hatte, wurde wörtlich durch den Äther gesandt. Die jeweiligen Verlautbarungen der britischen Generäle ebenfalls. Gleichfalls spaltenlang, was Thomas Mann und andere gesagt hatten.
Aber alles das wollte die deutsche Bevölkerung im Augenblick ja gar nicht wissen. Ein Journalist konnte sich an seinen fünf Fingern abzählen, was die Deutschen zu erfahren wünschten. Genau das nämlich, was ich dem Lübecker Offizier schon gesagt hatte. Sie wollten erfahren, welche Züge für die Zivilbevölkerung benutzbar waren. Sie wollten hören, welche Brücken über Flüsse und Ströme wieder passierbar waren. Wie die Sperrstunden für das Licht lagen. Eine Fülle von lebenswichtigen Alltäglichkeiten wünschte die Bevölkerung zu wissen. Kaum etwas davon aber hörte sie durch uns.
Vom alten Ullstein Verlag war noch der erste Reporter der Tageszeitungen – Gustav Döring, genannt Guschi – bei G. N. S. erschienen, und wir beide machten uns daran, den innerdeutschen Nachrichtendienst, natürlich nur in der britischen Zone, zu organisieren. Wir verwendeten viel Zeit und Mühe darauf, für die Städte und Bezirke Korrespondenten anzuheuern. Wir langweilten die Halbuniformierten ständig mit dem Verlangen, der Bevölkerung die Zonengrenzen mitzuteilen. Aber man lehnte unsere Ermahnungen ab.

Zu diesem Thema erlebte ich eines Tages eine hübsche Illustration. Ein mir bekannter Verleger aus Berlin, der Landkarten herstellte und vertrieb, kam zu mir und jammerte: die alliierte Kontrollkommission in Berlin habe ihm ein Landesverratsverfahren an den Hals gehängt, weil er eine Karte mit den Zonengrenzen gedruckt hatte! Ich glaube, er war dergestalt an die Karte gekommen, daß er sie in einem britischen Dienstzimmer fotografiert hatte. Er wollte wissen, welches Land er nun eigentlich an welches verraten habe.

Über das Schicksal der Kriegsgefangenen schwiegen sich alle alliierten Nachrichtendienste aus. Was aber gedachten Amerika, England, Frankreich, die Ostblockstaaten – voran die UdSSR – mit diesen Gefangenen zu tun? Würden sie jemals nach Hause kommen? Man erklärte mich für irrsinnig, als ich vorschlug, man solle mich beauftragen, TASS zu bitten, uns darüber eine ausführliche Mitteilung zu geben. Eines Mittags – als alle Halbuniformierten in ihre Messe gegangen waren – besorgte ich mir ein Gespräch mit TASS, und zwar mit der russischen Filiale in Berlin. Ich erfuhr eine ganze Menge. Die dortigen Kollegen hielten mit ihrer Meinung über die Entwicklung der Gefangenenfrage in Rußland nicht hinter dem Berge. Bei diesem Gespräch war von Politik überhaupt nicht die Rede. Uns interessierten im Augenblick die Menschen.
Der Krach, als die Halbuniformierten vom Lunch zurückkamen! Nichts wurde gesendet! Dieser Krach! Für diese Leute waren wir ganz allgemein »Nazis«. Aber jetzt war ich ein ganz böses Tier – ich war ein »kommunistischer Nazi«.
Wir hatten einen einzigen Mann bei G. N. S. – Mr. Linder –, der vollkommen begriff, was für ein Unsinn hier geschah. Aber Mr. Linder tat das klügste, was er tun konnte: nachdem er sich so lange auf die Seite des realen Journalismus gestellt hatte, bis er den anderen unbequem wurde, verzog er sich in eine bessere Position nach Berlin.
Im Juli 1945 wurde die Unruhe in dem Büro von G. N. S. sehr groß. Am 26. des Monats sollte das Resultat der englischen Wahlen mitgeteilt werden.
Der Wahlvorgang selber war recht kompliziert. Offiziere, Unteroffiziere und Soldaten hatten das Recht, zu wählen, und machten davon ausgiebig Gebrauch. Die englische Armee, die Flotte, die Luftwaffe aber waren über die ganze Welt verteilt. Die Resultate der Wahlen wurden natürlich geheimgehalten. Die Abstimmungsurnen mußten nach London geschickt und die Stimmen dort unter Beobachtung aller vorgeschriebenen Formalitäten gezählt werden.
Unsere Halbuniformierten waren nervös, aber zuversichtlich. Sie ver-

wickelten Döring und mich in manches Gespräch über die Zukunft. Sie bewiesen sich selbst und uns, daß die Wahl gut für die Konservativen verlaufen müsse. Eine Regierung, die ihre Soldaten so glücklich und siegreich zum Siege geführt habe, werde selbstverständlich von den Geführten wiedergewählt werden.

Mit viel Herablassung riet man uns, völlig zu kapitulieren und uns ihren Sitten und Gebräuchen anzupassen und jede Hoffnung auf eine deutsche, von den Besatzungsmächten nicht kontrollierte Presse aufzugeben. Döring und ich machten Pläne. Ich hoffte, daß es mir durch einige internationale Beziehungen einflußreicher Art möglich sein würde, zweiter oder dritter Angestellter bei einer Tankstelle zu werden. Guschi dachte an ein kleines Lebensmittelgeschäft; aber da er in ihm auch kräftigende Getränke führen wollte, riet ich ihm von diesem Plan ab.

Guschi und ich waren im Juli auch recht unruhig. Weniger wegen der englischen Wahlen, sondern weil die großen Drei – Churchill, Truman und Stalin – in Potsdam über das Schicksal Deutschlands konferierten. Es gab in Potsdam keine deutschen Reporter; aber von den sehr geschickten amerikanischen und englischen Kollegen kamen viele Nachrichten in die Weltpresse. Unsere Halbuniformierten hatten sich in der Nachrichtengebung durch G. N. S. eine Strategie ausgedacht, die sie selbst für eine glänzende Erziehungsmaßnahme und die wir für idiotisch hielten. Es kamen täglich nur ganz kurze Meldungen durch G. N. S. an die deutsche Bevölkerung, und die hatten alle die Generaltendenz, daß die Deutschen schon noch erfahren würden, was man über sie beschließen werde, daß sie aber nicht glauben sollten, daß sie in naher Zukunft sich selbst regieren könnten. Natürlich hing die Hoffnung auf den Ausgang der Wahl mit dieser Nachrichtenpolitik zusammen. Es waren graue Tage für uns.

Als dann am 25. Juli die Stimmenzählung in London begann; als wir durch unsere Radioapparate die ersten Teilergebnisse hörten, dann zu G. N. S. stürzten; mit dem deutschen Funkpersonal kokelten; als uns in der Nacht klarwurde, welche Überraschung sich da anbahnte, schöpften wir einige Hoffnung. Am 26. Juli lasen wir ein paar Zeilen, die Churchill in die Welt hinausfunken ließ, und wußten, daß unsere Halbuniformierten – was die Hoffnung auf ihre Zukunft in Deutschland anbetraf – eine vernichtende Niederlage eingesteckt hatten.

Churchill ließ funken:

»Das britische Volk hat durch die heute gezählten Stimmen seinen Willen kundgetan. Ich habe daher das Amt, das mir in dunkleren Tagen anvertraut wurde, niedergelegt. Ich bedaure, daß es mir nicht vergönnt ist, meine Aufgabe auch gegen Japan zu beenden. Doch sind hierfür alle Pläne und Vorbereitungen getroffen, und das Ergebnis wird sich vielleicht früher ein-

stellen, als wir bisher erwarten durften. Auf der neuen Regierung ruht im In- wie im Ausland eine ungeheure Verantwortung, und so wollen wir alle hoffen, daß sie sie mit gutem Gelingen tragen wird.
Jetzt verbleibt mir nur noch, dem britischen Volk, in dessen Namen ich in diesen gefahrvollen Jahren gehandelt habe, meine tiefe Dankbarkeit dafür auszusprechen, daß es mich während der Dauer meiner Aufgabe so unerschrocken und unentwegt unterstützt und mir, seinem Diener, so zahlreiche Beweise seiner Freundschaft gegeben hat.«
Drei Tage lang glich unser Laden einem Leichenschauhaus. Dann hatten sich die Halbuniformierten eine neue Strategie ausgedacht. Nunmehr war die deutsche Sozialdemokratie schon immer ihre Lieblingspartei gewesen. Es gab ja eigentlich auch noch keine Sammlung der deutschen politischen Rechten. Das war alles erst im Werden. Jetzt hofierten sie die deutsche Linke mit Vehemenz. Jetzt wimmelte es bei uns von Sozialdemokraten. Jetzt gedachten sie natürlich, mit Unterstützung der deutschen Sozialdemokraten in Deutschland zu bleiben.
Wir merkten nur aus sehr winzigen atmosphärischen Dingen, daß ein genereller Wandel bevorstand. Im Grunde genommen waren wir aber pessimistisch wie zuvor. Döring sprach von ein paar Morgen Land, einer Kuh, ein paar Schafen und einem Schrotgewehr, mit dem er auf jeden Menschen schießen wollte, der etwa gar den Versuch machen sollte, ihm eine deutsche Zeitung ins Haus zu bringen.
Die Nachrichtensperre, die die Halbuniformierten über Deutschland legten, blieb.
Dieser ganze fahrlässige Unsinn erreichte am 6. August 1945 seinen Höhepunkt. An dem Tage nämlich, an dem die erste Atombombe auf Hiroshima in Japan geworfen wurde.
Die Tatsache, daß die Alliierten noch gegen Japan Krieg führten und daß die Japaner nach dem alliierten Sieg in Europa nicht aufgaben, hatte uns insgesamt natürlich sehr beschäftigt. Was im Pazifik vor sich ging, konnten wir Journalisten aus den englischen und amerikanischen Zeitungen ersehen. Die deutsche Bevölkerung bekam aber keine englischen und amerikanischen Zeitungen. Für G. N. S. existierte dieser Krieg kaum.
Im Juli kam Guschi Döring eines Abends in mein Quartier im Pressehaus und hatte eine geflüsterte Unterhaltung mit mir: unter vier Augen. »Die Engländer haben den Professor Hahn und eine mir noch unbekannte Anzahl von Wissenschaftlern seiner Art gekidnappt. Gib mir sofort etwas zu trinken!«
Guschi Döring war ein so guter Journalist, daß er die Aufforderung, ihm etwas zu trinken zu geben, deshalb niemals an den Beginn einer Unter-

haltung stellte, weil sie an sich nichts Neues war. Er wollte immer etwas zu trinken haben.
Ich dachte einen Augenblick nach. Professor Hahn? Ganz dunkel fiel mir ein: Direktor des Kaiser-Wilhelm-Institutes, Berlin, und so weiter …
»Atom-Zertrümmerung«, sagte Döring. Er fand das sensationell. »Denke an den Krieg gegen Japan! Können wir die Nachricht nicht an die Amerikaner verkaufen?«
Wir verkauften damals viele Nachrichten an die Amerikaner. Unser Honorar bestand in Zigaretten, Konserven und Alkohol.
Ich versuchte am nächsten Tage die Nachricht, von der ich gar nicht besonders viel hielt, an die amerikanische »Associated Press« zu verkaufen.
Der amerikanische Kollege schrie auf, er schrie tatsächlich auf, als ich mit meinen News herauskam.
»Um Gottes willen«, zischte er dann, »Sie haben keine Ahnung, wie heiß das Ding ist, das Sie da angefaßt haben! Vergessen Sie das sofort alles wieder um Ihrer eigenen Sicherheit willen! Ich will nichts damit zu tun haben! Sagen Sie niemals jemandem, daß Sie wegen dieser Sache mit mir gesprochen haben!«
Ich war ernstlich begriffsstutzig.
Er rang die Hände: »Mensch«, sagte er, »Sie können doch das Wort ›Atombombe‹ nicht in den Mund nehmen.«
Ich verließ ihn still und nachdenklich. Also es gab »Atombomben«? Also Atomwaffen, die man nach den wissenschaftlichen Erkenntnissen des Professors Hahn konstruiert hatte? Dann allerdings war es eine Sensation, daß die Engländer diesen Professor Hahn gekidnappt hatten.
Ich erzählte Döring meine Erlebnisse mit dem Amerikaner.
»Siehst du«, sagte er, »siehst du!«
Ich wollte Näheres über seine Informationen wissen.
Er sagte mir, daß Professor Hahn und die anderen von ihren Familien getrennt und insgeheim nach England gebracht worden seien. Dort hielte man sie im Augenblick streng isoliert.
Wir sprachen noch darüber, daß es ganz sinnlos sei, den Halbuniformierten unsere Kenntnisse zu offenbaren. Nach der Reaktion des Amerikaners konnte das sogar für uns gefährlich werden.
Und dann fiel am 6. August 1945 die Bombe.
Selbstverständlich erfuhren Döring und ich das sehr schnell durch unsere großen Radioapparate. Wir hörten es von London, von Paris und bekamen die ausführlichste Darstellung vom Radio Andorra. Wir telefonierten miteinander.
Döring meinte: »Wo ist diese Bombe nun hergestellt worden? In

Deutschland? Ist das die Geheimwaffe Hitlers? Ist sie auf deutschem Gebiet den Alliierten in die Hände gefallen?«
Ich ging über den Gang hinüber in das Zimmer, in dem Tüngel wohnte. Er war der Meinung, daß die Deutschen das Problem, wie man eine Atombombe konstruiert, nie gelöst hätten. »Sie entsinnen sich, Berndorff«, sagte er zu mir, »wie es mit Hitlers Wunderwaffe war. Nach dem 20. Juli ging ich zu einem Sprengstoff-Experten der preußischen Kriminalpolizei, den ich gut kannte. Ich wollte genau wissen, wie das Attentat verlaufen war. Und er sagte nur: ›Jedenfalls nicht so, wie es offiziell dargestellt wird. Sehen Sie sich diese Fotos vom Tatort an. Sie stehen völlig im Widerspruch zu dem, was über die Stärke der Explosion offiziell erzählt worden ist. Wäre es wirklich so gewesen, wie wir es glauben sollen, könnten Wände und Dach nicht so aussehen wie auf diesen Bildern.‹ Und dann sagte dieser Beamte weiter: ›Es gibt überhaupt neuerdings seltsame Berichte über Sprengstoff-Explosionen. Da kam ein Kollege von mir, der zum Allgemeinen Dienst gehört, gestern aus dem Osten zurück. Er sagte, auf einem Truppenübungsplatz in der Nähe von Warschau seien mit einer neuen Waffe Versuche gemacht worden, bei denen die Umgebung im weiten Umfange abgesperrt wurde. Einen Teil der Absperrung habe er selbst geleitet. Dabei habe es eine Explosion gegeben, bei der auf einer Strecke von 35 km die Bäume entlaubt, die Äste heruntergeschlagen und die Stämme zerfetzt worden seien.‹ Damals, Berndorff, glaubten wir beide, daß also an der Wunderwaffe doch etwas dran sein müsse. Einige Wochen später sprach ich mit Offizieren, die aus der Gegend von Warschau kamen. Sie sagten mir, eine solche Explosion habe niemals stattgefunden. Das könnten sie mir auf das genaueste versichern. Es war also ganz einfach zuverlässigen Leuten aufgetragen worden, solche Gerüchte zu verbreiten, um die Stimmung zu heben. Das deutsche Volk sollte an die Wunderwaffe, am besten gleich an die Atombombe, glauben. Hitler hat sie nie gehabt.«
Als ich das Pressehaus, in dem ich ja wohnte, verließ, um zu G. N. S. zu gehen, schritt ich ununterbrochen durch Menschenansammlungen auf Korridoren und Treppen. Ich stellte mich hin und beteiligte mich am Gespräch. Siehe da, alle Leute waren der Meinung, die auch Döring ausgesprochen hatte, das sei die gestohlene Atombombe Hitlers.
In der Straße dasselbe, in der Straßenbahn dasselbe.
Bei G. N. S. trat ich dafür ein, daß wir uns sofort von der amerikanischen »Associated Press« oder der amerikanischen »United Press« oder am besten von beiden eine genaue Darstellung des Vorganges geben lassen und daß wir vor allen Dingen verbreiten sollten, wo und wie diese Bombe gebaut worden war.

Das aber ging alles nicht.
Ich sagte, daß jetzt selbstverständlich eine große Greuel-Story durch die deutsche Bevölkerung ihren Weg machen würde:
Der Krieg sei nur durch einen dummen Zufall verlorengegangen, weil nämlich diese Atombombe Hitlers entweder erobert oder gestohlen worden sei. Oder Hitlers geniales Geheimrezept sei verraten worden.
Es half alles nichts.
Durch unsere völlig unzulängliche, törichte, dilettantische Manier, mit Nachrichten umzugehen, hat sich diese Greuel-Story, von der ich gesprochen, jahrelang in Deutschland gehalten.
Aber daran, wie auch an vielem anderen, auf das ich noch zu sprechen komme, sind keineswegs die Deutschen schuld. Sie haben sofort nach dem Kriege ein leidenschaftliches Interesse daran gehabt, zu erfahren, wie alles wirklich gewesen ist. Sie wollten keine Märchen, sie wollten keine »Propaganda«, sie wollten nichts hören als die Wahrheit. Die aber ausführlich! Und so dargestellt, daß es ihnen psychologisch möglich war, sie zu lesen. Und die haben sie zu der damaligen Zeit niemals erfahren. Das jedoch ist keineswegs die Schuld der deutschen Journalisten gewesen, sondern ausschließlich die Schuld irriger englischer Regierungsmaßnahmen.
Ich war drauf und dran, G. N. S. zu verlassen, als die Nachricht einlief, daß in Kürze der erste alliierte Prozeß gegen Leute stattfinden sollte, denen man »Kriegsverbrechen« vorwarf. In Lüneburg sollte das geschehen. Ich bemühte mich, zu erfahren, was vorging, und hörte, daß ein britisches Kriegsgericht gegen den Leiter des Konzentrationslagers von Bergen-Belsen, einen Mann namens Kramer, und seine Mitarbeiter verhandeln würde. Ich erfuhr auch so viel, daß ein ganzes Heer von Zeugen aufgeboten worden war und daß zum allerersten Male in aller Öffentlichkeit die Praxis und die Scheußlichkeit der deutschen Konzentrationslager offenbart werden sollten.
Lüneburg liegt dicht bei Hamburg. Ich hoffte, man würde mich hinschicken. Aber ich hätte es verstanden, wenn man keinen Deutschen mit der Berichterstattung beauftragt hätte.

Berndorff fährt zu dem ersten KZ-Prozeß nach Lüneburg

Der Termin des Lüneburger Prozesses kam näher. An einem Montag sollte er beginnen, und an einem Donnerstag – Dellmer war gar nicht da – wurde mir mitgeteilt, daß ich die Berichterstattung über den Lüneburger Prozeß übernehmen solle. Ich bekam auch einen staff. Zunächst den besten Stenografen, den ich jemals in Deutschland gesehen habe – wir nannten ihn Jacki. Dazu einen Fahrer mit einem Automobil. Der Fahrer hieß Hansen, sprach gut Englisch, da er zur See gefahren war, und nannte sich, weil er jetzt in englischen Diensten stand, »Driver Hansen«. Aber sofort und nicht zuletzt teilte man mir mit, daß mir ein Vorgesetzter bestimmt sei, ein Mann, der darauf zu achten habe, daß ich sowohl im Politischen nichts verfälsche, meine Pflicht tue und daß ich auch meine Meldung derart abfasse, wie es G. N. S. für richtig hielt.
Die letzte der Forderungen stimmte mich trübe.
Die Press Section in Lüneburg – es gab dort eine, und was für eine, das sollte ich bald erfahren – war von Hamburg aus angewiesen worden, für driver Hansen, für Jacki und für mich Quartier zu besorgen. Am Freitag vor dem Prozeß fuhren wir zunächst einmal nach Lüneburg, um die Quartiere auch zu sichern. Driver Hansen entwickelte sich bei dieser Fahrt mit unserem recht ältlichen Automobil als ein Fahrer von ganz besonderer Distinktion. Er hatte zwei Brillen. Die eine trug er, wenn wir durch eine Gerade fuhren. Kamen wir an ein Zeichen, das Kurven ankündigte, so hielt er, setzte seine Kurvenbrille auf, fuhr durch die Kurven und wechselte dann die Brille wieder. Auf diese Weise gebrauchten wir auch später immer eine geraume Zeit, um von Lüneburg nach Hamburg und um von Hamburg nach Lüneburg zu kommen. Sonst war driver Hansen ein großartiger Bursche.
Ich wurde bei einem Arzt einquartiert, hatte es ordentlich. Auch Jacki und

Hansen waren mit der Unterkunft zufrieden. Das Telefon des Arztes stand in dem Zimmer, das ich bewohnen sollte; aber es war ein totes Telefon, denn die Apparate der Zivilbevölkerung waren in Lüneburg – wie überall – noch gesperrt. Ich erreichte es, daß der Apparat »offen gemacht« wurde.
Ich denke mir, daß es vielleicht jemanden geben könnte, der – weil er zu jener Zeit nicht in Deutschland war – zu der Meinung kommen würde, daß die Deutschen damals in ihrem Elend zueinander ganz besonders nett waren. Die Deutschen waren im allgemeinen zueinander gar nicht nett. Wäre ich zu der Lüneburger Post gegangen und hätte gesagt: »Ich bin ein Deutscher, angestellt bei einer britischen Einheit, bitte machen Sie mir ein Telefon da und dort ›auf‹!«, dann wäre niemals etwas daraus geworden. Aber ich hatte einen schönen Ausweis mit englischem Dienstsiegel, den haute ich dem zuständigen Beamten auf den Tisch und knurrte auf englisch: »Der Apparat mit der und der Nummer ist sofort ›offen‹ zu machen!«
So machten wir das in der damaligen Zeit.
In Lüneburg und vor allen Dingen natürlich in Hamburg, wo ich wohnte, war es entscheidend wichtig, ein ›offenes‹ Telefon zu haben. Ferngespräche waren für Deutsche auch dann nicht möglich, wenn ihr Telefon für das Ortsnetz »offen« war. Aber, aber! Kannte man die geheime Decknummer, um sich in das Telefonnetz der Alliierten einzuschmuggeln, sprach man genug Englisch, um das zu tun, und gelang es einem, einen bärbeißig schnauzigen Ton auf englisch anzunehmen, dann war es kinderleicht, völlig umsonst von Hamburg mit London oder Edinburgh oder Paris zu telefonieren. Das haben wir alle viel getan. Und jedesmal, wenn mein Freund, Wolfgang Weber, in Hamburg war, und er war erfreulicherweise oftmals bei uns in Hamburg, waren die alliierten Drähte voll belegt. Der Prozeß sollte in einer Schule stattfinden; als Hauptverhandlungsraum wurde die Turnhalle ausgebaut. Das alles konnten wir uns aber nicht ansehen, da britische Soldaten noch mit der Zubereitung des Gerichtsgebäudes beschäftigt waren. Wir fuhren zurück nach Hamburg.
Am Abend teilte man mir mit, daß mein Chef für Lüneburg jener Mr. X. sein würde, der so gern ermahnend und belehrend zu mir sprach. Am Sonnabend vernahmen wir, daß am Sonntagmorgen um elf Uhr eine Pressekonferenz stattfinden würde. Bei ihr sollte gesagt werden, worum es in dem Prozeß ging. Bis um sechs Uhr abends mußte der Bericht über diese Veranstaltung in Hamburg sein. Am Sonnabend sah ich Dellmer kurz. Er war sehr herzlich zu mir, bat mich, dafür zu sorgen, daß das Ergebnis der Pressekonferenz so schnell wie möglich nach Hamburg käme, denn er habe ein Interesse daran, die großen ausländischen Nach-

richten-Agenturen zu schlagen. Von Dellmer hörte ich, daß etwa sechzig ausländische Journalisten in Lüneburg sein würden, und zwar die Stars der großen Blätter der Welt. Ich wurde nicht heiter, als Dellmer zu mir sagte: »Na, die meisten von den Jungens kennen Sie ja.«
Er sprach noch sehr eindringlich zu mir. Während der Gerichtsverhandlungen, für die einige Wochen vorgesehen waren, sollte ich möglichst alle zwei Stunden den Prozeßbericht nach Hamburg geben. Er hatte alles glänzend vorbereitet. Die Press Section in Lüneburg, die im alten Hause der Lüneburger Zeitung hauste, hatte einen Fernschreiber. Wir sollten über diese Apparatur mit Hamburg schreiben. Damit waren wir allen anderen himmelweit voraus. Es gab nur wenige Telefonleitungen nach Hamburg, und die ausländischen Journalisten würden einige Schwierigkeiten haben, wenn sie ihre Nachrichten durchgeben mußten. Der Fernschreiber aber war nur für uns da.
Mr. X. versammelte uns um sich, also driver Hansen, Jacki und mich. Er befahl Abfahrt aus Hamburg am Sonntagmorgen um acht.
Während der sonntäglichen Fahrt nach Lüneburg schimpfte Mr. X. mit driver Hansen: er möge schneller fahren! Ihm mißfiel zudem driver Hansens Angewohnheit, vor den Kurven die Brillen zu wechseln.
Ich sagte: »Das ist nun einmal nicht anders, Mr. X. Die verbrecherische Politik Hitlers hat Hansens Augen verschlechtert.«
Er sprach bis Lüneburg nicht mehr mit mir. So konnte ich ungestört meinen Gedanken nachgehen, und die waren trübe. Ich hatte nämlich jetzt einfach Angst. Ich sah alles schon vor Augen. Die Kollegen aus aller Welt, die mit mir kein Wort wechseln würden. Unsere peinliche, schlimme Situation im Gericht, wenn die Handlungen unserer Landsleute zutage kamen. Mir trat der Angstschweiß auf die Stirn. Ich sah Jacki an, und ich merkte, daß es ihm nicht anders ging.
Kurz vor Lüneburg befahl Mr. X.: »Fahren Sie zunächst einmal ins Quartier des Herrn Berndorff!«
Wir fuhren alle in »das Quartier des Herrn Berndorff«. Hier luden wir meine Schreibmaschinen und meinen Koffer aus. Mr. X. bestand darauf, in meinem Raum eine kleine Konferenz oder Befehlsausgabe abzuhalten. Er sagte – wir standen alle –: »Die Pressekonferenz findet in einem Kasernement statt, in dem ein englischer Truppenteil liegt. Ich selbst habe ein Zimmer in diesem Kasernement angewiesen bekommen. Sie, Herr Berndorff«, und er wandte sich an den Stenografen, »und Sie auch, Sie können nicht mit zu dieser Konferenz kommen. Deutsche sind dort nicht zugelassen.«
Jacki fragte: »Warum sind dort Deutsche nicht zugelassen?«
Mr. X. antwortete: »Können Sie sich das nicht denken?«

»Nein«, sagte ich, »das können wir uns nicht denken. Wenn wir zu dem Gericht zugelassen sind, müßten wir eigentlich auch zu der Pressekonferenz zugelassen sein.«
Mr. X. hob die Schultern und sagte: »Meine Herren, Sie haben die Situation immer noch nicht erfaßt – immer noch nicht!«
Er befahl weiter: »Sie bleiben hier! Der Fahrer fährt mich hinüber. Die Konferenz soll drei Stunden dauern. Das wäre also zwei Uhr. Um zwei Uhr kann mich Hansen wieder abholen. Ich werde hier dann sofort den Bericht abfassen.«
Und ehe wir nur ein Wort erwidern konnten, war er draußen. Driver Hansen ging ihm nach. Jacki und ich waren allein. Wir liehen uns in dem Hause des Arztes ein Schachbrett und begannen zu spielen; so lange, bis driver Hansen zurückkam. Um ein Uhr aßen wir alle in unserem Quartier Mittagbrot. Ich hatte eine ziemlich große Büchse mit Eipulver organisiert. Dazu futterten wir Brot und Butter. Die Butter stammte von driver Hansen. Jacki steuerte Nescafé bei. Wir hatten es so lange verhältnismäßig behaglich, bis schon um zwanzig Minuten vor zwei Uhr Mr. X. eintraf. Er warf sich in einen Stuhl und sagte: »Schrecklich! Das ist ja ungeheuerlich! Das ist fürchterlich! Das wird die Welt erschüttern!«
Wir hatten ihm nicht zu widersprechen.
Dann fing er an zu diktieren, mit seinem Standardsatz:
»Die ungeheuerlichen Verbrechen, die das deutsche Volk unter Adolf Hitler begangen hat, wurden offenbar am 17. September 1945. An diesem Tage wurde eine Pressekonferenz abgehalten, in der gesagt wurde, was in dem kommenden Lüneburger Prozeß verhandelt werden soll. Ein englisches Kriegsgericht geht als erstes nach der deutschen Kapitulation gegen jene Verbrecher vor, die in den Konzentrationslagern Millionen von Menschen gemartert und ermordet haben. Das Gericht setzt sich aus britischen Offizieren zusammen. Den Vorsitz führt General ...«
Er nannte den Namen, zählte die der anderen Richter auf und fügte hinzu, daß die britische Regierung einen »Kronanwalt« entsandt habe, der auf die Beachtung der Prozeßordnung eines britischen Kriegsgerichtes besonders zu achten habe.
Abrupt hörte er auf zu diktieren, sah in seinen Notizen nach und begann zu überlegen: »Wie fahre ich jetzt fort?«
Ich war mir darüber klar, daß das eine rhetorische Frage war und daß er eine Antwort von mir sehr übel genommen hätte. Aber ich nahm die Gelegenheit wahr und sagte ihm: »Mr. X., könnten Sie nicht im Anfang etwas deutlicher werden? Sehen Sie mal! Sie sagen: ein englisches Kriegsgericht geht gegen die Wachmannschaft eines deutschen Konzentrationslagers vor, die viele Menschen umgebracht hat. Ich glaube, Sie sollten der

deutschen Bevölkerung sagen, mit welchem Recht ein britisches Kriegsgericht das tut. Es handelt sich doch um eine Geschichte aus dem Konzentrationslager Bergen-Belsen. Wer war denn nun eigentlich als Häftling in diesem Konzentrationslager? Wieviel Leute waren da drin? Wieviel sind im Konzentrationslager Bergen-Belsen ermordet worden? Was waren denn das für Leute?«

Er sah mich fassungslos an und sagte: »In Bergen-Belsen? Hier oben in Norddeutschland? Ja, ich nehme an, das waren Deutsche. Es ist doch bekannt, daß die Deutschen andere Deutsche, die gegen Hitler waren, umgebracht haben.«

Ich: »Wenn es Deutsche waren, die Deutsche umgebracht haben, dann geht das ein englisches Kriegsgericht gar nichts an! Wo gibt es im britischen Recht eine Möglichkeit, in einem Lande, das die britische Armee besetzt hat, Deutsche zu richten, die Deutsche ermordet haben?«

Er sprang auf und sagte: »Wollen Sie etwa diese Mörder in Schutz nehmen?«

Jacki warf ein: »Niemand will Mörder in Schutz nehmen, Mr. X. Aber ich finde, Herr Berndorff hat recht. Wie ist denn die General-Situation des Gerichtes? Welche gesetzmäßige Fundierung, zu richten, ist denn da?«

Driver Hansen wurde böse und warf ein: »Sie haben im ersten Satz gesagt, Mr. X., daß hier in Lüneburg die Verbrechen verhandelt werden sollen, die Deutsche auf Veranlassung von Hitler begangen haben. Hier in Lüneburg werden doch gar nicht die Deutschen alle verurteilt, sondern nur ein paar, nämlich die, die die Leute umgebracht haben. Ich nehme das wenigstens an.«

Ich: »Da haben Sie die Stimme des Volkes, Mr. X. Ich glaube, Sie müssen sich etwas mehr Mühe geben!«

Er sprang auf und sagte: »Das verbitte ich mir!«

Driver Hansen kam Mr. X. zu Hilfe: »Das sollten Sie nicht sagen, Herr Berndorff. Sie sehen doch, welche Mühe sich Mr. X. gibt. Für die zwei Sätze hat er doch eine halbe Stunde gebraucht.«

Er ließ sich von Jacki die paar Zeilen, die er diktiert hatte, in die Maschine hauen, las sie und schien selber unsicher zu werden.

»Nun denn«, sagte er ganz von oben herab zu mir: »Wie würden Sie anfangen?«

Ich sagte: »Mr. X., nun erzählen Sie mal, was hat sich denn auf dieser Pressekonferenz eigentlich abgespielt?«

Gott sei Dank erzählte er es mir, und wie ich es mir gedacht hatte, so war es auch. Es war, das ergab sich aus seinen Notizen, von diesen Engländern ganz knapp und klar gesagt worden, was in Lüneburg verhandelt werden

sollte. Nämlich die Ermordung Alliierter durch Deutsche. Dafür fühlte sich das britische Kriegsgericht zuständig.
Es war ziemlich viel Zeit vergangen. Ich drängte ihn: »Mr. Dellmer hat angeordnet, daß der Bericht um sechs Uhr spätestens in Hamburg sein muß, Mr. X. Also nun aber mal ran.«
Es wurde grauenvoll. Wir, das heißt also Jacki und ich, machten ihm »Blöcke«, wir zeichneten sie ihm geradezu aufs Papier und sagten ihm: Dieses gehört in diesen Block, jenes in diesen Block und so weiter. Driver Hansen mahnte ununterbrochen: »Nun lassen Sie doch schon Herrn Berndorff diktieren!«
Mr. X. warf Hansen hinaus. Wir fanden ihn später in der Küche. Er saß bei einem netten vollbusigen Mädchen, und sie trank mit ihm einen Schnaps, der aus Heidelbeeren gebrannt war. Es war Viertel vor sechs, als ich sagte: »Sie müssen Dellmer benachrichtigen, daß Sie den Bericht nicht, wie angeordnet, um sechs Uhr in Hamburg haben können. Sie sind noch nicht einmal zur Hälfte fertig.«
Das sah er dann auch schweren Herzens ein und befahl: »Sie kommen beide mit. Wir fahren jetzt zur Lüneburger Press Section. Nur von dort kann man mit Hamburg telefonieren. Ich muß Sie sowieso dem Captain, der die Sektion führt, vorstellen, denn Sie müssen ja später immer die Berichte zum Fernschreiber bringen.«
Wir sahen uns alle an: unsere Blicke sagten: Daß bloß keiner verrät, daß unser Telefon »offen« ist!
Wir fuhren zur Press Section. Das schöne, alte Haus der Lüneburger Zeitung war von den Engländern beschlagnahmt worden. Im Flur stießen wir auf einen Sergeanten. Mr. X. ließ sich dem Captain, und wenn ich mich recht erinnere, nannte er sich Kingsbay, auf deutsch also Königsbucht, melden.
Zu Jacki und mir sagte er: »Sie warten da irgendwo vorne!«
Der Sergeant holte Mr. X. zum Captain. Die beiden verhandelten eine ganze Weile miteinander. Dann kam Mr. X. heraus und sagte: »Ich werde Sie jetzt dem Offizier vorstellen.«
Hinter einem großen Schreibtisch saß in einem hübschen Zimmer ein englischer Captain, dessen Augen mir sofort mißfielen. Er sagte zu Mr. X.: »Entschuldigen Sie, Mr. X., daß ich deutsch spreche; aber es ist besser, denn die Herren sollen mich wortwörtlich verstehen. Bitte, Mr. X., nehmen Sie Platz.«
Mr. X. setzte sich, Jacki und ich blieben stehen.
Dann sagte der Captain: »Ich wünsche, daß Sie mir genau zuhören! Es wird wichtig für Sie sein, daß Sie jedes Wort, das ich Ihnen jetzt sage, behalten. Sie werden sonst sehr erhebliche Unannehmlichkeiten bekom-

men. Sie sind sich doch darüber klar, daß die deutsche Zivilbevölkerung – wenn sie gegen die britische Armee handelt – britischen Kriegsgerichten untersteht!«
Das alles fand ich komisch. Aber Jacki und ich – wir verzogen keine Miene. Der Captain fuhr fort: »Ich höre, daß Sie in Diensten von G. N. S. sind. Gut. Ich höre weiter, daß Sie Mr. X. bei der Berichterstattung über den Lüneburger Prozeß helfen sollen. Gut. Die Berichte über den Prozeß sollen über meinen Fernschreiber von hier nach Hamburg laufen.«
Er machte eine Pause, und ich überlegte mir, was das wohl für ein Dialekt war, in dem er sprach. Ich glaube, der Mann war aus der Frankfurter Gegend.
Ganz scharf sagte er dann: »Ich verbiete Ihnen hiermit die Benutzung des Fernschreibers. Es kann nicht die Rede davon sein, daß irgendein Deutscher über einen Fernschreiber der britischen Armee Berichte absendet. Es wird vielmehr folgendermaßen gehandhabt«, befahl er drohend weiter: »Haben Sie einen Bericht verfaßt, so müssen Sie ihn mir vorlegen. Ich werde dann die Anweisung geben, daß er gesendet wird. Oder ich werde die Sendung verweigern. Haben Sie mich verstanden?«
»Nein«, sagte ich, »Captain, ich habe Sie nicht verstanden.«
Er sah mich verständnislos an und sagte: »Ich denke, ich spreche ganz gut Deutsch. Was haben Sie nicht verstanden?«
Ich konnte mir nicht verkneifen, zu sagen: »Sie sprechen Deutsch wie ein Deutscher. Aber ich habe von Mr. Dellmer eine andere Anweisung erhalten.«
»Welche!« wollte er wissen.
»Dellmer hat mir gesagt«, fuhr ich fort, »daß ich aus journalistischen Gründen jeden Bericht so schnell wie möglich über den Fernschreiber der Press Section Lüneburg zu G. N. S. nach Hamburg geben solle.«
Der Captain sah Mr. X. an. Mr. X. sagte: »Das ist so zu verstehen, Captain, daß Herr Berndorff mir seine Berichte gibt, wenn es dazu kommen sollte, daß er selbständig einen verfaßt. Ich prüfe dann den Bericht und schicke ihn in Ihre Dienststelle zur Weitergabe.«
»Zum Donnerwetter«, schrie der Captain mich an, »Sie haben wohl keine Ahnung, wo Sie hier sind? Sie sind hier in einer britischen Dienststelle! Sie stehen hier vor einem britischen Offizier. Sie können mich hier doch nicht einfach anlügen.«
Ich schwieg. Was sollte ich dem Manne sagen? Er stand auf; ging mit zornigen Schritten im Raume umher, das heißt, ich glaube, daß er sich die Szene überlegte. Ich denke mir, er sagte sich: Wie sieht es aus, wenn ein englischer Offizier mit zornigen Schritten in einem Raum auf und ab geht? Und dann spielte er die Szene.

Er spielte sie schlecht, denn er kam gegen den Papierkorb und warf ihn um.
»Gehen Sie hinaus!« schrie er.
Jacki und ich gingen hinaus. Wir warteten eine Viertelstunde. Dann kam Mr. X. Wir fuhren schweigend wieder zu mir ins Quartier.
Die einzigen Worte, die wir wechselten, waren:
Ich: »Haben Sie Mr. Dellmer gesagt, daß Ihr Bericht später kommt?«
Er: »Ja, ich habe es ihm gesagt.«
Mühselig und unter sichtbaren geistigen Schmerzen diktierte er Jacki seinen scheußlichen Bericht zu Ende. Driver Hansen und ich hörten zu. Dann befahl er Jacki, das Ganze nochmals vorzulesen. Ich sagte nichts; driver Hansen schüttelte manchmal den Kopf. Endlich, endlich erklärte er: »So, der Bericht ist fertig! Der Bericht ist gut! Er muß jetzt über den Fernschreiber nach Hamburg gesendet werden.« Dann wandte er sich an mich: »Tun Sie mir bitte den Gefallen und fahren Sie hinüber in die Press Section. Es würde mich beruhigen, wenn Sie das selbst in die Hand nehmen könnten.«
Na, meinetwegen.
Ich fragte ihn: »Wer bekommt denn nun bei der Press Section Ihren Bericht?«
Er sagte: »Der Fernschreiber steht im dritten Stock. Geben Sie den Bericht dem Manne am Fernschreiber, und sagen Sie ihm, der Bericht sei von mir, er möchte ihn nach Hamburg durchschreiben.«
Driver Hansen kletterte umständlich in sein Automobil; Mr. X. und ich bestiegen ebenfalls den Wagen. Wir fuhren Mr. X. nach Hause, und dann trotteten driver Hansen und ich zur Press Section.
Es mag so abends gegen zehn Uhr gewesen sein, als wir vor dem völlig dunklen Hause ankamen. Driver Hansen blieb im Wagen.
Ich rüttelte an der Tür; die ließ sich öffnen. Ich trat ein. Das Haus lag im Dunkeln. Ich fand einen Lichtschalter, machte Licht, stieg ein paar Treppen hinauf; fand auch das Zimmer, in dem der Fernschreiber stand, und einen Mann, der an der Apparatur saß. Das war ein ehemaliger deutscher Militärfunker im Alter von vielleicht fünfundzwanzig bis achtundzwanzig Jahren. Etwas verhungert, etwas abgerissen. Dem gab ich die Schreibmaschinenseiten und sagte: »Das ist ein Bericht von Mr. X. für G. N. S. in Hamburg. Mr. X. bittet Sie, diesen Text nach G. N. S. in Hamburg durchzugeben.«
»Gut«, sagte er und fragte: »Haben Sie 'ne Zigarette für 'nen armen Mann?«
Ich hatte zwei Zigaretten für einen armen Mann. Ging hinunter, stieg zu driver Hansen in den Wagen und fuhr nach Hause.

Dort saß immer noch Jacki. Da aber nun am nächsten Morgen – am Montag – der Prozeß um neun Uhr beginnen sollte und Mr. X. mir schon angekündigt hatte, daß er uns um acht Uhr abholen würde, denn wir müßten noch einem Offizier im Gerichtsgebäude vorgestellt werden, beschlossen wir, ins Bett zu gehen. Jacki stand auf, Fahrer Hansen stand auf, und wie wir uns alle gerade voneinander verabschieden wollten, hörten wir draußen einen Wagen in scharfem Tempo vorfahren, mit harten Bremsen halten, hörten Pochen an der Tür, hörten Klingeln und barsche Stimmen. Mit einem Male wurde die Tür zu unserem Raume aufgerissen, und es standen ein Sergeant und zwei Soldaten der britischen Militärpolizei im Raum. Hinter ihnen, sehr verlegen, sehr bleich: Mr. X. Der Sergeant, in sichtlich schlechter Laune, fragte über die Schulter: »Wer von diesen Leuten ist denn nun das Stück, das ich mitnehmen soll?«
Er fragte es auf englisch. Mr. X. trat vor, wies auf mich und sagte: »Das ist er!«
Der Sergeant: »Ziehen Sie Ihren Rock an! Setzen Sie Ihren Hut auf, wenn Sie einen haben, und kommen Sie mit!«
Ich: »Wohin soll ich mitkommen?«
Der Sergeant: »Fragen Sie nicht! Sie sind verhaftet!«
Driver Hansen knurrte: »Schreck in der Abendstunde!«
Mr. X. zischte: »Das ist jetzt kein Augenblick, um dumme Witze zu machen.« Zu mir sagte er: »Die Sache ist furchtbar ernst! Beeilen Sie sich!«
Ich zog meinen Rock an, setzte meinen Hut auf, denn ich hatte noch einen, einen sehr schönen sogar, und ging hinaus. Wurde auf dem Flur schon von den Militärpolizisten in die Mitte genommen. Draußen stand ein Wagen, den die Engländer Staff Car nannten, ein größeres Gefährt, in dem viele Leute sitzen konnten. Man forderte mich auf, einzusteigen. Mr. X. setzte sich neben den Fahrer. Sagte kein Wort. Wir brausten in die Stadt und hielten vor der Press Section. Das Haus war hell erleuchtet. Schnell waren wir in seiner Halle. Mr. X. befahl: »Bleiben Sie hier und warten Sie!«
Er ging langsam, wie mir schien mit etwas unsicheren Schritten, weiter und trat dann in den Raum ein, in dem wir vorher den Captain gesprochen hatten. Der Sergeant sagte zu mir: »Stellen Sie sich dort hin!« und wies an eine Wand.
Ich stellte mich an die Wand und kam mir dort deplaciert vor. Die Militärpolizisten nahmen vor mir Aufstellung. Der Sergeant ging auf und ab. Ich horchte; denn aus dem Zimmer des Captains kam Gebrüll. Gebrüll in deutscher Sprache, Gebrüll in Frankfurter Dialekt. Aber leider verstand ich die Worte nicht; ich hatte natürlich große Lust, mich darauf vorzubereiten, was man mir eigentlich zur Last legte.

Auf einmal wurde die Tür geöffnet. Mr. X. kam heraus – noch bleicher – und sagte zu dem Sergeanten der Militärpolizei: »Der Captain wünscht Herrn Berndorff zu sehen!«
Zu mir sagte der Sergeant: »Also los mal!«
Ich ging in das Zimmer. Hinter seinem Schreibtisch stand in sehr kriegerischer Pose der Captain. Rechts am Schreibtisch stand mit Tränen in den Augen der Funker. Als ich im Raum war, schloß Mr. X. hinter uns die Tür und setzte sich wieder auf einen Stuhl.
Der Captain: »Ich mache Sie darauf aufmerksam, daß ich Sie in einer für Sie sehr ernsten Sache vernehmen muß«, verkündete er. »Ich habe Ihnen vor wenigen Stunden erklärt, daß es Ihnen verboten ist, den Fernschreiber dergestalt zu benutzen, daß Sie Ihre Berichte ohne meine Kontrolle nach Hamburg senden. Was haben Sie getan? Sie sind, ohne mich zu fragen, zu dem Funker gegangen. Sie haben ihm Ihren Bericht auf den Tisch gelegt und haben ihn dazu gebracht, daß er ihn nach Hamburg sendet. Ist das wahr? Oder ist das nicht wahr?«
Der Tatbestand war für mich ganz einfach. Ich war ein Bote gewesen, ein Bote, der den Bericht des Mr. X. dem Funker gegeben hatte. Der Funker hatte ihn nach Hamburg getippt. Mir fiel geradezu ein Stein vom Herzen; denn der Mr. X. saß ja im Zimmer. Ich begann meine Erklärung törichterweise mit dem Worte »Ich«.
Kaum hatte ich das Wort »Ich« ausgesprochen, als mich der Captain wieder anbrüllte: »Ich habe Sie nicht aufgefordert, hier lauter Geschichten zu erzählen. Sondern ich habe Ihnen befohlen, klar und deutlich zu sagen, ob Sie das getan haben, was ich Ihnen vorwerfe, oder ob Sie es nicht getan haben!«
Es war sehr unangenehm für mich, daß ich Mr. X. nicht ansehen konnte; aber der saß hinter meinem Rücken. Also, so sagte ich mir, muß ich die ganze Geschichte erzählen.
Begann wieder mit dem Worte »Ich«.
An sich wäre das Wort »Ich« gar kein törichter Anfang für meinen Bericht gewesen; ich wollte nur sagen: »Ich bin nur als Bote für Mr. X. von meinem Quartier hierhergefahren. Ich habe überhaupt keinen Bericht verfaßt. Der Bericht geht mich einen Dreck an, der ist zudem schlecht, und Mr. X. kann die Richtigkeit meiner Aussagen bezeugen.«
Ich kam aber gar nicht dazu, derartige Erklärungen abzugeben; denn plötzlich schoß der Captain auf den Funker los: »Hat dieser Herr Berndorff Ihnen seinen Bericht gebracht?«
»Zu Befehl, Herr Hauptmann«, sagte der Funker.
Ich sah den Mann verblüfft an. Er zitterte. Die Tränen liefen über seine Backen.
»Was hat er Ihnen gesagt?«

»Ich solle den Bericht an G. N. S. senden!«
»Und was tat er noch?« Aber er ließ den Funker nicht zu Wort kommen, sondern wandte sich an mich und schrie: »Was haben Sie getan, um den Funker zu veranlassen, gegen meinen Befehl zu handeln?«
Abermals sagte ich »ich«, und nun platzte er: »Warum sagen Sie immer ›ich‹?« fuhr er mich an und überschlug sich in der Stimme. »Was heißt hier ›ich‹? Wer sind Sie denn? Wer sind Sie, Sie, Sie! Sie sind gar nichts. Wer sind Sie? Können Sie mir das einmal erklären?«
Ja, zum Teufel, wer war ich? Im Augenblick war ich tatsächlich nicht viel. Ich konnte den Raum nicht einmal verlassen. Draußen stand Militärpolizei. Vor mir ein Captain der siegreichen britischen Armee und machte mich, wie man vulgär sagt, »zur Minna«! Ich kroch auf dem Bauche und fraß Staub. Ich kam nicht dazu, meinen Gedanken über die Frage, was und wer ich denn nun eigentlich sei, nachzugehen; denn der Captain brüllte mich plötzlich an: »Sie haben den Funker bestochen!«
»Captain, Sie sollten so etwas nicht sagen! Ich habe den Funker nicht bestochen!«
Da aber schrie er auf: »Wie können Sie sich unterstehen, einem Captain der britischen Armee vorschreiben zu wollen, was er sagen darf oder was er nicht sagen darf? Das geht zu weit! Ich kann Sie auf der Stelle abführen lassen. Genau so, wie Sie das mit vielen, vielen Leuten in der Vergangenheit gemacht haben, kann ich Sie abführen lassen!«
Ich fuhr auf und sagte: »Captain, ich habe in meinem Leben niemals jemanden abführen lassen. Ich hatte gar keine Gelegenheit dazu; ich bin ein Journalist, und in diesem Gewerbe kann man jemanden verreißen, aber nicht abführen lassen.«
»Halten Sie das Maul!« schrie er.
Jetzt sah ich mich nach Mr. X. um. Der saß zusammengefallen auf seinem Stuhl, sah an mir vorbei und rührte sich nicht.
»Mit dem Funker«, schrie der Captain weiter, »will ich milder verfahren. Ich habe den Mann fristlos entlassen. Auf Veranlassung der britischen Militärregierung hat der Mann hier ein Quartier zugewiesen bekommen. Er bekommt auch hier Lebensmittelkarten. Ich habe dem Bürgermeisteramt von Lüneburg die Verfügung der britischen Militärbehörde zugestellt, daß der Mann von uns nicht mehr gebraucht wird. Ich wünsche ihn auch in Lüneburg nicht mehr zu sehen. Er hat sein Quartier verloren, er hat seine Lebensmittelkarten verloren, und das alles wird Ihnen auch geschehen!«
›Ach, du lieber Gott‹, dachte ich, ›das kann ich mir alles erst einmal in Ruhe ansehen.‹
Aber er fuhr auf den Funker los: »Womit hat dieser Berndorff Sie bestochen?«

Der Funker fing an zu zittern und sagte: »Mit zwei Zigaretten, Herr Hauptmann!«
»Billig!« schrie der Captain, »billig, billig seid ihr! Mit zwei Zigaretten!« Zu dem Funker: »Scheren Sie sich raus! Scheren Sie sich raus! Ich will Sie nicht mehr sehen!«
Der arme Mensch: »Herr Hauptmann, dieser Herr Berndorff hat mich verführt. Ich war ihm nicht gewachsen. Ich will es nie wieder tun, Herr Hauptmann. Bitte, haben Herr Hauptmann Mitleid mit mir und üben Herr Hauptmann Gnade.«
Der Captain spielte: »Britischer Offizier geht im Zimmer auf und ab, kämpft mit sich selbst und beschließt, Gnade für Recht ergehen zu lassen.« Stiller sagte er zu dem Funker: »Gehen Sie in die Halle! Setzen Sie sich an den Tisch, der dort steht, und verfassen Sie einen schriftlichen Bericht, wie dieser Berndorff Sie hereingelegt hat. Ich werde mir die Sache dann noch einmal überlegen. – Jetzt zu Ihnen«, sagte er, »Sie verlassen Lüneburg morgen früh! Ich werde auch in Ihrem Falle dem Bürgermeister von Lüneburg entsprechende Mitteilung machen.«
Ich sagte gar nichts.
Da schrie er wieder: »Haben Sie mich verstanden?«
Ich sagte gar nichts. Ich bekam gar keine Lebensmittelkarten in Lüneburg. Ich hatte mein Quartier in Hamburg und dort auch meinen Wohnsitz. Wenn ich das Militär richtig durchschaute, was ich ohne Zweifel tat, war es doch so, daß die Macht des Captains an den Mauern von Hamburg zu Ende war.
»Antworten Sie!« brüllte er.
Und ich sagte jetzt: »Ja, ich habe Sie verstanden!« Ich ließ die Anrede Captain weg.
Er merkte das und wurde ganz wild: »Sie sind bei einer britischen Einheit angestellt, bei G. N. S. Die liegt in Hamburg. Ich werde dem Leiter dieser Dienststelle alles melden, und ich werde veranlassen, daß der Leiter Sie fristlos entläßt. Aber hoffen Sie nicht, so billig davonzukommen. Ich werde zudem gegen Sie ein Verfahren vor dem britischen Kriegsgericht veranlassen.«
Jetzt fand ich, daß die Sache zu weit ging: »Unter welcher Anklage soll ich vor ein britisches Kriegsgericht gestellt werden?«
Er schrie: »Wegen Mißbrauch der Nachrichtenmittel der britischen Armee!«
Das fand ich an sich nicht schlecht. Schließlich bin ich ein Journalist, und nehmen wir einmal an, ich käme als Zeuge vor ein Gericht und würde gefragt: »Sind Sie vorbestraft?«
Und ich würde sagen: »Jawohl, drei Monate Gefängnis!«

Der Richter würde fragen: »Warum?«
Dann würde ich ganz stolz sagen können: »Wegen Mißbrauch der Nachrichtenmittel der britischen Armee!«
Das war ja etwas. Es gab Kollegen, die wegen Beleidigung oder wegen Kränkung der Regierung oder wegen ähnlicher Bagatellen verurteilt waren und verurteilt werden würden! Aber »wegen Mißbrauch der Nachrichtenmittel der britischen Armee« – das war eine gute Sache!
Der Captain hörte auf zu wandern, stellte sich vor mir auf und sagte: »Gehen Sie hinaus!«
Er fragte Mr. X.: »Wünschen Sie noch etwas von diesem Manne?«
»Nein«, piepste Mr. X.
Ich ging hinaus. Auf dem Flur stand noch der Sergeant der Militärpolizei, standen noch die beiden Militärpolizisten.
»Was ist los?« fragte der Sergeant.
Ich sagte: »Der Captain hat mich rausgeschmissen!«
Er ging auf die Tür zu, hinter der der Captain saß, klopfte an, ging rein, kam sofort wieder und sagte: »Machen Sie, daß Sie wegkommen. Der Captain will Sie hier nicht mehr sehen!«
Ich verließ das Haus. Wer war draußen? Driver Hansen mit seinem Wagen. Ich stieg ein. Driver Hansen hatte eine Flasche und ein Glas bei sich. Hinter der nächsten Ecke nahm ich einen und erzählte driver Hansen die Geschichte. Hansen sagte, er müsse jetzt auch einen nehmen. Tat das, setzte die Kurvenbrille auf und fuhr mich nach Hause.

Tüngel erzählt die Geschichte von der Sekretärin Bormanns

Während Berndorff in Lüneburg war, hatten wir im Hamburger Pressehaus einen seltsamen Besuch. Es war an einem Sonntagabend im September. Ich saß bei Frau Berndorff im Zimmer – wir wohnten einander schräg gegenüber in dem fünften, ziemlich zerstörten Stock, dessen Decke das Regenwasser reichlich durchließ –; da kam ganz unerwartet unser alter Freund Guschi Döring mit einem jungen, gut aussehenden Mädchen und sagte, wir müßten diese Dame heute nacht unterbringen. So einfach war das natürlich nicht, aber Berndorffs Zimmer war ja wenigstens für diese Nacht bestimmt unbenutzt; so erklärten wir uns denn einverstanden. Man fragte damals nicht nach wo und was, wenn ein guter Freund, dessen Gesinnung man kannte und auf den man sich verlassen konnte, für einen Unbekannten oder eine Unbekannte um Quartier bat. Wen wir hier als Gast bekommen hatten, das war in der Tat eine Sensation. Guschi erklärte uns alles Nähere im Laufe des Abends. Diese junge Dame, sehr berlinerisch clever, womit sie sofort unsere Herzen gewann, war die erste Sekretärin des Reichsleiters Bormann gewesen. Die Engländer hatten sie in Mecklenburg verhaftet und bei ihrem Rückzug an die Elbe nach Holstein gebracht. Dort hatte sie eine Zeitlang im Gefängnis gesessen, wo man sie immer wieder verhörte, ohne irgend etwas Brauchbares von ihr zu erfahren. Sefton Dellmer hatte davon gehört – alle Verhaftungen und Verhöre wurden routinemäßig von den zuständigen Besatzungsstellen an G. N. S. gemeldet –, und gelegentlich hatte Döring ihren Namen in der Liste der Zivilgefangenen gelesen. Er war sofort elektrisiert. Er kannte sie sehr gut von seinen Berliner Tagen her, wußte natürlich, wer sie war, und überredete Dellmer, dafür zu sorgen, daß man sie aus dem Gefängnis entließ.
Dellmer, der im Hinblick auf die englische Presse sich die möglicherweise sensationellen Erlebnisse dieser Sekretärin nicht entgehen lassen wollte,

war an einem Exklusiv-Interview für sein Blatt außerordentlich interessiert. Er erreichte ihre Freilassung, indem er sich dafür verbürgte, daß sie zur ständigen Verfügung der Besatzungsmacht in Hamburg stehen werde, und indem er in Aussicht stellte, daß es ihm gelingen werde, alles das, was diese rätselhafte Dame über die letzten Tage im Bunker der Reichskanzlei wisse, aus ihr herauszuholen.

Nun hatten wir sie also bei uns. Das große Rätsel der letzten Berliner Tage war ja, ob es eigentlich Bormann gelungen sei, zu entfliehen, ob er in die Hände der Russen gefallen oder umgekommen sei. Bormann galt – zu Recht oder zu Unrecht – als der böse Geist Hitlers. Es gab Leute, die sagten, er sei nicht mehr als ein emsig-fleißiger kleiner Bürokrat gewesen, der sich durch zähes Arbeiten, durch ein stupendes Gedächtnis und eine gut geführte Kartothek bei Hitler unentbehrlich gemacht habe. Es gab andere, die ihn geradezu als einen Teufel schilderten, der einen finsteren, unerklärlichen Einfluß auf Hitler gehabt und damit viele Menschen verdorben, ins Elend und in den Tod gebracht habe. Natürlich versuchten wir zunächst einmal, dieses Rätsel seiner Persönlichkeit zu lösen.

Sie gab sich nicht die Mühe – was für andere gewiß verlockend gewesen wäre –, uns eine eingehende Charakterstudie zu bieten. Sie tat das, was Journalisten am liebsten haben: sie erzählte facts.

»Wenn ich an Himmler zu schreiben hatte und Bormann war gerade mit Himmler zufrieden, dann begann der Brief: ›Lieber Himmler‹ oder auch: ›Lieber Kamerad Himmler‹. Wünschte er aber Himmler zu zeigen, daß er in irgendeiner Form sein Mißfallen erregt hatte, dann hieß es statt dessen: ›Sehr geehrter Reichsführer SS‹. Und dann zitterte Himmler.«

Es gab keinen in der Umgebung des Führers, so sagte sie, der Bormann nicht gefürchtet hätte. Er spielte sie alle gegeneinander aus, und keiner hatte Zutritt zu Hitler, dem Bormann es nicht gestattete. Aber – und das war wohl für diesen eingeteufelten Bürokraten wirklich bezeichnend – andere Machtpläne als die, Hitlers Umgebung zu beherrschen und zu kujonieren, hatte er offenbar nicht. Gewiß kannte er die krankhaften Vorstellungen, die mit Wahnsinn behafteten Laster seines Herrn sehr genau, und er stützte und förderte sie, aber er tat dies nicht aus überzeugter Zustimmung, sondern wie ein Radfahrer, der nach oben buckelt und nach unten tritt. Ich habe später Berichte gehört von Menschen, die diejenigen gut kannten, die ihm am nächsten standen. Was sie sagten, bestätigte genau das Urteil der Sekretärin.

Dies alles erfuhren wir natürlich nicht auf einmal. Selbstverständlich war das Mädchen scheu und mißtrauisch. Aber wie wir gelegentlich so zusammensaßen, beim Kaffee im Pressehaus oder beim Mittagessen in einem Restaurant, wo es eine Kellnerin gab, die ohne Marken servierte, kam aus dem Gespräch, das wir führten, wie Journalisten es zu tun pflegen, wenn sie einen schwierigen Fall vor sich haben – also mehr in gelegentlichen Bemerkungen, immer wieder abschweifend und immer wieder zäh auf den Punkt zurückkommend –, allmählich ein rundes Bild dieses rätselhaften Bormann heraus. Ebenso vorsichtig brachten wir sie auf die letzten Tage im Führerbunker, in dem sie bis zum entscheidenden Angriff der Russen mit Bormann zusammengeblieben war. Was sie über den Selbstmord von Adolf Hitler und Eva Braun, von Goebbels und seiner Familie berichtete, entsprach genau dem, was auch damals schon offiziell bekannt war. Aber was war mit Bormann, lebte er noch? Wie viele glaubten, war es ihm gelungen, mit einem fabulösen Unterseeboot nach Südamerika zu gelangen oder mit Hilfe von Mittelsmännern über jenen nicht unbekannten Fluchtweg durch Tirol, nach Oberitalien und dann von Genua nach Spanien zu entkommen.

Bormanns Sekretärin sagte: »Das ist alles Unsinn. Die Russen waren bereits bis auf einen Kilometer an den Bunker herangekommen, da gab Bormann mir und der zweiten Sekretärin den Auftrag, wir sollten uns retten, und zwar durch einen unterirdischen Gang, der zu dem Verteidigungssystem des Bunkers gehörte. Er selber ging die Treppe hinauf; oben standen zwei einsatzbereite Tanks. Er wollte versuchen, mit wenigen Begleitern durch die russische Umzingelung durchzubrechen. Wir Mädchen entwichen auch durch den geheimen Gang, mußten aber vorzeitig in der Gegend der Friedrichstraße nach oben aussteigen, weil das Untergrundbahnsystem, in das dieser Gang einmündete, überflutet war. Viele Hunderte, die in diese unterirdischen Tunnel geflüchtet waren, sind damals ertrunken, zusammen mit den Ratten. Wir gingen die Friedrichstraße entlang in Richtung auf die Weidendammer Brücke. Dort sahen wir die Tanks, mit denen Bormann ausbrechen wollte. Beide Panzer wurden durch Volltreffer der Russen erledigt. Aus dem ersten, in den, wie wir wußten, Bormann eingestiegen war, flogen in hohem Bogen zwei Körper hinaus. Natürlich kann ich nicht beschwören, daß unter diesen Toten mein Chef gewesen ist, aber beide Tanks brannten dann vor unseren Augen aus. Ich glaube nicht, daß er noch am Leben ist.

Wir Mädchen nun irrten weiter durch Berlin, verbargen uns, wurden nicht behelligt; es gelang uns, durch die verhältnismäßig losen Linien der Russen hindurchzugleiten, wir schliefen im Freien, oft mit anderen Flüchtlingen zusammen, bettelten um Essen und wurden schließlich in Mecklenburg von den Engländern verhaftet.«

Da hatten wir nun einen höchst erregenden Bericht und keine Zeitung, in der wir ihn veröffentlichen konnten. Natürlich gaben Berndorff und Döring ihn an Sefton Dellmer; aber er erschien nicht in den für Deutschland bestimmten Veröffentlichungen von G. N. S., sondern nur bei dem englischen Zeitungskonzern, für den Sefton Dellmer beruflich tätig war. In England wurde diese ganze Aussage groß aufgemacht, in Deutschland erfuhr man damals nichts von ihr. Dies ist der Grund, weshalb sich das Gerücht, Bormann lebe noch, hartnäckig gehalten hat.

Berndorff erzählt das Inferno von Belsen

Da waren wir also wieder zu dritt in meinem Quartier.
Jacki sah auf das Telefon. Driver Hansen sah auf das Telefon. Jacki nahm den Apparat ab, schleuste sich mit der Geheimnummer in das Netz der britischen Armee ein und kam zu G. N. S. Er sagte dem deutschen Telefonisten: »Mach mal zu! Herr Berndorff muß Dellmer sprechen!«
Der antwortete: »Dellmer ist in der Messe, und er hat hinterlassen, daß wir ihn dort nur anrufen dürften, wenn etwas Wichtiges vorläge.«
Jacki schnauzte: »Glaubst du, daß wir zu unserem Vergnügen mitten in der Nacht Dellmer sprechen wollen? Hol ihn mal an den Apparat.«
Ich nahm den Hörer, und dann meldete sich sehr schnell Sefton Dellmer. Ich hatte kaum meinen Namen genannt, da sagte er: »Aha, jawohl, ich weiß schon. Mißbrauch der Nachrichtenmittel der britischen Armee. Bilden Sie sich ja nicht ein, daß es so etwas für Sie gibt.«
»Was wird es denn für mich geben?«
»Für Sie gibt es gar nichts Neues. Sie tun alles das, was ich Ihnen gesagt habe.«
»Das wird doch nicht gehen. Ich muß morgen früh Lüneburg verlassen.«
»Ach i wo«, sagte er, »das war alles ein Mißverständnis. Ich habe mit meinem Kameraden gesprochen.« – Lag es an meinen Ohren, daß das Wort Kamerad in Dellmers Mund etwas süffisant klang? – »Alle Mißverständnisse sind aufgeklärt. Natürlich bleiben Sie in Lüneburg. Man wird Ihnen noch im Laufe des morgigen Tages das Betreten des Hauses verbieten, in dem die Press Section untergebracht ist. Betreten Sie das Haus also nicht.«
Damit war das Gespräch zu Ende.
Wir gingen alle ins Bett.
Rechtzeitig am nächsten Morgen war Jacki bei mir. Pünktlich kam driver Hansen mit dem Wagen angefahren; neben ihm saß Mr. X. Mit knappem Gruß kletterten wir in den Wagen. Mr. X. hielt eine Zeitung vors

Gesicht; er las. Es war verständlich, daß er sich mit mir nicht unterhalten wollte. Und dann fuhren wir in die Stadt und fuhren in etwas hinein, das ich nie vergessen werde. Durch die Stadt Lüneburg nämlich wanderten Tausende und Abertausende von Menschen. Ich verstand zunächst nichts, erfaßte nur das Optische und nicht den Sinn. Dann aber begriff ich. Es waren Tausende und Abertausende von Juden aus Polen und dem Balkan, die durch die Stadt in Richtung auf die Turnhalle, in der man das Gerichtsgebäude hergerichtet hatte, wanderten.

An diesem Herbsttage schien die Sonne. Sie gingen alle in neuen Schuhen, neuen Beinkleidern, neuen Röcken, Hüten, zum Teil aber hatten sie auch – frisch gewaschen und frisch geplättet – ihre KZ-Jacken an mit der Nummer auf dem Rücken. Die Frauen trugen Röcke und Blusen, vielfach Blusen aus dem Khaki-Stoff der englischen Militärhelferinnen. Es waren Männer und Frauen jeden Alters. Ich erkannte Gruppen von Zigeunern. Die Masse flutete über die Trottoire, versperrte die Straßen. Sie alle waren in der glücklichen Stimmung von Menschen, die einem schrecklichen Ende entgangen und nun gekommen waren, um der Hinrichtung ihrer Peiniger beizuwohnen. Ich sah keinen Lüneburger auf der Straße. In der Hauptstraße hörte ich den Klang einer Geige. Ein Zigeuner spielte, während er dahinschritt. Er war umringt von seinen Artgenossen. Die Frauen trugen kleine Kinder auf dem Arm. Die Gruppen, die ihn überholten, winkten und lachten ihm zu, schwenkten ihre Hüte, hoben die Faust gegen den Himmel und drohten so symbolisch einem Feind, der, wie sie wußten, vernichtet werden sollte.

Alle diese Menschen, die Tausende und Abertausende von Menschen, waren bunt gekleidet. Sie trugen farbige Tücher, helle Hüte, gelbe Schuhe, blaue oder rote Hemden, grelle Krawatten. Diese Farben leuchteten in der Sonne und bildeten einen fürchterlichen Kontrast zu dem Grau, in dem die Stadt nach langen Kriegsjahren lag.

So heiter, ja glücklich diese Leute auch alle schienen, ihr Zug bot einen furchtbaren Anblick. Und ich beglückwünschte mich dazu, daß neben unserem Chauffeur Mr. X. in seiner englischen Halbuniform saß.

Unser Wagen fuhr im Schritt. Man hielt uns natürlich wegen der Uniform des Mr. X. für Angehörige der britischen Besatzungsmacht und winkte uns grüßend zu.

Mir war nicht gut zumute. Ich verscheuchte mit Gewalt meine Gedanken und gab mir selbst gegenüber vor, ich müßte mich im Innern auf den kommenden Prozeß vorbereiten.

Jetzt näherten wir uns dem Gerichtsgebäude. Zunächst einmal hielten wir eingekeilt in der Masse, die sich nicht weiter fortbewegte. Die Menschen standen wie Mauern.

Der Zigeuner, der die Geige spielte, kam mit seiner Gruppe heran, sah Mr. X. im Wagen, schwenkte die Geige über dem Kopf, winkte uns dann zu, rief ein paar Worte in die Menge. Eine Gasse öffnete sich für uns. Wir konnten weiterfahren, und die Situation wurde uns klar.
Im weiten Bogen nämlich hatte britische Militärpolizei den Gebäudekomplex, in dem das Gericht tagen sollte, abgesperrt. Die Soldaten standen in enger Reihe, das Gewehr bei Fuß, Sergeanten und einen Offizier hinter ihrer Linie.
An dieser Mauer brach sich die Menschenwelle.
Ein Sergeant winkte unseren Wagen durch die Postenkette ein. Ein Offizier prüfte unsere Ausweise. Mr. X., Jacki und ich konnten in das Gerichtsgebäude eintreten. Dem Wagen wurde sein Platz bezeichnet.
Im Gebäude standen wir sofort wieder vor einer schwer bewaffneten Kette von Militärpolizisten. Die abermalige Prüfung der Ausweise des Mr. X. dauerte wenige Sekunden, aber unsere Papiere machten dem Offizier der Militärpolizei, der sie jetzt in der Hand hatte, Schwierigkeiten.
»Das sind Deutsche?« fragte er Mr. X.
»Jawohl«, antwortete der, »das ist ein deutscher Journalist und ein Stenograf. Sie sollen für unsere britische Dienststelle hier dem Prozesse beiwohnen.«
»Das sehe ich aus den Papieren«, sagte der Offizier, »aber das Ganze kommt mir verwunderlich vor.«
Er winkte einen Sergeanten heran und befahl ihm: »Bringen Sie diese beiden Deutschen vor den Court Marshal. Der Court Marshal soll entscheiden, ob diese zwei auf der Pressetribüne der Verhandlung beiwohnen dürfen.«
Es ging durch Gänge, deren Fenster zum Hofe lagen. Man sah draußen ein starkes Aufgebot britischen Militärs.
Wir kamen in einen kleinen Raum, und da stand ein hochgewachsener britischer Major in einer phantastischen Uniform. Nach dem Abzeichen auf seinem Waffenrock gehörte auch er der Militärpolizei an. Nach seinem Rangabzeichen war er Major. Auf dem Kopf trug er einen blitzenden, flachen Stahlhelm, der etwas zur Seite saß; um die Schultern und die Brust ein breites Bandelier – Abzeichen darauf –, eine Schnalle mit vielen Orden, weiße Stulpenhandschuhe, weiße Gamaschen an den Füßen und – was das Eindrucksvollste war – an der Seite das Mittelding zwischen einem Säbel und einem Schwert.
Der Mann schaute tödlich ernst drein.
Hinter ihm verharrten ein Offizier, ein paar Sergeanten. Der Court Marshal hielt Papiere in der Hand. Der Sergeant führte uns zu dem Major, der uns kalt und gleichgültig ansah. Er überreichte die Papiere und trug das Problem vor.

Der Court Marshal las jedes einzelne Wort in Jackis und meinen Papieren. Zuerst sah er mich an und dann Jacki ebenso lange. Dann winkte er nach hinten zu einem Sergeanten, einem schweren, rotblonden Manne, und als der vorgetreten war, befahl er: »Sehen Sie sich diese beiden Männer genau an.«
Pause.
»Diese beiden Männer sind deutsche Journalisten.«
Pause.
»Diese beiden Männer werden auf der Pressetribüne für die britische Dienststelle G. N. S. den Prozeß mitmachen.«
Pause.
»Diese beiden Männer sind im Gerichtssaal genau so zu behandeln wie die ausländischen Journalisten.«
Pause.
Dann, ganz scharf und ganz schneidend: »Sie haften mir dafür, Sergeant, daß diese beiden Deutschen ihre Tätigkeit vollkommen ungestört ausüben können.«
Etwas leiser, aber noch schneidender und eiskalt: »Die Welt hat ein Interesse daran, daß diese beiden deutschen Journalisten ihren Landsleuten alles das, bis auf die geringste Einzelheit, beschreiben können, was sich in diesem Prozeß abspielen wird.«
Dann zu dem Sergeanten: »Sie haben also alles das zu tun, was den beiden ihre Arbeit erleichtert.«
Der Sergeant salutierte klirrend.
Wir waren entlassen und gingen davon. Wieder durch den Flur, dessen Fenster auf den Hof gingen, auf den Hof, auf dem so viel britisches Militär stand.
Endlich der Saal des Gerichtes – die ehemalige Turnhalle! Hochgebaut ist sie, und von ihrer Decke hängen eiserne Traversen und mancherlei Eisenstangen, Querbalken und Ringe herab wie in einer expressionistischen Dekoration. Auf halber Höhe sind Scheinwerfer montiert, dieselben, die das Lager Bergen-Belsen bei Nacht erleuchteten. An der langen rechten Wand steht eine erhöhte Tribüne. Hier wird das Gericht Platz nehmen. Dahinter stehen Sessel; Vertreter aller Besatzungsmächte haben ihr Erscheinen angekündigt.
Gegenüber eine ganz lange umzäunte Anklagebank mit siebenundvierzig Plätzen, denn siebenundvierzig Männer und Frauen sollen sich in dieser Halle verantworten. Vor der Anklagebank ein langer, langer Tisch – die Verteidiger werden dort sitzen. An der linken Schmalseite werden drei Dolmetscher Platz nehmen, und bei dem Tisch, der für sie bestimmt ist, steht im Augenblick der Court Marshal mit einem Offizier und mehre-

ren Sergeanten seiner Militärpolizei. Unbeweglich steht der Mann da, als wenn er die Welt mahne, nun endlich mit der großen Abrechnung zu beginnen. An der Eingangsseite liegt die Pressetribüne. Zweihundert Journalisten aus fast allen Ländern der Welt sitzen schon da, als der Sergeant, vom Court Marshal beauftragt, Jacki und mich auf unsere Plätze bringt. Genau in die Mitte – in die erste Reihe.
Das Gericht ist noch nicht im Saale. Flüsternd unterhalten sich die Kollegen und Kolleginnen; bei meinem Erscheinen entsteht plötzlich ein betroffenes Schweigen. Vieler Augen sind auf mich gerichtet. Ich weiß nicht, welche Figur ich in diesem Augenblick gemacht habe; ich ließ mich brüsk auf meinen Platz fallen; und da saß ich. Neben mir Jacki.
Nach einer Weile flüsterte Jacki mir zu: »Wie kommen wir hier wieder heraus?«
Ich antwortete nicht.
Drei Männer in britischer Offiziers-Uniform treten in den Saal. Die Ankläger. Mit dem Rücken zur Pressetribüne nehmen sie vor einem mit Akten und Bildern bedeckten Tisch Platz.
Die Tür hinter der Anklagebank öffnet sich, und eintreten siebenundvierzig Angeklagte, darunter neunzehn Frauen. Ganz rasch nimmt der Kommandant des Lagers Bergen-Belsen – Kramer – Platz.
Ein tolles, gespenstisches Bild diese Angeklagten! Gekleidet sind die Männer in dunkelgraue Jacken und schwarze Hosen. Die Frauen in schwarze Röcke, dunkle Blusen. Aber das ist es nicht, was ihren Anblick so gespenstisch macht, sondern es ist die Uniformität ihres Gesichtsausdruckes. Wenn das Gericht den Pressefotografen einige Minuten Zeit zum Fotografieren gibt und wenn die Anklagebank im Blitzlicht aufleuchtet, dann sieht man bei allen Angeklagten denselben bösen, kalten, menschenfeindlichen Ausdruck. Dieselben herabgezogenen Mundwinkel, dieselbe Abwehr gegen jeden und hier doch vielleicht todbringenden Einfluß einer Außenwelt, die mit ihrer inneren Situation im Kontrast steht. Man begreift blitzschnell: Für diese Leute ist die Welt zu Ende, sie ist untergegangen. Eine ihnen liebe und gemäße Welt, und was jetzt kommt, ist Unsinn und für sie Sünde. Es geht sie nichts an.
Sagte ich das von allen?
Ich muß mich korrigieren.
Ein einziger Mann saß unter den Angeklagten, dessen Gesichtsausdruck mit dem der übrigen kontrastierte. Dieser Mann hieß Oskar Schmitz.
Ich glaube, daß ich diesem Manne das Leben gerettet habe, um es jetzt schon zu sagen.
Die Verteidiger erscheinen, Stenografen, die Dolmetscher.
Der Court Marshal flüstert ein leises Kommando. Die Militärpolizisten

straffen sich. Der Marshal selber tritt in die Mitte des Saales, nimmt Front zu den Plätzen, auf denen das Gericht sitzen soll, und die Richter erscheinen.

Ein britischer General tritt ein. Berney-Ficlin heißt er. Dann ein Mann in schwarzer Robe, weißer Krawatte und weißer Allonge-Perücke, der von der Londoner Regierung nach Lüneburg entsandte Rechtsberater des Militärgerichts – Mr. Stirling. Die anderen Richter – Offiziere – treten ein. Alle setzen sich. Der Court Marshal tritt zurück.

Blitzschnell, nach den Gesetzen der englischen Gerichtsbarkeit, ergeht die Frage an die Angeklagten: »Bekennen Sie sich schuldig oder nicht schuldig?«

Siebenundvierzigmal gellt es durch den Raum: »Nicht schuldig!«

Der Prozeß beginnt.

Als die Engländer die Massen von Häftlingen im Konzentrationslager Bergen-Belsen von ihren Peinigern befreiten, fanden sie vor: rund sechzig SS- oder SD-Leute; ein ungarisches Wachbataillon; dazu fünfundfünfzigtausend Gefangene, von denen die Hälfte an Typhus erkrankt war: zusammengeballt auf einem verhältnismäßig kleinen Raum; völlig heruntergekommen, entkräftet, krank, verzweifelt und alle in der gestreiften Kleidung des KZ-Häftlings. Alle kahl geschoren. Die Augen standen ihnen aus dem Kopf.

Zehntausend Sterbende, von denen nicht ein Mensch zu retten war! Halbverhungert, fiebergeschwächt schwankte der Rest durch die Lagerstraßen.

Baracken! In ihnen Tote und Sterbende durcheinander.

Bei den Küchen ein Haufen von Kartoffeln. Um die Kartoffeln herum Tote! Frauen und Kinder am letzten Tag vor dem Einrücken der britischen Truppen erschossen! Alle Wege des Konzentrationslagers gesäumt mit Sterbenden, die ihre Hände den Engländern entgegenstreckten mit der flehentlichen Bitte, sie vor dem sicheren Tode im letzten Augenblick noch zu retten.

Am Rande des Konzentrationslagers: Leichenberge, Leichenberge, gehäufte Leichen!

Am Rande auch der Appellplatz für die Kinder. Denn es waren ja Hunderte von Kindern in diesem Lager – ein Umstand, der überhaupt nicht zu fassen ist.

Und dieser Appellplatz – dreieckig – war umfriedet von meterhohen Leichenbergen. Dort standen die Kleinen nun also und wurden gezählt. Beim Appell fielen sie um, starben, und ihre kleinen Leichen kamen auf die Leichenberge.

Aber noch mehr: Auf weitem Feld waren noch rund zehntausend Leichen notdürftig eingescharrt, und es ergab sich in der Verhandlung, daß die Leitung des Konzentrationslagers die Absicht hatte, alle Toten zu verscharren, bevor irgendwelche alliierten Truppen sich dem Lager näherten.
Und dazu erzählte ein britischer Offizier: Die Lagerstraße um das SS-Quartier war geschmückt mit grünen Birkenreisern!
Vor diesem Inferno, das aus den Aussagen derjenigen, die zuerst in das Lager einrückten, aufleuchtete, saß das Gericht versteinert.
General Berney-Ficlin fragt leise und fast verstört einen britischen Generalarzt, der von der englischen Regierung, so schnell es ging, ins Lager Bergen-Belsen geschickt worden war, ob es denn bei der deutschen Konzentrationslager-Verwaltung oder sonst irgendwo in der Nähe keine Medikamente gegeben habe.
Es gab genug Medikamente. Gegen alle Krankheiten. In der Nähe waren auch Lebensmittelvorräte genug.
Der General versteht dies nicht. Wenn es genug Medikamente und genug Lebensmittel gegeben hatte, wie war denn der Hungertyphus entstanden?
Auf Anordnung war er entstanden! Auf Anordnung der Lagerleitung!
Der General fragt: »Wo waren denn die Lebensmittel?«
Drei Kilometer von dem Konzentrationslager entfernt lag ein großes Heeres-Lebensmittelmagazin. Aus dem mußten versorgt werden: die Truppe, aber auch das Konzentrationslager Bergen-Belsen. Der Hauptmann, der es verwaltete, hatte Anweisung, auf die Anforderungen des Lagerkommandanten – Kramer – an Lebensmitteln herauszugeben, was das Lager brauchte. Das Heeresmagazin hatte eine Bäckerei, eine Molkerei und viele Betriebe, die zur Versorgung der Truppe und des Konzentrationslagers erforderlich waren. In diesem Magazin waren so viele Lebensmittel, daß das ganze Konzentrationslager sechs Monate lang mit den Rationen, deren ein normaler Mensch bedarf, versorgt werden konnte. Unter anderem gab es dort sechshundert Tonnen Kartoffeln, einhundertzwanzig Tonnen Büchsenfleisch, dreißig Tonnen Zucker, unendliche Mengen von Trockenmilch, Kakao und Weizenmehl. Die Bäckerei konnte sechzigtausend Brote am Tage backen! An Medikamenten war in diesem Magazin eine so ungeheure Fülle, daß die Engländer unmittelbar, nachdem sie das Lager übernommen hatten, dreiundvierzig Drei-Tonnen-Lastwagen voller Medikamente nach Bergen-Belsen bringen konnten.
Das Gericht machte eine Pause. Die Richter zogen sich zurück. Die Angeklagten wurden abgeführt. Die große Halle leerte sich, und die Journalisten gingen hinaus, an Jacki und mir vorbei. Ich sah Mr. X. Er hatte sich weit entfernt von unseren deutschen Plätzen niedergelassen; im Gespräch mit anderen verließ er den Raum.

Jacki sagte zu mir: »Das ist alles nicht wahr! Das ist überhaupt unvorstellbar! Das alles hat es nicht gegeben! Das alles kann es gar nicht gegeben haben.«
Ich starrte an die Decke. Ich fühlte, daß meine Hände zitterten.
Jacki fragte: »Sollen wir das alles wirklich nach Hamburg geben?«
Ich diktierte ihm langsam, völlig mechanisch ins Stenogramm. Ich nannte alle Namen, die schrecklichen Zahlen, die ich gehört hatte, und berichtete den Zustand des Lagers.
Jacki stand auf, und ich wußte, er würde jetzt im Wagen die Story in die Maschine schreiben, um sie dann in die Press Section zu bringen.
Als er fort war, fiel mir auf, daß ich ganz allein im Gerichtssaal saß. Ich konnte mich nicht entschließen, unter Menschen zu gehen.
Da kam der Sergeant, dem der Court Marshal befohlen hatte, auf uns zu achten, und sagte zu mir: »Sie dürfen hier nicht bleiben. In der Pause müssen Sie hinaufgehen. Dort haben wir einen Raum für die Presse.«
Ich folgte ihm, und dabei hatte ich das Gefühl, ich müßte sofort schlicht und einfach nach Hamburg fahren. Denn – was tat ich hier? Was tat ich?
Oben in einem großen foyerartigen Raum stand an der Ecke ein Tisch mit einer Decke. Auf ihm große Kannen mit Tee und Platten mit Sandwiches. Den Becher mit Tee in der einen, ein Sandwich in der anderen Hand standen die Journalisten, tranken Tee, aßen ihr Butterbrot und schwiegen. Sie alle waren gänzlich verstört.
Ich trat ans Fenster, sah hinaus und wandte allen Anwesenden den Rücken zu. Dann aber stieß mich der Sergeant sanft in die Rippen und wies auf das Büfett.
»Danke«, sagte ich.
»Nein«, sagte der Sergeant, »Tee und Butterbrot, behandelt wie alle anderen Journalisten. Alle anderen Journalisten haben Tee und Butterbrot, Sie auch. Der Court Marshal hat das befohlen.«
Mich lockte nicht Tee, lockte nicht Butterbrot, aber der Sergeant nahm ganz einfach einen Becher, füllte ihn, nahm ein Brot und steckte mir beides in die Hand. Der Sergeant wartete drei Meter von mir entfernt. Schon geschah es.
Ein Mann in einer Halbuniform schoß auf mich zu, blieb dicht vor mir stehen, sah mich mit haßerfüllten Augen an, schlug mit dem Handrücken zu, und mein Becher mit Tee flog in den Raum.
Ich hatte im selben Augenblick das Gefühl: »Wundert dich das?«
Ich hätte dem Manne am liebsten gesagt: »Herr, Sie haben recht, ich werde hier hinausgehen!«
Aber das ging nun gar nicht.

Der Sergeant nämlich, der Sergeant griff ein. Füllig und mächtig baute er sich vor dem Manne, der mir den Tee weggewischt hatte, auf und sagte ihm: »Der Court Marshal hat befohlen, daß dieser Deutsche da genau so behandelt wird wie alle anderen Journalisten auch. Bei dem geringsten Vorkommnis ähnlicher Art muß ich Sie daher aus dem Gerichtssaal weisen.«
Der Mann fuhr hoch und antwortete: »Ich werde selbst mit dem Court Marshal sprechen.«
Der Sergeant: »Das soll Ihnen unbenommen sein.«
Und dann ging dieser Sergeant hin und holte einen neuen Becher, füllte ihn mit Tee und sagte zu mir: »Trinken Sie!«
Und ich trank den Becher mit Tee. Mit bitterem, bitterem Tee.

Berndorff erfährt, daß ein deutscher Oberst die Gefangenen von Bergen-Belsen retten wollte und erschossen wurde

Ich überlegte mir folgendes: Warum eigentlich brachten diese KZ-Aufseher die Menschen zu Zehntausenden um? Mit diesem Massenmord hatten sie doch schon begonnen, als sie selbst noch der Meinung waren, Hitler würde siegen. Mit seinen Geheimwaffen oder mit irgendeinem grandiosen Plan. An diesen Unsinn glauben doch Leute von dem Schlage der KZ-Aufseher. Wenn man die Sache nun einmal völlig herzlos und nur nach ihrer verbrecherischen Ratio betrachtete, so hätte man doch glauben müssen, daß es in ihrem Interesse lag, so viel gesunde Sklavenarbeiter wie eben möglich sich zu erhalten.
Die Antwort auf diese Frage habe ich erst einige Monate später in Nürnberg von kompetenter Seite gehört.
Die Pause ging zu Ende.
Als ich in den Gerichtssaal kam, saß Jacki schon auf seinem Platz.
»Der Captain wünscht Sie noch heute zu sehen«, sagte er mir.
Nach der Pause begann die Verhandlung mit der Schilderung eines Intermezzos.
Englische Offiziere, die als erste in das Konzentrationslager kamen, sagten aus, es sei ihnen zunächst überhaupt nicht möglich gewesen, die Häftlinge davon zu überzeugen, daß die SD-Wachen keine Macht mehr über die Insassen besaßen. Um den Häftlingen auf die drastischste Manier die Wendung der Dinge vor Augen zu führen, holten sie sich nun den früheren Lagerkommandanten Kramer, rissen ihm Rock und Hemd vom Leibe, so daß er mit entblößtem Oberkörper dastand, banden ihm die Hände auf den Rücken, stellten ihn auf einen Wagen und fuhren ihn so durch das Lager. Entblößt, gebunden, gefesselt.

Nun mußte es jedem klarwerden, daß dieser degradierte Mann nichts mehr zu sagen hatte.
Dann aber, nach dieser Passage, zuckten Jacki und ich zusammen. Denn mit einem Mal klang ein ganz anderer Ton an. Jetzt berichteten britische Offiziere im Zeugenstand, vor allen Dingen ein ausgezeichnet aussehender Mann – der Captain Derrick Sington –, wie die Engländer überhaupt von der Existenz des Konzentrationslagers Bergen-Belsen erfahren hatten. Warum zuckten Jacki und ich zusammen, als das zur Sprache kam? Heute muß man bedenken, heute in Zeiten, in denen ein deutscher General Chef der NATO-Streitkräfte in Europa ist, heute in Zeiten, in denen man sich in einer englischen Gesellschaft in England sehr mißbeliebt macht, wenn man der deutschen Wiederbewaffnung nicht fanatisch das Wort redet, daß es damals die These der deutschen Kollektivschuld gab.
Was hörte ich nun? Ich hörte die Geschichte eines tapferen deutschen Offiziers, dessen Mut, nach den Gesetzen der Humanität zu handeln, ihn das Leben gekostet hat. Sein Mut, dafür zu sorgen, daß nicht noch mehr Leute in Bergen-Belsen gestorben sind als wie vermeldet.
In der ersten Hälfte des April 1945 – und das alles wurde jetzt im Lüneburger Prozeß von englischen Augenzeugen ausgesagt –, als die britische Armee auf die Elbe zu marschierte, brachte man einen deutschen Parlamentär vor den kommandierenden General des achten britischen Korps. Der war entsandt von dem deutschen Oberst Harries, der eine Kampfgruppe, die im Raum zwischen Uelzen und Lüneburg lag, kommandierte. Diese Gruppe, deren taktischer Stützpunkt Winsen war, hatte den Auftrag, den Engländern entgegenzustoßen, um ihren Vormarsch auf die Elbe aufzuhalten. Der Kommandeur der Gruppe, also Oberst Harries, aber ließ dem englischen General durch seinen Parlamentär folgendes unterbreiten: In Bergen-Belsen sei ein großes Konzentrationslager mit sechzigtausend Gefangenen. Unter denen sei Typhus ausgebrochen. Er habe keine Möglichkeit, diese Unglücklichen zu retten. Er sei aber bereit, seine Truppe Gewehr bei Fuß verharren zu lassen, wenn die Engländer so schnell wie möglich herankämen. Außer humanen Erwägungen gab Oberst Harries dem britischen General noch folgendes zu bedenken: Käme es in dem Raume zu einem Gefecht, so könne es vermutlich niemand verhindern, daß sich diese sechzigtausend Leute, unter denen – wie gesagt – der Typhus grassiere, über das ganze Land und damit auch über die Gefechts- und Nachschublinien der britischen Armee verstreuten, so daß also auch die Engländer von der schrecklichen Seuche bedroht würden.
Der britische General war sofort bereit, auf den Vorschlag des deutschen Obersten einzugehen.

Oberst Harries verlangte für sich und die ihm unterstellte Truppe folgendes: Hätten die Engländer den ihnen kampflos überlassenen Raum erreicht und besetzt, so sollte ihm und seiner Truppe die Wahl gelassen werden, ob sie sich in englische Gefangenschaft begeben oder nach Osten marschieren dürften, um zum Gros der noch vorhandenen deutschen Armee zu stoßen.
Das sicherte der kommandierende General des achten britischen Korps dem Parlamentär zu.
Dieser gewissermaßen private Waffenstillstand zwischen dem deutschen Oberst und dem britischen General wurde geschlossen und schriftlich fixiert.
Dann eilten die Engländer heran.
Was wäre geschehen, wenn der Oberst Harries nicht so gehandelt hätte, wie er es getan hat?
Captain Derrick Sington hat es gesagt: Dann wäre wahrscheinlich die SS abgerückt. Aber was hätte sie vor ihrem Abrücken getan? Natürlich ihr Äußerstes, »um mit Feuer und Dynamit alle Spuren des Gewesenen zu verwischen«. Und Sington meinte weiter, daß es ihnen mit Giftgas und anderen Mitteln wohl geglückt wäre, den größten Teil der Insassen hinzuschlachten.
Daß das nicht geschehen ist, haben die Geretteten Oberst Harries zu verdanken.
Und was ist nun mit Oberst Harries geschehen?
Am 24. April entschied der Führer der zweiten britischen Armee – also der Vorgesetzte des kommandierenden Generals des achten britischen Korps –, daß Oberst Harries und seine Leute entgegen den Verabredungen, die getroffen worden waren, zu den übrigen deutschen Truppen zu stoßen hätten. Er weigerte sich, auch nur einen Mann von der Truppe des Oberst Harries gefangenzunehmen.
Captain Derrick Sington hat wörtlich gesagt: »Ein Vierteljahr später, als der Krieg schon zwei Monate vorbei war, hörte ich von einem deutschen Soldaten, daß Oberst Harries, als er sich den deutschen Truppen anschloß, wegen Verrat und Feigheit erschossen worden ist, weil er dem Feinde Belsen kampflos überlassen hatte.«

Jacki und ich wichen keinem Blick aus, als wir am Abend den Gerichtssaal verließen, nachdem der Prozeß auf den nächsten Morgen vertagt war. Mr. X. stieß zu uns, und es stellte sich heraus, daß er mich zu dem Captain begleiten würde.
Der Captain schien mir gar nicht heiter zu sein, als ich vor ihm stand. Ostentativ bat er wieder den Mr. X., sich zu setzen, nahm selbst

Platz und ließ mich wieder stehen. Er schwieg eine ganze Weile, wohl um mich alles fühlen zu lassen, was er wohl wünschte, daß ich fühlen würde.
Aber er irrte sich. Mich überkam eine seltsame Lust. Ich dachte an den Beginn des Prozesses. Wie von Goya gemalt, stand die Szene vor meinem Geiste: die notdürftig verscharrten Leichen, die Leichenberge, die zwischen ihnen stillstehenden Kinder, die Erniedrigten und Beleidigten, die Kranken und die Sterbenden.
Ich hatte, weiß Gott, Lust, zu sagen: »Lassen Sie diesen ganzen Unsinn, Herr! Ich weiß, wie Ihnen zumute ist. Ich kann mir Ihre Gefühle gegen die Deutschen, von denen Sie sich jetzt so sehr distanzieren, trotzdem Sie im Grunde genommen zu ihnen gehören, vorstellen. Wenn Sie sich an mir rächen wollen, so haben Sie sich den Falschen ausgesucht. Aber alles, was Sie mir antun können, habe ich heute hinzunehmen. Heute.«
Ich hätte das vermutlich auch alles gesagt, wenn mir dieser Mann nicht so grenzenlos töricht erschienen wäre.
Plötzlich schoß er los: »Ich verbiete Ihnen für alle Zeiten das Betreten dieses Hauses. Haben Sie mich verstanden?«
›Was für ein Unsinn‹, dachte ich, ›für alle Zeiten!‹ Glaubte er im Ernst, daß »für alle Zeiten« in Lüneburg eine britische Press Section stationiert sein würde? Hitler hatte geglaubt, daß sein Reich tausend Jahre dauern würde. Wieviel Jahre wollte der Captain in Lüneburg herrschen?
Aber, wie gesagt, ich kam aus dem Bergen-Belsen-Prozeß, und infolgedessen sagte ich schlicht: »Jawohl, Captain, ich habe verstanden.«
»Dann also verlassen Sie auf der Stelle dieses Haus!«
Ich verließ dann also auf der Stelle dieses Haus.

Wir saßen zu viert in meinem Lüneburger Quartier. Jetzt mußten wir arbeiten. Jetzt hatten wir den großen Bericht über alles das zu geben, was sich bis jetzt in dem Prozeß herausgestellt hatte. Jetzt mußten wir berichten und erzählen, jetzt mußten wir malen und zeichnen. Jetzt hatten wir zu zeigen, was wir konnten.
Während des Prozesses hatte ich nur kurze Nachrichten herausgejagt, damit die Blätter eine kurze Meldung über den ersten deutschen KZ-Prozeß bringen konnten. Jetzt hatten wir alles genau zu erzählen.
Driver Hansen blieb im Zimmer, weil er Blatt für Blatt des Berichtes zum Fernschreiber bringen sollte.
Mr. X. erklärte: »Ich werde also schreiben.«
Diese Ankündigung erschreckte mich. Ich war mir durchaus im klaren, welche ungeheuerliche Verbreitung das finden würde, was wir jetzt schreiben würden. Dellmer war es gelungen, Radio Norddeich für sich zu

bekommen. Alle Zeitungen der Welt konnten jetzt unseren Bericht empfangen. Ganz abgesehen von der Tatsache, daß alle deutschen Zeitungen in allen Zonen ausschließlich auf uns angewiesen waren. Jacki saß vor der Maschine, er hatte seinen Stenogrammblock neben sich und wartete. Driver Hansen duselte in einem Sessel. Ich überlegte, wie ich Mr. X. dazu bekommen könnte, mich diktieren zu lassen.
Der aber ging im Zimmer auf und ab, schwieg und fing nicht an.
Schließlich mahnte ich ihn, zu beginnen.
»Ja«, sagte er, »der erste Satz! Wissen Sie, das ist die Schwierigkeit.«
Ich schwieg verblüfft, denn er sprach eine Binsenwahrheit aus. Aber sich den ersten Satz zu überlegen, dazu hatte er Zeit genug gehabt. Im Gericht und auf der Fahrt.
Er begann nicht etwa zu diktieren, sondern zu dozieren. »Im ersten Satz«, sagte er, »muß das ganze Grauen des Lagers stehen. Dann kommen die Engländer; da sind die Verzweifelten, und dann kommt die Rettung. Und sie können es nicht glauben. Und der gefesselte Kramer. Auf dem Wagen. Und dann den Deutschen sofort um die Ohren schlagen, was sie hier in Bergen-Belsen angerichtet haben.«
Einen Augenblick hatte ich Lust, zu sagen: »Ich will Sie nicht stören, Mr. X., sondern ich gehe spazieren.«
Aber dann packte mich ein Verantwortungsbewußtsein von einer Art, wie ich es bis dahin noch niemals gespürt hatte. Ein Reporter, wie ich es bin, ist ja kein Apostel der Moral, der Ethik. Er hat keine politische Meinung zu vertreten. Er hat nichts zu tun, als das zu schildern, was sich ereignet hat. Wenn er ein guter Reporter ist, dann lesen das alle Leute. Ist er ein schlechter, lesen die Leute nicht, weil es sie langweilt oder schockiert. Ein Reporter, der irgendeine Partei ergreift, wird langweilig, und ein Reporter, der sich überlegt, ob er aus moralischen oder politischen Gründen irgend etwas veröffentlichen oder verschweigen soll, der ist gar kein Reporter. Der sollte Leitartikler werden. Dann sitzt er immer in demselben stillen, ruhigen, schönen Zimmer. Hat leichten Tee zur Hand und schreibt an einem schön geordneten Schreibtisch seinen Artikel. Er zeichnet ihn mit seinem Namen, und alle Leute loben ihn, weil er so klug ist. Der Reporter schreibt im Flugzeug, in der Eisenbahn, in dummen Hotelzimmern und manchmal auch – und das war vor allen Dingen bei den Bürgerkriegen, die wir vor dem zweiten Weltkrieg hatten, der Fall – in irgendeinem Deckungsgraben. Aber eine moralische Verantwortung kennt er nicht. Mich aber überfiel sie jetzt mit aller Gewalt. Ich dachte mir nämlich folgendes:
Der größte Vorwurf, den die Welt gegen das Dritte Reich erhoben hatte, war die Behandlung von Menschen in den Konzentrationslagern. Die

Deutschen selbst hatten von dem Ausmaß des Schreckens, der in ihnen herrschte, keine Vorstellung. Natürlich mit Ausnahme derjenigen Deutschen, die selbst in den Lagern geherrscht, oder derer, die darin gelitten hatten. Der Prozentsatz dieser aber war im Verhältnis zur Masse der Bevölkerung verschwindend gering.

Hier war eine einmalige Gelegenheit. Jetzt konnte man erzählen, was sich abgespielt hatte. Und es war sehr wichtig, das zu tun. Die Existenz der Konzentrationslager und der Zustand in ihnen waren nämlich typisch für die Geisteshaltung der jetzt gestürzten Herrscher des Dritten Reiches. Wer nichts von den Schrecknissen erfuhr, vermochte die vergangene Zeit nicht nach ihrem wahren Wert oder Unwert zu beurteilen.

Mr. X. unterbrach meine Überlegungen und sagte: »Ich weiß jetzt, wie ich anfange.«

Und er diktierte Jacki einen Anfang, den ich nie vergessen werde, solange ich lebe, nämlich diesen: »Nackt bis zum Gürtel, mit auf den Rücken gebundenen Händen, auf einem Wagen der britischen Armee stehend, wurde Kramer durch das Konzentrationslager Bergen-Belsen, durch Berge von zehntausend Leichen, durch vierzigtausend Kranke und Sterbende gefahren, nachdem es britischen Truppen gelungen war, an das Lager heranzukommen, um es zu befreien.«

Ich explodierte. Ich schnaubte alle meine Überlegungen heraus, die ich angestellt hatte, und ich schloß mit dem Satz: »Das liest in Deutschland kein Mensch, Mr. X. Wer ist Kramer? Die Leute kennen den Namen gar nicht! Was für Leichenberge? Die Leute wissen nichts von ihnen! Was für Sterbende und Kranke? Wieso starben sie, und warum sind sie krank?«

Er sah mich fassungslos an. »Das will ich alles doch später erklären!«

Ich hatte keine Lust, ihn zu reizen. Ich wollte mit ihm auskommen. Ich wollte nichts anderes, als meinen Landsleuten diese grauenvolle Geschichte aus Bergen-Belsen so zu erzählen, daß sie es lasen und glaubten. Denn es klang ja wie – um ein Wort, das Goebbels erfunden hat, anzuwenden – »Greuelmärchen« und war doch härteste und bitterste Wirklichkeit.

So sagte ich: »Konzentrationslager sind für die Deutschen eine harte Nuß. Sie wollen natürlich nicht gern davon hören. Erstens weil niemand gern entsetzliche Dinge zur Kenntnis nimmt. Und zweitens weil sie natürlich in ihrem Unterbewußtsein ein Schuldgefühl hervorrufen. Diese beiden Komponenten müssen Sie ganz einfach in Rechnung stellen.«

»Ich denke nicht daran«, sagte er, »die Deutschen werden sich an den angelsächsischen Stil in ihren Zeitungen gewöhnen müssen.«

Ich blieb geduldig und sagte: »Sie sollen nicht hier aus Lüneburg Experimente mit angelsächsischem journalistischem Stil machen, sondern Sie sollen der deutschen Bevölkerung erzählen, was im Konzentrationslager Bergen-Belsen geschehen ist. Und Sie sollen das so tun, daß die Leute das lesen.«

Er lächelte, setzte sich auf eine Sessellehne und sagte: »Nun, wie würden denn der Herr Berndorff anfangen?«

»Natürlich mit dem Oberst Harries! Ich würde die Überlegungen dieses Mannes schildern, bevor er den Parlamentär entsendet.«

»Warum würden Sie das tun?«

»Ein Oberst der deutschen Armee ist für die Deutschen eine respektable Persönlichkeit. So was mögen sie gern. Wenn ein Oberst die Überlegung angestellt hat, daß den armen Häftlingen im KZ geholfen werden muß, dann lesen alle Leute weiter. Die Militaristen wegen des Obersten. Die Anti-Militaristen wegen der armen Häftlinge. Der Oberst, der ja sein Leben riskiert, besänftigt das Unterbewußtsein des Lesers. Er wird sich nicht mitschuldig fühlen und den ganzen Bericht lesen.«

Mr. X.: »Aber zum Donnerwetter, er soll sich doch schuldig fühlen! Das will ich doch erreichen!«

»Das können Sie gar nicht erreichen. Denn der Leser liest Ihren Bericht überhaupt nicht!«

»Aber das ist doch völliger Unsinn! Alle Mil.-Gov.-Blätter sind ständig ausverkauft.«

Es war driver Hansen, der den ersten großen Krach dieses Tages heraufbeschwor; denn er sagte: »Aber doch nur als Einwickelpapier!«

Am Schluß des großen Kraches warf mir Mr. X. Zynismus vor. »Der deutsche Leser«, »der deutsche Oberst« und »die armen Häftlinge«. Meine Spekulation sei eine zynische Spekulation. Traurig antwortete ich nur: »Alle Spekulationen auf das Unterbewußtsein des Menschen erscheinen dem Dilettanten in unserem Gewerbe zynisch.«

Der »Dilettant« entfesselte den zweiten Krach des Abends. Jacki sagte, unsere Auseinandersetzung sei interessant und belehrend, aber sie fördere die Niederschrift des Berichtes nicht.

Das war der dritte und letzte Krach des Abends, denn ich hielt von jetzt ab den Mund und resignierte völlig.

Er diktierte. Driver Hansen brachte Blatt für Blatt zum Fernschreiber, und zwischendurch bekamen wir Anfragen, warum in aller drei Teufels Namen der Bericht so spät und so langsam käme.

Mr. X. beantwortete diese Anfragen mit einem handgeschriebenen Billett, das er sorgfältig in einem Kuvert verschloß. Driver Hansen sollte es sofort zum Fernschreiber bringen.

Nach acht Tagen trug driver Hansen es immer noch in der Tasche, aber er hatte es natürlich geöffnet, und ich las, daß Mr. X. sich damit ent-

schuldigte, daß die Deutschen, die man ihm mitgegeben hätte, alles verwirrten und insgesamt unfähig seien.
Am Ende des Berichtes, den ich Wort für Wort mit anhörte, mußte ich feststellen, daß der Oberst Harries überhaupt nicht vorgekommen war.
Als ich in der Nacht in meinem Bett lag, ging das Telefon. Guschi Döring, dem wir selbstverständlich gesagt hatten, daß wir telefonisch zu erreichen waren, fragte: »Hast du ihn erschlagen?«
Ich antwortete: »Laß mich schlafen!«
Er: »Was ist das da für eine Geschichte mit einem deutschen Oberst? Ich habe sie bei Associated Press gelesen. Warum hast du nicht darauf bestanden, daß ihr mit dem deutschen Oberst anfangt?«
Ich schilderte ihm kurz den Verlauf der traurigen Geschichte, hängte ein und schlief sofort wieder ein.

Diese – weiß Gott – trübsinnige Geschichte habe ich aus einem einzigen Grunde, aus einem allerdings sehr wichtigen, so genau und in allen Einzelheiten berichtet. Fragt man heute in Deutschland einen einfachen, aber gutwilligen Menschen, was eigentlich damals in den Konzentrationslagern geschehen sei, so wird er folgendes sagen: »Es gab Konzentrationslager. In ihnen ist wahrscheinlich sehr viel Schlimmes geschehen. Aber was im einzelnen passiert ist, das weiß ich tatsächlich nicht.«
Die Geschichte »Nackt bis zum Gürtel, mit auf den Rücken gebundenen Händen«, die hat er selbstverständlich nicht gelesen. Ist es ein Unglück, daß er die Berichte über den Lüneburger Prozeß nicht las? Ja, das ist ein Unglück, denn die genaue Kenntnis historischer Dinge der jüngsten Vergangenheit gehört zum Weltbild eines jetzt lebenden Menschen.
Aus der Unvollständigkeit des Weltbildes wachsen Gefahren.
Ich habe bei Gott nicht die Absicht, den Lüneburger Prozeß darzustellen. Er war und blieb ein Goyascher Alptraum. Ganz erstaunlich verhielten sich jene englischen Offiziere, die man nach den Gesetzen britischer Militärgerichtsbarkeit den Angeklagten als Verteidiger zugeteilt hatte. Das waren Offiziere, aus alten englischen Regimentern, viele trugen den Schottenrock.
Nachdem die Anklage ein Gesamtbild der zur Rede stehenden Schrecken entworfen hatte, konnte ich mir nicht denken, was man zugunsten der Angeklagten hätte sagen können.
Es waren ja doch nun einmal Zehntausende umgebracht worden, und zwar Menschen von fast allen Nationen Europas. Auch Engländer! Und bei dieser Mordtat hatten alle Angeklagten zusammen mitgewirkt.
Die Anklage erklärte, daß die Haupttäter auch, bevor sie nach Bergen-Belsen kamen, in Auschwitz die alten und kranken Häftlinge in die Gas-

kammern geschickt hatten. Ein fürchterliches Bild zeichnete der Ankläger: Tausende von nackten Frauen, die von einigen der weiblichen Angeklagten oberflächlich auf Arbeitsfähigkeit oder auf ihre Eignung zu Dienstleistungen in den Lagerbordellen geprüft wurden. Waren sie zu diesem oder jenem tauglich, blieben sie am Leben. Waren sie untauglich, hetzte man sie mit Peitschen und Hunden in die Gaskammern.
Da erhoben sich die englischen Verteidiger.
»Auschwitz?« fragten sie, »was in Auschwitz geschehen ist, darf hier nicht verhandelt werden. Die Anklage hat sich nach dem Generalstatut dieses Gerichtes darauf zu beschränken, den Versuch zu machen, zu beweisen, daß die Angeklagten in Bergen-Belsen Angehörige der britischen Nation oder Angehörige von Nationen, die im vergangenen Kriege mit Großbritannien verbündet waren, mißhandelt oder umgebracht haben.«
Das Gericht reagierte mit außerordentlicher Verblüffung. Es zog sich lange zur Beratung zurück. Dann allerdings wies es den Einspruch der Verteidigung ab.
Zweimal in diesem Prozeß habe ich meinen Ohren nicht getraut. Einmal kam die unmenschliche Disziplin zur Sprache, wie sie in dem KZ Bergen-Belsen gehandhabt wurde.
Einer der Verteidiger forderte, man müsse bedenken, daß sich die Häftlinge zum größten Teil aus dem »Abschaum der Ghettos Polens« zusammengesetzt hätten.
Einen Augenblick war es ganz still im Gericht. Dann erwiderte der Oberst, der die Anklage führte, er sei der Meinung, dieser Prozeß müsse sich mit dem »Abschaum der SS« befassen und nicht mit dem »Abschaum der Ghettos Polens«.
Im zweiten Falle geschah folgendes: Ein schottischer Verteidiger erklärte, ein englisches Kriegsgericht habe nicht das Recht, über Greuel- und Mordtaten zu Gericht zu sitzen, die Angehörige einer Nation, die mit England im Kriege läge, gegen Engländer oder deren Verbündete verübt hätten. Und er forderte die Heranziehung einer alten englischen Parlamentsakte, durch deren Vorlage folgendes bewiesen werden solle:
Bei kriegerischen Auseinandersetzungen der Engländer mit den Schotten hätten englische Soldaten gegenüber schottischen Gefangenen Morde und Grausamkeiten verübt. Die höchste englische Behörde habe es abgelehnt, die Untäter vor ein Gericht zu ziehen.
Das Gericht verharrte abermals in Verblüffung und lehnte dann den Antrag dieses Verteidigers schlicht ab.
Diese Verteidiger schenkten dem Gericht nichts. Die Unzuverlässigkeit der Zeugen kam der Verteidigung zugute. Völlig verständlicherweise

waren die Erinnerungen der armen Häftlinge oft getrübt. Sie verwechselten vielfach Ort und Zeit. Und jedesmal stieß die Verteidigung vor und bewies jede Fahrlässigkeit der Aussage.
In ihren Plädoyers brachten die Verteidiger besonders diesen Gesichtspunkt zur Geltung: Die Angeklagten waren für sie Henker und nichts mehr. Henker bringt man nicht vor das Gericht, weil sie zum Tode Verurteilte hingerichtet haben. Sie taten dar, daß alle diese KZ-Aufseher ihrer vorgesetzten Stelle Wort für Wort gehorcht hatten. Alle Greuel waren befohlene Greuel.
Als die Anklage die Frage aufwarf, ob in England jemand auf Befehl so gehandelt haben würde wie Kramer und seine Untergebenen, antwortete der Verteidiger Kramers mit einem fürchterlichen Satz: »Kramer war ein Deutscher.«

Die Rolle von Mr. X. in Lüneburg endete auf eine pointierte Art. Ich glaube, es war am dritten Tage des Prozesses, als er abends in meinem Zimmer diktierte. Driver Hansen war gerade zum Fernschreiber gefahren. Ich sah auf die Uhr. Es war wenige Sekunden vor acht, und ich stellte meinen kleinen Radioapparat, den ich mitgebracht hatte, an. Der Sender Hamburg verkündete, daß er jetzt ein Hörspiel senden würde: »Nacht in Lissabon« – von Hans Rudolf Berndorff.
Mr. X. sah mich erstaunt an und fragte: »Was ist das?«
»Sie haben es ja gehört: Ein Hörspiel.«
»Von Ihnen?«
»Ja, von mir.«
Er konnte es nicht glauben. Und doch war die Sache ganz einfach gewesen. Mein Freund, Axel Eggebrecht, war in prominenter Position bei dem von dem Engländer Hugh Carlton Greene glänzend geleiteten Sender. Er hatte mich zu ihm gebracht. Sein staff erklärte mir: »Wir brauchen ein Hörspiel.«
Ich schrieb es, und sie sendeten es sofort. Das war alles.
»Ich denke, Sie sollen für uns arbeiten?« fragte Mr. X. böse.
»Das habe ich auch gedacht«, antwortete ich.
Driver Hansen kam zurück. Er hatte ein Fernschreiben für Mr. X. Er solle Lüneburg verlassen.
Ich nehme an, daß »Nackt bis zum Gürtel« ein zu starkes Stück gewesen war.
Zu meiner Freude erschien als sein Nachfolger Robby bei mir.
»Großer Gott, Captain, was wollen Sie? Sie verstehen doch kein Wort Deutsch! Sie sollen doch auf mich aufpassen, und Sie sollen meine Stories lesen.«

»Halt den Mund!« sagte Robby, setzte sich an meinen Tisch, unterschrieb hundert leere DIN-A-4-Bogen mit seinem Namen und sagte: »Hiermit habe ich alle deine zukünftigen Berichte geprüft. Ich habe hier nämlich eine Braut in der Nähe.«

Das verschlug mir ein bißchen den Atem. Ich sagte: »Robby, Sie müssen doch in das Gericht kommen.«

»In das Gericht?« fragte er entsetzt, »um genau darüber belehrt zu werden, was ihr für eine widerliche Nation seid? Der Teufel soll mich holen, wenn ich das tun würde.«

Er hielt Wort und erschien nicht. Wir kamen mit seinen DIN-A-4-Blättern eine ganze Weile aus. Dann trieb ich ihn auf, und er unterschrieb neue Bogen.

Ich bildete mir nun ein, daß meine Berichte im Original gefunkt würden. Aber dem war keineswegs so. Mr. X. rächte sich. Er saß in der Zentrale in Hamburg und schrieb alles um.

Ich rief Döring an und fragte, ob ich mit Dellmer sprechen sollte, aber Döring sagte: »Ich wollte dich gerade anrufen. Du mußt sofort hierherkommen. Dellmer will dich noch sehen, bevor er Deutschland verläßt.«

»Was ist passiert?« fragte ich.

»Es haut jetzt in sie hinein«, sagte Guschi, »Dellmer ist abberufen. Dieser Laden hier wird in absehbarer Zeit in deutsche Hände übergehen. Sie tragen hier alle schon einen Trauerflor um die Seele. Setz dich in den Wagen, damit du Dellmer Adieu sagen kannst.«

Driver Hansen war nicht zu bewegen, mich fahren zu lassen. Dellmer war schon davon, als ich in Hamburg ankam.

Das tat mir leid. Dellmer war ein fairer Gewinner gewesen.

Was Tüngel während des Lüneburger Prozesses in Hamburg tat

Sobald ich erfuhr, daß Berndorff auf eine kurze Zeit nach Hamburg ge-kommen war, eilte ich zu ihm. Er erzählte mir lang und breit die Ereignisse in Lüneburg, von denen ich bisher nur stark zensurierte Nachrichten aus dem Rundfunk gehört und in der englischen Besatzungszeitung gelesen hatte. Ich beneidete ihn. Gewiß, er hatte seinen Kummer, weil das, was er berichten wollte, von G. N. S. nicht sinngemäß gebracht wurde. Aber er war doch wieder in unserem Beruf, er hörte Dinge, die für uns Deutsche von größtem Interesse waren. Ich hingegen – ich tat das, was die meisten Deutschen damals taten: ich wartete.
Mit unserer Zeitungsgründung waren wir nicht weitergekommen. Zwar hatten wir auf den Maschinen von Broschek die Probenummer einer Wochenzeitung gedruckt; eigentlich war es nur ein Umbruchschema mit einem längeren Wirtschaftsartikel, und nur die beiden Innenseiten des Feuilletons waren voll ausgedruckt. Die Texte hatte ich zum Teil aus alten Atlantis-Heften genommen, Zweitdrucke von Aufsätzen, die mein Freund Deusch und ich dort geschrieben hatten. Da die Zeitung nur als Probeexemplar für die Engländer gedruckt wurde, in einer Auflage von zehn Stück, konnte ich mir dies erlauben. Aber überraschend für die Engländer war nicht der Text, sondern die Bebilderung. Die beiden Innenseiten des Feuilletons wurden nämlich in Tiefdruck hergestellt. Dies konnte, da es sich um wenige Exemplare handelte, mit aller Sorgfalt geschehen, und die Bilder kamen mit einer geradezu samtartigen Tiefe heraus. In den englischen Kasinos war diese Probenummer wegen ihrer technischen Vollendung eine Sensation, aber das war auch das einzige Resultat, das wir mit ihr erzielten.
In der Landeskunstschule kam ich gleichfalls nicht weiter. Die erste Begeisterung und der große Schwung, mit dem wir engagiert hatten, was nur an hervorragenden Künstlern zu haben war, hatten sich langsam totge-

laufen. Der Unterricht hatte noch nicht angefangen. Die Schüler waren hauptsächlich damit beschäftigt, die Decken der Räume abzudichten. Das war gar nicht einfach, denn die Bomben hatten das Gebäude bis in die Fundamente hinein erschüttert, und wenn wir einen Riß gestopft hatten, tat sich ein neuer auf. Einige von den jungen Leuten setzten sich hin und fingen an, aus den Fenstern heraus die Umgebung zu malen. Es kamen auch Lehrer, die ihre Versuche korrigierten, aber das alles war kein Unterricht, und ich konnte nicht beginnen, denn ich hatte noch keinen Etat. Allmählich fing man nun an, ständig schriftliche Berichte von mir zu fordern, ich mußte Akten anlegen, und meine Schreibstube war voll beschäftigt. Viel Spaß machte mir das nicht. Natürlich fehlte es mir auch an Erfahrung, sonst wäre ich wohl schneller vorangekommen. Mein neuer Vorgesetzter, der Senator Ascan Klée Gobert, sah sich das alles voller Ironie an. Er sprach es zwar nie aus, aber ich glaube, sein Urteil lautete in Wirklichkeit: Dilettantisches Unternehmen. Das erste, worum er sich bemühte, war ein Etat für die Landeskunstschule, und es stellte sich heraus, daß ich ihn längst überschritten hatte. Er bügelte das beim Senat aus, und ich bin ihm nicht nur dafür dankbar, sondern auch für die vielen schönen Hamburger und baltischen Anekdoten, mit denen er mich bei jedem Besuch in der Schule beglückte. Schon vor dem Kriege war er durch meisterhaft erzählte Feuilletons in der Frankfurter Zeitung bekannt geworden.

Also auch meine Tätigkeit bei der Landeskunstschule befriedigte mich nicht. Sie hatte ja mit dem, was ich mir als meinen eigentlichen Beruf vorstellte, auch nicht das geringste zu tun. Da kam endlich ein Lichtblick: Ernst Schnabel, der vorzügliche Verbindungen zum Hamburger Rundfunk hatte, rief mich eines Tages an, er wolle mit mir ein Hörspiel schreiben, und zwar über mein Stück »Premiere in Brüssel«, das im Frühjahr 1938 in Hamburg aufgeführt worden war. Dieser Vorschlag elektrisierte mich. Man wird das begreifen, wenn ich die Geschichte dieses Stückes erzähle.

Mein Freund Hans Robert Bortfeld drängte mich seit 1936 immer wieder, ich solle ein neues Stück schreiben. Da die vorigen zwar aufgeführt, aber dann von den Nazis verboten worden waren, hatte ich nicht sehr viel Lust. Er trug mir immer neue Stoffe an, einer darunter war der Aufstand des Masaniello im Jahre 1647 gegen den spanischen Vizekönig von Neapel. Ich hatte das Buch, in dem dieses Ereignis neben vielen anderen Berichten stand, ziemlich gelangweilt gelesen, und mehr aus Pedanterie blätterte ich in den Anmerkungen, die am Schluß des Bandes standen. Dort las ich, daß dieses geschichtliche Ereignis das Thema von Aubers Oper »Die Stumme von Portici« war und daß bei der Erstaufführung dieser Oper in Brüssel 1830 die Revolution ausbrach, mit der sich Belgien von den Niederlanden löste. Sofort war ich fasziniert. Ich saß in einer kleinen Kneipe, als ich diese Entdeckung machte, ließ mir Papier geben und begann, wie ich es immer zu tun pflege, wenn ich ein Szenarium aufreiße, Dialogfetzen hinzuschreiben.

Was ich entwarf, war nicht nur das Drama des Masaniello, sondern vielmehr die Entstehung der Oper in einem Streit zwischen den beiden Textautoren Scribe und Delavigne. Ich machte den einen: Scribe, zu einem überzeugten Royalisten, den anderen: Delavigne, zu einem ebenso überzeugten Republikaner, ließ Delavigne korrekt die Historie, die sehr viel revolutionären Zündstoff enthält, in der Form erzählen, daß sie sich sichtbar in dem gemeinsamen Studierzimmer abspielte, und Scribe ebenso sichtbar diesen Stoff in die Oper verwandeln – wobei die einzelnen Partien von den Schauspielern gesungen wurden und der revolutionäre Stoff sich in eine Verklärung des monarchischen Systems verwandelte. Scribe siegte bei diesem Streit, der Vizekönig stand am Schluß als edle Seele da, und dennoch – dies beschrieb der dritte Akt meines Stücks – brach bei der Aufführung in Brüssel die Revolution aus.

Zu den ersten Dialogfetzen, die ich aufschrieb, gehörten Worte, die Delavigne spricht:

»Ich bewundere Ihr Feuer, lieber Scribe, und ich bedaure immer wieder, daß Ihre Phantasie zu arbeiten beginnt, bevor Sie den Stoff überhaupt kennen...«

Wie betroffen war ich, als ich wenige Tage darauf diesen Satz fast wörtlich in der Trauerrede wiederfand, die Delavigne zum Tode seines Freundes Scribe vor der Académie Française gehalten hat. Man wird begreifen, daß ich von diesem Augenblick an ein besonderes Verhältnis zu dem Stoff meines Stückes hatte. Bei einer Opernaufführung war in Brüssel eine Revolution ausgebrochen, natürlich konnte ich Gleiches von meinem Stück in Deutschland nicht erwarten, aber vielleicht war es doch möglich, wenigstens einige Menschen zum Nachdenken zu bringen, ihrem Charakter Korsettstangen einzuziehen. Ich gab mir also so viel Mühe wie möglich, um Anspielungen an das Geschehen des Tages in das Stück hineinzubringen und vor allem den größenwahnsinnigen, ja zuletzt wirklich wahnsinnigen Masaniello der Figur Hitlers anzugleichen. Zu diesem Zweck legte ich ihm einige Äußerungen in den Mund, die Hitler bei einer Kabinettssitzung nach dem Röhm-Mord getan hatte:

Das Gesicht in den Händen verborgen, hatte er, seine Umgebung völlig vergessend, gesagt: »Schlafen – schlafen – ich habe keine Zeit, zu schlafen, ich muß wachen für mein Volk... Ich darf noch nicht sterben – Gott, Gott – Großes ist noch zu vollbringen.«

Diese Worte waren auf eine Weise zu meiner Kenntnis gekommen, die für das Dritte Reich und seine Minister typisch war. Wir kannten in Berlin – meine Freunde und ich – sehr gut eine Innenarchitektin, die für Naziminister Wohnungen einrichtete. Sie haßte dieses Regime und diese Partei genau so wie wir, sie arbeitete auch nicht mit Begeisterung für Hitlers Minister, sondern hauptsächlich, um durch ihren Einfluß Leuten, die verhaftet waren, wieder zur Freiheit zu verhelfen. Wir haben sie geradezu vergöttert. Leider ist sie – ich glaube, es war 1935 – bei einem Autounfall umgekommen. Sie erzählte sehr amüsant über die Aufträge, die sie auszuführen hatte. Göring hatte sich damals in den Prinz-Albrecht-Gärten ein ehemaliges Gärtnerhaus ausbauen und von ihr einrichten lassen. Das Badezimmer, so verlangte er, sollte einen schwarzen Fußboden haben, weißgekachelte Wände, und jede zweite Kachel sollte mit einem roten Hakenkreuz versehen werden. Auch der Erziehungsminister Kerrl hatte sich von ihr eine Sieben-Zimmer-Wohnung einrichten lassen, jener Kerrl, den die Berliner den »Heldenvater« nannten, weil er angeblich im August 1914 seinem zehnjährigen Jungen ein Telegramm mit folgenden Worten geschickt hatte: »Habe soeben unter dem Donner der Kanonen das Eiserne Kreuz erhalten. Dein Heldenvater.« Sicher war die Geschichte gelogen, aber die Berliner kolportierten sie mit größtem Vergnügen. Kerrl hatte – und das spricht sehr für ihn – ein großes Zutrauen zu unserer Innenarchitektin gefaßt. Er schüttete ihr immer wieder sein Herz aus, und von ihm hatte sie auch die Sätze erfahren, die Hitler in jener Kabinettssitzung gesprochen hatte. »Der Mann ist wahnsinnig«, hatte Kerrl zu ihr gesagt, »wir können auch in der nächsten Zeit keine Kabinettssitzungen mehr abhalten.«
Natürlich taten meine Freunde und ich alles, um diese Sätze Hitlers in Berlin zu verbreiten, aber ich war doch einigermaßen verblüfft, als mich der Schauspieler, der bei meiner Erstaufführung in Hamburg den Masaniello spielte, fragte: »Sind diese Sätze nicht in Wirklichkeit von Hitler gesprochen?« Natürlich verneinte ich dies, und auch Bortfeld leugnete es. Aber wir hatten dabei beide ein diebisches Vergnügen.
Die erste Aufführung in Hamburg im März 1938 wurde zu meiner schönsten Premiere. Es gab einen ganz herrlichen Theaterskandal. Angeführt wurde er durch den damaligen Kommandeur des Wehrkreises Hamburg, General Knochenhauer. Nach dem ersten Akt klatschte er ostentativ Beifall, nach dem zweiten Akt, der mit dem Satz schließt: »Alles Geschaffene kann sich gegen den Schöpfer empören«, saß er mit verkniffenem Gesicht in seiner Loge. Das Ende des dritten Aktes war für ihn dann zuviel. Da ertönte nämlich der Triumphmarsch aus Aubers Oper »Die Stumme von Portici«, und das ganze Volk auf der Bühne rief: »Es lebe die Freiheit!«

Der General stand auf, kreuzte die Arme über der Brust, drehte sich ostentativ um und der Bühne den Rücken. Sofort begann die eine Hälfte des Publikums zu pfeifen, die andere Hälfte klatschte um so wilder Beifall. Das war so schön wie Wedekinds Premiere »Schloß Wetterstein«, die ich vor 1914 in den Münchener Kammerspielen mitgemacht hatte. Am liebsten hätte ich von der Bühne aus dem General die Zunge rausgestreckt. Der Intendant des Thalia-Theaters, Paul Mundorf, der mich vor Beginn der Aufführung gefragt hatte: »Haben Sie Ihre Koffer auf dem Hauptbahnhof?«, nahm mich unter den Arm, ging mit mir in das Theaterrestaurant, bestellte Schampus, ich bedankte mich für die schöne Aufführung, er bedankte sich für das schöne Stück, und wir waren beide sehr glücklich. Ebenso glücklich wie mein Freund Hans Robert Bortfeld, der das Schauspiel inszeniert hatte. Eine Woche später war das Stück verboten.
Natürlich erzählte ich Berndorff gleich von Schnabels Plan zu unserem Hörspiel. Er war Feuer und Flamme, gab mir Ratschläge, und dann fuhr er wieder nach Lüneburg. Ernst Schnabel hatte unterdessen das Stück, wie es Vorschrift war, bei den Engländern eingereicht. Wir erhielten von dem zuständigen Offizier einen sehr höflichen Bescheid. Wenn wir ihm nicht den Programmzettel der Aufführung von 1938 eingeliefert hätten, wäre er bestimmt auf den Gedanken gekommen, wir wollten ihn mystifizieren. Sicher sei es ein großes Verdienst des Autors, des Verlages, des Intendanten und des Regisseurs, dieses Stück in der Nazizeit herausgebracht zu haben. Leider sei es aber so, daß gewisse Stellen des Schauspiels auch auf die Besatzungszeit mißdeutet werden könnten. So die Sätze, über die in dem Stück der Aufruhr auf dem Marktplatz von Neapel ausbricht:
»Die Steuern, Herr, sind unerträglich. Das Brot ist schwarz und stinkt, wer weiß, was sie da hineinbacken. Das Obst, hier unser unschuldiges Obst, das Gott uns wachsen läßt, das soll nicht mehr in unseren Mund kommen, eh' wir dem Spanier unseren letzten Pfennig geben – nur grad, daß sie uns die Luft noch lassen, die wir atmen.«

Ich fragte Schnabel, ob man denn nicht mit den Engländern einmal vernünftig reden könne, aber er sagte: »Nein.« Damit war diese Hoffnung zerschlagen, und ich tat wieder, was die meisten Deutschen damals taten: ich wartete.

Berndorff, sein Landsmann, der Angeklagte Oskar Schmitz, und der britische Sergeant

Es gibt unter den Menschen keine Tragödie, mag sie noch so furchtbar sein, in der nicht ein burleskes Zwischenspiel aufleuchtet.
Ich sprach von dem Angeklagten Oskar Schmitz und sagte, daß ich ihm, nach meiner Meinung, das Leben gerettet hätte.
Er war mir von vornherein aufgefallen, weil seine ganze Erscheinung nicht zu den übrigen Angeklagten paßte. Er wirkte ziemlich groß, war in die Breite gegangen, und sein Gesicht zeigte viel Fläche. Seine Augen blinzelten, als ich ihn zuerst sah, mit dem Ausdruck von Verlegenheit in das Licht der Fotografen. Seine Züge schienen Gutmütigkeit auszustrahlen; aber sein Gesamtaspekt ließ ahnen, daß man einen Burschen von einiger Pfiffigkeit vor sich hatte.
Die Anklage behauptete von ihm, er habe zu den Wachmannschaften des Konzentrationslagers gehört und sich an allen Grausamkeiten gegen die Insassen des Lagers beteiligt.
Nahmen alle anderen Angeklagten auf der Bank die gegen sie von der Anklage vorgebrachten Behauptungen eiskalt auf, so reagierte Oskar Schmitz anders. Er schüttelte ununterbrochen mit einem melancholischen Lächeln den Kopf.
Als nun der Tag herankam, an dem die Anklage gegen Oskar Schmitz detailliert werden sollte, als er dem Ankläger und seinem Verteidiger und vielleicht auch dem Gericht Rede und Antwort stehen sollte, schälte sich Oskar Schmitz also aus der Anklagebank und kam mit etwas wiegendem Schritt in die Mitte des Saales und stieg in den Zeugenstand.
Der Ankläger nahm ihn ins Gebet.
Zur Person stellte sich heraus, daß Herr Oskar Schmitz in Köln geboren war.

»Beruf?« fragte der Anklagevertreter.
Herr Schmitz zuckte mit den Achseln und sagte in breitestem rheinischen Dialekt: »Eijentlich bin ich eine Jelejenheitsarbeiter, wenn man dat, wat ich jetan habe, überhaupt arbeiten nennen kann.«
Und dann ging es in dem rasanten Tempo, das der Ankläger liebte, los. Wie bei allen anderen Angeklagten vernahm er den Zeugen in Deutsch. Der Dolmetscher mußte dem Gericht das rheinische Deutsch des Herrn Schmitz ins Englische übersetzen.
Der Dolmetscher!
Der Dolmetscher in diesem Prozeß stammte aus Galatz an der Donaumündung und war ein Mann mit etwas zigeunerhaftem Einschlag. Er sprach alle Balkansprachen vollendet. Sprach geläufig Polnisch, sehr gut Englisch und ausgezeichnetes Deutsch. Dieser Mann, den die Militärregierung bestellt hatte, war von unbestechlicher Redlichkeit, und nichts vermochte ihn aus der Fassung zu bringen. In der Sache des Oskar Schmitz war er großartig und von einer unwahrscheinlichen Fairneß dem Angeklagten gegenüber.
Der Ankläger fragte nun also: »Oskar Schmitz, wie ist Ihr Leben verlaufen?«
Schmitz: »Hat gar keinen Zweck, daß wir uns darüber weiter auslassen.«
Der Vorsitzende des Gerichts – General Berney-Ficlin –, nach der Übersetzung ins Englische, zu dem Ankläger: »Fragen Sie den Mann nochmals nach seinem Lebenslauf!«
Der Ankläger: »Schmitz, das Gericht will Ihren Lebenslauf hören.«
»An meinem Lebenslauf, Herr Oberst, das habe ich Ihnen doch schon gesagt, da ist nicht viel dran.«
Der Ankläger: »Sie geben also zu, ein verfehltes Leben geführt zu haben?«
Schmitz: »Das möchte ich ja nun eijentlich auch nicht so sagen, Herr Oberst.«
Der Ankläger: »Schmitz, dem Gericht kommt es darauf an, zu erfahren, wann Sie in die SS eingetreten sind.«
Schmitz: »Ich han meinem Verteidiger doch schon jesagt, daß ich nie in meinem Leben in die SS eingetreten bin und auch nicht in der SS war.«
Der Ankläger: »Wie sind Sie denn zu der Wachmannschaft in Bergen-Belsen gekommen?«
Schmitz: »Ich war überhaupt nicht unter der Wachmannschaft von Bergen-Belsen.«
Der Ankläger: »So plump, Schmitz, wird es nicht gehen. Sie sind zusammen mit allen Angehörigen der SS, die hier in der Anklagebank sind, in der SS-Baracke festgenommen und dann in Untersuchungshaft abgeführt worden. Wir werden ja bald durch die Zeugen feststellen, was an Ihren

Behauptungen wahr ist. Also dann berichten Sie einmal dem Gericht, wie Sie zur SS-Mannschaft gekommen sind.«
Schmitz verbeugt sich vor dem General, verbeugt sich vor dem Ankläger, verbeugt sich in den ganzen Saal und sagt: »Meine Herren, das war so: Ich wurde von der Polizei in Hamburg verhaftet.«
Der General unwillig: »Er soll sagen, wann er von der Polizei und warum er verhaftet worden ist.«
Der Dolmetscher übersetzt, und Schmitz verbeugt sich vor dem General und sagt: »Herr englischer General! Ich bin im Jahre 1939 von der Polizei verhaftet worden, weil ich mit einem Auto von Köln nach Hamburg gefahren bin.«
Der Ankläger: »Das ist doch Unsinn! In Deutschland wurde kein Mensch verhaftet, wenn er von Köln nach Hamburg im Auto gefahren ist.«
»Das ganze Unglück kommt daher, Herr Oberst, daß Sie mich nicht aussprechen lassen. Ich wollte nämlich sagen, das Automobil gehörte mir nicht. Und wie mich nun die Polizei mit dat Automobil hatte, da stellte sich auch noch heraus, daß das Auto die Tochter von ein Kreisleiter jehörte. Und da stellte sich weiter heraus, dat ich 'ne janze Menge Vorstrafen hatte. Dat hört sich so jefährlich an, aber dat war'n, im Jrunde jenommen, nur Bajatellen. En bißchen jestohlen. Dreimal einjebrochen. Ne Pelzmantel mitjenommen. Und da sagten sie zu mir, ich sei ein asoziales Element. Und wie ich aus dat Jefängnis kam, kam ich in ein Konzentrationslager. Ich kam von einem Konzentrationslager in das andere und landete schließlich im Kriege hier in Bergen-Belsen. Und das Gericht weiß ja auch, was weiter geschah. Da kamen die englischen Truppen und zogen in das Konzentrationslager ein und befreiten alle Häftlinge und auch mich. Und da war gleich am ersten Abend ein großes Freudenfest von den Häftlingen. Dat kann man ja bejreifen.«
Der Dolmetscher unterbricht Schmitz und sagt: »Sprechen Sie langsamer! Ich kann das nicht so schnell übersetzen.«
»Entschuldigen Sie bitte, Herr Dolmetscher«, sagte Schmitz, »ich werde jetzt ganz langsam sprechen. Die Engländer haben nun die Wachmannschaften, die Herren und die Damen von der SS, eingesperrt und haben vor das Haus, in das sie saßen, bewaffnete Posten gestellt, denn natürlich hätten die Häftlinge sie zerrissen. In ganz kleine Stücke, in ganz kleine Stücke, Herr englischer General, hätten sie die zerrissen, wenn sie die gekriegt hätten. Aber die Häftlinge dachten, irgendwo muß doch noch ein SS-Mann sein, zogen durch das ganze Lager und suchten nach SS-Leuten, fanden aber keinen. Aber nun wollten sie sich – und das kann man ja durchaus verstehen – für das Schlimme, was man ihnen angetan hat, rächen, und dann dachten sie sich, wenn wir schon keinen

SS-Mann haben, dann wollen wir wenigstens einen Deutschen zusammenschlagen, und da fanden sie nun leider mich. Ich lief nun also wie ein Itsch ...«
Der Dolmetscher: »Schmitz, nun sprechen Sie doch nicht so in dem Jargon, ich muß das doch alles übersetzen!«
Schmitz: »Entschuldigen Sie bitte, Herr Dolmetscher, mich jeht dat so durch. Wat meinen Sie, wat dat Ihnen durchjänge, wenn Sie in dem Konzentrationslager gewesen wären, Herr Dolmetscher, Sie haben das ja ...«
Der General zum Dolmetscher: »Was sagt der Angeklagte da? Führt er mit Ihnen eine Privatunterhaltung?«
Der Dolmetscher zu Schmitz: »Sie sollen hier keine Privatunterhaltung mit mir führen, sondern kurz erzählen, wie das gewesen ist.«
Schmitz: »Also, die fielen nun über mich her. Die haben mich vor de Kopp jehauen, die haben mich in de Hintern jetreten, die haben mich in de Rücken jeschlagen, die haben mich am Halse gewürgt, dann haben die mir meine Brocken, also die Sträflingskleidung, so vom Leibe gerissen, daß ich pudelnackig war, und dann warfen sie mich auf den Boden, und wie sie gerade dabei waren, zu beginnen, auf mir herumzutrampeln, und sie hätten mich ja zu Tode getrampelt, da kam ein ganz großer, dicker englischer Sergeant, der hatte die Maschinenpistole in der Hand und schlug sie denen auf die Köpfe.
Ich schrie natürlich: ›Ich bin ein Häftling wie die anderen auch! Ich bin ein Häftling wie die anderen auch, Herr Engländer, helfen Sie mir!‹ Und da war auch einer von den Häftlingen, der kam mir zu Hilfe und sagte zu dem Sergeanten: ›Das ist ja ein Häftling, wie wir alle, und das ist ein Mißverständnis.‹
Aber der Sergeant hatte wohl nicht viel Zeit, kriegte mich am Arm, nackt wie ich war, schleppte mich vorwärts, brachte mich in das Haus, in dem die SS eingesperrt war, und befahl den Männern: ›Nehmen Sie den Mann mal und geben Sie ihm etwas von Ihren Sachen zum Anziehen.‹ Und die SS zog mich an. Sie gab mir Unterkleidung und eine SS-Uniform. Und in der stak ich noch, Herr General, als die Engländer mich abgeführt haben. So sitze ich hier unschuldig auf der Anklagebank.«
»Diese unwahrscheinliche Geschichte«, sagt der Ankläger, »wird sich gleich in Dunst auflösen, wenn wir die Zeugen im Falle Schmitz vernehmen. Es ist doch allzu merkwürdig, daß sich keiner von den SS-Leuten hier in der Bank an die Sache erinnert.«
Schmitz springt auf und ruft: »Für die SS-Leute hier existiere ich doch gar nicht. Die bissen sich doch lieber die Zunge ab, als daß sie zugunsten von so einem verächtlichen Kerl wie für einen früheren Häftling etwas aussagen.«

Der Ankläger: »Es spricht doch sehr gegen Sie, daß auch keiner der Häftlinge, die hier als Zeugen auftreten, sich an Sie erinnert.«
Der Verteidiger von Schmitz springt auf und sagt: »Ich weise den Herrn Ankläger darauf hin, daß es unstatthaft ist, jetzt schon durch Bemerkungen das Gericht gegen den Angeklagten einzunehmen. Dem Herrn Ankläger bleibt ja das Plädoyer.«
Schmitz zu dem Dolmetscher: »Was hat mein Herr Verteidiger gesagt?«
Aber schon kommt der erste Zeuge. Ein Mann aus Polen. Wird auf Schmitz hingewiesen und sagt: »Jawohl, der Mann hat der Wachmannschaft Bergen-Belsen angehört.«
Der Verteidiger nimmt ihn ins Kreuzverhör. Der Pole bleibt bei seiner Aussage.
Schmitz zu seinem Verteidiger: »Aber Herr Rechtsanwalt, dat ist doch jar nich möjlich! Dat Aas lüjt.«
Nach englischem Recht ist es unmöglich, daß ein Angeklagter im Gerichtssaal mit seinem Rechtsanwalt spricht. Der Dolmetscher mischt sich ein und sagt: »Schmitz, halten Sie den Mund!«
»Jawohl, Herr Dolmetscher«, sagt der Angeklagte.
Der General zum Dolmetscher: »Was mischen Sie sich ein? Was führen Sie für Unterhaltungen mit Schmitz?«
»Herr General! Ich bitte um Entschuldigung, Sir, ich dachte, es sei im Interesse dieses Gerichtes, wenn ich den Angeklagten darauf aufmerksam mache, daß er jetzt nichts sagen dürfe.«
Der General grollt.
Es kommen viele Zeugen. Jawohl, sie haben alle Schmitz unter den Wachmannschaften gesehen. Es kommen zwei Zeuginnen, die Schmitz an den Galgen bringen können. Sie haben ihn auch in Auschwitz gesehen. Sie haben ihn gesehen und sind dabeigewesen, wie Schmitz Leute für die Todeskammern, für die Gaskammern ausgesucht hat. Er trug eine lange Peitsche, sagt die eine, und schlug auf die armen, alten, ausgehungerten Häftlinge in Auschwitz ein. Er trieb sie in die Todeskammern. Und auch in Bergen-Belsen trug er ein Gewehr und schoß auf die Menschen, die Verhungerten, die sich Rüben oder Kartoffeln aus dem Haufen holen wollten, und zwei hat er erschossen.
Schmitz geht in die Höhe.
»Wat sagt dat Frauenzimmer? Ich war in Auschwitz? Ich war nie in Auschwitz!«
Der Dolmetscher: »Schmitz, Sie reden sich ja um Kopf und Kragen. Halten Sie doch den Mund! Sie haben doch einen Verteidiger!«
»Der Verteidiger wird dat Seinige tun, ich werde aber auch das Meinige

tun. Sagen Sie doch dem Herrn englischen General, dat das doch alles widerliche Frauenzimmer sind, die lügen.«
Der General schlägt leicht mit seinem Bleistift auf den Tisch.
Der Dolmetscher fährt auf und ruft Schmitz zu: »Aber nun seien Sie doch still!«
Der General: »Wenn der Angeklagte Schmitz nicht schweigt, lasse ich den Angeklagten Schmitz durch die Polizei aus dem Saale führen, und wir verhandeln in seiner Sache ohne ihn weiter.« Zum Dolmetscher sagt der General: »Übersetzen Sie ihm das!«
Der Dolmetscher tut das, und Schmitz brüllt: »Der Herr englischer General soll mich in de Täsch lecken! Da han ich mir jedacht, wenn ich vor 'n britisches Kriegsgericht komme, dann jeht dat alles in Klarheit vor sich! Dann erfahren die Leute endlich die Wahrheit, und dann wird der Schmitz in de Freiheit jesetzt, und jetzt droht mich der englische General! Aber ich han ja schon jesagt, der General soll mich in de Täsch lecken!«
Der General wutschnaubend zum Dolmetscher: »Übersetzen Sie mir sofort das, was der Angeklagte soeben gesagt hat!«
Der Dolmetscher, nachdem er tief Atem geholt hat: »Der Angeklagte hat in einem deutschen Dialekt dem Sinne nach folgendes gesagt: Er wird alles tun, was der General wünscht, er vertraut vollkommen dem Gerechtigkeitssinn und der Weisheit des Generals. Der General wird durchschauen, daß die Zeugen die Unwahrheit gesagt haben.«
Der Ankläger, der ja sehr gut Deutsch spricht, steht auf, setzt sich dann aber wieder hin, ohne ein Wort zu sagen.
Der Verteidiger von Schmitz steht auf und bittet das Gericht, man möge dem nach seiner Meinung vollkommen unschuldigen Manne seine Erregung zugute halten.
Er nimmt die letzte gefährliche Zeugin ins Kreuzverhör.
Die aber bleibt immer mit denselben Wendungen bei ihrer Aussage.
Aus – vorbei! Der nächste Fall.
Schmitz sitzt vollkommen zusammengebrochen, kreidebleich auf der Anklagebank. Er versteht die Welt nicht mehr. Er beugt sich zu seinem Verteidiger vor. Der schüttelt den Kopf. Er kann jetzt nicht mit ihm reden. Schmitz sinkt langsam mit geschlossenen Augen an die Schulter seines Nebenmannes.
Mich überkam das große Mitleid mit diesem Manne, mit diesem – meinem Landsmanne –, den ich für vollkommen unschuldig hielt. Wir Rheinländer haben ein Gehör für den Ton, den unsere Landsleute sprechen. Dieser Mann hatte die Wahrheit gesagt, dessen war ich sicher. Trotzdem stand sein Leben auf dem Spiel; denn die Zeugenaussagen waren so

präzise und so genau, daß das Kriegsgericht ihn eigentlich zum Tode verurteilen mußte.

Jacki und ich waren die einzigen Zeitungsleute, die das mit angehört hatten. Der Schwarm der ausländischen Kollegen war davongeflogen. Was für die Weltöffentlichkeit in Lüneburg interessant gewesen war, das hatte man ja nun eigentlich schon bei der Vernehmung der Hauptangeklagten gehört.

Ich faßte einen Plan.

Fuhr zunächst in mein Lüneburger Quartier und schrieb den ganzen Bericht. Schilderte in jeder Einzelheit die Aussage von Schmitz, das Erscheinen des britischen Sergeanten, der den nackten Mann in das SS-Quartier warf, und schilderte genau die schlimme Situation des Angeklagten, der für diesen Vorgang keine Zeugen hatte. Dann ließ ich mich von driver Hansen nach Hamburg fahren.

Ich ging zu G. N. S., wurde nach meinem Bericht gefragt und sagte, ich müsse ihn noch stilisieren. Man hatte allerhand anderes zu tun. Ich saß still in einer Ecke und tat so, als arbeite ich noch an meiner Story, und erst dann, als es die allerletzte Minute war, in der mein Bericht herausgehen mußte, gab ich ihn ab. Ich hatte meinen Zweck erreicht. So, wie ich ihn abgefaßt hatte, wurde er gefunkt.

Das ist nämlich ein alter Trick im Journalismus: wenn man sicher sein will, daß man seine Fassung einer Nachricht durchbekommt, so darf man sie dem Redakteur erst im allerletzten Augenblick geben. Man muß diesen Mann in Zeitnot bringen, damit er gar nicht mehr dazu kommt, seine Feder am Texte zu wetzen. Hier spielte nun aber auch noch das Politische eine Rolle. Im Rahmen dieses großen, schrecklichen Prozesses war die Affäre Schmitz ein kleiner Fisch. Handelte ich nicht so, wie ich es tat, dann konnte ich sicher sein, daß sechs Zeilen über Schmitz etwa mit der Tendenz »Feige Lüge eines Mörders« erschienen oder so ähnlich. Dann las das niemand, und ich konnte mein Ziel, Zeugen für Schmitz zu gewinnen, nicht erreichen.

Es vergingen viele Tage. Immer sah ich auf Schmitz. Immer sah ich ihn völlig zusammengesunken auf seinem Stuhle kauern. Ohne Zweifel sah sich dieser rheinische Pferdedieb schon am Galgen.

Da – an einem der nächsten Tage –, die Vernehmung eines Zeugen vor Gericht war gerade zu Ende gegangen, erschien mit einem Male unerwartet der Court Marshal in der Mitte des Gerichtssaales. Das war noch nie geschehen. Er nahm Front zu den Richtern und vermeldete, draußen sei, von dem kommandierenden General der britischen Armee am Rhein entsandt, ein Zeuge mit einem Schreiben dieses Generals. Der General bitte das Gericht, den Sergeanten zu vernehmen. Der General bitte wei-

ter, das sofort zu tun, damit der Mann keine Zeit verliere und schnell wieder zu seiner Einheit ins Rheinland zurückkehren könne. Die britische Armee habe dem Sergeanten einen Dienstwagen gestellt.
Der General sah auf, überlegte einen Augenblick und befahl dann, man solle den Sergeanten vor das Gericht bringen.
In voller vorschriftsmäßiger Equipierung erschien der Mann. Er war groß, füllig, und kaum trat er in den Saal, da rief Schmitz mit unterdrücktem Jubel: »Da isser ja! Da isser ja! Dat is ja meine Sergeant! Oh, wat is dat für 'ne liebe Sergeant!«
Der Dolmetscher zischte: »Halten Sie den Mund, Schmitz!«
Der General sah drohend zur Anklagebank, blickte dann aber zu dem Sergeanten und sagte: »Der kommandierende General wünscht, daß Sie vernommen werden. Was haben Sie auszusagen?«
»Meine Einheit, Sir, liegt im Rheinland. Ich habe Deutsch gelernt und es so weit gebracht, daß ich deutsche Zeitungen lesen kann. Ich las, daß ein Häftling im Zeugenstand folgendes aussagte: In der Nacht, die dem Tage der Befreiung folgte, sei er, ein deutscher Häftling, von den anderen Häftlingen angefallen worden. Man habe ihm die Kleider vom Leibe gerissen und ihn nackt zu Boden geworfen. Ein britischer Sergeant habe ihn dergestalt gerettet, daß er ihn in das SS-Quartier brachte und der SS befahl, ihm Kleider zu geben.
Dieser Sergeant, Sir, war ich! Der Mann hat die Wahrheit gesagt. Das hat sich ereignet.«
Schmitz sprang auf, breitete die Arme aus.
Der Dolmetscher sah ihn strafend an. Schmitz sank wieder auf seinen Sitz.
Kurzes Verhör durch den General.
Längeres Verhör durch den Verteidiger des Oskar Schmitz.
Aus und vorbei! Schmitz war gerettet.
Hocherhoben saß er strahlend auf seinem Platz und lächelte den Dolmetscher an. Der Dolmetscher lächelte zurück. Er sah auf seinen Anwalt, der sich zu ihm wandte und lächelte. Schmitz lächelte über das ganze breite Gesicht. Schmitz versuchte, den General anzulächeln, und ich hatte den Eindruck, daß über dessen strenges Gesicht auch ein leichtes Lächeln glitt.

Ich glaube, es war an dem Abend des Tages, an dem der Sergeant erschien, um meinem Landsmanne, Schmitz, das Leben zu retten, als ich selbst ein Erlebnis hatte, das mich damals außerordentlich beeindruckte.
Es mag so gegen zehn Uhr abends gewesen sein. Ich saß allein in meinem Zimmer, las und horchte, wie der Regen an die Fensterscheiben schlug. Auf dem Flur der großen Wohnung, in der ich meinen Raum hatte, hörte ich Stimmen, und plötzlich vernahm ich meinen Namen.

Schon klopfte es, ich rief: »Herein!«
Ins Zimmer traten zwei Herren in Trenchcoats englischer Herkunft, die regennassen Hüte in der Hand.
Der ältere der beiden war vielleicht fünfzig, der jüngere dreißig Jahre alt. Der Ältere trug eine Brille in goldener Fassung, der Jüngere fiel auf durch sein sonnengebräuntes Gesicht.
»Oh«, sagte der Mann mit der Brille, »wir müssen sehr um Entschuldigung bitten, daß wir Sie stören, wir kommen von der englischen Polizei.«
Das sagte er in einem fast akzentfreien Deutsch.
Mit etwas mühseliger Heiterkeit erwiderte ich: »Wollen Sie erst Ihre Mäntel ablegen, oder soll ich gleich mitkommen?«
Es war an ihnen, etwas mühselig zu lächeln, und der Jüngere erwiderte: »Aber nein, Herr Berndorff! Es handelt sich nur um einen gemeinsamen Bekannten.«
Sie zogen ihre Mäntel aus, setzten sich, holten Zigaretten hervor, und dann ging es los:
»Sie haben doch Kriminalromane geschrieben?«
»Einige.«
»Sie haben auch im Dritten Reich Kriminalromane geschrieben.«
»Einige.«
»Sie haben doch einen Kriminalroman geschrieben, der eine Auflage von fast einer Million Exemplaren gehabt hat. Er hieß ›Shiwa und die Galgenblume‹. Der Film nach Ihrem Buch wurde mit Hans Albers in der Hauptrolle in Prag verfilmt. Aber er wurde nicht fertig, weil die Russen kamen.«
Ich: »Sagten Sie nicht, Sie kämen von der Polizei?«
»Langsam, langsam, Herr Berndorff! Sie werden sofort merken, daß wir von der Polizei kommen. In wessen Auftrag haben Sie dieses Buch geschrieben?«
Jetzt wußte ich, daß die Leute tatsächlich von der Polizei kamen.
»Dieses Buch habe ich im Auftrage eines Mannes geschrieben, den ich sehr gut kenne, und zwar im Auftrage des Chefs der deutschen Kriminalpolizei – Arthur Nebe. Der Mann war Gruppenführer der SS, General der Polizei, und er hatte sicherlich noch eine ganze Menge andere Ränge und Titel.«
Der Jüngere zog aus seiner Tasche ein Bündel von Fotokopien. Er lächelte, als ich ihn ansah.
»Sagten Sie, daß Sie den Mann ›gut gekannt haben‹? Wir haben Ihren Briefwechsel mit ihm. Er schreibt an Sie ›Lieber Berndorff‹, und Sie schreiben an ihn ›Lieber General‹. Ist es nicht in Deutschland so, daß man miteinander befreundet ist, wenn man in der Anrede das ›Herr‹ wegläßt?«

Ich: »Wir wollen das mal unterstellen. Mich stört es nicht, wenn Sie der Meinung sind, daß ich mit diesem SS-Gruppenführer befreundet bin.«
Der Ältere: »Sagten Sie befreundet bin?«
Ich stutzte und sagte dann nach einer Weile: »Ja, so habe ich mich ausgedrückt.«
Der Jüngere: »Aber es wird doch heute kaum jemand in Deutschland zu finden sein, der zugibt, daß er mit einem SS-Gruppenführer befreundet ist.«
Ich: »Sie kommen von der englischen Polizei?«
Beide lächelten und legten Ausweise auf den Tisch.
Ich: »Warum soll ich nicht zugeben, daß ich mit Nebe befreundet bin? Sie waren doch auch sehr mit ihm befreundet.«
Lange Pause.
Dann der Ältere: »Sie sagen das wahrscheinlich aus folgendem Grunde: Nebe war Chef der internationalen europäischen Polizei-Konvention …«
Ich unterbrach ihn und sagte: »Nein, nicht deswegen. Sie waren ja während des Krieges eng mit ihm befreundet.«
Der Ältere: »Wenn Sie in Ihrem Satz ›Sie‹ sagen, wen meinen Sie damit?«
»Ihre Regierung, Gentlemen!«
Pause.
Lange Pause.
Der Jüngere: »Warum sagen Sie das, Herr Berndorff?«
Ich: »Um die Positionen zu klären. Es ist mir bekannt, daß Arthur Nebe mit der britischen Regierung seit dem Jahre 1942 laufend verhandelt hat. Es ist mir bekannt, daß er drahtlos mit London telefonierte.«
Der Jüngere unterbrach mich: »Aber Herr Berndorff! Mit London telefonierte! Während des Krieges! Das hätte doch der deutsche Abwehrdienst sofort gemerkt!«
Ich: »Sie wissen doch genauso gut wie ich, daß er über einen ›Zerhacker‹ telefonierte. Seine Worte wurden durch diesen ›Zerhacker‹ phonetisch unverständlich. Der in London stehende ›Enthacker‹ machte sie wieder verständlich. Und wer am anderen Ende in London saß, Gott, den Mann kenne ich auch ganz gut.«
»Wollen wir das Gespräch weiterführen, Herr Berndorff?«
Ich: »Gentlemen, was für ein Unsinn! Sie kommen zu mir. Sie beginnen über Nebe zu sprechen …«
»Nicht wir, Sie haben begonnen über den Mann zu sprechen.«
Ich dachte lange nach, und dann sagte ich: »Was wollen Sie eigentlich von mir?«
»Wir möchten gerne wissen, wo Nebe ist.«

»Das kann ich Ihnen nicht sagen.«
»Sie wissen doch, daß er aus seiner Position geflohen ist und sich verborgen hält.«
»Das weiß ich. Er ist nach dem 20. Juli geflohen. Ich weiß, daß er maßgeblich an der Verschwörung beteiligt war; aber ich weiß nicht, wo er geblieben ist. Ich bin sechs Wochen vor Kriegsende aus Berlin herausgegangen ...«
Beide lächelten.
»Wir kennen Ihre Nachkriegsgeschichte!«
Ich: »Nehmen Sie an, ich wüßte, wo Nebe wäre. Was würden Sie dann tun?«
»Das würde nicht von uns abhängen. Wir möchten ihn finden. Aber sagen Sie eines: Sie haben den Mann doch so gut gekannt. Und Sie waren doch während des Krieges viel mit ihm zusammen. Führte er nicht im Osten eine ›Einsatzgruppe‹?«
»Ja, das hat er getan. Er hat mir das auch erzählt.«
»Was war denn eine ›Einsatzgruppe‹?«
»Das weiß ich im einzelnen nicht. Aber ich nehme an, das war ein Truppenteil, der gegen die Russen kämpfte. Das Wort ›Einsatz‹ in der soldatischen Sprache ist eine Erfindung des Dritten Reiches und bedeutet ›militärische Tätigkeit‹.«
»Hat er Ihnen etwas über die Tätigkeit der Einsatzgruppe erzählt?«
»Nicht das allergeringste.«
»Denken Sie doch einmal nach! Vielleicht fällt Ihnen etwas ein.«
»Ich kann nur sagen, daß er nur periodisch bei dieser Einsatzgruppe war, denn meistens war er doch in Berlin. Vielleicht war es eine Gruppe, deren Mannschaften und Offiziere aus Waffen-SS und Polizeiformationen bestanden, die gelegentlich im militärischen ›Einsatz‹, da haben Sie wieder das Wort, gegen die Russen kämpften. Nebe hat mir niemals über seine Tätigkeit bei dieser Gruppe erzählt.«
»Worüber haben Sie denn gesprochen, wenn Sie mit ihm zusammen waren, und Sie waren doch viel mit ihm zusammen?«
Ich: »Über Kriminalromane zuallererst. Nebes Hobby war ›der Kriminalroman‹. Seine Sammlung aus dieser Gattung der Literatur war lückenlos. Er hatte es durchgesetzt, daß der Kriminalroman als einzige Gattung der deutschen Literatur während des Dritten Reiches einer Vorzensur unterworfen war. Angeblich, weil er verhindern wollte, daß die Methoden der Kriminalpolizei auf dem Umweg über den Kriminalroman der Verbrecherwelt bekannt wurden. In Wirklichkeit aber, weil er das Niveau des Kriminalromans heben wollte.«
Beide lächelten.

Ich: »Sie haben recht, zu lachen! Aber es war nun einmal so. Nebe war ein in sich widerspruchsvoller, merkwürdiger, aber im ganzen außerordentlich anziehender Mann. Ich möchte Sie etwas anderes fragen: Ihre Regierung ist doch diesem Manne sehr zu Dank verpflichtet. Haben Sie niemals den Versuch gemacht, Nebe beizustehen, nachdem er durch seine Flucht in Bedrängnis geraten war?«
»Wir haben diesen Versuch gemacht. Er ist mißglückt.«
Lange Pause.
»Herr Berndorff, es geht das Gerücht, daß die Gestapo Nebe kurz vor Ende des Krieges aufgehängt hat. Haben Sie darüber etwas gehört?«
»Ich habe darüber nichts gehört.«
Aber ich dachte nach.
»Gentlemen«, sagte ich, »wenn Sie mal draußen spazierengehen, kann ich mal telefonieren.«
Der Jüngere lächelte: »Herr Berndorff! Draußen regnet es! Wir können ein anderes Abkommen treffen. Wir bleiben hier und sehen und hören nichts.«
Ich sah die beiden an. Mit Engländern kannte ich mich im allgemeinen aus. Ich schätzte die beiden richtig ein, nahm mein Telefon ab und zwitscherte mich in die englische Dienstleitung ein. Ich erreichte Döring in seinem Quartier. Er hatte natürlich auch mittlerweile Telefon.
»Guschi«, sagte ich, »was ist aus Nebe geworden?«
»Oh, verflucht«, sagte Guschi, »ich habe es dir bisher mit Absicht nicht erzählt. Die Person, die Tüngel kürzlich in deinem Bett untergebracht hat, hat es mir gesagt. Dieses Schwein, Kaltenbrunner, hat ihn acht Tage vor Kriegsende aufhängen lassen.«
Ich legte den Hörer still zurück, sah eine ganze Weile an die Decke des Zimmers und sagte dann: »Gentlemen! Kaltenbrunner hat Nebe acht Tage vor Ende des Krieges aufhängen lassen.«
Sie fuhren beide etwas zurück. Der Ältere sagte mit großem Ernst: »Gott sei seiner Seele gnädig.«
Ich habe erst im Nürnberger Prozeß erfahren, warum er diese Worte mit so großem Ernst sprach und warum er mich so sehr nach der ›Einsatzgruppe‹ gefragt hatte.

Das Lüneburger Urteil

Am 17. und 18. November 1945 sollte der Lüneburger Prozeß zu Ende gehen. Am 17. wollte das Gericht für jeden einzelnen Angeklagten auf »schuldig« oder »nicht schuldig« erkennen. Am 18. mußte dann das Strafmaß verkündet werden.
Vor diesen beiden Tagen wurde ich nach Hamburg geholt.
Wollte G. N. S. als deutsches Nachrichtenbüro in der britischen Zone – eigentlich natürlich als englisches Nachrichtenbüro ohne deutsche Konkurrenz in der britischen Zone – bestehen bleiben, und daran lag ja, wie ich dargetan habe, sehr vielen Leuten sehr viel, so mußte es sich nicht nur politisch, sondern auch kommerziell bewähren.
Als ich jetzt nach Hamburg kam, gab es eine ausführliche Beratung darüber, wie es anzustellen sei, daß das Urteil aus dem Lüneburger Prozeß so schnell wie möglich in die Welt gespuckt werden könnte. Wir hatten ja den Sender Radio Norddeich. Alle amerikanischen Zeitungen würden selbstverständlich das Urteil bringen, und zwar mit der Herkunftsmarke »G. N. S.«. Aber natürlich nur dann, wenn wir die ersten waren, die die Meldung in die Welt funken konnten. Und daß die Meldung die Buchstaben »G. N. S.« trug, war prestigemäßig für unseren Laden sehr wichtig. Soviel hatten meine Chefs schon gelernt.
Robby war bei der Besprechung und wirkte stark durch sein mürrisches Desinteressement. Viel Aktivität war von ihm nicht zu erwarten, das wußte ich.
Man bot mir noch zwei Sekretärinnen an, auch einen Motorradfahrer, der sich mit driver Hansen abwechseln sollte, um meine Texte vom Gerichtsgebäude bis zum Fernschreiber in der Lüneburger Press Section zu befördern. Robby hatte mich angesteckt. Ich wollte keine Sekretärinnen und keine Motorradfahrer. Mit Jacki und driver Hansen kam ich zurecht.
In Lüneburg organisierte ich alles auf das einfachste. Ich sprach mit der Militärpolizei, mit der ich mittlerweile auf recht guten Fuß gekommen

war. Driver Hansen durfte mit seinem Wagen direkt vor dem Gerichtsgebäude stehen. Jacki würde alle zehn Minuten mit seinem Stenogramm herauseilen, es in der Vorhalle in die Maschine hauen. Driver Hansen mußte es zum Fernschreiber bringen. Damit war eigentlich alles erledigt.
Am 17. November ging alles glatt.
Es gab eine Sensation.
Die Pressetribüne war wieder überfüllt. Noch einmal horchte die Welt auf das, was in der Turnhalle in Lüneburg vor sich gehen würde.
Die ausländischen Kollegen waren nervös. Sie mußten sich mit der spärlichen Möglichkeit des Telefonierens zwischen Lüneburg und Hamburg abfinden. Bei solchen Gelegenheiten macht ein Journalist gern eine Spekulation. Ich diktierte Jacki schon eine Meldung: 46 Angeklagte schuldig, ein Angeklagter – Oskar Schmitz – nicht schuldig. Natürlich sandten wir die Meldung noch nicht ab.
Aber wie hatte ich mich verrechnet!
Der Spruch des Gerichtes kam in einer Atmosphäre von eisiger Feierlichkeit. Die Angeklagten standen.
Viel Militärpolizei in Gala füllte den Raum, durch dessen Oberlicht der fahle Novembertag hineindämmerte.
Und dann kam vierzehnmal »nicht schuldig«.
Vierzehn Angeklagte wurden sofort von der Militärpolizei aus dem Raume gebracht. Sie waren frei. Vierzehn Verteidiger hatten ihre Klienten mit allen Mitteln herausgehauen!
Das war ungeheuerlich! Die Pressetribüne erhob sich wie ein Mann, und während die Kollegen sich draußen verzweifelt um die Telefone stritten, stürzte Jacki in den Wagen, schrieb während der Fahrt die Meldung in die Maschine, und die Nachricht war tatsächlich wenige Minuten später in Hamburg. Zehn Minuten später in Amerika. G. N. S. hatte gesiegt; mit vielen Längen Vorsprung kamen wir ins Ziel.
Die Verhandlung war für diesen Tag zu Ende. Ich machte den Versuch, die für »nicht schuldig« befundenen Angeklagten zu sprechen; aber die Militärpolizei packte diese ganzen Leute in einen Omnibus und fuhr sie davon. Wie ich später hörte, nach Celle, von wo aus sie ins Dunkel untertauchten.

Am nächsten Morgen plädierten die Verteidiger der für schuldig Befundenen kurz, um das Strafmaß für ihre Angeklagten zu mildern.
Das Gericht zog sich zurück. Das Gerichtsgebäude wurde geräumt. Am Nachmittag um vier Uhr – es war ein Sonnabend – sollte das Urteil verkündet werden.
Wieder war die Anklagebank leer. Wieder stand die Militärpolizei in eiserner Disziplin still im Raume. Jetzt auch der Court Marshal – die rechte

Hand auf seinem Schwert. Wir standen alle noch, als der Präsident des Gerichtes, General Berney-Ficlin, dem Court Marshal zurief: »Die Angeklagten: Josef Kramer, Dr. Fritz Klein, Peter Weingartner, Franz Hößler.« Die Türen hinter der Anklagebank springen auf.
Zaudernd treten vier Männer ein. Militärpolizei füllt die Anklagebank, und schnell und mit schneidender Härte ruft der General in den Saal: »Josef Kramer: Tod durch den Strang!«
Kramer wirft den Kopf in den Nacken. Zwei Militärpolizisten fassen ihn an den Armen. Er ist draußen.
Der General: »Dr. Fritz Klein: Tod durch den Strang!«
Dr. Klein – ein Arzt – wirft die Arme hoch, öffnet den Mund so, als ob er schreien wolle. Die Militärpolizei faßt zu. Er ist draußen.
Und genau so schnell geht es mit den übrigen zwei.
Der General befiehlt dem Court Marshal, weitere vier Angeklagte vortreten zu lassen.
Vier Männer erscheinen. Alle vier: Tod durch den Strang.
Dann der General zum Court Marshal: »Die Angeklagten Johanna Bormann, Elisabeth Folkenrath, Irma Greese!«
Jacki stürzt hinaus, um die ersten Todesurteile in die Welt funken zu lassen. Ich sitze alleine da, als die drei Frauen eintreten. Hinter ihnen erscheint ein Rudel von weiblicher Militärpolizei.
Der General: »Johanna Bormann: Tod durch den Strang!«
Die Bormann hatte große, ganz böse Augen, harte Backenknochen. Ihr sitzt die Röte einer verzweifelten Erregung im Gesicht. Langsam und vorsichtig fassen die Militärpolizistinnen sie an. Sie schwankt leicht, als man sie herausbringt.
Der General: »Elisabeth Folkenrath: Tod durch den Strang!«
Sie fällt nach links einer der Militärpolizistinnen in die Arme, und schon ist sie draußen.
Der General: »Irma Greese: Tod durch den Strang!«
Die Greese nun – ein blondes junges Frauenzimmer, das während des gesamten Prozesses durch ihre offenbar ehrliche Gleichgültigkeit gegen alles, was in der Lüneburger Turnhalle vor sich ging, aufgefallen war und die sichtlich mit ihrem Leben abgeschlossen hatte – dreht sich allein nach links um, sieht das Gericht verachtungsvoll an und geht als einzige von allen zum Tode Verurteilten aufrecht und allein durch die Tür – und zum Galgen.
Ich hatte alles in Klarschrift niedergeschrieben. Aber wo blieb Jacki? Jacki kam nicht. Der Richter rief weiter Angeklagte auf. In die Bank trat eine Polin – Helena Kopper. Die war Häftling in Auschwitz gewesen und hatte der Wachmannschaft als Lagerspitzel gedient.

»Fünfzehn Jahre Zuchthaus!« verkündete der General.
Die Kopper sprang vor und schrie auf polnisch: »Ich will nicht ins Zuchthaus. Ich will sterben!«
Und dann schlug sie nach vornüber auf die Erde, und dort blieb sie liegen, so lange, bis der General denjenigen Angeklagten, die mit ihr in der Anklagebank erschienen waren, das Urteil verkündet hatte. Militärpolizistinnen trugen sie aus dem Saal.
Ich schrieb.
Wo war Jacki?
Jacki war nicht da!
Die Urteile fielen weiter. Ich schrieb. Schließlich erschien Jacki mit hochrotem Gesicht. Völlig erschöpft. Er flüsterte: »Hansen ist nicht da! Ich mußte hin und zurück laufen!«
Oh, verflucht!
Ich flüsterte: »Bleib hier! Ich will sehen, daß ich meinen Bericht zum Fernschreiber kriege.«
Ich stürze hinaus. Da fällt mir draußen erst ein, daß ich ja das Gebäude der Press Section in Lüneburg gar nicht betreten darf. Aber da stehe ich vor Robby. Der ist gerade eingetroffen. Ich drücke ihm meinen Bericht in die Hand: »Frag nicht! Rase zur Press Section. Gib das in den Fernschreiber!«
Er stürzt in seinen Wagen und braust ab.
Der Prozeß ist zu Ende. Elf Todesurteile und der Rest Zuchthausstrafen.
Wie wir hinauskommen, steht Robby da.
Ich sage zu ihm: »Bleib hier!«
Diktiere in rasender Eile den zusammenfassenden Bericht über den Schlußtag Jacki in die Maschine.
Robby bringt ihn zum Fernschreiber.
Kaum ist er davon, kommt driver Hansen mit seinem Wagen angezottelt.
Ich schnauze ihn an: »Hansen, was fällt Ihnen ein! Der Teufel soll Sie holen!«
Hansen erzählt: Eine »Dame«, so drückte er sich aus, hatte ihm zwei Pfund Butter versprochen. Am Stadtrand wohnte die Dame. Heimlich fuhr er los. Er bekam die Butter. Fuhr schnell zurück und wollte dann wieder auf seinen Platz vor dem Gericht vorfahren. In einer Straße trat ein sehr alter Herr vom Trottoir auf die Fahrbahn. Hansens Wagen faßte ihn und schleuderte ihn zu Boden. Hansen sprang aus dem Wagen. Publikum kam dazu. Man entschied: der Mann war tot. Man schleppte ihn auf den Bürgersteig. Hansen ließ ihn liegen und eilte zum nächsten deutschen Polizeirevier.
Dort erklärte er den Vorgang und bat, man möge sich um den Toten kümmern. Der deutsche Beamte begann: »Ihre Wagenpapiere!«

Das waren die Papiere eines englischen Dienstwagens.
Der Beamte: »Das geht uns gar nichts an. Sie sind der Fahrer eines englischen Wagens ...«
Driver Hansen: »Aber ich selbst bin doch Deutscher!«
Der deutsche Beamte: »Das mag sein! Aber für den Vorfall ist die englische Militärpolizei zuständig. Weil Sie einen englischen Dienstwagen gefahren haben. Das Büro der Militärpolizei ist gegenüber.«
Driver Hansen stürzte zur englischen Militärpolizei.
Die englische Militärpolizei entschied: »Nicht der britische Dienstwagen hat den alten deutschen Mann totgefahren, sondern Sie, der deutsche Fahrer! Wenn die Deutschen sich gegenseitig umbringen, so soll uns das schließlich recht sein; aber das geht uns gar nichts an. Scheren Sie sich raus!«
Driver Hansen stürzte voller Verzweiflung in seinen Wagen, um zu seiner Leiche zu fahren.
Die Leiche war nicht mehr da. Kinder berichteten ihm, der alte Mann, den er überfahren habe, sei wieder aufgestanden und nach Hause gegangen.
Driver Hansen beschloß, dem Manne die Butter zu bringen, die er von der Dame bekommen hatte. Driver Hansen ließ sich die Adresse des alten Mannes sagen, fuhr hin und kam in ein kleines Häuschen.
Eine ganz alte, weinende Frau empfing ihn. Der Überfahrene war nach Hause gekommen, hatte sich ins Bett gelegt. Der Arzt war gerade da und schrieb den Totenschein aus; denn jetzt war er wirklich tot.
Am Abend fuhren wir nach Hamburg zurück.

Berndorff: Zwischen Lüneburger und Nürnberger Prozeß

In Hamburg stieg ich in die tägliche Routinearbeit eines Reporters bei einem Nachrichtenbüro wieder ein. Nach drei Tagen war ich nicht nur amts-, sondern auch lebensmüde. Aber ich hatte ein Erlebnis, das mich wieder etwas tröstete.
Döring kam eines Abends in mein Quartier im Pressehaus.
Zunächst noch etwas über dieses Quartier.
Frau Berndorff und mir war es gelungen, auf dem Dach des Hauses eine richtige kleine Wohnung aufbauen zu lassen. Schuld daran war Major Wilson. Daß es den gar nicht gab, das wußte außer mir und Frau Berndorff nur noch Tüngel. Major Wilson befahl die Vergrößerung meines Quartiers, das schließlich aus zwei Zimmern und einer Küche bestand. Major Wilson ließ das Dach verstärken. Major Wilson tat allerhand für uns. Nur die Rattenkönigin Amanda konnte er nicht vertreiben. Amanda glaubte nicht an Major Wilson. Amanda beschaute uns und grinste höhnisch, wenn sie uns sah.
Eines Abends also kam Guschi Döring an. Stellte zunächst fest, daß Amanda immer fetter würde und auch ihn süffisant anlächle.
Dann begann er: »Erinnerst du dich an Cyrill Hart?«
Das war eine saudumme Frage. Cyrill Hart war unser Kollege im Ullstein-Haus gewesen. Drahtlose Telegrafie, drahtlose Telefonie, die Rundfunkzeitung »Sieben Tage«, alles, was in dieses Gesamtgebiet fiel, war sein Fach gewesen. Cyrill Hart trank viele kleine Helle mit uns im »Treffpunkt« gegenüber dem Ullstein-Haus. Dort saßen wir, die Reporter, Redakteure, Zeitungsfahrer, friedlich beieinander. Des Nachts zwischen zwölf und zwei nach dem Redaktionsschluß. Bei Bouletten, Korn und kleinen Hellen.
Als der Krieg ausbrach, war Cyrill Hart gerade seit vierzehn Tagen auf Urlaub, und die Kriegsereignisse brachten es mit sich, daß er schlicht und

einfach aus unserem Gesichtskreis verschwand. Wahrscheinlich war er eingezogen, wie so viele von uns, dachten wir.

Aber jetzt, 1945, war Guschi am Mittag folgendes passiert:

Er ging über den Hamburger Jungfernstieg und sah einen englischen Major. Englischer Major war nichts Besonderes in der damaligen Zeit; aber dieser Offizier hatte nun – so deuchte es Döring wenigstens – eine vertrackte Ähnlichkeit mit Cyrill Hart.

Auf einmal blieb Guschi stehen; denn das war Cyrill Hart.

Guschi stürzte auf den Mann zu, traute seinen Wahrnehmungen nicht und fragte ganz schüchtern: »Cyrill?«

»Mensch, Guschi!« antwortete der Major.

Döring: »Mensch, Cyrill, du bist verrückt geworden! Du kannst doch hier nicht in der Uniform eines englischen Offiziers hochstapeln! Komm mit um die Ecke! Hier im Pressehaus wohnt Berndorff. Der schenkt dir sicherlich einen Zivilanzug.«

Cyrill Hart: »Guschi, sei mir nicht böse, und nimm mir das nicht übel! Ich bin doch wirklich englischer Major! Ich war immer Engländer!«

Am nächsten Tage gingen wir beide zu Cyrill Hart.

Er wohnte in einem von der britischen Besatzungsmacht beschlagnahmten prächtigen Hause am Leinpfad.

Unten im Hause war eine Messe.

Wir umarmten uns alle, setzten uns in tiefe Sessel. Cyrill legte Zigaretten, Zigarren und Tabak auf den Tisch und sagte: »Jungs, ich habe für euch Stout beschafft, und ich denke, wir nehmen in jedes Glas einen Schluck Gin.«

Ich sah Cyrills Waffenrock an.

Guschi sagte: »Zieh den Rock aus, es ist so warm hier!«

Cyrill verzog keine Miene und zog den Rock aus.

»Jungs«, sagte er, »daß wir drei diese ganze Scheiße lebend überstanden haben!«

Wir tranken.

»Seid doch nicht so traurig«, sagte Cyrill. »Das wird sich doch alles ändern. Was fällt euch denn ein?«

Es mußte irgend etwas ins Zimmer geweht worden sein. Durch die geschlossenen Fenster, durch die geschlossenen Türen; denn wir zogen alle drei unsere Taschentücher und wischten uns alle drei etwas aus den Augenwinkeln. Und dann haben wir eine ganze Weile nichts gesagt, sondern wir haben uns nur gegenseitig angesehen.

Dann fragte ich: »Was machst du in Hamburg, Cyrill?«

»Nehmt mir das nicht übel«, sagte er, »ich bin hier Press Officer geworden.«

Da schrien Döring und ich vor Heiterkeit.
Bei G. N. S. war es widerlich in dieser Zeit.
Es begann die große Mode der Enthüllungen. Jeden Tag kamen Oberste und Generale, hohe und höhere SS-Führer, Polizeipräsidenten und Polizeiführer, kam ein ganzer Haufen von Kerlen, um unseren Halbuniformierten die Gemeinheiten des Dritten Reiches zu erzählen. Als Gegengabe verlangten sie die Beschaffung von Aufenthaltsbewilligungen, Reiseerlaubnissen und ähnlichen Papieren. Sie alle waren natürlich nur gezwungen dabei gewesen, aber sie konnten über ihre Kameraden und Kollegen die phantastischsten Sachen aussagen. Anfänglich schickten die Halbuniformierten die Herrschaften gerne zu Döring und mir. Nachher kümmerten sie sich selbst um dieses Volk; denn Döring und ich – wir hatten uns eine Taktik im Umgang mit diesen Leuten zurechtgelegt, der diese Denunzianten nicht gewachsen waren.
Ich sagte immer: »Sie waren Oberst? Da müssen Sie noch etwas warten. Vor Ihnen sind noch elf Generale mit Enthüllungen da.«
Und so in diesem Stile.
Döring machte es noch gemeiner: »Und Sie wollen hier wirklich bei den Engländern was über den Führer aussagen? Den Sie doch so geliebt haben? Oh, wie ist das alles traurig!«
Ein amerikanischer Kollege bat mich eines Tages, ihm für eine historische Arbeit einen höheren Offizier zu besorgen, der mit der Technik der Nachrichtenmittel der deutschen Armee vertraut gewesen sei. Ich fand den Offizier, einen Oberst, und brachte ihn nach Bremen, wo der amerikanische Kollege stationiert war.
Als die beiden aufeinanderstießen, sagte der Amerikaner: »Ich freue mich, einen Oberst der deutschen Armee zu sehen, der maßgeblich an der Verschwörung des 20. Juli beteiligt war.«
Der Oberst antwortete wutschnaubend: »Rutschen Sie mir den Buckel herunter, Mister! Ich habe mit dem 20. Juli nichts zu tun gehabt und habe die ganze Geschichte erst nachträglich durchs Radio gehört.«
Der Amerikaner wurde sehr verlegen und sagte: »Ich bitte Sie ganz ernsthaft um Entschuldigung. Das alles kommt daher, daß ich nach dem Kriege noch niemals einen Oberst der deutschen Armee gesprochen habe, der nicht maßgeblich am 20. Juli mitgewirkt hat.«
So waren damals die Zeiten.
Für einen Reporter waren sie grauslich.
In Hamburg wurde die Gattin eines Mannes ermordet, der die Armee Tschiangkaischeks maßgeblich mit Waffen beliefert hatte. In Hamburg geschah eine Mordtat nach der anderen, deren Motive zweifelsohne politischer Art waren. Aber man konnte als Reporter in diesen Dingen über-

haupt nicht arbeiten. Wenigstens nicht für G. N. S. Denn dem Büro war es gleichgültig, was die Deutschen interessierte. Das Büro diente der »reeducation«.
Ich war wieder drauf und dran, meinen Job aufzugeben, meinen Job, in dem ich nichts Nennenswertes verdiente. Und der im Grunde genommen vollkommen sinnlos war. Aber!
Im November hatte der Nürnberger Prozeß begonnen.
Es gab bis gegen Ende des Jahres 1945 eigentlich nur vorbereitende Verhandlungen in Nürnberg, und es war vorauszusehen, daß die Vernehmung der Angeklagten erst Anfang des Jahres 1946 stattfinden konnte. Was Göring und Ribbentrop, was Keitel und Jodl, was Raeder und Dönitz, was Dr. Schacht und alle anderen in Nürnberg zu sagen hatten, das war natürlich für die deutsche Bevölkerung von außerordentlichem Interesse. Doch nicht nur das! Ein großer Teil der Bevölkerung selbst war angeklagt. Die Anklageschrift nämlich lautete:
»I. Die Vereinigten Staaten von Amerika, die Französische Republik, das Vereinigte Königreich von Großbritannien und Nordirland und die Union der Sozialistischen Sowjetrepubliken haben die Unterzeichneten, Robert H. Jackson, François de Menthon, Hartley Shawcross und R. A. Rudenko, rechtmäßig zu Vertretern ihrer Regierungen zum Zweck der Untersuchung der Beschuldigungen gegen die Hauptkriegsverbrecher und zu deren Verfolgung bestellt. In Ausführung der Londoner Vereinbarung vom 8. August 1945 und des dieser beigefügten Statuts des Gerichtshofs beschuldigen die obengenannten Regierungen der Verbrechen gegen den Frieden, der Verbrechen gegen das Kriegsrecht und der Verbrechen gegen die Humanität in dem im folgenden erörterten Sinn und eines gemeinsamen Planes und einer Verschwörung zur Begehung dieser Verbrechen, wie diese in dem Statut des Gerichtshofes definiert sind, und klagen dementsprechend wegen der weiter unten aufgeführten Punkte an: Hermann Wilhelm Göring, Rudolf Heß, Joachim von Ribbentrop, Robert Ley, Wilhelm Keitel, Ernst Kaltenbrunner, Alfred Rosenberg, Hans Frank, Wilhelm Frick, Julius Streicher, Walter Funk, Hjalmar Schacht, Gustav Krupp von Bohlen und Halbach, Karl Dönitz, Erich Raeder, Baldur von Schirach, Fritz Sauckel, Alfred Jodl, Martin Bormann, Franz von Papen, Arthur Seyß-Inquart, Albert Speer, Konstantin von Neurath und Hans Fritzsche, und zwar als Einzelpersonen sowie als Mitglieder aller oder einiger der unten genannten Gruppen und Organisationen.
II. Die folgenden – inzwischen aufgelösten – Gruppen und Organisationen sind wegen der Wege und Mittel für die Erreichung ihrer Zwecke im Zusammenhang mit der Verurteilung derjenigen Angeklagten, die ihre Mitglieder waren, als verbrecherisch zu erklären: die Reichsregierung,

das Korps der Politischen Leiter der Nationalsozialistischen Deutschen Arbeiterpartei, die Schutzstaffeln der Nationalsozialistischen Deutschen Arbeiterpartei (allgemein bekannt als ›SS‹), die Geheime Staatspolizei (allgemein bekannt als ›Gestapo‹), die Sturmabteilungen der NSDAP (allgemein bekannt als ›SA‹) und der Generalstab und das Oberkommando der Wehrmacht.«

Die Tatsache, daß der Prozeß schon angelaufen war, machte in ganz Deutschland ein außerordentliches Aufsehen, und das um so mehr, als die Bevölkerung mit dem Generalproblem nicht vertraut gemacht wurde. Nach welchem Recht sollte geurteilt werden? Das wußte niemand. Wenn jetzt nun in Nürnberg die SA beispielsweise als eine »verbrecherische Organisation« verurteilt werden würde, was geschah dann mit den einfachen SA-Männern? Wollte man sie alle einsperren? Wollte man sie depossedieren? Millionen von Menschen waren doch teils freiwillig, teils gezwungen in der SA und in der schwarzen SS gewesen.

Zu was sollten sie denn nun verurteilt werden?

Kontinuierliche Berichte über die Vorgänge in Nürnberg gab es in den deutschsprachigen Zeitungen der britischen Besatzungszone nicht. Wir wußten natürlich, woran das lag, aber doch nicht die Bevölkerung! Wir wußten, daß die Amerikaner in ihrer Zone ein amerikanisches Nachrichtenbüro in Deutschland unterhielten – »DANA« hieß es. Nürnberg lag in der amerikanischen Zone. Die Amerikaner standen auf dem Standpunkt, daß die Deutschen über den Nürnberger Prozeß durch ihr Zonen-Nachrichtenbüro informiert werden sollten. Dieses Büro arbeitete noch grotesker als G.N.S. bei uns. Seine Sendungen waren unverwendbar.

Es geschah zudem Unvorstellbares.

Über Radio Nürnberg spuckte ein Monsieur »Gaston Oulman« Sendungen über Nürnberg aus. Sie waren frisiert als Prozeßberichte. Es wurden unwahrscheinliche Taten von Göring und allen anderen Angeklagten – hauptsächlich aber von Dr. Hjalmar Schacht – berichtet.

Wir Journalisten konnten feststellen, und zwar an Hand von Associated-Press-Meldungen und United-Press-Meldungen, daß derartige Dinge, die dieser Gaston Oulman über den Sender berichtete, im Nürnberger Gerichtshof gar nicht verhandelt worden waren.

Der Sender Nürnberg war aber ein offizieller amerikanischer Sender, der natürlich in deutscher Sprache betrieben wurde! Wie konnte das sein? Wir begriffen es nicht.

Die Bevölkerung wurde sehr stutzig. Wer einen großen Apparat hatte und Nürnberg empfangen konnte, hörte Dinge, die er nicht glaubte und, was das Wichtigste war, die er mit vollem Recht nicht glauben konnte.

Bei G. N. S. war man etwas unruhig. Sollte man einen eigenen Berichterstatter nach Nürnberg schicken?
Wenn ja, wen?
Ich hielt es für ausgeschlossen, daß man mich senden würde; denn mein Verhalten während des Lüneburger Prozesses und mein gesamtes Benehmen empfahlen mich nicht.
Da hörte ich im Dezember zu meiner grenzenlosen Verblüffung, daß ich nach Nürnberg sollte.
Diese Idee faszinierte mich.

Bormanns Sekretärin gibt Tüngel
ein Dokument für Berndorff

Als Berndorff mir erzählte, er werde nun nach Nürnberg fahren, war er sehr aufgeregt, und da konnte ich ihn zu seiner Begeisterung mit einem Dokument überraschen; es war auf eine seltsame Weise in meinen Besitz gekommen.
Bormanns Sekretärin, die wir ja – nachdem sie aus dem Gefängnis befreit worden war – aufgenommen hatten, hatte es mir gebracht. Damals bestand eine lebhafte, gut funktionierende Weitergabe von Nachrichten von Mund zu Mund und von Hand zu Hand.
Dieses Dokument nun entstammte dem anlaufenden ersten Nürnberger Prozeß; es war die Eingabe der Gesamtverteidigung, die am 19. November 1945 dem Gerichtshof überreicht worden war. Sie war »im Namen der Verteidiger aller anwesenden Angeklagten« verfaßt und unterzeichnet von Dr. Stahmer.
Natürlich mußte eine gewissenhafte Verteidigung die Frage aufwerfen, ob die Grundlage dieses Prozesses, die nur auf einem ad hoc beschlossenen Statut des Gerichts beruhte, international gültigem Recht entspräche.
Die Eingabe war sehr vorsichtig abgefaßt. Man gab zu, daß die öffentliche Meinung der Welt zwischen gerechten und ungerechten Kriegen seit einigen Jahrzehnten zu unterscheiden pflege, daß es eine allgemeine Forderung sei, den schuldigen Staat zu verurteilen und haftbar zu machen, aber sie stellte in Frage, ob man darüber hinaus die Männer, die an der Entfesselung eines ungerechten Krieges schuldig seien, vor ein internationales Gericht stellen dürfe.
Selbst die strengsten Rechtsdenker seit dem frühen Mittelalter hätten dies nicht bejaht und auch jetzt sei es noch nicht geltendes Völkerrecht. Der Völkerbund habe mehrfach über Rechtmäßigkeit oder Unrechtmäßigkeit des gewaltsamen Vorgehens eines Bundesmitglieds gegen ein anderes zu entscheiden gehabt, aber stets habe er nur den Verstoß des Staates gegen

das Völkerrecht verurteilt und nie auch nur daran gedacht, Staatsmänner, Generale und Wirtschaftsführer des Gewalt übenden Staates zu beschuldigen, geschweige denn vor ein internationales Strafgericht zu stellen.
Und so hieß es weiter:
»Die Verteidiger aller anwesenden Angeklagten würden ihre Pflicht verletzen, wenn sie das Verlassen des geltenden Völkerrechts und die Zurücksetzung eines allgemein anerkannten Grundsatzes der modernen Strafrechtspflege schweigend hinnähmen und Bedenken unterdrückten, die heute auch außerhalb Deutschlands offen ausgesprochen werden. Dies um so mehr, als die Verteidigung einhellig überzeugt ist, daß dieser Prozeß auch dann, ja gerade dann in hohem Maße dem Fortschritt der Weltordnung dienen könnte, wenn er sich nicht vom geltenden Völkerrecht entfernt. Er müßte sich eben dort, wo wegen Taten angeklagt wird, die zu ihrer Zeit nicht unter Strafandrohung standen, darauf beschränken, umfassend zu untersuchen, was geschehen ist, wobei die Verteidigung mit allen Kräften als echter Gehilfe des Gerichtes mitarbeiten würde. Die Staaten der Völkerrechtsgemeinschaft müßten dann unter der Wucht dieser richterlichen Feststellung in rechtsschöpferischer Vereinbarung die Männer, die in Zukunft schuldhaft einen ungerechten Krieg beginnen, mit der Bestrafung durch ein internationales Gericht bedrohen. Die Verteidigung ist weiter der Anschauung, daß auch andere Normen strafrechtlichen Inhalts in dem Statut den Rechtsgrundsatz nulla poena sine lege gegen sich haben.«
Damit hatte die Verteidigung allerdings genau auf die Fragwürdigkeit bei dem grundlegenden Statut der Nürnberger Prozesse hingewiesen. Es war ein Konglomerat von Hybris, weltfernen Menschheitsbeglückungs-Ideen, Rachegefühl und ungegorenem Rechtsempfinden. Ich habe damals die Überzeugung vertreten, daß alle Angeklagten nach dem deutschen Strafgesetzbuch und dem deutschen Militärstrafgesetz genau so scharf hätten verurteilt werden können wie nach einem Statut, das zu einem bestimmten Zweck geschaffen und in jeder Weise fragwürdig war. Ich habe damit bei den Vertretern der Besatzungsmächte erhebliche Ablehnung gefunden.
Und noch auf eines wies die Verteidigung mit Recht hin:
»Die Richter sind nur von Staaten bestellt, die in diesem Krieg die eine Partei gewesen sind. Diese eine Streitpartei ist alles in einem: Schöpfer der Gerichtsverfassung und der Strafrechtsnormen, Ankläger und Richter. Daß dies nicht so sein dürfte, war bisher gemeine Rechtsüberzeugung, wie denn auch die Vereinigten Staaten von Amerika als Vorkämpfer für die Einrichtung einer internationalen Schiedsgerichtsbarkeit und Gerichtsbarkeit stets verlangt haben, daß die Richterbank mit Neutralen, unter Zuziehung von Vertretern aller Streitparteien, besetzt werde. Im Ständigen

Internationalen Gerichtshof in Den Haag ist dieser Gedanke in beispielgebender Weise verwirklicht worden.«
Die Verteidigung stellte dann den Antrag:
»Der Gerichtshof möge von international anerkannten Völkerrechtsgelehrten Gutachten über die rechtlichen Grundlagen dieses auf dem Statut des Gerichtshofes beruhenden Prozesses einholen.«
Am 21. November 1945 hatte der Gerichtshof es abgelehnt, sich mit der Eingabe zu befassen.
Natürlich wirkte dieses Dokument auf Berndorff ebenso sensationell, wie es auf mich gewirkt hatte. Nichts von dem, was die deutschen Verteidiger vorgebracht hatten, war in Deutschland veröffentlicht worden. Wir wurden damals nicht anders behandelt als unter Hitler: die Alliierten ließen uns nur die Nachrichten zukommen, die für sie und ihr mitunter frevelhaftes Vorhaben günstig waren.
Für Berndorff war das Schriftstück eine vorzügliche Einführung in den Geist des beginnenden Nürnberger Prozesses.

Berndorff im Nürnberger Prozeß

Ich ahnte, daß meine Tätigkeit in Nürnberg für die deutsche Unterrichtung der Öffentlichkeit belanglos bleiben würde. Ich vermutete, daß mir dieselben Schwierigkeiten entgegenstehen würden wie in Lüneburg. Also sehnte ich mich aus einem ganz egoistischen Grunde danach, diesem Prozeß beiwohnen zu können.
Über den Sinn eines solchen Prozesses, wie er in Nürnberg verhandelt werden sollte, war ich mir allerdings nicht im klaren.
Englische Kollegen sagten mir zu der damaligen Zeit, daß Churchill sich gegen das ganze Verfahren ausgesprochen habe. Er hielt nichts davon, die führenden Männer anderer Nationen, die im Kriege unterlegen seien, nach dem Friedensschluß umzubringen.
Meine Kollegen waren richtig informiert; denn eine gewisse Zeit nach dem Kriege hat Churchill folgendes wörtlich erklärt:
»Die Hinrichtung der Führer einer im Kriege unterlegenen Nation durch die Sieger scheint ein moralischer Grundsatz unserer modernen Zivilisation geworden zu sein. Das wird die Verantwortlichen lediglich anstacheln, in künftigen Kriegen bis zum bitteren Ende auszuhalten; denn wie viele Menschenleben auch überflüssigerweise zusätzlich geopfert werden, sie kostet es nicht mehr. Es ist die große Masse, die so wenig über den Beginn oder die Beendigung von Kriegen zu sagen hat, die die Mehrkosten bezahlt. Die Römer huldigten dem entgegengesetzten Prinzip, und ihre Eroberungen waren beinahe ebensosehr eine Folge ihrer Großmut wie ihrer Kriegskunst.«
Kam ich nach Nürnberg, so konnte ich hoffen, daß mir alle Geheimnisse entschleiert würden, die mir während der Zeit des Dritten Reiches naturgemäß verborgen geblieben waren. Ich hatte in dieser Zeit keine Verbindung zur Reichsregierung gehabt, weder Hitler noch einen Minister jemals gesprochen – mit einer Ausnahme: Ribbentrop hat mich einmal kommen lassen, um mich über amerikanische Presseverhältnisse auszu-

fragen. Dabei kam nicht viel heraus: der Minister sagte mir, wie die amerikanische Presse sein müßte, und ich habe ihm höflich zugehört.
Und was waren das schließlich für Geheimnisse, die entschleiert werden sollten? Wie ist es gekommen, daß auf höchsten Befehl Millionen von Menschen ermordet wurden? Wie viele hat die Gestapo wirklich umgebracht? Waren es wirklich Millionen? Warum und wieso mußten sie sterben?
Ich habe mir immer darüber Gedanken gemacht, habe unterstellt, daß die Reichsregierung zur Zeit des Dritten Reiches böse, verbrecherisch, herrschsüchtig und gewalttätig war. Aber warum mordete sie außerhalb militärischer Aktionen so hemmungslos?
Ich verbannte aus meinen Spekulationen damals alle Motive der Moral und der Ethik, weil ich unterstellte, das seien Begriffe, die die Regierung nicht achtete. Aber ich kam dabei der Lösung des Rätsels nicht näher.
Warum hatte Hitler eigentlich den Krieg mit Rußland begonnen? Die kriegerische Auseinandersetzung mit diesem großen Lande mußte doch seinen Untergang herbeiführen. Das war mir klar gewesen. Warum mir? Warum nicht Hitler und den anderen Mitgliedern der Reichsregierung? In der Weltgeschichte würde noch nach Hunderten von Jahren diese Epoche der Menschheit, in der, so schätzte ich, auf allen Kriegsschauplätzen in der Welt und durch die Angriffe auf die Zivilbevölkerung ebenfalls in der ganzen Welt weit über 20 Millionen Menschen umgekommen sind, immer als eine im negativen Sinne bedeutende Epoche erscheinen.
Ich fand damals, daß man allerhand auf sich nehmen könnte, wenn die Möglichkeit bestünde, die Enthüllung dieser Geheimnisse mitzuerleben.
Ich wußte, wie gesagt, nicht allzuviel von den Geheimnissen des Dritten Reiches, aber doch genug, um mich über das Fehlen einiger Leute auf der Anklagebank zu wundern. Die eigentlichen Mörder nämlich waren identisch mit den führenden Männern im »Reichssicherheitshauptamt«.
Chef dieses Amtes war Kaltenbrunner. Der saß auf der Anklagebank. Dem »Reichssicherheitshauptamt« unterstand die Geheime Staatspolizei. Deren Chef hieß Müller. Der aber war verschwunden, und bis heute weiß niemand, ob er tot ist oder ob er noch irgendwo lebt. Wahrscheinlich ist er tot. Infolge dieses Sachverhaltes konnte Müller nicht in Nürnberg auf der Anklagebank sitzen. Wir kannten die Namen der großen Mörder. Wir wußten, wie die Leute hießen, die im Auftrage Hitlers und Himmlers, Heydrichs und später Kaltenbrunners das große, grausige Morden getrieben. Da war Otto Ohlendorf. Er war Amtschef der Abteilung III mit dem Rang eines SS-Gruppenführers. Von ihm wußten wir, daß er in Europa herumreiste, um den Massenmord zu betreiben.

Der Name Walter Schellenberg war uns geläufig. Er führte das Amt IV im »Reichssicherheitshauptamt«, war SS-Brigadeführer und Generalmajor der Waffen-SS. Der Mann spielte eine große Rolle bei allem, was die Konzentrationslager anbetraf; mehr wußten wir von ihm nicht.
Nur flüsternd konnte man im Dritten Reich, vor allem während des Krieges, einen anderen sehr gefährlichen Mann nennen. Er trug den Namen: von dem Bach-Zelewski, hatte den hohen Rang eines SS-Obergruppenführers und Generals der Waffen-SS. War Mitglied des Reichstages; wir hatten gehört, daß er im europäischen Osten hinter den Fronten das Blut in Strömen fließen ließ.
Unter anderem war uns noch ein kleiner Bursche bekannt. Er hieß Wisliceny – ein Gestapo-Mann mit dem Rang eines SS-Hauptsturmführers, der auf dem ganzen Balkan, in Ungarn und in Griechenland herumreiste, um die Opfer für die Konzentrationslager und die Gaskammern zusammenzutreiben.
Döring und ich stellten Vermutungen an, warum die Alliierten diese Leute nicht nach Nürnberg gebracht hatten. Wir horchten auch herum. Es war unter uns Journalisten die allgemeine Meinung, daß sie tot seien. Wir dachten, man habe sie alle sans façon aufgehängt.
Natürlich trauerten wir ihnen nicht nach; aber wenn man sie hätte zum Sprechen bringen können, so meinten wir, hätte man natürlich vielerlei, und wahrscheinlich sogar das Wichtigste, über die Generalabsichten Hitlers und seiner Getreuen erfahren.
Mitte Dezember galt es für sicher, daß ich nach Nürnberg sollte. Ich erfuhr, daß die Nürnberger Gerichtsbehörde der Entsendung eines Berichterstatters für das britische »G.N.S.« viel Aufmerksamkeit widmete. Ich hörte weiter, daß man mich nur dulden würde, wenn ein englischer »Chef der Equipe« mitkäme.
Nun war inzwischen bei G. N. S. ein Mann erschienen, der uns auffiel. Er war ein englischer Schriftsteller – hieß Mr. Forrest –, hatte schwarze Haare und wurde infolgedessen von Guschi Döring immer mit »Herr Schwarzwald« angeredet.
Forrest war ein Gentleman.
Wir bestaunten ihn alle und konnten überhaupt nicht begreifen, wie er zu uns gekommen war. Er lernte emsig Deutsch und verlangte von uns, daß wir ihm unseren Jargon beibrächten.
Döring redete ihm ein, das wichtigste Wort, das er lernen müsse, sei »Quatsch«.
Forrest verliebte sich in dieses Wort. Wenn man ihm widersprach, verkündete er laut: »Quatsch.«
Aber als ich später mit ihm unterwegs war und wir durch völlig zerstörte

Städte fuhren, wurde er bleich, bekam ganz traurige Augen und sagte still vor sich hin: »Quatsch!«
Als die Russen in Nürnberg versuchten, den Deutschen die Ermordung des polnischen Offizierskorps in Katyn in die Schuhe zu schieben, sagte er im Gerichtssaal erbost und ziemlich laut: »Quatsch!«
Forrest hatte die leidenschaftliche Begier, Deutschland nach dem Kriege kennenzulernen, hatte ein klares Urteil und war im Politischen und im Menschlichen ein Mann von ausgesprochener Fairneß.
Er war zudem belesen, gebildet und sehr liebenswürdig.
Nicht wie die anderen hoffte er, sein Leben in angenehmer Position in Deutschland verbringen zu können. Nur eine gewisse Zeit wollte er in unserem Lande bleiben.
Man kann sich vorstellen, daß ich sehr glücklich war, als ich hörte, daß Forrest zum »Chef der Equipe« ausersehen war. Ich wollte Jacki mit nach Nürnberg haben; aber die Amerikaner wehrten sich. Sie wollten keinen Stenografen in Nürnberg. Sie hatten ihre eigene Nachrichten-Agentur. »DANA« hieß sie, »Deutsch-Amerikanische Nachrichten-Agentur«. Also legten sie keinen Wert darauf, die Konkurrenz stark in Nürnberg vertreten zu sehen.
Im letzten Drittel des Dezember wurde die Sache ernsthaft und eilig. Weihnachten war ich noch in Hamburg. Frau Berndorff bereitete für Tüngel und uns ein prächtiges Dinner aus amerikanischen Paketen, und wir tranken darauf, daß wir überhaupt noch lebten. In jener Zeit wunderten wir uns eigentlich immer noch darüber.
Nach Weihnachten wurden wir nach Nürnberg geschickt. Eigentlich gehetzt. Nicht G.N.S., aber Döring erfuhr durch den ausgezeichnet funktionierenden deutschen Untergrund-Nachrichtendienst, daß es in den ersten Tagen des Januar in Nürnberg die große Sensation des Prozesses überhaupt geben sollte. G.N.S. wußte nur, daß der Prozeß in den ersten Januartagen »anfinge interessant zu werden«.
Am vorletzten Tage des Jahres brachen Mr. Forrest und ich auf.
»Wir machen es in gutem Stil und nicht mit Quatsch«, sagte Mr. Forrest, als er mich in einem großen »Staff-car« im Morgengrauen vorm Pressehaus abholte. Ein rotbäckiger Sergeant steuerte den Wagen. Solange wir in der britischen Zone waren, verlief alles gut. Beim Übergang in die amerikanische wollten mich die Posten nicht in die andere Zone lassen. Mr. Forrest schrie die Posten an, und in jedem seiner Sätze kam das Wort »Quatsch« vor.
Unser Wagen hatte einige Pannen, die bei Forrest immer das Wort »Quatsch« provozierten. Es war stockdunkel, als wir nach Kassel kamen. Ich flog sofort aus einem amerikanischen Übernachtungsheim heraus.

Mr. Forrest nahm mich beim Kragen, drang in die nächstgelegene deutsche Wohnung ein, verlangte von der Frau des Hauses – der Gattin eines höheren deutschen Beamten –, daß sie mich in der Nacht unterbringen solle. Als die Dame darauf hinwies, daß sie für ihre Familie nicht einmal genug Raum hätte, sagte Forrest »Quatsch«, legte Schokolade, Kaffee und Zigaretten auf den Tisch, und ich schlief die Nacht prächtig auf einem Sofa.
Der Übergang über den Main am nächsten Tage war schwierig. Auf einer Pontonbrücke überquerten wir den Fluß. Forrest hatte mir während der ganzen Reise erzählt, wie sehr er sich auf Würzburg freue. Als er Würzburg sah, konnte er nicht einmal mehr »Quatsch« sagen.
In Nürnberg verwies man ihn nach dem kleinen Orte Stein, dicht bei der Stadt. Im Schloß der Grafen Faber-Castell sei für ihn Quartier gemacht worden. Ich selbst flog aus dem Schloß ebenso schnell heraus, wie ich hineingekommen war; aber Forrest war ein Mann von Phantasie. Er sagte zu mir: »Herr Berndorff auf der Straße bleiben? Quatsch! Ich gehe nicht eher ins Bett, bevor Herr Berndorff auch ins Bett! Kein Quatsch!«
Er fuhr zum Bürgermeister des Ortes und fragte: »Wer war hier im Orte Nazi?«
Der Bürgermeister dachte lange nach und sagte: »Ich glaube, alle!«
Mr. Forrest ging an das Fenster, zeigte auf ein kleines Häuschen und fragte: »War der Mann, der in diesem Häuschen wohnt, Nazi?«
»Natürlich«, sagte der Bürgermeister.
Forrest drang in das Häuschen ein. Ein Mann und eine Frau traten ihm entgegen. Forrest legte das damals in Deutschland übliche Passepartout auf den Tisch: Butter, Konserven, Zigaretten, Schokolade und, als ein süßer kleiner Bub von etwa sechs Jahren erschien, noch mehr Schokolade.
Er versprach wöchentliche Dotationen in dieser Art, wenn man mich aufnähme, und man nahm mich auf.
Ich bekam ein kleines Kämmerlein mit einem Bett, einem Tisch, einem Stuhl und blieb meine ganze Zeit in Nürnberg in diesem Quartier. Der Hausherr war städtischer Kolonnenführer einer städtischen Wegebau-Gruppe und durfte jetzt nicht mehr arbeiten, weil er in der Partei gewesen war. Das erfüllte ihn mit Wut und brachte mich später in einige merkwürdige Situationen.
Als Forrest davongefahren war, fiel mir ein, daß dieses nun der letzte Tag des Jahres 1945 war. Die Frau des Hauses kochte mir einen Tee, den ich mitgebracht hatte. Ich richtete mich, so gut es in dem kleinen Raum möglich war, ein. Die Frau warnte mich: ich solle am Abend nicht ausgehen, denn im Ort läge eine marokkanische Fahr-Abteilung, die die unziemliche Gewohnheit angenommen hätte, nächtlings über deutsche

Frauen und deutsche Männer herzufallen, um die Frauen zu vergewaltigen und die Männer auszuplündern.
Meine Wirte gingen um zehn Uhr schlafen. Ich goß mir Kognak, den ich mir aus Hamburg mitgebracht hatte, in den Tee, und infolgedessen verließ ich um elf das Haus, ging durch die Stadt, ging durch die klare, sternenhelle Winternacht, bis ich auf einen Hügel kam.
Das Jahr ging also nun zu Ende, und ich hoffte, auch eine Periode schwerster Bedrängnis. Was würden die kommenden Zeiten bringen? Ich sah die Lichter von Nürnberg, sah auf die Sterne, dachte daran, wie entsetzlich Deutschland, das ich zu einem großen Teil soeben durchquert hatte, aussah. Es war von Gott verlassen.
Ich dachte an den Beginn des ersten Buches Moses: »Zu Anbeginn hat Gott erschaffen den Himmel und die Erde.«
Was hatten die Menschen aus der Erde gemacht?
Das hatte ich gesehen.
Ich dachte an den zweiten Satz des ersten Buches Moses: »Die Erde aber war wüst und wirr.«
Aus der Ferne kam Glockenklang:
Mitternacht.
Und mit einem Male hallten aus dem nahegelegenen Stein und aus dem fernen Nürnberg Donnerklänge in die Nacht, stiegen zischend, krachend, leuchtend in den grellsten Farben Feuerraketen gegen den Himmel. Garben von Leuchtspur-Munition aus Maschinengewehren kreuzten sich am nächtlichen Himmel.
Das war nicht der Geist Gottes, der über den Gefilden schwebte.

Am 2. Januar fuhr ich mit Forrest von Stein zum Nürnberger Tribunal. Das großzügig gebaute und weiträumige Gerichtsgebäude in Nürnberg, das wohl Oberlandesgericht, Landgericht, Amtsgericht und Haftanstalt gewesen war, hatten die Amerikaner für den Nürnberger Prozeß hergerichtet. Der ganze Block, in dem das Haus lag, war mit Militärpolizei umstellt, als wir recht früh am 2. Januar vorfuhren. Früh deshalb, weil sowohl Mr. Forrest als auch ich von der amerikanischen Polizeibehörde einen Ausweis erhalten mußten, der uns berechtigte, das Gebäude zu betreten, und der uns die Teilnahme an dem Verfahren auf der Pressetribüne ermöglichen sollte.
Wir schritten über breite Stufen auf das Hauptportal zu und wurden im Innern des Hauses sofort von einem starken Polizeiaufgebot gestellt.
Mr. Forrest erklärte alles. Man bedeutete ihm, er möge mit einem Posten zu dem Sicherheitsoffizier gehen, und man wies mich an, das Haus auf

dem schnellsten Wege zu verlassen. Dies sei der Eingang für Alliierte und nicht für Deutsche. Für die Deutschen sei »irgendwo da hinten« ein besonderer Eingang geschaffen.

Mr. Forrest nützten alle seine Proteste nichts, und so trottete ich, meine Schreibmaschine in der linken Hand, davon und suchte den »Eingang für Deutsche«. Ich fand ihn schließlich, kam aber nicht ins Haus, weil der dort herrschende Sergeant der Militärpolizei mich ohne Ausweis nicht ins Haus lassen wollte.

Wo ich meinen Ausweis bekäme, fragte ich. Er erwiderte, beim Sicherheitsoffizier im Hause.

Als ich ihn nun darauf aufmerksam machte, daß ich auf diese Art niemals einen Ausweis bekommen würde, sagte er in einem tristen amerikanischen Slang etwas, was man vielleicht folgendermaßen übersetzen könnte: »Du bist ein stinkiges, dreckiges, aber ganz kluges Kind.«

Da stand ich stinkiges, dreckiges, aber ganz kluges Kind hilflos vor dem Eingang für Deutsche. Meinen Mr. Forrest war ich los. Ich wartete wohl eine halbe Stunde; dann schallte aus dem Innern des Hauses das Wort »Quatsch« zu mir heraus und mit einem Offizier brauste Mr. Forrest heran und zog mit mir zu dem amerikanischen Sicherheitsoffizier.

Der amerikanische Sergeant an der Tür rief mir nur zu: »Dich Scheißkerl sehe ich noch mal!«

Wir gingen durch viele Korridore. Wir stiegen über zahllose Treppen. Ich begriff nichts.

Radioapparate, Plattenspieler brüllten ihre Melodien durch das Haus. Eine Stimme sang mit voller Lautstärke aus den Radios recht beziehungsvoll: »Don't fence me in!«

Es roch überall nach Kaffee, Pfannkuchen, Spiegeleiern mit Speck und anderem. An vielen Türen waren Inschriften, die besagten, daß die Räume hinter ihnen Snackbars, Cafeterias, Messen und Kasinos waren. An allen diesen Türen hing das Schild: »Kein Eingang für Deutsche!«

Mr. Forrest konnte mit mir nicht geradlinig zum Ziel kommen, weil es auch viele Flure gab, über die Deutsche nicht gehen durften. Forrest war erbittert, als er mich schließlich vor den amerikanischen Sicherheitsoffizier gebracht hatte. Kaum stand ich vor diesem Captain, als zwei Sergeanten sich mir näherten und mich mit geübtem Griff auf Waffen abtasteten.

Der Captain war gar nicht freundlich zu Mr. Forrest. Ich solle mich an einen Tisch setzen, sagte er, und meinen Lebenslauf in Blockschrift schreiben! Ausführlich! So vielleicht zwanzig Schreibmaschinenseiten mit der Hand.

Mr. Forrest bat mich, hinauszugehen.

Nach einer Weile kam er zu mir auf den Flur und ging mit mir in einen Raum, in dem ein Fingerabdruck von mir gemacht wurde und in dem man mich fotografierte.
Zehn Minuten später hatte ich meinen Ausweis.
Wir trotteten weiter durch das Haus, und Forrest sagte, daß unser Arbeitsplatz im »British Press Room« liege. Für die zweihundert Journalisten waren die Räume meistens nach Nationen zugeteilt worden.
Als wir in den Raum eintreten wollten, hielt mich wieder ein Militärpolizist an, und ich zeigte ganz stolz meinen neuen Ausweis.
»Oh«, sagte er, »German?«
»Yes, German!«
»Hinauf mit dir in die germanische Press-Raum!«
Mr. Forrest fand es an der Zeit, das Wort »Quatsch« wieder zu gebrauchen, aber es half ihm nichts. Ich kam nicht in den British Press Room. Wütend schoß Forrest wieder davon.
Ich stand da etwas hilflos auf dem Flur, als zwei amerikanische Militärpolizisten auf Patrouille vorbeikamen.
Sie betrachteten mich aufmerksam, aber noch mehr meine Schreibmaschine, eine amerikanische Remington Portable, die ich seit dem Jahre 1926 besaß und die mit mir durch alle Erdteile gereist war, die manchen Donner der Kanonen in fernen Ländern mit angehört hatte, und dann verhafteten sie mich ganz schlicht »wegen Diebstahls einer amerikanischen Schreibmaschine«.
Sie brachten mich über einen langen Weg in eine Wachstube, und auf diesem Wege haben sie mich nicht mehr als vier- oder fünfmal in den Hintern getreten.
Ein Sergeant unterzog mich einem Verhör. Ich entnahm aus dem Ganzen, daß ich einem amerikanischen Armeeprediger vor fünf oder sechs Tagen in Nürnberg eine Remington Portable gestohlen haben sollte.
Ich kam nicht mehr dazu, Erklärungen abzugeben; denn nun erschien Mr. Forrest, der arme, gute Mr. Forrest, in der Tür und befreite mich von diesem Sergeanten.
In dem British Press Room saßen viele altgediente Journalisten und bereiteten sich auf die Arbeit des Tages vor. Einige kannte ich. Allmählich waren wir wieder so weit, daß wir uns zunickten.
An der Seite des großen und bequem eingerichteten Raumes stand ein sehr langer, schmaler Tisch, an dem die Kollegen einer der größten internationalen Nachrichten-Agenturen arbeiteten. Aus irgendwelchen Gründen hatte man sie im British Press Room untergebracht. Forrest und ich hatten einen bequemen Tisch, und als ich mich niederließ, sah ich, wie mich einer der Leute von der amerikanischen Nachrichten-Agentur sehr

genau ansah. Plötzlich wußte ich, wo ich mit ihm zusammengewesen war – in China beim Bürgerkrieg.
Ein Tisch, dicht bei uns, war noch frei.
Wir hatten immerhin fast noch eine Stunde bis zum Prozeßbeginn. Forrest und ich machten uns auf, festzustellen, wie wir unsere Berichte nach Hamburg bekommen könnten. Vor unserer Abreise konnte das nicht organisiert werden, weil auf die diesbezüglichen Anfragen aus Nürnberg keine Antwort gekommen war.
Wir fanden ein ziemlich großes Nachrichtenzentrum vor, von dem aus durch Fernschreiber, über den Draht und drahtlos jede Nachricht in die ganze Welt gesendet werden konnte. Aber wir hatten trotzdem Schwierigkeiten. Unsere Ausweise legitimierten uns nicht dazu, Nachrichten aussenden zu lassen. Diese Schwierigkeit konnte Forrest erst am Abend des Tages beheben. So hatten wir am ersten Tage Zeit, uns einzuleben.
Als wir wieder in den British Press Room kamen, sah ich an dem Tisch dicht in unserer Nähe, der bis dahin unbesetzt gewesen war, einen Mann, dessen Kopf mich faszinierte. Das war der Kopf eines Raubvogels mit den Augen eines Aasgeiers.
Ein junges Fräulein saß ihm gegenüber, mit dem sprach er deutsch. Ein merkwürdiges Deutsch. Etwa Herkunft Berlin, Ackerstraße. Das Fräulein, offensichtlich seine Sekretärin, war verschüchtert und schien den Mann zu fürchten.
Nach fünf Minuten ging er auf den Flur. Ich drehte mich zu der Sekretärin und fragte: »Wer ist der Herr, der Ihnen gegenübersitzt?«
Sie antwortete: »Monsieur Oulman.«
Das war mir interessant. Als er wiederkam, betrachtete ich ihn genau. Er trug eine Uniform und eine Feldbluse, auf deren linkem Arm ein Wappen angebracht war, darunter stand: »Peru.«
Endlich gingen wir in den Gerichtssaal.
Militärpolizei, Kontrollen. Ich wurde zweimal abgetastet nach Waffen, und dann kamen wir in einen großen Saal, der ausschließlich künstlich erleuchtet war.
In diesem Saal wimmelte und brodelte es. In diesem Saal saßen und standen lachend und durcheinanderredend Hunderte von Menschen. Eine Sprachverwirrung wie in Babel schlug uns entgegen.
Mr. Forrest blieb erschrocken auf der Schwelle stehen und sagte zu mir: »Oh, Herr Berndorff, das is'n keine Gericht, das is'n eine Zirkus!«
Ich aber sah nach links auf die Anklagebank, und da saßen sie alle, vor denen wir so lange und fürchterliche Jahre gezittert hatten. Forrest sah, wie ich auf die Anklagebank starrte.

»Nun?« fragte er mich leise.
Ich zuckte mit den Achseln und antwortete: »Sic transit ...«
Sofort unterbrach er mich: »Sie wollten aber doch nicht fortfahren: gloria mundi?«
»Nein«, sagte ich, »das wollte ich nicht, ›gloria mundi‹ war es nicht, aber hier isses Zirkus, wie Sie sagten.«
Wir stiegen die amphitheatralisch gebaute Pressetribüne hinauf, setzten uns hin und sahen in das Gewimmel unter uns.
Links auf langer Anklagebank in zwei Reihen saßen die Angeklagten. Uns am nächsten Göring. Sie unterhielten sich miteinander. Nur Hjalmar Schacht beteiligte sich nicht an dem Gespräch. Teils trugen sie Zivil, teils Uniformen ohne Schulterstücke und Abzeichen. Lebhaft gestikulierte Jodl.
Für einen Deutschen war das alles ein unwirkliches Bild.
Der Anklagebank gegenüber stand die Tribüne der Richter, der acht amerikanischen, französischen, englischen und russischen Richter, die insgesamt das »Gericht« bildeten.
Uns gegenüber saßen die Dolmetscher an ihren komplizierten Maschinen.
Jedes Wort nämlich, das im Gerichtssaal fiel, wurde sofort in vier Sprachen übersetzt. Ins Englische, Französische, Russische und Deutsche.
Jeder Mann im Saal, die Richter, die Angeklagten, die Ankläger, die Verteidiger und die Journalisten hatten einen Kopfhörer, an dem sie die Sprache, die sie zu vernehmen wünschten, einstellen konnten. Dieses System setzte voraus, daß im Saal nur langsam gesprochen wurde, damit die Übersetzer mitkamen.
Vor den Dolmetschern war die Bandaufnahme-Apparatur, die jedes im Gericht gesprochene Wort im Original festhielt; aber zudem saßen noch ein gutes Dutzend von Amerikanerinnen an Stenografiermaschinen.
Unterhalb der Pressetribüne warteten die Tische auf die Ankläger. Ein umfangreiches Hilfspersonal dieser Herren drängte sich dicht vor uns.
Die Pressetribüne füllte sich.
Das Gericht erschien.
Acht Richter: zwei Engländer, zwei Amerikaner, zwei Franzosen und zwei Russen.
Es wurde ruhiger im Saal.
Der Vorsitzende des Gerichts, Lord Justice Sir Geoffrey Lawrence, ein Engländer, ein Mann mit sehr durchgeistigtem Gesicht: »Ich bitte den Anklagevertreter der Vereinigten Staaten fortzufahren.«
Es stellte sich heraus, daß das Gericht vom 20. Dezember 1945 bis zum 2. Januar 1946 nicht verhandelt hatte und daß der Anklagevertreter der

Vereinigten Staaten, Oberst Storey, am 20. Dezember durch die Ferien des Gerichtes darin unterbrochen worden war, Anklagen gegen die Gestapo vorzubringen.
Jetzt fuhr er darin fort.
Ich konnte mit Ruhe zuhören, erfuhr viel Neues und Schreckliches, aber ich mußte mich Gott sei Dank nicht sorgen, meine Berichte abzusenden, denn wir hatten ja noch gar keine Sendeerlaubnis.
Dieser Oberst Storey sprach den ganzen Tag.
Am Mittag sah ich mich mit den Notwendigkeiten meines täglichen Lebens konfrontiert. Damals gab es bekanntlich Lebensmittelmarken. Ich hatte mir aus Hamburg welche mitgebracht. Sie waren vorschriftsmäßig als »Reisemarken« gestempelt.
Eine kleine Kneipe in der Nähe des Gerichtes verweigerte die Annahme der Marken. Sie stammten aus der britischen Zone und waren in der amerikanischen Zone nicht gültig.
Ich stieß auf fünf oder sechs Kollegen. Sie arbeiteten für die französische und amerikanische Agentur wie ich für die englische. Ich stieß auf Susanne – eine junge, interessante und hochbegabte Anfängerin, die für die DANA in Nürnberg war.
Zu uns stieß Mr. Forrest, weil er sich um mich sorgte.
»Wie isses, Herr Berndorff? Bekommen Sie heute zu essen?«
Wir bekamen nichts zu essen.
Mr. Forrest stürzte ins Gericht zurück und verlangte von einem amerikanischen Offizier, der für das gesamte Pressewesen zuständig war, kategorisch Beköstigung für seinen Herrn Berndorff. Wie sich später herausstellte, hat er auch für alle anderen deutschen Journalisten gesprochen.
Der amerikanische Offizier hatte Sinn für skurrilen Humor.
Er entsandte einen Sergeanten. Als ich ihn sah, ahnte ich nichts Gutes. Englische Sergeanten liebte ich neuerdings, amerikanische mochte ich nicht.
Dicht beim Gericht war ein Café, auf das steuerte er zu. Im Raum saßen Damen, die etwas übernächtigt aussahen. Er ließ den Wirt kommen und sagte: diese Deutschen da, die er jetzt mitbrächte, seien in Zukunft mittags und abends genau so zu verpflegen wie die Damen, die dort übernächtigt herumsaßen.
Einer von uns flüsterte: »Sie wollen uns beleidigen und erniedrigen.«
Susanne begriff nicht so recht, wo wir waren, und ich sagte es ihr auch nicht. Eine Frauensperson brachte uns zu essen, brachte uns guten und starken Kaffee.
Um zwei Uhr begann die Nachmittagssitzung des Gerichtes. Ich aber blieb bis drei Uhr bei den Damen. Sie luden mich zu Bourbon-Whisky

ein und meinten, das Leben sei anstrengend. Die Amerikaner zahlten ja gut, aber sie wüßten nicht, was sich bei einer Dame schicke.
Oberst Storey sprach immer noch, als ich in den Gerichtssaal kam. Mr. Forrest fragte in der Nachmittagspause, ob die Sache mit meiner Verpflegung und der meiner Kollegin geregelt sei. Ich bedankte mich bei ihm und sagte, es sei alles in bester Ordnung.
Er verließ den Gerichtssaal, um sich darum zu kümmern, daß wir am nächsten Tag senden konnten.
Nach Schluß der Sitzung ging ich in den Press Room, nur um dort ein bißchen herumzusitzen. Da kam der Kollege von United Press, den ich aus China kannte, zu mir, sagte knapp guten Tag und fragte: »Was ist eigentlich mehr, ein Trupp oder eine Gruppe?«
Es stellte sich heraus, daß er den Unterschied zwischen einem SS-Gruppenführer und einem SA-Truppführer wissen wollte.
Ich lachte und erklärte ihm den Unterschied.
Er bedankte sich und ging davon.
Ich war hungrig. Die müden Damen schienen an Appetitlosigkeit zu leiden, denn ihr Lunch war nicht sehr reichhaltig gewesen. Oder die Stelle, die ihre Verpflegung zu regeln hatte, war geizig.
Da kam der Kollege wieder und sagte: »Ich habe hier eine Liste von Namen. Können Sie uns sagen, wer das ist?«
Ich nahm die Liste in die Hand, und dann fuhr ich zusammen. Ich las die Namen: Ohlendorf, Schellenberg, Bach-Zelewski und Wisliceny.
Ich wurde sehr wach.
»Was ist das für eine Liste?« fragte ich.
»Hm«, antwortete er, »ich wollte Sie nur fragen, ob Sie die Namen kennen.«
»Die kenne ich ganz genau.«
»Was sind das für Leute? Der Boß meint nämlich, Sie könnten uns in Zukunft helfen. Sie waren doch die ganze Zeit während des Krieges in Deutschland. Sie müssen doch die Namen und die Verhältnisse kennen. Der Boß meint, daß wir Sie natürlich gut honorieren, nicht mit deutschem Geld, das wäre ja auch Unsinn. Ihr Boß wird es auch nicht merken, daß Sie für uns arbeiten. Mein Boß sagt, das könnte doch ganz angenehm für Sie sein.«
»Mache ich gern«, sagte ich, »aber ihr müßt mir schon sagen, worauf das hinauslaufen soll.«
Er winkte seinem Boß, der kam rüber. Ich sagte ihm, daß ich für ihn arbeiten würde, aber ich wollte jeweils wissen, worauf das hinauslaufen sollte.
»Natürlich! Verstehe ich! Hab' da eine ganz vertrauliche Information

bekommen. Diese Leute da werden morgen als Zeugen auftreten. Das soll eine Sensation werden.«
Ich erklärte ihm, wer diese Leute gewesen waren: »die großen Mörder«. Ich sagte ihm alles das, was ich über sie wußte. Das war ja natürlich nicht sehr viel, aber für ihn allerhand. Er konnte heute schon kabeln, daß morgen die großen Mörder vors Gericht kamen.
Als Zeugen!
Wir wurden uns darüber einig, daß ich nur seiner Agentur Informationen geben sollte. Anderen ausländischen Journalisten nur dann, wenn er es erlaubte.
Ich war unabhängig geworden von dem Café mit den müden Damen. Hatte ein schlechtes Gewissen Mr. Forrest gegenüber, fand mich unmoralisch.
Aber: »Erst kommt das Fressen – dann kommt die Moral.«

Berndorff sieht und hört, wie die großen Mörder auftreten

Am nächsten Tag kam es zu der großen Sensation im Nürnberger Prozeß.
Am nächsten und an den folgenden Tagen traten tatsächlich vor dem Nürnberger Gericht die großen Mörder auf.
Nicht als Angeklagte, sondern als Zeugen.
Die Pressetribüne war bis auf den letzten Platz gefüllt. Die Ankläger aller Nationen standen vor Beginn der Verhandlung im Saale, und es schien mir so, als ob um sie herum, auf der Tribüne der Stenografen und auch zwischen uns viele Leute weilten, die bei den Alliierten Rang und Namen hatten, die aber mit dem Verfahren in Nürnberg in keinem Zusammenhang standen. Wißbegier oder Neugier hatte sie wohl hierhergebracht.
Kaum hatten die Angeklagten ihre Bank betreten, da war auch ihnen anzusehen, daß sie etwas von den bevorstehenden Ereignissen wissen mußten. Keitel und Jodl sprachen – nein, sie flüsterten – erregt miteinander, und schon begann es:
Oberst John H. Amen, beigeordneter Ankläger für die Vereinigten Staaten, erhob sich und sprach den Vorsitzenden des Gerichtes an: »Eure Lordschaft! Ich möchte als Zeugen für die Anklagevertretung Herrn Otto Ohlendorf vernehmen.«
Da trat, in einen dunklen Anzug gekleidet, ein achtunddreißigjähriger Mann in den Gerichtssaal. Er war mittelgroß und schlank. Sein Gesicht zeigte hohe Intelligenz, seine Augen verrieten Kaltblütigkeit und gesammelte Ruhe.
Oberst Amen: »Welches war Ihre letzte Stellung im SD?«
»Amtschef III im Reichssicherheitshauptamt.«
Pause.
Tiefes Schweigen im Saal.
Ich sehe auf Keitel, ich sehe auf Jodl. Ich sehe auf zwei Männer, die kei-

nen Blick von dem Zeugen Ohlendorf lassen. Jodl hat die Arme weit nach vorne geschoben und hält die Hände gefaltet. Keitel zieht langsam ein Taschentuch und wischt sich über die Stirn. Es ist klar erkennbar, daß diese beiden Männer wissen, was im Augenblick für sie auf dem Spiel steht.
Ich weiß es noch nicht, aber ich erfahre es schnell.
Der Oberst Amen spricht plötzlich zwei Worte aus: »Einsatzgruppe« und »Einsatzkommando«! Dann fordert er seinen Zeugen auf: »Bitte erklären Sie dem Gerichtshof die Bedeutung der Worte ›Einsatzgruppe‹ und ›Einsatzkommando‹.«
Ohlendorf: »Der Begriff ›Einsatzgruppe‹ wurde gefunden nach einem Abkommen zwischen den Chefs des Reichssicherheitshauptamtes und des OKW und OKH über den Einsatz eigener sicherheitspolizeilicher Verbände im Operationsraum. Der Begriff der ›Einsatzgruppe‹ wurde zum ersten Male im Polen-Feldzug aufgestellt. Das Abkommen mit dem OKH und OKW wurde aber erst vor Beginn des Rußland-Feldzuges getroffen. In diesem Abkommen wurde bestimmt, daß den Heeresgruppen, beziehungsweise Armeen, ein Beauftragter des Chefs der Sicherheitspolizei und des SD zugeteilt würde, dem gleichzeitig mobile Verbände der Sicherheitspolizei und des SD, in Form einer Einsatzgruppe, unterteilt in Einzelkommandos, unterstellt würden. Die Einsatzkommandos sollten nach Weisung der Heeresgruppe, beziehungsweise der Armee, den Heereseinheiten nach Bedarf zugeteilt werden.«
Oberst Amen: »Erklären Sie bitte, falls Sie es wissen, ob vor dem russischen Feldzug ein Übereinkommen zwischen OKW, OKH und RSHA zustande kam.«
Ohlendorf: »Jawohl. Der Einsatz der von mir geschilderten Einsatzgruppen und Einsatzkommandos wurde nach einem schriftlichen Abkommen zwischen OKW, OKH und Reichssicherheitshauptamt hergestellt.«
Oberst Amen: »Woher wissen Sie, daß ein solches Abkommen schriftlich getroffen wurde?«
Ohlendorf: »Ich bin wiederholt dabeigewesen, als die Verhandlungen, die Albrecht und Schellenberg mit dem OKW und OKH führten, besprochen wurden, und habe außerdem das Ergebnis dieser Verhandlung, das schriftliche Abkommen, direkt in die Hände bekommen, als ich die Einsatzgruppe übernahm.«
Oberst Amen: »Wollen Sie dem Gerichtshof mitteilen, wer Schellenberg war? Welche Stellung er innehatte?«
Ohlendorf: »Schellenberg war zuletzt Chef des Amtes VI im Reichssicherheitshauptamt, das heißt, als er die Verhandlungen im Auftrag von Heydrich führte, gehörte er dem Amte I an.«
Oberst Amen: »Ungefähr zu welcher Zeit fand diese Verhandlung statt?«

Ohlendorf: »Die Verhandlungen haben mehrere Wochen gedauert. Das Abkommen muß etwa ein bis zwei Wochen vor Beginn des Rußland-Feldzugs abgeschlossen worden sein.«
Oberst Amen: »Haben Sie jemals eine Ausfertigung dieses schriftlichen Abkommens zu Gesicht bekommen?«
Ohlendorf: »Jawohl.«
Oberst Amen: »Hatten Sie jemals Gelegenheit, mit diesem schriftlichen Abkommen zu arbeiten?«
Ohlendorf: »Jawohl.«
Oberst Amen: »Bei mehr als einer Gelegenheit?«
Ohlendorf: »Jawohl, und zwar bei allen Fragen, die über die Zuständigkeit der Armee den Einsatzgruppen gegenüber auftraten.«
Oberst Amen: »Wissen Sie, wo das Original oder eine Abschrift dieses Abkommens sich heute befindet?«
Ohlendorf: »Nein.«
Oberst Amen: »Bitte erklären Sie dem Gerichtshof nach Ihrem besten Wissen und nach Ihrer Erinnerung den Gesamtinhalt dieses schriftlichen Abkommens.«
Ohlendorf: »In dem Abkommen war zuerst die Tatsache geregelt, daß Einsatzgruppen aufgestellt wurden sowie Einsatzkommandos, die im Operationsraum arbeiten sollten. Es war dies ein ausgesprochenes Novum, weil die Armee bis dahin die Aufgaben, die hier die Sicherheitspolizei selbständig übernahm, in eigener Verantwortung durchgeführt hatte. Das zweite war die Regelung der Zuständigkeit in sachlicher Hinsicht.«
Vorsitzender: »Sie gehen zu schnell vorwärts! Was sagten Sie eben, daß die Einsatzkommandos gemäß dem Abkommen getan haben?«
Ohlendorf: »Ich sagte, das war die Zuständigkeit zwischen der Armee gegenüber den Einsatzgruppen und Einsatzkommandos. In dem Abkommen war festgelegt, daß die Heeresgruppen beziehungsweise Armeen gegenüber den Einsatzgruppen für Marsch und Verpflegung zuständig wären. Die sachlichen Weisungen kamen vom Chef der Sicherheitspolizei und des SD.«
Oberst Amen: »Verstehen Sie mich recht: Stimmt es, daß eine Einsatzgruppe an jede Armeegruppe oder Armee angeschlossen war?«
Ohlendorf: »Jeder Heeresgruppe sollte eine Einsatzgruppe zugeteilt werden, die Einsatzkommandos dann wiederum von der Heeresgruppe den Armeen.«
Oberst Amen: »Und war es die Aufgabe des Armeebefehlshabers, die Territorien zu bestimmen, in denen die Einsatzgruppe arbeiten sollte?«
Ohlendorf: »Für die Einsatzgruppe war das Territorium ja dadurch schon bestimmt, daß sie einer bestimmten Heeresgruppe zugeteilt wurde und

daher mit der Heeresgruppe marschierte, während für die Einsatzkommandos die Territorien dann durch die Heeresgruppe beziehungsweise durch die Armeen festgelegt wurden.«
Oberst Amen: »Sah das Abkommen auch vor, daß das Armeekommando die Zeit bestimmen sollte, während welcher sie zu operieren hätten?«
Ohlendorf: »Das war in dem Begriff ›Marsch‹ enthalten.«
Oberst Amen: »Konnte das Armeekommando ihnen auch irgendwelche weiteren Aufgaben zuweisen?«
Ohlendorf: »Jawohl, über dem an sich vorhandenen sachlichen Weisungsrechte des Chefs der Sicherheitspolizei und des SD schwebte sozusagen die Generalformulierung, daß die Armee Weisungen geben konnte, wenn es die operative Lage notwendig machte.«
Oberst Amen: »Was stand in dem Abkommen bezüglich der Angliederung der Kommandos der Einsatzgruppe an das Armeekommando?«
Ohlendorf: »Ich kann mich nicht erinnern, ob darüber etwas Besonderes gesagt wurde. Auf alle Fälle wurde zwischen dem Kommando und dem SD ein Verbindungsführer gestellt.«
Oberst Amen: »Welche Stellung hatten Sie auf Grund dieses Abkommens inne?«
Ohlendorf: »Ich habe vom Juni 1941 bis zum Tode Heydrichs im Juni 1942 die Einsatzgruppe D geführt und war Beauftragter des Chefs der Sicherheitspolizei und des SD bei der 11. Armee.«
Oberst Amen: »Wie lange im voraus, wenn überhaupt, wußten Sie, daß der Russenfeldzug stattfinden sollte?«
Ohlendorf: »Etwa vier Wochen vorher.«
Oberst Amen: »Wieviel Einsatzgruppen gab es, und wer waren ihre Führer?«
Ohlendorf: »Es gab vier Einsatzgruppen. Die Einsatzgruppe A, B, C und D. Chef der Einsatzgruppe A war Stahlecher; Chef der Einsatzgruppe B Nebe; Chef der Einsatzgruppe C Dr. Rasche und später Dr. Thomas; Chef der Einsatzgruppe D Ohlendorf und später Bierkamp.«
Nebe! Mein Freund Nebe!
Aber was zum Teufel taten denn diese »Einsatzgruppen«?
Auch das erfuhr ich sofort.
Oberst Amen: »Welches war die offizielle Aufgabe der Einsatzgruppen im Hinblick auf Juden und kommunistische Kommissare?«
Ohlendorf: »Über die Frage von Juden und Kommunisten war den Einsatzgruppen und den Einsatzkommandoführern vor dem Abmarsch mündliche Weisung erteilt.«
Oberst Amen: »Welches waren ihre Weisungen im Hinblick auf die Juden und die kommunistischen Funktionäre?«

Ohlendorf: »Es war die Weisung erteilt, daß in dem Arbeitsraum der Einsatzgruppen im russischen Territorium die Juden zu liquidieren seien, ebenso wie die politischen Kommissare der Sowjets.«
Oberst Amen: »Wenn Sie das Wort ›liquidieren‹ verwenden, meinen Sie ›töten‹?«
Ohlendorf: »Damit meine ich ›töten‹.«
Oberst Amen: »Nahmen Sie vor dem russischen Feldzug an einer Konferenz in Pretz teil?«
Ohlendorf: »Jawohl. Es war die Arbeitsbesprechung, in der den Einsatzgruppen und Einsatzkommandos die Arbeitsziele angegeben und die entsprechenden Befehle erteilt wurden.«
Oberst Amen: »Wer war bei dieser Besprechung anwesend?«
Ohlendorf: »Es waren die Einsatzgruppen-Chefs und die Einsatzkommandoführer anwesend und vom Reichssicherheitshauptamt Streckenbach, der die Befehle Heydrichs und Himmlers überbrachte.«
Oberst Amen: »Wie lauteten jene Befehle?«
Ohlendorf: »Es waren die allgemeinen Befehle, die die Sicherheitspolizei und der SD ihrer Natur nach hatten, und zusätzlich der Liquidierungsbefehl, den ich eben schon erwähnte.«
Oberst Amen: »Und wann ungefähr fand diese Besprechung statt?«
Ohlendorf: »Etwa drei oder vier Tage vor dem Abmarsch.«
Oberst Amen: »Sie hatten also vor dem Abmarsch in das russische Gebiet bei dieser Besprechung Befehl erhalten, neben den regulären Aufgaben der Sicherheitspolizei und des SD die Juden und kommunistischen Funktionäre auszurotten; ist das richtig?«
Ohlendorf: »Jawohl.«
Oberst Amen: »Hatten Sie jemals eine persönliche Unterhaltung mit Himmler, die sich auf eine Mitteilung Himmlers an die Chefs der Armeegruppen und Armeen bezog und die diese Sonderaufgabe betraf?«
Ohlendorf: »Jawohl. Himmler hat mir mitgeteilt, daß vor Beginn des Rußland-Feldzugs Hitler – in einer Besprechung mit den Heeresgruppen-Chefs – den Oberbefehlshabern diese Aufgabe mitgeteilt hat und die Oberbefehlshaber angewiesen hat, dabei entsprechende Unterstützung zu gewähren.«
Oberst Amen: »Wissen Sie, ob diese Mission der Einsatzgruppe den Befehlshabern der Armeegruppen bekannt war?«
Ohlendorf: »Dieser Befehl und die Durchführung dieser Befehle war dem Oberbefehlshaber der Armee bekannt.«
Oberst Amen: »Woher wissen Sie das?«
Ohlendorf: »Durch Besprechung bei der Armee und durch Weisungen,

die von der Armee in bezug auf diese Durchführung gegeben worden sind.«

Oberst Amen: »Haben Sie persönlich Massenhinrichtungen dieser Leute überwacht?«

Ohlendorf: »Ich bin bei zwei Massenhinrichtungen inspektionsweise dabeigewesen.«

Oberst Amen: »Wollen Sie dem Gerichtshof Einzelheiten beschreiben, wie eine bestimmte Massenhinrichtung durchgeführt wurde?«

Ohlendorf: »Ein örtliches Einsatzkommando versuchte eine vollständige Erfassung der Juden herbeizuführen durch Registrierung. Die Registrierung wurde den Juden selbst aufgegeben.«

Oberst Amen: »Unter welchem Vorwand wurden sie zusammengetrieben?«

Ohlendorf: »Die Zusammenfassung erfolgte unter dem Vorwand der Umsiedlung.«

Oberst Amen: »Wollen Sie fortfahren!«

Ohlendorf: »Nach der Registrierung wurden die Juden an einem Ort zusammengefaßt. Von da aus wurden sie dann später an den Hinrichtungsort gefahren. Der Hinrichtungsort war in der Regel ein Panzerabwehrgraben oder eine natürliche Gruft. Die Hinrichtungen wurden militärisch durchgeführt, durch Pelotons mit entsprechenden Kommandos.«

Oberst Amen: »Wie wurden sie zum Hinrichtungsort hinbefördert?«

Ohlendorf: »Sie wurden mit LKWs an die Hinrichtungsstätte gefahren, und zwar immer nur so viel, wie unmittelbar hingerichtet werden konnten; auf diese Weise wurde versucht, die Zeitspanne so kurz wie möglich zu halten, in der die Opfer von dem ihnen Bevorstehenden Kenntnis bekamen, bis zu dem Zeitpunkt der tatsächlichen Hinrichtung.«

Oberst Amen: »War das Ihre Idee?«

Ohlendorf: »Jawohl.«

Oberst Amen: »Und was geschah mit den Leichen, nachdem die Leute erschossen waren?«

Ohlendorf: »Sie wurden in dem Panzergraben oder in der Gruft beerdigt.«

Oberst Amen: »Wie wurde festgestellt, ob die einzelnen wirklich tot waren oder nicht?«

Ohlendorf: »Die Einheitsführer beziehungsweise die Führer der Pelotons hatten Befehl erhalten, darauf zu achten und gegebenenfalls selbst den Fangschuß zu geben.«

Oberst Amen: »Und wessen Aufgabe war dies?«

Ohlendorf: »Das tat entweder der Einheitsführer selbst oder ein von ihm dafür bestimmter Mann.«

Oberst Amen: »In welcher Stellung wurden die Opfer erschossen?«
Ohlendorf: »Stehend oder kniend.«
Oberst Amen: »Was geschah mit dem Eigentum und den Kleidern der erschossenen Leute?«
Ohlendorf: »Wertgegenstände wurden bei der Registrierung beziehungsweise der Zusammenfassung beschlagnahmt, waren abzugeben und wurden über das Reichssicherheitshauptamt oder direkt dem Finanzministerium übergeben. Die Kleider wurden zuerst an die Bevölkerung verteilt und im Winter 1941/42 von der NSV unmittelbar erfaßt und disponiert.«
Oberst Amen: »Wurde zur gleichen Zeit alles persönliche Eigentum registriert?«
Ohlendorf: »Im einzelnen nicht; registriert wurden nur Wertgegenstände.«
Oberst Amen: »Was geschah mit den Kleidern, die die Opfer anhatten, als sie zum Hinrichtungsort kamen?«
Ohlendorf: »Sie hatten lediglich die Oberkleidung abzulegen, unmittelbar vor der Hinrichtung.«
Oberst Amen: »Alle?«
Ohlendorf: »Die Oberkleidung, jawohl.«
Oberst Amen: »Und was geschah mit dem Rest der Kleidungsstücke, die sie anhatten?«
Ohlendorf: »Die behielten die Leute an.«
Oberst Amen: »Traf das nur für Ihre Gruppe oder auch für die anderen Einsatzgruppen zu?«
Ohlendorf: »Bei meiner Einsatzgruppe war es so Befehl. Bei anderen Einsatzgruppen weiß ich das nicht.«
Oberst Amen: »Wie handhabten jene die Sache?«
Ohlendorf: »Einige Einheitsführer verzichteten auf die militärische Liquidationsweise und führten die Tötung einzeln durch Genickschuß durch.«
Oberst Amen: »Und Sie waren gegen ein derartiges Vorgehen?«
Ohlendorf: »Ich war gegen dieses Vorgehen, jawohl.«
Oberst Amen: »Aus welchem Grunde?«
Ohlendorf: »Weil es, sowohl die Opfer als auch die, die zur Tötung befohlen waren, unendlich seelisch belastete.«
Oberst Amen: »Was geschah nun mit dem von den Einsatzgruppen gesammelten Eigentum der Opfer?«
Ohlendorf: »Soweit es sich um Wertsachen handelte, wurden sie nach Berlin an das Reichssicherheitshauptamt oder an das Reichsfinanzministerium abgegeben. Die Dinge, die im Operationsraum gebraucht werden konnten, wurden dort unmittelbar verwendet.«

Oberst Amen: »Was – zum Beispiel – wurde mit dem Gold und Silber getan, das man den Opfern abnahm?«
Ohlendorf: »Es wurde über Berlin abgeliefert, wie ich eben schon sagte, an das Reichsfinanzministerium.«
Oberst Amen: »Woher wissen Sie das?«
Ohlendorf: »Ich kann mich erinnern, daß von Simferopol aus es unmittelbar so gehandhabt worden ist.«
Oberst Amen: »Was ist zum Beispiel mit Uhren geschehen, die den Opfern abgenommen wurden?«
Ohlendorf: »Die Uhren wurden auf Anforderung der Armee der Front zur Verfügung gestellt.«
Oberst Amen: »Wurden alle diese Opfer: Frauen, Männer und Kinder, auf die gleiche Art und Weise hingerichtet?«
Ohlendorf: »Bis zum Frühjahr 1942, jawohl. Dann folgte ein Befehl von Himmler, daß in der Zukunft Frauen und Kinder nur noch durch Gaswagen zur Tötung kommen sollten.«
Oberst Amen: »Wie sind die Frauen und Kinder vorher getötet worden?«
Ohlendorf: »Genau wie die Männer durch Erschießen.«
Oberst Amen: »Wie erfolgte die Beerdigung der Opfer nach der Hinrichtung, soweit überhaupt eine erfolgte?«
Ohlendorf: »Die Gräber wurden zuerst von den Kommandos angefüllt, so daß die Spuren der Liquidation nicht mehr zu sehen waren, und dann mit Arbeitskommandos aus der Bevölkerung planiert.«
Oberst Amen: »Welche Anweisung erhielten Sie hinsichtlich der Verwendung der Gaswagen, die Sie im Frühjahr 1942 bekamen?«
Ohlendorf: »Die Gaswagen sollten in Zukunft für die Tötung der Frauen und Kinder verwendet werden.«
Oberst Amen: »Können Sie dem Gerichtshof die Konstruktion dieser Gaswagen und ihr Aussehen erklären?«
Ohlendorf: »Dem Gaswagen sah man außen den Verwendungszweck nicht an. Es waren praktisch geschlossene Lastwagen. Sie waren so eingerichtet, daß nach Anlaufen der Motoren Gas in den Wagen geleitet wurde und den Tod in etwa zehn bis fünfzehn Minuten herbeiführte.«
Oberst Amen: »Erklären Sie im einzelnen, wie ein solcher Wagen zu einer Hinrichtung verwandt wurde.«
Ohlendorf: »Die Wagen wurden mit den dafür bestimmten Opfern beladen und dann zur Beerdigungsstätte gefahren, die gewöhnlich dieselbe war wie die für die Massenhinrichtungen verwandte. Der Transport genügte zur Tötung der Insassen.«
Oberst Amen: »Wie veranlaßte man die Opfer dazu, die Wagen zu betreten?«

Ohlendorf: »Indem ihnen gesagt wurde, daß sie an einen anderen Platz geführt würden.«
Oberst Amen: »Wie wurde das Gas angedreht?«
Ohlendorf: »Ich kenne die einzelnen technischen Dinge nicht.«
Oberst Amen: »Wie lange dauerte gewöhnlich die Herbeiführung des Todes?«
Ohlendorf: »Etwa zehn bis fünfzehn Minuten, ohne daß die Opfer davon etwas merkten.«
Oberst Amen: »Wie viele Personen konnten zu gleicher Zeit in einem solchen Wagen getötet werden?«
Ohlendorf: »Die Wagen waren von verschiedener Größe – etwa fünfzehn bis fünfundzwanzig.«
Oberst Amen: »Haben Sie manchmal Meldungen von den Leuten erhalten, die diese Wagen bedienten?«
Ohlendorf: »Ich habe die Frage nicht verstanden.«
Oberst Amen: »Haben Sie Meldungen von den Leuten erhalten, die diese Wagen bedienten?«
Ohlendorf: »Ich habe die Meldung erhalten, daß die Einsatzkommandos die Wagen nur ungern benutzten.«
Oberst Amen: »Warum?«
Ohlendorf: »Weil die Beerdigung der Insassen für die Angehörigen der Einsatzkommandos eine starke Belastung war.«
Oberst Amen: »Können Sie dem Gerichtshof erklären, wer diese Wagen den Einsatzgruppen lieferte?«
Ohlendorf: »Die Gaswagen gehörten nicht zum Fuhrpark der Einsatzgruppen, sondern waren als Sonderkommando den Einsatzgruppen zugeteilt, und zwar führte dieses Kommando der Konstrukteur des Wagens. Die Wagen waren vom Reichssicherheitshauptamt den Einsatzgruppen zugeteilt.«

Ich saß eingekeilt auf der Pressetribüne neben Mr. Forrest. Wie in Lüneburg überkam mich die Vorstellung: Dieses alles ist nicht wahr!
Ich dachte: ›Du bist gar nicht mehr auf Erden! Du bist schon in der Hölle – du weißt es nur noch nicht!‹
Mr. Forrest rührte sich nicht. Seine Hände ruhten auf dem Schreibpult, sie zitterten. Ich sah ihn von der Seite an, er war bleich. Seine Augen schienen mir verschleiert.
Am Abend dieses fürchterlichen Tages war ich ihm in aller Stille dankbar. Zu dem, was wir hörten, äußerte er sich mir gegenüber überhaupt nicht. Die Worte, die wir wechselten, dienten keinem anderen Zweck als der Feststellung, wie es mit der Nachrichtenübermittlung nach Hamburg gehalten werden sollte.

Ich starrte auf meinen Schreibblock. Völlig mechanisch hatte ich alles notiert. In der Pause schrieb ich den Bericht. Mr. Forrest zog mit ihm, weil er hier in Nürnberg der weitaus Repräsentativere von uns beiden war, in die Telegrafenstelle.
Ohlendorf! Wie war das möglich! Er sprach das Deutsch eines Intellektuellen. Er hatte auch seine Haltung. Was konnte ihn bewegen, vor Gericht dergestalt auszusagen?
Daß er sich selbst belastete – nun gut, das mochte seine Gründe in der Reue haben, oder es mochten Gefühle mitspielen, von denen ich mir keine Vorstellung machen konnte. Aber es war doch ganz klar, daß diese seine Aussage zweien der auf der Anklagebank sitzenden Personen den Tod am Galgen einbringen mußte – Keitel und Jodl.
Warum das? Ich glaube, daß diese Frage bis heute nicht geklärt ist. Ursächlich stand doch der SD, dem Ohlendorf in so führender Stellung angehörte, der Mordlust des Dritten Reiches weit näher als die Generalität. Der Generalität konnte man Schwäche vorwerfen. Aber dem SD und Ohlendorf doch die Absicht!
Keitel und Jodl hatten völlig begriffen, was da geschehen war. Sie sprachen, nachdem Ohlendorf ausgesagt hatte, nicht miteinander. Sie sahen auch Ohlendorf nicht an. Jodl starrte an die Decke des Raumes. Keitel hatte seine Lieblingshaltung angenommen. Die Arme verschränkte er über der Brust, sein Blick suchte auf der Erde. Was suchte er auf der Erde? Was suchte er dort unten?
Selbstverständlich nahm sich der russische Ankläger – Generalmajor Nikitchenko – Ohlendorf vor: »In Ihrer Zeugenaussage haben Sie erklärt, daß die ›Einsatzgruppe‹ die Vernichtung der Juden und Kommissare zum Ziel hatte, ist das richtig?«
Ohlendorf: »Ja.«
Generalmajor Nikitchenko: »Und zu welcher Kategorie zählten Sie die Kinder?«
Ohlendorf: »Es war ja der Befehl, daß die jüdische Bevölkerung total ausgerottet werden sollte.«
Generalmajor Nikitchenko: »Einschließlich der Kinder?«
Ohlendorf: »Jawohl.«
Generalmajor Nikitchenko: »Wurden alle jüdischen Kinder ermordet?«
Ohlendorf: »Ja.«
Ebenso selbstverständlich warfen sich die Verteidiger auf diesen schlimmen Zeugen, der offenbar gänzlich überraschend aufgetreten war. Aber es gelang ihnen nicht, Ohlendorf zu einer nennenswerten Abschwächung seiner Aussagen zu bringen.
In teuflischer Regie folgte auf Ohlendorf, der völlig ungerührt den Zeu-

genstand verließ und mit kaltem Blick über die Anklagebank sah, als er aus dem Gerichtssaal ging, ein Mann mit dem Namen Wisliceny, vierunddreißig Jahre alt, mit hartem ostpreußischem Dialekt. Seit 1934 war er bei der Gestapo und erreichte den Rang eines SS-Hauptsturmführers. Er unterstand dem Abteilungsleiter im Amte IV der Gestapo, Eichmann. Das »Referat für jüdische Angelegenheiten« war Wislicenys Betätigung.
Auf dem Balkan und in Ungarn hatte dieser Mörder schrecklich gewirkt. Und ebenso wie Ohlendorf, in der Sprache nur viel gröber, aber in der Aussage ebenso präzise und ebenso aussagefreudig, antwortete er dem amerikanischen Hilfsankläger, Oberstleutnant Brookhart. Der fragte ihn über das, was Deutschland mit den ungarischen Juden getan habe.
Wisliceny sagte aus, daß zonenweise die ungarischen Juden an bestimmten Orten und bestimmten Plätzen zusammengetrieben wurden. Aus Karpatho-Rußland – einer ungarischen Landschaft – versammelte man zweimal hunderttausend Juden. Wisliceny erklärte, daß durch die Zusammenfassung so vieler Menschen auf so engem Gebiet Schwierigkeiten entstanden seien.
Wörtlich führte er aus: »Aus dieser Situation heraus machte Eichmann den Ungarn den Vorschlag, diese Juden nach Auschwitz und in andere Lager zu übernehmen. Er bestand jedoch darauf, daß ein entsprechender Antrag der ungarischen Regierung oder eines ungarischen Regierungsmitgliedes bei ihm vorgelegt werde. Dieser Antrag fand durch den Staatssekretär von Baky statt. Die Evakuierung wurde durch die ungarische Gendarmerie durchgeführt. Die Abbeförderung der Juden aus Ungarn begann Anfang Mai 1944, und zwar erfolgte der Abtransport ebenfalls zonenweise, beginnend in Karpatho-Rußland, dann kam Siebenbürgen, dann Nordungarn, dann Südungarn und dann Westungarn. Budapest sollte Ende Juni von den Juden geräumt werden; jedoch unterblieb die Räumung, da der Reichsverweser von Horthy sie nicht zuließ. Von dieser Aktion wurden etwa 450 000 Juden betroffen.«
Oberstleutnant Brookhart: »Was geschah mit den ungefähr 450 000 Juden, von denen Sie bereits gesprochen haben?«
Wisliceny: »Sie wurden restlos nach Auschwitz gebracht und dort der ›Endlösung‹ zugeführt.«
Oberstleutnant Brookhart: »Haben Sie in der Besprechung mit den anderen Spezialisten über Judenfragen und mit Eichmann irgendwelche Kenntnis oder Auskunft über die Gesamtzahl der unter diesem Programm getöteten Juden erhalten?«
Wisliceny: »Eichmann persönlich sprach immer von mindestens vier Millionen Juden; manchmal nannte er sogar die Zahl von fünf Millionen. Nach meiner persönlichen Schätzung müssen es mindestens vier Millio-

nen Juden gewesen sein, die von der sogenannten ›Endlösung‹ betroffen wurden.«
Oberstleutnant Brookhart: »Wann sahen Sie Eichmann zum letzten Mal?«
Wisliceny: »Ich habe Eichmann zuletzt Ende Februar 1945 in Berlin gesehen. Er äußerte damals, daß, wenn der Krieg verloren wäre, er Selbstmord begehen würde.«
Oberstleutnant Brookhart: »Sagte er damals irgend etwas über die Zahl der getöteten Juden?«
Wisliceny: »Ja, er drückte das in einer besonders zynischen Weise aus. Er sagte: er würde lachend in die Grube springen, denn das Gefühl, daß er fünf Millionen Menschen auf dem Gewissen hätte, wäre für ihn außerordentlich befriedigend.«
Schweigen im Gerichtssaal.
Der Vorsitzende fragt die Ankläger der anderen Nationen, ob sie den Zeugen noch etwas zu fragen hätten.
Niemand hat den Zeugen noch etwas zu fragen.
Der Bursche geht davon, und wir alle starren auf seinen breiten Rücken, wie er langsam verschwindet.
Aber es ist noch nicht genug. Der amerikanische Ankläger, Oberst Amen, sagt dem Gericht, daß er einen Zeugen aufgerufen habe, der aussagen würde, daß OKW und OKH einerseits und das Reichssicherheitshauptamt andererseits Abmachungen über diese Vernichtungsaktion von Slawen und Juden getroffen hätten.
Im Zeugenstand erscheint – Ohlendorf sehr ähnlich –, schnell und sicher, der frühere Chef des Amtes VI im Reichssicherheitshauptamt SS-Brigadeführer, Generalmajor der Waffen-SS Walter Schellenberg.
Oberst Amen: »Erklären Sie kurz die Funktionen des Amtes VI des RSHA.«
Schellenberg: »Das Amt VI war der politische Geheimdienst des Reiches und arbeitete grundsätzlich im Ausland.«
Oberst Amen: »Wissen Sie etwas über ein Übereinkommen zwischen dem OKW, OKH und dem RSHA, betreffend den Einsatz von Einsatzgruppen und Einsatzkommandos im russischen Feldzug?«
Schellenberg: »Ende Mai 1941 fanden Verhandlungen statt zwischen dem damaligen Chef der Sicherheitspolizei und dem Generalquartiermeister Wagner, General Wagner.«
Oberst Amen: »Und wem?«
Schellenberg: »Dem Generalquartiermeister des Heeres, General Wagner.«
Oberst Amen: »Waren Sie bei den Besprechungen persönlich zugegen?«
Schellenberg: »Ich war bei der Abschlußbesprechung als Protokollführer persönlich zugegen.«

Oberst Amen: »Hatten diese Verhandlungen das Ergebnis, daß ein Übereinkommen unterzeichnet wurde?«
Schellenberg: »Es wurde eine Vereinbarung schriftlich abgeschlossen.«
Oberst Amen: »Waren Sie bei der Unterschrift dieser schriftlichen Vereinbarungen zugegen?«
Schellenberg: »Ich war als Protokollführer zugegen und habe gesehen, wie beide Herren unterzeichnet haben.«
Oberst Amen: »Von wem wurde diese Vereinbarung unterzeichnet?«
Schellenberg: »Sie wurde unterzeichnet von dem damaligen Chef der Sicherheitspolizei, SS-Gruppenführer Heydrich, und dem Generalquartiermeister des Heeres, General Wagner.«
Schellenberg geht davon, und es folgt ihm derjenige Mörder, der den höchsten Rang bekleidete – SS-Obergruppenführer und General der Waffen-SS Erich von dem Bach-Zelewski.
Groß, breitschultrig, hartes und breites Gesicht, steht er im Zeugenstand. Er meidet mit seinem Blick nicht die Anklagebank; man hat sogar den Eindruck, als ob er seine Aussage provozierend gegen die Angeklagten hinschmettert. Der russische Oberst Pokrowsky fragt ihn: »Sagten Sie, daß der Kampf gegen die Partisanenbewegung ein Vorwand für die Ausrottung der slawischen und jüdischen Bevölkerung war?«
Von dem Bach-Zelewski: »Ja.«
Oberst Pokrowsky: »Wußte die Wehrmachtführung von den Methoden des Kampfes, die zur Bekämpfung der Partisanenbewegung und zur Ausrottung der jüdischen Bevölkerung angewandt wurden?«
Von dem Bach-Zelewski: »Die Methoden waren allgemein bekannt, also auch bei der militärischen Führung. Ich weiß natürlich nicht, ob sie von dem Plan, den Himmler erwähnte, Bescheid wußte.«
Oberst Pokrowsky: »Nahmen Sie persönlich an irgendwelchen Besprechungen mit Generalen der Wehrmacht teil, in denen die Methoden der Partisanenbekämpfung klar und ausführlich besprochen wurden?«
Von dem Bach-Zelewski: »Es wurden die Kampfmethoden als solche genau besprochen und als bekannt vorausgesetzt. Es ist aber bei diesen Besprechungen nicht etwa gesagt worden, es sind nun soundso viele Menschen zu erschießen; so ist das nicht zu verstehen.«
Oberst Pokrowsky: »Sie haben uns gesagt, daß die Deutschen die Absicht hatten, die slawische Bevölkerung zu vernichten und auf dreißig Millionen zu reduzieren. Wie kamen Sie auf diese Zahl und diesen Befehl?«
Von dem Bach-Zelewski: »Ich darf berichtigen, nicht auf dreißig Millionen, sondern um dreißig Millionen. Diese Zahl hat Himmler während seiner Rede auf der Weselsburg genannt.«

Oberst Pokrowsky: »Können Sie wirklich und wahrhaftig bestätigen, daß die von der Wehrmacht in den damals von den Deutschen besetzten Verwaltungsgebieten getroffenen Maßnahmen den Zweck hatten, die slawische und jüdische Bevölkerung um dreißig Millionen zu verringern?«
Von dem Bach-Zelewski: »Ich bin der Ansicht, daß diese Methoden wirklich zur Vernichtung von dreißig Millionen geführt hätten, wenn sie so weiter fortgeführt worden wären und wenn nicht durch die Entwicklung der Lage sich die Situation ganz geändert hätte.«
Oberst Pokrowsky: »Ich habe keine weiteren Fragen an den Zeugen zu stellen.«
Der Verteidiger, Dr. Thoma, fragt diesen Zeugen, ob er denn die Absicht, dreißig Millionen Slawen umzubringen, gebilligt oder mißbilligt habe.
Der Zeuge antwortet: er habe sie mißbilligt.
Der Verteidiger fragt, was er damals, als er bei der ganzen Angelegenheit mitwirkte, für eine Ansicht von allem gehabt habe.
Der Zeuge antwortet mit einem schrecklichen Pathos und seine Worte hallen durch den Raum: »Wenn man jahrelang predigt, jahrzehntelang predigt, daß die slawische Rasse eine Unterrasse ist, daß die Juden überhaupt keine Menschen sind, dann muß es zu einer solchen Explosion kommen.«
Der Verteidiger fragt: »Hatten Sie damals neben einer Weltauffassung auch noch ein Gewissen?«
Es war entsetzlich anzuhören, was von dem Bach-Zelewski auf diese stille und leise Frage in den Saal heulte: »Heute auch! Deswegen stehe ich hier!«

Tüngel erzählt,
wie »Die Zeit« entsteht.
Das Problem der »Entnazifizierung«

Anfang 1946 war es endlich so weit, daß uns die Lizenz für die Herausgabe einer Wochenzeitung gegeben werden sollte, die zunächst nur für Hamburg und Schleswig-Holstein zur Verbreitung bestimmt war. Die Übergabe sollte im Pressehaus erfolgen, und man bedeutete uns, die englischen Offiziere seien gewohnt, bei solchen Gelegenheiten – unsere Lizenz hatte die Nummer vier – französischen Champagner zu trinken. Es war wieder Schmidt di Simoni, der einen Ausweg wußte. Er kannte den Pächter, der die Restaurationsbetriebe des Hauptbahnhofs leitete. Aus den Tiefen seines Kellers besorgte er die notwendigen Flaschen.
Um ein Haar hätte ich diese Feier dadurch gestört, daß ich nicht erschienen wäre. Es fuhren zwar bereits Untergrundbahnzüge; sie waren jedoch so überfüllt, daß man nicht hineinkam. Der Zug, auf den ich gerechnet hatte, fuhr durch die Station einfach durch, ohne anzuhalten. Einige seiner Fensterscheiben waren infolge der Überfüllung eingedrückt worden. In den Wagen selbst war eine Panik entstanden – und so war der Beginn der feierlichen Handlung für mich der Anblick einer verzweifelt schreienden Menge, die an mir vorbeiglitt.
Ich hatte nicht mit einem Fußmarsch gerechnet, und bei meinem Eintreffen im Pressehaus fand ich meine Partner in großer Aufregung. Die Feier selbst verlief sehr angenehm. Brigadier Armytage wünschte uns, wir möchten ebenso bedeutend werden wie unsere englische Namensschwester, »The Times«.
Der erste, mit dem ich anstieß, war – lustig und witzig, wie ich ihn schon von Berlin her kannte – Peter Bamm. Wir verabredeten gleich, daß er regelmäßig für mich schreiben sollte. Vorsichtig, wie alle, die nach dem Krieg wieder zu schreiben anfingen, fragte er mich, ob er nicht ein neues

Pseudonym haben könne. Ich schlug ihm den Namen Peter Quast vor, den er begeistert akzeptierte.
Sechs Wochen später erhielt ich einen empörten Brief seines Berliner Verlegers, da versuche ein frecher Schreiberling unter dem Namen Peter Quast Peter Bamm nachzumachen. Er verbäte sich dies. Welche Freude, Peter Bamm diesen Brief zu zeigen!
Die Engländer waren bei dem Festakt huldvoll und reizend bis zu dem Augenblick, als Colonel Garland mich fragte: »Wann soll denn Ihre erste Ausgabe erscheinen?«
Ich erwiderte: »Am nächsten Mittwoch, und ich darf vielleicht Sie, Colonel Garland, bitten, die Rotationsmaschine anzustellen, wenn wir beginnen, zu drucken.«
Jetzt waren die Vertreter unserer Besatzungsmacht fassungslos. Sie hatten gedacht, wir würden mindestens noch drei Monate brauchen und sie könnten mit ihrer »Welt« lange vor uns herauskommen. Aber Colonel Garland, galant wie immer, nahm meine Einladung an.
Der Mittwoch kam. Wir waren unter strikter Zensur. Jeder Artikel und jede Seite mußte vorgelegt werden. Um zwölf Uhr wurde uns mitgeteilt, alles, was auf der dritten Seite über dem Strich stehe – unter dem Strich hatte Ivo Hauptmann über seinen Vater Gerhart berichtet –, sei verboten. Das betraf einen Aufsatz von Samhaber, in dem er berichtete, daß die Berliner während des Fackelzuges am Tage der Machtergreifung schweigend dagestanden hätten und niemand in der Menge begeistert gewesen war. Offenbar paßte das nicht in das Konzept der re-education. Wir mußten also in aller Eile neue Artikel schreiben, die wieder die Zensur zu passieren hatten. Nur dank der Hilfsbereitschaft einer übrigens besonders hübschen deutschen Sekretärin gelang es uns, dem zuständigen englischen Zensur-Offizier während seines Lunch im Kasino eine Unterschrift abzuringen.
Um einhalb vier waren wir in der Druckerei versammelt. Die große Rotationsmaschine lief auf ganz langsamen Touren. Wir erklärten Colonel Garland, während alle Setzer und Drucker des Verlages, begeistert, daß endlich wieder angefangen wurde, um uns herumstanden, er müsse, um die Maschine anzulassen, einen Hebel nach rechts umlegen. Doch er war so aufgeregt, daß er ihn nach links drehte. Die Maschine, die bisher leise ging, stand nunmehr still. Die erhobenen Schnapsgläser der ganzen Belegschaft wurden betreten heruntergenommen. Es war ein Freudsches Versagen erster Ordnung.
Wie schwierig es auch ohne das Eingreifen der Zensur war, die erste Ausgabe herauszubringen, möge man aus folgendem Beispiel ermessen: Auf Wegen, die das Military Government nicht kontrollieren konnte, hatte ich

erfahren, daß die Sowjetrussen alle Meisterwerke der Dresdener Galerie abtransportiert hatten. Das war bei uns in den Westzonen völlig unbekannt und daher eine Sensation ersten Ranges. Dies dem Leser einigermaßen deutlich zu machen, dazu brauchte ich eine Fotografie der Sixtinischen Madonna. Aber es gab keine Bibliothek, die geöffnet gewesen wäre, kein Fotoarchiv, und nur mit Mühe erhielt ich eine alte, völlig vergilbte Darstellung aus Privatbesitz. Ich wollte auch zu einem Aufsatz »Der Arier« ein Bild von Liebermann stellen, »Die Netzflickerinnen« aus der Hamburger Kunsthalle. Ich habe kein Foto auftreiben können. Schließlich fand ich eine Abbildung des Bildes aus der Berliner Nationalgalerie »Flachsscheuer in Laren«. Es schien mir unwahrscheinlich, daß beide Abbildungen im Rotationsdruck einigermaßen brauchbar herauskommen könnten. Ich sprach mit dem Leiter des Tiefdrucks bei Broschek. Er sagte mir: »Dies ist die erste Ausgabe, die wir wieder drucken können. Sie können sich darauf verlassen, daß sie erstklassig wird.«
Und es war so. Es ist heute sehr schwer, sich wieder vorzustellen, wie froh damals alle Leute waren, wenn sie arbeiten und zeigen konnten, zu welchen Leistungen sie fähig waren.

»Die Zeit« war die erste deutsche Zeitung, die nach dem Kriege in Hamburg herauskam. Außer ihr gab es nur ein monatlich erscheinendes Gewerkschaftsblatt. Sobald sich nun die Nachricht verbreitete, es werde demnächst eine deutsche Wochenzeitung geben, die bei Broschek gedruckt werden solle, und man könne sich auf sie ab Montag abonnieren, gerieten wir in eine nicht geringe Gefahr. Als ich am Montagvormittag zur Redaktion ging, stand eine Menge in Viererreihen vom Gänsemarkt an über die Königstraße die Großen Bleichen hinauf bis zum Broschek-Haus. Sofort sah ich, wer sich hier angefunden hatte. Es waren fast alles Ladeninhaber, vor allem Fisch- und Gemüseverkäufer, die Einwickelpapier brauchten. Ich stoppte sofort das Abonnement. Es wurde ein Schild herausgehängt, auf dem stand, daß nur noch schriftlich vorgebrachte Wünsche berücksichtigt werden könnten. Hätte ich dies nicht spontan angeordnet, wären die 25 000 Exemplare, die uns die Engländer für den Anfang zugebilligt hatten, zum allergrößten Teil falsch verwendet worden.
Durch diese Erfahrung kam Ewald Schmidt di Simoni auf eine ausgezeichnete Idee. Er erbot sich der Besatzungsbehörde gegenüber, englische Zeitungen einzuführen und ihren Vertrieb für Deutschland zu organisieren. Binnen kurzem hatten wir dadurch die deutsche Auflage des »Manchester Guardian« auf 150 000 Exemplare täglich gebracht und »Daily Express« sowie »Daily Telegraph« stiegen bis nahezu auf 50 000. Da wir an jedem Stück durch unseren Vertrieb verdienten, war dies ein vorzüg-

liches Geschäft. Die Engländer ihrerseits waren außerordentlich stolz. Sie mußten zwar das Papier mit kanadischen Dollars bezahlen und erhielten nur deutsche Sperrmark; aber wie erfreut waren sie, daß die Deutschen sich als so gelehrige Schüler ihrer re-education erwiesen! Es dauerte eine ziemliche Zeit, bis sie dahinter kamen, daß ihre Zeitungen in erster Linie als Einwickelpapier gekauft wurden. Besonders begehrt war übrigens die Luftpostausgabe der »Times«, weil man das feine Reispapier, auf dem sie gedruckt war, sehr gut benutzen konnte, um mit seiner Hilfe aus Kippen Zigaretten zu drehen.

Über den neuen Aufgaben, die mir als Chef des Feuilletons zuwuchsen und die bald verhältnismäßig leicht zu bewältigen waren, da sich sowohl aus der englischen wie aus der amerikanischen Zone vorzügliche Mitarbeiter anboten, die froh waren, schreiben zu dürfen, was sie in der Nazizeit hatten in sich aufstauen müssen, hatte ich nun keineswegs die politischen Gespräche vergessen, die wir unter dem Druck der ersten Besatzungsmonate in der Böttgerstraße geführt hatten. Daß das Problem der Entnazifizierung ein Politikum ersten Grades darstellte, war mir weiter völlig bewußt, und ebenso klar war mir, daß es hier zunächst einmal galt, den Hexenwahn kollektiver Urteile zu bekämpfen. Deshalb schrieb ich denn auch bereits in der ersten Ausgabe der »Zeit« einen Artikel mit dem Titel »Der Arier«.
Ich begann ihn so:
»Wörter haben magische Gewalt. Leicht lösen sie sich von der Gelegenheit, bei der sie gesprochen, und werden zu einer Macht, die Jahrhunderte überdauert, obgleich der ursprüngliche Sinn längst vergangen ist.«
Ich zeigte, daß im Sanskrit arya: Herr bedeutete und später anarya: Nicht-Herr. Ich zeigte weiter, wie dann das Wort »Arier« sich allmählich selbständig machte und wie schließlich »die arische Rasse«, die »Herrenrasse«, grundlos in die Jetztzeit versetzt und als noch existent proklamiert wurde.
»Der Deutsche wurde der Inbegriff des Ariers schlechthin.«
Und so hieß es weiter:
»Man muß diese unheimliche Macht des Wortes verstehen, das alle Gedanken unterjocht hatte und alle Gefühlsregungen beherrschte, wenn man einsehen will, welche Vorstellungen Hitler und alle, die an ihn glaubten, in den letzten Jahren beherrschten. Das Gefühl der freien Berechtigung zu den ungeheuerlichsten Freveln, die törichte Siegeszuversicht, die Unterschätzung des Gegners, all dies ist aus dem Wortaberglauben entstanden. Konnten die Deutschen besiegt werden, wenn sie bis zum letzten kämpften? Niemals – das Wunder mußte täglich, stündlich eintreten;

ein ›Herrenvolk‹ kann nicht vernichtet werden! Und wenn diese Welt wirklich entgöttert werden sollte, dann mußten die Götter auch göttlich kämpfend zugrunde gehen.«
Und ich schloß mit diesen Sätzen:
»Nur mit tiefem Pessimismus und bitterer Skepsis kann man nach einem so unheimlichen Beispiel die Möglichkeit betrachten, die uns Menschen gegeben ist, mit Worten Gedanken auszudrücken. Kritischer Verstand allein und behutsame Wachsamkeit können uns vor dem Mißbrauch bewahren, den Worte durch ihre Macht mit uns treiben.«
Das Wort »Nazi« stand ungeschrieben hinter diesem Aufsatz. Mein damaliger Zensor, der Sergeant der englischen Armee Sigurd Thorpe, fragte mich nach Erscheinen des Blattes: »Warum haben Sie eigentlich diesen Artikel geschrieben?«
Und bevor ich antworten konnte, sagte er lächelnd: »Lassen Sie nur, ich will es gar nicht wissen.«
Er war ein sehr nachdenklicher Mann, und ich bin gut mit ihm ausgekommen.
Der nächste Anlaß, das Thema wieder anzurühren, bot sich am 28. März in einem Aufsatz zum 200. Geburtstag des großen spanischen Malers Francisco de Goya. Goya hatte seit 1908 mit der französischen Besatzung kollaboriert. Er hatte dem Usurpator, Joseph Bonaparte, den Treueid geleistet. Er trug das Kreuz der Ehrenlegion stolz auf seinem Staatskleid, und er hatte, als er für das Rathaus von Madrid die Allegorie der Hauptstadt malte, auf dem von Engeln gehaltenen Schild das Bildnis Joseph Bonapartes angebracht, des Mannes, der dem Bluttag des Dos de Mayo, an dem Murat 2000 Spanier in Madrid erschießen ließ, den Thron verdankte, auf dem er zu Unrecht saß. Ein Afrancesado also war Goya, ein Franzősling, ein Josefino, wir würden heute sagen, ein Vertreter der Kollaboration, während rings im Lande die Résistance aufflammte.
Ich begann meinen Artikel mit diesen Sätzen:
»Während meiner Abwesenheit habt auch Ihr Euch die Verbannung verdient, nein, eigentlich den Würgestrick, die Garrotte. Doch weil Ihr ein großer Künstler seid, wollen wir Vergessen üben. Diese Worte sprach, so wird berichtet, Ferdinand VII. von Spanien zu seinem Hofmaler, als er 1814, wieder König geworden, nach dem Sturz Napoleons in seine Hauptstadt zurückgekehrt war.«
Und der Aufsatz schloß so:
»Was wäre geschehen, wenn Ferdinand VII., der schlechteste Monarch auf dem spanischen Thron, boshaft, heimtückisch, dumm, grausam und eitel, nicht doch so weit König gewesen wäre, daß er die Gnade gekannt hätte? Wenn Goya zum Tode verurteilt, durch die Garrotte stranguliert oder

durch Mitglieder einer Résistance mit einem Hammer erschlagen worden wäre, wie es einem großen Bildhauer unserer Tage geschah? Wir hätten die Bilder nicht, die er, völlig taub und halbblind, in den letzten Jahrzehnten seines Lebens gemalt hat, die ein Wunder des Impressionismus sind, fünfzig Jahre vor Manet. Wir besäßen nicht jene grandiosen Lithographien, die er im selbstgewählten Exil in Bordeaux geschaffen hat, die Delacroix begeisterten und Daumier befruchteten. Goya wäre für uns nur der letzte der alten Meister, nicht der erste große Vertreter unserer modernen Malerei.«

Als ich Sergeant Thorpe diesen Artikel pflichtgemäß vorlegte, fragte er mich, wer denn dieser erschlagene Bildhauer sei. Ich erwiderte, es wird erzählt, es sei Aristide Maillol.

»Es ist gut«, sagte er, »daß Sie den Namen fortgelassen haben. Es hätte Unannehmlichkeiten mit den Franzosen geben können.« In der Tat stimmte, wie ich später erfuhr, der Name nicht.

Im übrigen hatte ich, um ihm Gelegenheit zum Streichen zu geben, mit voller Absicht einige törichte Phrasen gegen die Demokratie in meine Ausarbeitung hineingeschrieben. Das war ein alter Trick, den wir aus der Nazizeit kannten. Wenn nur etwas gestrichen wird, bleibt der Rest meistens strichlos stehen. Der gute Thorpe kam zwei Tage nach dem Erscheinen dieser Ausgabe zu mir: »Die Vorzensur ist nunmehr aufgehoben«, und achselzuckend fügte er hinzu: »Sie hat ja doch keinen Sinn.«

So hatte ich denn ungehindert neben dem »Wortfetischismus« des kollektiven Denkens nun auch den »Wortfetischismus« der Kollaboration angeprangert.

Jetzt konnte ich einen Schritt weitergehen und ein Material ausnutzen, das in Deutschland völlig unbekannt war. Das war auf folgende Weise in meine Hände gelangt: Als ich das erste Mal im Jahre 1945 in Hamburg zu einem Friseur ging – das war gar nicht so einfach, weil alle Friseurläden fast ständig von der Besatzungsmacht usurpiert waren –, gab mir ein Friseurgehilfe ein Exemplar der »Picture Post«, das ein englischer Sergeant liegengelassen hatte. Wenn ich mit diesem Heft etwas anfangen könne, wäre es ihm eine Freude, es mir zu schenken. In diesem Journal war zu grauenhaften Fotos von Leichenhaufen des Lagers Bergen-Belsen ein Aufsatz von dem großen englischen Philosophen und Schriftsteller Bertrand Russell abgedruckt. Ich benutzte ihn nun, ein Jahr später, als Unterlage zu einem Artikel, dem ich den Titel gab:

»Über das Schuldbekenntnis des deutschen Volkes.«

Der fing folgendermaßen an:

»Lord Jewitt, der Lordkanzler, der höchste Richter der englischen Krone, hat vor wenigen Tagen im Oberhaus, als die Frage diskutiert wurde, ob es erwünscht oder auch nur möglich sei, eine deutsche Zentralregierung zuzulassen, in seiner Antwort an Lord Vansittart berichtet, er habe viele Menschen in verantwortlichen deutschen Verwaltungsstellen gefragt, wie weit der einfache Deutsche, der jetzt Kenntnis habe von den fürchterlichen Verbrechen der deutschen Führung, ein Gefühl der Reue und des Abscheus empfinde. Die Verwaltungsbeamten hätten diese Frage mit dem Satz beantwortet: Nicht die geringste Spur eines solchen Gefühls ist vorhanden.«

Das konnte unmöglich ohne Widerspruch hingenommen werden. Gewiß, es war nicht sehr angenehm, in der damaligen Zeit gegen den höchsten Richter Englands zu polemisieren; aber was blieb mir übrig! Ich erwiderte: »Die Meldung, der wir diese Nachricht entnehmen, läßt nicht erkennen, ob es deutsche oder englische Beamte waren, die diese Feststellung getroffen haben. So ist denn auch nicht zu erweisen, wie weit Übersetzungsfehler sich eingeschlichen haben oder wie sonst das Mißverständnis hat entstehen können, das deutsche Volk betrachte die unerhörten und grauenvollen Taten Hitlers und seiner Verbrecher nicht mit Abscheu und Entsetzen. Daß dies vielmehr fast ausnahmslos geschieht, ja sogar in jenen Kreisen ehrlich geschieht, denen es heute noch schwerfällt, dem Nationalsozialismus jeden anständigen Idealismus von Anbeginn her abzusprechen, ist eine offenbare Tatsache. An ihr zu zweifeln, hieße sich einem verhängnisvollen Irrtum hingeben.«

»Mit der Reue«, so schrieb ich weiter, »steht es anders. Wohl ist ein allgemeines Schaudern da, daß von Deutschen so unerhörte Frevel verübt werden konnten, ein fassungsloses Entsetzen, daß auf der Welt unter Menschen solche Taten überhaupt möglich waren. Reue aber setzt ein Schuldgefühl voraus, ja, geradezu ein Bekenntnis, daß jeder einzelne Deutsche teilhabe an den Verbrechen, die geschehen sind. Und dieses Schuldgefühl ist nicht vorhanden, dieses Bekenntnis wird von der überwiegenden Mehrheit des deutschen Volkes abgelehnt.

Als bei dem Vormarsch der britischen und amerikanischen Armeen die Verbrechen der deutschen Konzentrationslager zum ersten Male aufgedeckt wurden, ging ein Schrei des Entsetzens durch die Welt – und auch durch Deutschland. Deutsche Frauen weinten hemmungslos, als sie die ersten Nachrichten über Bergen-Belsen aus dem verbotenen englischen Sender hörten. Und wie dann immer wieder die Sätze kamen: Daran ist jeder einzelne Deutsche schuld, das ganze deutsche Volk muß dafür büßen – da schrien die Menschen auf: Ich nicht, ich habe es nicht gewußt, nicht einmal die Namen dieser Lager habe ich gekannt.

Und dies ist wahr, ist unbezweifelbar wahr. Wie kann man sich da wundern, daß Menschen diese Schuld, die ihnen bis dahin unbekannt geblieben war, nicht auf sich nehmen wollen? ... Was aber viele unter ihnen im verborgenen geleistet haben, indem sie immer wieder jede Gelegenheit nutzten, um Abscheu vor dem Regiment der Nazis zu erwecken, nach diesem stillen Heldentum zu fragen, ist bisher noch keinem eingefallen, der sie verdammt.

Da ist es denn als ein besonderes Glück, als ein schicksalhaftes Ereignis anzusehen, daß ein weiser und wunderbarer Mann, der englische Philosoph und Schriftsteller Bertrand Russell, ein Wort gesprochen hat, das auch uns Deutschen helfen kann, heute bereits die Schuld des deutschen Volkes zu definieren und zu begrenzen.

Und dieses Wort lautete so:

›Wenn wir uns erlauben würden, zu denken, es gäbe in der deutschen Erscheinung etwas Besonderes, das zu Grausamkeiten führt, die anderswo unter gleichen Umständen nicht entstehen würden, so wäre das unwissenschaftlich, und wir versäumten, aus der Erfahrung zu lernen, wie man eine Wiederholung des Bösen verhindern könnte.‹

›Man muß die Umstände bedenken‹, so fährt Russell fort, ›ein geschlagenes, verarmtes, apathisches Land, mit einer energischen Minderheit, die eine Wiedergeburt durch rücksichtslose Härte predigt. Dank allgemeiner Teilnahmslosigkeit kann die Minderheit mit der Zeit die Macht erobern. Als Minderheit kann sie die Herrschaft nur bewahren, indem sie ein Regiment des Terrors aufrichtet. So bald wie möglich dehnt sie diesen Terror auf fremde Nationen aus, um die Opposition zu Hause einzuschränken. Dies ist keineswegs ein rein deutsches Muster; in der französischen Revolution verlief die Entwicklung nicht anders. Armut und Furcht rufen Apathie bei der Mehrheit hervor und Wut bei einer energiegeladenen Minderheit. Wut ist eine dynamische Eigenschaft; die tobende Minderheit gelangt zur Macht, und die ganze Nation – so scheint es – wird infiziert mit Grausamkeit.

Jedes undemokratische System bedeutet Einkerkerung der politischen Gegner, Konzentrationslager, Überwachung durch Spitzel und, so gut wie sicher, eine ständig wachsende Gewissenlosigkeit bei der herrschenden Minderheit.‹

Und hieraus schloß Russell, es sei, um die Grausamkeiten der Welt zu vermindern, nicht wiedervergeltende Grausamkeit das richtige Mittel, sondern Verständnis, Sympathie, Bereitstellung wirtschaftlicher Möglichkeiten und feste Verhältnisse innerhalb allgemeingültiger Gesetze.«

Unsere Besatzungs-Engländer sagten zu diesem Aufsatz, der sehr viel weiter ging, als die Richtlinien ihrer re-education eigentlich zuließen, so gut wie nichts. Ich hatte eine sehr freundschaftliche Unterhaltung mit dem neuen Presseoffizier in Hamburg, einem kanadischen Major, der übrigens selber Journalist war. Wir diskutierten die Probleme, die ich aufgeworfen hatte, völlig sachlich. Ich glaube, er war sehr angenehm davon berührt, daß ich einiges aus dem Aufsatz von Russell – bewußt – nicht zitiert hatte. Der große englische Philosoph hatte nämlich die Aufforderung der »Picture Post«, über die deutschen Konzentrationslager zu schreiben, zum Anlaß genommen, die Politik der englischen Vorkriegsregierung auf das schärfste anzugreifen. Ihr hatte er eine wesentliche Schuld daran zugeschrieben, daß diese Greuel geschehen waren, weil sie sich gescheut hatte, die Beziehungen zu Hitler abzubrechen und rechtzeitig der Welt ein Beispiel zu geben, wie man einem wahnsinnigen Diktator zu begegnen habe.

Um so schärfer war die Reaktion unter meinen deutschen Freunden. Es war damals üblich, daß diejenigen unter uns, die über eine Wohnung verfügten und Gäste wenigstens mit Tee bewirten konnten, einen Kreis gleichgesinnter Leute einmal wöchentlich oder einmal im Monat versammelten. Bei dem nächsten Tee, der bei einem Hamburger Arzt stattfand, wurde ich mit Vorwürfen überschüttet. Ich, so sagte man mir, sei schuld daran, wenn die Nazis wieder ihr Haupt erhöben. Völlig vergeblich wies ich darauf hin, daß es *die* Nazis ebensowenig gäbe wie *die* Engländer, *die* Amerikaner, *die* Neger oder *die* Juden. Ich blieb mit meiner Ansicht ganz allein, und das war nicht nur traurig für mich, sondern auch so unangenehm und so gefährlich wie eine gleiche Situation in der Nazizeit, denn viele Fäden liefen damals von den Deutschen zu den Besatzungsbehörden.

Natürlich stimmte mich dieses Gespräch mit meinen deutschen Freunden in den nächsten Tagen sehr nachdenklich. Es war keiner unter ihnen ein Nazi gewesen, keiner hatte sich jemals verführen lassen, die Figur Hitlers anders als mit Grauen und Verachtung zu betrachten, und doch hatte offenbar das kollektive Denken auch auf sie abgefärbt. Es waren eine Reihe Akademiker unter ihnen, sogar Universitätsprofessoren; sie sprachen viel und mit Überzeugung von Demokratie. Daß es aber zur demokratischen Freiheit gehört, den einzelnen Menschen zu sehen und zu werten und nicht kollektive Urteile zu fällen, diese selbstverständliche Haltung war ihnen offenbar in der Nazizeit abhanden gekommen.

Nun, ich ließ mich nicht beirren und ging meinen Weg weiter. Wenn das deutsche Volk nicht völlig auseinandergerissen werden sollte, mußte der Hexenwahn zerstört werden, es sei jeder, der einmal in der Partei gewesen war, ein schlechter Mensch und müsse bestraft werden. Was dabei herauskommen mußte, zeigt deutlich eine damals viel belachte Anekdote aus München: Ein Mann steht auf dem Bürgersteig und sieht zu, wie ein anderer den Dreck auf dem Fahrdamm zusammenfegt.

»Sie, so müssen Sie das nicht machen«, sagte er zu ihm, »passen Sie auf, ich zeig' Ihnen einmal, wie man Besen und Schaufel anfaßt. Sie haben das wohl noch nie gemacht?«
»Nein«, erwiderte der andere, »ich war Universitätsprofessor und war in der Partei, und nun muß ich die Straße kehren.«
»Das ist seltsam«, sagte nun der erste, »ich war Straßenkehrer und war in der Partei und darf nun nicht mehr die Straße kehren.«
Ich schrieb also einen nächsten Artikel zu diesem Problem. Er erschien am 30. Mai 1946 und hatte den Titel »Abseits«.
Er fing so an:
»Seit einiger Zeit wird in Deutschland wieder gewählt. Es gibt Parteien, es gibt Ansätze zu einem parlamentarischen Leben. Wir sind dabei, einen demokratischen Staat aufzubauen, in dem wir gleichberechtigt nebeneinanderstehen und die Freiheit bewahren können, die wir als Geschenk der Welt zurückerhalten haben. Doch während wir so bemüht sind, einen Staat zu schaffen, dessen Einrichtungen uns gemäß sind, stehen andere Deutsche abseits, von denen uns doch viele gern die Hände reichen würden, um mitzuarbeiten an dem Wiederaufbau unseres in jeder Hinsicht zerstörten Landes. Ihnen sind die Staatsbürgerrechte genommen, sie sind ausgeschlossen vom öffentlichen Leben, deklassiert und aus den Reihen jener ausgestoßen, die ein Recht haben, politisch tätig zu sein. Dennoch gehören sie zu uns, und wenn auch diese offenbare Tatsache nicht gern erwähnt wird, so bleibt sie doch bestehen: die Nazis sind auch Deutsche. Wir wissen, dieser Satz wird manchen unter uns empören. Unentwegte Pharisäer werden gegen uns zetern, verbissene Hasser drohend die Fäuste ballen, wir wissen sehr wohl, dies ist ein heißes Eisen, und eben deswegen fassen wir es an.«
Und nun wurde ich bissig. Ich sprach von der klassischen Form der Demokratie, der der griechischen Polis, so wie sie in Athen verwirklicht war. Hier gab es Sklaven, die durften weder wählen noch Waffen tragen oder in den Krieg ziehen, sie saßen in keiner Behörde und in keinem Gericht, sie hatten keine Vertretung in der Volksversammlung. Dann fuhr ich fort:
»Dennoch zählten sie zu den Griechen, und unter ihnen gab es manche, die ihre Herren an Können und Bildung übertrafen. So wäre es also durchaus nicht neu, wenn in einem demokratischen Staat eine große Schicht von allen Bürgerrechten ausgeschlossen bleibt, und offenbar auch nicht verwerflich. Denn ohne Sklavenarbeit hätte die griechische Kultur sich nie zu jener Höhe entwickeln können, die heute noch ein Vorbild ist; nie hätten auch die Bürger Zeit gehabt, sich intensiv der Politik zu widmen.

Ist es nun vielleicht so, daß uns ein günstiges Geschick heute jene Schicht der Nazis beschert hat, denen wir die Bürgerrechte nehmen können, just in dem Augenblick, in dem wir darangehen, ein demokratisches Deutschland aufzubauen? Es gibt so viele schwere und schmutzige Arbeit, die niemand gern zu tun bereit ist und die wir ihnen nun mit Zwang aufbürden können. Es ist so wenig Platz auf unseren höheren Schulen und Universitäten, da können wir die Nazis und ihre Kinder daran hindern, sie zu besuchen. Die Zahl der Posten, die man gut bezahlt, der Geschäfte, an denen gut verdient wird, ist recht klein, doch wenn die Nazis von ihnen ausgeschlossen werden, reichen sie vielleicht aus, und auch die Frage, die heute fast die meisten Schwierigkeiten bereitet, die der Unterbringung, läßt sich leichter lösen, wenn man die Nazis aus ihren Wohnungen hinauswirft. Ein Anfang wenigstens zur Schaffung einer Sklavenschicht wäre damit getan, und dies alles zu erzwingen, ist auch nicht schwer. Noch stehen die Lager aus der Nazizeit, noch sind die Wachtürme da, die man mit Maschinengewehren besetzen, die Stacheldrähte, die man elektrisch laden kann. Sie fordern sichtbar dazu auf, daß man die Pforten wieder öffnet und neue Scharen von Menschen in den Pferch hineintreibt; wie wirksam dieses Mittel ist, um Gehorsam zu erzeugen, hat uns die Nazizeit gelehrt. Wir besseren Wilden könnten unterdessen im Glanze unserer strahlend weißen Westen ganz unter uns und ungestört die Segnungen einer freien Demokratie genießen.«
Dies war nun gewiß nicht nur Spott. Es waren Leute aus ihren Wohnungen vertrieben, einfach als Mitglieder der Partei, obgleich ihnen keine gesetzwidrige Handlung nachgewiesen werden konnte. Es genügte, daß ein Denunziant ebendiese Wohnung haben wollte. Daß es dabei oft sehr ruppig zuging, hatte man den Engländern abgelauscht. Ich entsinne mich noch sehr gut, wie in Hamburg in einer Seitenstraße des Harvestehuder Weges plötzlich alle Häuser für die Besatzung beschlagnahmt wurden. Die Bewohner durften nichts mitnehmen, deutsche und englische Polizei sperrte die Straße ab, und alles Gepäck wurde untersucht, ob es vielleicht etwas anderes enthalten könnte als die nötigste Wäsche und Toilettengegenstände. Was aber die Engländer nicht bedacht hatten, war, daß diese Häuser Hintergärten hatten, in die man von anderen Gärten her einsteigen konnte. So konnten wir denn den Bewohnern helfen, ihre besten Bilder, Teppiche und ihr Silber zu bergen. Dies alles geschah in der Nacht, und am nächsten Morgen, als die Engländer einzogen, gab es viel Geschrei und Gefluche. Kein Wunder, daß solche Willküraktе bei einer Bevölkerung, die durch die Nazizeit in ihrer Moral und in ihrem Staatsgefühl korrumpiert war, Schule machten. Und wie hat dieses Beispiel gewirkt!

Da war der Fall einer Fischkonservenfabrik im Hamburger Hafen. Der Besitzer hatte eine jüdische Frau, deren Geschwister alle in Auschwitz umgebracht worden sind. Die Nazis hatten ihm, weil er wegen seiner Heirat als unzuverlässig galt, die Fabrik genommen. Jetzt versuchten einige Gewerkschaftsführer zu verhindern, daß dieser Betrieb seinem rechtmäßigen Eigentümer wiedergegeben werde, mit der Forderung, die Fisch-Industrie müsse sozialisiert werden. Samhaber erfuhr dies und schrieb einen scharfen Artikel in der »Zeit«, der dann auch den Erfolg hatte, daß der Angriff der Gewerkschaften abgeschlagen wurde. Aber dieser Fall zeigt, wie gefährlich es war, daß durch ein willkürliches Verhalten gegenüber den Nazis das Beispiel der Gesetzlosigkeit gegeben wurde.

Gegen ebendiese Willkür wehrte ich mich in meinem Artikel. Ich warnte davor, daß man alle gesetzlosen Maßnahmen damit beschönigte, man müsse den neuen deutschen Staat davor sichern, daß er ebenso zugrunde gehen könne wie die Weimarer Republik.

»Läßt sich dieser Schutz einzig und allein nur so erreichen«, so schrieb ich, »indem man einen großen Teil des Volkes politisch ganz entmündigt und ihn zugleich auch aus dem wirtschaftlichen Leben auf unabsehbare Zeiten ausschließt? Liegt hier nicht ein Gedankenfehler vor? Verwechselt man nicht die Strafe für die Vergangenheit mit Sicherheitsmaßnahmen für die Zukunft? Und ist dies bleichsüchtige Gebilde einer Demokratie, das unter so viel Schutz und Vorsicht nahezu erstickt, die Ungerechtigkeiten wirklich wert, die in seinem Namen heute begangen werden?«

Und am Schluß schrieb ich:

»Gefahren, die der deutschen Demokratie drohen, sind zweifellos vorhanden – nicht nur bei den ehemaligen Nazis. Antidemokratische Tendenzen liegen noch immer in der Luft; die Schwierigkeiten der gebundenen Wirtschaft verstärken den Wunsch nach autoritärer Führung. Auch gibt es unter denen, die mit der weißen Weste paradieren, manche, die im Namen der Demokratie all das begehen, was die ›alten Kämpfer‹ 1933 begangen haben, die Amtsanmaßung, die Erpressung der Behörden und Privatpersonen, den Stellenschacher und die Postenjägerei in Staat und Wirtschaft.«

Diesmal wurden auch die Engländer böse. Der britische Presseoffizier, Peter de Mendelssohn, hielt in Berlin eine Pressekonferenz ab und bezeichnete mich als einen Neo-Nazi. Mein Freund Birkenfeld, der damals in Berlin eine Jugendzeitschrift herausgab, rief empört: »Ich kenne Tüngel genau; wie können Sie sich erlauben, ihn so zu beschimpfen?« Mendelssohn schrie vor Wut: »Leute wie Tüngel gehören an die Wand gestellt und erschossen!«

Das war einer derjenigen, die uns die Engländer gebracht hatten, um uns Demokratie zu lehren.

Viele Deutsche hingegen, die unter den regellosen Maßnahmen gegen ehemalige Parteimitglieder gelitten hatten, schrieben mir dankbare Briefe. Ein Hamburger Arzt, ein vorzüglicher Spezialist, der auf die Denunziation einer Krankenschwester hin seinen Beruf nicht ausüben durfte, kam zu der Wohnung, in der ich damals ein Zimmer hatte – kurz darauf wurde sie von den Engländern beschlagnahmt –, um mir eine Flasche Rotwein zu bringen. Damals mußten an der Haustür alle Bewohner mit ihrem Namen und ihrem Geburtsdatum aufgeführt werden. Er kehrte wieder um und holte aus seinem Keller eine Flasche 1893er Bordeaux, weil er gelesen hatte, daß ich 1893 geboren bin.

Und dann kam nach einigen Tagen etwas, was sich in den kommenden Jahren häufiger wiederholen sollte: ich wurde zum englischen Presseoffizier befohlen. Mein guter kanadischer Major hatte offensichtlich den Auftrag, mir gehörig eins auszuwischen. Natürlich war ihm das peinlich. Denn als Kollege wußte er, daß man einem Journalisten das Maul nicht verbieten soll. Er begann also damit, mir zu erklären, ich hätte da etwas sehr Gefährliches getan, denn ich hätte gegen die Demokratie geschrieben. Ich widersprach natürlich und wies ihm nach, daß ich nichts gegen das Wesen der Demokratie gesagt hätte, sondern nur gegen die Form, in der man sie bei uns praktiziere. Dann verlief unser Gespräch so:

Er: »Aber Sie haben doch geschrieben...«
Ich: »Das steht aber gar nicht da.«
Er: »Aber das steht doch zwischen den Zeilen!«
Ich: »Aber Major, die Engländer haben uns doch immer gesagt, wir sollten es uns abgewöhnen, zwischen den Zeilen zu lesen!«
Er lachte etwas melancholisch und beendete dann das Gespräch: »Herr Tüngel, Sie müssen lernen, sich deutlicher auszudrücken. Sie müssen immer bedenken, Ihre Leser sind dumm, das gilt auch vom Military Government.«

So charmant bin ich nie wieder von einem englischen Offizier zurechtgewiesen worden. Angesichts eines solchen Maßes an Freundlichkeit kam mir plötzlich eine Eingebung. Ich fragte ihn, ob ich ihm eine persönliche Bitte vortragen dürfe, weil ja der dienstliche Teil nun wohl zu Ende sei. Er nickte und sagte: »Was ist es?«

Und da konnte ich mich nicht mehr halten: »Major«, sagte ich, »ich habe solches Heimweh.«

»Wohin?« fragte er erstaunt.

»Nach Berlin«, erwiderte ich.

Er muß wohl an meinem Gesichtsausdruck und an meiner Stimme gemerkt haben, wie ernst mir diese Bitte war.

»Sie fahren mit dem nächsten englischen Militärzug, in dem ein Platz für Sie ist. Ich werde das für Sie regeln, und Sie können sich auf mich verlassen.«
Mit Trotz war ich gekommen und ging – völlig überwältigt von Glück.

Tüngel reist nach Berlin

Es dauerte aber nun doch noch einige Zeit, bis sich irgend etwas ereignete. Ich begann bereits daran zu zweifeln, daß mein höflicher Kanadier sein Versprechen erfüllen würde; da kam eines Tages der Befehl, ich hätte mich um sechs Uhr nachmittags bei dem englischen Transportoffizier des Hauptbahnhofs Hannover zu melden; der würde veranlassen, daß mir in dem regelmäßig verkehrenden englischen Dienstzug Köln-Berlin ein Platz angewiesen werde. Es war das übliche militärische Verfahren, an das man sich im Verkehr mit der Besatzungsmacht gewöhnen mußte. Jeder deutsche Zivilist wurde so behandelt, als gehöre er zu einer mobilen Truppe und habe daher jederzeit für den Aufbruch parat zu sein. Ich hatte gerade noch Zeit, meinen Koffer zu packen und zur Bahn zu stürzen, um dort den einzigen Zug zu erreichen, der mich noch rechtzeitig nach Hannover bringen konnte.
Auf dem Bahnsteig traf ich Axel Eggebrecht. Auch er wollte nach Berlin fahren. Er war damals bei dem frisch gegründeten Hamburger Rundfunk tätig. Sein englischer Vorgesetzter, Hugh Carlton Green, hatte ihm den gleichen Dienst erwiesen wie mir mein kanadischer Major. Auch er hatte, wie ich, einen überschweren Koffer, weil er – gleichfalls ganz törichterweise – glaubte, es ginge den Berlinern schlecht und man müsse ihnen von unseren geringen Rationen (1000 Kalorien) etwas mitbringen. In Wirklichkeit hatten die Berliner es damals viel besser als wir.
Der englische Transportoffizier in Hannover war sehr unhöflich. Wir stellten bald fest, daß der Grund hierfür Nervosität war. Einen solchen Auftrag hatte er noch nie gehabt. Die Züge pflegten auch voll besetzt zu sein. Vor allem konnten wir natürlich nicht auf der Begleitliste erscheinen, denn was würden die Russen sagen? Ich muß bekennen, es war Axel Eggebrecht und mir völlig gleichgültig, was sie sagen würden; wir kümmerten uns überhaupt nicht um die Sorgen des englischen Captain.
Der Hauptbahnhof von Hannover war damals in der ganzen britischen

Zone berüchtigt. Die Wartesäle, die Gänge und der gegenüberliegende Bunker waren überfüllt von Menschen, zum größten Teil herumstreunenden, wurzellos gewordenen Flüchtlingen, von denen viele, insbesondere die Halbwüchsigen, kriminell geworden waren. Die Militärpolizei kümmerte sich um das, was hier vorging, überhaupt nicht; die viel zu schwache deutsche Polizei war machtlos. Es waren auch unter diesem menschlichen Treibholz viele geflüchtete Polen, die sich bei der Besatzungsmacht nicht zur Repatriierung meldeten, weil sie Erhebliches auf dem Kerbholz hatten und fürchten mußten, in ihrem Heimatland sofort verhaftet zu werden. Fast jede Nacht kam es zu Tätlichkeiten und Messerstechereien. Gerade an dem Morgen des Tages, an dem wir in Hannover angekommen waren, hatte man vor dem Bunker zwei blutiggeschlagene junge Frauen gefunden, denen die Haare abgeschnitten waren. Sie sollten, so hieß es, sich mit Polen eingelassen haben, und da hatten irgendwelche deutschen Rowdies sie auf diese Weise »bestraft«. Natürlich gingen Eggebrecht und ich hinunter in die Wartesäle, um einmal einen Blick auf diese Gesellschaft zu werfen. Der entsetzliche Gestank vertrieb uns sehr schnell. Auch waren uns die begehrlichen Blicke, mit denen man von allen Seiten unsere Koffer musterte, nicht gerade angenehm. Wir verzogen uns also wieder auf den englischen Bahnsteig, der von Militärpolizei bewacht war. Hier saßen wir dann stundenlang auf unseren Koffern, bis endlich abends gegen elf Uhr der englische Militärzug einlief.

Der begleitende Zugoffizier war ebenfalls höchst nervös. Wir hatten das Unglück, gerade dort zu stehen, wo die Schlafwagen hielten, in denen die Generale und Stabsoffiziere fuhren. Er schnauzte uns an, als ich ihn sehr höflich fragte, wo denn für uns Platz wäre. Offenbar glaubte er, wir erhöben Anspruch darauf, ebenso behandelt zu werden wie ein britischer General. Er schickte uns an das Ende des Zuges, und im letzten Abteil waren denn auch zwei Tommies so höflich, ihre Beine von den Sitzen zu nehmen und uns einen Platz zu gönnen.

Als erstes stellten Axel und ich fest, daß wir für einen Russen von den englischen Soldaten unmöglich zu unterscheiden waren. Wir trugen beide helle Trenchcoats, dunkle Hosen und hatten eine Baskenmütze auf dem Kopf. Als der Zug in Helmstedt hielt, postierte sich vor der Tür unseres Abteils ein englischer Sergeant, der eine Maschinenpistole locker über den linken Arm gelegt hatte. Es war, so erzählte mir einer unserer beiden Tommies, vor kurzem auf der sowjetischen Grenzstation ein Deutscher aus dem Zug geholt worden. Ob dies wirklich geschehen war oder ob er uns nur ein bißchen Angst machen wollte, weiß ich nicht. Der Sergeant jedenfalls war eine lebende Warnung, und auch ihm war sichtlich nicht wohl zumute. Was hätte er auch eigentlich tun sollen? Auf die Russen schießen,

wenn sie Miene gemacht hätten, uns zu verhaften? Das wäre damals, wo die vier Alliierten äußerlich noch auf gutem Fuße lebten, ganz unmöglich gewesen.
Schließlich erschienen zwei sowjetische Soldaten. Sie hatten Listen in der Hand, in denen sie eifrig Positionen oder Namen ankreuzten. Offenbar war es mit ihrer Rechenkunst nicht weit her, denn sie bemerkten nicht, daß die Zahl der Passagiere dank unserer Anwesenheit nicht stimmte. Mir fiel diese Szene später wieder ein, als die Russen die Blockade Berlins begannen. Damals beschwerten sich die Briten im Viermächterat darüber, daß die Sowjetrussen behaupteten, sie hätten schon immer die Militärzüge nach Berlin kontrolliert und durchsucht. Dies wurde von englischer Seite erbittert bestritten. In der Tat hatten sie es aber, wie unser Erlebnis zeigt, unbehelligt getan.
Sobald es dämmerte, standen Eggebrecht und ich am Fenster. Wir wollten einen Eindruck davon bekommen, wie eigentlich, wo wir durchkamen, das Alltagsleben in den Kleinstädten und auf dem Lande verlief. Natürlich war nichts Besonderes zu sehen. Was uns auffiel, war nur, wie leer alle Straßen waren, wie verlassen die Bahnsteige lagen, ganz anders als in der überfüllten britischen Zone. Noch stärker wurde dieser Eindruck, als wir in Berlin einliefen. Während die Hamburger Straßen von Menschen wimmelten und einem zum Vergleich immer wieder das Bild eines Ameisenhaufens einfiel, waren sie in Charlottenburg wie kahlgefegt. Langsam fuhr der Zug in den Bahnhof ein.
Der englische Zugoffizier gab nun die Kommandos, um das Zeremoniell des Aussteigens zu regeln. Der erste Befehl lautete: »All ranks from general to colonel.«
Die hohen Herren stiegen aus dem Schlafwagen aus. Es folgte eine Pause und dann: »All ranks from colonel to captain.«
Die Stabsoffiziere folgten. Wieder gab es eine Pause und dann: »The Germans.«
Eggebrecht und ich schleppten uns mühsam mit unseren schweren Koffern den langen Zug entlang unter dem Gelächter der englischen Soldaten. Ich hätte an ihrer Stelle bestimmt auch gelacht. Wir sahen in diesem Augenblick ungemein zivilistisch aus.
Ich wohnte bei Freunden in der Carmerstraße. Der Mann war noch in russischer Gefangenschaft; das letzte Mal hatte ich ihn gesehen, als wir nach dem schweren Angriff auf Charlottenburg im November 1943 gemeinsam seine Wohnung löschten, von der das hinterste Zimmer bereits zu brennen anfing. In diesem Zimmer schlief ich jetzt. Als ich meinen Koffer auspackte, die Hülsenfrüchte, die Dose mit Schmalz und was ich sonst noch mühsam im Schwarzhandel gehamstert hatte, wurde ich ausgelacht.

»Du wirst dich wundern«, sagte meine Gastgeberin, »was du hier auf Karte I bekommst, die ich dir verschaffen werde.«
Das war die erste Lektion, die ich erhielt, und andere folgten am gleichen Tage. Ich war noch keine halbe Stunde in der Wohnung, da kam eine Schwester meiner Gastgeberin, die in der Mark auf dem Lande wohnte. Sie hatte ein Netz, in dem ganz offen etwa dreißig kleine Dosen jenes Nescafés waren, mit dem im Kriege die U-Boot-Waffe beliefert wurde und der mit ein wenig Pervitin versetzt war. Sowjetrussische Einheiten hatten große Lager davon in Stettin und Warnemünde erbeutet und benutzten die kleinen Dosen als Zahlungsmittel, mit denen sie Textilien, oder was sie sonst haben wollten, tauschten.
Der ganze Unterschied zwischen den Besatzungszonen wurde mir sofort klar: Die Engländer, die solche Dosen auch erobert haben müssen, haben sie natürlich vernichtet. Sie hatten eben alles, was sie brauchten. Die Muschiks hatten nichts; die Zeit des Raubens war – bis zu einem gewissen Grade – vorüber, und so handelten sie denn jetzt mit dem, was sie bereits geraubt hatten. Insofern war – zum mindesten in Berlin – das Verhältnis zu den sowjetischen Soldaten einigermaßen erträglich.
Man hatte auch bis zu einem gewissen Grade gelernt, mit ihnen umzugehen. Ja, man war sogar in mancher Hinsicht, trotz aller üblen Erfahrungen, leichtsinnig geworden. Meine Bekannte hatte eine dreijährige Tochter, die einen aufreizend hübschen blonden Lockenkopf hatte. Sowjetische Offiziere, die damals noch ungeniert im britischen Sektor spazierengingen, haben ihr mehrfach Süßigkeiten zugesteckt, sie bei der Hand genommen und dann der Mutter zugewinkt: »Kind nach Moskau.«
Die Mutter wartete ruhig ab, bis man das Kind laufen ließ oder wiederbrachte. Ich unterband dies. Das Kind durfte nicht mehr allein auf der Straße spielen. Ich begründete dies damit, daß die Russen kinderlieb seien und daher wirklich einer auf den Gedanken kommen könnte, das Kind seiner Frau mitzubringen. Wir haben uns darüber gezankt, aber ich setzte mich durch. Und erst sehr viel später habe ich erfahren, wie recht ich gehabt habe. Das war ein sehr makabres Erlebnis, das ich im Jahre 1948 hatte.
Eines Abends spät kam der Nachtwächter des Verlages – ich wohnte zu dieser Zeit in den Räumen der Redaktion – zu mir und sagte, ein russischer Offizier wünsche mich zu sprechen. Es war ein kleiner schmaler Mann, der verhältnismäßig gut Deutsch radebrechte. Er erzählte, er sei Mitglied des MWD, des sowjetischen Staatssicherheitsdienstes. Sein Rang innerhalb dieser Organisation war verhältnismäßig hoch, und ich wußte also, daß ich möglichenfalls mit sehr wichtigen Informationen zu rechnen hatte. Ich fragte ihn, was ihn zu mir führe. Er erzählte: »Ich gehöre zu der

Hauptabteilung Potsdam des MWD. Ich war auf der Rückreise von Basel nach Berlin und wurde von den Amerikanern im Speisewagen festgenommen. Als ich zum Verhör geführt wurde, sagte ich angesichts der Vorbereitungen, die ich mit Kennerschaft überblicken konnte: ›Geben Sie mir keine Spritze, ich kenne dies alles, wir verwenden es auch, ich will freiwillig aussagen.‹«
»Warum taten Sie dies?« fragte ich ihn. »Sie hätten doch warten können, bis man Sie eines Tages Ihrer Regierung zurückgeschickt hätte.«
»Das kann ich nicht; wenn man mich ausliefert, muß ich damit rechnen, mindestens zu zwanzig Jahren Verschickung in ein sibirisches Lager verurteilt zu werden.«
»Das verstehe ich nicht. Sie haben sich doch nichts zuschulden kommen lassen, und man kann Ihnen doch auch gar nicht nachweisen, daß Sie irgend etwas ausgesagt haben.«
Er lächelte etwas ungeduldig über soviel Unwissenheit.
»Wer von uns so ungeschickt ist, daß er sich fangen läßt, muß mit einer solchen Strafe rechnen.«
»Und was wollen Sie hier?«
»Ich habe kein Geld mehr. Die Amerikaner werden mich nach den USA bringen, aber mein Schiff geht erst in acht Tagen.«
Man wird verstehen, daß ich zunächst sehr mißtrauisch war. Ich stellte ihm eine Reihe von Fangfragen und schickte ihn dann zu Müller-Marein, der auch im Verlag wohnte und den ich bat, ihm die gleichen Fangfragen zu stellen. Wir beide konnten ihn nicht auf einem Widerspruch in seinen Aussagen ertappen. Nunmehr fragte ich ihn mit ziemlich brutaler Offenheit: »Was wollen Sie mir verkaufen?«
»Wissen Sie etwas von dem russischen Kinderraub?«
»Nicht viel, aber mich interessieren nur ganz genaue Fakten und Zahlen.«
»Ich werde sie Ihnen geben.« Und was er nun berichtete, veröffentlichte ich in der »Zeit« mit folgenden Sätzen:
»Die Zahl der entführten Kinder wird in Potsdam in der Zeppelinstraße 80/81, wo sich das von General Swerow geleitete Büro des MWD, der früheren NKWD, befindet, mit 79 000 angegeben – die Aktion wurde Ende 1947 abgeschlossen. Darunter sind deutsche, polnische, italienische, französische und ukrainische Kinder. Die Mehrzahl ist deutsch, der genaue Prozentsatz jedoch ist noch nicht bekannt. Kinderraub ist, wie die Welt aus dem griechischen Bürgerkrieg weiß, eine politische Maßnahme der Kommunisten. Was man bisher jedoch nicht wußte, ist, wie genau und von langer Hand er vorbereitet wurde.
Was Deutschland angeht, so begannen die russischen Planungen für die Kinderentführungen im Jahre 1943. Damals wurden zuerst russische Män-

ner und Frauen, die für diese Aufgabe geeignet schienen, in Lehrgängen zusammengefaßt und gedrillt. Mit der Roten Armee zugleich rückten sie in Deutschland ein. Zunächst waren die angewandten Methoden verhältnismäßig primitiv, in Ostpreußen etwa wurden ganze Schulklassen abgeführt, in Schlesien die Waisenhäuser einzelner Orte geleert. Dann verfeinerte man das System: man führte Gesundheits- und Intelligenzprüfungen durch. Das ging so vor sich, daß Vertreter ›russischer Wohltätigkeitsorganisationen‹ die deutschen Fürsorge- und Wohlfahrtsstellen aufsuchten und dort Kinder und Jugendliche auswählten, die körperlich und geistig einen guten Eindruck machten. Diese Kinder im Alter von 8 bis 18 Jahren wurden nach Neubrandenburg geschickt, dort wurden sie Intelligenzprüfungen unterworfen und je nach dem Ergebnis in Klassen eingeteilt. Von Neubrandenburg wurden sie mit Flugzeugen über Königsberg nach Leningrad abtransportiert und hier auf drei große Erziehungsanstalten in Leningrad, Moskau und Tula verteilt, die unter Aufsicht der Komsomolzen stehen.
Hier werden sie glänzend gehalten, die Internate sind modern, die Verpflegung ist gut, die ärztliche Betreuung sorgfältig. Im Unterricht werden sie indoktriniert, dort lernen sie Marxismus, Leninismus und zuletzt Stalinismus. Es wäre übrigens unrecht, zu sagen, daß all diese Kinder aus den Ostgebieten und der Ostzone, wo es nach dem Kriege die meisten elternlosen Kinder gab, entführt worden sind. Ein geringer Prozentsatz dieser Kinder ist von kommunistischen oder ehemals nazistischen Eltern freiwillig gegen eine Abfindung geliefert worden.
Also, wie die Türken noch 300 Jahre nach der Eroberung Konstantinopels christliche Kinder aus besetzten Ländern verschleppten und zu fanatischen Mohammedanern erzogen, um aus ihnen ihre besten Sturmtruppen, die Janitscharen, zu bilden, so hofften die Sowjets, in den geraubten Kindern Stoßtrupps erziehen zu können, die fanatisch und todesmutig eines Tages den kommunistischen Umsturz in Deutschland durchführen helfen sollten. Die Zahl derer, die die Sowjets für den Bürgerkrieg in Deutschland zu gewinnen hofften, wurde im Potsdamer Büro des MWD auf 30 000 geschätzt.«
Bald allerdings war es nicht mehr so dringend nötig, unseren kleinen Blondkopf von der Straße fernzuhalten. Die sowjetrussischen Soldaten begannen sich sehr sichtbar aus den Sektoren der Westalliierten zurückzuziehen. Einen Anlaß dazu mag unter anderem folgender Vorfall gegeben haben:
Ein über allen Durchschnitt großer sowjetischer Offizier, dem Vernehmen nach ein Oberst, hatte sich eines Nachmittags auf dem Kurfürstendamm postiert, hielt alle Vorübergehenden, Männer und Frauen, an und nahm

ihnen Uhren, Ringe und Schmucksachen ab. Er war vollständig betrunken, und natürlich wagte kein Deutscher, sich ihm zu widersetzen. Da fuhr plötzlich ein englischer Jeep heran und hielt neben ihm am Kantstein. Vier englische Militärpolizisten sprangen heraus. Der Russe erhielt seinen ersten Kinnhaken und ging zu Boden. Er kam wieder hoch, und dann wiederholte sich das gleiche noch dreimal, bis er endlich liegenblieb. Die Engländer leerten ihm die Taschen aus, häuften alles zusammen auf den Bürgersteig, so daß sich jeder nehmen konnte, was ihm gehörte, warfen dann den völlig bewußtlosen russischen Offizier wie einen Mehlsack auf den Jeep und fuhren ab.

Trotzdem sich also in den Westsektoren das Besatzungsklima sichtlich besserte und langsam ein Gefühl der Sicherheit entstand, saß doch der Schrecken aus den ersten beiden Monaten der Besatzung noch sehr tief im Bewußtsein der Berliner, insbesondere der Berlinerinnen. Ich entsinne mich eines bezeichnenden Vorfalls, der sich einige Wochen nach meiner Ankunft ereignete. Margret Boveri, die ich aus der Zeit her kannte, als ich Lektor im Berliner Atlantis-Verlag war, hatte freundlicherweise für mich einen Tee arrangiert, zu dem sie eine Reihe Berliner Journalisten eingeladen hatte. Wenn ich mich recht entsinne, waren darunter Karl Korn und Günther Birkenfeld. Wir waren in einem sehr lebhaften Gespräch, als plötzlich laut und heftig an die Haustür geklopft wurde. Alle Berliner fuhren hoch, die anwesenden Frauen stießen leichte Schreie des Erschreckens aus; alle hatten vergessen, daß die Hausglocke nicht funktionierte. Es kamen Freunde, die auch zum Tee eingeladen waren.

Margret Boveri erklärte mir das Verhalten der Anwesenden und wieso sie einen so plötzlichen Schock erlitten hatten. In den ersten Wochen pflegten die Russen auf diese Weise Einlaß zu begehren, und es bedeutete für die Frauen fast immer Vergewaltigung.

Sie erzählte mir von grauenvollen Lustmorden, die ganz in der Nähe ihres Hauses stattgefunden hatten. Dieses Haus lag jetzt im amerikanischen Sektor. Es war nicht mehr nötig, Angst vor den Sowjetrussen zu haben; aber der tiefgehende Schrecken war noch nicht überwunden. Ich habe damals in Berlin kaum eine Frau gesprochen, auf die nicht von sowjetischen Soldaten – und meistens mit Erfolg – Attacken verübt worden waren. Es war für mich verblüffend, wie ganz offen Frauen zu mir und untereinander darüber sprachen. Da es ein allgemeines Schicksal war, hatten sie offenbar nicht mehr das Gefühl, hierüber Scham empfinden zu müssen.

Die Sowjetrussen haben es mit Entrüstung zurückgewiesen, daß für diese Vergewaltigungen Anweisungen oder gar Befehle von vorgesetzter Stelle ergangen seien.

»Was wollen Sie«, sagte zu mir ein sowjetischer Oberstleutnant – solche Gespräche konnte man damals in Berlin noch führen –, »die Deutschen haben unsere besten Truppen und damit die besten Russen vernichtet. Wir haben Kirgisen und Mongolen aus der Steppe holen müssen, um sie den Deutschen entgegenzuwerfen. Mit ihnen haben wir Deutschland erobert. Wundern Sie sich, daß sie sich so benommen haben, wie es ihren asiatischen Instinkten entspricht?«

Ich verwies ihn auf das Flugblatt von Ilja Ehrenburg, das an die Muschiks verteilt worden war und in dem es dem Sinne nach hieß: Soldaten, euch gehört alles, was es in Deutschland gibt. Nehmt ihre Häuser, nehmt ihr Gerät, nehmt ihr Vieh und nehmt ihre Frauen. Er erwiderte: »Haben Sie dieses Flugblatt selber in der Hand gehabt?«

Ich sagte: »Ja, und ich habe es mir übersetzen lassen.«

Er lächelte grimmig: »Dieses Flugblatt ist eine der Fälschungen des famosen Herrn Goebbels.«

Ich mußte dies auf sich beruhen lassen, aber ich konnte ihm etwas erzählen, worauf ich keine Antwort bekam. Ein kleiner sechzehnjähriger sowjetischer Soldat versuchte in einem Dorf in der Nähe von Potsdam eine mir sehr gut bekannte Frau ins Bett zu holen. Sie sprach etwas Russisch und sagte zu ihm: »Schämst du dich nicht? Denk doch einmal an deine Mutter, was würde die sagen, wenn sie erführe, was du jetzt hier mit mir versuchst?«

Und er antwortete: »Ich kann doch nichts dafür, ich muß es doch, es ist Befehl. Und wenn ich es nicht tue, werde ich bestraft!«

Er fing dann an zu weinen und ließ von seinem Vorhaben ab. Wie gesagt, der sowjetische Oberstleutnant antwortete mir nicht.

Es existiert noch ein anderes Anzeichen dafür, daß diese Vergewaltigungen durchaus ein Mittel der sowjetischen Politik waren. Es gab einen strengen sowjetischen Befehl, daß Kinder, die aus einer solchen zwangsweisen Vereinigung entstanden, nicht durch einen ärztlichen Eingriff beseitigt werden durften. Ärzten, die dieses Verbot nicht einhielten, wurde die Todesstrafe angedroht. Auf diese Weise sollte nicht nur eine Demütigung der Deutschen erreicht werden, sondern auch eine Vermischung, durch die es später leichter werden würde, die Deutschen dem Russentum zu unterwerfen.

Die Berliner Ärzte waren so mutig, sich daran nicht zu kehren. Dies haben mir jedenfalls drei Ärzte bestätigt, die ich damals sprach.

Doch zurück zum Tage meiner Ankunft: Gegen Mittag schlenderte ich zum Kurfürstendamm. Der »Nutten-Mampe«, so stellte ich sehr schnell fest, war völlig ausgebrannt. Aber es gab noch den »Familien-Mampe« in

der Nähe der Gedächtniskirche. Ich war beim Bestellen etwas schüchtern. Daß es in Berlin Schnaps gab, der unter der allgemeinen Bezeichnung Wodka segelte, wußte ich bereits aus der Erzählung unseres Berliner Verlagsvertreters, der uns in Hamburg besucht hatte. Er brachte eine große Flasche solchen »Wodkas« mit. Damals waren im Naturhistorischen Institut der Universität Hamburg die Gläser, in denen Schlangen und ähnliche Tiere in Spiritus aufbewahrt waren, eines Nachts entleert worden, und diesen Spiritus hatte man als Schnaps auf den Schwarzen Markt gebracht. Ich wies daher seine helle Flüssigkeit mit einigem Entsetzen zurück. Aber er zerstreute meine Bedenken mit dem Satz: »Den könn' Se ruhig trinken, da wachsen Ihnen keene Tomaten uff de Wimpern!«
Natürlich konnte ich mir nicht vorstellen, daß man in Berlin Wodka in jeder beliebigen Menge in einem Lokal bekommen könnte, während es doch in der britischen Zone außer im Schwarzhandel auch nicht einen Tropfen Alkohol zu kaufen gab.
Ich bestellte also beim »Familien-Mampe« meinen zweiten und dann meinen dritten Wodka. Und nun dachte ich ernsthaft, wie gut haben es die Berliner doch!
Der Kellner bestand darauf, mit mir französisch zu sprechen, weil ich eine Baskenmütze trug. Ich erzählte ihm, daß ich alter Berliner sei und nun zum erstenmal aus dem Westen nach Berlin gekommen wäre. Er hätte mich am liebsten umarmt. Das gab mir ein gut Stück meines Selbstbewußtseins wieder. Ich hatte mich nämlich schon in Hamburg gefragt: Wie wird man dich eigentlich aufnehmen? Werden deine Freunde und Bekannten nicht sagen: Mitte April 1945, als die Russen vor der Tür standen, bist du nach Hamburg ausgekniffen, und jetzt kommst du wieder, als wenn nichts geschehen wäre?
Nun, ich lernte sehr bald, daß das Gegenteil der Fall war. Mich haben damals Leute, die ich früher nur ganz gelegentlich kennengelernt hatte, auf offener Straße unter Tränen umarmt. Ich war mir ja gar nicht bewußt, daß ich für die Berliner ein Bote aus der freien Welt war.
Zum ersten Male machte ich diese Erfahrung, als ich Marga Schöller besuchte – »unser aller Buchhändlerin« –, die mit uns in der Nazizeit durch dick und dünn gegangen war. Wir hatten beide Tränen in den Augen, als wir uns in den Armen lagen. Und dann kochte sie einen zünftigen Kaffee, natürlich U-Boot-Kaffee mit Pervitin.
Ich habe dort in der Buchhandlung noch oft gesessen; dies war nicht nur eine Buchhandlung, sondern zugleich auch ein Salon, in dem man geistreiche Leute traf. So war ich dort mehrmals mit Paul Fechter zusammen, der für unser Feuilleton Berliner Theater- und Kunstkritiken schrieb. Dort

traf ich auch mehrmals unseren politischen Korrespondenten, Karl Willi Beer. Und was war dies für eine Buchhandlung! Ich glaube, in der ganzen britischen Zone gab es nicht eine, die ihr gleich war. Vor allem das Antiquariat war unübertrefflich. Natürlich hatte diese Tatsache auch einen traurigen Aspekt: die Armut in der sowjetischen Zone und in Berlin zwang viele Sammler, ihre bibliophilen Bücher und ihre Holzschnitte und Farbstiche zu verkaufen. Da sah ich denn, wenn ich meinen Kaffee trank, mehrmals den gleichen französischen General mit dem durchgeistigten Gesicht, wie er zwischen den Büchern herumstöberte, und ich freue mich noch heute, daß ich ihm die alte Corneille-Ausgabe, auf die er spekulierte, vor der Nase weggekauft habe. Was es bedeutete, in einer solchen Buchhandlung – deren es noch mehrere ähnliche in Berlin gab – sitzen zu dürfen, umgeben von so viel kultivierten Büchern, das kann nur der ermessen, der weiß, wie ärmlich es gerade in dieser Hinsicht in dem von den Westmächten besetzten Deutschland war.

Berlin war damals noch in Wahrheit eine »Vier-Mächte-Stadt«. Schon an einer einzigen Tatsache konnte man dies sehen: Jeder Sektor hatte seine von der entsprechenden Besatzungsmacht bestimmte Zeitung, und alle vier Zeitungen konnte man in jedem Sektor kaufen.

Bei den Amerikanern war dies der »Tagesspiegel«, bei den Engländern der »Telegraf«, bei den Franzosen der »Kurier« und bei den Sowjetrussen endlich die »Berliner Zeitung«. Natürlich trugen sie alle mehr oder minder das Signum der Besatzungsmacht. Zwei von ihnen aber waren nicht »unparteiisch-demokratisch« orientiert, sondern hatten einen spezifisch parteipolitisch-weltanschaulichen Charakter. Das traf natürlich auf die »Berliner Zeitung« zu, deren Chef, Herrnstadt, ein alter Kommunist war, der erst von Warschau und dann von Moskau aus die »Rote Kapelle« geleitet hatte, aber auch auf den »Telegraf«, den die damals amtierende Labour-Regierung den deutschen Sozialdemokraten in die Hände gespielt hatte. Für die SPD hat sich diese enge – zu enge – Verbindung zwischen deutschen und englischen Sozialisten in der Folge keineswegs als besonders glückbringend erwiesen.

Dies hinderte aber nicht, daß die Sozialdemokraten in Berlin großes Ansehen genossen. Sie hatten sich mit Mut und Überzeugung dagegen gewehrt, zwangsweise mit den Kommunisten zu einer Einheitspartei, der SED, zusammengeschlossen zu werden, und hatten sich damit in Berlin, im Gegensatz zur Zone, auch durchgesetzt. Sie hielten immer auch einen ständigen illegalen Kurierdienst aufrecht zu verbotenen sozialdemokratischen Zellen in der Sowjetzone. Es war dies ein großes Wagnis, und mancher ihrer Parteigenossen ist dabei der sowjetischen Besatzungsmacht in die Hände gefallen.

In Berlin selbst hielten sich die Russen immer noch streng an das Vier-Mächte-Statut. Die Stadt bildete eine Einheit, in der man sich, ungehindert durch Sektorengrenzen, bewegen durfte. Gewiß, man konnte auch noch in die Zone fahren, nach Potsdam oder auch nach Dresden, aber man riskierte dabei stets, aus irgendeinem Grunde verhaftet zu werden. Das spielte sich etwa so ab: Sowjetische Soldaten brachten einen Transport deutscher Zivilisten zu irgendeinem Bahnhof oder einer entfernten Arbeitsstätte. Dabei aber gelang es dann dem einen oder anderen, zu entwischen. Dann stimmte die Transportziffer nicht mehr; die Soldaten griffen sich daraufhin irgendeinen, der gerade des Weges daherkam, und reihten ihn in die Kolonne ein, um die Zahl wieder voll zu machen.
Daß einem Obst oder Gemüse, das man auf dem Lande eingekauft hatte, fortgenommen wurde, wenn man an die Stadtgrenze kam, war an sich nichts Ungewohntes, denn in der britischen Zone erging es uns – in Hamburg beispielsweise an den Elbbrücken – nicht anders. Aber bei den Sowjetrussen wurde man außerdem noch bestraft, wobei die Strafe meistens Zwangsarbeit war, und das war natürlich sehr unangenehm.
In der Stadt Berlin kamen solche Zwischenfälle so gut wie überhaupt nicht vor, da die Russen, wie gesagt, sich damals noch möglichst korrekt an das Vier-Mächte-Statut hielten und in dem Viererrat der Stadtkommandanten loyal mitarbeiteten. Dennoch war der äußere Anblick, den der Sowjetsektor darbot, von dem der drei anderen Sektoren völlig verschieden. Es war, als sei hier bereits eine starke Russifizierung eingetreten. Dieser Eindruck kam daher, daß jeder sich hütete, durch eine anständige bürgerliche Kleidung aufzufallen; fast alle Frauen trugen Kopftücher und fast alle Männer Mützen an Stelle der Hüte. Auch sprach man in Ostberlin nicht so laut miteinander, man diskutierte nicht so viel wie in den drei Westsektoren. Dort hingegen war die politische Unterhaltung äußerst lebhaft. Man debattierte unendlich über innenpolitische Fragen, über Denazifizierung, Staatsaufbau und zukünftige Verfassung und ebenso auch über außenpolitische Aspekte. Die Besatzungsmitglieder, insbesondere unsere direkten Verbindungsleute zu den Besatzungsmächten, die Presseoffiziere, beteiligten sich daran lebhaft; ja, es herrschte sogar eine gewisse Eifersucht unter ihnen in bezug auf die Informierung der ihnen unterstellten Zeitungen. Am besten informiert in allen Fragen der Außenpolitik war zweifellos der »Kurier«, der im französischen Sektor erschien und dessen Chefredakteur mein Freund Paul Bourdin war.
Es war damals die Zeit der Pariser Friedenskonferenz, die hinter verschlossenen Türen tagte. Man hoffte, ein besseres Konferenzklima dadurch zu erreichen, daß man die Rücksicht auf die Öffentlichkeit ausschaltete. Jedoch was nachmittags um sechs Uhr dort im geheimen verhandelt wor-

den war, wußte Paul Bourdin bereits vier Stunden später und sicher früher als die Beamten des Foreign Office in London. Eines Abends besuchte ich ihn in seiner Wohnung im Hinterhaus eines großen Etagenhauses am Kurfürstendamm. Er erzählte mir die neueste Nachricht, oder soll ich sagen, den neuesten Skandal von der Pariser Konferenz: Bidault war durch einen Streik der Gewerkschaften ernstlich bedroht. Die Gewerkschaftsführer verlangten eine zwanzigprozentige Lohnaufbesserung, und Bidault, der ja unmöglich zulassen konnte, daß während der Konferenz die Regierung gestürzt und dabei arbeitsunfähig wurde, wäre bereit gewesen, ihnen einen Teil ihrer Forderungen zu bewilligen, was aber als zu niedrig von den Streikführern abgelehnt wurde. Höher konnte er nicht gehen, da dann ein Teil der bürgerlichen Parteien das Kabinett gestürzt hätte. In diesem Dilemma, in dem Bidault sich befand, betätigte sich Molotow als rettender Engel. Er erklärte seinem französischen Kollegen in einer vertraulichen Unterhaltung, er werde auf die kommunistischen Gewerkschaften einwirken, daß sie sich mit einer Lohnerhöhung von zwölf Prozent begnügen sollten, was einem Prestigeerfolg für den französischen Ministerpräsidenten gleichkam. Er verlangte aber einen kleinen Gegendienst: Es stand gerade die Frage Triest auf der Tagesordnung. Bidault sollte nun vorschlagen, daß das Gebiet von Triest zu einem Freistaat erklärt und in zwei Zonen geteilt würde und die Jugoslawen die östlich der Linie Busino-Cittanuova gelegenen Gebiete als Besatzungsmacht verwalten sollten. In der Tat brachte der französische Ministerpräsident dies auf der nächsten Nachmittagssitzung vor. Molotow befürwortete den Vorschlag eifrig, und die verblüfften Außenminister Englands und der Vereinigten Staaten stimmten mit saurer Miene zu. Die »Times« registrierte später diesen »Plan Bidault« mit der kargen Bemerkung: »Ein Vorschlag, der den englischen und den amerikanischen Außenminister mehr zu verblüffen schien als die Russen.« Das war alles, was damals in der Weltpresse über dieses immerhin wichtige Ereignis verzeichnet war. Aber wir im Hinterhaus am Kurfürstendamm hatten die facts bereits vier Stunden nach dem geheimen Konferenzbeschluß.

Von den westlichen Besatzungsmächten waren damals Franzosen und Engländer am beliebtesten. Den Amerikanern beggnete man mit einem gewissen Mißtrauen. Natürlich gab es unter ihnen einige, die besonders entgegenkommend und deutschfreundlich waren. Ich entsinne mich sehr gut eines Abends, den ich bei Berliner Freunden verbrachte. Es war ein sehr angeregter Kreis versammelt, darunter verschiedene Besatzungsoffiziere. Ein Engländer fragte mich, wie ich Berlin fände. Ich antwortete: »Ich glaube, es ist die interessanteste Stadt Deutschlands.«

Der Franzose höflich: »Die interessanteste Stadt Europas.«

Ein Amerikaner sprang auf, breitete begeistert seine Arme aus und rief: »Der Welt.«
Aber es gab auch Amerikaner, um die wir am liebsten einen großen Bogen machten. Eines Tages besuchte mich mein Freund Siebold. Er hatte ein geschwollenes Auge und blaue Flecken im Gesicht. In Steglitz hatte er mit anderen Deutschen an einer Haltestelle auf die Straßenbahn gewartet. Plötzlich waren amerikanische Soldaten auf sie zugelaufen und hatten sie, ohne jeden Anlaß, ins Gesicht geboxt. Wenn ich von ihm abends nach Hause ging, bestand er darauf, daß ich mein Geld bei ihm deponierte, und er begleitete mich bis zum englischen Sektor.
In der Steglitzer Schloßstraße gab es einen Laden, der in Berlin eine gewisse Publizität genoß, einen Schlachterladen, dessen große Spiegelscheibe durch alle Bombenangriffe hindurch erhalten geblieben war. Gerade in jenen Tagen gingen drei betrunkene GIs an ihm vorbei. Einer von ihnen blieb stehen, machte einen Satz und sprang durch die Spiegelscheibe in den Laden und verließ ihn auf dem gleichen Wege. Er blutete wie ein abgestochenes Schwein, aber jubelte zusammen mit seinen Kameraden.
Die Berliner fanden für diese Amerikaner in ihrer schlagfertigen Art eine treffende Bezeichnung: Russen mit Bügelfalten.
Natürlich versuchte ich auch mit sowjetischen Presseoffizieren in Verbindung zu kommen. Das kam so zustande. Ich machte Besuch im Ullstein-Druckhaus bei den Herausgebern des »Tagesspiegel«, von denen ich Reger, Redslob und Schweinichen von früher her persönlich kannte. Auf dem Gang stürzte ein kleiner, älterer Herr auf mich zu und begrüßte mich mit überschwenglicher Freude. Es war Paul Wiegler, der frühere Leiter der Romanabteilung bei Ullstein. Er fragte mich, was er für mich tun könne, er sei einer der wenigen Berliner, die über ein Telefon verfügten, und er sei bereit, für mich Verabredungen zu treffen. Ich sagte ihm, mein Wunsch wäre, mit dem prominentesten sowjetischen Presseoffizier zusammenzukommen. Er arrangierte dies sofort und traf eine Verabredung mit dem obersten sowjetischen Zensor, einem russischen Oberstleutnant, für den nächsten Nachmittag um vier Uhr in der Redaktion der kommunistischen Zeitung »Nachtausgabe«, wo dieser Offizier sein Büro hatte.
Der russische Oberstleutnant sprach deutsch mit einem sehr harten Akzent. Ich fing das Gespräch vorsichtig an: »Ist es nicht traurig, daß wir von Ihrem großen Vaterlande, von der Kultur eines ganzen Kontinents, so wenig wissen?«
»Wie meinen Sie das?«
»Um ein Beispiel zu nennen: Ich kann in meiner Zeitung nicht schreiben, daß die Sowjetunion eine Demokratie ist.«

»Das erlauben Ihnen die Engländer nicht.«
»Doch, die möchten es sogar, aber meine Leser erlauben es mir nicht, die lachen mich aus. Und ich kann meine These nicht verteidigen, weil ich zu wenig über die Sowjetunion, über ihr politisches Leben und ihre Kultur weiß. Und das ist doch sehr traurig.«
»Was wollen Sie also?«
»Material über die Sowjetunion, das so umfassend wie möglich ist.«
Damit war das Gespräch praktisch zu Ende. Ich wurde an einen Major Wjesowlod in Karlshorst verwiesen und erhielt einen Ausweis, der ein Passierschein war.
Dieser Major, der gleichfalls deutsch sprach, allerdings nicht sehr gut, war ebenso lang wie hilflos. Mein Besuch schien ihn außerordentlich aufzuregen. Er kletterte selbst auf Leitern herum, um von den obersten Regalen Manuskripte und Fotografien zu holen, und sah mich dabei so diensteifrig und zugleich so unterwürfig an, daß er mir aufrichtig leid tat. Was ihn in diese seelische Verfassung versetzt hatte, erklärte mir seine deutsche Sekretärin, als er einmal aus dem Zimmer gerufen wurde. Jener Oberstleutnant nämlich, der mich zu ihm geschickt hatte, war nicht nur oberster Zensor für die deutschen Zeitungen, sondern auch ein sehr hochgestelltes Mitglied des Sowjetischen Staatssicherheitsdienstes, des MWD.
Mit sehr viel Material, das mir Major Wjesowlod übergeben hatte, zog ich aus Karlshorst ab. Aber als ich es zu Hause las, zerfiel es vor meinen Blicken wie Asche. Nichts war zu brauchen.
Da waren, um nur einiges zu erwähnen, Berichte über landwirtschaftliche Erfolge, über Ähren, die eine verdreifachte Körnerfrucht trugen, über Apfelbäume, die zweimal im Jahre Früchte ansetzten, und über irgendwelche Wunderkartoffeln. Aber nirgendwo stand, worin eigentlich das Besondere dieses Zuchterfolges begründet war, es war alles langweiliges, leeres Geschwätz. Mit äußerster Akkuratesse war alles vermieden, woraus man wirklich etwas hätte erfahren können. Und alle politischen Schriften waren natürlich noch dürftiger. Von allem Material an Manuskripten und Bildern ist nur ein einziges Foto bei uns erschienen, das ein kaukasisches Mädchen mit einer Weintraube zeigte.
Natürlich fragte ich den unglücklichen Major, der angeblich die Kulturabteilung des Pressedezernats leitete, was eigentlich aus dem Pergamon-Altar, den Antiken und der altägyptischen Sammlung geworden sei, die die Sowjetrussen fortgeschleppt hatten. Er sah mich so hilflos und so entsetzt an, daß ich nicht weiter auf einer Antwort insistierte. Wie gern hätte ich etwas darüber erfahren, vor allem, ob es wahr sei, daß die zarten ägyptischen Kalksteinreliefs des Alten und Mittleren Reiches mit der Reliefseite

nach unten die Betonstufen des Tiergartenbunkers heruntergeschleift und dadurch völlig vernichtet worden seien. Aber ich wollte diesem Haufen Unglück nicht noch mehr Angst und Sorge bereiten.

Zu denen, die ich in Berlin besuchte, gehörte auch Gustaf Gründgens. Ich tat dies nicht nur aus alter Freundschaft, sondern im Auftrage des Hamburger Senats. Hamburg suchte nach einem Generalintendanten für Oper und Schauspiel. Hilpert war inzwischen nach Süddeutschland gegangen, alle Verhandlungen mit ihm hatten sich zerschlagen. So erhielt ich also den sehr ehrenvollen Auftrag, Gründgens zu berufen. Er war erst kurz vorher aus einem sowjetischen Lager entlassen worden und wurde nun nach einer Operation im Westsanatorium gesund gepflegt. Er war von dem, was ich ihm sagte, sehr überrascht und zeigte sich außerordentlich erfreut. Leider habe ich ihm nicht gesagt, daß hierüber nicht gesprochen werden dürfe; ich wußte das nämlich selber nicht. Gründgens machte also aus seiner Erwartung allen Besuchern gegenüber kein Hehl, und das hatte groteske Folgen, die ich nicht voraussehen konnte. Der Vorschlag des Hamburger Senats kam zur Kenntnis der britischen Besatzungsbehörde in Berlin, die hierüber sofort mit Hamburg telefonierte. Dort wiederum gab es einen britischen Theater-Offizier, der, wie das bei der britischen Besatzungsarmee gang und gäbe war, vom Sergeanten zum Major befördert worden war, sobald ihm dieses Amt endgültig übertragen wurde. Er hatte in seiner Machtvollkommenheit bereits verhindert, daß ein Brief des Hamburger Senats an Erich Ziegel in Wien seinen Bestimmungsort erreichte, in dem dieser großartige Intendant, Regisseur und Schauspieler aufgefordert wurde, nach Hamburg zurückzukehren. Der Hamburger Senat konnte damals nur über die Besatzungsmacht mit Wien korrespondieren. So war es leicht, die Verbindung abzuschneiden.

Diesen Engländer zog ein starker Trieb zu einer der damaligen Hamburger Bühnen, und als ihm nun von Berlin aus Alarm gegeben wurde, daß vielleicht Gründgens nach Hamburg kommen werde, setzte er bei seinen Berliner Kameraden vom Intelligence Service durch, daß man Gründgens bedeutete, dieser von mir überbrachte Plan des Hamburger Senats sei völlig gegenstandslos. In Hamburg mußte sich Bürgermeister Petersen offiziell bei den Engländern entschuldigen. Ich selber erfuhr erst viel später, weshalb mir nun plötzlich von britischer Seite in Berlin dauernd Steine in den Weg gelegt wurden.

Allmählich war es nämlich so weit, daß ich an meine Rückkehr denken mußte. Es gab in Berlin einen einzigen englischen Offizier, den ich von Hamburg her kannte und der von Beruf ebenfalls Journalist war, Mr. Linder. An den wandte ich mich, und er versuchte, mir die Wege zu ebnen.

Er empfahl mich an die zuständige Dienststelle, die in der Nähe des Reichskanzlerplatzes gelegen war. Dort hatte ich es wieder einmal mit Engländern von guter Herkunft zu tun, die ein erstklassiges Oxford-Englisch sprachen. Sie waren besonders flegelhaft und bewiesen das dadurch, daß sie unter anderem mich alle drei bis vier Tage zu sich bestellten, nur um mir zu sagen, daß es nicht möglich sei, mir zu erlauben, Berlin zu verlassen.

Durch Linder erhielt ich dann schließlich die Aufforderung, mich bei einem Major Seely in der Schlüterstraße zu melden. Was in dieser Dienststelle in Gängen und im Wartezimmer herumsaß, waren denkbar widerliche und unsympathische Menschen, grau, bleich, bösartig aussehende deutsche Männer und Frauen. Ich fragte die Sekretärin: »Bitte sagen Sie mir, wo bin ich hier eigentlich?«

»Das wissen Sie nicht?« sagte sie verwundert. »Sie sind hier beim britischen Intelligence Service.«

›Aha‹, dachte ich, ›das kann ja hübsch werden.‹

Seely empfing mich so, wie der kleine Moritz sich die Rolle eines russischen Kommissars vorstellt. Er lud mich nicht ein, Platz zu nehmen, sondern fuhr mich sofort an: »Berichten Sie, wen Sie in Berlin gesehen haben!«

Bevor ich antwortete, zog ich mir einen Stuhl heran und setzte mich an seinen Schreibtisch ihm gegenüber. Dann zählte ich so sorgfältig wie möglich alle Besatzungsoffiziere auf – aus allen vier Sektoren –, die ich gesprochen hatte. Bei der Erwähnung meines sowjetischen Oberstleutnants fuhr er hoch: »Wissen Sie, daß dies ein prominentes Mitglied des MWD ist?«

»Gerade deswegen habe ich mich besonders gern mit ihm unterhalten.«

Das Gespräch wurde noch eisiger. Ich war schließlich der Meinung, daß ich ihm nun alles gesagt hätte, was zu sagen war, und daß ich ihm vor allem auch alle deutschen Journalisten, deutschen Wirtschaftler und Beamten genannt hatte, mit denen ich in Verbindung gewesen war.

»Und sonst haben Sie niemanden gesehen?«

Mir fiel in der Tat im Augenblick keiner mehr ein.

Jetzt streckte er gebieterisch drohend seinen fleischigen Zeigefinger gegen mich aus: »Außerdem haben Sie Gründgens gesehen.«

»Das hielt ich nicht für so wichtig, daß ich es Ihnen berichten müßte.«

»Sie wissen wohl nicht, was für Mühe wir gehabt haben, ihn aus dem Lager zu befreien.«

Ich wußte es sehr genau. Marianne Hoppe und keineswegs der Intelligence Service hatte es vermocht, den britischen Stadtkommandanten dazu

zu bewegen, für Gründgens bei seinen russischen Kollegen vorstellig zu werden.
»Sie kennen das Berliner Parkett nicht, Sie werden hier noch ganz gefährlich ausrutschen, und ich werde Ihnen bestimmt nicht wieder aufhelfen.«
Damit hatte er sein Pulver verschossen. Ich sagte – nach bewährtem Muster –:
»Major Seely, ich nehme an, Sie haben mir alles gesagt, was Sie mir sagen wollten. Aber auch ich könnte Ihnen einiges sagen. Ich bin hier mit sehr vielen Besatzungsoffizieren – darunter sowjetischen, französischen und amerikanischen – zusammengekommen. Vielleicht interessiert es Sie, zu hören, was diese Leute mir über die Engländer gesagt haben.«
»Wollen Sie eine Zigarette? Bitte schön.«
Und er gab mir sogar Feuer.
Dann berichtete ich ihm als Aussagen von Russen, Franzosen und Amerikanern alle Gemeinheiten, die mir im Augenblick überhaupt einfielen. Zunächst war er sprachlos. Dann schrie er: »Sie reisen morgen mittag!«
Ich erwiderte: »Das paßt mir gar nicht. Ich müßte noch drei Tage in Berlin bleiben.«
»Sie reisen morgen mittag, das ist Befehl!«
Ich habe Major Seely niemals wiedergesehen, aber Axel Eggebrecht berichtete mir eine Geschichte, die ihn betraf und die in vieler Hinsicht typisch war für die Nachkriegszeit in der britischen Zone.
Beim Hamburger Rundfunk war eine Reihe von Fragebogenfälschungen entdeckt worden.
Major Seely kam von Berlin herüber, um ein strenges Strafgericht zu halten. Er selber saß am Kopfende eines langen Tisches, neben ihm Axel Eggebrecht auf der einen Seite und auf der anderen ein anderer deutscher Mitarbeiter des Nordwestdeutschen Rundfunks, daran anschließend einige englische Offiziere.
Ein Sünder nach dem anderen wurde vorgeladen, und unter ihnen erschien auch ein Geiger aus dem Rundfunkorchester.
Seely war streng und schroff: »Sie heißen?«
»Wilhelm Meister, zu dienen, Herr englischer Offizier.«
»Sie waren nicht in der Partei?«
»Doch, Herr englischer Offizier.«
»Sie haben also gelogen?«
»Jawohl, Herr englischer Offizier, und ich will nun auch alles gestehen.«
»Was wollen Sie gestehen?«
»Ich heiße gar nicht Wilhelm Meister, ich heiße Moishe Goldwurm. Ich bin geboren in Odessa, und da sind erst gekommen die Roten und haben getötet meine Glaubensbrüder, und dann sind gekommen die Weißen und

haben getötet meine Glaubensbrüder, und als dann wieder kamen die Roten, bin ich geflüchtet. Und schließlich kam ich nach Neiße. Und in Neiße wurde ich Stehgeiger in einem Café, und dann brach aus die neue Zeit, und mein Chef sagte zu mir: ›Herr Meister, Se sind mir ein sehr lieber Mann und ein sehr guter Geiger, aber wenn Se wollen bleiben bei mir, müssen Se eintreten in die neue Partei.‹ Und ich hab' gesagt: ›Ja‹, Herr englischer Offizier, und so bin ich geworden ein PG.«
Da war also dieser arme Kerl, den Roten Russen, der Weißen Garde und den Nazis entkommen, und nun war er unter die Engländer gefallen.
Seely tat das einzige, was ihm übrigblieb, er streckte seinen Kommandofinger aus und schrie: »Hinaus!«
Am Abend saß ich mit Berndorff am Rundfunk, und wir ließen ein Unterhaltungskonzert über uns ergehen. Bei einer schmalzigen Solostelle der Geigen grinste Berndorff: »Moishe Goldwurm!«

Ich mußte nun also wirklich aus Berlin fortfahren. Das kam mir so vor, als würde ich aus dem Paradies vertrieben. Diese Stadt hatte damals einen Glanz, wie sie ihn zuvor nicht gehabt und später nie wiedererlangt hat. So ähnlich muß es im Paris des 18. Jahrhunderts gewesen sein, im Zeitalter der Salons, als nicht nur jeder Fremde von Distinktion, sondern auch jeder étudiant de lettres der Gesellschaft willkommen war. Man traf sich, lernte Menschen kennen – nicht nur Deutsche, sondern auch Mitglieder der Besatzung –, und beim Abschied sagte irgend jemand, der einem bisher fremd gewesen war: »Kommen Sie noch mit, bei mir treffen Sie heute abend sicher Freunde von mir, die Ihnen gefallen werden.«
Das Leben war so unbeschwert wie im Schwabinger Fasching vor 1914.
Die Berliner hatten eine grauenvolle Zeit hinter sich – die Monate der ersten russischen Besetzung –, und jetzt war ihr Schicksal leichter geworden, weil jede der Besatzungsmächte alles tat, was in ihrer Macht stand, um die Sympathie der Einwohner zu gewinnen. So kam es auch, daß es eine sachliche Diskussion gab zwischen denen, die sich aus Idealismus der Sowjetunion verschrieben hatten, und uns, die wir zum Westen gehörten.
Ich entsinne mich reizender Abende, die ich mit meinem für Lenin begeisterten Freund Hans Robert Bortfeld verbrachte, der 1938 mein Stück »Premiere in Brüssel« inszeniert hatte und mit dem zusammen ich während des Krieges bei der UFA und der Berlin-Film gearbeitet habe.
Besonders schwer wurde es mir, mich von jenen Freunden zu trennen, mit denen ich mich in den letzten sechs Jahren der Hitlerzeit täglich bei Habel am Roseneck getroffen hatte. Da war Karl Richter, Präsident der Verkehrs-Kreditgesellschaft, der Bank der Deutschen Reichsbahn. Er hatte

mich bereits Ende 1945 in Hamburg besucht, in einem Touristenanzug mit Lodenmantel und ziemlich verdreckt, denn er war auf einer Lokomotive neben dem Heizer nach Hamburg gefahren.
»Ich werde alle Filialen und Dienststellen in Westdeutschland besuchen, genau so, wie ich es in der Sowjetzone gemacht habe. Die sollen sich alle merken, daß ich immer noch ihr Vorgesetzter bin und daß sie mir abzurechnen haben.«
Jetzt in Berlin war er nicht mehr so sicher, was seine Stellung anging. Jeden Tag nahm er in seiner Aktentasche – und das war lebensgefährlich – wichtige Akten der Bank aus dem Ostsektor nach seiner Notwohnung im Grunewald mit. Sein schönes Haus mit seiner großartigen Bibliothek hatten die Amerikaner beschlagnahmt. Durch sein tapferes Verhalten hat er der späteren Bundesrepublik viele Millionen gerettet; denn die Dienststellen der Sowjetzone zahlten auf den Pfennig, was er von ihnen auf Grund der Akten verlangte. Als endlich der Magistrat von Ostberlin die Bank der Deutschen Reichsbahn beschlagnahmte, verklagte er ihn vor dem Berliner Kammergericht. Wieviel Mut hierzu gehörte, werden sich Nicht-Berliner schwer vorstellen können.
Da war ferner Emil Rüster, Architekt und Professor an der Technischen Hochschule in Charlottenburg, ein Augsburger Schwabe aus einer alten Handwerkerfamilie, künstlerisch außerordentlich begabt, so malte er ausgezeichnet und war ein vorzüglicher Geiger. Wir waren immer freundschaftlich miteinander ausgekommen. Nur einmal wurde er mir gegenüber böse. Ich hatte gesagt: »Geizig wie alle Schweizer.«
»Was fällt Ihnen ein«, sagte er zornig, »wollen Sie ernstlich auch Kollektiv-Urteile fällen?«
Ich entsinne mich nicht, daß ich jemals in meinem Leben so beschämt gewesen wäre wie in diesem Augenblick.
Einige aus unserer Tafelrunde fehlten. Da war zunächst Graps, der Toilettenpächter vom Eingang zum Grunewald, den wir General Graps nannten, weil er den China-Feldzug mitgemacht hatte, und der auf die Frage, ob es für ihn nicht Zeit sei, an die Front zu gehen, mit seinem märkischen Dialekt antwortete: »Unter diesem Kaiser nicht.«
Er war nach Kriegsende gestorben oder, besser gesagt, regulär eingegangen. Seine Frau, die er die ganze Ehe hindurch kujoniert hatte, war neben ihm im Luftschutzkeller durch eine Bombe getötet worden; das überwand er nicht.
Dann fehlte einer, der schon seines Alters wegen der Mittelpunkt unseres Kreises gewesen war, der Generalleutnant von Blumenthal, ein Neffe des Generalfeldmarschalls und Generalstabschefs von Kronprinz Friedrich im Kriege 1870/71, von uns im Gespräch nie anders als »Exzellenz« genannt.

Wir haben ihn alle sehr geliebt. Er stammte aus einer verschwundenen Zeit, er war ein Kavalier alter Schule; ich habe immer von ihm gesagt: »Man muß schon Kommandeur der Jeu-Husaren gewesen sein, um einer Dame so vollendet die Hand küssen zu können wie er.«
Sein Tod, 1945, war ein wirklicher Generalstod gewesen. Wir hatten zusammen mit seiner Tochter beschlossen, daß es nötig sei, ihn aus Berlin fortzubringen. Er weigerte sich, bei Fliegerangriffen in den Keller zu gehen, und da flogen ihm denn Glasscherben und Holzteile der Fenster und Türen um die Ohren. Schließlich willigte er ein, sich auf sein Gut in der Nähe von Wittenberge zurückzuziehen.
»Is gar kein Gut, Tüngel, is bloß'n Vorwerk. Ick jlobe, den Rest ha' ick durchjebracht.«
Dort, auf diesem Vorwerk erlebte er den Einmarsch der Russen. Sein Sohn hatte sich, seine Frau und den Enkel erschossen. Die Leichen lagen im unteren Stockwerk. Oben saß er mit seiner Tochter. Russische Muschiks stürzten herein und wollten sich auf die Tochter stürzen. Der Alte, er war schon über neunzig, sprang aus seinem Sessel auf und fiel tot zusammen – vom Schlag getroffen. Die Russen flüchteten entsetzt aus dem Zimmer. So wenigstens haben es mir unser vortrefflicher Habel-Wirt Reinhold Götze und unser »Schokoladen-Rittmeister«, der Oberstleutnant Hildebrandt, der die Welt noch so sah, wie sie in seiner Jugend gewesen war, sauber, gerecht und ohne Falsch, erzählt.
Mit sehr gemischten Gefühlen kam ich bei meiner Rückkehr in Hannover an. Inzwischen waren vor dem Bahnhof Baracken für das Rote Kreuz gebaut worden. Dort bat ich um eine Tasse Kaffee – was man damals einen Kaffee nannte –, die mir bereitwillig gegeben wurde. Neben mir saß ein bildhübsches junges Mädchen mit tiefblauen Augen, einem dicken Wappenring an der linken Hand, ohne Schuhe und Strümpfe. Sie hatte einen völlig stumpfen Gesichtsausdruck, so, als sei sie betäubt und noch nicht wieder aufgewacht; ich wollte ihr helfen, denn ich hatte einen Freund in Hamburg, dem es gelungen war, auf eine sehr primitive, aber immerhin brauchbare Art in Lübeck Schuhe zu produzieren. Aber als ich anfing, auf sie einzureden, fuhr eine dicke, alte Rotekreuzschwester dazwischen: »Bitte verlassen Sie die Baracke!«
Sie mochte ihre Erfahrungen haben.

Der Chefredakteur der »Zeit«, Ernst Samhaber, erhält Schreibverbot

Wenige Tage, nachdem ich wieder in Hamburg eingetroffen war, zeigte mir Ulrich Mohr, der damals als Fotograf für DPD tätig war, Fotos, die er in Elendsquartieren in Hamburg, in denen Flüchtlinge und Ausgebombte hausten, gemacht hatte. Die Bilder der Kinder erinnerten an Fotos aus dem Konzentrationslager Bergen-Belsen und waren doch nicht mit jenen zu vergleichen. Denn was in den Lagern der Nazis unter der Herrschaft einer grauenhaften Diktatur mit sadistischer Absicht hervorgerufen worden war, das geschah hier in einem befreiten Land unter dem Schutz einer demokratischen Besatzungsmacht aus Nonchalance.
Die Zustände waren grauenvoll.
Da war ein Kellergang in St. Pauli, der einer Familie von vier Personen zur Unterkunft diente. In ihm befand sich eine offene Toilette, die von zwölf Menschen benutzt wurde. In einem Keller ohne Licht und Lüftung, der infolgedessen von Nässe troff, lebte eine Mutter mit neun Kindern. Unter den Fotos war auch ein Bild, das einen gewohnten Anblick wiedergab: ein zerlumptes Kind, das einen Müllkasten nach Nahrungsmitteln durchsuchte.
Ich schickte Müller-Marein, der als Reporter vom Scherl-Verlag zu uns gekomken war, in die Gegend, die uns Mohr bezeichnet hatte, und setzte durch, daß eine ganze Seite der Zeitung für seinen Bericht frei gemacht wurde; ich ließ sie zudem durch den Tiefdruck laufen, um die Bilder möglichst deutlich herauszubringen. Der Erfolg dieser Veröffentlichung war außerordentlich. Englische Abordnungen der Y. M. C. A. und Y. W. C. A. sprachen sofort nach Erscheinen der Zeitung bei uns vor. Die Heilsarmee rief an, und ebenso wurden wir von Frauen englischer Besatzungsmitglieder bestürmt, die Einzelheiten wissen wollten und uns um Rat fragten, wie sie helfen könnten. Tagelang war unser Telefon belagert.

Das war ein schöner und herzbewegender Erfolg, aber es gab bei der Besatzungsmacht auch Menschen, die in dieser Veröffentlichung eine Insolenz sahen, einen direkten Angriff gegen die Besatzungsbehörden, der nicht geduldet werden konnte. Und so war denn dieser Artikel der letzte Anlaß zu einer Maßnahme, die wir uns von den Engländern am allerwenigsten erwartet hätten: unser Chefredakteur, Ernst Samhaber, wurde auf Veranlassung der Engländer von einem deutschen Entnazifizierungsausschuß zum Nazi erklärt, erhielt ein Schreibverbot, und ihm wurde befohlen, sich auf einer Baustelle als Arbeiter zu melden.

Samhaber hatte sich durch seine mit Wärme und Pathos geschriebenen Leitartikel einen sehr großen Ruf nicht nur in der britischen Zone, sondern in ganz Westdeutschland erworben. Er war in der damaligen Zeit wirklich der bedeutendste Anwalt des deutschen Volkes gegenüber den Siegermächten. Ebenso gut aber verstand er es auch, den Deutschen selber den Spiegel vorzuhalten und ihnen schonungslos Fehler und Erbärmlichkeit vorzuwerfen, wo er dies für nötig fand. Wenige Wochen, bevor ihm das Schreiben verboten wurde, hatte er ein mitleidloses Urteil über die Mentalität vieler Deutscher gefällt in einem Leitartikel »Gesetz des Dschungels«, der vielleicht der beste war, den er bei uns jemals geschrieben hat, und der noch lange Jahre hindurch in Leserbriefen an unsere Zeitung erwähnt und zitiert wurde. Er gab ein großartiges Bild der damaligen deutschen Verhältnisse wieder. Es hieß in ihm:

»Wir leben in Deutschland in zwei Welten. In der einen kostet die Zigarette sechs Pfennige, in der anderen vier Mark. In jener beträgt der Preis der Kirschen und Erdbeeren theoretisch nur wenige Pfennige, wird praktisch aber nicht wirksam, weil es keine gibt. Für die Schuhreparatur werden ein paar Mark bezahlt, es ist jedoch unmöglich, die Schuhe in einer auch nur irgendwie übersehbaren Zeitspanne geflickt zu bekommen. In der anderen Welt wird mit anderen Maßstäben gemessen. Es wird nicht bezahlt oder verrechnet, es wird getauscht.

In der einen Welt stammen die Einnahmen aus festen Geldbezügen. Sie sind gering und einem dauernden Druck nach unten ausgesetzt. Sobald die Löhne und Gehälter steigen, sobald die Gewinne das bescheidenste Ausmaß übersteigen, werden sie einer Steuer unterworfen, die sie bis zu einem Satz von 95 v. H. konfisziert. Die andere Welt, die Welt des Warentausches, zahlt überhaupt keine Steuern. Dort werden die Einnahmen nicht nach Hunderten, sondern nur nach Tausenden gerechnet, wenn sich jemand die überflüssige Mühe machen sollte, die Zigaretten oder anderen Waren an Hand des ›Schwarzmarktkurses‹ in Geldwerte umzurechnen.

Wir können die Menschen der beiden Welten deutlich unterscheiden. Wir brauchen nur in einer deutschen Großstadt Straßenbahn oder Eisenbahn zu fahren. Da sehen wir die ausgemergelten, hohlwangigen Gesichter aus der Welt der Geldwerte. Das sind die Unglücklichen, die seit Monaten mit 1000 Kalorien auskommen müssen, die Gestalten der inneren Auszehrung und des Hungerödems. Daneben sitzt der Mann der Sachwerte, aus der Tauschwelt, wir wollen nicht einmal so weit gehen, zu sagen des ›Schwarzen Marktes‹, rund, blühend, vergnügt. Wer sich heute in der Straßenbahn eine Zigarette anzündet, gehört zu dieser Welt jenseits der gesetzlichen Regelung.

Es hat immer die zwei Welten gegeben, die bürgerliche Welt der staatlichen Ordnung und die Unterwelt der Gesetzlosigkeit. Früher waren die Gesetzlosen kenntlich am scheuen Blick, an der Vorsicht, mit der sie der Polizei aus dem Wege gingen. Sie verkrochen sich in Kellern und Spelunken, um nur aufzutauchen, wenn der Schatten der Nacht sie verbarg. Heute dringt die Unterwelt ans Licht. Schlimmer noch ist die Tatsache, daß sie eine Anziehungskraft gefährlicher Art auf die Restbestände der bürgerlichen Welt ausübt. Fast möchte es scheinen, als ob Kräfte am Werk sind, die alles daransetzen, die letzten Überbleibsel der Welt gesetzlicher Ordnung ebenfalls in das Dunkel der Unterwelt hinabzustoßen.

Es ist so leicht, hinüberzuwechseln aus der Welt der Auszehrung und des Hungers in die andere Welt, deren goldene Regel lautet: Gib nichts, schaff nichts, wenn man dir nicht gibt. Wer treu und brav seine Pflicht tut und aufgeht in seinem Beruf, der gerät in das Räderwerk der amtlichen Vorschriften und Steuersätze, zwischen die Mühlsteine der Kalorien und erlahmenden Arbeitskraft. Der ist gezeichnet in seinem Gesicht. Der andere geht dorthin, wo es noch Sachwerte gibt, Güter, die freigesetzt werden, wenn der Bedarf übermächtig ist oder eine Leistung erwartet wird.

Er hat das Gesetz des Dschungels erkannt: daß wir von reißenden Tieren umgeben sind und daß, wer sich im Dschungel halten will, selbst zum Raubtier werden muß. Er darf keine Leistung vollbringen, die ihm nichts bieten kann als die amtlichen Zuteilungen, weil er mit dem, was er verdient, niemals Eingang zum ›Schwarzen Markt‹ finden kann …

Es wird viel über Entnazifizierung geklagt. Diese Frage wäre falsch gesehen, wollten wir mit den Entnazifizierten Mitleid haben. Den moralischen Standpunkt dürfen wir dabei ganz außer acht lassen. Das Problem sieht anders aus. Der entnazifizierte Beamte, der sich bisher redlich von früh bis spät geplagt hat, der zusammenschrumpfte bei einem Satz von täglich 1000 Kalorien, ist aus seiner Stellung entlassen. Er wandert ab auf das flache Land, kommt bei einem Bauern unter, und einige Monate später treffen wir ihn wieder, wohlgenährt, rund und vergnügt, versehen mit einem

Stempel des Arbeitsamtes, der ihn zum Landarbeiter erklärt. Ihm kann nichts mehr geschehen. Dem hervorragenden Arzt, der in seiner Praxis von morgens bis abends Patienten behandelte und nur die amtlichen Sätze berechnete, wird die Berufsausübung untersagt. Er geht aufs Land, behandelt die Bauern und fängt an, allmählich wieder ein wohlgenährter Mensch zu werden.

Dann beginnt der Kampf des Arbeitsamtes. Wer kann sich wundern, daß seine Aufgabe heute nicht darin besteht, Arbeit zu vermitteln, sondern mit dem Lasso hinter allen den Arbeitsunwilligen herzujagen, die sich nicht in die Welt der Papiergeldwerte einspannen lassen möchten? Die eigenartigsten Maßregeln werden ergriffen. Wer sich nicht alle Monate oder gar Wochen einen neuen Stempel, eine neue Unterschrift besorgt, verliert die Lebensmittelkarten, wird – allerdings nur in der Welt des Gesetzes – zum Tode des Verhungerns verurteilt; und wenn wir uns fragen, wen das Arbeitsamt in seinen Bemühungen schließlich eingefangen hat, so sind es die Alten, die Müden, Abgekämpften, die sich nicht schnell genug in Sicherheit bringen konnten, diejenigen, die nicht ins Dschungel der Unterwelt auswichen, weil sie dessen harten Gesetzen nicht gewachsen waren ...

In früheren Jahren liefen die Dampfer mitten im Südatlantik die Peter-und-Paul-Insel an, um Haifische zu fangen. Häufig geschah es dabei, daß sich ein Hai beim wilden Umsichschlagen von der Angel losriß und wieder ins Meer zurückfiel; dennoch war er verloren. Sobald er blutete, fielen die anderen Haie über ihn her und rissen ihn in Stücke. Das ist das unerbittliche Gesetz des Dschungels. Weh dir, wenn du schwach, wenn du bedürftig bist! Weh dir, wenn du ein Raucher bist und keine Zigaretten mehr ausgeteilt werden! Weh dir, wenn ein Knopf deines letzten Anzuges wegplatzt! Weh dir, wenn die letzte Stiefelsohle durchgelaufen ist! Nun bist du den Haien ausgeliefert! Sie werden dich in Stücke reißen, wenn du nicht das letzte Hab und Gut hergibst, alle Demütigungen schluckst – oder selbst in die Welt des Dschungels untertauchst ...

Und doch müssen wir der Jugend und den Menschen überhaupt den Glauben an die Zukunft zurückgeben, denn nur so führen wir sie aus der Welt der Höhlenmenschen zurück in die Bande der menschlichen Gesellschaft, aus dem Dschungel zur Bebauung friedlicher Äcker und Fluren. Solange nur davon gesprochen wird, welche Lasten uns bevorstehen, welche Einschränkungen uns auferlegt werden sollen, solange wir nur Abbau und Zerstörung von Produktionsstätten, nur stillgelegte Fabriken sehen, oder von solchen hören, die ausschließlich für die Besatzungsbehörden arbeiten, so lange werden wir die Irregeleiteten nicht zu uns zurückführen können.«

Gewiß, das war eine Anklage gegen die Besatzungsmacht, so vorsichtig formuliert, wie es damals nötig war, aber doch in der direkten Schärfe unmißverständlich. Das Gesetz, unter dem wir lebten, hieß eben damals: Vae victis – Wehe den Besiegten. Besiegte aber ist ein kollektiver Begriff. Wir, die wir in dieser Zeitung schrieben, und unser Kreis fühlten uns nicht als Besiegte, und wir wehrten uns gegen ein kollektives Urteil, das uns, weil wir Deutsche waren, ohne weiteres zu Verbrechern stempelte.
Wir wehrten uns auch dagegen, daß andere, die zwar eine Parteinummer getragen, aber niemals gegen die Strafgesetze oder das Bürgerliche Gesetzbuch verstoßen hatten, jetzt von den Besatzungsmächten wie gemeine Verbrecher behandelt wurden.
In diesen Tagen habe ich mit Bitterkeit an die Worte zurückgedacht, die Bertrand Russell im Juni 1945 in der »Picture Post« geschrieben hatte:
»Wenn wir uns erlauben würden, zu denken, es gäbe in der deutschen Erscheinung etwas Besonderes, das zu Grausamkeiten führt, die anderswo unter gleichen Umständen nicht entstehen würden, so wäre das unwissenschaftlich, und wir versäumten, aus der Erfahrung zu lernen, wie man eine Wiederholung des Bösen verhindern könnte.«
Es hat in Deutschland schon früher, aber insbesondere in der Hitlerzeit etwas gegeben, was ich eine englische Legende nennen möchte. Wir identifizierten das Wort »Engländer« mit dem Begriff »Gentleman« und den Begriff »Gentleman« mit einer untadeligen Gesinnung, die Recht von Unrecht haarscharf zu trennen weiß und dem Recht zum Sieg über das Unrecht verhilft. Die englische Besatzungsmacht hat vieles getan, um diese Legende bei den Deutschen zu zerstören. Aber man muß gerecht sein: »Was wollen Sie«, hatte jener englische Captain, der mir die Verwaltung der UFA in die Hand drücken wollte, zu mir gesagt, »unsere besten Truppen stehen noch im Kampf gegen Japan, die besten Offiziere von denen, die hier waren, haben alle Hebel in Bewegung gesetzt, um nach Hause zurückkehren zu können. Damit müssen Sie sich abfinden.«
Hatte mein russischer Oberstleutnant nicht ähnlich argumentiert, als wir von den Vergewaltigungen sprachen?

Wir haben uns damals immer wieder gefragt, was eigentlich die Engländer veranlaßt haben könne, so scharf und mit so wenig anständigen Methoden gegen Samhaber vorzugehen. Gewiß, er war ihnen unbequem; er schrieb nicht nur sehr offen in unserer Zeitung, sondern hielt auch öffentlich Vorträge, in denen er sich sehr freimütig über die britische Besatzungsmacht äußerte. So in Bremen vor Senat und Handelskammer und auch auf der Marienburg, dem Schloß des Herzogs von Braunschweig, vor geladenem Kreise. Ich glaube aber, sie hielten ihn auch in anderer Hinsicht für gefährlich.

In einer Diskussion mit englischen Offizieren im St.-Michaels-Haus in Blankenese hatte er verlangt, man solle uns doch die Möglichkeit geben, unsere Wirtschaft und unseren Handel sofort wieder aufzubauen.

»Dazu fehlen Ihnen die notwendigen ausländischen Kredite«, wurde ihm erwidert.

»Geben Sie mir Erlaubnis, nach Südamerika zu fahren, ich werde in wenigen Monaten die Kredite besorgen und Deutschland wieder auf den ersten Platz in dem Handel mit Südamerika bringen.«

Auf diesen ersten Platz aber wollten die Engländer, und seit dieser Unterhaltung war ihr Benehmen Samhaber gegenüber äußerst kühl.

Berndorff erfährt:
Wer Blut vergoß, war unverdächtig

Nun also hatten meine Freunde in Hamburg »Die Zeit« gegründet; nun also schlug sich Tüngel für die Deutschen. Ihm stand das vor Augen, was es an Elend und Unrecht, an Jammer und Verzweiflung in Deutschland gab; mir wurde vor Augen geführt, wie Elend und Unrecht, Jammer und Verzweiflung in Deutschland entstanden waren.
Er schlug sich mit den Besatzungsmächten herum; mir führten die Besatzungsmächte vor Augen, daß jegliches Unglück in Deutschland ausschließlich die Schuld der Deutschen war.
Die erste Nummer der »Zeit« war in Nürnberg eine große Sensation.
Ich sah das Blatt auf dem Tisch der internationalen Presse-Agentur im British Press Room.
Man holte mich sofort heran.
»Kennen Sie die Leute, die diese Zeitung machen?«
Ich kannte die Leute, die diese Zeitung machten.
Die amerikanischen Kollegen waren nur verwundert, denn sie hatten die Erklärung der amerikanischen Offiziellen, daß es vorläufig in Deutschland keine deutschen Zeitungen geben würde, durchaus geglaubt.
Sie lasen den Aufsatz über den »Arier« und grienten. Am nächsten Tage sagten sie mir, daß die amerikanischen Offiziellen in Nürnberg über den Aufsatz »Der Arier« nicht grient, sondern getobt hätten.
In Nürnberg ließen sich die Offiziellen des Prozesses durchaus mit mir ein. Ich konnte mich nicht des Eindruckes erwehren, daß sie Gespräche mit mir suchten. Alle diese Gespräche erweckten in mir den Eindruck, als ob sich die westlichen Alliierten darauf vorbereiteten, mindestens vierzig Jahre lang Deutschland zu beherrschen. Wenn sie zum Ausdruck brachten, daß der Lebensstandard für diese vierzig Jahre mit dem Lebensstandard von 1946 identisch bleiben sollte, so wurde mir ganz elend zumute. Für historisch-philosophische Gespräche hatten die Vertreter der drei

westlichen Siegermächte in Nürnberg keinen Sinn. Sprach ich den Gedanken aus, daß es nicht so kommen würde, weil es nicht so kommen könnte, wurde man entweder böse, oder man lachte mich aus.
Die Russen waren ganz anders. Die deutschen Kollegen von TASS brachten mich sehr schnell mit den russischen Offiziellen zusammen.
In Nürnberg gab es immer »Parties«. Es war ganz klar, daß auf den Parties der Amerikaner, Engländer und Franzosen kein Deutscher erschien, kein Deutscher erscheinen durfte.
Die Russen luden mich immer ein. Die Russen lasen alle meine Berichte. Ich hatte keine Veranlassung, sie ihnen nicht zu zeigen. Ein russischer Major nahm mich eines Tages beiseite und sagte: »Du bestimmt dreckiges Bourgeois, aber gutes Journalist. Du kommen zu uns, du lernen um. Du nach Berlin. Kleines Haus, kleines Automobil, aber großer Garten.«
Ich sagte: »Aber Major, ich bin doch so eine Art von englischem Privat-Kriegsgefangenen ...«
Der Major: »Oh, du armes Mensch! Wir dich später befreien.«
Dieser Major war reizend.
Wurde ich zu den Russen eingeladen, nahm er mich, wenn ich erschien, beim Kanthaken, brachte mich in einen abgelegenen Raum, in dem vielerlei zu essen stand: »Du armes Schwein, voressen!«
War die Party zu Ende, brachte er mich in denselben Raum und sagte: »Du armes Schwein, nachessen.«
Natürlich machte es viel Aufsehen bei den Herren der westlichen Mächte, wenn man mich bei den Russen sah; aber merkwürdigerweise ging das gut.
Die Russen hatten die Angewohnheit, die Weltgeschichte nicht moralisch zu nehmen. Sie behaupteten nicht einmal, sie nähmen sie moralisch. Das war das Verblüffende.
Die Aussagen der großen Mörder Ohlendorf, von dem Bach-Zelewski, Schellenberg und Wisliceny hatten natürlich einen tiefen Eindruck auf sie gemacht. Während nun die Amerikaner, Engländer und Franzosen die Taten dieser Männer der ganzen deutschen Nation anrechneten, versuchten die Russen das gar nicht erst.
Mich fragten sie: »Sind das nicht fürchterliche Leute? Wie ist es möglich, daß dieser Ohlendorf, der doch den Eindruck eines Intellektuellen macht, seine ganze Intelligenz dazu anwendet, um einige Millionen von Menschen umzubringen?«
Ich konnte mich nur der Meinung der Russen anschließen, aber ich fragte sie: »Warum haben diese Leute das eigentlich getan? Wir haben bisher doch nur erfahren, daß sie es getan haben, aber warum? Was ist der tiefere historische Sinn des großen Mordens gewesen?«

Dann wurden die Russen ganz still und sagten mir: »Das werden Sie noch erfahren! Zuerst werden wir noch Kaltenbrunner hören und dann Himmlers Geheimanweisung, die ist nämlich erbeutet worden. Und die zu lesen wird sehr nützlich für Sie sein.«

An dem Tage, an dem Kaltenbrunner im Zeugenstand erschien, war der Saal in Nürnberg so besetzt wie noch nie zuvor.
In der Wand des Nürnberger Gerichtssaales öffnete sich geräuschlos ein Stück der Täfelung, und ein zwei Meter langes Stahlrohr, an dessen Ende fotografische Linsen blinkten, schob sich in den Raum, um die Anklagebank von der Seite fassen und festhalten zu können. Von vielen kleinen Fenstern, knapp unter der Decke, glitten leise die Holzscheiben der Täfelung beiseite; die Glasaugen der Kameras und die stählernen Ohren der Radiostationen der ganzen Welt machten sich bereit, zu sehen und zu hören. Es war peinigend still im Saal, so daß wir alle zusammenfuhren, als ein Summerton in der nahen Zelle der Plattenaufnahme zu schwingen begann.
Ein großer, hagerer Mann, der im schwarzen Talar am Pult stand, der deutsche Rechtsanwalt Dr. Kaufmann, beendete das Schweigen und sprach: »Mit Erlaubnis des Gerichtes rufe ich meinen Mandanten, den Angeklagten Kaltenbrunner, in den Zeugenstand.«
Um den früheren Leiter einer Organisation genauer zu sehen, die mehr als zehn Millionen Menschen ermordet hatte, beugten sich die dreihundert Zuschauer auf der Pressetribüne vor. Die Richter sahen starren Gesichts zur Anklagebank, und Richter, Journalisten, Stenografen, Dolmetscher, Militärpolizisten und Verteidiger dachten ganz klar daran, daß sie jetzt einem Ereignis beiwohnen würden, wie es noch nie eines gegeben hat, solange die Welt sich dreht. Sie vergaßen nicht eine Sekunde, daß sie zuschauen würden, wie ein solcher Mann, wohlgekleidet, von den Nationen derjenigen, die er mordete, wohlverpflegt und von seiner Krankheit geheilt – denn sein Gehirn hatte geblutet –, durch den Saal gehen würde, um sich, geschützt durch strenge Rechtsvorschriften, mit Muße und nach seinem Belieben zu verteidigen. Damit die Gerechtigkeit siege und niemand mit Fug von Rache sprechen dürfe.
Etwas gebeugt, mit katzenartigen Schritten, mit korrekt sitzender Krawatte, in einem eleganten Straßenanzug, huschte nun also der frühere Chef des »Reichssicherheitshauptamtes« durch den Saal und nahm im Zeugenstuhl Platz. Sofort gab er den Mord an den zehn Millionen zu. Die Anklage irre nicht, wenn sie behaupte, daß Gaskammern, Galgen und Schüsse ins Genick die Methode des Dritten Reiches gewesen seien, um beispielsweise russische Provinzen von Slawen zu befreien, damit Germa-

nen Lebensraum fänden. Aber nicht er trage die Schuld, er ganz und gar nicht.
Hitler habe befohlen, im Osten für das deutsche Volk Lebensraum zu schaffen. Hitler habe für die Juden in Europa die »Endlösung« angeordnet und so auch für bestimmte Gruppen von Kriegsgefangenen und für Deutsche, die sich als Gegner seiner Handlungen entpuppten. Der SS-General von dem Bach-Zelewski habe ja schon dem hohen Gericht von der nächtlichen Zusammenkunft der SS-Generale berichtet, bei der Himmler angeordnet habe, daß 30 Millionen Slawen zu »liquidieren« seien ... Das sei ja alles unbestreitbar aktenkundig, erklärte er mit der Leichtigkeit des österreichischen Tonfalls in der Stimme, der zu dem monströsen Schrecken seiner Aussagen so entsetzlich kontrastierte. Aber ebenso erwiesen sei, daß nicht er, sondern die Geheime Staatspolizei all diese Menschen in die Vernichtungs- und Konzentrationslager getrieben habe.
Müde unterbrach ihn sein Anwalt, den man zwei Tage zuvor betend in einer katholischen Kirche gesehen hatte: »Aber die Geheime Staatspolizei war doch eine der sechs Abteilungen des ›Reichssicherheitshauptamtes‹. Sie waren der Chef dieses Amtes. Ihnen unterstand doch die Geheime Staatspolizei! Wie wollen Sie diesem Gericht glaubhaft machen, daß Sie nicht für die Gestapo verantwortlich seien?«
Und da begann Kaltenbrunner die Geschichte der Geheimen Staatspolizei, der Gestapo, zu erzählen ...
Hermann Göring hatte die »Gestapo« gleich nach der »Machtübernahme« gegründet. Himmler hatte sich ihrer im Jahre 1935 bemächtigt, als er von Hitler zum »Chef der deutschen Polizei« bestellt worden war. Die politische Polizei war ebenso wie die Kriminalpolizei bis dahin Sache der Länder gewesen; aber Himmler, getrieben von seinem Machtinstinkt, brachte sie als Angelegenheit des Reiches zentral in seine Hand. Als ihre Dachorganisation bestellte er das »Reichssicherheitshauptamt« in Berlin, dem er die Abteilungen für den inländischen und ausländischen Nachrichtendienst, zwei Verwaltungsabteilungen und später, nach dem Sturz des Admirals Canaris, auch die militärische Spionage-Organisation angliederte. Der erste Chef dieses Amtes wurde Heydrich. Ein Mann, der wegen einer dunklen Ehrengeschichte die Armee hatte verlassen müssen und den Himmler so liebgewann, daß er nach Heydrichs Tod dessen Totenmaske immer mit sich führte, sie in jedem Quartier aufhängte und, auf sie weisend, einmal zu dem deutschen Gesandten Neubauer sagte: »Nur er konnte es meistern ...«
Jedesmal, wenn Kaltenbrunner von Heydrich sprach, der ein überlebensgroßer, hagerer Mann mit dem winzigen Kopf eines Vogels gewesen ist, und jedesmal, wenn er die geheimnisvollen Dinge andeutete, die jener

hätte »meistern« sollen, dann senkten die Angeklagten die Köpfe, ihre Mienen wurden hoffnungslos, und die Anwälte verharrten ohne Bewegung. Und wenn Kaltenbrunner dann im Zeugenstand Wasser trank – seltsamerweise immer, sobald er von Heydrich gesprochen hatte –, dann geisterte durch den weiten Gerichtssaal ein tödliches Schweigen.

Nach einem Schluck Wasser berichtete Kaltenbrunner, daß Heydrich zwei Abteilungen seines Amtes, die Staatspolizei und die Kriminalpolizei, zu »Exekutivabteilungen« ausbaute. Er veranschaulichte diesen Begriff: Die Abteilungen bekamen Waffen und Männer, die sich ihrer bedienen konnten. Die Waffen waren so gut, die ausgesuchten Männer so ergeben und die Leiter so bedenkenlos, daß die »Exekutivabteilungen« in der Hand Heydrichs eine ungeheuerliche Macht wurden. Eine so ungeheuerliche Macht, daß selbst Himmler zu zittern begann. Er liebte Heydrich ganz gewiß, aber wußte er, ob Heydrich ihn liebte?

Nach dem Einmarsch in die Tschechoslowakei machte Himmler die Entdeckung, daß es Dinge gegeben, über die ihr aller Gott, Hitler, wohl mit Heydrich, aber nicht mit ihm gesprochen hatte. Das riß ihn aus allen Wolken. Das verstörte ihn, denn damals begriffen die eigentlichen Führer des Dritten Reiches, daß es im innersten Herzen Hitlers noch Geheimnisse gab, die bisher auch nicht andeutungsweise gelüftet wurden. War es Heydrich gelungen, diesem verschleierten Allergeheimsten nahezukommen? Hatte er Pläne erkundet, die noch niemand der wirklich Herrschenden erfahren hatte?

Wer aber waren die wirklich Herrschenden in jener Periode des Dritten Reiches? Kaltenbrunner erzählte es. Die eigentliche Führerschicht wirkte in keinem Ministerium. Die Deutschen kannten ihre Namen nicht. Sie gehörten alle der SS an und waren die Polizeichefs in den Provinzen des Reiches oder reisten als »höhere Polizeiführer z.b.V.« in geheimen Aufträgen im Lande umher.

Vor ihnen, also im Grunde vor Heydrich, zitterten die Minister und die viel mächtigeren Gauleiter. Als Heydrich aber zu seinem Amt als Chef des »RSHA«, des »Reichssicherheitshauptamtes«, nun noch Reichsstatthalter in Böhmen und Mähren wurde, da wußte Himmler, daß dieser ihm den Rang abgelaufen, er wußte auch, was es für ein Geheimnis war, das Heydrich aus Hitlers Munde erfahren hatte.

»Heydrich war viel intelligenter und noch entschlossener als Himmler«, sagte Kaltenbrunner im Zeugenstand.

Diesem Heydrich ganz allein hatte Hitler den eigentlichen »Mythus des Dritten Reiches« anvertraut, und der hieß: Tod den östlichen Völkern, Tod den Tschechen und Slawen. Warum, um des Himmels willen? – das wurde im Nürnberger Prozeß oft gefragt. Und die Antwort hieß: Hitlers Sehn-

sucht nach dem »Lebensraum«. Als Antwort kam aber auch ein schrecklicher Wust von mißverstandenen philosophischen und historischen Theorien und Phrasen, darunter Bismarcks Wort: »Wer Böhmen und Mähren besitzt, beherrscht Europa.«
Heydrich hatte zuerst erfahren, daß die Theorie aus »Mein Kampf« zunächst mit der Eroberung der Tschechoslowakei Wirklichkeit werden sollte. All jene Tschechen zu töten, die sich gegen die Deutschen wehrten – das war die Detailanweisung für die erste Zeit. Später werde man das ganze tschechische Volk »in östliche Gebiete umsiedeln«. Diesen Plan hatte Hitler Heydrich verraten, natürlich weil er einen »Mann der Exekutive« brauchte. Er hatte damit aber tatsächlich ein ungeheuerliches Geheimnis gelüftet, denn in was für »östliche Gebiete« konnten »später« die Tschechen umgesiedelt werden?
Man hatte in Nürnberg den Eindruck, daß sich die damals Beteiligten weit weniger um diesen monströsen Hitlerschen Grundgedanken kümmerten als um die Frage: Wer darf bei seiner Durchführung mitwirken? Diese Frage aber war schon zu Heydrichs Gunsten, also für die »Gestapo«, entschieden. Sie würde die Völker des Ostens auszurotten haben.
Über wieviel Menschen verfügte sie als »Wissende« und als »Exekutierende«? Auch diese Frage beantwortete Kaltenbrunner in Nürnberg: Die »Gestapo« habe als »Wissende« zur Zeit der größten Ausdehnung des deutschen Machtbereiches im Kriege, von ganz oben bis ganz unten, also bis zu dem Kriminalsekretär in der politischen Abteilung eines Konzentrationslagers, etwa 1200 Mann gezählt. Als »Exekutierende« etwa 25 000 Menschen.
In der Tschechoslowakei also errichtete Heydrich die Galgen, und da er wußte, daß sich der Machtbereich seines Amtes eines Tages gewaltig gegen Osten ausdehnen würde, so wollte er jetzt schon Sorge tragen, daß nicht etwa ihn der Tod erreichte, bevor er ihn zu Millionen senden konnte. Denn auch das war, wie sich in Nürnberg herausstellte, der stündliche Gedanke dieser Art von Männern: Wie entgehe ich dem Tode, den mir zu bereiten jeder andere entschlossen ist?
Seines Herrn Hitler war Heydrich sicher, aber nicht seines Herrn Himmler, erklärte Kaltenbrunner. Himmler liebte ihn, gewiß ..., erklärte Kaltenbrunner wieder und vollendete den Satz nicht. Er erklärte auch nicht das wirkliche Verhältnis zwischen den beiden. Niemand wird es jemals offenbaren können – denn beide sind tot. Nun aber gab es im Verhältnis zwischen Hitler und Himmler einen schwachen Punkt, gegen den schoß Heydrich seinen Pfeil. Hitler wollte gegen den Osten ziehen und brauchte Nachrichten aus dem Osten. Er verlangte sie mit der ganzen Besessenheit eines Halbgebildeten, der die Kolportage liebt. Diese Vorliebe kannte

Himmler freilich zu gut, aber er, der nie im Osten gewesen war und der das unwirkliche Land des Ostens so, wie es in Hitlers Kopf gespensterte, nicht begriff, er konnte seinem Herrn beim besten Willen nicht zur Zufriedenheit dienen. Aber Heydrich hatte diese »Nachrichten«. Sie waren wunderbar. Sie wirkten auf die »germanische Moral«: Teuflisch dunkle Mächte des Ostens griffen nach den edlen Lichtgestalten des Dritten Reiches ... Der Mann, der solche »Nachrichten« lieferte, hieß Kaltenbrunner, ein SS-Mächtiger, ein »Wissender« in seiner österreichischen Heimat.

Der Krieg brach aus. Die »Gestapo« trat die Aufgabe an, die ihr zugedacht war. Mit Konzentrationslagern, mit »Einsatzgruppen«, mit fahrbaren Gaskammern, mit Krematorien, kurz, mit der ganzen technischen Schreckenskammer des zwanzigsten Jahrhunderts.

Hitlers und Himmlers Hirne waren gefüllt von dem glückseligen Gedanken an die ersten Siege. Heydrich badete im Blut, er lauerte Himmler auf, der ihn liebte, und als die ersten Hemmnisse und Stockungen kamen, als Hitler tobte und in Schreikrämpfe fiel, stieß Heydrich wieder zu.

Himmlers Nachrichtendienst war eben schlecht und war immer schlecht gewesen.

Hitler tobte und schrie gegen Himmler.

Nach Kaltenbrunners Darstellung wurde dem »Reichsführer SS und Chef der deutschen Polizei« mit einem Male klar, welche Torheit er begangen hatte, als er die beiden »Exekutivabteilungen« des »RSHA« aus der Hand gegeben. Die schwer bewaffneten Männer hatte Heydrich, nicht er.

Aber da löste sich plötzlich alles. Die Tschechen sandten Heydrich in den Hades. Und sofort stürzte Himmler zu Kaltenbrunner. Denn das war der Mann, der die herrlichen Nachrichten aus dem Osten hatte, diese Nachrichten, in die Hitler so vernarrt war. Dieser Mann hatte bisher Heydrich gehört. Jetzt war er sein. Man konnte ihn nicht gut genug behandeln.

So wurde Kaltenbrunner nach seiner eigenen Darstellung am 2. Februar 1943 Chef des »Reichssicherheitshauptamtes«.

Nun aber sei es, so sagte Kaltenbrunner, zwischen ihm und Himmler zu einer streng geheimgehaltenen Absprache gekommen. Nie wieder werde er, so habe ihm Himmler offen erklärt, die beiden so mächtigen Exekutivabteilungen des »RSHA« aus der Hand geben. Infolgedessen behalte er, Himmler, sich die Anweisungsbefugnisse für die »Gestapo« und die Kriminalpolizei vor. Kaltenbrunner werde zwar nominell Chef des ganzen »RSHA« sein. Befehle an die beiden genannten Abteilungen werde aber nur er, Himmler, erteilen und Kaltenbrunner habe sich in Zukunft nur um die Beschaffung von Nachrichten zu kümmern, die Hitler so liebte.

Das alles erzählte Kaltenbrunner im Nürnberger Gericht schneller und eindringlicher, als es sonst seine Art war; denn darauf lief seine Verteidigung hinaus: nur nominell sei er Vorgesetzter der »Geheimen Staatspolizei« gewesen und nicht in Wirklichkeit.

Am 2. Februar also sei er Chef dieses »RSHA« geworden, sagte Kaltenbrunner, holte tief Atem und erklärte zum fassungslosen Staunen des Gerichtes: »Am Tage danach, am 3. Februar, nach Stalingrad, wußte ich, daß der Krieg verloren war. Von da an betrieb ich Hochverrat, wenigstens nach der Rechtsauffassung, die damals galt, und versuchte, mit den Westmächten Verbindung aufzunehmen mit dem Ziel, zu einem Frieden zu kommen.«

Soweit in seinem Bericht angelangt, begann Kaltenbrunner eine wirklich gespenstische Darstellung dessen, was die führenden Männer der SS auf der einen und der »Gestapo« auf der anderen Seite unternahmen.

Himmler glaubte ebenfalls nicht mehr an den Sieg. Das hatte Kaltenbrunner genau genug erfahren. Er selbst als Chef des Reichskriminalpolizeiamtes glaubte nicht mehr daran, und auch noch ein dritter mächtiger Mann, der Chef der Kriminalpolizei, wußte, daß der Krieg verloren war. Dieser dritte Mann, Nebe mit Namen, der tot ist und nicht mehr aussagen kann, zu seinen Lebzeiten ein schlanker, hochgewachsener Fünfziger mit schneeweißem Haar, aber wußte es von diesen dreien vielleicht am sichersten.

Lediglich der Chef der »Gestapo«, ein Mann, unbeschrieben wie sein Name – Müller hieß er –, glaubte an gar nichts. Nicht an Sieg oder Niederlage, nicht an Recht oder Unrecht, er glaubte lediglich an die Befehle seiner Vorgesetzten. Dieser Vorgesetzte war Himmler, sagte Kaltenbrunner. Dieser Vorgesetzte war Kaltenbrunner, sagte die Anklage.

Die drei großen Männer im Reich der eigentlichen Gewalten Deutschlands glaubten also nicht mehr an den Sieg und wußten natürlich besser als jeder andere, daß es zu jener Zeit in Deutschland tödlich war, nicht an den Sieg zu glauben. Kam das zur Kenntnis Hitlers, dann half keine noch so schwer bewaffnete »Exekutivabteilung«, kein Rang und kein Name, dann gab es nur den Tod für den Abtrünnigen, der die schwerste Sünde begangen hatte, die es im Dritten Reich gab, die Sünde wider den Glauben.

Diese drei: Himmler, Kaltenbrunner und Nebe, begannen jetzt ein gefährliches, furchtbares Spiel.

Sie hatten jeder für sich nur eines im Auge: Wie komme ich persönlich und ohne daß diejenigen Mächte, die den Krieg gewinnen werden, mich zur Rechenschaft ziehen, heil und unversehrt aus diesem Kriege und aus dem Zusammenbruch des Dritten Reiches heraus? Himmler dachte sogar

daran, wie er reich und mächtig aus diesem Zusammenbruch, den er vor Augen sah, hervorgehen könne.
Er begann für seinen Reichtum zu sorgen. Die deutsche Reichsmark, deren er ja in jedem Umfang habhaft werden konnte, reizte ihn nicht. Kaltenbrunner erzählte im Zeugenstand, wie Himmler es machte. Er fahndete überall in den Ländern Europas nach Juden, von denen er wußte, daß sie im Ausland wohlhabende und einflußreiche Verwandte oder Freunde hatten. Er ließ sie in die Konzentrationslager schleppen, zeigte ihnen die Gaskammern, die Krematorien, die Galgen und die Prügelböcke. Er ließ sie leiden, und dann verkaufte er ihnen die Freiheit gegen Devisen, zahlbar an eine Firma, die Himmler in Budapest gegründet hatte und die »Katz & Co.« hieß.
Auf der anderen Seite unternahm Himmler den Versuch, sich ein Alibi zu verschaffen. Er suchte Verbindung zu dem schwedischen Grafen Bernadotte, dem Beauftragten des Roten Kreuzes in Schweden, erklärte, daß er, ein friedlicher Mann, die Greuel des Dritten Reiches verabscheue und daß er sich vor Kaltenbrunner fürchte. Er bot seine Dienste an, um auf irgendeine Weise, die er natürlich nicht genau detaillieren konnte, den Frieden zu schaffen.
Der Graf Bernadotte wird ebenso fassungslos gewesen sein, wie es wahrscheinlich die Amerikaner waren, die Kaltenbrunner in der Schweiz ausfindig machte.
Was für Amerikaner das eigentlich gewesen sind, ist nicht festgestellt worden. Kaltenbrunner in Nürnberg sagte aber, daß er vom Jahre 1943 an mit »Amerikanern« in der Schweiz über den Frieden »verhandelt« habe.
Nebe, der Chef der Kriminalpolizei, schloß sich den Männern an, die später den Anschlag vom 20. Juli unternahmen, und auch er spann seine Fäden ins Ausland.
Selbstverständlich, daß alles das ergebnislos verlief. Immerhin ist es schwer vorstellbar für uns, die wir zu keiner Zeit anderswo als in realen Welten lebten, wie sich diese Herren der SS den Erfolg ihrer Bemühungen eigentlich gedacht haben. Wahrscheinlich vermuteten sie die Welt so, wie die Propagandamaxime des Dritten Reiches sie geschildert hat: ängstlich, käuflich und ohne Moral.
Keiner der drei wußte von des anderen »Hochverrat«. Jeder hielt natürlich ohne Erfolg an seinen eigenen Plänen fest, und jeder war auch davon überzeugt, daß nur er allein die Niederlage kommen sähe und als kluger Mann für seine Zukunft Sicherungen träfe.
Aber Sicherungen mußten auch für die Gegenwart getroffen werden. Unendlich mißtrauisch war das Auge Hitlers, seit sich Niederlage auf Niederlage häufte. Es gab nur eines, was dieses Mißtrauen besänftigen

konnte – das wußten diese drei Männer allzugut –, und dieses eine hieß: Blut. Wer im Dienste Adolf Hitlers Blut vergoß, der war allerdings in der Lage, seine menschliche und politische Zuverlässigkeit zu beweisen. Die Wissenden bewiesen nun, wie die Ankläger im Nürnberger Gericht durch die Vorlage ihrer Dokumente offenkundig machten, ihre Zuverlässigkeit wirklich dadurch, daß sie dem gefräßigen Götzen Hitler Opfer über Opfer darbrachten. Himmler rechnete Hitler schriftlich vor, wieviel Millionen von Menschen in den Konzentrationslagern langsam starben und wieviel Leichen die Krematorien stündlich verbrennen konnten. Kaltenbrunner schrieb die Millionen auf, die von der Geheimen Staatspolizei in die Lager gebracht worden waren, und Nebe erstattete Bericht über die Unzahl von Menschen, die er als Führer einer »Einsatzgruppe« im Osten hatte umbringen lassen.

Wer Blut vergoß, war unverdächtig; denn er fürchtete keine Niederlage und keine Rache der Sieger; er glaubte also an den Sieg. Das war der Schluß, den Hitler offenbar aus der Tatsache zog, daß jemand weiter bereit war, zu morden.

Der erste, der von den dreien in Gefahr geriet, war Himmler. Seine Untergebenen, die Leute von der »Gestapo«, kamen ihm auf die Spur. So erfuhr Kaltenbrunner von den Juden-Verkäufen Himmlers, und sofort eilte er zu Hitler, um Himmler zu verraten.

Weshalb, das sagte Kaltenbrunner nicht eigentlich. Er behauptete, es habe sich um das »Ansehen des Deutschen Reiches im Ausland« gehandelt. Wahrscheinlich aber ging Kaltenbrunner zu Hitler, um Himmler zu erledigen. Himmler wußte alles von Kaltenbrunner.

Zogen die Alliierten in Deutschland ein, so konnte seine Aussage Kaltenbrunner in Gefahr bringen, ihn, der gerade jetzt sogar einen heimlichen Sonderbeauftragten zum Vatikan senden wollte. Mit der österreichischen Widerstandsbewegung hatte er auch schon Fühlung genommen. Ja, er hatte ebenfalls zu dieser Zeit an das Rote Kreuz in der Schweiz ein paar tausend Alliierte aus deutschen Konzentrationslagern geschickt! Das alles konnte er in Nürnberg beweisen, und nach seiner eigenen Meinung mußte er demnach glänzend vor den Augen der Alliierten bestehen! Himmlers Tod, des Mannes, der alle seine Geheimnisse kannte – mußte der ihm nicht hochwillkommen sein?

Und was waren das alles für Geheimnisse!

Der Vorsitzende des Gerichtes fragte Kaltenbrunner: »Kannten Sie Schellenberg?«

Mit dieser Frage löste er eine Kaskade von Sätzen aus, die Kaltenbrunner in seinem weichen österreichischen Dialekt hervorsprudelte: »Schellenberg ist der intimste Freund Himmlers gewesen. Er ist auf Himmlers

Befehl bis zum letzten Tage bei ihm geblieben. Er ist der Mann, der für Himmler die letzte Vermittlertätigkeit zu dem schwedischen Grafen Bernadotte zustande gebracht hat; er ist der Mann gewesen, der im letzten Augenblick eine Verbindung über Herrn Mühse in der Schweiz zustande gebracht hat, auf welchem Wege ganz wenige jüdische Häftlinge in die Schweiz, in das Ausland entlassen wurden, damit die Herren Himmler und Schellenberg im Ausland noch rasch einen günstigen Namen sich sicherten, und er ist es gewesen, der zusammen mit einem zweiten Freund Himmlers eine Aktion unternommen hat, um über eine Rabbinerorganisation Nordamerikas vertragsmäßig herbeizuführen, daß in einigen größeren Zeitungen Amerikas eine bessere Besprechung und Reportage der Person Himmlers erwirkt werde, und diese Machenschaften habe ich Himmler gegenüber und Hitler gegenüber kritisiert, beziehungsweise in Mißkredit gebracht und erklärt, es sei der Sache und des Reiches unwürdig, in einer so wichtigen Frage Methoden, wie sie Himmler und Schellenberg hier anwenden, zu handhaben. Der einzige korrekte Weg sei der einer sofortigen Aufnahme der Beziehungen zum Internationalen Roten Kreuz, und daher habe ich Himmler rechtzeitig Präsident Burckhardt präjudiziert und ihn gezwungen, in dieser Frage eine andere Stellung einzunehmen, indem ich Burckhardt selbst gebeten habe, in die Lager sich zu begeben.«

So sah also nach Kaltenbrunners Meinung die Welt aus. Die Welt, in der Himmler ein Gott war. Aber über diesem Gott stand ja nun schließlich doch Hitler. Konnten Götter sündigen?

Auf jeden Fall bewies Kaltenbrunner Hitler, daß Himmler sündigte.

So groß war immerhin Hitlers Anhänglichkeit an Himmler, daß er ihn nicht töten ließ. Aber er verbannte ihn aus seinen Augen. Und in Wirklichkeit ist Himmler während des letzten halben Kriegsjahres, umgeben von einer kleinen Schar Getreuer, durch Deutschland geirrt wie ein Verfolgter. Auf der Flucht vor Kaltenbrunner, den er entsetzlich fürchtete, wie er es dem Grafen Bernadotte ja auch gesagt hat.

Aber viel gefährlicher für Kaltenbrunner als Himmler war eigentlich der Chef der deutschen Kriminalpolizei, Nebe. Ein Mann wie Himmler war schließlich im allerletzten Augenblick immer noch zu fassen und stumm zu machen. Aber Nebe! Das war nicht wie Himmler ein häufig fotografierter Mann, wenig einfallsreich und sprachunkundig, sondern Nebe war ein wendiger, schlauer Mensch, der gut Englisch und Französisch sprach. Und der wußte auch genug über Kaltenbrunner, um ihm bei den Alliierten schaden zu können.

Zu Kaltenbrunners grenzenloser Überraschung stellte sich aber nach der mißglückten Aktion vom 20. Juli 1944 heraus, daß Nebe verschwunden

war. Spurlos. Erst viel später erfuhr Kaltenbrunner, daß Nebe bei den Vorbereitungen des Attentats eine wichtige Rolle gespielt hatte.
So setzte Kaltenbrunner Himmel und Hölle in Bewegung, um Nebe zu fassen, den er acht Tage vor der Kapitulation im Hof des Gefängnisses in Berlin-Plötzensee aufhängen ließ.
Um einen einzigen Mann brauchte er sich nicht zu kümmern: um den eigentlichen Chef der »Gestapo«, um den Mann mit dem Namen Müller. Dem hatte er befohlen, in Berlin zu bleiben und dort zu siegen oder zu sterben, und getreu diesem Befehl starb dieser Herr Müller, da er nach höheren moralischen Gesetzen, die ihm unbekannt waren, nicht siegen konnte.
Wieweit er noch nach Himmler gefahndet hat, um sich seiner zu entledigen, das sagte Kaltenbrunner in Nürnberg nicht; er hatte ihn ja, wie wir wissen, nicht mehr in seine Hand bekommen. Auf jeden Fall fuhr Kaltenbrunner am 19. April 1945 nach seiner eigenen Aussage des Nachts aus Berlin hinaus und eilte an die Schweizer Grenze, um auf die amerikanischen Friedensunterhändler zu warten. Die Unterhändler kamen natürlich nie.
Man kann an Hand der Unterlagen, die der Nürnberger Prozeß zutage brachte, leicht und ziemlich zuverlässig berechnen, daß die Leiter der »Gestapo« zu Zeiten, in denen sie selbst nicht mehr an das Glück ihrer Sache glaubten, noch Millionen Menschen ermorden ließen, um Hitler ihre Zuverlässigkeit zu beweisen. Nur aus diesem und keinem anderen Grunde.

Als Kaltenbrunner den Zeugenstand verließ, ging er ruhig und sicher in seinem sauberen, eleganten Anzug durch den Raum.

Tüngel wird Chefredakteur der »Zeit« und kommt sofort in Gegensatz zum Intelligence Service

Samhaber mußte auf Befehl der Besatzungsbehörde gehen. Selbstverständlich legte er Berufung ein; selbstverständlich ging ich zu unserem neuen englischen Presseoffizier, einem Volksschullehrer und überzeugten Sozialisten, einem etwas scheuen und grundanständigen Mann, und erklärte ihm, wir hätten einen Vertrag mit Samhaber, nach dem wir ihm noch für fünf Jahre sein bisheriges Gehalt zahlen müßten, was mir ohne weiteres zugestanden wurde. Ich hatte den deutlichen Eindruck, daß dieser Captain sehr wohl durchschaute, daß ich ihn anlog, aber zugleich auch sehr froh darüber war, daß wenigstens in dieser Hinsicht der Fall, der ihn sehr beunruhigte, eine gewisse Milderung erfuhr.
Aber wir hatten keinen Chefredakteur mehr. Und so traten denn die anderen Herausgeber an mich heran und schlugen mir vor, ich solle an die Stelle Samhabers treten. Nach einigem Zögern sagte ich zu, und so wurde ich denn Chefredakteur der »Zeit«.
Meine erste Aufgabe war, unseren Lesern den erzwungenen Rücktritt Samhabers mitzuteilen, ihn dabei gleichzeitig zu verteidigen und die englischen und deutschen Behörden, die für dieses unerhörte Fehlurteil verantwortlich waren, anzugreifen. Ich schrieb einen Aufsatz, dem ich den Titel gab: »Ohne Recht«. In ihm kam meine Empörung sehr deutlich zum Ausdruck:
»Ohne Recht – das ist ein böses, ein schreckliches Wort! Wer sollte das besser wissen als wir Deutschen. Keiner, der nicht die langen Jahre der Hitlerherrschaft in unserem Lande gelebt hat, kann ermessen, wie sehr wir darunter gelitten haben, rechtlos zu sein. Wie grauenvoll war es, ohnmächtig zusehen zu müssen, daß man Menschen verschleppte, um sie zu Tode zu quälen, sich nicht wehren zu können, wenn alles, was uns heilig war, mit Füßen getreten wurde. Niemals konnten wir hinausschreien, was

die Herzen marterte, was die Brust zusammenpreßte, daß wir zu ersticken glaubten, denn jede öffentliche Meinung war geknebelt, und überall waren Schergen, die bis in die verschlossenen Wohnungen hinein das freie Wort belauerten.

Wenn wir ins Ausland fuhren und mit unseren Freunden sprachen, ihnen schilderten, wie wir litten, fanden wir zwar persönliches Wohlwollen, aber niemals Verständnis. Hilfe wurde uns geboten, doch nur für uns selber. Man begriff nicht, daß wir zurückfuhren, daß wir nicht auswandern wollten, keiner konnte verstehen, daß wir das Recht suchten in unserem Lande, daß wir hofften, eine Gasse zu brechen durch den Wall der Bedrückung. Für das Recht sind Hunderttausende Deutsche in Konzentrationslagern zugrunde gegangen, für das Recht ließen die Männer und Frauen vom 20. Juli ihr Leben. Ziellos und wie von Sinnen sind wir oft, verzweifelten Zorn im Herzen, des Nachts durch die Straßen der Städte gelaufen. Und wenn, so sagten wir uns, unsere Häuser in Trümmer sinken müssen, wir wollen es ertragen, wenn nur eines Tages das Recht in Deutschland uneingeschränkt wieder herrschen wird.

Ohne Recht – wir haben es uns in der Stunde der Befreiung geschworen: dieses Wort darf bei uns niemals wieder gelten. Als die Besatzungsmächte uns das Vertrauen schenkten, einen Teil der Rechtsfindung in unsere eigenen Hände zu legen, haben wir aufgeatmet. Mußten wir nicht glauben, daß in jedem anständigen Deutschen ein heiliges Feuer glühe, eine verzehrende Sehnsucht, dem Recht wieder zu uneingeschränkter, ja unangefeindeter Geltung zu verhelfen? ...

Auf Grund der Aussage eines deutschen Entnazifizierungsausschusses darf Ernst Samhaber an dieser Stelle, an der unsere Leser, solange unser Blatt besteht, gewohnt sind, seine warmherzigen und unparteiischen Aufsätze zu finden, nicht mehr schreiben. Wir sind über den Verdacht erhaben, hier gegen das Allgemeinwohl in eigener Sache zu schreiben. Wir haben bewiesen, daß wir den Kampf, der hier ausgefochten werden muß, uneigennützig und nur um des Rechtes willen geführt haben. Wir sind weit davon entfernt, einen Vorteil daraus zu ziehen, daß uns diese Spalten leichter zur Verfügung stehen als anderen, denen heute Unrecht geschieht. Aber dies ist ein Fall, den wir klar übersehen können. Hier können wir deutlich die Gefahren aufzeigen, die dem Recht in Deutschland heute drohen, und indem wir sie an das volle Licht des Tages bringen, werden wir auch die Mittel finden, sie zu bannen.

Was also ist geschehen? War Dr. Samhaber in der Partei? Hat er etwa mit Hitler schon in frühen Zeiten an einem Tisch gesessen? Ist er mit ihm 1923 zur Feldherrnhalle marschiert? Hat er 1933 an dem Fackelzug teilgenommen, vom Brandenburger Tor zur Reichskanzlei, hat er im Reichs-

tag für das Ermächtigungsgesetz gestimmt? War er etwa ein SA-Mann, ein SS-Mann, ein Denunziant, ein Antisemit? Nein, es ist allgemein bekannt, daß er all dies nicht war und auch nichts, was dem gleichkommt. Was also wirft man ihm vor?
Ohne Recht! Auch in dem Ausschuß, vor den Dr. Samhaber geladen war, sitzen ehrenwerte Männer. Wie kommt es, daß sie zu ihrem Urteil gelangten? Haben sie, da sie berechtigte Anklagen gegen ihn nicht finden konnten, etwa nicht danach gefragt, was er denn selber aktiv gegen Hitler unternommen habe? Da er ein Schriftsteller war, haben sie ihn nicht gefragt, wie viele von seinen Büchern verboten wurden? Hat er nach diesem Verbot im Sinne der Nazis geschrieben? Da er ein Journalist war, wie waren seine Artikel? Wir, die wir das Handwerk kennen, schaudern noch heute bei dem Gedanken, mit welcher Kühnheit und wie weit er damals den Hals in die Schlinge gesteckt hat, und wir freuen uns der unbestechlichen Stimme aus der freien Schweiz, die ihn dafür heute, wo ein Lob – so glaubt man wenigstens – nicht mehr schaden kann, als einen aufrechten Mann preist, als einen jener Gerechten, um derentwillen vielen Ungerechten in Deutschland verziehen werden kann.
Wir betonen es noch mal, ernsthaft und ausdrücklich, weil es immer noch Leute gibt, die sich aus ihren Gewohnheiten der Nazizeit nicht lösen können und die meinen, sie müßten in einer Zeitung zwischen den Zeilen lesen: wir sind ehrlich und aufrichtig davon überzeugt, daß in dem Ausschuß, der Samhaber verurteilte, nur ehrenwerte Männer sitzen, wir haben einstweilen nicht den geringsten Grund, das Gegenteil anzunehmen. Aus welchen trüben Kanälen aber, aus welchen schmutzigen Kloaken fließen diesen ehrenwerten Männern Informationen zu, die sie, das müssen wir annehmen, aus irgendeinem Grunde für einwandfrei zu halten sich verpflichtet fühlen?«
Es dauerte nicht lange, dann stieg aus einer dieser Kloaken ein Mann, der die vier Herausgeber der »Zeit« ins Büro des Hamburger Press Office befahl.
Unser scheuer Presseoffizier saß neben seinem Schreibtisch. Hinter dem Schreibtisch aber thronte ein riesiger Schlagetot, ein britischer Major, seinem Namen nach offenbar ein ungarischer Emigrant. Er sprach nicht mit uns, sondern brüllte uns in einem Kasernenhofton an, den man früher immer für preußisch gehalten hat, der aber, wie ich inzwischen erfahren hatte, bei anderen Völkern noch übler ist, als er bei uns je gewesen war. Er befahl uns, eine Widerlegung meines Artikels zu bringen. Ich weigerte mich, und Bucerius unterstützte mich energisch und lebhaft. Er sprach in fließendem Englisch auf den Ungarn ein – ich bin nicht sicher, ob dieser englische Major ihn verstanden hat.

Schließlich war ich zu einem Kompromiß bereit. Ich wollte die Erwiderung bringen unter der Bedingung, daß ich daruntersetzen dürfe:
»Dies ist eine Auflage der englischen Militärregierung.«
Jetzt erhob sich dieser Ungar und trommelte mit den Fäusten auf dem Schreibtisch: »Sie werden dies ohne jede Bemerkung bringen, sonst verbiete ich das weitere Erscheinen der ›Zeit‹.«
Ich erwiderte: »Bitte sehr!«
Aber alle drei, Bucerius, Schmidt di Simoni und Lorenz, begannen jetzt eine schnelle und gewissermaßen überflüssige Diskussion mit dem britischen Major, nur um Bucerius Gelegenheit zu geben, mir zuzuflüstern: »Rache wird kalt genossen!«
Das einzige, was ich erreichen konnte, war, daß unter der »Stellungnahme des Fachausschusses 7 zum Artikel ›Ohne Recht‹ von Richard Tüngel«, die wir befehlsgemäß abdrucken mußten, der folgende Zusatz erschien: »Wir bringen selbstverständlich die Stellungnahme des Ausschusses unseren Lesern zur Kenntnis. Der Fall Samhaber wird nunmehr vor dem Berufungsausschuß geklärt werden.«
Daß ich von der Militärregierung gezwungen worden bin, diese Entgegnung des Berufungsausschusses zu bringen, gegen meine Überzeugung und nur unter dem Druck, daß ich sonst verstummen müßte und nicht weiter die Deutschen, für die ich mich verantwortlich fühlte, verteidigen dürfe, habe ich bis heute noch nicht überwunden, und ich muß eines sagen: in der Nazizeit ist mir so etwas nicht zugemutet worden. Ich sah jetzt ein, daß es für mich nötig sei, einen ernsthaften Streit mit allen vier Besatzungsmächten zu führen. Man hatte Samhaber abgesetzt, aber nun würde man es in Zukunft mit mir zu tun haben, und ich dachte an den Ausspruch des Königs Rehabeam: »Mein Vater hat euch mit Peitschen gezüchtigt; ich aber mit Skorpionen« (2. Chronika 8).

Berndorff weiter im Nürnberger Prozeß: Das Großdeutsche Reich von Baku bis zu den Pyrenäen

Die wenigen deutschen Journalisten, die in Nürnberg waren, lebten in einer seltsamen Welt, von der ich immer das Gefühl hatte, daß es sie eigentlich gar nicht gebe. Ich hauste in einem Nichts, unter Umständen, die mit der blanken Realität, der sich die deutsche Bevölkerung gegenübersah, nichts zu schaffen hatte. In den Monaten, in denen ich in Nürnberg lebte, wurde ich sechzehnmal wegen des Diebstahls meiner amerikanischen Schreibmaschine verhaftet. Ich sagte schon, daß sie einem Armeeprediger gestohlen worden war. Die Schreibmaschine wurde bald in dem Quartier einer galanten Frauensperson gefunden und beschlagnahmt. Es ist natürlich unerfindlich, wie sie dort hingekommen ist, und die Aussage des Mädchens, der Prediger habe sie bei ihr vergessen, weil er volltrunken gewesen sei, entbehrte natürlich jeglicher Wahrscheinlichkeit. Der Mann war ja ein Prediger.
Natürlich kam ich immer jedesmal wieder frei. Aber das Verhaften war für die amerikanischen Sergeanten ein Sport.
Eines Tages kamen die Wachmannschaften in Nürnberg auf eine grandiose Idee. Sie verkauften den deutschen Journalisten weit unter dem üblichen Handelspreis Zigaretten. An mich nicht, denn ich bekam Zigaretten von der Internationalen Presse-Agentur, für die ich heimlich arbeitete.
Die amerikanischen Sergeanten verhafteten am »germanischen« Eingang des Gerichtsgebäudes alle deutschen Journalisten und nahmen ihnen die Zigaretten wieder ab. So hatten sie Geld, Zigaretten und ihren Spaß.
Sagenhaft verliefen die Abende in Nürnberg. Wir saßen in dem Lokal, in dem morgens müde, welkende, abends hingegen hektisch künstlich aufgeblühte Damen weilten. Meistens saß ich neben Susanne, von der ich schon gesprochen habe. Was wir zu essen bekamen, war grauslich. Es war

eine Art von Hühnerfutter; eingemachter Mais schien es zu sein, der in Wasser gekocht und manchmal mit Salz, aber manchmal mit Zucker gereicht wurde.
Susanne hatte Jura studiert, stand gegen Ende des Krieges vor ihrem Referendarexamen, als es sich herausstellte, daß die Angaben, die sie über das Ariertum ihrer Eltern gemacht hatte, irgendwie irrig gewesen sein mußten. Sie floh aus Freiburg, weil es ihr sonst sehr schlecht gegangen wäre, hielt sich am Bodensee verborgen und stieß dann nach mannigfachen, unliebsamen Abenteuern nach der Kapitulation zu der amerikanischen Presse-Agentur.
Infolge einer sehr ungewöhnlichen Begabung wurde sie der Star der Agentur.
Sie hatte eine herrliche Art, mit mir zu sprechen.
»Es ist eigentlich allerhand, wieviel Menschen ihr umgebracht habt«, pflegte sie zu sagen, wenn sie sich distanzierte.
»Ein Skandal, was man uns hier zu essen gibt«, pflegte sie zu sagen, wenn sie die Distanzierung vergaß.
Um uns herum tobte es im Tanze. Die amerikanischen Soldaten drehten die deutschen Mädchen. Eine entsetzliche Musik jaulte, »Don't fence me in«, »Sentimental journey« und »Smoke get in your eyes«, und wir sprachen über das Verbrechen als Grundbestandteil der Historie.
Das war vielleicht eine Mischung!
Die westlichen Alliierten sahen die deutschen Journalisten in Nürnberg nicht gern. Warum nicht, das weiß der Teufel. Das Büro des Gerichtes gab sich alle Mühe, unsere Arbeit zu erschweren. Es gab eine Anweisung des Vorsitzenden, wonach alle Dokumente, die im Prozeß vorgebracht wurden, in vier Sprachen im großen Pressesaal auslegen sollten. In deutscher Sprache lagen sie kaum je aus. Ich habe Tod und Teufel in Bewegung setzen müssen, den armen Mr. Forrest von Pontius zu Pilatus gehetzt, um ein Dokument zu Gesicht zu kriegen, das der amerikanische Spionagedienst in Deutschland erbeutet hatte. Die Russen hatten mir die Existenz dieses Papiers gesteckt, aus dessen Text hervorgehen solle, warum Millionen Menschen umgebracht worden sind.
Das Dokument ist von Bormann verfaßt, trägt als Überschrift die Notiz »Geheime Reichssache«. Und dann weiter: »Aktenvermerk vom 16. Juli 1941 über eine Besprechung im Hauptquartier des Führers, betreffend den Krieg im Osten.«
Bei der Besprechung waren anwesend: Hitler, Lammers, Göring, Keitel, Rosenberg und Bormann.
Nach der Notiz von Bormann hat Hitler erklärt:
»Wesentlich sei es nun, daß wir unsere Zielsetzung nicht vor der ganzen

Welt bekanntgäben; dies sei auch nicht notwendig, sondern die Hauptsache sei, daß wir selbst wüßten, was wir wollten. Keinesfalls sollte durch überflüssige Erklärungen unser eigener Weg erschwert werden. Derartige Erklärungen seien überflüssig, denn soweit unsere Macht reiche, könnten wir alles tun, und was außerhalb unserer Macht liege, könnten wir ohnehin nicht tun.
Die Motivierung unserer Schritte vor der Welt müsse sich also nach taktischen Gesichtspunkten richten. Wir müßten hier genau so vorgehen wie in den Fällen Norwegen, Holland, Dänemark und Belgien.
Auch in diesen Fällen hätten wir nichts über unsere Absichten gesagt, und wir würden dies auch weiterhin klugerweise nicht tun.
Wir werden also wieder betonen, daß wir gezwungen waren, ein Gebiet zu besetzen, zu ordnen und zu sichern; im Interesse der Landeseinwohner müßten wir für Ruhe, Ernährung, Verkehr und so weiter sorgen; deshalb unsere Regelung. Es soll also nicht erkennbar sein, daß sich damit eine endgültige Regelung anbahnt. Alle notwendigen Maßnahmen – Erschießen, Aussiedeln usw. – tun wir trotzdem und können wir trotzdem tun.
Wir wollen uns aber nicht irgendwelche Leute vorzeitig und unnötig zu Feinden machen. Wir tun also lediglich so, als ob wir ein Mandat ausüben wollten. Uns muß aber dabei klar sein, daß wir aus diesen Gebieten nie wieder herauskommen.
Demgemäß handelt es sich darum:
1. Nichts für die endgültige Regelung zu verbauen, sondern diese unter der Hand vorzubereiten;
2. Wir betonen, daß wir die Bringer der Freiheit wären.
Im einzelnen:
Die Krim muß von allen Fremden geräumt und deutsch besiedelt werden.
Ebenso wird das alt-österreichische Galizien Reichsgebiet. Jetzt ist unser Verhältnis zu Rumänien gut, aber man weiß nicht, wie künftig zu jeder Zeit unser Verhältnis sein wird. Darauf haben wir uns einzustellen und danach haben wir unsere Grenzen einzurichten. Man soll sich nicht vom Wohlwollen Dritter abhängig machen; darnach müssen wir unser Verhältnis zu Rumänien einrichten.
Grundsätzlich kommt es also darauf an, den riesenhaften Kuchen handgerecht zu zerlegen, damit wir ihn
erstens beherrschen,
zweitens verwalten und
drittens ausbeuten können. Die Russen haben jetzt einen Befehl zum Partisanen-Krieg hinter unserer Front gegeben. Dieser Partisanen-Krieg hat

auch wieder seinen Vorteil: er gibt uns die Möglichkeit, auszurotten, was sich gegen uns stellt.

Grundsätzliches:

Die Bildung einer militärischen Macht westlich des Ural darf nie wieder in Frage kommen und wenn wir hundert Jahre darüber Krieg führen müßten. Alle Nachfolger des Führers müssen wissen: Die Sicherheit ist nur dann gegeben, wenn westlich des Ural kein fremdes Militär existierte; den Schutz dieses Raumes vor allen eventuellen Gefahren übernimmt Deutschland.

Eiserner Grundsatz muß sein und bleiben: Nie darf erlaubt werden, daß ein anderer Waffen trägt als der Deutsche!

Der Führer betont, das gesamte Baltenland müsse Reichsgebiet werden. Ebenso müsse die Krim mit einem erheblichen Hinterland (Gebiet nördlich der Krim) Reichsgebiet werden; das Hinterland müsse möglichst groß sein.

Der Führer betont weiter, auch die Wolga-Kolonie müsse deutsches Reichsgebiet werden, ebenso das Gebiet um Baku; es müsse deutsche Konzession werden (Militär-Kolonie).«

Das Deutsche Reich sollte also an den Ural grenzen. Vielleicht muß man hundert Jahre Krieg führen, um das Ziel zu erreichen – dann führt das Deutsche Reich eben hundert Jahre Krieg. Gebiet um die Wolga? Natürlich deutsches Reichsgebiet! Die Krim natürlich auch! Dann muß es natürlich auch eine »Militär-Kolonie« geben: Baku, denn dort ist das Öl. Großer Gott! Das war doch nicht zu fassen!

Das also steckte hinter allem! Das war der Grund, warum er Millionen ermordete in Bergen-Belsen, in Auschwitz und überall im Osten. Das war der gigantische Plan oder, um es besser zu sagen, die gigantische Idiotie! Betrachtet man die Absicht Hitlers einmal so, daß man alle moralischen, ethischen, humanen Überlegungen beiseite läßt, so erstaunt und erschrickt man über die unreale Welt, in der dieser Mann lebte. Er wußte nichts von den Slawen, gar nichts! Er kannte nichts von der Landschaft, die er erobern wollte, und ahnte nichts von den Schwierigkeiten, die sich seinen Plänen entgegenstellen mußten.

Als er gegen Moskau zog, dachten wir alle an Napoleon. Als unsere Landsleute in Rußland erfroren, dachten wir alle an den Rückzug der Großen Armee. Wir Zivilisten wußten, daß es unmöglich war, bei unserer Rohstoffarmut mit der deutschen Armee diese Ziele, die er sich gesteckt hatte, zu erreichen.

Er selber wußte es nicht.

Ich bin noch heute der Überzeugung, daß es für die historische Allgemeinbildung eines Deutschen unerläßlich wäre, das Dokument, das ich

eben zitiert habe, zu kennen. Ich war schon in Nürnberg dieser Überzeugung. Ich habe das Dokument, nachdem ich es mit Mühe aufgetrieben habe, an G.N.S. gefunkt. Ich habe niemals feststellen können, daß es veröffentlicht wurde.
Warum eigentlich nicht?
Ich muß gestehen, daß ich es damals, als ich für G. N. S. arbeitete, bald müde wurde, mich um die Pressepolitik der Engländer zu kümmern. Ich habe sie damals nicht verstanden und begreife sie heute auch noch nicht.
Um nun aber auf das Dokument selbst zurückzukommen: Bormann hatte es verfaßt. Bormann war tot. Göring saß wenige Meter von mir auf der Anklagebank. Keitel auch. Wie waren denn nun diese Leute beschaffen, wie sah es in den Hirnen und Herzen der Männer aus, die auf Hitlers Befehl einen großen Teil der Welt auf die beschriebene Weise erobern wollten?
Das kann ich erzählen.
Ganz genau.
Fangen wir mit Göring an.
Wir alle, die wir damals gelebt haben, erinnern uns noch an die fürchterliche Weise, in der er sich des Radios bediente, um zur Nation zu sprechen. Eine fette, undisziplinierte, sich ewig überschlagende Stimme polterte und hämmerte auf uns nieder. In seinen vielen Reden war niemals auch nur der Anflug eines eigenen Gedankens. Er fand nie ein leises, stilles Wort. Ein entsetzlicher Bramarbas bramarbasierte in den Äther.
Als dieser Mann nun in Nürnberg von der Anklagebank aufstand und durch den Raum in den Zeugenstand schritt, da packte es mich tief an, denn mit einem Male begriff ich alles. Ich sah, daß da ein böses, willensstarkes und gefährliches Raubtier ging, das jetzt nun allerdings im Käfig gehalten wurde. Bei diesem knappen Gang machte der Mann keine falsche Bewegung. Er ließ sich im Zeugenstand mit der größten Sicherheit nieder und sah mit einem Blick, in dem völlige Verachtung stand, über die Richter, die Dolmetscher, die Presse, über alle.
Er war nicht mehr so fett, wie wir ihn aus den für ihn so glücklichen Zeiten des Dritten Reiches kannten. Er war hart und gesammelt, und es wurde mir sofort klar, daß er mit dem Leben abgeschlossen hatte. Denn so, wie er sich vor Gericht verhielt, konnte er sich nur dann verhalten, wenn er wußte, daß es mit ihm zu Ende war.
Sein Verteidiger, Dr. Stahmer, ein vornehmer, ruhiger Mann, sagte mir auch, daß Göring überhaupt nicht daran dächte, sich wegen irgend etwas verteidigen zu wollen. Seine einzige Sorge ging dahin, später vor der Geschichte als ein Mann zu bestehen, der keine Angst vor dem Tode

gezeigt und nicht das geringste von dem in Nürnberg verraten habe, was er während des Dritten Reiches gepriesen hatte.

Das Verfahren in Nürnberg war im angelsächsischen Stile aufgezogen. Der Angeklagte konnte von sich aus nicht das geringste sagen. Sein Verteidiger hatte ihn zu fragen, und er hatte zu antworten. Dem Ankläger mußte er Rede und Antwort stehen. Er konnte aber auch darauf verzichten, »in den Zeugenstand zu gehen«, dann hatte er kein einziges Wort zu sprechen. Man wird sich erinnern, daß der des Mordes angeklagte Dr. Adams in London nicht in den Zeugenstand gegangen ist und freigesprochen wurde.

Göring ging also »in den Zeugenstand«. Doktor Stahmer fragte ihn: »Erzählen Sie dem Gericht, wann und unter welchen Umständen Sie mit Hitler bekannt wurden.«

Göring fing an, erzählte, und es wurde sofort allen Zuhörern klar, daß er zur Verabschiedung des Nationalsozialismus vor der Weltöffentlichkeit eine große Propagandarede hielt.

Ich wartete auf den Augenblick, in dem der Vorsitzende des Gerichtes ihn unterbrechen und diese Art seiner angeblichen Verteidigung untersagen würde. Nichts davon geschah. Das Gericht ließ ihn sprechen.

So konnte er beispielsweise über sein erstes Zusammentreffen mit Hitler folgende schauerliche Phrase mit kalter Überheblichkeit vom Stapel lassen:

»Hitler gab mir damals zum ersten Male eine wundervolle und tiefe Erklärung des Begriffes Nationalsozialismus, der Vereinigung der beiden Begriffe Nationalismus auf der einen, Sozialismus auf der anderen Seite, und daß wir unbedingt die Träger sowohl des Nationalismus, die sich als solche bisher herausstellten, wenn ich so sagen soll, der bürgerlichen Welt, und des Sozialismus und der marxistischen Welt, daß wir denen die Begriffe wieder klarstellen müßten und durch die Zusammenfassung beider Ideen in eine einzige auch eine neue Trägerschaft für diesen Gedanken schaffen müßten.«

In dem Stile ging das weiter. Tagelang.

Bis auf einen Punkt leugnete er nichts. Weder die Vorbereitung zu Angriffskriegen, nicht die Verbrechen gegen den Frieden, die ja in Nürnberg als Anklagepunkte fungierten; er leugnete nichts, aber er stellte alles als eine historische Notwendigkeit dar. Das einzige, was er nicht zugab, war: er wußte nichts von den Morden an den Juden, nicht das allergeringste. Ich werde seine Aussage zu diesem Punkte noch zitieren.

Dieser Mann sprach gleichgültig und sicher. Er wollte seine historische Rolle rechtfertigen und verteidigen, das war klar, und ich überlegte mir dauernd: wie mag es wohl während der Zeit des Dritten Reiches in die-

sem Manne ausgesehen haben? Jetzt, kurz vor seinem Tode, zeigte er ohne Zweifel ein gewisses Niveau, zwar das eines ganz bösen und ganz gefährlichen, aber fähigen Mannes, aber wie war es mit seinem Niveau während des Dritten Reiches? Wie ging es zu, wenn diese Leute sich unterhielten? Wie sprachen sie miteinander? Was für Worte fielen, wenn Göring und Goebbels beispielsweise miteinander redeten?
Sehr schnell erfuhr ich das.
Zu meiner Verblüffung vernahm ich zunächst, daß immer Stenografen anwesend waren, wenn diese Fürsten der Hölle miteinander sprachen. Wahrscheinlich deshalb, weil der eine vor dem anderen Angst hatte. Es gab ja Hitler. Der über ihnen allen stand. Und der jeden von ihnen vernichten konnte, wenn er ein unbedachtes oder falsches Wort aussprach.
Am 12. November 1938 in seinen Diensträumen im Reichsluftfahrtministerium unterhielten sich Göring und Goebbels. Es war nach dem »Reichs-Kristalltag«, und Goebbels unterhielt sich mit Göring, wie aus der Niederschrift eines Stenogramms hervorging, die der amerikanische Ankläger Jackson im Prozeß vorlas.
Ich zitiere aus der Verhandlung:
Justice Jackson: »Und dann warf Dr. Goebbels die Frage auf, ob Juden das Recht haben, mit der Eisenbahn zu fahren?«
Göring: »Ja.«
Justice Jackson: »Unterbrechen Sie mich, wenn ich die Unterhaltung zwischen Ihnen und Goebbels über dieses Thema nicht richtig zitiere:
Dr. Goebbels sagte: ›Weiterhin halte ich es für notwendig, daß die Juden überall da aus der Öffentlichkeit herausgezogen werden, wo sie provokativ wirken. Es ist zum Beispiel heute noch möglich, daß ein Jude mit einem Deutschen ein gemeinsames Schlafwagenabteil benutzt. Es muß also ein Erlaß des Reichsverkehrsministers herauskommen, daß für Juden besondere Abteile eingerichtet werden und daß, wenn dieses Abteil besetzt ist, die Juden keinen Anspruch auf Platz haben, daß die Juden aber nur dann, wenn alle Deutschen sitzen, ein besonderes Abteil bekommen, daß sie dagegen nicht unter die Deutschen gemischt werden und daß, wenn kein Platz ist, die Juden draußen im Flur zu stehen haben!‹«
Göring: »Ja, das ist richtig.«
Justice Jackson: »Göring: ›Da finde ich es viel vernünftiger, daß man ihnen eigene Abteile gibt.‹
Goebbels: ›Aber nicht, wenn der Zug überfüllt ist.‹
Göring: ›Einen Moment! Es gibt nur einen jüdischen Wagen. Ist er besetzt, müssen die übrigen zu Hause bleiben.‹
Goebbels: ›Aber nehmen wir an, es sind nicht so viele Juden da, die mit dem Fern-D-Zug nach München fahren, sagen wir: es sitzen zwei Juden

im Zug, und die anderen Abteile sind überfüllt. Diese beiden Juden hätten nun ein Sonderabteil. Man muß deshalb sagen: die Juden haben erst dann Anspruch auf Platz, wenn alle Deutschen sitzen.‹
Göring: ›Das würde ich gar nicht extra einzeln fassen, sondern ich würde den Juden einen Wagen oder ein Abteil geben. Und wenn es wirklich jemals so wäre, wie Sie sagen, daß der Zug überfüllt ist, glauben Sie: das machen wir so, da brauche ich kein Gesetz. Da wird er hinausgeschmissen, und wenn er allein auf dem Lokus sitzt während der ganzen Fahrt.‹
Dann sprachen die beiden Herren über die Juden und den deutschen Wald.
Goebbels sagte: ›Es wäre zu überlegen, ob es nicht notwendig ist, den Juden das Betreten des deutschen Waldes zu verbieten. Heute laufen Juden rudelweise im Grunewald herum; das ist ein dauerndes Provozieren ...‹
Göring: ›Wir werden den Juden einen gewissen Waldteil zur Verfügung stellen und dafür sorgen, daß die verschiedenen Tiere, die den Juden verdammt ähnlich sehen – der Elch hat ja eine so gebogene Nase –, dahinkommen und sich da einbürgern.‹«
Das war so das Niveau der Herren, vor denen wir gezittert haben. Wenn sie gut gelaunt waren, trieben sie mit Entsetzen Scherz.
Bei derselben Unterhaltung sprachen nun Göring und Goebbels über den großen Versicherungsschaden, der durch die Ausschreitungen vom 9. und 10. November 1938 gegen jüdische Geschäfte entstanden war. Der leitende Direktor einer Versicherungsgesellschaft, Herr Hilgard, wartete im Vorzimmer. Er wurde hereingeholt, und Göring sagte zu ihm: ›Herr Hilgard, es handelt sich um folgendes: Durch den berechtigten Zorn des Volkes gegenüber den Juden sind eine Anzahl von Schäden im ganzen Reich angerichtet worden. Fenster sind eingeschmissen worden, Sachen und Menschen zu Schaden gekommen, Synagogen ausgebrannt und so weiter. Ich nehme an, daß ein Teil der Juden, wahrscheinlich das Gros, auch versichert ist gegen Tumultschäden und so weiter.‹
Hilgard: ›Ja.‹
Göring: ›Es würde also jetzt dabei folgendes herausspringen: daß das Volk in einer berechtigten Abwehr dem Juden hat einen Schaden zufügen wollen und daß tatsächlich der Schaden von der deutschen Versicherungsgesellschaft gedeckt wird. Hier wäre die Sache nun verhältnismäßig einfach, indem ich eine Verordnung mache, daß diese Schäden, die aus dieser Aufwallung gekommen sind, nicht von der Versicherung zu decken sind.‹
Aber siehe da, Herr Hilgard scheint ein tapferer Mann gewesen zu sein! Denn er erklärte kalt: ›Wenn wir es heute ablehnen, klare, uns gesetzlich

obliegende vertragliche Verpflichtungen zu erfüllen, so wäre das ein schwarzer Fleck auf dem Ehrenschild der deutschen Versicherung.‹
Aber Göring entschied: ›Der Jude muß den Schaden anmelden. Er kriegt die Versicherung, aber die wird beschlagnahmt. Es bleibt also im Endeffekt immerhin doch noch insofern ein Verdienst für die Versicherungsgesellschaften, als sie einige Schäden nicht auszuzahlen brauchen – Herr Hilgard, Sie können schmunzeln!‹
Hilgard: ›Ich habe gar keinen Grund, wenn das ein Verdienst genannt wird, daß wir einen Schaden nicht zu bezahlen brauchen.‹
Göring: ›Erlauben Sie einmal! Wenn Sie juristisch verpflichtet sind, 5 Millionen zu zahlen, und auf einmal kommt Ihnen hier ein Engel in meiner etwas korpulenten Form und sagt Ihnen: Eine Million können Sie behalten, zum Donnerwetter noch einmal, ist das kein Verdienst? Ich müßte direkt Kippe mit euch machen, oder wie nennt man das sonst? – Ich merke es am besten an Ihnen selbst. Ihr ganzer Körper schmunzelt. Sie haben einen großen Rebbes gemacht.‹
Nachdem Jackson das zitiert hatte, fragte er triumphierend: »Zitiere ich richtig?«
Und was tat Göring? Göring sah ihn langsam von unten nach oben an und schnaubte verächtlich: »Selbstverständlich habe ich das gesagt!«
Zu einem stürmischen Zusammenstoß zwischen Göring und Jackson kam es, als Jackson ein Übersetzungsfehler unterlief.
Wir alle im Gericht warteten eigentlich auf den Zusammenstoß zwischen den beiden. Göring hatte nichts zu verlieren. Jackson seine Reputation. Göring war ruhig und gefaßt, Jackson nervös und gelegentlich unbeherrscht. Einmal ersuchte er Göring, sich kürzer zu fassen, denn, so meinte er, Göring habe ja Zeit, er aber keine.
Das war ein bitteres und sicherlich unbeherrschtes Wort, denn Göring ging auf den Galgen zu und hatte naturgemäß nicht die Absicht, seine Schritte zu beschleunigen.
Nachdem Jackson das gesagt hatte, waren wir Journalisten uns darüber klar, daß es einen Zusammenstoß geben würde. Jackson verlas einen deutschen Mobilmachungs-Eventual-Befehl aus den Anfangszeiten des Dritten Reiches, der sich mit der »Befreiung des Rheines« befaßte. Und er warf Göring vor, er habe die Absicht gehabt, schon sehr früh gegen die Bestimmungen des Versailler Vertrages zu verstoßen.
Göring schüttelte den Kopf und verlangte Einsicht in das Dokument. Da stellte sich heraus, daß es eine routinemäßige Generalstabsplanung gegen einen Angriff von französischer Seite war und daß es im Originaldokument gar nicht »Befreiung des Rheines«, sondern »Freimachung des Rheines«, nämlich von Schiffen und Schiffbrücken, hieß.

Göring erklärte also Jackson das; aber der wies darauf hin, daß über dem Dokument das Wort »Geheim« stand. Und er sagte, die geplanten Maßnahmen »waren solcher Art, daß sie absolut dem Auslande gegenüber geheimgehalten werden mußten«.
Göring richtete sich auf, sah ihn wieder kalt und herausfordernd an und sagte: »Ich glaube mich nicht zu erinnern, die Veröffentlichung der Mobilmachungs-Vorbereitungen der Vereinigten Staaten jemals vorher gelesen zu haben.«
Es ging durch den ganzen großen Raum, durch alle Anwesenden eine Bewegung. Und allen wurde klar, daß Jackson Göring gegenüber seinen Zweck nicht erreichte. Er hatte einen Mann erledigen wollen. Er war anscheinend darauf gefaßt gewesen, einen Angeklagten zu vernehmen, der bereit war, um sein Leben zu kämpfen, und diesen Angeklagten hatte er nicht bekommen. Er tat keineswegs das, was am klügsten gewesen wäre, er ging über diese Bemerkung nicht einfach hinweg, sondern er schmetterte seine Papiere auf das Pult und wandte sich mit wutverzerrtem Gesicht zu den Richtern, und keineswegs geläufig, sondern stockend und vor Aufregung zitternd, rief er in den Saal:
»Ich möchte den Gerichtshof ergebenst darauf aufmerksam machen, daß dieser Zeuge wenig guten Willen zeigt und es auch während seines ganzen Verhöres nicht getan hat.
Es ist völlig überflüssig, unsere Zeit zu opfern, wenn wir keine richtigen Antworten auf unsere Fragen bekommen. Ich will keine Zeit damit verschwenden, aber ich habe den Eindruck, daß dieser Zeuge auf dem Zeugenstand und auch auf der Anklagebank ein arrogantes und hochmütiges Benehmen dem Gerichtshof gegenüber an den Tag legt, welches ihm einen Prozeß ermöglicht, den er niemals weder einem Lebenden noch einem Toten gestattet hätte.
Ich bitte ergebenst, den Zeugen anzuweisen, daß er sich für seine Erläuterungen Notizen macht, wenn er will, und ihn aufzufordern, auf meine Fragen zu antworten und sich seine Erläuterungen, die durch seinen Verteidiger zur Sprache gebracht werden können, aufzusparen.«
Aber der Vorsitzende, sehr kühl und sehr gelassen: »Ich habe schon einmal die allgemeine Regel dargelegt, die sowohl für diesen wie auch für jeden anderen Zeugen bindend ist. Es wäre vielleicht besser, wenn wir uns jetzt vertagen würden.«
Am nächsten Morgen gab es einen schweren Zusammenstoß zwischen dem amerikanischen Ankläger Jackson und dem Vorsitzenden des Gerichtes.
Jackson zum Vorsitzenden: »Die Schwierigkeit liegt darin, daß das Gericht die Kontrolle über die Verhandlung verliert, wenn dem Angeklagten in

einem Prozeß dieser Art erlaubt wird, seine Propaganda anzubringen, und wir erst später darauf erwidern sollen, zumal allen die Propaganda als eines der Ziele dieses Angeklagten bekannt ist. Ich habe tatsächlich den Eindruck, daß den Vereinigten Staaten bei dieser Art des Verfahrens die Gelegenheit zum Kreuzverhör genommen wird.«
Der Vorsitzende begann still und ruhig die Vorschriften, die ja dieses Gericht für sich selbst erlassen hatte, auseinanderzusetzen, als der Amerikaner ihn brüsk unterbrach.
Sehr aufgeregt rief er: »Es scheint mir, daß die Kontrolle des Verfahrens uns aus den Händen zu gleiten beginnt, wenn wir – ich darf es wohl so ausdrücken – dieser Situation nicht Herr werden.«
Sofort mußte Jackson eine zweite Niederlage hinnehmen, denn der Vorsitzende entschied, Göring solle nicht darauf beschränkt sein, nur direkt mit Ja oder Nein zu antworten. Er dürfe nach seiner Antwort durchaus eine weitere Erklärung abgeben.
Grau im Gesicht, replizierte Jackson: »Ich füge mich natürlich den Vorschriften des Gerichtshofes.«

Am Abend des Tages, an dem sich das alles abgespielt hatte, geriet ich in eine wunderliche Situation.
Ich sagte schon, daß hinter mir – im British Press Room – Monsieur Gaston Oulman seinen Platz hatte. In unserem großen, saalartigen Zimmer befand sich Oulman insofern in einer Sondersituation, als es von den Engländern niemanden gab, der mit ihm sprach. Ich hatte ein paarmal den Eindruck, daß er gern mit mir angebandelt hätte; aber die Lust dazu war bei mir gering. Nach Schluß der Sitzung pflegte er seiner Sekretärin flüsternd in die Maschine zu diktieren. Ich wußte so viel von ihm, daß er offiziell für die amerikanische Besatzungsmacht über den Sender Nürnberg den alltäglichen Prozeßbericht gab. Die Sendung firmierte recht offiziell als Sendung der amerikanischen Militärregierung und ging von Nürnberg aus über alle bayerischen und französischen Sender.
Niemals aber hatte ich mir das angehört, dazu war ja für mich auch keine Veranlassung, denn ich wohnte den Ereignissen ja direkt bei.
Die Göringsche Aussage, sein rabiates und kaltschnäuziges Verhalten zwangen mich dazu, nur ganz kurz nach Hamburg zu geben, und ich konnte natürlich nicht auf die Idee kommen, seine Propaganda post festum meinen Halbuniformierten in Hamburg zuzumuten. Sie war überhaupt niemandem zumutbar.
Bevor ich wegging, um im Kreise der abendbereiten Damen zu speisen, hielt mich Mr. Forrest mit einigen orphischen Bemerkungen auf: »Oh, Herr Berndorff«, sagte er, »dieses isses alles Quatsch!«

»Natürlich«, meinte ich, »es ist überhaupt alles Quatsch! Aber was meinen Sie nun im besonderen?«

Er gab seine Erläuterungen in einer Mischung von Deutsch und Englisch und meinte, es sei wohl völliger »Quatsch«, wenn Nichtdeutsche der Meinung Ausdruck gäben, daß die Deutschen sich gegen solche bösen Untiere wie den Göring hätten wehren können. Ihm sei jetzt die ganze Gefährlichkeit dieser Leute klar geworden.

Ich fand die Meinung des Mr. Forrest völlig richtig. Das war kein »Quatsch«.

Er verbreitete sich noch mehr über diese Figuren wie Göring, stieg ins Historische und war sehr nachdenklich.

Gegen zehn Uhr abends kam ich nach Hause, und zu meiner Überraschung war mein Hausherr, der nazifizierte Kolonnenführer, noch nicht zu Bett, sondern er wartete auf mich.

Ich wollte ihm einen Bourbon als night-cup eingießen und schob ihm Zigaretten zu, er aber wehrte beides ab.

Ob ich bei Görings Vernehmung anwesend gewesen sei?

Ja, natürlich.

Das Radio Nürnberg habe verbreitet, daß er um sein Leben winsele. Er hätte furchtbar gelogen, sei beim Lügen ertappt worden und habe auch die Behauptung aufgestellt, daß er mit der »Befreiung des Rheinlandes« nicht einverstanden gewesen sei. Der amerikanische Ankläger aber habe ihm die Larve vom Gesicht gerissen, sagte der Kolonnenführer.

Ich sah den Mann zweifelnd an. Vor mir hatte ich nun also einen bäuerlich aussehenden Bayern. Einen Mann von ehrlicher Primitivität, einen Arbeiter, dem im Augenblick die Empörung aus den Augen blitzte.

Ich war ein bißchen vorsichtig und fragte: »Warum regt Sie denn das alles so auf?«

Er erklärte das ganz vernünftig. Er habe an die Partei geglaubt. Habe Göring oft gesehen, habe sich auch anläßlich eines Parteitages in Nürnberg längere Zeit mit ihm unterhalten, und er hielt den Göring für einen Mann von derartiger Beschaffenheit, daß er niemals so »aus den Pantinen kippe«, wie er das angeblich getan habe.

Ich erwiderte, Göring sei auch nicht »aus den Pantinen gekippt«, und gab mir Mühe mit ihm. Ich erzählte ihm den ganzen Verlauf der Angelegenheit.

Da haute er auf den Tisch und sagte, nunmehr sei ihm alles klar. Er habe da im Radio gehört, daß die Herren Kaltenbrunner, Ohlendorf, Schellenberg und ein Mann mit einem polnischen Namen zugegeben hätten, daß die Nazis furchtbar viele Millionen von Juden auf die scheußlichste Manier ermordet hätten. Er habe das nicht geglaubt! Er glaube es auch

heute noch nicht und nunmehr hätte ich ihm also den Beweis dafür geliefert, daß die Amerikaner über das Radio nur Lügen ausstreuten. In seiner Wohnung würde in Zukunft diese Sendung nicht mehr gehört.
Als ich mich anschickte, ihm die Sache mit Kaltenbrunner und Genossen zu erzählen, wurde er ganz wild und fragte mich: »Sagen Sie, Herr Berndorff, schämen Sie sich nicht?«
In ganz ungeschickten, aber logischen Worten warf er mir vor, die deutsche Sache an das Ausland zu verraten. Ich sei ja ein Journalist, würde sicherlich von den Alliierten bezahlt, und zwar dafür, um solche Lügen wie die Judenvernichtung und die blamable Rolle Görings in der ganzen Welt zu verbreiten.
Er wies auf meinen Whisky, wies auf meine Zigaretten und sagte: »Da haben Sie's ja!«
Brüsk verließ er mein Zimmer und weigerte sich, auch nur noch ein Wort mit mir zu sprechen, und er hat auch kein Wort mehr mit mir gewechselt, solange ich in Nürnberg war.
Am nächsten Morgen erzählte ich die Sache Mr. Forrest. Der sagte einige Male »Quatsch«, verschwand dann und war eine Weile nicht auffindbar. Dann sprach ich mit den Kollegen der großen internationalen Agentur, für die ich heimlich Dienste leistete. Die antworteten und meinten, sie hätten schon so etwas mal gehört. Näheres aber wüßten sie nicht.
Ich erkundigte mich nach dem Leiter des Senders Nürnberg. Das war ein Amerikaner. Da konnte ich nichts machen.
Nun hatte ich zu der damaligen Zeit in Nürnberg ein deutsches Mädchen als Stenotypistin. Niemand hatte Einspruch erhoben, als ich sie im British Press Room unterbrachte. Ich besprach die Sache mit ihr. Sie wußte Rat, denn sie kannte deutsche Kolleginnen beim Sender Nürnberg. Am Abend dieses Tages fuhr ich zu der Station, und man spielte mir ganz heimlich das Band des vergangenen Tages vor.
Ich stand vor einem Vorgang von unfaßbarer Absonderlichkeit. Was Herr Gaston Oulman über den Prozeßverlauf des Tages berichtete, nun, das hatte sich überhaupt nicht ereignet. Es gab Zitierungen von Sätzen, die nicht gesprochen worden waren. Alles war ganz anders gewesen. Nichts wurde zutreffend berichtet.
Ich fand das Ganze so ungeheuerlich, weil die Sendungen Oulmans offizielle Sendungen der amerikanischen Militärregierung waren.
Am nächsten Morgen machte ich Mr. Forrest die Hölle heiß.
Mr. Forrest sagte überhaupt nichts.
In der Pause des Vormittags stand ich unschlüssig auf dem Flur und kam dabei auf den Einfall, mich mit Dr. Stahmer, dem Verteidiger Görings, zu besprechen. Mir lag gar nichts an einer Rehabilitierung Görings, aber mir

lag – ich nehme an, daß jeder das verstehen wird – an der Rechtschaffenheit der Berichterstattung. Was aus dem verbrecherischen Unsinn, den dieser Oulman anstellte, herausgekommen war, das hatte ich ja erfahren. Glaubte man mit Recht das eine nicht, so hielt man auch mit Unrecht das andere für Lüge.
Die internationalen Kollegen waren sehr aufgeregt. Sie hatten natürlich nach Amerika, nach England, nach Frankreich, nach Kanada, nach Australien die Vernehmung Görings wahrheitsgemäß berichtet.
Der ganze Krach mit Jackson war von ihnen ausführlich dargetan worden. Ihre Blätter hatten auch schon reagiert und den in Nürnberg weilenden Korrespondenten Anweisung gegeben, ob sie mehr oder weniger in den kommenden Tagen aus der Göring-Sache machen sollten. Es ist internationale Sitte, das zu tun.
Der Berichterstatter eines der größten englischen Blätter hielt ein Telegramm in der Hand, das er uns zeigte. Wir lasen: »Entlöwen Sie Göring!«
Jackson stieß zu einer Gruppe von amerikanischen Journalisten und sprach aufgeregt auf sie ein. Ich erfuhr später, daß er ihnen Vorwürfe machte. Jackson war bei der Berichterstattung der Kollegen nicht allzu gut weggekommen.
Jetzt – auf dem Flur – sah ich, wie die Journalisten die Achseln zuckten. Bei diesen großen und erfahrenen Leuten kam immer jeder so gut weg, wie er gewesen war. Und Jackson war nun eben schlecht gewesen. Sein Pech und nicht das ihre.
Ich sprach mit den amerikanischen Kollegen über Oulman. Sie zogen die Stirn kraus, und ein sehr renommierter, alter Kollege meinte: »Sehen Sie sich vor! Aus Gründen, die niemand von uns begreift, ist er persona grata bei den höchsten Stellen unserer Militärregierung in Deutschland. Seine Arme reichen weit. Er kann Ihnen Böses antun. Er hat schon zwei oder drei Kollegen von Ihrer Nationalität, die ihm nicht gefielen, aus dem Gerichtssaal weisen lassen. Er braucht doch bloß zu behaupten, Sie seien ein uralter Nazi gewesen. Bis Sie das Gegenteil bewiesen haben, ist der Prozeß lange zu Ende.«
Ein anderer amerikanischer Kollege war gegenteiliger Meinung, er sagte: »Der Berndorff arbeitet doch für die Engländer. Da hat er doch einen gewissen Rückhalt. Der Oulman und die Engländer – das kommt nicht zusammen.« Sie gingen davon, und ich blieb allein.
Wie ich also so dastand und nachdachte, ging mit einem Male ein älterer Herr an mir vorbei. Ein Mann, den ich schon einmal gesehen hatte. Sofort fiel mir ein: das war einer von den beiden Leuten, die mich in Lüneburg wegen Nebe aufgesucht hatten.

Der Herr blieb nicht allzu weit von mir stehen, aber er beachtete mich gar nicht. Zwanzig Meter entfernt stand Oulman, rauchte seine Zigarette und ließ seine Aasgeier-Augen umherschweifen. Mr. Forrest war nicht zu sehen.
Die Pause war vorbei. Alles ging wieder in den Gerichtssaal. Ich blieb stehen. Der Herr, den ich aus Lüneburg kannte, verharrte auch, und schließlich waren wir beide allein. Er strich an mir vorbei und sagte: »Bitte, kommen Sie mit.«
Ich folgte ihm. Wir gingen durch ein paar Türen, an denen stand: Verboten für Deutsche. Der Mann sah die amerikanischen Posten nur streng an. Man hinderte mich nicht.
In einem schmalen Flur fragte er: »Wissen Sie jetzt, was ›Einsatzgruppen‹ waren?«
Ich zuckte nur mit den Achseln.
Dann kamen wir in einen Raum, in dem standen und saßen mehrere Zivilisten. Aus ihren Anzügen und aus ihrem Benehmen schloß ich, daß es Engländer waren. Einer, der an einem Schreibtisch saß, bot mir einen Stuhl an und fragte: »Herr Berndorff! Sie waren doch sehr lange bei Ullstein.« Und als ich bejahte: »Kannten Sie eigentlich Ihre Korrespondenten in Madrid?« Als ich wieder bejahte: »Na, dann haben Sie ja einen von ihnen hier wiedergesehen.«
»Nein«, sagte ich, »nicht wiedergesehen.«
»Aber Herr Oulman war doch für den Verlag Ullstein Korrespondent in Madrid.«
»Nee«, sagte ich, »dieses Stück habe ich hier zum erstenmal gesehen!«
»Na, vielleicht war er Unter-Korrespondent in Madrid?«
»Nein«, sagte ich, »ausgeschlossen, das müßte ich wissen.«
»Aber Sie werden sich irren! Der Mann war Korrespondent in Madrid und kämpfte dann auf seiten der Roten in Spanien.«
Ich sagte: »Es ist möglich, daß er auf seiten der Roten in Spanien gekämpft hat. Aber Korrespondent bei Ullstein war er bestimmt niemals!«
»Besteht nicht die Möglichkeit, daß Sie sich irren?«
»Die Möglichkeit besteht nicht. So was wie diesen Oulman hatten wir nicht auf Lager.«
Die Herren verzogen keine Miene.
Einer fragte: »Können Sie das alles in einer eidesstattlichen Erklärung darlegen?«
Das tat ich. Und dann ging ich wieder in den Prozeß.
Ich war der festen Meinung, daß ich diesen Engländern nichts darüber zu sagen brauchte, welche Entdeckung ich über die Berichterstattung des Monsieur gemacht hatte.

Im Gerichtssaal zupfte der englische Ankläger, Sir David Maxwell-Fyfe, an Göring. Er war viel geschickter als Jackson, war von einer fürchterlichen kalten Höflichkeit und hielt Göring die Stenogramme vieler Unterredungen mit Hitler und anderen vor, Unterredungen, bei denen Göring anwesend gewesen sei und in denen über die Ausrottung der Juden gesprochen worden war.
Zum erstenmal wand sich Göring. Das wollte er nicht zugeben. Das wollte er nicht getan haben. Eine Ermordung von Millionen und Abermillionen unschuldiger Männer, Frauen und Kinder? Da konnte er nicht mitschuldig gewesen sein. Das ging nicht. Das paßte nicht zu der historischen Rolle eines großen, edlen Mannes. Plötzlich schwafelte er, der bis dahin präzise gewesen war.
Sir David sprach im Gegensatz zu Jackson ganz leise, aber viel eindringlicher.
Göring stellte die geradezu ungeheuerliche Behauptung auf, daß weder Hitler noch er etwas davon gewußt hatten, daß man die Juden ausrottete.
Sehr höflich fragte Sir David: »Wollen Sie behaupten, daß weder Hitler noch Sie etwas von der Juden-Ausrottungs-Politik wußten?«
Göring antwortete: »Soweit es Hitler betrifft, habe ich gesagt, daß ich das nicht glaube; soweit es mich betrifft, habe ich gesagt, daß ich auch nur annähernd von diesem Ausmaß nichts gewußt habe.«
Sir David Maxwell-Fyfe lächelte kühl. Er fragte: »Sie wußten nicht, in welchem Ausmaß? Aber Sie wußten doch, daß es eine Politik gab, die auf die Ausrottung der Juden hinzielte?«
Göring war hellwach und antwortete mit einer schauerlichen Verlogenheit in der Stimme: »Nein, auf die Auswanderung der Juden und nicht auf ihre Ausrottung. Ich wußte nur, daß in Einzelfällen in dieser Richtung Vergehen vorgekommen waren.«
Und kaum hatte er diese wilde Lüge ausgesprochen, die natürlich im ganzen Saal als das erkannt wurde, was sie war, da verbeugte sich Sir David, beendete das Verhör und sagte zu Göring: »Ich danke Ihnen.«
Und durch diese drei Worte: »Ich danke Ihnen« überließ er die Meinung über den Mann und seine Aussage den Richtern.
Ausführlich habe ich erzählt, was und wie die SD-Zeugen ausgesagt haben. Einige Millionen von Juden sollten umgebracht werden. Göring mußte das gewußt haben und einverstanden gewesen sein, das war nach den Aussagen der Mörder klar. Göring war anwesend, als Hitler seine Mordpläne gegen Slawen und Juden spann, das ging aus dem Protokoll hervor, das Bormann über die Unterredung abgefaßt hatte.
Von seiten dieser Partei-Chargen war Göring schwer belastet. Die Militärs hatten in den Voruntersuchungen nichts Erhebliches gegen ihn ausgesagt,

das war klargeworden. Doch dann kam es im Gericht zu einer Szene von außerordentlicher Dramatik.
Es ist Raeder gewesen, der Göring für den Nürnberger Prozeß den Dolch ins Herz gestochen hatte. Allerdings ohne es zu wissen.
Als Raeder im Zeugenstand weilte, fragte ihn plötzlich der russische Ankläger Oberst Prokowsky: »Ich habe noch eine letzte Frage an Sie: Haben Sie nicht am 28. August 1945 in Moskau eine schriftliche Erklärung über die Ursache der deutschen Niederlage abgegeben?«
Raeder sah hoch, er antwortete nicht sofort, dann sprach er zögernd: »Jawohl. Damit habe ich mich ganz besonders beschäftigt nach dem Zusammenbruch.«
Oberst Prokowsky begann diese schriftliche Erklärung vorzulesen: »Mein Verhältnis zu Adolf Hitler und zur Partei.
Von verhängnisvoller Wirkung war für das Schicksal des Deutschen Reiches Hermann Göring. Unvorstellbare Eitelkeit und maßloser Ehrgeiz waren seine Haupteigenschaften. Popularitäts- und Effekthascherei, Unaufrichtigkeit, Unsachlichkeit und Selbstsucht, die vor dem Interesse des Staates und des Volkes nicht haltmacht, Habgier und Verschwendungssucht, weichliches, unsoldatisches Wesen zeichneten ihn aus.
Hitler hat ihn nach meiner Überzeugung frühzeitig erkannt, nützte ihn aber aus, wo es ihm zweckmäßig erschien, und belastete ihn mit immer neuen Aufgaben, um ihn nicht zur Gefahr für seine eigene Person werden zu lassen.«
Seinem engeren Kameraden Dönitz bescheinigte Raeder, daß er die »politische (Partei-) Seite« stark betont habe, und auch von Feldmarschall Keitel und General Jodl ist in der Raederschen Aufzeichnung die Rede.
Oberst Prokowsky forderte ihn auf: »Ich bitte Sie, die bezeichnete Stelle auf Seite 29 anzusehen, in der von Feldmarschall Keitel und General Jodl die Rede ist. Bestätigen Sie, was Sie geschrieben haben?«
Raeder ist sehr bleich geworden. Unsicher blättert er in den Papieren, die man ihm vorgelegt hat. Er vermeidet jeden Blick zur Anklagebank, denn bestürzt starrten Göring, Keitel und Jodl auf den Großadmiral. Dönitz sieht an die Decke.
Raeders Anwalt, Doktor Siemers, rettet seinen Klienten für den Augenblick aus größter Verlegenheit und wünscht das Dokument, das Raeder abgefaßt hat, zu sehen.
Aber Oberst Prokowsky will wissen, ob Raeder zugibt, es geschrieben zu haben.
Langsam und in sichtlicher seelischer Pein antwortet er: ja, er habe das geschrieben.

Wörtlich fährt er fort:
»Ich möchte aber dabei hinzusetzen, daß ich diese Niederschrift unter ganz anderen Voraussetzungen getan habe. Ich möchte die Einzelheiten hier nicht erwähnen und daß ich nie damit gerechnet habe, daß das hier nach außen dringen würde.
Es waren Aufzeichnungen, die für mich und meine späteren Beurteilungen bestimmt waren. Ich möchte auch ganz besonders bitten, daß das, was ich über Herrn Generaloberst Jodl gesagt habe, ebenfalls aufgenommen wird in das Protokoll oder wo es hinkommt. Das steht gleich hinter dem Feldmarschall Keitel; und ich möchte bei Generalfeldmarschall Keitel besonders betonen, daß ich sagen wollte, daß seine Art dem Führer gegenüber dazu führe, daß er es lange Zeit mit ihm aushalten konnte, denn wenn jemand anderes in der Stellung gewesen wäre, der jeden Tag oder jeden zweiten Tag einen Krach mit dem Führer gehabt hätte, daß dann überhaupt ein Arbeiten für die ganze Wehrmacht nicht möglich gewesen wäre. Das ist der Grund und die Erklärung dessen, was ich damit sagen wollte.«
Das war nun niederschmetternd.
In diesem Dokument mußten also Dinge stehen, die Raeder später zu erklären wünschte. Zum mindesten Keitel gegenüber.
Um diese Raedersche Niederschrift, die er offensichtlich in russischer Gefangenschaft gemacht hatte, gab es unter uns Journalisten eine große Diskussion.
Wir versuchten alle, eine Abschrift des Originaldokumentes zu bekommen, aber es ist niemandem von uns geglückt; wir glaubten schließlich, daß die Russen sich die Sache später überlegten. Zum Vorschein ist das ganze Dokument niemals gekommen.

Bald erhielt ich ein Anzeichen dafür, daß meine Befragung über M. Gaston Oulman für mich nicht ohne Folgen bleiben sollte.
Mr. Forrest war schon gegangen, als Gaston Oulman am frühen Abend im British Press Room auf mich losging.
Er kam an meinen Tisch und fragte mich: »Sie sind doch deutscher Staatsangehöriger? Hier ist British Press Room. Was machen Sie hier?«
Ich sah mit halbem Blick zu meinen Kollegen von der großen Nachrichten-Agentur. Ich war zufrieden, denn sie beobachteten die Szene. In englischer Sprache antwortete ich: »Fragen Sie meinen Chef, was ich hier mache.«
Er: »Sie sind Deutscher, sprechen Sie deutsch!«
Ich wiederholte meine Antwort in Deutsch.
»Nein«, sagte er, »ich will es von Ihnen wissen!«

Ich schüttelte den Kopf und sagte: »Lassen Sie mich in Ruh', ich habe zu tun.«
Dieser Oulman war ein gefährlich aussehender Bursche. Ein kleiner, hagerer Kerl mit langen, immer etwas schmutzigen Fingern und mit gelben Zähnen. Nach meiner Antwort drehte er sich um und ging hinaus.
Nach einer Weile kam ein amerikanischer Kollege zu mir und sagte: »Er steht auf dem Flur und wartet auf Sie.«
Ich ging hinaus.
Er schoß auf mich zu.
»Sie sind doch der Berndorff, der bei Ullstein war? Sie haben doch auch Bücher geschrieben?«
»Ja.«
»Sie haben unter dem Pseudonym Rudolf van Werth ein Buch über die Schlacht bei Tannenberg geschrieben.«
»Ja.«
»Sie haben auch ein Buch über die Marne-Schlacht geschrieben. Sie sehen, ich habe mich über Sie informiert.«
Ich: »Das ist doch kein Kunststück. Was ich geschrieben habe, steht doch alles in Kürschners Literatur-Kalender.«
»Sie sind ein Militarist! Sie gehören nicht hierher! Wegen des Buches über die Schlacht bei Tannenberg werden sich die Russen für Sie interessieren! Sie haben ein Buch geschrieben: ›Frankreich auf der Flucht‹. Über den Zusammenbruch der französischen Armee während des letzten Krieges. Die Franzosen werden sich für Sie interessieren. Und Sie wagen es, hier nach Nürnberg zu kommen und im British Press Room zu sitzen?«
Ich antwortete: »Verstehe Sie vollkommen. Tun Sie alles, was Sie tun möchten! Und jetzt möchte ich Sie etwas fragen: Wie kommen Sie eigentlich dazu, hier aus Nürnberg völlig verlogene Berichte über deutsche Sender zu geben?«
»Es gibt keine deutschen Sender!« schrie er, »und ich bin Ihnen keine Rechenschaft schuldig!«
Er stürzte davon.
Am nächsten Tage berichtete ich Mr. Forrest nichts von der Sache. Die amerikanischen Kollegen erzählten mir am Abend, M. Oulman reite gegen mich »Attacke«, aber sein Pferd sei lahm und seine Lanze stumpf. Ich ärgerte ihn in Zukunft gräßlich. Ich sah ihn immerfort an und schüttelte den Kopf. Dann fiel mir etwas an ihm auf. Manchmal hockte er, fast zusammengebrochen, an seinem Tisch. Dann ging er hinaus. Wenn er wiederkam, war er ganz frisch. Ich habe einmal ein Buch geschrieben, das hieß: »Doktor Schall jagt nach Gift.« Die Geschichte eines Morphinisten. Ich begriff, daß Gaston Oulman Morphinist war. Ich

interessierte mich weiter für ihn und erfuhr, daß er einen Schwarzhandel größten Stiles betrieb. Vom Stück Seife bis zum Cadillac. Viel auch in Rauschgiften.
Die amerikanischen Kollegen zuckten mit den Achseln. Der Mann hatte hohe Gönner bei der amerikanischen Militärregierung. Seine völlig verlogenen Berichte liefen weiter über die deutschen Sender.
Die Anwälte der Angeklagten waren außer sich. Dem sehr klugen und sehr sicheren Professor Dr. Jahreiß gelang es, den rechtlichen Vorsitzenden des Gerichtes in öffentlicher Sitzung mit diesen Rundfunksendungen in Berührung zu bringen.
Jodl war im Zeugenstand gewesen. Sein Anwalt hatte ihn gefragt: »Was wußten Sie überhaupt von Judenvernichtung? Ich erinnere Sie dabei an Ihren Eid.«
Jodl: »Ich weiß, wie unwahrscheinlich alle diese Erklärungen klingen, aber sehr oft ist eben auch das Unwahrscheinliche wahr. Und das Wahrscheinliche unwahr. Ich kann nur im vollsten Bewußtsein meiner Verantwortung hier zum Ausdruck bringen, daß ich niemals, mit keiner Andeutung, mit keinem Wort, mit keinem Schriftstück, von einer Vernichtung von Juden gehört habe.«
Er wußte auch kaum etwas von Konzentrationslagern.
Nun war aber – veranlaßt von M. Oulman – eine Meldung über die deutschen Sender gelaufen, daß im »Führer-Hauptquartier«, und zwar im großen Lagezimmer, Karten aufgehängt gewesen seien, auf denen alle Konzentrationslager und Strafanstalten durch rote und blaue Ringe eingezeichnet waren.
Professor Jahreiß fragte einen Offizier, der die Diensträume im Führer-Hauptquartier genau gekannt haben mußte, nach diesen Karten.
Der Offizier antwortete, es sei völlig ausgeschlossen, daß es sie im Führer-Hauptquartier gegeben habe.
Der Vorsitzende des Gerichtes schüttelte mit dem Kopf und wußte nicht recht, wohin der Anwalt mit seiner Frage zielte.
Professor Dr. Jahreiß antwortete, eine solche Nachricht sei über den Münchner Rundfunk gelaufen.
Der Vorsitzende antwortete kopfschüttelnd: »Ich glaube nicht, daß wir uns mit Rundfunkmeldungen aus München befassen sollen.«
Aber natürlich befaßte sich der Vorsitzende des Gerichtes außerhalb der Sitzungen jetzt mit dieser Frage.

Das Ende von M. Oulman ist schnell erzählt.
Er floh aus Deutschland, weil die amerikanische MP sich plötzlich mit ihm beschäftigte. Seine schwarzen Geschäfte kamen ans Tageslicht. Die

Saar-Regierung stellte ihn leider als Rundfunk-Kommentator in Radio Saarbrücken ein. Aber die Amerikaner verhafteten ihn in Luxemburg.
Aus dem Gefängnis konnte er fliehen, und es gab eine Meldung, daß er in Casablanca Selbstmord begangen habe.
Ich glaube das nicht. Ein junger amerikanischer Kollege hat mir erzählt, er habe M. Oulman als Portier eines sechstklassigen Hauses in Tanger gesehen. Was das für ein Haus war, wollte er nicht sagen.
Wir deutschen Journalisten haben dann schließlich festgestellt, wer Oulman gewesen ist. In der deutschen Republik lebte er in Berlin unter dem Namen Lehrmann. Sein Geld verdiente er dadurch, daß er auf Matineen unbekannte Theaterstücke unbekannter Autoren spielen ließ. Alfred Kerr hat von ihm gesagt: dieser Lehrmann ist kein Lehrmann, sondern ein Leermann.
Er unterschlug dann etwas und betrog ein bißchen und kam anderthalb Jahre ins Gefängnis. Im spanischen Bürgerkrieg tauchte er als Korrespondent auf der roten Seite auf, aber er agierte auch für die weiße Seite. Die Roten nahmen ihn erst gefangen, und die Weißen lieferten ihn später nach Deutschland aus. Die Amerikaner holten ihn dann aus dem KZ und ernannten ihn zum Rundfunk-Kommentator von Nürnberg. Das war an sich eine Karriere.

In Nürnberg wurde mir klar, daß die Weltgeschichte eine starke Neigung zur Kolportage hat, denn in Nürnberg trat der »Mann mit der Maske« auf. Nicht im Gericht, aber trotzdem als konsequenzenreiche Figur.
Hatten anfänglich die deutschen Verteidiger der Angeklagten die wenigen deutschen Journalisten mit Mißtrauen betrachtet, so war ich allmählich mit ihnen auf einen guten Fuß gekommen. Einer der älteren von ihnen saß viel mit mir zusammen, und eines Tages breitete er vor mir einen Gedanken aus, der mir nicht unwesentlich erschien.
Die meisten der Angeklagten wurden beschuldigt, Angriffskriege geplant und durchgeführt zu haben. Das war einer der wichtigsten Anklagepunkte in Nürnberg.
Die Richter bestanden aus Engländern, Amerikanern, Franzosen und aus – Russen. Der Anwalt meinte, daß doch ohne jeden Zweifel zwischen dem Dritten Reich und den Russen ein Angriffskrieg gegen Polen und die baltischen Staaten vereinbart worden war. Breite man diesen Gedanken aus, könne man das beweisen, so müsse das Gericht eigentlich auseinandergehen, denn es ginge doch nun nicht an, daß offizielle Vertreter einer Nation, die mit den Deutschen einen gemeinsamen Angriffskrieg verabredet hatte, in dieser Sache als Richter gegen die Deutschen fungieren sollten.

In Gesprächen mit anderen Verteidigern merkte ich, daß diese Überlegungen zwar bei allen Anwälten zirkulierten, daß man aber auch gleichzeitig der Meinung war, daß man den Russen dies Abkommen nicht beweisen könne. Zwar war der gleichzeitige Einmarsch der Deutschen und Russen in Polen und der Einmarsch der Russen in den baltischen Staaten Weltgeschichte, aber die Weltgeschichte als abstrakte Figur verfertigt nun einmal kein Dokument. Da war der Haken. Den Anwälten war bekannt, daß neben dem offiziellen und damals auch veröffentlichten Nichtangriffs- und Freundschaftsvertrag zwischen Deutschland und der Sowjetunion vom August 1939 und dem Handelsvertrag vom September 1939 noch ein zusätzliches Geheimabkommen abgeschlossen war. Außer dem Angeklagten Ribbentrop wußten davon zwei Zeugen, und zwar der Botschafter Friedrich Gaus und die Sekretärin Ribbentrops, Fräulein Blank. Fräulein Blank hatte das Original des Geheimvertrages gesehen.

Natürlich lud die Verteidigung für alle Angeklagten, die wegen Vorbereitung und Ausführung von Angriffskriegen auf der Anklagebank saßen, diese beiden als Zeugen; aber man war sich deutscherseits gar nicht sicher, ob die Russen es nicht erreichen würden, diese Zeugen daran zu hindern, über die Sache auszusagen.

Am 28. März vernahm Dr. Horn das Fräulein Blank. Er fragte sie: »Ist Ihnen bekannt, daß in Moskau noch mehr als ein Nichtangriffspakt und ein Handelsvertrag abgeschlossen wurde?«

Folgendes zitiere ich jetzt aus dem Stenogramm von Nürnberg:

General Rudenko: »Meine Herren Richter! Ich glaube, daß die Zeugin, die zu dieser Sitzung geladen wurde, in ihrer Eigenschaft als Sekretärin des ehemaligen Reichsaußenministers von Ribbentrop nur Aussagen über die Persönlichkeit des Angeklagten, seine Lebensweise, über die Verschlossenheit oder Offenheit seines Charakters und so weiter machen darf. Die Zeugin ist jedoch in ihren Erwägungen über die Frage der Pakte, der Außenpolitik und so weiter absolut unzuständig. Ich halte die Fragen der Verteidigung in diesem Sinne für völlig unzulässig und bitte, daß sie zurückgezogen werden.«

Vorsitzender: »Dr. Horn! Das ist dieselbe Sache, die schon bezüglich des Affidavits von Dr. Gaus vorgebracht wurde. Stimmt das nicht? Ich meine, Sie sagten, daß Sie ein Affidavit von Dr. Gaus vorlegen würden, das sich mit einem Geheimabkommen zwischen ... Können Sie mich nicht hören? Verzeihung, ich hätte sagen sollen, Dr. Seidl wollte ein Affidavit von Dr. Gaus über dieses angebliche Abkommen vorlegen. Das stimmt doch, nicht wahr?«

Dr. Horn: »Ich nehme an.«

Vorsitzender: »Der sowjetische Anklagevertreter hat damals dagegen Einspruch erhoben, daß dieses Abkommen erwähnt wird, bis dieses Affidavit, sollte es zugelassen werden, eingesehen worden ist. Ist dieses Abkommen schriftlich getroffen worden?«
Dr. Horn: »Nein.«
Vorsitzender: »Ist das angebliche Abkommen zwischen der Sowjetregierung und Deutschland schriftlich niedergelegt worden?«
Dr. Horn: »Jawohl, das ist schriftlich niedergelegt, ich bin aber nicht im Besitze einer Abschrift des Abkommens, und ich möchte daher das Gericht bitten, falls von dem Affidavit des Botschafters Gaus die Entscheidung abhängt, daß ich meinerseits mir dann von Fräulein Blank, die das Original gesehen hat, zu gegebener Zeit ein Affidavit geben lasse. Sind Eure Lordschaft damit einverstanden?«
Vorsitzender: »Dr. Seidl, haben Sie ein Exemplar des Abkommens selbst?«
Dr. Seidl: »Herr Präsident! Es gibt über die Vereinbarung nur zwei Exemplare. Die eine Ausfertigung verblieb am 23. August 1939 in Moskau, die andere Ausfertigung wurde von Ribbentrop nach Berlin mitgebracht. Nach einer in der Presse veröffentlichten Bekanntmachung wurden die gesamten Archive des Auswärtigen Amtes von den Truppen der Sowjetunion beschlagnahmt. Ich stelle daher den Antrag, der Sowjetregierung beziehungsweise der Sowjetdelegation aufzugeben, das Original des Vertrages dem Gericht vorzulegen.«
Vorsitzender: »Ich hatte eine Frage an Sie gerichtet, Dr. Seidl. Ich habe Sie nicht um eine Diskussion gebeten. Ich habe Sie nur gefragt, ob Sie ein Exemplar verfügbar haben.«
Dr. Seidl: »Ich habe keine Abschrift des Vertrages. Das Affidavit des Botschafters Gaus gibt lediglich den Inhalt des Geheimvertrages wieder. Er ist dazu in der Lage, weil von ihm der Entwurf des Geheimvertrages stammt. Der Geheimvertrag wurde so unterschrieben, und zwar von Außenkommissar Molotow und durch Herrn von Ribbentrop, wie er von Botschafter Gaus entworfen worden ist. Das ist alles, was ich zu sagen habe.«
Vorsitzender: »Bitte, General Rudenko?«
General Rudenko: »Herr Vorsitzender! Ich möchte folgendes dazu erklären: Was der Verteidiger Seidl hier über das Abkommen, das angeblich von der Sowjetarmee bei der Beschlagnahme des Archives des Auswärtigen Amtes erbeutet wurde, das heißt über den in Moskau im August 1939 abgeschlossenen Vertrag gesagt hat, so kann ich ihn auf die Presse, die diesen Vertrag veröffentlicht hat, oder, besser gesagt, auf den deutsch-sowjetrussischen Nichtangriffspakt vom 23. August 1939 verweisen. Dies ist allbekannt. Was andere Abkommen betrifft, so ist die Sowjet-Anklagebehörde der Meinung, daß der Antrag Dr. Seidls, das Affidavit Friedrich

Gaus' zu Protokoll zu nehmen, aus folgenden Gründen zu verwerfen ist: Gaus' Aussagen über die Besprechungen und die Vorgeschichte des deutsch-sowjetrussischen Paktes von 1939 sind nicht beweiserheblich. Die Vorlage solcher Aussagen, die außerdem die Geschehnisse falsch beleuchten, könnte nur als Provokation angesehen werden.«
Die Weltgeschichte wehte in den Gerichtssaal. Die russischen Richter hatten rote Köpfe. In der Mittagspause ballten sich die Russen, also die Richter, die Ankläger und deren Hilfspersonal, aufgeregt zusammen.

Der Nachmittag verging, der Abend, die Nacht. Aber als ich am nächsten Morgen, rechtzeitig wie immer, im Gericht erschien, wartete vor der Tür des British Press Room schon einer der Anwälte auf mich. Wir zogen ins Treppenhaus, an eine Stelle, an der uns niemand hören konnte, und der Anwalt erzählte mir eine völlig unwahrscheinliche, eine völlig unglaubliche, eine Kolportage-Geschichte.
Spät in der Nacht habe es an die Tür seiner Wohnung in Nürnberg geklopft, hartnäckig und eindringlich. Er sei aus dem Bett aufgestanden, habe sich seinen Schlafrock umgeworfen, sei an die Tür gegangen und habe sie einen kleinen Spalt weit geöffnet. Draußen stand ein Mann im schwarzen Mantel, den schwarzen Hut tief ins Gesicht gezogen und das Gesicht mit einer Maske verhüllt.
Dieser Mann tat folgendes: Er reichte ein Kuvert durch den Türspalt und sagte kein Wort. Das Kuvert hatte keine Aufschrift.
Nachdem er das getan hatte, drehte der Mann mit der Maske sich um und ging davon. Mit seinem schwarzen Mantel, mit seinem schwarzen Hut, mit seiner schwarzen Maske stieg er wieder in die schwarze Nacht hinaus.
Der Verteidiger öffnete vorsichtig das große Kuvert. Und dann hielt er in der Hand eines der beiden Originale des Geheimvertrages zwischen der Sowjetunion und Deutschland.
Der Anwalt, mit dem ich auf dem Treppenflur in Nürnberg stand, zog den Vertrag aus seiner Aktentasche und zeigte ihn mir.
Ich las ihn. In diesem Abkommen wurde vereinbart, daß beide Länder gemeinsam über Polen herfallen sollten. Bis zu diesen Orten die Russen und bis zu jenen Orten die Deutschen.
Ich überlegte und sagte: »Das hilft Ihnen gar nichts.«
»Nein«, sagte der Anwalt, »Sie haben recht! Das hilft mir gar nichts. Diese Geschichte von dem Mann mit der Maske, die glaubt mir keiner, und die Russen werden den Vertrag ganz einfach als eine Fälschung bezeichnen. Hier steht der Name Ribbentrop, hier steht der Name Molotow. Selbstverständlich ist es der echte Vertrag; aber wie kann ich das beweisen? Ich kann seinen Inhalt nicht einmal zur Kenntnis des Gerichtes bringen.«

Mir schoß ein Gedanke durch den Kopf.
»Würde Ihnen daran liegen«, fragte ich, »daß der Text dieses Abkommens in wenigen Stunden in allen Zeitungen der Welt steht? – Wenn das nämlich der Fall ist«, fuhr ich fort, »dann erfährt das Gericht mit Sicherheit, was damals geschehen ist.«
Der Anwalt lehnte sich mit dem Rücken gegen die Wand.
»Was?« fragte er, »Sie glauben, daß Sie das erreichen können?«
Sagte ich nicht schon, daß hier Kolportage waltete? Ich brachte den Anwalt mit seinem Vertrag in einen der Waschräume, deren Betreten den Deutschen erlaubt war.
Dann brauste ich zu der großen Nachrichten-Agentur, mit der ich kunkelte.
Ich winkte den Chef heraus: »Wollen Sie mal den Original-Geheimvertrag sehen?«
Der Mann antwortete: »Das gibt es nicht! Das gibt es nicht! Du kannst mir vieles einreden, aber das nicht.«
Er kam mit mir. Wir gingen in den Waschraum. Wir standen schweigend zu dritt in der engen für ganz andere Zwecke bestimmten Zelle, in der der Anwalt wartete.
Wir flüsterten. Mein Kollege las das Geheimabkommen. Er hörte die Geschichte. Er fragte mich: »Wieviel?«
Ich trat ihn gegen das Schienbein.
»Ich brauche zehn Minuten, um das Ding fotokopieren zu lassen«, sagte er.
Der Anwalt konnte nicht mit in den Fotokopierraum gehen, weil das aufgefallen wäre. Ich ging mit in den eigenen Fotokopierraum der Agentur. Nach zehn Minuten kam ich zurück und gab dem Anwalt das Dokument. Er war in Schweiß gebadet, bleich, zitterte und gestand, daß es die scheußlichsten zehn Minuten seines Lebens gewesen seien.
Ich lugte von meinem Platz aus zu der Nachrichten-Agentur hinüber; Bienenemsigkeit waltete. Der Tag verlief mit der Vernehmung Ribbentrops durch seinen Verteidiger, Dr. Horn. Die Stimmung war gereizt. Als der Tag sich neigte, fragte der Vorsitzende: »Wie lange werden Sie noch brauchen, Dr. Horn?«
Dr. Horn antwortete: »Ich vermute, noch ein bis anderthalb Stunden, Eure Lordschaft.«
Während diese Sätze gesprochen wurden, sah ich, daß ein Offizier des Gerichts-Marschalls den Gerichtssaal betrat. Ich sah, daß er ein dickes Paket Zeitungen unter dem Arm hielt. Wie sich später herausstellte, englische und Exemplare eines amerikanischen Blattes, das in Paris für Europa gedruckt wurde. Der Offizier stand unschlüssig an der Tür.

Der Vorsitzende sagte mit ungewöhnlicher Gereiztheit in der Stimme: »Herr Dr. Horn! Der Gerichtshof hat mit viel Geduld sehr viele Einzelheiten angehört. Ich kann nur sagen, dieses übertriebene Eingehen auf Einzelheiten fördert nach meiner Ansicht die Sache des Angeklagten nicht. Wir werden uns nun auf morgen vertagen.«
Kaum hatte er das gesagt, und kaum hatte er damit also die Sitzung aufgehoben, schoß der Offizier auf den Richtertisch zu und legte vor den Vorsitzenden die Zeitungen. In ihnen stand der Text des Geheimdokumentes. Ich sah, wie die Russen zurückführen.

In der Nacht sagte mir der Boß der Agentur:
»Wissen Sie, was wir da gemacht haben? Wir haben l'art pour l'art gemacht. Das ist journalistisch eine große Sache, die wir gelandet haben. Aber im übrigen – die Russen werden hierbleiben. Für die Angeklagten ist die Sache ohne jede Bedeutung.«

Im Sommer verließ mich Mr. Forrest und fuhr nach England zurück. Mich litt es auch nicht mehr in Nürnberg. Ich bat in Hamburg um meine Abberufung. Aber bevor ich Nürnberg verlassen konnte, hatte ich ein ganz kleines Erlebnis, das mich und meine Lage damals recht gut schildert und wohl auch nicht für mich allein typisch ist.
Ich erzählte, daß ich mich vom Verkauf meiner Kenntnisse nährte, und so hatte ich einen recht guten kanadischen Kunden. Die Leute von der Nachrichten-Agentur erlaubten mir meine Geschäfte mit ihm. Der Kollege kam überhaupt nicht allzuviel ins Gericht, so daß ich angenehm viel für ihn zu tun hatte.
Jetzt geschah es in Nürnberg sehr oft, daß wichtige politische oder militärische Persönlichkeiten im Zuschauerraum erschienen, und die gaben dann anschließend einen Presse-Empfang.
So kam denn nun eines Tages ein höherer französischer Offizier – kanadischer Abstammung –, und der Kanadier war nicht zu der Pressekonferenz gekommen.
Der Offizier sprach sehr elegant und sagte, daß diese deutschen Offiziere auf der Anklagebank dem Helden des Stendhalschen Romans »Le Rouge et Le Noir« glichen, sie hätten sich eben für das Schwarz der Schande entschlossen.
Am Abend des Tages, an dem die Konferenz abgehalten worden war, saß ich im British Press Room und schrieb. Ein sehr eleganter französischer Offizier, der mit dem französischen General gekommen war, stand am Fenster und rauchte seine schwarzen Zigaretten.
Da schoß mein kanadischer Kollege herein.

»Mensch«, sagte er, »du mußt mir wieder helfen! Wo um des Himmels willen liegt Stendal? Was hat da für eine verdammte Schlacht stattgefunden? Was haben die Franzosen damit zu tun? Was soll ›Rot und Schwarz‹ bedeuten? Kann doch nicht sein, daß der vom Roulette gesprochen hat?«
Ich antwortete habgierig: »O Gott«, sagte ich, »das ist viel zu kompliziert. Dafür habe ich jetzt keine Zeit.«
Er: »Du kannst mich doch nicht im Stich lassen, ich bin doch dein guter Kunde. Also du kriegst 'ne ganze Stange Zigaretten, wenn du mir die Story schön auf zwei Schreibmaschinenseiten machst.«
Mein gewöhnlicher Preis für eine Story waren damals vier Packungen. Also sagte ich: »Wo sind die Zigaretten?«
Er stürzte davon und kam mit der »Stange« wieder.
Ich setzte mich an die Maschine und begann die Story.
Da drehte sich der elegante französische Offizier vom Fenster um, legte mir die Hand auf die Schulter, lächelte traurig und sagte zu mir: »Pauvre garçon!«
Und so war es denn auch.

ZWEITER TEIL

Tüngel zum Abschluß des ersten Nürnberger Prozesses

Eine schwere Aufgabe wartete nun auf mich: der erste Nürnberger Prozeß war zu Ende und das Urteil gesprochen. Ich mußte dazu Stellung nehmen, unabhängig von der Meinung der Besatzungsmächte und ebenso unabhängig von der Meinung fanatischer Nazis oder Anti-Nazis. Ich mußte als ein Deutscher sprechen, den es damals eigentlich gar nicht gab, als ein leidenschaftsloser Betrachter nämlich. Aber leidenschaftslos war niemand von uns, und auch ich hatte einen brennenden Zorn im Herzen. Ich will diesen Leitartikel hier zitieren; ich glaube, daß er genau die Situation zeigt, in der wir uns befanden, wir, die wir uns vorgenommen hatten, die Deutschen gleichzeitig strafend zu ermahnen und auch zu verteidigen.

»›Kein Zweifel: die ‚Kriegsverbrecher' müssen und werden zur Rechenschaft gezogen und bestraft werden. Es wäre aber würdig und ehrenhaft, wenn die Deutschen, nachdem sie nun zwölf Jahre lang offenkundig nicht in der Lage waren, sich dieser Leute selbst zu entledigen, es unterlassen würden, dies jetzt – unter dem Schutz der fremden Panzer und Maschinengewehre, denen sie ihre Befreiung ganz allein zu verdanken haben – nachzuholen. Es wäre weise, wenn sie die wahrhaftig schwere Aufgabe der nun fälligen Justiz gegen diese Leute den Fremden überlassen und sich selbst nicht mit weiterem Blut beflecken würden!‹

Diese Worte schrieb Professor Karl Barth, der große deutsch-schweizerische Theologe, zu Anfang des Jahres 1945, noch ehe also der Krieg beendet war und die deutsche Armee bedingungslos kapituliert hatte.

Was meinte er, als er diese Mahnung aussprach?

Er dachte an das Leid als reinigende Kraft. Er hoffte, daß das deutsche Volk an ihm gesunden werde, und fürchtete, diese notwendige Entwicklung, diese Besinnung auf die Schuld, in die sich alle vorhandenen Gruppen verstrickt haben – wobei er die Kommunisten so wenig ausnahm wie die christliche Kirche –, könnte durch einen Streit aufgehalten, ja verhindert werden, bei dem ›Affekte und Ressentiments – und wären sie noch so berechtigt –‹ die Oberhand gewinnen würden. Das Elend, in das wir gestürzt sind, hat wohl schützende, aber auch trennende und nutzlose Hüllen von uns gerissen: Standesvorurteile, Pochen auf Besitz, fressenden Neid, Nichtachtung unseres Nächsten. In dieser deutschen Passion stehen wir wehrlos und nackt, aber reicher dadurch, daß unser brüderliches Gefühl freier ausschwingen kann, unsere Herzen leichter dem Mitleid geöffnet sind. Zorn und Rache wären in uns aufgerufen worden, wenn wir Deutsche das notwendige Urteil hätten fällen müssen; der Schuldspruch über unsere Vergangenheit hätte Gegenwart und Zukunft vergiften können.

Geschichtliche Parallelen wären aufgerufen worden, man hätte an jene römischen Kaiser erinnert, die, sobald sie zur Macht kamen, die Freunde des verstorbenen und gestürzten Herrschers auf Proskriptionslisten setzten. Man hätte auf jene zahlreichen Usurpatoren hingewiesen, die die Minister ihrer Vorgänger dem Henker überantworteten; ein Streit wäre entstanden, in dem der Gedanke des Rechts für weite Kreise untergegangen und den Leidenschaften zum Opfer gefallen wäre. Man braucht sich nur vorzustellen, wie die Geschichte Frankreichs im 19. Jahrhundert ausgesehen hätte, wie seine Konsolidierung gefährdet worden wäre, wenn der Wiener Kongreß die französische Regierung gezwungen hätte, über Napoleon I. zu Gericht zu sitzen, und wenn es nicht eine auswärtige Macht gewesen wäre, die die Verbannung des Kaisers nach St. Helena ausgesprochen und durchgeführt hätte. Dann wird man begreifen, aus welch weiser Erkenntnis menschlicher Unzulänglichkeit und geschichtlicher Zusammenhänge Karl Barth seine Mahnung an uns gerichtet hat.

Der Entscheidung sind wir enthoben worden. Das Statut, das von den vier Siegerstaaten Amerika, England, Frankreich und Rußland am 8. August 1945 als rechtliche Grundlage für den Prozeß geschaffen wurde, ist aufgestellt worden, ohne daß wir befragt worden wären. Wir sind zwar betroffen und einbezogen, aber zugleich auch Zuschauer, und können leidenschaftslos der Rechtsfindung – urteilend, das heißt auf Grund wissenschaftlichen oder menschlichen Rechtsdenkens zustimmend oder ablehnend – dem Gericht beiwohnen.

Da ist für uns von besonderer Bedeutung die Frage: wie wurde der Prozeß geführt? Haben die Angeklagten und ihre Verteidiger die Möglichkeit gehabt, ihre Meinung zu sagen und ausführlich zu erläutern? Diese Frage liegt uns, die wir das schändliche Verfahren vor dem Volksgerichtshof und anderen Nazigerichten noch immer vor Augen haben, verständlicherweise besonders am Herzen. Von der Antwort muß es abhängen, ob jedes

Bedenken zerstört wird, daß hier Richter in eigener Sache, also befangen, geurteilt haben, ein Bedenken, dessen Entstehung angesichts des kollektiven Denkens, das heute in weiten Teilen der Welt herrscht, und das, wie wir sehen werden, auch in diesem Prozeß zur Diskussion gestellt worden ist, nur allzu begreiflich erscheint. Es ist die alte entscheidende Frage, ob der möglichen Unabhängigkeit der Richter psychisch und willensmäßig Grenzen gesetzt sind, ob also in unserem Falle die deutschfeindliche Stimmung der Länder, denen sie entstammen, den Zwang eines kollektiven Denkens hervorruft, dem sich der urteilende Richter nicht entziehen kann.

Lord Justice Lawrence, der Vorsitzende des Interalliierten Militärgerichts, hat durch seine Unparteilichkeit dieses Bedenken, soweit es sich gegen die Verhandlungsführung richten könnte, gegenstandslos gemacht.

Unbehindert konnte Professor Jahreiß sein großes Gutachten vortragen, in dem er das Statut selber, das die Grundlage des Prozesses bildet, angriff und widerlegte.

Sind die Bestimmungen dieses Statuts, die einen Angriffskrieg unter Strafe stellen, neues Recht und somit Recht mit rückwirkender Kraft: Das war die erste grundlegende Frage, die Professor Jahreiß in den Mittelpunkt seiner Ausführungen rückte, eine Frage, die bereits von den Anklagevertretern Robert H. Jackson für die USA und Sir Hartley Shawcross für England erörtert worden war.

Beide Anklagevertreter verneinten sie unter Berufung auf internationale Verträge, insbesondere den Briand-Kellogg-Pakt von 1928, der eine Ächtung des Krieges enthält und dem auch Deutschland beigetreten ist. Aber selbst wenn diese Gründe nicht stichhaltig seien, selbst wenn es sich also um rückwirkendes Recht handele, so sei das Statut doch übereinstimmend ›mit jener höheren Gerechtigkeit, die in der Praxis zivilisierter Staaten der Rückwirkung der Gesetze eine feste Grenze gesetzt hat‹.

Denn, mit diesen Worten fuhr Sir Hartley Shawcross fort, ›mögen die Angeklagten und ihre Verteidiger sich beklagen, daß die Satzung in diesem Punkt ein ex parte fiat der Sieger darstellt, diese Sieger, die sich ja doch aus der überwältigenden Mehrheit der Nationen der Welt zusammensetzen, verkörpern auch das Gerechtigkeitsgefühl der Welt, das sich verletzt fühlen würde, wenn das Verbrechen des Krieges nach diesem zweiten Weltkampf unbestraft bliebe. Diese Staaten geben sich damit zufrieden, durch das Urteil der Geschichte gerichtet zu werden, wenn sie das bestehende Gesetz auf diese Weise auslegen, erklären und vervollständigen.‹

Und er schloß mit den stolzen Worten:
›Securus judicat orbis terrarum.‹

Auch Robert H. Jackson kommt wie der englische Ankläger zu dem Schluß, daß das Statut angewandt werden müsse, selbst wenn es neues Recht enthalte, denn es sei widersinnig, daß die menschliche Gesellschaft die Macht des Rechts durch große Opfer Unschuldiger wiederherstellen und bestätigen müsse, ein Fortschritt im Recht aber niemals zu Lasten der moralisch Schuldigen erreicht werden dürfe. Völkerrecht könne sich nur durch Verträge und Gewohnheit fortentwickeln, nicht durch Akte staatlicher Gesetzgebung. Es wachse, wie das Common Law, in Entscheidungen, die von Zeit zu Zeit getroffen werden müssen, um festgelegte Grundsätze neuen Lagen anzupassen. Und es schreite immer fort auf Kosten derer, die es verkannt und ihren Irrtum zu spät bemerkt haben. Deshalb sei auch die Schaffung des Statuts völkerrechtsschöpfend wirksam.

Professor Jahreiß hat hierauf erwidert, daß sein Gutachten nicht vom Gedanken wünschbaren vorbeugenden Rechts, sondern von wissenschaftlichen Maßstäben ausgehe. Weder der Briand-Kellogg-Pakt noch die Stimson-Erklärung seien jemals in das Rechtsbewußtsein der leitenden Staatsmänner und der Völker der Welt eingedrungen. Das System kollektiver Sicherheit sei in den spärlichen Ansätzen, die es gehabt habe, schon vor Beginn des zweiten Weltkrieges zusammengebrochen, ja noch mehr, es habe überhaupt niemals gültig bestanden. Denn eine solche Einrichtung setze ihrem Wesen nach voraus, daß die beteiligten Staaten auf ihre Souveränität verzichten. Es habe jedoch auch im Pakt von Paris der Verteidigungskrieg als ein unveräußerliches Recht jedes Staates gegolten. Kein Staat der Welt sei bereit gewesen, eine fremde Gerichtsbarkeit über die Frage anzunehmen, ob seine Entschlüsse in der letzten Existenzfrage berechtigt wären oder nicht. Auch habe in dem System die zu seiner Konstituierung notwendige Bestimmung einer kollektiven Revision gefehlt, mit der die Staatengemeinschaft auch gegen den Willen des Besitzenden unhaltbar gewordene Zustände hätte ändern können, ›damit das Leben ein Ventil bekommt, das es haben muß, soll es sich nicht in einer Explosion Luft machen‹.

Das kollektive System sei praktisch zusammengebrochen beim Versagen des Völkerbundes im italienisch-abessinischen Konflikt. Damit sei wieder das alte klassische Völkerrecht in Kraft getreten, das von der uneingeschränkten Souveränität der Staaten ausgeht. Dies sei auch anerkannt bei Kriegsausbruch von Großbritannien in der Note an den Völkerbund, in der es heißt: Der ganze Mechanismus, der den Frieden aufrechterhalten sollte, ist auseinandergefallen; ferner von den USA, als sie 1939 ihre strikte Neutralität erklärten, statt nach kollektivem Völkerrecht einzugreifen; und von der Sowjetunion bei der Besetzung polnischer Gebiete und dem

ersten Krieg mit Finnland. Das klassische Völkerrecht sei somit nach allgemeiner Anerkennung in Kraft gewesen, dieses Völkerrecht aber kenne keine Strafbarkeit eines Staates, geschweige denn einzelner seiner Mitglieder in der Frage eines Angriffskrieges.
Hier rührt Professor Jahreiß an ein sehr tiefes Problem unserer Zeit, das Problem der Auseinandersetzung von Kollektiv und Individuum. ›Vielleicht‹, so sagt er, ›sind wir in einem Übergang. Vielleicht findet eine Umwandlung der Welt statt ... die Anklage jedoch zerschlägt in Gedanken den deutschen Staat für eine Zeit, wo er in voller Kraft aufrecht stand und durch seine Organe handelte. Sie muß es tun, wenn sie einzelne Menschen wegen zwischenstaatlichen Friedensbruchs treffen will. Sie muß die Angeklagten zu Privatpersonen machen, aber dann fügt sie die Angeklagten – sozusagen auf der privaten Ebene – mit Hilfe der dem angelsächsischen Strafrecht entnommenen und uns fremden Strafgerichtsvorstellung einer conspiracy zusammen, gibt ihnen den Viel-Millionen-Unterbau von Organisationen und Gruppen, die als verbrecherisch bezeichnet werden, und läßt damit doch wieder eine überpersönliche Größe erscheinen.‹ Hier stehen verschiedene Arten rechtlichen Denkens in einem Widerstreit, der die Unentschiedenheit des heutigen Weltbildes widerspiegelt. Die Vorschriften des Statuts, so erklärt Professor Jahreiß abschließend zu dieser Frage, sind revolutionär. Vielleicht gibt ihnen ein Sehnen und Hoffen der Völker die Zukunft. Der Jurist hat lediglich festzustellen, daß sie neu sind.
Lasse man aber den Standpunkt kollektiven Rechts außer Betracht – damit kommt Professor Jahreiß zu einer zweiten grundsätzlichen Erörterung –, gehe man wie der französische Ankläger F. de Menthon davon aus, die Souveränität der Staaten zu bejahen, dann müsse man den deutschen Staat so sehen, wie er war, nämlich als eine Monokratie, eine Alleinherrschaft Hitlers, und als eine solche sei er tatsächlich auch vor 1939 von den Weltmächten nachweisbar rechtlich anerkannt worden. In einer Monokratie aber hätten die Ausführenden noch weniger als sonst das Recht oder die Pflicht, Gesetze und Verordnungen auf ihre Legalität nachzuprüfen. Eine Anklage etwa wegen Vorbereitungen eines Angriffskrieges könne gegen sie nicht erhoben werden. Denn gegen die Befehle Hitlers sei für sie, der bestehenden Staatsform nach, ein Widerspruch nicht zulässig gewesen. Nur in einem Falle, einem sehr wesentlichen und notwendigen Falle, macht hier das Gutachten von Professor Jahreiß eine Ausnahme, in dem Falle nämlich, wenn diese Führergesetze die Grenzen der Menschlichkeit überschritten, Grenzen, die heute das deutsche Volk als Ankläger einmütig nicht nachsichtiger ziehen wolle als andere Völker bei ihren Männern. Mit bewegenden Worten, die von Abscheu und Menschlichkeit

zugleich getragen werden, weist er auf den Konflikt zwischen Todesfurcht und Rechtsgewissen hin, in den die ausführenden Organe hier geraten mußten. Über die Möglichkeit, solche Handlungen zu bestrafen, läßt er keinen Zweifel.

Nicht nur den Verteidigern, auch den Argumenten der Angeklagten selber gewährte Lord Justice Lawrence den gleichen breiten Spielraum, sobald es ihm für eine unparteiische Rechtsfindung nötig erschien.

So konnte Göring unbehindert darauf hinweisen, daß das Völkerrecht nicht einseitig sei, konnte er Verordnungen der Besatzungsmächte in Vergleich setzen zu Maßnahmen, die die deutschen Militärbehörden in den besetzten Feindstaaten getroffen haben.

So durfte Ribbentrop sich auf seine Verhandlungen mit Stalin beziehen, um zu beweisen, daß Kriegführen damals in Moskau nicht als Verbrechen angesehen worden sei.

Jodl durfte an die Bombenteppiche erinnern, denen Hunderttausende von Frauen und Kindern zum Opfer gefallen sind. Und Frank konnte fragen, wer die Verbrechen richten werde, die gegen das deutsche Volk in Ostpreußen, Schlesien, Pommern und Sudetenland verübt worden seien und noch verübt würden.

Denken wir einmal noch an die Prozesse vor den Hitler-Gerichten zurück, dann werden wir anerkennen, welch Zeichen strenger Rechtsfindung es ist, wenn solch scharfe Anklagen gegen das Gericht erhoben werden dürfen.

Die Antwort hatte der französische Ankläger F. de Menthon in den menschlichen schönen Sätzen vorweggenommen, die er in seiner ersten Rede sprach: ›Fürwahr, keine Nation ist ohne Flecken in ihrer Geschichte, ebenso wie kein Individuum ohne Schuld durchs Leben geht. Ja, es liegt in der Natur des Krieges, daß er ungerechtes Leid und fast zwangsläufig Einzel- und Kollektiv-Verbrechen mit sich bringt, weil er leicht im Menschen die bösen Leidenschaften auslöst, die stets in ihm schlummern. Aber angesichts der Verantwortlichen des Nazi-Deutschland können wir uns ohne Furcht befragen; wir finden kein gemeinsames Maß zwischen ihnen und uns.‹

Das Urteil ist gesprochen. Es hat die Frage bejaht, ob das von der Verteidigung angezweifelte Statut vom 8. August 1945 gültiges Recht sei, mit jenen Konsequenzen, die sich für die angeschuldigten Personen und Organisationen ergeben. Überlegen wir einmal, wie das Urteil ausgefallen wäre, wenn, wie viele wünschten, ein deutsches Gericht im Mai 1945 nach der Kapitulation zusammengetreten wäre, um die Angeklagten zu richten, damals, als zum ersten Male die Greuel der Konzentrationslager in ihrem ganzen Umfange bekanntgeworden waren. Es kann kein Zweifel sein: es

hätte keine Ausnahme zugelassen, es wäre von schonungsloser Härte gewesen. Das deutsche Volk hat mit seinen früheren Machthabern eine besondere Rechnung zu begleichen. Doch wäre dieses Urteil, wie Karl Barth richtig gesehen hat, für alle Zeiten belastet gewesen mit dem Odium blutiger Rachgier und vorschneller Entscheidung.
Wir wollen an die Zukunft denken und hoffen, daß sie eine Zeit der Gerechtigkeit sein möge, eines dauernden Friedens zwischen den Völkern, der mehr ist als ein Waffenstillstand zwischen einer tragischen Folge von Kriegen. Nicht dieser Prozeß, sondern die kommenden Friedensverhandlungen werden für uns der Prüfstein sein, ob dieser Gedanke sich in der Welt durchgesetzt hat.«
Von dem, was wir uns damals erhofften, ist heute noch immer nicht viel Wirklichkeit geworden. Wenn Professor Jahreiß sagte: »Vielleicht sind wir in einem Übergang, vielleicht findet eine Umwandlung der Welt statt«, so ist davon gewiß nichts zu spüren. Im Gegenteil, noch nie hat die Welt so in Angst vor einem vernichtenden Angriffskrieg gelebt wie heute. Jeder Krieg wird in Zukunft die Vernichtung der Welt bedeuten. Dennoch rüsten die großen Mächte, Amerika, die Sowjetunion und Großbritannien mit aller verfügbaren Kraft, um für einen solchen Krieg gewappnet zu sein. Kriege sind inzwischen genug ausgefochten worden, in Korea, in China, in Vietnam, in Israel, in Ägypten. Es gibt zwar eine kollektive Organisation, die für Recht und Frieden auf der Welt sorgen soll, die UNO, aber sie hat sich als machtlos erwiesen. Und was ich in einer Glosse, die auf meinen Leitartikel folgte, ausgesprochen habe, daß man nämlich hoffen müsse, die Erinnerungen an diesen Prozeß und die grauenhaften Taten, die hierbei ans Tageslicht gekommen seien, würden dazu führen, daß Generationen von Deutschen sie nie aus ihrem Gedächtnis verlieren, und würden sie dazu bringen, sich gegebenenfalls gegen eine grausame, ungerechte Regierung zu erheben, war auch in den Wind geschrieben. Wer spricht heute noch von Nürnberg? Wer denkt noch an das Unrecht, das Deutsche den Juden zugefügt haben? Und unsere Jugend vollends hat keinen Begriff mehr davon, was Hitler und seine Verbrecher angerichtet haben.
Berndorff hat ausführlich dargetan, wie es gekommen ist, daß über den Lüneburger und über den Nürnberger Prozeß so weniges, so Unzureichendes in die deutsche Öffentlichkeit gedrungen ist. Ich denke, daß er verstanden hat, darzutun, welche schweren psychologischen Fehler die Alliierten in ihrer Pressepolitik begangen haben.
Es war wenige Tage nach dem Ende des Nürnberger Prozesses, als ich zum ersten Male den Besuch eines ausländischen Journalisten erhielt, eines Holländers, eines Mannes in meinen Jahren. Ich versuchte ihm klarzu-

machen, daß die Deutschen jetzt wirklich in sich gegangen seien und sich verändert hätten. Wir standen am Fenster und sahen hinunter auf den Hamburger Fischmarkt mit den vielen zerstörten Gebäuden und den Trümmerbahnen, die sich über ihn hinzogen. Ein altes Paar versuchte vergeblich, eine Handkarre über ein solches Trümmergleis zu schieben. Ein gut angezogener Herr sprang hinzu und half ihnen.
»Sehen Sie«, sagte ich, »das wäre früher nicht möglich gewesen.«
Er schüttelte zweifelnd den Kopf: »Seien Sie nicht zu optimistisch, ich kenne die Deutschen. Sie sind großartige Leute, solange sie im Unglück leben, und ganz unerträglich, sobald es ihnen wieder gutgeht.«
Ich habe im Laufe der Jahre sehr oft an diesen Ausspruch denken müssen.

Auf die Tragödie von Nürnberg folgte ganz wie auf dem antiken Theater das Satyrspiel, über das ich unter dem Titel »Schwabenstreiche« berichtete. Ich will zum besseren Verständnis die beiden ersten Absätze zitieren:
»›Als der Freispruch meines Mandanten verkündet und seine Entlassung bekanntgegeben wurde‹, so sagte Doktor Kuboschok, der Verteidiger von Papens und der Reichsregierung, nachdem Lordrichter Lawrence in Nürnberg das Urteil des Gerichts verlesen hatte, ›da dachte ich an die Fälle meiner früheren Verteidiger-Erfahrungen, in denen nach Verkündung des Freispruchs das politische ‚Unerwünscht‘ erschien, der Gestapo-Beamte am Gefängnistor stand und den entlassenen Untersuchungshäftling sofort wieder verhaftete.‹
Welch schönes Gefühl der Rechtssicherheit sprach aus diesen Worten eines Mannes, der im Dritten Reich mit vorbildlichem Mut vor dem Volksgerichtshof die Führer der tschechischen Widerstandsbewegung verteidigt hatte, welch Vertrauen darauf, daß Recht und Menschlichkeit endlich auch in Deutschland wieder zu unumschränkter Herrschaft gelangt seien! Doch als er das Gerichtsgebäude verließ, fand er es umlagert von einem starken Aufgebot der Nürnberger Kriminalpolizei, die bereit stand, die Freigesprochenen – von Papen, Schacht, Fritzsche – sofort wieder zu verhaften. Nichts hatte sich geändert.«
Drei verängstigte Männer saßen drei Tage und zwei Nächte lang im Gefängnis und warteten auf eine Entscheidung. Draußen tobte sich das »gesunde Volksempfinden« aus, nicht nur in Nürnberg, sondern in ganz Deutschland; Massenkundgebungen in Berlin, in Hamburg, Hannover, Remscheid, in Hessen, Thüringen, Sachsen, Württemberg, Bayern; Protesttelegramme an den Kontrollrat von Parteien und Komitees, blutrünstige Überschriften in den Zeitungen.
Es war Wahlkampf.

Welche Gelegenheit, zu beweisen, daß man antifaschistisch sei bis auf die Knochen! Es gab keine Phrase aus den wildesten Zeiten alter Parteikämpfe, die nicht ihre Auferstehung gefeiert hätte. Unbestritten die beste Leistung vollbrachte der kommunistische Aufbauminister Paul, als er die überstaatlichen Mächte aus der Rednerkiste von Hitler und Goebbels bemühte und fragte, ob nicht die Fäden des internationalen Finanzkapitals bis in die Zelle von Schacht und die päpstlichen Kräfte in die Zelle von Papens gereicht hätten.

In diesem allgemeinen Wutgeschrei war nur eine einzige Stimme der Vernunft zu vernehmen, die des oldenburgischen Ministerpräsidenten Tantzen. Sie erklang in einem Interview, das er bei der Interzonenkonferenz in Bremen Pressevertretern gegenüber gab, dessen Inhalt jedoch in der britischen Zone leider nur ganz wenige, nicht etwa durch deutsche Zeitungen, sondern nur durch den ›Manchester Guardian‹, erfuhren. Tantzen erklärte, man werde die Freiheit der drei Nürnberger Freigesprochenen nicht beschränken, wenn sie in Oldenburg Unterkunft suchten. Von Papen, Fritzsche und Schacht würden nur dann in den Anklagestand versetzt werden, wenn die Justizbehörden feststellten, daß sie Handlungen begangen hätten, die nach deutschen Gesetzen zur damaligen Zeit strafbar gewesen seien. Bevor die Frage der Straffälligkeit nicht geklärt sei, könne man keinen Deutschen ins Gefängnis werfen, er würde keinen der Freigesprochenen verhaften lassen. »Jede Nazimethode ist mir widerlich!« Es bestand damals eine gute Freundschaft zwischen Ministerpräsident Tantzen und den Herausgebern der »Zeit«. Wir haben vieles mit ihm besprochen und dabei viel erfahren, was in den genehmigten Nachrichtendiensten der Besatzungsmächte nicht stand. Ich habe es immer bedauert, daß dieser vortreffliche Mann so früh sterben mußte.

Bayerns Ministerpräsident, Dr. Högner, hingegen erklärte, er werde von Papen verhaften lassen, denn er sei des Hochverrats schuldig durch seinen Staatsstreich des Jahres 1932 in Preußen. In der Tat in Preußen! Dessen Bewohner man doch in Bayern mit dem Zusatz »Sau-« zu bezeichnen pflegte. Schade nur, daß dem Juristen Högner, der nicht nur Ministerpräsident, sondern auch Justizminister war, entgangen war, daß das Land Preußen nicht mehr existierte, Hochverrat gegen dieses Land nach dem Gesetz daher nicht mehr geahndet werden konnte, daß überdies alle Hochverratsbestimmungen des Strafgesetzbuches von 1871, die Paragraphen 80 bis 94, durch den Alliierten Kontrollrat aufgehoben worden waren, daß ein bayerisches Gericht für diese Fragen überhaupt nicht zuständig und ein allgemeines deutsches Gericht nicht vorhanden war.

»Tut nichts, der Jude wird verbrannt!« Verhaftet mußte werden, und sollte die Welt untergehen. So erließ auf Befehl von Dr. Högner der Vorsitzende

der Ersten Bayerischen Spruchkammer, Müller, einen Verhaftungsbefehl auf Grund des Denazifizierungsgesetzes. Ein anderer Müller, ein amerikanischer Brigadier, jedoch schickte die bayerische Polizei, die vor dem Gefängnis wartete, kurzweg nach Hause.
Bei Nacht und Nebel, nach Irreführung der wartenden Weltpresse und mit aller Heimlichkeit eines schlechten Kriminalromans wurden endlich Schacht und Fritzsche aus dem Gefängnis geschmuggelt. Doch zwei Stunden später erschien der Polizeichef von Nürnberg, Leo Stahl, in der Wohnung von Schacht, verhaftete den ehemaligen Reichsbankpräsidenten und nahm ihn mit zum Polizeipräsidium. Eine Viertelstunde lang schrien sich beide Männer dort gegenseitig an, dann machte ein amerikanischer Offizier der erregten Debatte ein Ende, und Schacht konnte mit Polizeibegleitung nach Hause gehen.
Kein Wunder, daß Stahl sich ärgerte. Sein Ministerpräsident verlangte von ihm, daß er Verhaftungen vornehmen solle, und die Amerikaner hinderten ihn daran. Voller Tatendurst hängte er sich einen Karabiner um und lief in die Wohnung von Fritzsche, der bei seinem Anwalt Dr. Sachs Zuflucht gefunden hatte. Da mußte ihm das Mißgeschick passieren, daß dieser Anwalt ihn fragte, ob er einen Verhaftungsbefehl vorzeigen könne. Kleinlaut gestand er, diesen Befehl habe er leider vergessen. Spornstreichs eilte er nach Hause, kam, so schnell er konnte, wieder und wurde von der eigenen Polizei zurückgewiesen, denn inzwischen hatten die Amerikaner auch die Verhaftung von Fritzsche verboten. Damit fanden diese bayerischen Schildbürgerstreiche von Nürnberg ein vorzeitiges Ende.
Der bayerische Ruhm ließ jedoch die Schwaben nicht schlafen. Waren sie nicht in der ganzen Welt berühmt um ihrer Schwabenstreiche willen? Der Ministerrat tagte, und Herr Kamm, der Minister für Denazifizierung, gab bekannt, die im Nürnberger Prozeß Freigesprochenen würden sofort verhaftet werden, wenn sie nach Württemberg kämen. Ebendies nun tat Dr. Schacht – dem es ja nie an Bockigkeit und Eigensinn gefehlt hat –, nachdem ihm von seiten der Amerikaner freies Geleit versprochen worden war. Kaum jedoch war er bei seinem Freunde Reusch in Backnang angekommen, erschien, gewitzigt durch die Erfahrungen des machtlosen Herrn Stahl, der Minister persönlich, um Schacht auf Grund des § 40 des Denazifizierungsgesetzes zu verhaften. Die amerikanischen Generale, nicht ganz einig über die Auslegung des versprochenen Geleits, immerhin aber deutlich von dem Vorgehen des Herrn Minister abrückend, da gesetzlich ein Grund zur Verhaftung Schachts nur bei Fluchtverdacht vorgelegen hätte, gaben schließlich angesichts so beharrlichen Unverstandes nach und ließen der Rechtlosigkeit ihren Lauf.
Nachdem ich in meinem Artikel diese Vorgänge, die natürlich in Deutsch-

land weitgehend unbekannt waren, da die Nachrichtendienste der Besatzungsmächte sie nur unvollkommen verbreiteten, ausführlich geschildert hatte, zog ich dann die Konsequenz aus ihnen und fuhr folgendermaßen fort:
»So also stehen die Dinge: Schacht sitzt im Gefängnis in Stuttgart, Fritzsche darf sich in Nürnberg frei bewegen, und von Papen genießt immer noch den Schutz des Nürnberger Gefängnisses, in dem er eine Gastzelle bewohnt – das Asylrecht, das früher bei der Kirche lag, ist jetzt auf ein Militärgefängnis übergegangen! Die Wahlen sind vorüber, und die Wut der Parteien scheint sich beruhigt zu haben, auf der Strecke geblieben ist das Recht.«
Und nun wurde ich sehr deutlich:
»Es ist erschreckend, wie wenig bei den Politikern, die heute in Deutschland führend sind, das Rechtsbewußtsein mitspricht, sobald politische Leidenschaften im Spiele sind. So erklärte Dr. Schumacher zu dem Nürnberger Urteil:
›Der Freispruch Papens ist für die Zukunft geradezu eine Ermunterung für die kapitalistische und politische Reaktion, sich wieder einmal nach einem Gefreiten umzusehen, der bereit ist, zum Schutze ihrer Portemonnaies die blutigsten Geschäfte zu besorgen.‹
Daß man, so fuhr er fort, die Gefahr der Reaktion mit den Mitteln einer formalen Rechtsprechung zu meistern versucht habe, sei ein Zeichen dafür, daß die Siegermächte das Wesen des Nazismus und der hinter ihm stehenden Kräfte nicht erkannt hätten.«
Ähnliches war von vielen Seiten zu hören. Als ob ein Gericht Recht nach politischer Zweckmäßigkeit sprechen dürfe, als ob das Recht nicht höher stände als leidenschaftliche Wünsche von Parteien! Gerade die Unbestechlichkeit des Urteils war der hohe Ruhm des interalliierten Militärgerichts. Und gerade diese Unbestechlichkeit griffen die deutschen Politiker an.
Formale Rechtsprechung! Im Gegensatz – ja zu was? – politischer Rechtsprechung, politischer Rechtsbeugung oder gar zu einer Rechtsprechung, die wieder den Hitlersatz zum Prinzip erhebt: Recht ist, was dem Volke nützt?
Es ist merkwürdig, daß sich solche Relikte einer Nazi-Anschauung gerade bei der deutschen Opposition bis auf den heutigen Tag gehalten haben. Als wir in der »Zeit« während des Streites vor dem Verfassungsgericht zur Frage der Rechtmäßigkeit eines Gesetzes über die Wehrpflicht und über die Wehrverfassung der Bundesrepublik unsere Stellungnahme staatsrechtlich begründeten, warf uns der Bundestagsabgeordnete Dr. Arndt formaljuristisches Denken vor, als ob es möglich sei, das Recht anders zu hand-

haben als nach den Regeln, in denen es nun einmal festgelegt ist. Es spricht sich hier doch wohl eine Gesinnung aus, als habe die Sozialdemokratie eine besonders bevorzugte Rolle, ein Alleinrecht als Gralshüter der demokratischen Verfassung und Gesinnung. In einem Leitartikel hatte dies Dr. Kurt Schumacher schon im April 1946 bei uns sehr deutlich ausgesprochen:
»Man muß die Demokratie als den Lebensodem der deutschen Politik, als das allesbeherrschende, politische, gesellschaftliche und kulturelle Prinzip begriffen haben, um Deutschland aufbauen zu können. Darum darf der Kampf um die Ausbreitung des demokratischen Gedankens vor und in keiner Partei haltmachen. Es ist bitter, sagen zu müssen, daß die Demokratie heute in Deutschland noch nicht sehr viel stärker ist als die Sozialdemokratische Partei.«
Mich haben diese Worte, als sie bei uns veröffentlicht waren, sehr nachdenklich gestimmt.
Zum erstenmal kreuzte ich mit Dr. Schumacher die Klinge anläßlich seiner Feststellungen zum Nürnberger Urteil. Ich hatte diesen in seiner Leidenschaft oft maßlosen Mann schon vor 1933 als ein bemerkenswertes Phänomen angesehen. An seiner heißen Liebe zu Deutschland, an seinem fanatischen Willen, einen neuen, sauberen Staat aufzubauen, habe ich nie gezweifelt. Und um seiner aufrechten Haltung willen, die er im Konzentrationslager während der ganzen Nazizeit gezeigt hat, als ein Federzug von ihm genügt hätte, ihn zu befreien, habe ich ihn immer verehrt. Aber Politik besteht nicht nur aus Gesinnung, sondern auch aus Form. Gegen die Form, die er im politischen Kampf wählte, zu kämpfen, fühlte ich mich immer wieder verpflichtet. Er hatte auch in der eigenen Partei scharfe Gegner, und nur der stets ausgleichenden Tätigkeit Ollenhauers war es zu danken, daß die Partei nicht zerfiel und der rechte und der linke Flügel nicht auseinanderbrachen.
Schumacher war über meine Kritik immer sehr empört. Er hat einmal in einer Massenversammlung vor 70 000 Zuhörern in Hamburg ausgerufen:
»Ich werde in Bonn dafür sorgen, daß ›Die Zeit‹ eingestellt wird, und wenn man mir nicht folgt, dann werde ich sie selber einstellen.«
Aber ich habe ihn immer durch gemeinsame Bekannte wissen lassen, daß ich gegen ihn persönlich nicht die geringste Animosität empfände. Es ist mir heute noch ein beruhigendes Gefühl, daß ihm dies mehrmals ernsthaft mitgeteilt worden ist.
Daher war es mir auch besonders angenehm, daß ich in meinem Leitartikel »Schwabenstreiche« sehr deutlich zeigen konnte, meine Kritik richte sich in keiner Weise gegen die Sozialdemokratie im allgemeinen. Nach dem Angriff gegen Schumacher fuhr ich so fort:

»Nur ein einziger deutscher Minister hat, soweit uns bekanntgeworden ist, die wahren politischen Konsequenzen der Freisprüche für das deutsche Volk erkannt und den Mut gehabt, sich gegen alle Masseninstinkte zu wenden und sich unpopulär zu machen, indem er inmitten des allgemeinen Wutgeschreis seine Stimme erhob: der sozialdemokratische Minister des Landes Hannover, Adolf Grimme, der ehemalige preußische Kultusminister. ›Der Freispruch von Leuten wie Papen‹, so erklärte er auf einer Wahlversammlung in Hildesheim, ›bedeutet nichts Geringeres, als daß die Weltjustiz das deutsche Volk von der Anklage der Kollektivschuld freigesprochen hat.‹ Das deutsche Volk sei sich bei der verständlichen Entrüstung über den Freispruch der Verführer des großen Geschenkes noch gar nicht bewußt geworden, das ihm durch diesen Rechtsspruch zugefallen sei. Das war wahrhaft staatsmännisch gesprochen und ging auf den politischen Kern der Dinge ein. Alle anderen Politiker hatten in Reden und Handlungen beides übersehen, Anklage und Urteil von Nürnberg. ›Die Verantwortung, die sich aus der Forderung und Annahme der Kapitulation eines ganzen Volkes ergibt‹, heißt es in der Anklagerede des amerikanischen Hauptanklagevertreters Robert H. Jackson, ›umschließt zweifellos auch die Pflicht, in gerechter und kluger Weise zwischen den einander widersprechenden Elementen der Bevölkerung zu unterscheiden, die verschieden zu der Politik und Führung eingestellt waren, welche die Katastrophe herbeiführte.‹ Nun, dies ist geschehen. Freigesprochen wurden die SA, das Reichskabinett, das OKW und sogar zwei Minister: Schacht und von Papen. Sehr klein also ist der Kreis derer, die wahrhaft schuldig gesprochen wurden. Dem weit überwiegenden Teil des deutschen Volkes aber ist bescheinigt worden, daß es nicht unmittelbar schuldig ist. Das bedeutet, daß von einer politischen Kollektivschuld nicht mehr die Rede sein darf, daß wir ein Recht darauf haben, in Zukunft zwar als Besiegte, aber nicht mehr als Entehrte behandelt zu werden. Das bedeutet, wir dürfen fordern, wie Dr. Adenauer und Kardinal-Erzbischof Frings es bereits getan haben, daß alle Kriegsverbrecher auch in anderen Ländern bestraft werden, daß zum mindesten ein internationales Gericht unter Teilnahme deutscher Richter die Greuel untersucht, die in den polnisch besetzten Gebieten und der Tschechoslowakei gegen Deutsche nach der Kapitulation begangen worden sind. Das bedeutet endlich, daß die Bestrafung des deutschen Volkes durch eine sinnlose Grenzziehung im Osten nicht zu Recht bestehen kann.«

Wie verworren damals die Rechtsauffassung auch unter Juristen war, mag folgendes bezeugen: Die Kölner Anwaltskammer schlug vor, die Verteidiger der Angeklagten von Nürnberg »wegen ihrer Verteidigungsführung einer politischen Untersuchung zu unterziehen«. Darüber hinaus beab-

sichtigte sie, diesen Vorschlag auf der nächsten Tagung aller Anwaltskammern der englischen Zone zu behandeln.
Erich Ebermayer, der Sohn des früheren Reichsanwalts, selber Jurist und zugleich ein bekannter Schriftsteller, schrieb darüber bei uns:
»Haben wir es recht verstanden? Die Verteidiger der Nürnberger Angeklagten sollen von ihrer eigenen Standesvertretung zur Rechenschaft gezogen werden wegen ihrer Verteidigungsführung? Das Vorhaben der Kölner Anwaltskammer gab dem Generalsekretariat des Nürnberger Gerichts Anlaß, in einer die deutschen Anwälte doch wohl etwas beschämenden Fairneß zu erklären, daß die Verteidiger auch nach dem Prozeß unter dem Schutz des Alliierten Kontrollrates stünden und daß die Rechtsabteilung der Militärregierung die Interessen der Verteidiger weiterhin vertreten werde, falls ihnen aus ihrer Verteidigung der Angeklagten von Nürnberg Schwierigkeiten erwachsen sollten.
So also ist die Situation: Die Männer, die als Verteidiger in schwierigster Sache über zehn Monate lang unter abnormer physischer und psychischer Belastung ihre Pflicht getan, müssen nun, da sich die Tore des Nürnberger Gerichts hinter ihnen kaum geschlossen haben, in gestrecktem Galopp vor ihren deutschen Kollegen Schutz bei der Militärregierung suchen ... Und das, nachdem sie, wie versichert wird, mit jeder Post seit zehn Monaten eine Flut von beschimpfenden und beleidigenden Briefen ihrer ›Volksgenossen‹ erhalten haben. Schon vor Monaten bedurften sie des starken Schildes, um überhaupt weiter arbeiten zu können, damals erklärte Lordrichter Lawrence: ›Nach Ansicht des Gerichtshofes haben die Verteidiger eine wichtige öffentliche Aufgabe in Übereinstimmung mit den hohen Traditionen des Juristenberufes ausgeübt, und der Gerichtshof dankt ihnen für ihre Hilfe.‹«

Die Affäre Schacht

Die Affäre Schacht beschäftigte uns noch mehrere Jahre. Das fing so an:
Eines Tages besuchte uns Frau Schacht, so wie man damals reiste, mit einem umgehängten schweren Rucksack. Wir konnten sie wenigstens mit Kaffee und Zigaretten bewirten. Ich habe die Haltung dieser Frau bewundert und bewundere sie noch heute. Da gab es keine larmoyanten Klagen, sie berichtete kühl und beherrscht, wie es ihrem Mann, der bei seinem ersten württembergischen »Entnazifizierungsverfahren« zu acht Jahren Zwangsarbeit verurteilt worden war, im Lager ging. Es war ein ewiges Hin und Her, bald war er hinter Stacheldraht in Ludwigsburg, bald im Gerichtslazarett, denn nach seiner ersten Verurteilung hatte er einen schweren Zusammenbruch mit allen Zeichen einer Lungenentzündung erlitten. Was aber die Frage für uns in unserem Kampf gegen die Rechtlosigkeit jetzt besonders wichtig machte, weil hier ein Exempel statuiert werden konnte, war, daß es weder Dr. Schacht noch seinem Anwalt Dr. Schwamberger möglich war, dahinter zu kommen, wer eigentlich für seine Inhaftierung verantwortlich war. Ich war durch unseren Stuttgarter Mitarbeiter sehr bald über alle Strömungen, die hier im Widerstreit lagen, unterrichtet. Mit seinem Einverständnis schickte ich unser Redaktionsmitglied Müller-Marein nach Ludwigsburg, damit er sich dort bei Schacht selber informiere. Das Ergebnis war einigermaßen erstaunlich. Müller-Marein schrieb uns:
»Es ist die Frage, durch welche Behörde Dr. Schacht, der den Termin der Spruchkammersitzung in der Berufungsinstanz erwartet, eigentlich gefangengehalten wird, durch die deutsche Behörde oder die amerikanische. Der Verteidiger Schachts in Stuttgart, der Rechtsanwalt Dr. Schwamberger, wußte es nicht genau. Der Ankläger Schachts und Vorsitzende der Spruchkammer in Ludwigsburg, Dr. Skubich, war auch nicht recht im Bilde. Wir sind mit einem Vertreter der amerikanischen Denazification-

Division ins Gespräch geraten: Er freilich deutete unmißverständlich ein amerikanisches Interesse am Fall Schacht an, wobei er allerdings betonte, er spräche privat und nicht dienstlich:
Wer aber war es nun eigentlich, der Dr. Schacht immer noch festhielt? Da war ein OMGUS-Befehl der Militärregierung vom 7. Februar 1947, wonach alle zu Arbeitslager Verurteilten, schon bevor ihr Spruch rechtskräftig würde, ins Arbeitslager einzuweisen seien. Dieser Befehl ist am 27. März 1948 außer Kraft gesetzt worden. So hat denn die Berufungskammer des Internierungslagers Ludwigsburg am 23. April verfügt, die Festhaltung Dr. Schachts solle unter der Auflage aufgehoben werden, daß er sich freiwillig einer Aufenthaltsbeschränkung im Robert-Bosch-Krankenhaus zu Stuttgart unterwerfe. Denn noch ist sein Spruch nicht rechtskräftig. Schon stand er im Begriffe, das Leben hinter Stacheldraht mit dem Aufenthalt in einem modernen Krankenhaus zu vertauschen – da traf am 27. April beim Vollstreckungsrichter des Internierungslagers Ludwigsburg ein knappes Schreiben der Militärregierung ein:
›Laut Befehl der Militärregierung wird der Internierte Hjalmar Schacht weiterhin festgehalten. Eine Verlegung in das Robert-Bosch-Krankenhaus kann derzeit nicht erfolgen.‹
Prompt suchte Schachts Verteidiger im Habeas-Corpus-Verfahren bei der Militärregierung um Rechtsschutz für seinen Klienten wegen widerrechtlicher Beschränkung der persönlichen Freiheit nach. Mit anderen Worten: Er setzte voraus, daß es die amerikanische Behörde ist, die Dr. Schacht gefangenhält, und er bat um Mitteilung, wer da zuständig sei. Die amerikanische Behörde – von der Dr. Schwamberger sagt, daß sie hier zum ersten und bisher einzigen Male in ein deutsches Verfahren eingriff – bleibt nach wie vor dabei, es seien die Deutschen, die Dr. Schacht in Haft hielten.
Und der Spruchkammer-Vorsitzende war so weit, daß er seinen Amtsvorgänger bitten wollte, ihm mitzuteilen, wie er die Überweisung Schachts ins zivile Krankenhaus gemeint habe, als Haftentlassung oder nicht. Dieser Vorgänger hat nach Studium der Akten sein Amt niedergelegt. Und es steht fest, daß bei der deutschen Spruchkammer-Behörde in Schwaben eine Meinung sich durchgesetzt hat, die in Worten oder in Seufzern lautet:
›Ach, hätten wir damals diesen Schacht, der zum Freundes-Besuch in Schwaben auftauchte, bloß laufen lassen, bloß abgeschoben über unsere Landesgrenzen, egal wohin.‹ «
Wir haben dann die Berufungsverhandlung im Ludwigsburger Internierungslager weiterverfolgt. Wir haben Schachts Verteidigung zitiert, daß es ihm immer nur um sachliche Maßnahmen gegangen wäre, die dazu dienen sollten, die Lebenshaltung des deutschen Volkes und seine Geltung im

Konzert der Großmächte zu verbessern. Wir zitierten auch das verblüffende Zeugnis von Professor Adolf Weber, es habe sich bei Schacht um eine Ein-Mann-Partei gehandelt, die vor und nach der nationalsozialistischen Machtübernahme einzig und allein eine unzweideutige Schacht-Politik betrieben habe. Es wurde das Zwielicht deutlich, in dem eine solche Figur nun notwendigerweise einmal stehen muß. Aber dank dem vorzüglichen Vorsitzenden, Dr. Skubich, kam es dann zu jenem Freispruch, der, was nun unvermeidlich geworden war, im deutschen Volke völlig verwirrend wirkte.

Die Berichterstattung war immer noch nicht frei und politisch unbeeinflußt. Die positiven Zeugenaussagen wurden meistens unterschlagen, die negativen gefühlsmäßig übertrieben. Dieser Prozeß hat das Gericht herbeigeführt, was er hätte herbeiführen müssen, nämlich deutlich zu klären, wie schwankend und schillernd eigentlich die Lage derjenigen war, die sich Hitler als Nicht-Nationalsozialisten, gewissermaßen als Fachleute, oder, wie sie wohl selber glaubten, als Leute zur Verfügung stellten, die ihn in entscheidenden Fragen bremsen könnten.

Aber damit war das Kapitel Schacht für uns noch nicht geschlossen. Seine Fortsetzung fand es zu einer Zeit, als ich nicht in Hamburg war. Die ersten Jahre meiner Chefredaktion waren sehr anstrengend und oft sehr aufregend gewesen. Ich hatte auch viel zuviel geraucht – die ungewohnt schweren englischen und amerikanischen Zigaretten, die wir im Schleichhandel besorgten –, und so kam es denn zu Krämpfen in den Herzkranzgefäßen und an der Aorta. Mein trefflicher Arzt, Dr. Sander, sprach ein Machtwort und schickte mich in den Taunus in das Sanatorium Dr. Amelung. Hier las ich in einer Ausgabe der »Zeit« vom 16. September 1948, die mir zugeschickt wurde, zu meinem größten Erstaunen und Entsetzen folgende Ankündigung auf der ersten Seite:

»In den vier Jahren seiner Haft und seines Kampfes um die Rehabilitierung hat Doktor Hjalmar Schacht, der ehemalige Reichsbankpräsident und Reichswirtschaftsminister, Aufzeichnungen gemacht, die als wichtige Dokumente zur Zeitgeschichte zu gelten haben. Die bedeutsame Arbeit trägt den Titel: Hjalmar Schacht, Abrechnung mit Hitler. Aus diesem Werk, das demnächst im Rowohlt Verlag erscheinen wird, veröffentlichen wir, beginnend in der nächsten Nummer der ›Zeit‹, die ausdrucksvollsten Kapitel.«

Ich ließ mich sofort mit der Redaktion verbinden. Mein Stellvertreter, Ernst Friedländer, war am Telefon.

»Dies ist unmöglich«, sagte ich zu ihm, »einen Mann wie Schacht verteidigt man, wenn ihm Unrecht geschieht, aber benutzt nicht seinen Namen, um Geld zu verdienen.«

Er erwiderte: »Wir hatten nur ganz kurze Zeit, um uns zu entscheiden, sonst wäre das Manuskript an die ›Welt‹ gegangen. Deshalb konnten wir Sie nicht vorher anrufen.«
»Dann lassen Sie doch in Dreiteufelsnamen ›Die Welt‹ das Manuskript abdrucken; wir haben einen Ruf zu verlieren. Sie müssen verhindern, daß der Abdruck erscheint!«
»Das kann ich nicht. Ihre Mitherausgeber bestehen darauf, daß die Aufzeichnungen von Schacht erscheinen. Sie erhoffen davon eine erhebliche Steigerung der Auflage.«
»Unsere Zeitung ist nicht dazu gegründet worden, daß wir Geld verdienen. Haben Sie denn nicht protestiert? Was sagt denn die politische Redaktion, was sagt Müller-Marein, was sagt Gräfin Dönhoff?«
»Wir sind alle der gleichen Meinung, daß die Herausgeber recht haben; wir müssen die Auflage steigern.«
»Aber ich protestiere, und ich verlange, daß Sie diesen Protest den Herren Bucerius und Lorenz bekanntgeben.«
Damit hängte ich an. Ich konnte nicht mehr sprechen, ich hatte einen schweren Herzkrampf. Professor Amelung, den man von meinem erregten Telefongespräch unterrichtet hatte, stand neben mir. Mit einer Schwester zusammen brachte er mich ins Bett und gab mir eine Spritze Strophantin. Er gab mir auch ein Beruhigungsmittel und versprach mir, er werde am Abend den ganzen Fall mit mir ausführlich diskutieren. Er saß denn auch abends an meinem Bett, er versuchte, mich zu überreden, das Ganze sei doch nicht so schwer zu nehmen, die Leser würden diese Entgleisung sehr bald vergessen.
Ich erwiderte ihm: »Herr Professor, verzeihen Sie, aber dies können Sie nicht verstehen, weil Sie nicht wissen, unter welchen Umständen und zu welchem Zweck diese Zeitung – wenigstens nach meiner Intention – gegründet worden ist. Ich habe, als eines Tages meine Redakteure zu mir sagten: ›Das können Sie unseren Lesern nicht zumuten‹, geantwortet: ›Was gehen mich meine Leser an!‹ Ich habe mich nie um die Auflage der Zeitung gekümmert, ich habe meine Aufgabe nur darin gesehen, dem deutschen Volk zu helfen, einen Weg zu finden aus der Vergangenheit der Nazi-Jahre. Dieses Prinzip der absoluten Integrität ist jetzt durchbrochen, das besondere Licht, in dem unsere Zeitung bisher stand, ist verdunkelt. Das ist nicht wiedergutzumachen.«
Ich habe, zu meinem Kummer, recht behalten. Zwar stieg die Auflage während der drei Ausgaben, in denen die Veröffentlichung von Schacht lief, aber dann sank sie rapide. Und was wir verloren hatten, war ein Teil unserer besten Leser. Ich mußte das sehr bald erfahren. Meine Freunde Deusch und Scheffler, die der Krieg nach Diez an der Lahn verschlagen

hatte, besuchten mich im Sanatorium. Sie waren entsetzt und fragten mich empört, warum ich diese Veröffentlichung nicht verhindert hätte; alle anständigen Leute aus ihren Kreisen hätten die »Zeit« abbestellt. Ähnlich schrieb mir mein Freund Alfred Hentzen, der damals die Kestner-Gesellschaft in Hannover leitete und der heute Direktor der Hamburger Kunsthalle ist. Man wußte in Hannover, daß er mit mir befreundet war, und hatte ihn im Rotary Club darauf angesprochen, ob er es sich erklären könne, daß die »Zeit« so entgleist sei.

Auch ich habe damals geglaubt, daß der ganze Zwischenfall in der Tat nur eine Entgleisung gewesen sei. Daß sich aber gegen mich und unbemerkt von mir in der Gesinnung meiner Mitarbeiter eine Wandlung vollzogen hatte, habe ich erst sehr viel später erkannt.

Im übrigen richtete sich meine Stellungnahme nicht gegen die Person des Dr. Schacht; das mag man daraus ersehen, daß ich noch einmal für ihn eingetreten bin, als ihm Unrecht geschah. Kurz nachdem seine Aufzeichnungen bei uns veröffentlicht worden waren, erhielt ich von unserem Stuttgarter Korrespondenten die Nachricht, daß ein neues Verfahren gegen Schacht eröffnet worden sei. Ich schrieb daraufhin eine Glosse mit der Überschrift »Neue Schwabenstreiche« und schilderte, wie bei dem Berufungsverfahren ein gewählter Vorsitzender nach dem anderen, sobald er die Akten studiert hatte, sich bewogen fühlte, sein Amt niederzulegen. Das Stuttgarter Verfahren gegen Schacht wurde schließlich niedergeschlagen. Und zwar, wie mir unser württembergischer Korrespondent berichtete, auf eine so ekelhafte Art, daß ich davon absah, es in der »Zeit« darzustellen. Bei dem Stuttgarter Anwalt von Schacht, Dr. Schwamberger, erschien ein Ministerialbeamter und schlug folgenden in jeder Weise ungesetzlichen Kuhhandel vor: »Die Regierung ist bereit, das Urteil der Unzuständigkeit Württembergs für den Fall Schacht anzuerkennen, wenn Dr. Schacht sich schriftlich verpflichtet, an das Land Württemberg keine Regreßansprüche wegen seiner zweijährigen Haft zu stellen.«

Schacht ging hierauf ein; er hatte seine Erfahrungen mit der Württembergischen Regierung gemacht.

Angriff der »Zeit« gegen die Besatzungsmächte

Es war nicht nur der Zorn über das völlig ungerechtfertigte Schreibverbot für Samhaber und über viele andere Ungerechtigkeiten, die vor unseren Augen geschahen, was uns dazu veranlaßte, in den nächsten Jahren so scharf gegen die Besatzungsmächte zu schreiben. Dies zu tun, lag ganz einfach in der Natur der politischen Zerrissenheit, unter der Deutschland litt. In einem zusammenfassenden Jahresbericht für das Jahr 1946 hieß es hierzu in der »Zeit«:

»Deutschland, in vier Zonen geteilt, die von den vier Großmächten Rußland, England, Amerika und Frankreich verwaltet werden, bietet ein Bild voller Uneinheitlichkeit in der Politik der Besatzungsmächte. Die Potsdamer Beschlüsse vom Juli 1945, in denen eine wirtschaftliche Einheit Deutschlands gefordert wurde, haben dies nicht verhindern können.

Rußland hat seine Zone durch einen Eisernen Vorhang vom übrigen Deutschland abgeschlossen. Hinter diesem Vorhang werden Fabriken demontiert, Belegschaften abtransportiert, Industriewerke sozialisiert, Reparationen eingetrieben. Eine Bodenreform wird durchgeführt, die jede vernünftige Bewirtschaftung des Ackerlandes unmöglich macht.

England beschließt von sich aus eine Sozialisierung der Grundstoffindustrien, stellt Grundsätze auf für eine weitgehende Bodenreform und hemmt das Anlaufen von Wirtschaft und Handel, wodurch die Deutschen wieder zu Partnern auf dem Weltmarkt werden könnten.

Amerika wendet sich gegen Sozialisierungswünsche, die in deutschen Länderparlamenten seiner Zone zum Gesetz erhoben worden sind. Es begünstigt einen freien Handel, ist aber in der Entwicklung seiner Zone durch den Mangel an Kohle und Stahl gehemmt, die aus den britisch besetzten Gebieten geliefert werden müßten.

Frankreich exportiert aus seiner Zone Lebensmittel, Holz und Wein mit

dem Erfolg, daß es einen Überschuß über seine Besatzungskosten erzielt, während England und Amerika in erheblichem Maße aus eigenen Mitteln, die von ihren Steuerzahlern aufgebracht werden müssen, Lebensmittel einzuführen gezwungen sind, um die deutsche Bevölkerung vor Hungersnot zu schützen. Neuerdings beginnt die französische Militärverwaltung, gleich den Russen, deutsche Industriebetriebe in eigener Regie zu übernehmen und Werke zu demontieren, um sie ins Saargebiet zu verpflanzen, das durch eine Zollgrenze dem französischen Wirtschaftsgebiet angeschlossen worden ist, wobei undeutlich blieb, wieweit die übrigen Besatzungsmächte dieser Maßnahme zugestimmt haben.
Im Dezember 1946 haben Amerika und England endgültige Beschlüsse für die wirtschaftliche Vereinigung ihrer beiden Zonen und für eine Kreditgewährung zur Ingangsetzung der deutschen Produktion gefaßt. Damit ist der erste Schritt zu einer kommenden wirtschaftlichen Einheit getan. Frankreich hat erklärt, daß es sich dieser Zusammenlegung nur anschließen könnte, falls vorher seine Wünsche über die Regulierung der westlichen Grenzen, über die Selbständigkeit des Rheinlandes und die Internationalisierung des Ruhrgebiets befriedigt würden. Rußland hat erkennen lassen, daß es sich gleichfalls beteiligen würde, wenn feststände, daß die Produktion von Maschinen und Bedarfsgütern aus den westlichen Zonen in erster Linie auf Reparations-Konto nach Rußland geliefert werden müßte.«
Man sieht aus dieser Darstellung, daß wir uns nicht gescheut haben, die Gewichte kritisch so zu verteilen, wie dies damals dem deutschen Standpunkt entsprach. Als den großen Störenfried in dem Bemühen der westlichen Großmächte, einen Frieden für Deutschland herbeizuführen, prangerten wir eindeutig Frankreich an. Ich habe immer wieder Gelegenheit gehabt, die unheilvolle Rolle hervorzuheben, die Bidault dabei spielte. Als engagierter Geschichtslehrer hat er nie das französische Ideal der »Sicherheit« vergessen, das seit den Tagen Franz' I. ein magisches Schlagwort geblieben ist und die französische Politik bestimmt hat. Dieses Ideal der »Sicherheit«, dem man in Frankreich nachlief, war die Ursache für die Kämpfe gegen Karl V. gewesen, für die Besetzung Lothringens durch Heinrich II., des Elsaß durch Ludwig XIV., für den Zug Napoleons I. nach Moskau, der seine »Sicherheit« am Ural finden wollte, für die Besetzung Spaniens, an der Napoleon zugrunde gehen sollte, für den deutsch-französischen Krieg 1870/71, der über die Befürchtung ausbrach, daß eine Thronkandidatur eines Hohenzollern in Spanien die »Sicherheit« Frankreichs gefährden könne.
Natürlich standen für uns in der damaligen Zeit vor allem jene Probleme im Vordergrund, die sich aus dem Verhältnis der britischen Besatzungs-

macht zur britischen Zone ergaben. Man ist bei uns in Deutschland sehr geneigt, bürokratisches Verhalten für eine typisch deutsche Eigenschaft zu halten. Daß die Angelsachsen – die Engländer und Amerikaner also – in den meisten Fragen der Verwaltung viel bürokratischer sind als wir, viel weniger geneigt, einmal durch die Finger zu schauen, viel mehr gebunden an Vorschriften, auch dann noch, wenn diese sich überlebt haben, das war eine Erfahrung, die wir zu unserem Kummer und unserer Enttäuschung in den ersten Jahren der Besatzungszeit machen mußten.

Da war das Flüchtlingsproblem. Man hatte diese Unglücklichen, die aus den nunmehr polnisch und sowjetrussisch verwalteten Gebieten in Trecks nach den Westzonen gekommen waren, schematisch nach prozentualer Berechnung auf die westdeutschen Gebiete verteilt – natürlich hatten die Franzosen für ihre Zone sich auch hier wieder aus der westlichen Gemeinschaft ausgeschlossen und jede Aufnahme versagt. Aber nun saßen diese Menschen, die man so schnell wie möglich in irgendeinen Produktionsprozeß hätte eingliedern müssen, an Stellen, wo man sie durchaus nicht brauchen konnte, nur deshalb, weil dort zufällig unzerstörte Kleinstädte oder Dörfer waren. Auf die Dörfer verteilt wurden nicht Familien, die sich voneinander weitgehend unterscheiden, sondern Wohnungsberechtigte und Kalorienempfänger.

In der britischen Zone war es nicht möglich, hier Wandel zu schaffen, da die einzelnen Provinzen und Bezirke auf Grund einer ganz törichten britischen Konzeption sehr selbständig waren und sehr eigene Rechte hatten. Ohne britische Befehle war daher an eine vernünftige Aufteilung der Flüchtlinge nach Berufen, Kenntnissen und Verwendungsmöglichkeit überhaupt nicht zu denken; diese Befehle aber blieben aus, und alle Versuche erstickten in dem bürokratischen Verhalten der Besatzungsmacht. Daß dies nicht notwendig war, daß dies auch anders sein konnte, zeigte das Beispiel Bayerns. Hier wurde das gesamte Flüchtlingswesen von einem sehr tatkräftigen, sehr warm empfindenden und sehr kenntnisreichen Manne geleitet, dem späteren Botschafter beim Vatikan, Dr. Gustav Jaenicke. Er erfreute sich allerdings der Unterstützung eines vorzüglichen amerikanischen Gouverneurs.

Wir haben damals auf das Unglück dieser Entwurzelten immer wieder hingewiesen – hauptsächlich durch große Reportagen mit vielen Fotos, die das Elend in den Lagern zeigten. Helfen haben auch wir nicht können. Gewiß haben unsere Aufsätze dazu beigetragen, daß vom Ausland, aus der Schweiz, aus Schweden, aber auch aus den ehemals feindlichen Staaten, Gaben in einem sehr hohen Maße nach Deutschland flossen, um der Not dieser Ärmsten zu steuern; aber mehr haben wir nicht erreichen können. Das Ganze war eine Frage der Verwaltung, und wie bei allen Fra-

gen der Verwaltung hing die Durchführung von denen ab, die mit ihr betraut waren.
Immerhin war das Echo aus dem Ausland auf unsere Hilferufe erstaunlich stark. Vieles, was damals geschah, ist heute vergessen, aber wert, daß man noch einmal daran erinnert.
So lief in Bremen ein Schiff ein, das außer 30 000 Care-Paketen 5000 t schweren Winterweizen enthielt, der von Farmern aus den nordwestlichen Staaten der USA gesammelt worden war für Notleidende aus den drei westlichen Zonen Deutschlands und in Berlin. Mr. Thomas F. H. Dull, der Direktor der Militärregierung in Bremen, wies in seiner Begrüßungsansprache darauf hin, daß die Sendung von Philadelphia abgegangen sei, der »Stadt der brüderlichen Liebe«; die Spende verleihe der amerikanischen Überzeugung Ausdruck, daß nur durch freundschaftliche Zusammenarbeit und indem man miteinander teilt, die Einigkeit der Welt erreicht und der Friede behauptet werden könne.
Damit wurden auch wir in das anonyme Werk brüderlicher Liebe einbezogen, das von Bürgern der Vereinigten Staaten ins Leben gerufen worden war.
Um aber den Flüchtlingen wirklich helfen zu können, mußte zunächst einmal die deutsche Wirtschaft wiederaufgebaut werden. Es wurde in den Jahren vor der Währungsreform nahezu überhaupt nicht gebaut; fast das einzige, was auf diesem Gebiete geschah, war Trümmerbeseitigung, die zum großen Teil mit Zwangsarbeit ausgeführt wurde. Auch der Aufbau der Industrie vollzog sich sehr langsam, er wurde weit überflügelt von dem Abbau, den Demontagen, die eine besonders törichte Maßnahme der Besatzungsmächte darstellten. Sie sollten einmal dazu dienen, in den vom Krieg betroffenen Ländern die von Deutschen zerstörten oder ausgeraubten Produktionsstätten mit Maschinen und Ersatzteilen auszurüsten, dann aber ganz einfach dazu, die deutsche Produktion aus Konkurrenzgründen zu vernichten oder zu beschränken. Natürlich wurde das nicht offen zugegeben, im Gegenteil, man suchte den Eindruck zu erwecken, daß man alles täte, um die deutsche Produktion zu heben.
Hier also galt es einzusetzen und die Dinge richtigzustellen. Ich schrieb hierüber im Oktober 1946 einen Aufsatz: »Der Tiefpunkt«. Der fing so an:
»›Ich kann dem deutschen Volke die bestimmte Hoffnung geben, daß im kommenden Frühjahr der Tiefpunkt überwunden sein wird, vorausgesetzt, daß das deutsche Volk den Mut und die Initiative besitzt, angesichts der größten Schwierigkeiten im kommenden Winter weiterhin schwer zu arbeiten.‹
Diese Sätze sprach vor wenigen Tagen ein hoher englischer Offizier in

Minden vor Vertretern der deutschen und englischen Presse. Wir haben ähnliche Worte im vorigen Herbst gehört, und so ist es von großem Interesse, die Gründe zu erfahren, die den Sprecher bewogen haben, eine so günstige Prognose zu stellen.«

Zwei Gründe unmittelbar wirtschaftlicher Natur wurden angeführt: die Besserung der Lebensmittellage und der wirtschaftliche Zusammenschluß der britischen und amerikanischen Zone. Ein dritter hatte seine Wurzeln in psychologischen Erwägungen, die erst mittelbar wirtschaftliche Ergebnisse zeitigen können: infolge der Auswirkungen von fünf Jahren Krieg seien die Ansichten der Siegermächte über Deutschland im gleichen Zeitpunkte des vergangenen Jahres noch nicht geklärt gewesen. Jetzt hingegen sei eine radikale Änderung der Weltmeinung erfolgt, jetzt sei man der Meinung, daß ein wirtschaftlich gesundes Deutschland für Mitteleuropa eine Lebensnotwendigkeit bedeute.

Daß es zu dieser erstaunlichen Sinnesänderung gekommen war, ist in erster Linie einem einzigen Manne zu verdanken, dem großen englischen Wirtschaftler Lord Beveridge. Er hatte die britische Zone bereist, war in Frankfurt beim Zwei-Zonen-Rat gewesen, wo er mit den Amerikanern konferierte; zuletzt kam er auch nach Hamburg. Ich hatte das Vergnügen, ihn im Rahmen einer Pressekonferenz ausführlich zu sprechen. Das Zusammentreffen fand in einem ungeheizten Raume statt; Kohlen konnte man sich ja nur auf Schleichwegen verschaffen. Das war die Zeit, als die Kölner das Kohlenklauen aus haltenden Güterzügen »Fringsen« nannten; denn Kardinal Frings hatte in einer Predigt diesen Diebstahl als eine läßliche Sünde bezeichnet, was einer Ermunterung gleichkam, sie zu begehen. Lord Beveridge hatte einen sehr dicken Mantel an, eine Pelzkappe auf dem Kopf, und seine Füße steckten in hohen Pelzstiefeln. Wir anderen froren abscheulich. Er entschuldigte sich sofort, aber es wäre auch ihm nicht möglich gewesen, dafür zu sorgen, daß man den Raum heize. Er sprach kurz von seinem Leben und daß er vom englischen König in den Stand eines Peer erhoben sei. Mit Nachdruck fügte er hinzu: »Es ist auch heute in England noch etwas Besonderes, ein Lord zu sein, es gibt einem aber auch eine größere Verantwortung.« Er sprach sehr freundlich, doch in der Sache sehr bestimmt. Er ließ uns durchaus erkennen, daß er der Vertreter einer siegreichen Nation sei. Dennoch wurden einige sehr scharfe, ja auch einige taktlose Fragen an ihn gerichtet. Eine von ihnen war sicher berechtigt.

Der Vertreter einer Braunschweiger Zeitung erzählte, daß er zum ersten Male nach dem Kriege wieder in Hamburg sei und daß ihn der Anblick der von den Engländern gesprengten Werft von Blohm & Voß entsetzt habe. Ob es denn, wenn uns der Schiffbau nun einmal verboten werden

solle, nicht vernünftiger gewesen wäre, die Werft sachgemäß abzubauen und die einzelnen Teile auf Reparationskonto in ehemalige Feindstaaten zu verfrachten?
Lord Beveridge machte sich eifrig Notizen, er antwortete höflich, die näheren Umstände seien ihm nicht bekannt, wir könnten aber sicher sein, daß er sie erforschen werde.
Ich habe keine scharfen Fragen an ihn gerichtet, aber da ich das Englische verhältnismäßig gut beherrsche, konnte ich ihm sagen, was uns auf dem wirtschaftlichen Gebiete besonders bewege. Ich könne verstehen, erklärte ich, daß man in Potsdam in einem dunklen Moment des Zorns und der Verwirrung die Grundsätze der Atlantik-Charta aufgegeben habe. Der »Industrie-Plan«, der die wirtschaftlichen Bestimmungen des Potsdamer Abkommens verkörperte, beruhe infolgedessen auf militärischen Gesichtspunkten; er solle verhindern, daß Deutschland jemals wieder aufrüsten könne, er verbiete daher jede Fabrikation, die unter Umständen auch auf Kriegszwecke umgestellt werden könne, ohne in Betracht zu ziehen, daß das gleiche Ziel auch durch eine internationale Kontrolle auf lange Zeit zu erreichen wäre, so wie es Byrnes in Paris vorgeschlagen habe. Der Industrieplan gehe also vom »Kriegspotential« aus statt vom »Friedenspotential«, von der Beschränkung statt vom Aufbau einer völlig darniederliegenden Wirtschaft. Das praktische Ergebnis seien die Bestimmungen über die Demontagen deutscher Werke und die Festlegung von Beschränkungen ohne Rücksicht auf den deutschen Bedarf. Lord Beveridge hörte aufmerksam zu, und ich habe mich sehr gefreut, als ich ihn kurz darauf fast mit den gleichen Worten im englischen Rundfunk für die Notwendigkeit eintreten hörte, im politischen Denken an die Stelle des »Kriegspotentials« das »Friedenspotential« zu setzen. Als ich mich von ihm verabschiedete, fragte ich ihn: »Glauben Sie, Lord Beveridge, an die Möglichkeit, daß die sowjetische Zone einmal wieder mit den drei Westzonen vereinigt werden kann und Berlin wieder unsere Hauptstadt sein wird?«
Er sah mich ein wenig traurig an und sagte: »Ich bin sehr unglücklich, daß ich Ihnen darauf keine Antwort geben kann.«
Doch für uns in der Zeitung genügte es natürlich nicht, Angriffe gegen die Besatzungspolitik nur mit allgemeinen Ideen zu führen. Es war mindestens so notwendig, einzelne gut fundierte Beispiele vorzubringen. Daß dies nicht einfach war, liegt auf der Hand, denn das Nachrichtenwesen stand ja unter englischer Kontrolle. Alle brauchbaren Informationen über sinnlose Demontagen und andere törichte Maßnahmen flossen uns also nur auf privaten Wegen, unter Umgehung der Besatzungsstellen, zu.

Bereits in meinem Leitartikel »Der Tiefpunkt« konnte ich ein sehr schlagendes Material ausbreiten.
Damals hatte gerade das Werk Imhausen & Co. in Witten an der Ruhr, eine moderne Fabrik zur Herstellung von synthetischem Fett auf Kohlegrundlage, den Demontagebescheid erhalten. Das Werk war imstande, monatlich 3600 dz hochwertigen Fettes für die menschliche Ernährung zu produzieren. Das gleiche Schicksal war der Sodafabrik Matthes & Weber AG in Duisburg angedroht, die der Haupt-Rohstofflieferant für Henkel Persil und andere Waschmittelerzeuger war. Ferner wurde gemeldet, daß 38 Prozent der bestehenden Zementwerke in der britischen Zone abzubrechen seien. Die jährliche zulässige Produktion von Zement war durch die Kontrollkommission auf acht Millionen Tonnen für alle vier Zonen festgesetzt worden, eine Zahl, die für den riesigen deutschen Bedarf an Baustoffen viel zu gering war. Die Russen hatten sämtliche großen Zementwerke in ihrer Zone abmontiert, und es ließ sich errechnen, daß eines Tages die russische Zone vom Westen mitversorgt werden müßte. Bei der Berechnung der Kapazität war man von der Friedensproduktion ausgegangen, ohne Rücksicht auf die geminderte Leistungsfähigkeit der Werke infolge mittelbarer und unmittelbarer Kriegsschäden. Die wirkliche Kapazität betrug wahrscheinlich nur 65 Prozent. Mit der restlichen Industrie konnte also die freigegebene und viel zu geringe Menge von vier Millionen Tonnen für die britische Zone überhaupt nicht erreicht werden. Es kam hinzu, daß diese Industrie besonders standortgebunden ist. Zahlreiche kleine Gemeinden lebten ausschließlich von der Arbeit in diesen Fabriken. Wieder würden also geschlossene Bevölkerungseinheiten brotlos werden. Dennoch sollte die Demontage durchgeführt werden.
Ein anderes Beispiel: Durch Verordnung des Kontrollrats war der Bau von hundert Fischdampfern für Deutschland genehmigt, jedoch gleichzeitig die Größe der Schiffe auf 350 BRT beschränkt worden. Eine wirtschaftlich vernünftige Größe beginnt aber erst mit 500 BRT, nur solche Schiffe können den Nordatlantik, in dem sich die ergiebigen Fischgründe befinden, mit Sicherheit befahren. Nur bei einer solchen Größe ist ein tragbares Verhältnis zwischen Bau- bzw. Betriebskosten und wirtschaftlicher Leistungsfähigkeit gewährleistet.
In der amerikanischen Zone lief der Export von Fertigfabrikaten langsam an. In der britischen Zone blieb der Export immer noch ausnahmslos auf Holz und Kohle beschränkt, also auf Rohstoffe, die wir selber dringend brauchten. Bei einem Holzeinschlag von 100 Prozent war für Deutschland in normalen Friedenszeiten eine Einfuhr von zehn bis zwölf Millionen Kubikmeter erforderlich. Unter der Nazi-Herrschaft hatte sich der Einschlag auf 150 Prozent, im Kriege auf 200 Prozent und darüber gesteigert.

Aus der britischen Zone, die die holzärmste aller Zonen ist, wurden im Jahr 1946 etwa 300 000 cbm Holz ausgeführt; für das kommende Jahr war nach deutschen Schätzungen ein Export bis zu einer Million Kubikmeter vorgesehen. Nach den jahrelangen Eingriffen in die Substanz des deutschen Waldes setzte nunmehr ein Raubbau ein, der drohte, eine vernünftige Waldwirtschaft auf Generationen hinaus unmöglich zu machen. Es stand bereits damals kein Bauholz zur Verfügung und nicht einmal so viel Holz, daß die fehlenden Betten für Flüchtlinge hergestellt werden konnten – allein in Schleswig-Holstein fehlten 500 000 Betten.
Dieses Problem hing eng mit dem der Kohle zusammen. Infolge des Mangels an Hausbrandkohle im Winter sind riesige Eingriffe in die Holzbestände vorgenommen worden. Das gleiche sollte im laufenden Jahr wieder geschehen.
Einer meiner Leser, dem ich offenbar nicht scharf genug gegen die Engländer schrieb, schickte mir damals eine Postkarte, auf der stand: Wenn es auch bald keine Bäume in Hamburg mehr gibt, die Laternen bleiben stehen, und an eine werden wir Sie hängen.
Eine wirkliche Besserung war nur zu erwarten, wenn der Export von Holz und Kohle aufhörte, damit die deutsche Industrie wieder in Gang gebracht werden und dann aus dem Export der Halb- und Fertigfabrikate die Einfuhr von Rohstoffen und Lebensmitteln bezahlt werden konnte. Denn wenn Holz und Kohle im Lande blieben, konnte mit diesen Rohstoffen das Zwanzig- bis Dreißigfache an Veredelungsprodukten erzeugt werden. Ich fragte in der »Zeit«:
»Warum geschieht dies nicht? Nun, die britische Zahlungsbilanz weist trotz der amerikanischen Anleihe ein Passivsaldo von 750 Millionen Pfund Sterling auf. England ist heute gezwungen, um diesen Fehlbetrag zu verringern, unter Hintansetzung des eigenen Bedarfs zu exportieren. Eine deutsche Ausfuhr von Halb- und Fertigfabrikaten zuzulassen, dafür besteht, wie wir fürchten müssen, infolgedessen wenig Neigung. Eine geschäftliche Korrespondenz, die Firmen und Kaufleuten die Möglichkeit gäbe, ihre alten Geschäftsbeziehungen mit dem Ausland wieder aufzunehmen, ist nicht erlaubt. Wichtige Exportmöglichkeiten, wie zum Beispiel beim Zement, einem Fabrikat, zu dem nur deutsche Rohstoffe gebraucht werden und das wir früher in erheblichem Maße ausführten, werden uns genommen. Mit deutscher Kohle aber tauscht Frankreich in der Schweiz Industrie-Erzeugnisse ein!«
Und ich schloß meinen Artikel mit folgender aggressiven Bosheit:
»Es ist wohl möglich, daß der Tiefpunkt nach dem Winter überwunden werden kann. Aber wird es der heutige Tiefpunkt sein? Die deutsche Wirtschaft befindet sich in einem ständig gleitenden Abstieg; die Initiative

erliegt im Geschlinge einer komplizierten Verwaltung, in der deutsche und britische Stellen neben- und gegeneinander arbeiten. Sie wird erstickt durch eine absurde Steuergesetzgebung und entmutigt durch den Mangel an Rohstoffen und Nahrungsmitteln. Der Tiefpunkt wird sehr tief liegen, und es wird sich vieles in der Welt ändern müssen, ehe wir den heutigen Tiefpunkt wieder erreichen können.«

Natürlich blieb das Echo bei den Besatzungsbehörden auf einen so scharfen Angriff nicht aus. Mein freundlicher Presseoffizier hatte als überzeugter Sozialist für meine Ausführungen nicht viel Verständnis. Hatte er mir doch eines Tages gesagt, die neuen Rechenbücher für die deutschen Volksschulen seien absolut verderblich, da sie den kapitalistischen Geist züchteten. Da hieße es: Du sollst auf dem Markt drei Pfund Kohl kaufen, von denen das Pfund soundso viel kostet, außerdem sechs Pfund Äpfel, jedes Pfund zu soundso viel, außerdem noch zwei Pfund Wurzeln, von denen jedes Pfund soundso viel ausmacht. Wieviel hast du dann im ganzen zu zahlen? Auf diese Weise würden die Kinder zum kapitalistischen Denken erzogen. Man wird hiernach begreifen, daß mein Captain sich nicht gern mit mir auf eine Diskussion über meinen Leitartikel einließ – ich möchte übrigens betonen, daß ich ihn besonders gern gehabt habe, und ich glaube, er erwiderte dieses Gefühl. Aber ernstlich ermahnt mußte ich werden, und da fand er einen für ihn sicher vorzüglichen Ausweg. Er schickte mich zu der britischen Stelle, die für den Holzeinschlag und den Holzexport in der britischen Zone verantwortlich war. Geleitet wurde sie von einem ungeheuer kenntnisreichen Mann, nämlich einem der größten Holzhändler des britischen Commonwealth. Er war sehr höflich, wie man es gegenüber einem machtlosen Chefredakteur bei so unabhängigen Leuten damals häufig war. Er überreichte mir eine Reihe von Statistiken, aus denen, wie er meinte, hervorginge, daß alle meine Behauptungen falsch seien. Ich nahm sie ebenso höflich entgegen und sagte, ich sei natürlich nicht in der Lage, sofort anzugeben, wo eigentlich die Fehler in diesen Statistiken lägen. Aber er kenne doch wohl den Ausspruch von Lord Disraeli:

»There are three kinds of lies, lies, damned lies and statistics.«

Wir trennten uns sehr freundlich, und damit war diese Affäre erledigt. Später erfuhr ich von dem Institut für forstliche Arbeitswissenschaft, daß meine Angaben keineswegs zu hoch, sondern sehr viel zu niedrig gegriffen waren.

Am schlimmsten war, daß die Abholzungen zum Teil maschinell mit Hilfe kanadischer Waldarbeiter durchgeführt wurden, wodurch riesige Kahlschläge entstanden. Als ich mich hierüber bei meinem britischen Holzhändler beschwerte, erwiderte er: »Ich weiß, was den Wald angeht, sind die Deutschen sentimental!«

Die Redaktion der »Zeit« übernimmt die Pflichten eines Auswärtigen Amtes

Wir standen vor dem Beginn der Vier-Mächte-Konferenz in Moskau von 1947. Dort, wenn irgendwo und überhaupt, mußte sich das Schicksal Deutschlands entscheiden. Wir wußten, daß es innerhalb der deutschen Zwei-Zonen-Verwaltung keine Stelle gab, die sich für die deutsche Außenpolitik verantwortlich fühlte; gleichzeitig war es uns völlig klar, daß den Westmächten von deutscher Seite das nötige Material für ihre Entschließungen geliefert werden mußte, dessen Besorgung sie in ihrem ideologischen Hochmut bestimmt unterlassen hatten. Und da faßten wir einen für eine Zeitung erstaunlichen Beschluß: wir konstituierten uns gewissermaßen als die Abteilung eines nicht vorhandenen deutschen Auswärtigen Amtes, die verpflichtet war, die Moskauer Konferenz vorzubereiten.

Zu diesem Zweck gründeten wir eine Arbeitsgemeinschaft, zu der innerhalb der Zeitung zunächst die politische Redaktion, also außer mir in erster Linie Ernst Friedländer gehörte, der zu meiner Freude Ende 1946 bei uns aufgetaucht und nun mein Stellvertreter geworden war; ferner nahmen von der politischen Redaktion teil: Marion Gräfin Dönhoff, die zu diesem Thema über besonders wertvolle Kenntnisse verfügte, sodann Hans-Achim von Dewitz und Athanas Bobeff. In gleichem Maße war natürlich die Wirtschaftsredaktion beteiligt, an ihrer Spitze Dr. Erwin Topf, ferner seine Mitarbeiter Edgar Gerwin und Willy Wenzke. Von auswärts arbeiteten mit: Herr von Zitzewitz-Muttrin, der bedeutende pommersche Landwirt, der damals in Berlin lebte, Herr von Oertzen-Rothen, der in Holstein eine neue Heimat gefunden hatte, sodann der Nenndorfer Kreis unter Professor Obst, dem früheren Nationalökonomen an der Breslauer Universität, der jetzt in gleicher Stellung an der Technischen Hochschule in Hannover war, weiter der Göttinger Arbeitskreis unter dem ehemaligen ostpreußischen Landrat von Wrangel sowie der Fürst zu Dohna, der

in der Nähe von Bremen auf dem Lande domizilierte. Während unserer Arbeit erfuhren wir, daß der Bremer Senator Harmssen ähnliche Ziele verfolgte wie wir und wertvolles statistisches Material zusammengetragen hatte. Wir haben vortrefflich mit ihm zusammengearbeitet.
Unser Ziel war, an Hand einwandfreier Unterlagen zu zeigen, was die Abtrennung der Gebiete jenseits der Oder-Neiße-Linie für die deutsche Wirtschaft und die deutsche Ernährung bedeuten würde. Man kann sich heute nur schwer vorstellen, wie schwierig dieses Unternehmen damals war. Um eines herauszugreifen: die Hamburger Staats- und Universitätsbibliothek war während des Krieges mit dem größten Teil ihres Bestandes ausgebrannt, das Hamburger Weltwirtschafts-Archiv war von den Engländern besetzt und stand uns nicht zur Verfügung. Alle Zahlen mußten mühselig zusammengetragen und sehr sorgfältig von den verschiedenen beteiligten Stellen überprüft werden. Es gab Konferenzen über Konferenzen, und man kann sich denken, daß das bei den damaligen Verkehrsverhältnissen und dem Mangel an Kraftwagen sehr schwierig war. Außerdem kostete das Unternehmen natürlich Geld, und wir konnten keine öffentlichen Sammlungen einleiten, weil uns sonst unsere Arbeit bestimmt von den Besatzungsbehörden verboten worden wäre. Etwas über ein Drittel der notwendigen Summen zahlten wir selbst, den Rest gab in großzügiger Weise der Ministerpräsident des Landes Niedersachsen, Heinrich Kopf. Ich kannte diesen vorzüglichen Mann schon aus seiner Landratszeit in Otterndorf bei Cuxhaven. Als Hamburger Baurat, dem die Stadtplanung von Cuxhaven unterstand, hatte ich mehrfach mit ihm zu tun. Er stammte selber von einem Marschenhof und lebte inmitten seiner Marschenbauern wie ein König. Er war ein vorzüglicher Verwaltungsbeamter, zugleich tafelte, pokulierte und jagte er gern. Auch in unserem Falle zeigte sich wieder das Unbekümmerte und Seigneurale seines Wesens: er stellte uns nämlich außer Geld auch die Druckerei von Westermann in Braunschweig zur Verfügung, die auf Befehl der Engländer geschlossen war und bei der wir nun wider alles Besatzungsrecht unsere Denkschriften und vor allem unsere farbigen Atlanten und Bildstatistiken drucken konnten. Es war ein stattliches Material, das auf diese Weise zustande kam.
Wir gaben zu diesem Thema eine Sondernummer unserer Zeitung heraus, in der wir wenigstens eine kurze Übersicht über unsere Ergebnisse veröffentlichen konnten.
Die einzelnen Artikel, die fast alle mit Tabellen und statistischen Karten versehen waren, gingen über folgende Themen:
Erstens: »Das Volksvermögen der Ostgebiete.« Wie sachlich wir vorgingen und wie sehr wir uns hüteten, zu übertreiben, geht aus dem Resultat

der Untersuchung hervor, die diesen Namen trägt. Das Volksvermögen der abgetretenen Gebiete wurde mit 13,5 Prozent des gesamten deutschen Volksvermögens errechnet.

Zweitens: »Landwirtschaftliche Fabrik.« Hier wurde gezeigt, daß der Plan, der einem intensiven landwirtschaftlichen Betrieb Ostdeutschlands zugrunde liegt, weitgehend der Produktionsplanung eines modernen industriellen Unternehmens gleicht.

In einer statistischen Karte zeigten wir, daß die drei Westzonen erhebliche Fehlbeträge an Brotgetreide, die Gebiete jenseits der Oder-Neiße-Linie dagegen zum Ausgleich erhebliche Überschüsse hatten. Das gleiche demonstrierten wir auf einer anderen Karte für Fleisch, Speck und Schmalz.

Drittens: »Die Wälder des Ostens.«

Hier bewiesen wir, welche Bedeutung sie für die Holzversorgung Deutschlands hatten. »70 Millionen Festmeter jährlich beträgt der normale Holzbedarf Deutschlands. Er ist nicht geringer geworden, denn noch immer müssen wir mit einer Bevölkerung von 70 Millionen rechnen, aber der Waldbestand ist um ein Viertel verringert worden.«

Viertens: »Das pommersche Monopol.«

Mit der Abtrennung Pommerns verloren wir das wichtigste Land für unsere Kartoffelerzeugung und für die Züchtung von Saatgut.

Fünftens: »Schlesiens Kohle.«

Der Aufsatz schloß:

»Ohne Zuhilfenahme der Steinkohlenreviere Schlesiens kann Deutschland, dem ja bereits die Saarkohle genommen ist, seinen Bedarf nicht decken.«

In weiteren Aufsätzen wurden die Pferdezucht in Ostpreußen und die Heimat der Zuckerrübe in Schlesien untersucht in bezug auf die Schäden, die durch ihren Verlust entstehen müßten. In einem anderen Aufsatz stellten wir deutsche und polnische Erträge einander gegenüber, was für die polnische Landwirtschaft ein vernichtendes Resultat ergab. Dies alles war aus amtlichen Statistiken, polnischen sowohl wie deutschen, der Vorkriegszeit ausgezogen worden.

Alle diese Resultate wurden außerdem in ausführlichen Denkschriften gesondert niedergelegt. Wir haben darüber hinaus im »Zeit«-Verlag eine gekürzte Broschüre erscheinen lassen, die wir an sämtliche westdeutschen Zeitungen geschickt haben. Nur der Berliner »Kurier«, den damals noch mein Freund Paul Bourdin leitete, nahm von diesem Material Notiz und veröffentlichte die wichtigsten Resultate. Die gesamte übrige deutsche Presse schwieg unsere Arbeit tot, obgleich wir ausdrücklich vermerkt hatten, daß die Quelle nicht angegeben zu werden brauchte. Wir konnten

daraus nur den Schluß ziehen, daß wir offenbar in einem besonders günstigen Verhältnis zu den uns vorgesetzten Presseoffizieren standen.
Als das große Material zusammen mit den farbigen Atlanten ausgedruckt war, fuhr ich nach Hannover zu Professor Obst, bei dem dieser Teil der Arbeit zentralisiert war. Wir hatten inzwischen Verbindung aufgenommen mit einem ehemaligen Diplomaten des alten Auswärtigen Amtes, der in München lebte. Er seinerseits hatte ausgezeichnete Beziehungen zu Mr. Murphy, einem amerikanischen Diplomaten, der mit dem Titel eines Botschafters in Bayern neben dem Gouverneur besondere Vollmachten hatte.
Zu meinem größten Erstaunen erklärte mir nun Professor Obst, er könne das Material nicht, wie verabredet, herausgeben und auch nicht nach München bringen; der Vorsitzende der SPD, Kurt Schumacher, habe dies verboten. Was diesen unbeherrschten Politiker eigentlich hierzu bewogen hat, weiß ich bis heute nicht. Ich erklärte Professor Obst, daß Herr Schumacher mich nichts angehe und daß er für diese Angelegenheit auch nicht zuständig sei. Obst aber erwiderte, ihn gehe dieser Mann sehr wohl etwas an, denn er sei sein Parteivorsitzender. Ich bestand nun darauf, daß mir prozentual so viele Exemplare ausgehändigt würden, wie wir vom »Zeit«-Verlag auf Grund unserer finanziellen Beiträge zu beanspruchen hätten. Ich würde damit dann selber nach München fahren. Ich hielte es aber für zweckmäßiger, wenn Professor Obst noch einmal bei dem Ministerpräsidenten Kopf anriefe. So geschah es denn auch, und am Abend fuhr Obst zu Murphy. Zur Sicherheit schickte ich von Hamburg aus noch einmal vollständige Abdrucke des Materials nach München.
Ich habe später aus der Umgebung Murphys erfahren, daß unser Material tatsächlich das einzige stichhaltige war, das den westlichen Alliierten bei der Moskauer Konferenz zur Verfügung stand. Murphy hat nach unseren Unterlagen auch seine persönlichen Vorschläge, für die er die Konferenzteilnehmer zu erwärmen suchte, über die sogenannte Murphy-Linie ausgearbeitet. Er hatte dabei gewisse Alternativen vorgesehen; die von ihm bevorzugte Grenze sollte fünfzig Kilometer östlich von Breslau verlaufen und hätte unter anderem Danzig nicht eingeschlossen. Ihm fehlte bei seinem ernsthaften Bemühen der Rückhalt bei den westlichen Alliierten, die leider in sich durchaus uneinig waren, ihm fehlte vor allem eine starke, einmütige Unterstützung durch eine deutsche öffentliche Meinung.
Der Verlauf der Konferenz war auch sonst außerordentlich deprimierend. Hier nämlich ist die letzte Möglichkeit verscherzt worden, die vier Zonen Deutschlands zu vereinigen, unter einer zentralen Regierung mit dem Sitz in Berlin. Es ist heute üblich, zu behaupten, daß die Sowjetunion niemals einer solchen Vereinigung zugestimmt hätte. In der Tat ist das Gegenteil

der Fall. Es waren die Sowjetrussen in erster Linie, die in Moskau 1947 für eine Einheit Deutschlands eintraten. Die Verwirklichung dieses Zieles scheiterte an dem Egoismus und der Kurzsichtigkeit der westlichen Alliierten.
Drei Fragen, um die es in Moskau damals ging, waren für uns besonders bedeutungsvoll: die der wirtschaftlichen Einheit, der politischen Einheit und der zukünftigen Grenzen. Über die Notwendigkeit, eine wirtschaftliche Einheit in Deutschland herzustellen, waren sich grundsätzlich alle Beteiligten einig. Die Vorbehalte aber, die die Mächte im einzelnen machten, waren so groß, daß diese Einigkeit gänzlich theoretisch blieb. Die Frage war sehr eng mit der der Reparationen verknüpft. Rußland verlangte für seine schweren Kriegsverluste Reparationen in Höhe von zehn Milliarden Dollar, die aus der laufenden Produktion geleistet werden sollten. Frankreich weigerte sich, an Verhandlungen über eine Wirtschaftseinheit teilzunehmen, bevor ihm nicht für die Zukunft ein erheblicher Anteil an der deutschen Kohlenförderung zugesichert sei.
England und Amerika wollten diesen Vorbehalten nicht zustimmen. Beide angelsächsischen Mächte mußten damals beträchtliche Summen aufwenden für die Besatzungskosten und für die Ernährung der deutschen Bevölkerung in ihren Zonen, während die russische und die französische Zone sich selbst einschließlich der Besatzungstruppen erhielten und darüber hinaus noch Überschüsse in Form von Reparationen lieferten. Die Rechnung für die angelsächsischen Mächte war einfach: solange sie für die Besatzung und für die Ernährung der Bevölkerung zahlen mußten, zahlten sie damit praktisch die Reparationen, die die anderen erhielten. Sie verlangten daher ein balance of payment, einen Ausgleich der Zahlungen in der Form, daß alle Besatzungskosten gemeinsam getragen würden und daß alle Exporterlöse aus der deutschen Produktion zunächst dazu dienen müßten, diese Zahlungen auszugleichen sowie dem deutschen Volk ein erträgliches Maß der Lebenshaltung zu ermöglichen; erst dann könnte das, was darüber hinaus erzielt werde, zur Zahlung von Reparationen dienen. Bei der Feststellung dieses Gegensatzes der Standpunkte ist es geblieben; ein Kompromißvorschlag Marshalls, laufende Reparationen in der Form zu ermöglichen, daß man Industriewerke, die zur Demontage bestimmt waren, bestehen lasse und den Erlös ihrer Produktion zum Teil für Wiedergutmachungszwecke verwende, wurde von den Russen abgelehnt.
Auch der politischen Einheit Deutschlands haben alle Mächte in Moskau grundsätzlich zugestimmt. Einigung wurde darüber erzielt, daß deutsche Zentralverwaltungen für bestimmte Sachgebiete geschaffen werden sollten, zu denen nach drei Monaten eine Art parlamentarischer Beirat treten

sollte und neun Monate später eine vorläufige deutsche Regierung. Wie weit aber deren Kompetenzen gehen müßten, darüber ist ein Beschluß nicht gefaßt worden. Und über die Art des staatlichen Aufbaues gingen die Ansichten völlig auseinander. Die Franzosen verlangten einen lockeren Staatenbund, bei dem sogar die Außenpolitik den Ländern vorbehalten bleiben sollte. Ihnen kam es darauf an, Deutschland so uneinig und schwach zu halten wie nur möglich. Die Amerikaner gingen von der eigenen Verfassung aus und plädierten für einen Bundesstaat nach amerikanischem Muster, bei dem zum Beispiel die Polizei unter die Kompetenz der Länder fällt. Die Engländer wollten zwar auch einen Bundesstaat, aber doch mit stärkeren Machtbefugnissen der Zentralregierung. Die Russen endlich waren für einen Einheitsstaat mit einer dezentralisierten Verwaltung. Und weiter als bis zur Feststellung dieser Gegensätze ist man in dieser Frage nicht gekommen.

Ich hatte als Titel für den Artikel, den ich über die Moskauer Konferenz schrieb, die Worte gewählt: »Viele Köche ...« Nun, daß der Brei verdorben war, lag auf der Hand. Wer die heutige politische Situation betrachtet, wer sich überlegt, daß es geradezu aussichtslos ist, wenigstens die Gebiete diesseits der Oder-Neiße-Linie wieder zu vereinigen, wer das Elend bedenkt, das durch den Kalten Krieg und die Verewigung des Eisernen Vorhangs nicht nur in Deutschland, sondern für die Welt hervorgerufen worden ist, wird das Entsetzen verstehen, mit dem wir damals den Ausgang der Moskauer Konferenz ansahen. Da war die Forderung von zehn Milliarden Dollar Reparationen für die Sowjetunion. Man muß wissen, wie es zu dieser geforderten Summe gekommen ist: Kurz nach der Konferenz von Jalta hatte ein prominenter amerikanischer Politiker in Moskau Stalin eine Wiederaufbau-Anleihe in dieser Höhe versprochen, und die Vereinigten Staaten haben später dieses Versprechen nicht honoriert. Stalin fühlte sich betrogen, er wollte nun das Geld aus den Deutschen herauspressen; man hätte es ihm ruhig geben sollen, um auf der Konferenz etwas dafür einzutauschen. Die Sowjetunion hat es inzwischen längst in mehrfacher Höhe aus der sowjetischen Zone herausgezogen.

Aber es gab auf dieser Konferenz für den Kreml überhaupt keinen Partner, der wirklich verantwortlich verhandeln konnte. Wie sollte denn eine deutsche Zentralinstanz geschaffen werden? Die Franzosen bangten um ihre sécurité, ein Wort, das zugleich Sicherheit wie Vorherrschaft Frankreichs in Europa bedeutet. Die Angelsachsen fürchteten, daß ein Einheitsstaat zu einer Ein-Parteien-Regierung unter russischer Patronanz führen könne. Nur die Russen konnten ihren Vorschlag damit begründen, daß er den Wünschen des deutschen Volkes entspreche und man den Deutschen auf die Dauer keine Regierungsform aufzwingen könne, die ihnen widerstehe. Als Muster einer Verfassung hatten die Russen ganz einfach die Weimarer Verfassung empfohlen, und wie gut hätten wir uns dabei befunden! Aber dieser vernünftige Vorschlag scheiterte an den vielfachen Zweifeln der westlichen Alliierten. Eines der Hauptbedenken war, daß die Russen parallel zu der einheitlichen deutschen Regierung auch eine Vier-Mächte-Kontrolle über das ganze Deutschland westlich der Oder-Neiße-Linie forderten; das hätte also geheißen, daß russische Generale oder Beamte auch an der Kontrolle über das Ruhrgebiet und die gesamte westdeutsche Industrie hätten teilnehmen sollen. Dies wurde von allen westlichen Alliierten einmütig abgelehnt. Und so wurde auch der letzte sowjetische Vorschlag, wenigstens einen deutschen Staatssekretär in Berlin zu ernennen, der für die Wirtschaft aller vier Zonen zuständig sei, aus den gleichen Befürchtungen heraus zwar angenommen, aber nicht durchgeführt.

Neben diesen groß angelegten Verhandlungen, deren Ergebnis man mit vollem Recht als tragisch bezeichnen kann, lief in Moskau noch ein Satyrspiel. Bidault rannte von einem Außenminister zum anderen, um von ihm das Versprechen zu erhalten, daß das Saargebiet in Frankreich eingegliedert werden solle. Marshall und Bevin erklärten sich schließlich bereit, dem zuzustimmen, unter der Bedingung allerdings, daß dies in den bisherigen Grenzen des Saargebiets geschehe und nicht in den erweiterten, die Frankreich wünschte. Molotow jedoch sagte zu den beschwörenden und immer wieder vorgebrachten Forderungen Bidaults kühl und unentwegt: »Njet!«

Die »Zeit« streitet gegen Frankreich

Bereits am 31. Oktober 1946, also fünf Monate vor der Moskauer Konferenz, hatten wir in der »Zeit« mit Sorge über »die Entwicklung an der Saar« geschrieben. Es war unverkennbar, daß die Franzosen alles daransetzten, dieses Land einzustecken. Nach 1871 war eine sehr enge Verbindung zwischen dem lothringischen Erz, das damals in deutschen Händen war, und der saarländischen Kohle entstanden. Jetzt wollten die Franzosen diese wirtschaftliche Verbindung auch politisch in der Weise wiederherstellen, daß man das Saargebiet zu Frankreich schlug.
Die Verhältnisse innerhalb der saarländischen Parteien waren ziemlich verworren. Bei den Gemeindewahlen hatten die Christlich-Sozialen 53 Prozent der Stimmen erhalten, die Sozialdemokraten 25 Prozent, aber das bedeutete durchaus nicht, daß damit eine überwältigende Mehrheit gegen einen Anschluß an Frankreich erzielt worden wäre. Es gab neben den Parteien auch noch eine »Bewegung«, die sich an den Wahlen nicht beteiligt hatte, »le mouvement pour le rattachement de la Sarre à la France«. Diese Bewegung wurde von den Franzosen auf jede Weise gefördert, sehr stark durch kulturelle Propaganda, aber auch durch das Versprechen, die Zugehörigkeit zur Nationalsozialistischen Partei im Saarland nicht durch persönliche Beschränkungen bestrafen zu wollen.
Es war sicher richtig, wenn wir damals schrieben, eine Abstimmung über den Anschluß des Saargebietes werde nicht unbedingt zugunsten Deutschlands ausfallen. Besonders verlockend mußte es den Saarländern erscheinen, daß sie von den Entnahmen an Lebensmitteln, wie sie in der übrigen französischen Zone üblich waren, verschont bleiben sollten.
Um die Jahreswende taten die Franzosen dann die entscheidenden Schritte zur Abschnürung des Saargebiets, wohl in der Hoffnung, daß während der Feiertage die Reaktion der Presse in der Welt weniger heftig sein würde als gewöhnlich.
Am 22. Dezember 1946 gab der französische Militärbevollmächtigte,

General König, bekannt, daß der Warentransport aus der französischen Zone ins Saargebiet einer besonderen Genehmigung bedürfe. Ab 29. Dezember wurde ein dreisprachiger Paß zum Überschreiten der Grenze gefordert. Von Neujahr an durfte kein Saarländer mehr nach Deutschland fahren und kein Deutscher mehr in das Saargebiet einreisen, das von den Franzosen inzwischen willkürlich durch Einfügung einiger Landkreise vergrößert worden war und das nun bis an das Moselknie dicht vor Trier reichte. Spezielle Genehmigungen konnten grundsätzlich nur auf drei Tage und an solche Personen erteilt werden, die innerhalb eines Streifens von zehn Kilometern von der Grenze entfernt wohnten. Kohle, Bekleidungsstücke und Nahrungsmittel durften ab 5. Januar 1947 weder ein- noch ausgeführt werden.

Die erste offizielle Ankündigung, die diesen scharfen Maßnahmen des Generals König vorausging, lautete ganz harmlos. Am 19. Dezember 1946 nämlich wurde erklärt, daß die Rationen der saarländischen Bergarbeiter erhöht werden sollten in der Hoffnung, dadurch eine vergrößerte Förderung von Kohlen zu erhalten. Um nun einen Schwarzhandel von Lebensmitteln mit der restlichen französischen Zone zu verhindern – deren Bewohner, wie die »Times« in dankenswerter Weise berichtete, im Monat November nur 900 Kalorien pro Kopf erhalten hatten –, sollten Posten an der Grenze zwischen Pfalz und Saar aufgestellt werden.

Wir stellten damals in unserer Zeitung die Frage, ob dies alles wirklich nur geschehe, um die Produktion der Saargruben zu erhöhen, wie die erste Ankündigung verhieß, eine Produktion, die weiter unter alliierter Aufsicht stand und auch den Niederlanden, Belgien, Luxemburg und Dänemark zugute kommen sollte. Und wir fuhren fort:

»Wir kennen die Methode: sie hat einmal zur Annektion der Tschechoslowakei geführt. So sprechen auch heute die französischen Beamten der Saarverwaltung von dem Willen der Bevölkerung, die auf eine Rückkehr nach Frankreich wartet; auf eine Abstimmung aber will man es nicht ankommen lassen.«

Die »New York Herald Tribune« meldete, die neuen Zollbeamten hätten Befehl, auf jeden zu schießen, der versuche, ohne Ausweis über die »Grüne Grenze« zu wechseln. Es solle verhindert werden, daß Deutschland sich einen Anteil verschaffe an den hohen Rationen des Saargebietes oder daß Berg- und Fabrikarbeiter den Versuch unternähmen, nach Deutschland auszuwandern. So war ein neuer Eiserner Vorhang mitten im deutschen Gebiet heruntergegangen.

Offizielle Proteste seitens der anderen Alliierten wurden nicht erhoben. Eine andere Maßnahme der Franzosen allerdings, die im Zusammenhang mit der Abschnürung des Saargebietes stand, war doch auf einigen Wider-

spruch gestoßen. Die Bosch-Werke, die sich bisher in Süd-Württemberg befanden, waren von der französischen Militärregierung ins Saargebiet verlegt worden. General Clay protestierte gegen dieses »einseitige Vorgehen« in einer Sitzung des Kontrollrats in Berlin, da die Produktion dieser Fabrik wesentlich sei für den industriellen Wiederaufbau Deutschlands in dem Rahmen, den das Potsdamer Abkommen vorsehe.
General Noiret, der französische Vertreter, erwiderte, daß Frankreich das Recht habe, innerhalb seiner Zone Fabriken zu verlegen. Die Argumentation war typisch für die damaligen Methoden der französischen Außenpolitik. Es war dem amerikanischen General ein leichtes, seinen Protest aufrechtzuerhalten, denn der französische Vertreter hatte erst kürzlich gelegentlich der Verhandlungen über den Zeitungsaustausch zwischen den Zonen ausdrücklich erklärt, das Saargebiet gehöre nicht zur französischen Besatzungszone.
Die Franzosen, und zwar sowohl der Sprecher des Außenministeriums als auch die Zeitungen, haben auf diesen amerikanischen Protest sehr heftig reagiert. Auch die Amerikaner hätten einseitige Handlungen vorgenommen, so in der Einstellung des Abbaues der Fabriken zu Reparationszwecken und in der wirtschaftlichen Zusammenlegung der britischen mit der amerikanischen Zone. Das Potsdamer Abkommen sei so oft verletzt worden, unter anderem durch die »sowjetrussischen und polnischen Annexionen«, daß es keinen Sinn habe, wenn einer dem anderen eine Verletzung vorwerfe. Es sei – dies war wohl die weitestgehende Behauptung – dieses Abkommen überhaupt für Frankreich niemals gültig gewesen.
Man muß sich einmal die Lage vorstellen, in der wir Deutschen damals waren: Es gab niemanden, der offiziell befugt gewesen wäre, Protest zu erheben. Es gab auch keine allgemeingültige öffentliche Meinung. In der sowjetischen Zone durfte natürlich über Fragen von wahrhaft nationaler Bedeutung nicht geschrieben werden. Daß die Franzosen eine Kritik ihrer Raubpolitik in ihrer Zone nicht dulden würden, war sonnenklar. Aber auch die Angelsachsen verhielten sich nicht gerade pressefreundlich. So mancher Redakteur hatte aus nichtigen Gründen Schreibverbot erhalten. Um so mehr fühlte ich mich verpflichtet, diese französischen Übergriffe rücksichtslos bloßzustellen. Daß ich dies konnte, verdankte ich dem neuen englischen Gouverneur von Hamburg, Mr. Berry, der später für seine Verdienste von Königin Elisabeth geadelt wurde und der heute Sir Vaughan Berry heißt. Er war einer der trefflichsten Männer, die ich in meinem Leben kennengelernt habe. Seine beiden Söhne waren im Kriege gegen Deutschland gefallen, aber hierdurch ließ er sein Handeln nicht bestimmen. Er führte immer ein gerechtes Regiment, und er und seine Gattin haben alles getan, um ein gutes Verhältnis zwischen Deutschen und

Engländern herzustellen und um zu helfen, wo sie nur konnten. Er war in der englischen Gewerkschaftsbewegung tätig gewesen, war, wie man sich erzählte, ein alter »Fabier«; von seinem Vater sagte man, er sei ein Freund von Bernard Shaw gewesen. Dazu hatte er auch einen vorzüglichen Referenten, Jan Winterbottom, der mit seiner Gattin ein sehr gastliches Haus führte und der bald freundschaftliche Verbindungen zu Journalisten und Politikern in Hamburg herstellte. Ich entsinne mich noch sehr gut meiner ersten Einladung bei ihm. Wir standen uns beide etwas verlegen gegenüber und wußten nicht recht, was wir sagen sollten. Da sprang eine Katze auf die Couch. Ich fragte ihn: »Mögen Sie auch Katzen lieber als Hunde?«
Er antwortete etwas zögernd: »Rather.«
»Dann mögen Sie wahrscheinlich auch Esel lieber als Pferde?«
»Das würden mir meine Vorfahren niemals erlauben.«
Damit war das Eis gebrochen.
Ein so freundschaftliches Klima zwischen den Besetzten und der Besatzungsmacht habe ich damals in Deutschland sonst nirgendwo getroffen – außer in Berlin natürlich. Man wird daher verstehen, daß ich ob der freien Sprache, die ich führen konnte, vielerorts beneidet wurde. Aber man wird auch begreifen, daß ich mich verpflichtet fühlte, alle Anklagen, die ich für notwendig hielt, so scharf wie möglich zu formulieren.

Frankreich: Deutschland der Erbfeind

Die Franzosen waren damals – das war meine feste Überzeugung, und das ging auch aus ihren Handlungen einwandfrei hervor – innerhalb der westlichen Koalition die Störenfriede, die den Wiederaufbau Deutschlands und einen vernünftigen Frieden mit Moskau sabotierten. Es blieb mir also nichts anderes übrig, als sie unentwegt anzugreifen. An Gelegenheit dazu fehlte es nicht.
Vor seiner Reise nach Moskau zu der dortigen Friedenskonferenz hielt der amerikanische Außenminister General Marshall am 22. Februar 1947 zur Feier des Geburtstages von George Washington in Princeton eine Rede. Er sagte:
»Ich habe sehr ernste Zweifel, ob irgend jemand gewisse grundlegende internationale Begebenheiten von heute mit vollkommener Einsicht und mit ernsthafter Überzeugung beurteilen kann, der nicht wenigstens die Zeit des Peleponnesischen Krieges und die Niederlage der Athener noch einmal durchdacht hat.«
Ich schrieb dazu:
»Wir dagegen möchten sagen, es kann angesichts der Vorschläge, die in Moskau vorgebracht werden, niemand eine zutreffende Vorstellung von der Entscheidung gewinnen, die dort für Deutschland und die Welt getroffen wird, der sich nicht ein klares geschichtliches Bild von dem Westfälischen Frieden des Jahres 1648 macht und von dem Einfluß, den er auf die folgenden Jahrhunderte der europäischen Geschichte gehabt hat.
Die französische Politik fand dort ihren Ausdruck in den zynischen Worten des französischen Bevollmächtigten Graf d'Avaux, man solle die Religionsstreitigkeiten in Deutschland nicht beendigen, um – durch solche Schwächung – der Einmischung und Eroberung immer sicher zu sein.
Zur Erreichung dieses Ziels genügten aber bereits die territorialen Bestimmungen. Frankreich erhielt außer der Bestätigung früherer Erobe-

rungen die österreichische Landgrafschaft im oberen und unteren Elsaß sowie die Landvogtei über zehn im Elsaß gelegene Reichsstädte. Aus diesen Erwerbungen leitete Ludwig XIV. das Recht ab, durch die sogenannte Réunion, die Wiedervereinigung, weitere Teile des deutschen Landes mit Frankreich zu vereinigen. Doch nicht nur diese Réunionskriege, die aus ihnen entsprungenen Verheerungen der Grenzländer und die weiteren Eroberungen deutscher Gebiete, auch die ständige Einmischung in innerdeutsche Streitigkeiten wurden stets wieder mit Bestimmungen des Westfälischen Friedens begründet. Dieser Friede war die Hauptursache für die trostlosen, nicht endenden Kämpfe zwischen Deutschen und Franzosen und damit zugleich auch eine der Wurzeln jener Konstellation, die den ersten Weltkrieg herbeiführte.
Auch die heutige französische Politik, die unter der Devise ›Sicherheit Frankreichs‹ geführt wird, steht unter den gleichen Vorzeichen wie die frühere, die von Richelieu und Mazarin begonnen wurde. Sie arbeitet auch mit ähnlichen Methoden. Denn was bedeutet jene Vergrößerung des Saargebiets, auf dessen wirtschaftliche Ausnutzung Frankreich Anspruch zu haben glaubt, durch die Hinzufügung der Kreise Saarburg und Wadern sowie einer Anzahl von Gemeinden der Kreise Birkenfeld und Trier-Land anderes als eine Politik der Réunion? Und gleicht der von Bidault geforderte lockere Staatenbund mit selbständiger Außenpolitik der einzelnen Länder nicht genau dem Zustand, den Frankreich im Westfälischen Frieden für Deutschland durchgesetzt hat?
Diese Schwächung allein allerdings genügt den Franzosen heute nicht. Sie haben sich Polen gegenüber bereit erklärt, die provisorisch als Verwaltungsgrenze festgelegte Oder-Neiße-Linie als endgültig anzuerkennen. Die Bevölkerungsdichte, die damit in Deutschland infolge der Ausweisungen der Deutschen aus Polen, Ungarn und der Tschechoslowakei entstehen muß, wird als eine neue Bedrohung Frankreichs empfunden. Sie soll nach französischen Vorschlägen dadurch behoben werden, daß eine großangelegte Auswanderung von Deutschen organisiert wird, und zwar in dem Maße, daß eine Bevölkerungsdichte entsteht, die der von Frankreich und Polen nahekommt, eine Auswanderung, die mindestens 35 Millionen Deutsche – also mehr als Clemenceaus ›vingt millions de trop‹ – umfassen müßte.
Diese Methoden sind, wie es der Übung französischer Politik entspricht, sehr realistisch; das Ziel ist, wie immer, romantisch, es heißt: Hegemonie Frankreichs in Europa.
Um dieses erträumte Ziel zu erreichen, das doch im Zeitalter der UNO merkwürdig antiquiert anmutet, werden alle Widersprüche in der eingeschlagenen Politik übersehen. Deutschland soll, so will es Frankreich, sehr

schwere Reparationen aus der laufenden Produktion liefern, seine besten Arbeitskräfte aber sollen ihm genommen werden. Frankreich verlangt eine Steigerung der deutschen Kohlenförderung und -ausfuhr, die deutschen Kriegsgefangenen aber, die in französischen Bergwerken arbeiten, sind von der Entlassung ausdrücklich ausgenommen. Die Deutschen sind nach Ansicht der Franzosen unbelehrbar und bösartig, die deutschen Auswanderer aber will Frankreich so schnell wie möglich assimilieren. Deutschland soll in gewissen notwendigen Fragen eine wirtschaftliche Einheit bilden, die deutschen Einzelstaaten aber sollen das Recht zu einer selbständigen Außenpolitik erhalten. Jede Abmachung eines Einzelstaates mit einer auswärtigen Macht kann also diese Wirtschaftseinheit zerstören und kann Anlaß geben zu Einmischung, Streit und Krieg. Der Zustand des Westfälischen Friedens mit seinen erschreckenden Folgen soll in noch viel schärferem Maße hergestellt werden. Das ist bisher der Beitrag Frankreichs zur Moskauer Konferenz. Und dies alles vollzieht sich im Schatten der drohenden Frontenbildung zwischen Amerika und Rußland!«

Diesem Aufsatz war ein kurzes Zwischenspiel vorausgegangen. Damals gab es in Hamburg eine französische Journalistin, die ausgezeichnete Verbindungen zum französischen Generalkonsulat und auch zum Quai d'Orsay hatte. Ihre Berichte und Briefe gingen mit der Kurierpost nach Paris. Sie hatte mir diese Verbindung zur Verfügung gestellt, und mit ihrem Einverständnis hatte ich zu Beginn des neuen Jahres einen Glückwunschbrief an Bidault geschickt, in dem ich auf die Notwendigkeit hinwies, daß Deutsche und Franzosen zu einem endgültigen Frieden kommen müßten. Der Brief war zugleich höflich und herzlich gehalten. Die Antwort kam mündlich durch unsere französische Freundin. Der Herr Ministerpräsident sei meiner Meinung und danke mir für meine guten Wünsche zum neuen Jahr. Sogleich schrieb ich einen zweiten Brief, in dem ich Bidault bat, durch drei Dinge das gute Verhältnis zwischen Frankreich und Deutschland zu fördern: die Annexion der Saar aufzugeben, die Verhältnisse in der französischen Zone denen der amerikanischen und englischen anzugleichen und die deutschen Kriegsgefangenen freizulassen.

Wieder erhielt ich umgehend eine mündliche Antwort, ich möchte es aufgeben, dem französischen Ministerpräsidenten Briefe zu schreiben. Sollte ich diese Warnung nicht beachten, könnte dies äußerst unangenehm für mich werden. Erst nachdem dieser Versuch, ein gutes Klima herzustellen, gescheitert war, habe ich mich entschlossen, den sehr aggressiven Artikel über den Westfälischen Frieden zu schreiben.

Die freundliche französische Journalistin fuhr damals nach Straßburg, wo eine Versammlung französischer Politiker und Journalisten – ich weiß nicht mehr, zu welchem Zweck – tagte. Dort diskutierte man lebhaft mei-

nen Leitartikel, und ein, wie sie mir erzählte, sehr prominenter französischer Politiker sagte zu ihr: »Dieser Herr Tüngel hat ja völlig recht mit dem, was er schreibt, aber er soll nicht vergessen, daß die Deutschen den Krieg verloren haben.«
Doch was er nicht wissen konnte: es war nicht *mein* Krieg, der verlorengegangen war.

Frankreich und der Marshall-Plan

Das Scheitern der Moskauer Konferenz führte zu dem außerordentlich großzügigen amerikanischen Vorschlag einer Wirtschaftshilfe für Europa, der unter dem Namen Marshall-Plan in die Geschichte eingegangen ist.
Die entscheidenden Verhandlungen über dieses Angebot begannen im Juli 1947 in Paris. Für die Sowjetrussen bedeutete dieser amerikanische Plan das gleiche wie die vierzigjährige Garantie gegen einen deutschen Angriff, die Byrnes 1946 auf der Pariser Konferenz dem Kreml angeboten hatte: eine Einmischung der USA in den westeuropäischen Raum, der nach sowjetischer Konzeption geographisch und politisch ein Anhängsel der Sowjetunion darstellt. Den Satellitenstaaten – insbesondere der Tschechoslowakei und Polen – wurde von Moskau strikt verboten, an der Marshall-Hilfe teilzunehmen, was sie doch so gern getan hätten.
Molotow fuhr nach Paris und drohte ohne Erfolg den Vertretern der westeuropäischen Staaten, sie würden es bitter zu bereuen haben, wenn sie die amerikanischen Vorschläge annähmen.
Auch bei dieser Gelegenheit, die doch die Einheit des Westens besonders nachhaltig demonstrieren,sollte, sah ich mich wieder gezwungen, gegen französische Störversuche aufzutreten. Immer wieder ging es den Franzosen darum, England dazu zu bewegen, die alleinige Kontrolle über das Ruhrgebiet aufzugeben, das vielmehr unter internationale Verwaltung gestellt werden müsse, damit ein Teil der deutschen Rohstoffe und der deutschen Produktion nach Frankreich verlagert werden könne. Die Amerikaner wollten von diesen törichten Plänen, die für den Wiederaufbau der europäischen Wirtschaft geradezu vernichtend gewesen wären, nichts wissen. Es erfolgte ein Trommelfeuer von Ansprachen amerikanischer Politiker und Militärs, in denen immer wieder darauf hingewiesen wurde, daß ein geordnetes und glückliches Europa die wirtschaftlichen Beiträge eines gesicherten und produktiven Deutschlands brauche. In der »Zeit« hieß es:

»Die französische Öffentlichkeit zeigt sich durch dieses Trommelfeuer von Ansprachen sehr beunruhigt, noch mehr aber durch die Ankündigung bevorstehender englisch-amerikanischer Verhandlungen über die Kohlenproduktion der Ruhr. Bidault teilte Bevin seine Besorgnis über diese Besprechungen mit, und der französische Botschafter Bonnet erklärte in Washington auf einer Pressekonferenz, daß die Pariser Besprechungen gefährdet würden, wenn Frankreich in der Frage des zukünftigen deutschen Industrie-Niveaus vor vollendete Tatsache gestellt werde. Ministerpräsident Ramadier endlich hielt eine Ansprache, in der er sich dagegen verwahrte, daß der deutsche Wiederaufbau dem französischen vorangehen solle.

Rußland hat diese Spannungen zwischen den Westmächten, wie seine Propaganda zeigt, erwartet und richtig eingeschätzt. Die kommunistische Presse tut alles, was in ihrer Macht steht, um die Furcht vor Deutschland zu schüren und eine Erhöhung seiner Industrie-Produktion als eine Gefahr für den Frieden und den Wohlstand der anderen europäischen Nationen darzustellen. Die Hoffnung, daß die Pariser Verhandlungen an der Deutschlandfrage zu Fall kommen werden, kommt offen zum Ausdruck. Es ist nicht zu viel gesagt, wenn die ›New York Herald Tribune‹ schreibt: ›Wenn diese Anstrengung, mit den demokratischen Mitteln von Konferenzen, Debatten und freien Entscheidungen zum Ziele zu kommen, an demokratischen Wirrnissen scheitern sollte, würde das Ergebnis die gesamte westliche Konzeption eines gesellschaftlichen Aufbaues erschüttern.‹ Wird diese Erkenntnis sich auch in Paris durchsetzen oder wird Rußland doch recht behalten?«

Wenige Monate später mußte ich mich mit dem Ergebnis der konsequenten Politik beschäftigen, durch die Frankreich die Saar endgültig von Deutschland zu trennen versuchte. Am 5. Oktober war der saarländische Landtag gewählt worden, dessen wichtigste Aufgabe darin bestehen sollte, den Entwurf einer neuen Verfassung zum Gesetz zu erheben. Diese Verfassung war den Saarländern erst kurz vor der Wahl bekanntgeworden, sie enthielt in ihrer Präambel die folgenden grundsätzlichen Bestimmungen: das Saarland wird politisch vom Deutschen Reich unabhängig sein; die Landesverteidigung sowie die Vertretung der saarländischen Interessen im Ausland werden von der Französischen Republik wahrgenommen; die französischen Zoll- und Währungsgesetze sollen in Zukunft im Saarland Anwendung finden; es soll ein Vertreter der französischen Regierung eingesetzt werden, der ein Verordnungsrecht auf dem Gebiet der Wirtschaft und eine allgemeine Aufsichtsbefugnis hat; endlich soll im Justizwesen, wie es lakonisch hieß, die Einheitlichkeit der Rechtsprechung gewährleistet sein.

Von den gültigen Stimmen waren bei der Wahl 92 Prozent für diejenigen Parteien abgegeben worden, die die neue Verfassung bejahten; 8 Prozent erhielten die Kommunisten, die einzige Partei, die sich für ein Verbleiben bei Deutschland ausgesprochen hat. (Molotow hatte schon bei der Moskauer Konferenz Bidault gegenüber die Abtretung des Saarlandes konstant abgelehnt.) Das Ergebnis konnte angesichts der Vorbereitungen, die von französischer Seite getroffen waren, nicht überraschen. Seit Jahresanfang war eine Nachrichtensperre über das Saargebiet verhängt worden; die Grenzen, nicht nur gegen das Deutsche Reich, waren hermetisch geschlossen. So konnte den Saarländern vorgeredet werden, daß im übrigen Deutschland der größte Teil der Fabriken demontiert werde, während bei dem Anschluß an Frankreich die saarländische Industrie erhalten und schnell wiederaufgebaut und vermehrt werden würde. Es wurde den Saarländern versprochen, die schlechte deutsche Mark gegen »gute« französische Franken in einem günstigen Verhältnis umzutauschen. Der drohenden deutschen Vermögensabgabe sollten sie entzogen, Renten- und Pensionsansprüche sollten geschützt werden. Die Ernährung war seit Errichtung einer Zollgrenze gegen Deutschland erheblich besser als in irgendeiner der Besatzungszonen. Was aus Südbaden und der Pfalz herausgepreßt wurde, so daß die deutsche Bevölkerung in diesen reichen landwirtschaftlichen Gebieten, in denen es fast keine Flüchtlinge gab, buchstäblich hungerte, davon wurde ein Teil nach dem Saargebiet gebracht, um sichtbar zu zeigen, wie lohnend es sei, den französischen Wünschen zu gehorchen. Vor der Wahl tat man ein übriges, man verteilte Extra-Rationen an Lebensmitteln und Spirituosen.
Dazu kam der Druck der »Sûreté«, der französischen Staatspolizei; über tausend Personen, die sich für Deutschland einsetzten, wurden ausgewiesen. Wie einfach es für die Franzosen war, ein deutsches Parlament unter Zwang zu setzen, hatten Vorgänge in Freiburg im Breisgau gezeigt. Dort mußte jeder Antrag der Parteien von der Militärregierung genehmigt werden, ehe er im Parlament eingebracht werden konnte. Ganze Debatten, wie die vorgesehene Aussprache über die Ernährung, wurden verboten. Minister, die nicht gefügig waren, wurden für vierundzwanzig Stunden zu Vernehmungen abgeholt, und der Rundfunk stand unter so strenger Zensur, daß es selbst dem Erzbischof von Freiburg geschehen konnte, daß seine Ansprache mittendrin abgeschaltet und mit einer Tanzplatte fortgesetzt wurde. Konnte man nun angesichts so vieler Vorteile auf der einen und so vieler Drohungen auf der anderen Seite es den Saarländern wirklich verübeln, daß sie Parteien wählten, die für die neue Verfassung des Saargebietes eintraten? Sollten unter ihnen nicht viele aufrechte und ehrenwerte Deutsche gewesen sein, die sich gesagt haben: wir

wollen für unser deutsches Vaterland retten, was zu retten ist; später kehren wir zu ihm zurück?
Ich schloß meinen Bericht mit folgenden Sätzen:
»Der Marshall-Plan hat die Frage eines einheitlichen Europa, die bisher nur ein Wunschtraum idealistischer Politiker gewesen war, rasch zu einer politischen Realität werden lassen. Gestern konnte man Deutschland noch isoliert sehen als ein Land, das abseits gehalten, unterdrückt und zur Arbeitssklaverei verurteilt ist. Heute muß man sich entscheiden, ob Deutschland zu Europa gehören soll oder nicht. Das erfordert aber, daß alle Fragen, die seine Eingliederung angehen, in europäischem Geist gelöst werden, und daß nicht Anachronismen einer nationalistischen Politik diesen Zusammenschluß stören, der nur dann von Dauer sein kann, wenn er freiwillig und offenen Herzens erfolgt.«
Ich versuchte kurz darauf, aus der Geschichte des europäischen Geistes zu entwickeln, wo denn eigentlich das grundsätzliche Mißverständnis zwischen Frankreich und den übrigen europäischen Ländern seinen Ursprung habe.
Ich schrieb, daß die Franzosen in der Geschichte wenig geneigt gewesen wären, an den Gedanken und Schöpfungen des übrigen Europa teilzunehmen.
»Sie betonen die Latinität ihres Geistes und damit den Zusammenhang mit der Antike, die aller abendländischen Kultur die Grundlage gegeben hat. Doch münden zwei Ströme aus der Antike in das Geistesleben des Abendlandes, und der zweite, der ältere, der in Griechenland seinen Quell hat, dieser Strom hat andere europäische Länder viel stärker berührt als Frankreich. Die große Epoche des Humanismus, der Wiedergeburt des griechischen Geistes, fand ihre größten Vertreter in Italien, der Schweiz, Deutschland, den Niederlanden und England. Die große Bewegung des Klassizismus weist an ihrer Spitze deutsche, englische und italienische Namen auf: Goethe, Byron, Alfieri.
Frankreich blieb von diesen sich wiederholenden großen Wellen griechischer Renaissance fast unberührt. Es hat auch nie in geistigen Wechselbeziehungen zu einem anderen europäischen Lande gestanden, wie etwa England mit Deutschland in der Literatur und der Philosophie des 18. und beginnenden 19. Jahrhunderts. Frankreich konnte Europa entweder geistig erobern oder sich gegen Europa abkapseln, niemals aber hat es sich in das Zusammenspiel des europäischen Geistes einordnen wollen oder können. Wenn auf seinem Boden geistige Strömungen entstanden, die seiner Latinität nicht entsprachen, wie in den Ketzerbewegungen des Südens im 12. und 13. Jahrhundert oder später bei den Hugenotten und Jansenisten, dann hat es die Träger dieses Geistes ausgerottet oder verjagt. Die franzö-

sische Kultur stieß alles ab – so wie ein gesunder Körper giftige Stoffe ausstößt –, was nicht zum reinen Geist der Latinität gehörte. Vielleicht war ihre schöne Blüte dieser Stärke zu verdanken, aber sie verlor damit den Anspruch, den sie auch heute wieder geltend macht, die reine Verkörperung des europäischen Geistes zu sein.
Dies ist es im tiefsten Grunde, warum die Deutschen hinter dem ›Seidenen Vorhang‹ die europäische Umerziehung auf allen Gebieten, dem der Verwaltung, der Presse, der Schulen, aber auch des Theaters, der Musik und der Literatur als eine Zwangsjacke empfinden; sie werden nicht als Partner angesprochen, sondern sie haben französisches Denken zu lernen, um nach dieser Façon europäisch zu werden. Und auch hier geht es so, daß alles, was diesem Geist nicht entspricht, ausgerottet werden muß, diesmal aus der deutschen Tradition, die purifiziert oder verunglimpft wird.«
Dies alles war jedoch in den Wind geschrieben. Jedes Echo – auch ein französisches – blieb aus.
Es wird daher niemanden wundern, daß der nächste Aufsatz, in dem ich Frankreich notgedrungen angreifen mußte, sehr viel direkter und sehr viel schärfer war. Ich schrieb:
»Wie erhaben dünkt man sich in der westlichen Welt über die totalitären Methoden des Ostens. Es herrscht Hohn und Entrüstung darüber, daß die Russen in der deutschen Ostzone das zweite Gleis aus den Eisenbahnlinien ausgebaut haben; daß aber die Franzosen auf der Strecke zwischen Offenburg und Basel das gleiche versucht und nur auf den Einspruch der Schweiz hin aufgegeben haben, davon wird nicht gesprochen. Dabei ist der Unterschied interessant und lehrreich. Die totalitären Russen brauchten die Eisenbahnschienen dringend, weil die deutschen Armeen bei ihrem Rückzug die russischen Schienenstränge zerstört hatten; die demokratischen Franzosen wünschten, die deutsche Eisenbahnlinie zu zerstören, um den Verkehr vom Norden zur Schweiz über Straßburg zu lenken.
Dieses Beispiel ist leider so bezeichnend, daß man in ihm ein Symbol der französischen Nachkriegspolitik sehen kann. Von überall her sucht Frankreich Kraftströme in sein Land zu lenken, um mit erborgter Macht die Vorherrschaft in Europa zu erstreiten. So hat es – und die großen Demokratien haben dies mit den Idealen ihrer Politik für vereinbar gehalten – das Saargebiet annektiert, so wird es bald rein italienische Siedlungen im französischen Süden geben, so arbeiten deutsche Kriegsgefangene drei Jahre nach der Kapitulation in französischen Bergwerken oder auf französischen Bauernhöfen. Und so versucht Frankreich Einfluß auf das Rheinland und die Ruhr zu gewinnen.«

Wenige Wochen nach dem Erscheinen dieses Artikels wurden die vier Herausgeber zu einer Unterredung mit dem englischen Gouverneur, Mr. Berry, bestellt. Am Abend vorher war ich sehr freundschaftlich mit unserem Presseoffizier, dem sozialistischen Volksschullehrer aus Nordengland, zusammen. Wir hatten über dienstliche Fragen gesprochen. Er ritt wieder sein Lieblings-Steckenpferd, daß es nämlich verkehrt sei, wie die neuen deutschen Schulbücher verfaßt würden.
Ich fuhr ihn in einem Verlagsauto – nachdem wir eine Flasche Wein zusammen getrunken hatten – zu seiner Wohnung.
Bevor er ausstieg, fragte ich ihn: »What am I up to?«
Er lächelte und antwortete: »I think it is something about marmalade.«
Mit diesen orphischen Worten verließ er mich.
Ich war auf der Rückfahrt zunächst etwas betroffen. Dann kam mir plötzlich eine Erleuchtung. Es war natürlich einer der bei den Engländern so sehr beliebten puns. Allerdings ein etwas kompliziertes Wortspiel. Es bedeutete: You are in a jam, wobei jam sowohl synonym für Marmelade ist wie auch Klemme bedeuten kann. Es war also eine Warnung: Du bist in der Klemme.
Berry war am nächsten Tage so verärgert, wie ich ihn noch nie gesehen hatte. Er sagte sehr scharf zu mir: »Das geht nicht so weiter, Sie sind zu aggressiv.«
Ich bat ihn sehr höflich, mir an einzelnen Beispielen zu erläutern, was er meine. Er ließ sich aus dem Vorzimmer die letzten Ausgaben der »Zeit« kommen, in denen mehrere Stellen rot angestrichen waren, unter anderem sämtliche Karikaturen von Szewczuk und Hicks. Er deutete auf eine von ihnen: »Sie werden mir zugeben müssen, daß dies zu weit geht. Und die anderen Karikaturen sind auch nicht besser.«
Ich konnte überhaupt nicht begreifen, was er sagte. Es waren zufällig gerade die harmlosesten Karikaturen, die seit langer Zeit auf der ersten Seite unserer Zeitung erschienen waren. Ich sagte ihm daher nur höflich, daß ich ihn nicht verstände, und versuchte das auch zu erklären. Er wurde immer gereizter: »Sie wollen mich nicht verstehen.«
Aus dem Ton, in dem er mit mir sprach, und aus dem vorsichtigen Augenblinzeln meines Presseoffiziers, der etwas hinter ihm saß, entnahm ich, daß es höchste Zeit für mich sei, einzulenken. Ich sagte: »Ich habe Sie wirklich nicht verstanden, Mr. Berry. Aber ich verspreche Ihnen eins: Wenn Sie mich noch einmal holen lassen, weil Sie an einem Artikel oder einer Zeichnung im Blatt Anstoß nehmen, und ich Ihre Gründe dann wieder nicht verstehe, dann werde ich meine Feder niederlegen und nicht mehr schreiben.«
Er wurde blaß vor Erregung. Dann stand er auf und sagte: »Goodbye!«

Und mit einem Kopfnicken waren wir entlassen. Mein Presseoffizier sah mir etwas traurig nach. Welch ungeheuerliche Taktlosigkeit ich unwissentlich begangen hatte, erfuhr ich erst einige Zeit später.
Dorothy Thompson, die berühmte amerikanische Journalistin, die in zweiter Ehe mit Sinclair Lewis verheiratet gewesen war, kam von einer Reise durch Polen und die besetzten Ostgebiete zurück. Ihre Freundin, die bedeutende englische Schriftstellerin Rebecca West, war nach Hamburg gekommen, um sie nach dieser anstrengenden Reise zu begrüßen. Mr. Henry Andrews, der Mann von Rebecca West, gab aus diesem Anlaß ein Frühstück im Hotel Atlantic, zu dem er Toffi Döhnhoff, der seit einiger Zeit bei uns in der Redaktion arbeitete, und auch mich einlud.
Dorothy Thompson erzählte höchst amüsant über die Zustände in Polen. Sie hatte alles mit amerikanischen Augen gesehen, das heißt also, sehr optimistisch. Nun war ich aber über die polnischen Verhältnisse selber in mancher Hinsicht gut orientiert. Es kamen immer wieder Nachrichten von Flüchtlingen, die uns entweder besuchten oder in Westberlin von unserem Korrespondenten, Karl Willi Beer, ausgefragt wurden. So erschien eines Tages bei uns ein Arzt, der in Königsberg geblieben war und die Einnahme durch die Russen mitgemacht hatte. Seine Schilderung war sehr dramatisch, wie plötzlich zwischen den übereinandergetürmten Betten, in denen die Schwerverwundeten lagen, es von lauter braunen Uniformen wimmelte wie von Ungeziefer. In kurzer Zeit brannte das Lazarett; mit Mühe und Not brachte man die Verletzten heraus und legte sie an dem »Feuerteich« nieder, um den herum alles in Flammen stand. Bald darauf schossen Russen mit Maschinenpistolen in die Reihen der Verwundeten. Er selber wurde gefangengenommen und als Geisel mitgeschleppt, um mit Frauen und Kindern vor den angreifenden Russen auf die deutschen Stellungen hin getrieben zu werden. Eines Nachts gelang es ihm, zu entkommen. Er begann eine lange Irrfahrt, die ihn zunächst wieder nach Königsberg und schließlich in die Wälder des polnisch besetzten Ostpreußens führte. Natürlich mußte er Wege und Straßen meiden, und so ging er denn auch am Tage über die Felder, wo man ihn nicht sehen konnte, weil das Unkraut übermannshoch stand. Schließlich kam er nahezu erschöpft nach einem langen Umherirren in einen kleinen Flecken im polnisch verwalteten Ostpreußen und meldete sich dort bei dem Standort-Arzt. Dieser Pole nahm ihn freundlich auf, weil er ihn sehr gut gebrauchen konnte; er selbst verstand nämlich nicht viel von Medizin, und außerdem war er faul. Hier blieb der deutsche Arzt eine Reihe von Jahren und betreute nicht nur das kleine Krankenhaus, er besohlte auch die Schuhe der Frauen und Kinder, und er predigte sonntags von der Kanzel. An jedem Wochenende entfernte er sich heimlich, um eine Tante

zu besuchen, die vierzig Kilometer entfernt auf ihrem Gute saß. Sie wollte es nicht verlassen, weil sie auf die Rückkehr ihrer Tochter wartete, die von den Russen nach Sibirien verschleppt worden war wie so viele ostpreußische Frauen. Schließlich wurde man in Warschau auf ihn aufmerksam, und er wurde als unerwünscht nach Westdeutschland ausgewiesen. Aus seinen Berichten ging einwandfrei hervor, daß die Polen auch nicht im geringsten dazu imstande waren, das besetzte Gebiet unter Kultur zu halten. Das gleiche wurde in einem durchgeschmuggelten Brief eines der Gutsförster des Fürsten Dohna berichtet. Ihm war aufgetragen worden, ohne jede Hilfe einen großen Waldbezirk forstlich zu verwalten, und daneben mußte er auch noch ganz allein für seine Ernährung sorgen. Natürlich entwickelte sich der Wald in verhältnismäßig kurzer Zeit zu einer Art Urwald. Auch der Förster sprach davon, daß die Äcker des ehemalig Dohnaschen Besitzes weithin versteppt seien.

Dorothy Thompson hatte dies alles nicht gesehen. Sie widersprach aber nicht, sie meinte, dies alles werde mit der Zeit besser werden, die polnische Regierung habe noch sehr viel damit zu tun, die Wunden zu heilen, die der Krieg dem Lande geschlagen hatte. So werde es noch einige Zeit dauern, bis man darangehen könne, auch die neubesetzten Gebiete zu entwickeln. Ich erwiderte, daß dies über die Kraft der Polen gehe und daß man dazu deutscher Hilfe bedürfe, das heißt der Hilfe jener Deutschen, die man von dort vertrieben habe.

Sie erwiderte: »Deutsche und Polen werden sich nie vertragen.«

Ich erzählte ihr nun die Geschichte von drei jungen Deutschen, die die Russen, wie das bei ihnen so üblich war, in Mecklenburg auf der Landstraße aufgegriffen und in einen Transport, der nach dem Osten ging, eingereiht hatten. Als der Zug in verlangsamtem Tempo durch einen Wald fuhr, sprangen die drei ab und liefen davon. Man schickte ihnen einige Schüsse nach, aber anhalten konnte man nicht, und so ließ man sie laufen. Das war in den polnisch besetzten Ostgebieten. Sie liefen aufs Geratewohl durch den Wald, um möglichst schnell von der Bahnstrecke fortzukommen. Plötzlich ertönten Rufe, und am Rande einer Lichtung sahen sie Männer mit Gewehren, die ihnen bedeuteten, stillzustehen und die Hände hochzuheben. Einer der drei Deutschen, ein Flüchtling aus Westpreußen, sprach Polnisch. Er erklärte, sie seien Deutsche, die aus einem russischen Transport entwichen wären. Sofort wurden die Gewehre gesenkt, die Männer kamen freundlich lachend und lebhaft sprechend auf sie zu: es waren polnische Insurgenten. Nun wurden sie von Dorf zu Dorf, von Waldlager zu Waldlager weitergereicht und versteckt. Man gab ihnen Essen und Decken, und überall versicherte man ihnen, Deutsche und Polen müßten nun zusammenhalten gegen den gemeinsamen Feind im Osten und wie Brüder miteinander leben. Zuletzt half man ihnen nachts über die Oder, und durch die Ostzone schlugen sie sich nach Westberlin durch.

»Es ist also möglich, daß Deutsche und Polen zusammenleben.«

»Solange es ihnen schlecht geht, ja«, sagte Dorothy Thompson, »aber später nicht mehr.«

»Dann müssen eben zunächst diejenigen Polen, die in Pommern und Niederschlesien leben, in West- und Ostpreußen angesiedelt werden, wo die Land- und Forstwirtschaft am meisten darniederliegt, und Deutsche müssen gleichzeitig in die freigemachten Gebiete zurückkehren.«

»Tüngel«, sagte Dorothy Thompson, »wollen Sie wirklich die Verantwortung dafür übernehmen, daß noch einmal Menschen von Haus und Hof vertrieben werden? Vergessen Sie nicht, diese Polen sind schon einmal vertrieben worden, sie lebten in dem Teil der polnischen Ukraine, der an Rußland abgetreten ist. Wollen Sie sie noch einmal vertreiben?«

»Aber man hat die Deutschen auch vertrieben, und sie sehnen sich nach ihrer Heimat zurück!«

»Die Deutschen haben im Westen neue Unterkunft gefunden. Sie wohnen zwischen ihren Landsleuten und werden sich hier eingewöhnen. Nein, Tüngel, keine Vertreibungen mehr.«

Das Gespräch ging in andere Bahnen, und ich wandte mich Mr. Andrews zu, der neben mir saß.

Er sagte: »Sie hatten kürzlich einige Schwierigkeiten mit Ihrem Gouverneur?«

»Ja, und ich weiß eigentlich nicht, weshalb.«

»Das kann ich Ihnen erklären. Sie hatten einen Artikel geschrieben, daß die Franzosen dabei seien, das zweite Gleis zwischen Karlsruhe und Basel abzubauen. Das entsprach völlig den Tatsachen, ich weiß das genau, denn ich war damals Mitglied der englischen Abordnung beim Stabe der amerikanischen Verwaltung in Frankfurt am Main. Wir haben nach dem Erscheinen Ihres Artikels sofort das Nötige unternommen, um Ihre Angaben zu verifizieren, und es ist uns zusammen mit den Amerikanern gelungen, die Franzosen dazu zu bringen, ihre Absicht aufzugeben. Der französische Bevollmächtigte, General König, war hierüber sehr wütend und verlangte von dem englischen Militärbevollmächtigten, General Robertson, daß er Schritte unternehme, um die ständigen Angriffe der ›Zeit‹ gegen Frankreich ein für allemal zu verhindern. Robertson schickte daraufhin einen Befehl an Gouverneur Berry in Hamburg, die ›Zeit‹ zu schließen und Sie persönlich hinter Stacheldraht zu setzen. Berry antwortete, dies könne er nicht, denn dies sei gegen seine ehrliche Überzeugung. Wenn Robertson darauf bestände, daß seine Anordnung ausgeführt werde, dann bäte er, einen anderen Gouverneur zu ernennen. Daraufhin zog Robertson seinen Befehl zurück.

Jetzt wurde mir klar, wie taktlos ich mich, ohne es zu wissen, benommen hatte. Ich hatte versucht, Berry, der doch nur mein Bestes wollte und der schonend nicht einmal von dem Leitartikel gegen Frankreich gesprochen hatte, meinerseits unter Druck zu setzen, indem ich sagte, ich würde meine Feder niederlegen, wenn ich wieder einmal bei einer Beanstandung seine Gründe nicht verstände. Wie entsetzlich peinlich war mir das jetzt!

Berndorff fliegt bei G. N. S. hinaus

G. N. S. löste mich mit einigem Aufwand in Nürnberg ab. Nach dem Weggang des mir liebgewordenen Gentleman, Mr. Forrest, war ich eine Weile mein eigener Boß gewesen. Die Ablösung brachte sich wieder einen Boß mit. Für mich, also für die eigentliche Arbeit, kam ein sehr guter Kollege, der früher für Scherl gearbeitet hatte, und schließlich erschien auch – Jacki. So feierten wir also Wiedersehen, bei den des Morgens müden und des Abends aufgekratzten Damen; aber leider konnte keine Rede davon sein, daß ich mit einem Wagen die für die damaligen Verhältnisse so abenteuerliche Reise von Nürnberg nach Hamburg antreten konnte. Ich mußte nämlich zunächst noch eine Weile in Nürnberg bleiben, um meine Nachfolger einzuarbeiten, und diese Zeit benutzte der Main dazu, dergestalt über die Ufer zu treten, daß alle provisorischen Brücken zum Teufel gingen. Nur die Eisenbahnbrücken hielten der Überschwemmung stand, und so bekam ich aus Hamburg ein Telegramm, ich möge mit der Eisenbahn heimkehren.

Auch dazu brauchte ich eine Reisegenehmigung. Ich mußte durch alle drei Westzonen und sah trübe in die Zukunft. Denn was ich von der Benutzung der Eisenbahn auf einer so großen Strecke wußte, war sehr entmutigend. Ich war nicht jung genug, um auf den Dächern der Waggons zu reisen, nicht schlank genug, um mich durch die Coupéfenster zu zwängen, und nicht frech und geschickt genug, um mich unter den Kohlen in einem Tender zu verbergen.

Ich ging zu der offiziellen englischen Mission beim Nürnberger Gericht und bat traurig um einen Fahrschein von Nürnberg nach Hamburg. Der Captain, ein Armeeoffizier, sah mich lange an, nachdem ich mein Anliegen vorgetragen hatte, und dann sagte er: »Holen Sie sich Ihren Fahrschein heute nachmittag um vier Uhr bei meiner Sekretärin ab.«

Um vier Uhr eröffnete mir die Sekretärin des Captain: »Hier ist Ihr Fahrschein. Der Captain hat entdeckt, daß es in dem Fahrschein einen

Schreibfehler gibt. Sollten Sie Wert darauf legen, daß der Fehler korrigiert wird, so habe ich den Auftrag, die Korrektur vorzunehmen.«
Ich warf mich auf einen Stuhl und studierte den Fahrschein. Sofort stieß ich auf den Schreibfehler. Es war in dem Papier nicht von »Herrn« Berndorff die Rede, sondern von »Mister« Berndorff.
Ich sagte zu der Sekretärin: »Dieses Papier ist in Ordnung. Darf ich Ihnen einen Kuß geben?«
Die Sekretärin antwortete: »Ja, bitte, aber nur auf die Stirn und rechts.«
So geschah es, und am Abend zog also »Mr.« Berndorff, gekleidet in einen unvorstellbar phantastisch aussehenden Ledermantel, dessen Fell einmal einem sicherlich reizenden afrikanischen Tier gehört hatte, zum Bahnhof. Er rauchte seine Dunhill-Pfeife, durchbrach die brutale Absperrung, die einen amerikanischen Militärzug, der von Nürnberg nach Bremen laufen sollte, vor diesen armen und verkommenen Deutschen sicherte, stieg in ein Abteil, legte die Füße auf den gegenüberliegenden Sitz und entfaltete eine amerikanische Zeitung.
Was sich, bevor der Zug abfuhr, auf dem Nebengleis tat, war ungeheuerlich. Dort fuhr ein Zug ein, der von München nach Hamburg lief. Daß in jedem Abteil ein Dutzend Menschen saßen und standen, daß die Gänge durch die Zusammenballung von Menschen unpassierbar waren und daß, wer den Zug verlassen und wer in ihn einsteigen wollte, dazu die Fenster benutzen mußte, nun, ja, das war nicht das wichtigste. Aber alle Dächer – selbst die Puffer der angehängten Gepäckwagen – waren mit Menschen bedeckt. »Bedeckt« muß man sagen. Es schien so, als ob Männer, Frauen und Kinder mit Leim an den Außenwänden des Zuges festgeklebt worden wären.
Während ich auf den Zug blickte, konnte ich sehen, wie Lokomotive und Tender von Menschen gestürmt wurden. Ich sah Kinder und Greise auf dem Bahnsteig liegen, sah, wie ineinander verkrampfte Haufen über sie wegtrabten, und hörte ein Geschrei, als sei der Jüngste Tag angebrochen. Deutsche Bahnbeamte und etwas, das man der Uniform nach für deutsche Polizei halten konnte, versuchten, Lokomotive und Tender von den Eingedrungenen zu befreien. Das mißglückte, und zuletzt sah ich noch, wie amerikanische Militärpolizei gegen die Menge auf der Lokomotive und auf dem Tender eine Attacke unternahm, die sich gewaschen hatte.
Der deutsche Zug fuhr vor unserem amerikanischen ab. Wir überholten ihn aber bald, und ich konnte erkennen, daß sich auf den Trittbrettern Männer, Frauen und Kinder verzweifelt festhielten, um nicht abgeschüttelt zu werden.
»Mr.« Berndorff konnte das erkennen ganz allein in seinem sauberen, weiträumigen Polsterabteil, und »Mr.« Berndorff hatte ein schlechtes

Gewissen, das nicht besser wurde, als man eben zur Stunde der Dämmerung ein reichliches Abendbrot in sein Abteil brachte.
Was für eine Reise! Westdeutschland von Nürnberg über Bremen nach Hamburg – das bedeutete doch eine Fahrt, die einen Überblick über das Ganze geben mußte. Über das Ganze, wie es nun einmal aussah. Auf allen Bahnhöfen gab es die gleichen Bilder und Szenen wie in Nürnberg; auf den Landstraßen fuhren nur alliierte Truppentransporte, und kaum war je ein deutsches Automobil zu erblicken. Es war der Anblick einer gänzlichen Verelendung, einer völligen Verarmung und einer katastrophalen Desorganisation.
Noch heute, wenn ich im schnellen Wagen über die deutschen Straßen fahre, und wenn ich murre, daß im Badezimmer meines Hotelquartiers keine Dusche ist, dann vermag ich es überhaupt nicht zu glauben, daß sich in dieser kurzen Zeit das äußere Bild des Landes so gewandelt hat. Denn nach dem Kriege bin ich wieder in vielen westeuropäischen Ländern gewesen. Diese Anhäufung des Luxus in Deutschland – vielleicht auch in einigen Städten Italiens, die so sehr im Gegensatz steht zu dem Zustand anderer Länder in Europa, die den Krieg gewonnen haben – das ist doch wohl ungeheuerlich. Aber vielleicht ist dieser unbezähmbare Drang zum Luxus, zu Licht, zu Nickel, zu Chrom, zu allem, was glänzt, leuchtet und teuer aussieht, die Reaktion auf das Elend der damaligen Jahre, das ich in jenem amerikanischen Militärzug rechts und links der Strecke sah.
Aber – mich bewegte auch noch etwas anderes. Von Beruf bin ich Journalist und Schriftsteller. Was um des Himmels willen würden später, wenn die Sieger ihr ausschließliches Recht auf Publikation verloren hatten, diese Leute lesen? Diese Leute, die sich jetzt halb zu Tode schlugen, um einen Platz in einem Eisenbahnzug zu bekommen, die in den Wintermonaten mit Lebensgefahr die Kohlenzüge plünderten, die starben, weil es keine Medikamente gab?
Was würden sie wirklich lesen?
Das konnte ich nicht ahnen. Ich legte mich auf die breite Polsterbank und schlief müde ein.
Einige Male kamen Zugkontrollen. Schweigend reichte »Mr.« Berndorff jedesmal sein Reisepapier der Militärpolizei hin, jedesmal in der Erwartung, aus dem Zug sofort hinausgeworfen zu werden.
Aber nein, auf dem Papier standen noch Buchstaben und Zeichen, und die mochten es wohl bewirken, daß die MP jeweils nach der Kontrolle »Mr.« Berndorff höflich salutierte.
Am Mittag des nächsten Tages, in Bremen, erreichte der Unsinn seinen Höhepunkt. Als »Mr.« Berndorff den Zug verlassen wollte, bedeutete man ihm, nein, er habe bis Bremerhaven zu fahren, um dort auf der Stelle mit

einem Truppentransporter in die Vereinigten Staaten von Nordamerika gebracht zu werden. Diese »Bestimmung« des »Mr.« Berndorff schien auch aus den Buchstaben und Zahlen auf dem Papier hervorzugehen. Aber »Mr.« Berndorff entwischte schließlich den amerikanischen Behörden, bekam mit seinem Papier einen bequemen Platz in dem Waggon für Alliierte, der an den deutschen Zug Bremen-Hamburg angehängt wurde, und erschien so wieder nach reichlichen Abenteuern in seinem Quartier auf dem Dach des Pressehauses bei Frau Berndorff, bei Richard Tüngel und bei der Ratte Amanda.
Ach, ich habe vergessen zu sagen, daß ich schließlich auch bei G. N. S. in der Rothenbaumchaussee erschien. Ich umarmte meinen Freund Döring, der mich beiseite nahm und mir sagte: »Gegen dich ist hier irgend etwas im Gange, ich weiß aber leider nicht, was.«
Die Halbuniformierten waren wenig freundlich zu mir. Die ganze Atmosphäre des Büros war verändert. Überall im Kaufmännischen, Organisatorischen und auch im Journalistischen begann ein deutscher Einfluß zu wirken. Mit stiller Zähigkeit taten die deutschen Kollegen, deren Zahl erheblich angestiegen war, das, was sie für gut und richtig hielten.
Daß sich die angelsächsische Pressemethode in Deutschland niemals durchsetzen konnte, mußten die Halbuniformierten eingesehen haben; aber sie gaben es noch nicht zu.
Zunächst nahm ich Urlaub, der auf eine schroffe Form plötzlich gewährt wurde.
Eines Abends im Hamburger Pressehaus, gegen zehn Uhr – wir spielten gerade Poker wie alle vernünftigen Menschen in aufgeregten Zeiten –, erschienen zwei deutsche Polizeibeamte, die mühselig, weil der Fahrstuhl nicht mehr ging, die vielen Stufen zu mir heraufgeklettert waren. Frau Berndorff labte beide mit einem Schnaps, und dann eröffneten die Herren mir, ich hätte mich am nächsten Nachmittag um drei Uhr in einer Straße an der Alster bei der englischen Polizei zu melden.
»Was kann denn das werden?« fragte ich.
Die Beamten sahen auf ihre Papiere, schüttelten mit dem Kopf und meinten: »Da ist nix Gutes für Sie drin, das ist nämlich die englische Gestapo.«
»Muß ich da wirklich hingehen?« fragte ich.
Man gab mir den Rat, pünktlich zu sein, denn sonst hole mich die MP ab. Man riet mir weiter, Zahnbürste, Seife und Schlafanzug nicht zu vergessen.
Ich zog am nächsten Morgen zu Guschi Döring, der sagte nur: »Siehste, irgend etwas ist gegen dich los.«
Am Nachmittag ging ich also zur »englischen Gestapo«, wartete in der kühlen Halle eines alten Hamburger Hauses drei Stunden und beobach-

tete interessiert das geschäftige Gehabe um mich herum. Ich schöpfte Hoffnung, denn die Engländer in diesem Hause schienen nur aus Sergeanten zu bestehen, und englische Sergeanten mochte ich ja nun einmal gerne leiden.
Der Sergeant, vor den ich schließlich gebracht wurde, war ganz jung, sicherlich nicht einmal dreißig Jahre alt.
Eine deutsche Sekretärin saß im Raum, und er vernahm mich zunächst einmal zur Person.
Es gab einen kleinen Aufstand, als ich den Vornamen meines verstorbenen Vaters korrekt mit Jean Napoleon angab.
»Warum«, fragte der Sergeant, »hieß Ihr Vater so?«
Ich, der ich überhaupt noch nicht wußte, was man von mir wollte, antwortete: »Also Sie haben mich hierhergeholt, weil mein Vater Jean Napoleon hieß? Wenn ich die Haager Landkriegsordnung richtig verstehe, so kann man mir das nicht als Verstoß gegen die Rechte der Besatzungsmacht anrechnen.«
Der Sergeant hatte Sinn für Humor und griente.
Die Sekretärin mochte mich offensichtlich nicht und sagte: »Der Herr ist aus dem Rheinland. Dort sind sie alle Separatisten.«
Der Sergeant wußte nicht, was ein deutscher Separatist ist; die Sekretärin mußte es ihm erklären.
Zum erstenmal sagte er: »What a nation!«
Dann wandte er sich mir wieder zu. Ich hoffte, daß er nun endlich zur Sache kommen würde, aber er tat das keineswegs, sondern er wollte nun wissen, warum mein Vater tatsächlich mit Vornamen Jean Napoleon geheißen hatte. Ich erklärte ihm das: »Napoleon I., Kaiser der Franzosen, hat nach der Schlacht bei Austerlitz den Söhnen und Enkeln aller in der Schlacht gefallenen Soldaten das Recht verliehen, zwischen ihrem Vornamen und ihrem Nachnamen das Wort ›Napoleon‹ einzufügen.«
»Ach«, sagte der Sergeant, »und noch Ihr Vater?«
»Ja, noch mein Vater.«
Da sagte er zum zweitenmal »what a nation!«.
Jetzt erst griff er in die Schublade und zog zwei Bücher hervor. Beide hatte ich geschrieben. Das eine hieß »Tannenberg, wie Hindenburg die Russen schlug«, das zweite »Frankreich auf der Flucht«.
»Dieses sind Bücher«, sagte der Sergeant, im übrigen sprach er ein ausgezeichnetes Deutsch mit geringem Akzent, »die Sie geschrieben haben und die völlig klar beweisen, daß Sie ein Militarist sind. Im ersten Buch beschreiben Sie, wie die deutsche Armee die Russen im ersten Weltkrieg zerschlagen hat, und im zweiten, wie die deutsche Armee im zweiten Weltkrieg die Franzosen zerschlagen hat.«

»Sergeant«, sagte ich, »Sie sollten lieber sagen: geschlagen.«
»Oh, das ist interessant«, dankte er, und wir sprachen eine Viertelstunde über die unterschiedliche Bedeutung der Worte geschlagen und zerschlagen.
Der Sekretärin wurde es langweilig, und sie sagte: »Er will sich nur herausreden.«
Der Sergeant zu der Sekretärin: »Halten Sie den Mund.«
Dann eröffnete er mir, beide Bücher würden im Augenblick gelesen, das eine von einem russischen Offizier, das andere von einem englischen, der in Frankreich gefochten habe, also sachverständig sei. Vorläufig sei ich für acht Tage vom Dienst bei G. N. S. suspendiert. Ich sagte nicht, daß ich sowieso Urlaub genommen hätte, sondern ging nach Hause.
Nach acht Tagen kamen zwei deutsche Polizeibeamte und luden mich für den nächsten Tag wieder vor die »englische Gestapo«.
Ich wartete nur zwei Stunden. Dann brachte man mich wieder vor den Sergeanten, der diesmal ohne seine Sekretärin dasaß.
»Es ist so«, begann er, »daß gegen Sie eine Anzeige aus Nürnberg gekommen ist. Ich kann Ihnen das ruhig sagen. Ihr Buch über die Schlacht bei Tannenberg diene dem Völkerhaß – ist das richtig: Völkerhaß? – und sei militaristisch.
Das sowjetrussische Gutachten über Ihr Buch aber ist anderer Meinung. Ihr Buch wird gelobt. Es diene der Völkerfreundschaft – ist Völkerfreundschaft richtig? –, denn in dem Buch werde beschrieben, daß der zaristische Generalstab aus Trotteln und Verbrechern bestanden habe. Also könne die werktätige Bevölkerung der Welt daraus nur den Schluß ziehen, daß nur demokratische Staaten einen guten Generalstab aufbauen können. Also dieses Buch belastet Ihr Schuldkonto nicht.
Was nun Ihr Buch über die Flucht der französischen Bevölkerung vor der deutschen Armee anbetrifft und über das Versagen der französischen militärischen Führung, so ist der Major der Ansicht, daß Ihre Niederschrift mit dem Vornamen Ihres Vaters in Zusammenhang gebracht werden muß. Bei Ihnen handelt es sich offenbar um eine Familie, die besonders franzosenfreundlich ist. Der Major sagt nämlich, die Franzosen hätten sich viel mutloser, viel konfuser und viel törichter benommen, als Sie es in Ihrem Werk schildern. Also dieses Buch spricht auch nicht gegen Sie. Aber nun wollen Sie mir bitte einmal folgendes erklären. Hier ist die Kopie eines Fernschreibens, das vom Reichs-Kriminalpolizeiamt in Berlin an den Polizeipräsidenten von Wien gegangen ist in den ersten Jahren des Krieges. Es ist in Berlin gefunden worden. Lesen Sie einmal den Text.«
Ich las. »Schriftsteller Berndorff fährt heute abend von Berlin nach Wien

und trifft morgen früh dort ein. SS-Gruppenführer, General der Polizei Arthur Nebe hat Abholung des Herrn Berndorff durch höheren Beamten mit Dienstwagen, Bereitstellung eines Appartements im Hotel ›Imperial‹ in Wien und später Bereitstellung eines Appartements im Hotel ›Bellevue‹ in Bad Gastein angeordnet.« In dem Telegramm waren noch die Nummer des Schlafwagenabteils erster Klasse und auch Abfahrt- und Ankunftszeiten des Zuges angegeben.

»Ja«, sagte ich, »Sergeant, das war so.«

»In welcher Sache fuhren Sie nach Wien?« fragte er.

»Ich sollte einen Kriminalroman schreiben.«

Er antwortete: »Glauben Sie im Ernst, daß Sie mir das einreden können?«

»Nein«, sagte ich, »das ist ausgeschlossen! So etwas kann nur jemand glauben, der damals in Deutschland, im Dritten Reich gelebt hat. Das war damals bei uns so.«

Er sah mich lange an, sagte wieder »what a nation!« und meinte dann, daß mich in Zukunft noch einige troubles erwarten würden. Jeder vernünftige Beamte müßte doch aus dem Fernschreiben schließen, daß ich als SS-Agent wichtige Dinge getrieben hätte.

Ich sah das vollkommen ein und sagte gar nichts.

Er fragte mich: »Wie hieß denn der Kriminalroman?«

Ich antwortete: »›Schiwa und die Galgenblume‹, das war der erste, und der zweite ›Schiwa und der Skarabäus‹, den sollte ich in Wien schreiben, weil er in dem unterirdischen Kanalsystem von Wien spielen würde.«

Er fragte gänzlich konsterniert: »Und ein SS-Gruppenführer, General der Polizei, hatte während des vergangenen Krieges in Deutschland Zeit, sich um solche Dinge zu kümmern?«

»Ja«, antwortete ich, »das war damals bei uns so.«

»What a nation!« erklärte er.

»Sergeant«, meinte ich, »wir haben den Krieg ja schließlich auch verloren.«

Er ließ mich nach Hause gehen.

Als ich nach einigen Wochen wieder zu G. N. S. kam, war man eisiger denn je zuvor.

Eines Morgens ließ mich der englische Leiter der Agentur kommen und sagte einen pompösen Satz: »Die Regierung Seiner Großbritannischen Majestät ist mit Ihrer Aufführung während des Dritten Reiches nicht zufrieden.«

Ich machte eine sehr schöne kleine Verbeugung und antwortete: »Ich darf mich verabschieden.«

Ich war hinausgeschmissen.

Guschi Döring kam und sagte: »Das müssen wir begießen.«

Wir begossen es. Wenige Zeit danach auch den Herausschmiß von Guschi Döring.
Ich bekam ein Schreibverbot ins Haus geschickt und die Mitteilung, daß es ein Verfahren gegen mich gebe. Um es von vornherein zu sagen – der Zustand dauerte neun Monate –: es gab gar kein Verfahren gegen mich. Trotz des Drängens meines Anwaltes wurden niemals irgendwelche positiven Beschuldigungen gegen mich erhoben, und ohne daß es jemals eine Verhandlung gegeben hätte, wurde mir nach neun Monaten mitgeteilt, die Überprüfung des Sachverhaltes habe mich völlig rehabilitiert. Ich dürfe nunmehr wieder alles tun, was ich wolle.
Das hatte ich aber schon vorher getan. Mittlerweile, natürlich immer noch in der Reichsmarkzeit, waren schon illustrierte Blätter lizenziert worden, und der Redakteur eines der größten westdeutschen Blätter dieser Art, der früher mit mir zusammen bei der Berliner Illustrierten Zeitung gewesen war, erschien in Hamburg, um bei mir einen Roman zu bestellen.
Wir saßen tiefsinnig im Pressehaus und überlegten, wo der Roman spielen und was in ihm vorkommen sollte.
Wir wußten es beide nicht. Unterhaltungsromane dieser Art schreibt man nach dem Publikum. Man überlegt sich, was das Publikum wohl gerne lesen möchte, und das schreibt man dann. Nur die Laien glauben, daß unsereiner auch nur die allergeringste Einwirkungsmöglichkeit auf die Psychologie des Lesers habe. Das ist ganz irrig.
Die Käuferschaft der Illustrierten besteht aus ein paar Millionen Menschen, von denen jeder einzelne geneigt ist, fünfzig Pfennige für ein solches Blatt auszugeben. Er will den möglichst besten Gegenwert für seine fünfzig Pfennige haben. Er will also Bilder und Texte kaufen, die ihn interessieren. Das Wort »interessieren« ist auch schon fahrlässig gebraucht. Ein interessantes Bild, im Sinne eines Intellektuellen, ist noch beileibe kein Bild, das der Illustrierten-Käufer gerne betrachtet. Und ein Roman von hohen literarischen Qualitäten dürfte schnell die Absatzvernichtung einer Illustrierten herbeiführen.
Woher sollten wir beiden in Hamburg jetzt wissen, was die Leute lesen wollten? Wir versuchten es so: Der Roman sollte in der damaligen Zeit spielen und die damaligen Probleme behandeln. Also spielte alles unter Trümmern und trübsinnigen äußeren Umständen. Ich erfand ein paar junge deutsche Leute, die heiter waren, und einen englischen Sergeanten – weil ich englische Sergeanten so sehr liebte –, der bei einem Deutschen Cello-Unterricht nahm und immer »Mondschein auf der Alster« spielte.
Nachdem der Roman im Blatt gedruckt worden war, konnten wir auch noch nicht wissen, ob das Publikum ihn gern gelesen hatte; denn die

Auflage der Blätter dieser Art war verhältnismäßig klein. Sie bekamen ihr bestimmtes Papier zugeteilt, waren selbstverständlich von vornherein ausverkauft. Es gab also keine Auflagesteigerung und keinen Auflageschwund, und damit fehlte das Barometer für den Erfolg oder Nicht-Erfolg des Inhaltes. Ich schrieb sofort danach einen zweiten Roman für dasselbe Blatt. Der Redakteur wünschte sich ferne Länder und ein ganz junges Mädchen mit kompliziertem Charakter. Ferne Länder kannte ich. Ich kannte auch ein Wesen mit einem sehr komplizierten Charakter, und das war – Richard Tüngel. Ich verlieh dem Mädchen – der Roman hieß »Das Mädchen Ricarda« – den Charakter von Richard Tüngel und hatte damit, zum mindesten in der Branche, einen großen Erfolg.

In jener Zeit wandelten sich meine persönlichen Verhältnisse sehr. An einem Vormittag, es war ein Donnerstag, erschien in meinem Quartier im Pressehaus ein breitschultriger Mann.

Mein Quartier im Pressehaus! Das war mittlerweile sehr komfortabel geworden, denn ich hatte mir auf dem Dach dieses Hauses eine richtige kleine Wohnung gebaut.

Der breitschultrige Mann trat zu mir ein und sagte: »Ja, aber was ist denn das hier? Sie müssen doch hier sofort heraus! Wer hat das denn hier überhaupt gebaut? Das reiße ich morgen alles ab! Denn wir bauen doch hier auf das Pressehaus wieder ein paar Stockwerke auf.«

Der Mann war der Bauführer einer sehr großen Hamburger Baufirma. Er hatte auch schon Leute mit, die sich meine dünnen Mauern ansahen und voraussagten, daß sie nicht mehr als eine Stunde brauchten, um »den ganzen Schiet« herunterzureißen.

Während dieser Auseinandersetzung überlegte ich schnell, daß mir mein »Major Wilson« nicht mehr helfen konnte. Wurde das Pressehaus aufgestockt, dann hätte er, wenn es ihn wirklich gegeben hätte, seine Zustimmung geben müssen. Der Mann war tot, der war nicht mehr verwendbar. Aber mir fiel etwas anderes ein. Ich erklärte: »Sie werden überhaupt nichts abreißen. Nach den Kontrollratsbestimmungen darf in Deutschland kein bewohnter Raum abgerissen werden. Da Sie die Absicht haben, dies zu tun, werde ich mich jetzt zum Amtsgericht begeben und gegen Ihre Firma eine einstweilige Verfügung erwirken, die Ihnen diese Gesetzesübertretung unmöglich macht.«

Der Mann schrie auf: »Aber das ist doch unmöglich! Wir beginnen am Montag mit dem Bau! Die ganze Sache ist für unsere Firma ein Millionenobjekt.«

Ich setzte den Hut auf und sagte: »So, ich gehe jetzt zum Amtsgericht.«

Er bat mich, zwei Stunden mit diesem Gang zu warten. Kam wieder mit dem Inhaber der großen Baufirma, der sich friedlich und freundlich in

meinen breitesten Sessel setzte und seine Rede so begann: »Tja! Schön haben Sie das hier aber nicht.«
Ich widersprach.
»Tja«, sagte er, »ich habe etwas viel Schöneres für Sie. Ich bin nämlich hier in Hamburg Millionär in Grundstücken.«
Mein Herz blieb stehen, das war nicht wahr! Das konnte alles gar nicht so sein.
»Ach«, sagte ich infolgedessen, »was wird das schon sein?«
Er lud Frau Berndorff in sein Auto. Nach einer Stunde kam Frau Berndorff zurück und sagte: »Das gibt es nicht! Das ist eine komplette, schöne Wohnung in einer der besten Gegenden von Hamburg.«
Am Sonntagabend feierten wir Abschied im Pressehaus und vom Pressehaus. Ich habe Tüngel zum Zeugen dafür, was ich jetzt behaupte: die Ratten merkten, was ihnen drohte. Sie zogen in der letzten Nacht durch das ganze Quartier, angeführt von der Ratte Amanda. Sie waren völlig verstört und verübten einen höllischen und desparaten Lärm.
Am Montagmorgen zogen wir in »die komplette, schöne Wohnung in einer der besten Gegenden von Hamburg«. Und in ihr sahen wir der kommenden Währungsstabilisierung entgegen – mit vielen Sorgen.

Tüngel fährt in die Schweiz

Ich bin in meinem Bericht über die Nachkriegsjahre den Ereignissen ein wenig vorausgeeilt, um die Wiedergabe meines Kampfes gegen die reaktionär-militante Richtung in Frankreich, die den Wiederaufbau Deutschlands und auch Europas bedrohte, zu einem gewissen Abschluß zu bringen.
Dem regulären Zeitablauf nach sind wir immer noch im Jahre 1947. Damals machte ich meine erste Reise ins Ausland nach dem Kriege. Und das kam so:
Mrs. Ursula Schneider, die Witwe meines guten Freundes Karl Schneider, eines der begabtesten Architekten, die wir in den zwanziger und dreißiger Jahren in Deutschland hatten, schrieb mir aus Chicago, wohin beide ausgewandert waren, sie hätte die Möglichkeit, in die Schweiz zu fahren, und würde sich sehr freuen, mich dort zu treffen.
Aber wie dort hinkommen?
Ohne Devisen konnte man nicht reisen, und Devisen gab es in Deutschland für mich nicht. So war mir das Ausland verschlossen. Wir saßen regulär in einem Ghetto. Gewiß, man konnte auf Kosten der englischen Regierung zur Umerziehung nach Wilton Park fahren, wobei einem versichert wurde, zwei Nachmittage habe man frei, um mit einem kleinen Taschengeld sich in London umzusehen, es gab auch die ersten Reisen für deutsche Journalisten nach den USA, wo man Gast und gleichzeitig auch in erheblichem Maße Gefangener der amerikanischen Regierung war. Aber solche Einladungen habe ich immer abgelehnt; ich wollte unabhängig bleiben und mir keine Verpflichtungen aufladen. Der einzige, der mir helfen konnte, war mein Freund Dr. Martin Hürlimann, in dessen Verlag, dem Atlantis-Verlag in Berlin, ich während des ganzen Krieges gearbeitet hatte.
Schreiben konnte ich ihm nicht, denn alle Auslandspost unterlag einer strengen Zensur. Niemals hätte ich eine Ausreisegenehmigung bekom-

men, wenn bekannt geworden wäre, daß ich mir dazu Devisen geliehen hätte. Glücklicherweise fuhr Friedländer damals nach Vaduz, um seine Familie nach Deutschland zu holen. Er telefonierte in der Schweiz mit Hürlimann, der sofort bereit war, mir alles Geld, das ich brauchte, vorzustrecken. Sicherheiten konnte ich ihm nicht bieten, die deutsche Währung war im Ausland nichts wert, so mag man ermessen, wie hochherzig sein Angebot war.

Die Durchfahrtserlaubnis durch die französische Zone – für die amerikanische brauchte man damals bereits keine mehr – bekam ich ohne Schwierigkeiten. So fuhr ich denn mit meinem Freunde Athanas Bobeff, früherem Presse-Attaché bei der Königlich Bulgarischen Gesandtschaft in Berlin und jetzigem politischen Redakteur bei der »Zeit«, mit seinem Auto durch Deutschland an die Schweizer Grenze. Ich war seit langem nicht mehr unterwegs gewesen, und ich entsinne mich noch sehr gut, wie befreit ich mich fühlte, endlich einmal dem Pressehaus, das nicht nur meine Redaktion, sondern auch das Zimmer enthielt, in dem ich damals wohnte, entronnen zu sein. Bobeff brachte mich bis an den Schlagbaum in Lörrach. Er hat nach seiner Rückkehr in der Redaktion mit viel Vergnügen geschildert, wie ich mit meinem schweren Koffer ein wenig gedrückt und scheu durch die Grenzkontrollen hindurchging.

Natürlich war mir nicht sehr wohl zumute; ich hatte verbotenerweise fünf Schweizer Franken in der Tasche. Wenn man mich dabei erwischte, hätte es nicht nur endlosen Aufenthalt an der Grenze mit vielen Verhören gegeben, sondern ganz bestimmt auch eine Nachricht in Agence France Press: Der Chefredakteur der »Zeit«, bekannt durch seine Angriffe gegen die französische Politik, wurde dabei ertappt, wie er an der Schweizer Grenze Devisen ins Ausland schmuggeln wollte.

Aber was blieb mir übrig, die Straßenbahn von Lörrach nach Basel befördert niemanden umsonst. Zwar hatte mir Friedländer gesagt, daß die Gemüsehändlerin gleich rechts an der Chaussee Deutschen Geld für die Straßenbahnfahrt vorzustrecken pflege; aber darauf wollte ich es nicht gern ankommen lassen.

Am deutschen Bahnhof in Basel mußte ich aussteigen und mich einer ärztlichen Untersuchung unterziehen. Die Räume waren offensichtlich provisorisch eingerichtet, zum Teil nur mit Bretterverschlägen. Ich kam mir vor, als käme ich aus einem seuchenverdächtigen Lager. Die Atmosphäre war sehr bedrückend, Arzt und Krankenschwestern kühl, aber korrekt. Ich fuhr dann zum Badischen Bahnhof und ging in ein dort gelegenes Hotel, um mir ein Zimmer zu bestellen.

»Wir haben kein Zimmer, und Sie werden auch in ganz Basel keines bekommen. Es ist Mustermesse. Am besten ist es, Sie fahren nach Zürich.«

»Aber ich habe überhaupt kein Geld.«
»Wovon wollten Sie denn in der Schweiz leben?«
»Dr. Martin Hürlimann hat mich eingeladen und will mir das nötige Geld geben.«
»Dann ist ja alles ganz einfach, rufen Sie ihn doch an!«
Und der freundliche Portier stellte die Verbindung mit dem Atlantis-Verlag her. Der Prokurist des Verlages sagte mir, daß ich schon erwartet würde. Ich klagte ihm mein Leid.
»Das ist doch nicht schwierig«, erwiderte er, »geben Sie mir den Kassierer des Hotels.«
Zehn Minuten später hatte ich fünfhundert Schweizer Franken in der Tasche. Auf meine Frage, was ich für das Ferngespräch zu zahlen hätte, wurde mir lächelnd bedeutet: »Nichts.«
Ich hatte mich benommen wie ein kleiner Reisender aus der Provinz, dabei war ich doch früher schon viel im Ausland herumgekommen. Das Dasein in unserem Deutschland, das auch unter der Besatzung noch immer wie in den Nazi- und Kriegszeiten einem großen bewachten Lager glich, hatte in mir typische Ghetto-Komplexe entwickelt. Die wurde ich so schnell auch nicht los. Am Bahnhof gab ich meinen Koffer einem Gepäckträger mit der Bitte, ihn zum Handgepäck zu bringen. Er antwortete mir auf französisch. Aha, dachte ich, offenbar spricht man nicht deutsch mit dir, um dir zu zeigen, wie verachtet die Deutschen sind. Ich ging dann das Bahngelände entlang an mehreren Obstständen mit vielen Apfelsinen vorbei, die wir doch so lange Jahre hatten entbehren müssen, aber ich kaufte keine. Vermutlich sind die auch nicht für dich, dachte ich. Dann ging ich in einen Zigarettenladen. Der Verkäufer war sehr liebenswürdig. Ich fragte ihn, ob er mir ein Café empfehlen könne. Er sagte: »Ja, gleich hier schräg gegenüber.«
»Sind das freundliche Leute?«
»Ach, ich sehe schon, Sie kommen zum erstenmal aus Deutschland in die Schweiz. Fast alle Deutschen, die in der gleichen Lage sind, haben die Vorstellung, wir Schweizer wären ihnen feindlich gesonnen. Aber das ist durchaus nicht der Fall.«
Ich erzählte ihm nun mein Erlebnis mit dem Gepäckträger am Bahnhof. Er lachte und erwiderte. »Der Mann hat aus Höflichkeit mit Ihnen französisch gesprochen, weil er – und wohl mit Recht – annahm, daß Sie sein Schwyzerdütsch nicht verstehen würden.«
Immerhin dauerte es einige Zeit, bis ich meine Ghetto-Gefühle überwunden hatte; ganz bin ich sie damals nicht losgeworden. Sehr zum stillen Vergnügen meiner amerikanischen Freundin auch nicht in den Gesprächen, die ich mit ihr über Amerika hatte. Dort war, nach ihren

Erzählungen, alles weit und frei, was bei uns eng und verschlossen war. Sehr verwunderte mich ihre Begeisterung für Roosevelt, aber darin kam die Dankbarkeit zum Ausdruck dafür, daß auf die persönliche Initiative des amerikanischen Präsidenten kein Deutscher während des Krieges, wenn er sich loyal verhielt, verhaftet und eingesperrt wurde und daß alle Emigranten so behandelt wurden, als seien sie gebürtige Amerikaner. Es war sehr lehrreich, Roosevelt, dem wir seine prosowjetische und antideutsche Politik vorwarfen, einmal von dieser Seite geschildert zu sehen.
Auch in der gastlichen Schweiz war manches anders, als wir es uns gedacht hatten, und man kam als Deutscher hin und wieder in peinliche Situationen. So saß ich eines Abends in Ragatz in einer Weinstube, die meistens leer war, in der ich aber diesmal nur mit Mühe einen Platz finden konnte. Außer einem Schweizer Oberst, der mit mir im gleichen Hotel wohnte, kannte ich keinen der Anwesenden. Es wurde sehr laut und sehr lebhaft diskutiert. England hatte den Satz der Reisedevisen sehr stark – ich glaube auf fünfzehn Pfund – herabgesetzt. Ein Schweizer, der offenbar in London wohnte und daher besonders stark betroffen war, rief in seinem Ärger laut: »Der Hitler hat doch recht gehabt!«
Der Oberst, mit einem Blick auf mich: »Nein, das können Sie nicht sagen.«
»Doch hat er recht gehabt.«
Viele Anwesende stimmten ihm zu in einem lebhaften Durcheinander der Stimmen.
»Sagen Sie so etwas nicht, meine Herren«, sagte nun der Oberst, verärgert und verlegen, »Sie können nicht wissen, ob nicht irgend jemand Sie mißversteht.«
Ich hatte längst die Zeitung vor meinem Gesicht und blieb mucksmäuschenstill, bis sich die Gaststube geleert hatte und ich in Ruhe einen neuen Schoppen bestellen konnte.
Ein andermal fuhr ich von Locarno nach Zürich, wo ich den Präsidenten des Welternährungsrats, der Professor an der Eidgenössischen Technischen Hochschule war, sprechen wollte. Der Speisewagenkellner ging durch den Zug und bot Platzkarten fürs Mittagessen an. Ich ließ mir eine geben. Der freundliche alte Herr mir gegenüber, mit dem ich bisher noch kein Wort gewechselt hatte, sagte: »Machen Sie's zwei.« Und zu mir gewandt: »Sie werden mir erlauben, daß ich Sie einlade. Sie sind ein Deutscher und haben sicher nur wenig Schweizer Geld.« Beim Essen sagte er zu mir: »Es wäre besser gewesen, wenn auch in der Schweiz einige Städte durch Bomben zerstört worden wären. Wir haben seit Jahrhunderten keinen ernsthaften Krieg gehabt; die Schweizer sind darüber satt und selbstzufrieden geworden. Das kann auf die Dauer nicht guttun.«

Was sollte ein Deutscher darauf antworten! Ich wich also aus und erzählte von den Bombennächten in Berlin, von den großen Bränden, von den Zerstörungen und den vielen Toten; aber er kam hartnäckig auf sein Thema zurück. Ich habe mich überhaupt gewundert, wie viele Schweizer damals mit dem Gedanken an kriegerische Verwicklungen spielten. Dabei kam immer wieder der Stolz auf die Schweizer Armee und die Schweizer Wehrverfassung zum Ausdruck. Der Stolz auch darauf, daß Hitler es nicht gewagt habe, die wehrhafte Schweiz anzugreifen, und auf das Réduit, das man als uneinnehmbare Festung in der Nähe des Montblanc-Massivs gebaut hatte. Ich schwieg zu all diesen Gesprächen, ich schwieg auch, als ein Nationalrat mir triumphierend sagte, daß er gerade ein Manöver mitgemacht habe und daß man jetzt in der Schweiz mit Minenwerfern auch indirekt schösse. Ich hätte ihm leicht antworten können, daß ich dies schon im ersten Weltkrieg getan hatte.

Den Präsidenten des Welternährungsrates, um dessentwillen ich von Locarno nach Zürich gereist war, konnte ich nur auf die Weise sprechen, daß ich mit ihm im D-Zug von Zürich nach Bern fuhr, so überlastet war er durch seine vielen Konferenzen. Ich trug ihm alle Bedenken um die deutsche Ernährung vor, die wir in unserer Denkschrift zur Moskauer Konferenz niedergelegt hatten. Er schüttelte sorgenvoll den Kopf; er teilte unsere Befürchtungen. Damals bestand in der ganzen Welt die Furcht, daß es nicht möglich sein könnte, die Bevölkerung der Erde zu ernähren. Eine internationale Konferenz nach der anderen beschäftigte sich mit diesem Thema. Besonders bedrohlich erschien uns Deutschen die Frage: Was wird aus unserer Ernährung, wenn einmal große Streiks die Verschiffungen aus Amerika verhindern? Daß man für solche Fälle Lebensmitteldepots im großen Stile anlegen könne, kam niemandem von uns in den Sinn, auch dem Präsidenten des Welternährungsrates nicht und ebensowenig seinen internationalen Mitarbeitern. Den einzigen Ausweg sah er bei unserem Gespräch darin, daß man unbebaute Flächen in Frankreich mit Hilfe fremder Arbeiter kultivieren und, soweit möglich, auch die Landwirtschaft in Nordafrika fördern solle. Dies aber, so meinte er, sei aus politischen Gründen noch für lange Zeit nicht durchführbar. Als er mich entließ, sagte er zu mir: »Ich kann Ihnen leider keinen Trost mitgeben.«

Die letzten Tage meines Schweizer Aufenthaltes verbrachte ich im Hause von Martin Hürlimann. Ich glaube, ich habe sowohl ihm wie Frau Bettina mit meinen ständigen Fragen sehr zugesetzt. Ich war nun einmal außerhalb des deutschen Ghettos und wollte so viel wie möglich davon profitieren. Hürlimann erzählte von seinen Reisen in Frankreich und England, und hier wiederholte sich, was sich schon bei den Gesprächen mit Ursula Schneider über Amerika ergeben hatte: ich hörte Urteile und

Berichte, die unabhängig waren und nicht gefärbt, wie das viele Nachrichtenmaterial, das wir von den Besatzungsstellen erhielten, und nicht einseitig parteiisch wie fast alle ausländischen Zeitungen.
Ich verließ die Schweiz mit großer Dankbarkeit im Herzen. Hier hatte sich zum ersten Male für mich eine Tür aus dem Ghetto aufgetan. Ich erkannte nun die Enge der deutschen Verhältnisse, ich war im Begriff, wieder ein Weltbürger zu werden.

Von Lörrach, wo ich wieder die Grenze passierte, fuhr ich zu Freunden nach Badenweiler. Dort fand sich nach wenigen Tagen Athanas Bobeff ein. Er war ein großer Jäger – seine Jagdflinten, von denen zwei sehr kostbar waren, hatte er vor den Engländern versteckt –; aber er jagte auch mit seinem Auto. Ich habe manchen Hasen verspeist, den er auf diese Weise zur Strecke gebracht hat. Diesmal brachte er ein Rebhuhn mit, das er in der nebeligen Morgenfrühe aus einem aufflatternden Schwarm herausgeschnappt hatte. Gleich nach seiner Ankunft rupfte er es, nahm es aus und briet es mit etwas Paprika in der Pfanne für Frau Malwine, unsere Gastgeberin – zum großen Erstaunen meines kleinen Patensohnes, der ihn sehr liebte und ihn Onkel Beboff nannte.
Wir hatten beide, Bobeff und ich, nur Durchreisegenehmigungen für die französische Zone; aber wir kehrten uns nicht daran, weil wir uns die Gelegenheit nicht entgehen lassen wollten, in diesem verbotenen Land ein wenig zu räubern und so viele Eindrücke wie möglich zu sammeln. Wir sahen zu, wenn morgens die kleinen französischen Schüler und Schülerinnen in uniformer Kleidung vor der Schule der Hissung der französischen Flagge beiwohnten, stramm standen und die Marseillaise sangen, sehr zum Vergnügen der Deutschen, denen man etwas Ähnliches als eine nationalistische Regung angekreidet hätte. Wir interviewten einen Landtagsabgeordneten von Südbaden, der uns manches über diktatorische Eingriffe der Besatzungsmacht, auch gegenüber dem »souveränen« Freiburger Parlament, berichtete, aber abschließend bat, wir möchten nichts darüber schreiben. »Sie wissen – die Sûreté.«
Wir fuhren auch nach Freiburg und besuchten Professor Ritter, den Historiographen des 20. Juli. Das erste, was er uns zur Begrüßung sagte, war: »Ist das Ihr Auto, das da draußen steht? Bitte, fahren Sie es ein Stück von meiner Wohnung fort; ich werde bestimmt von der Sûreté beobachtet und möchte nicht, daß man ein Hamburger Auto vor meiner Wohnung sieht.«
Wir baten ihn, er möge uns Exemplare der neuen Schulbücher für deutsche Schüler in der französischen Zone geben, da wir daraus Auszüge in unserer Zeitung veröffentlichen wollten. Er hatte viele Bedenken. Die

Sûreté! Wir mußten ihm versprechen, daß es nicht herauskommen könne, woher wir die Bücher hätten. Es war erschreckend, zu sehen, daß ein so bedeutender Mann von so untadeliger Gesinnung, die er im Dritten Reich bewiesen hatte, sich gezwungen sah, einen Schutz gegen die Sûreté aufzubauen.

Es dauerte nicht lange, da hatten auch Bobeff und ich das Gefühl, überall im Markgräfler Land und in Freiburg um des Nummernschildes unseres Autos willen beobachtet zu werden. Wir zogen es also vor, diese unfreundliche Gegend zu verlassen. An der Grenze zwischen der französischen und der amerikanischen Zone wurden wir von der französischen Wache angehalten. Wir zeigten unsere Ausweise vor, jeder sein Laissez Passer, ich meinen Personalausweis und Bobeff seinen alten Diplomatenpaß. Der französische Sergeant überschlug sich vor Aufregung; er lief zu dem leitenden Offizier und rief: »Mon Capitaine, mon capitaine, ein faschistischer Paß, dieser Mann muß verhaftet werden.«

Der französische Hauptmann sah sich den Paß meines Freundes an, trat auf ihn zu, salutierte, machte eine korrekte Verbeugung und sagte: »Ich freue mich, in Ihnen einen Alliierten unserer Nation begrüßen zu können. Sie hätten es nicht nötig gehabt, ein Laissez Passer zu beantragen. Ihr Königlich Bulgarischer Paß genügt uns.«

Das war eine wundervolle Illustration zur politischen Situation in Frankreich. Der Sergeant gehörte offenbar zur Linken, vielleicht war er ein Kommunist, der Hauptmann dürfte ein Anhänger von de Gaulle gewesen sein.

Die große Familie der »Zeit«

Als ich wieder in Hamburg in meiner Redaktion war, hatte ich das Gefühl, zu meiner Familie zurückgekehrt zu sein. Und in der Tat war es damals auch so, wir bildeten wirklich so etwas wie eine große Familie, in der ich der pater familias war. Wie allen Familienvätern lagen mir natürlich die Jüngsten am meisten am Herzen. Es war sehr schön, gerade damals mit jungen Menschen umzugehen; sie waren nach den schrecklichen Jahren der Naziherrschaft und des Krieges besonders frisch und aufgeschlossen. Von diesen jungen Menschen möchte ich hier erzählen.
Der erste, der zu uns kam, war Bernd Weinstein. Mein Freund Deusch hatte mir aus Diez an der Lahn geschrieben, es sei dort ein junger, sehr begabter Mann, der gern Journalist werden würde und aus bestimmten Gründen es vorzöge, die französische Zone zu verlassen. Ob ich ihn brauchen könne? Ich sagte ja, und so kam er.
Er war sehr frisch, mit offenen, klugen Augen, schlank und schrecklich zerschossen. Im Kriege war er zuletzt Oberleutnant gewesen. Die Franzosen hatten ihn aus Gründen, die er selber nicht genau wußte, zum Chefredakteur ihrer Besatzungszeitung gemacht – er war nie vorher Journalist gewesen. Er aber wollte das nicht schreiben, was man von ihm verlangte, da es gegen seine Überzeugung ging, und so legte er den Posten nieder. Natürlich war er nun unbeliebt, und er fürchtete Repressalien. Ich unterhielt mich mit ihm und hatte einen guten Eindruck. Er hatte einen klaren Verstand und eine sehr gerade Art, sich auszudrücken. Nach mir sprachen auch Samhaber und Topf mit ihm; beide meinten, man solle es mit ihm versuchen. Nach seinen Wünschen gefragt, sagte er, er wolle, wenn irgend möglich, Wirtschaftsjournalist werden. Ich machte nun mit ihm einen Vertrag. Wir bezahlten ihm sein Studium an der Hamburger Universität; darüber hinaus erhielt er so viel, daß er wie ein Student leben konnte. In seiner freien Zeit sollte er bei uns in der Redaktion arbeiten,

was zunächst natürlich lernen hieß. Bei diesem Vertrag gab es nur eine Bedingung: er sollte sein Studium bis zum Examen beenden. Er entwickelte sich unter der Leitung von Topf und Samhaber erstaunlich schnell zu einem brauchbaren Mitarbeiter. Nachdem er sein Examen bestanden hatte, übernahm er verhältnismäßig selbständig die Redaktion einer Beilage der »Zeit«, die damals unter dem Titel »Informationen für die Wirtschaft« erschien und die deutsche und ausländische Wirtschaftsmeldungen in kurzgefaßter Form enthielt, Miszellen, die über Gründungen, Entwicklungen, Zusammenlegungen, neue Produktionsstätten und dergleichen berichteten. Heute ist er Leiter der volkswirtschaftlichen Abteilung der Dresdner Bank in Hamburg.

Der nächste Volontär, der zu uns kam, war Claus Jacobi, groß, auch schlank – schlank waren wir damals alle – und ungewöhnlich gut erzogen, kaum zwanzig Jahre alt. Er war schon eine kurze Zeit in der Redaktion der »Welt« tätig gewesen und kam zu uns, weil er hoffte, bei der »Zeit« mehr lernen zu können. Ich versuchte mit ihm den gleichen Vertrag zu machen wie mit Weinstein und sagte ihm, neben seiner Tätigkeit in der Redaktion müsse er zunächst studieren. Er antwortete: »Das kann ich nicht, ich habe kein Abitur.«

»Auf welcher Stufe sind Sie denn von der Schule abgegangen?«

»Mit dem Kriegsabitur, aber damit werde ich heute zum Studium nicht zugelassen.«

»Da müssen Sie eben auf eine Abendschule gehen oder auf eine Presse. Das dauert zwar etwas länger, aber wir werden Sie diese Zeit über schon durchbringen.«

»Ich kann es nicht, Herr Tüngel, wirklich nicht.«

Etwas verärgert fragte ich: »Warum nicht?«

»Ich muß meine Mutter und meine Großmutter unterhalten und auch meinem Bruder helfen, der Mathematik studiert.«

Nun, das war natürlich etwas anderes. Wir machten also mit ihm gleich einen Vertrag, wie er einem jungen Redakteur angemessen war, und ich steckte ihn in die Abteilung, die später »die Kinderstube« hieß, zu Athanas Bobeff, der das gesamte Nachrichtenwesen der »Zeit« leitete. Das war wirklich eine ausgezeichnete Schule, und Claus Jacobi hat sie glänzend bestanden.

Bobeff hatte jene Leidenschaft für Politik, die man auf dem Balkan häufig trifft, und zugleich auch jenes ausgezeichnete Fingerspitzengefühl, das vielen Diplomaten und Politikern jener Länder eigen ist. Es war ihm zu danken, daß wir in der »Zeit« eine besondere Spezialität entwickelten, nämlich eine wirklich kenntnisreiche Berichterstattung über den Südosten Europas. Es war ein großer Verlust für uns, daß er 1949 Deutschland

verließ und nach Australien ging. »Ein Bulgare kann nicht leben, wenn er nicht Besitz hat, und zu Besitz werde ich es in diesem Lande niemals bringen.«
Aber bevor er ging, brachte er uns einen Nachfolger, der den gleichen politischen Instinkt besaß wie er, aber ihn in einem übertraf, in seinem rechtsphilosophischen Denken: Walter Petwaidic von Fredericia. Den Adel hatte Kaiser Franz Joseph seinem Großvater verliehen, weil er im Kriege von 1864 die dänische Festung Fredericia erstürmt hatte.
»Das kann nicht jeder von seinem Großvater sagen«, meinte mein Freund Ahlers-Hestermann, als ich ihm dies erzählte, und Pet, wie wir ihn alle nannten, wußte dazu zu bemerken: »Es hat damals wirklich nicht mehr als elf Verwundete gegeben.«
»Ihr Fredericia«, sagte mir einmal Carl J. Burckhardt, »ist einer der wenigen Menschen unserer Zeit, die noch original denken können.«
Und diese Eigenschaft hat unserer Zeitung viel von ihrem damaligen Glanz gegeben. Aber die »Kinderstube« hat er nicht mehr übernommen, die war schon aufgelöst. Und nun zurück zu diesen, unseren Kindern.
Als nächster Volontär – diesmal weiblichen Geschlechtes – erschien bei uns Christa von Tippelskirch. Berndorff taufte sie sogleich den d'Artagnan – nach dem streitbaren jungen Gascogner aus den »Drei Musketieren« von Dumas. Das paßte ohne weiteres auf sie, ihre Erscheinung, ihren Freimut und die Sauberkeit ihrer Gesinnung, aber daneben gab es noch einen besonderen Grund: Christa hatte sich am Ende des Krieges in der Tat eine hervorragende Gascognade geleistet.
Sie sprach nicht gern darüber, und ich habe alles nur in Andeutungen von ihr erfahren. Im letzten Kriegsjahr war sie als Wehrmachtshelferin zur Panzerwaffe eingezogen. Sie mußte dort lernen, ein Gerät zu bedienen, das irgendeine besondere Art von Nebelscheinwerfer war. In den Ardennen wurde sie auch bei einem versuchten Panzerdurchbruch eingesetzt. Bei dem Rückzug auf die Elbe kam ihr eine tollkühne Idee. Sie wollte versuchen, mit einigen Panzerautos und Pkws einen schnellen Vorstoß nach Berlin zu machen, um die Gefangenen des 20. Juli und andere Widerstandskämpfer aus Moabit und aus der Prinz-Albrecht-Straße zu befreien. An welchen Umständen und an welchem menschlichen Versagen dieses Unternehmen scheiterte, hat Christa mir nie erzählt. Jedenfalls endete es damit, daß sie mitten im Tiergarten auf der Charlottenburger Chaussee in der Nähe der Flaktürme stand, und zwar mit einer Motorpanne ihres Pkws. Ein Lastwagenfahrer, der mit rasendem Tempo vom Brandenburger Tor herkam, hielt, sprang ab, und es gelang ihm, den Schaden zu beheben. Er sagte: »Und nu hau ab, Kamerad.«
Christa fragte: »Warum schießt denn die Flak von den Türmen so stark,

es sind doch gar keine Flieger zu sehen?«
»Dussel, wat heeßt hier Flak? Dat sinn russische Einschläge.«
Auf der Reichsstraße 5 kam Christa noch bis in die Gegend von Lauenburg. Dort wurde sie von den Engländern gefangengenommen. Da sie eine gewöhnliche Panzersoldaten-Uniform trug, registrierte man sie als den Soldaten Tippelskirch. Bei einer Gesundheitsparade kam nach einiger Zeit heraus, daß sie keineswegs ein Soldat, sondern eine Soldatin Tippelskirch war. Der englische Offizier schrie sie fürchterlich an, nahm wütend ihre genauen Personalien auf. Aber seine Haltung änderte sich sehr schnell, als er routinegemäß nach dem Namen der Mutter fragte. Christa nannte ihn; es war ein englischer Adelsname. Der Captain sprang fassungslos auf: »Dann sind Sie eine Nichte unseres früheren Botschafters in Brüssel?«
»Ja.«
»My goodness, warum haben Sie das nicht längst gesagt, dann hätten wir Sie sofort entlassen.«
Christa kam nach Hamburg; sie hatte ein ungeheiztes Zimmer, in dem die Fenster teilweise mit Pappe vernagelt waren. Sie fror entsetzlich. Sie meldete sich als Volontär bei einer Hamburger Tageszeitung. Dort war es auch nicht wärmer, und sie war sehr unglücklich. Claus Jacobi hatte sie inzwischen kennengelernt, Gräfin Dönhoff kannte sie seit langer Zeit, und beide bestimmten mich, sie in die Redaktion der »Zeit« aufzunehmen. Auch sie kam zu Bobeff in die »Kinderstube«. Dort fror sie weiter. Im schönen warmen Sommer 1947 fuhr sie gleichzeitig mit mir in die Schweiz. Hier blieb sie eine Zeitlang bei einem amerikanischen Nachrichtendienst; dann wanderte sie nach Amerika aus. Das war sehr schade, denn nun langsam kamen die Zentralheizungen in Hamburg wieder in Ordnung, und sie hätte – zu unser aller Freude – getrost bleiben können.
Der vierte Volontär, den wir damals hatten, kam auf eine sehr amüsante Weise zu uns. Eines Abends sagte Müller-Marein zu mir – wir wohnten damals beide auf dem gleichen Korridor des Pressehauses –: »Bitte lesen Sie doch einmal diese Erzählung, die heute gekommen ist.«
Mir schien der Fall ganz klar: »Diese Novelle ist zugleich routiniert und seltsam ungeschickt geschrieben. Ich glaube, sie ist von irgendeinem Nazischriftsteller, der Schreibverbot hat und unsicher geworden ist.«
»Das kann gut sein«, meinte Müller-Marein, »der Absender hat nur eine postlagernde Adresse angegeben. Er heißt Paul Hühnerfeld.«
Müller-Marein schrieb ihm nun, er möge eine andere Erzählung einschicken. Mit dieser neuen Arbeit kam er bei mir an; die hatte die gleichen Vorzüge und Nachteile wie die erste.
»Ich würde«, sagte ich, »Ihnen raten, von diesem Herrn Hühnerfeld oder

wie er in Wirklichkeit heißen mag, einmal die genauen Personalien anzufordern.« Wir seien immer noch unter englischer Aufsicht und daher gezwungen, uns genau zu vergewissern, wer in unserer Zeitung schriebe. Die Antwort kam prompt. Er heiße Paul Hühnerfeld, erklärte der Schreiber, er sei Student der Medizin und der Philosophie an der Universität Münster und habe gerade sein Physikum gemacht. Sein Vater sei Professor für Psychiatrie an der gleichen Universität.
»Jetzt ist es mir zu dumm«, sagte ich, »schicken Sie ihm das Reisegeld und lassen Sie ihn kommen.«
Und es kam: Paul Hühnerfeld aus Münster. Seine Angaben stimmten alle, er war keineswegs ein Nazischriftsteller, überhaupt kein Nazi, sondern einer jener Jungen, die man im letzten Kriegsjahr noch schnell an die Front geschickt hatte und die dabei verwundet und gefangengenommen worden waren. Ich fragte ihn, warum er denn zugleich Medizin und Philosophie studiere. Er antwortete: »Mein Vater möchte, daß ich Medizin studiere, damit ich später einmal seine psychiatrische Klinik übernehmen kann. Ich habe zugestimmt unter der Bedingung, daß ich nebenbei Philosophie studieren darf.«
»Und würden Sie nicht das Medizinstudium aufgeben, sich nur der Philosophie widmen und vielleicht später Journalist werden, wenn wir Ihnen Ihr Studium bezahlen und Sie gleichzeitig ausbilden?«
Er war sehr glücklich über diese Aussicht. Kurze Zeit darauf saß ich dem Professor Dr. med. Hühnerfeld aus Münster gegenüber. Ich hatte ihm einen Lieblingstraum zerschlagen. Er fragte mich, ob ich seinen Sohn wirklich literarisch für so begabt hielte, daß er das Brotstudium der Medizin aufgeben könne. Ich bejahte dies, und Vater Hühnerfeld gab mir den Sohn in meine Obhut. Auch mit ihm machte ich den Vertrag, daß er sein Philosophiestudium an der Hamburger Universität zu Ende führen müsse. Ich sagte ihm ausdrücklich: »Selbstverständlich steht es Ihnen frei, Ihr Studium abzubrechen und Ihren Doktor nicht zu machen. Aber in dem Augenblick, wo Sie mir dies erklären, sind Sie fristlos entlassen.«
Er hatte noch ein Jahr bis zu seinem abschließenden Examen, da kam Müller-Marein zu mir und sagte, Hühnerfeld zöge es doch vor, das Studium abzubrechen, er glaube genug gelernt zu haben.
»Gut«, sagte ich, »er ist fristlos entlassen.«
Hühnerfeld blieb, machte sein Examen summa cum laude, und der Dekan der Philosophischen Fakultät ließ mich fragen, ob es mir nicht möglich wäre, auf den jungen Doktor einzuwirken, daß er die akademische Karriere ergreife. Er sei der geborene Universitätsdozent.
Hühnerfeld jedoch blieb bei uns. Er entwickelte sich zu einem hervorragenden Journalisten, er hatte gute Lehrer bei uns: Müller-Marein, der

ihm exakt das Handwerk beibrachte, und Walter Abendroth, der unserem Feuilleton den Stil und die Höhe des Niveaus gegeben hat. Abendroth war ein glänzender Schriftsteller, ein Essayist, wie es heute nur noch wenige gibt, aber darüber hinaus ist er ein schöpferischer Mensch von hohen Graden, ein Komponist, dessen Symphonien, Quartette und Sonaten von allen den Musikern geschätzt sind, die über das Plakatierte und Alltägliche hinaussehen.

Ich glaube, hiermit habe ich die Frage beantwortet, die so häufig an mich gestellt wird, wie man eigentlich ein guter Journalist wird. Gerade in unserem Berufe ist es so, daß das Verhältnis von Meister und Schüler eine besondere Bedeutung hat. Wenn ein junger Mann Begabung und Fingerspitzengefühl hat, dann findet er auch gewöhnlich einen Älteren, der sich seiner annimmt und ihn in das Handwerk einweist, und nicht nur in das Handwerk, sondern auch in die Gesinnung, die notwendig ist, damit er es richtig ausübt.

Interrogation camps und Auslieferungslager

Die Beschäftigung mit unseren jungen Redakteuren war ein Lichtblick in unserer Arbeit, ein wirkliches Ausruhen und eine Erholung. Denn gelassen die Welt betrachten und von einem hohen Standpunkt aus leidenschaftslos über Politik urteilen konnten wir damals ganz und gar nicht. Nach einem so bitteren Kriege, angesichts all des Entsetzens, das sich in den Nachkriegs-Prozessen über die deutschen Konzentrationslager und die Gaskammern in Auschwitz offenbart hatte, durfte man nicht erwarten, daß die Besatzungsmächte sehr säuberlich mit dem deutschen Volke verfahren würden. Andererseits aber mußten wir uns dagegen wehren, daß man uns eine Kollektivschuld aufbürdete; wir mußten darauf bestehen, daß das Recht ebenso unteilbar ist wie der Friede. Wir mußten um uns schlagen, schon deswegen, um den Landesregierungen und den Abgeordneten im Zwei-Zonen-Parlament von Frankfurt den Rücken zu stärken. Unsere Angriffe gegen die Besatzungsmächte waren nicht leichtfertig und auch nicht überheblich, wie manche es gern darstellen wollten. Wir waren davon überzeugt, daß wir dazu da seien, Menschen zu helfen, die Unrecht litten und niemanden hatten, der für sie eintrat. Ich dachte damals oft an einen alten Familienfreund, den Rechtsanwalt Dr. Guido Möring, einen Mann von echter konservativer Gesinnung, der sich im Jahre 1933 in Hamburg exponierte, weil er Sozialdemokraten, die von den Nazis verfolgt wurden, vor den Gerichten vertrat. Ich fragte ihn: »Aber Dr. Möring, dies sind doch Leute, gegen die Sie politisch immer gestritten haben. Warum setzen Sie sich jetzt für sie ein?«
»Das verstehst du nicht. Wenn ich es nicht tue, wer soll es sonst tun?«
In den Tagen nach meiner Schweizer Reise kam zu uns ein ehemaliger Botschaftsrat. Er war, als Mitglied des Auswärtigen Amtes, von den Engländern interniert worden, und zwar in einem Lager in Holstein. Was er erzählte, erregte uns. Er selber war nicht mißhandelt oder gefoltert

worden, aber er hatte einen Häftling gesehen, der das Rückgrat entlang beiderseits Narben hatte von Wunden, die entstanden waren, weil man brennende Zigaretten in seine Haut gedrückt hatte. Andere Mitglieder der Lagerleitung hatten offenbar den großartigen Film »Bengali« gesehen, in dem dargestellt wird, wie Offiziere eines angloindischen Reiterregiments von aufständischen Pathans in der Weise gefoltert wurden, daß man ihnen Streichholzköpfe unter die Fingernägel steckte und sie dann anzündete. Jedenfalls hatte man auf diese Weise versucht, von Internierten Aussagen zu erpressen. Dies war für uns der Anlaß, uns um diese interrogation camps, deren es mehrere in der britischen Zone gab, intensiv zu kümmern.

Sehr nützlich für uns bei diesem Feldzug war Marion Gräfin Dönhoff. Sie war im Februar 1946 bei der Gründung der »Zeit« zu uns gekommen, eigentlich aus Versehen, denn sie wollte zur »Welt«, bei der sie hoffte eine Volontärstelle zu bekommen. Ich sagte ihr gleich, daß dies ein vergebliches Unternehmen sei, da die Engländer, wie ich aus Erfahrung wisse, »Junker« nicht anstellten. Sie versuchte es trotzdem und hatte genau den Erfolg, den ich ihr vorhergesagt hatte. Inzwischen hatte sich Samhaber mit ihr unterhalten und war bereit, sie bei uns probeweise einzustellen. Er nahm sie ebenso wie gleichzeitig Weinstein unter seinen persönlichen Schutz und brachte ihr die Anfangsgründe für das Handwerk eines Journalisten bei. Nach seinem erzwungenen Ausscheiden übernahm ich diese Aufgabe. Schon bei den Vorarbeiten für die Moskauer Konferenz war sie intensiv beteiligt gewesen; jetzt konnte ich ihr getrost zu einem beträchtlichen Teil die diffizile Behandlung des Komplexes, der die interrogation camps betraf, übergeben.

Damals war etwas geschehen, was für uns von großer und sehr günstiger Bedeutung war: Mr. Hynd, der bevollmächtigte Minister für die britische Besatzungszone, war durch ein anderes Mitglied der Labour Party, Lord Pakenham, abgelöst worden. Hynd hatte niemals an das Wohl aller Einwohner der britischen Zone gedacht, sondern nur an das der Sozialdemokratischen Partei und der Gewerkschaften. Anders als Außenminister Bevin, hatte Hynd eine Vorliebe für die deutschen Sozialisten. Bevin konnte seine Erfahrungen aus den Jahren vor 1933 nie vergessen, das Erlebnis jener internationalen Gewerkschaftskongresse, auf denen nur eine schmale britische Delegation auftrat, aber eine Reihe von wohlgenährten Bäuchen mit goldenen Uhrketten über der Weste, die stärkste anwesende Delegation, die der deutschen Gewerkschaften, die, wenn es um die Entscheidung ging, mit dem Satz den Ausschlag gab: Wir haben die meisten Erfahrungen, und so wird es gemacht. Über diese Erinnerung fand Bevin nie hinaus, er mißtraute den deutschen Sozialdemokraten. Hynd hingegen

betrachtete das britische Besatzungsgebiet als einen wunderbaren Exerzierplatz, auf dem man alle sozialistischen Experimente ausprobieren durfte, die man in England einstweilen noch nicht durchführen konnte. Es ist für die Entwicklung der deutschen Sozialdemokratie, die unter Kurt Schumacher allen Anspruch hatte, die regierende Partei Westdeutschlands zu werden, ein Unheil gewesen, daß sie sich zu sehr der Unterstützung von Mr. Hynd bedient und sich selber damit in jenen Jahren in ein Zwielicht gesetzt hat. Wie diese Situation war, will ich an einem einzigen Beispiel demonstrieren:
Kurz nachdem ich Chefredakteur geworden war, kam zu mir durch Vermittlung von Bernd Weinstein ein führendes Mitglied der Hamburger Gewerkschaften. Ich wünschte von der »Zeit« aus zu den Gewerkschaften ein möglichst fruchtbares und positives Verhältnis zu haben; das entsprach in jeder Weise den Verfassungskonzeptionen, die wir damals hatten. Im Laufe unseres Gespräches fragte ich meinen Besucher, ob er es nicht falsch fände, daß die Engländer zwar die Gründung der Gewerkschaften nicht nur zuließen, sondern auch begünstigten, aber andererseits eine Neugründung der Arbeitgeberverbände verböten.
Er antwortete: »Bilden Sie sich nur nichts ein! Wir haben heute die Macht, und wir lassen sie nicht wieder aus den Händen. Wir werden Arbeitgeberverbände nicht mehr zulassen.«
Das war das unerfreuliche Ende eines Gespräches, von dem ich gehofft hatte, daß es dazu führen könnte, eine sachliche Diskussion über den Aufbau eines neuen Staates in Deutschland zu eröffnen.
Lord Pakenham lagen so engstirnige Ansichten, wie Mr. Hynd sie hatte, völlig fern, und so hatten wir in ihm sehr bald einen guten Verbündeten. Schon unter dem Regime Hynds hatten wir versucht, in England Partner zu finden, die uns bei der Bekämpfung der Methoden in den interrogation camps helfen konnten.
Gräfin Dönhoff hatte gute Beziehungen zu dem Bischof von Chichester, der Liebesgaben sammelte für die Hinterbliebenen jener Männer und Frauen, die nach der Aktion des 20. Juli 1944 hingerichtet worden waren. Gräfin Dönhoff und ihre vorzügliche Sekretärin Inge Kühn leiteten die Verteilung der vielen ankommenden Pakete. Durch den Bischof von Chichester gelang es, eine Verbindung zu dem englischen Labour-Abgeordneten Stokes zu bekommen. Stokes war damals so etwas wie das Gewissen des englischen Unterhauses. Bereits zu Beginn einer Debatte, die im März 1947 über die Entlassung deutscher Kriegsgefangener im englischen Parlament stattfand, fragte er die Regierung, ob der Nürnberger Prozeß von der Voraussetzung ausgegangen sei, daß der Kontrollrat als gesetzliche Regierung Deutschlands anerkannt würde. Ihm antwortete der

Unterstaatssekretär McNeil, die Tatsache, daß der Kontrollrat die gesetzlich anerkannte Regierung Deutschlands sei, schließe nicht aus, daß England sich technisch mit dem deutschen Staat immer noch im Kriege befinde.

Stokes erwiderte: »Wir können nicht mit uns selber im Kriege sein.« Mit unanfechtbarer Logik entwickelte er diese rechtliche Frage weiter, um eine schnellere Heimsendung der deutschen Kriegsgefangenen und eine Verbesserung ihrer Lage zu erreichen. Er griff auch Winston Churchill an, weil der ehemalige Ministerpräsident in geheimen Zusätzen zum Jalta-Abkommen einer zukünftig zu leistenden »deutschen Sklavenarbeit« zugestimmt habe.

Gräfin Dönhoff besuchte Mr. Stokes. Dem Augenschein nach war er nicht sehr zuvorkommend. Was er hinter den Kulissen erreicht hat, um die Zustände in den Gefangenenlagern und in der britischen Besatzungszone zu ändern, ist uns nie bekannt geworden. Aber kurze Zeit darauf stellte er im britischen Unterhaus an den englischen Kriegsminister Bellinger eine Frage: Ist Ihnen bekannt, unter welchen Umständen deutsche Zivilgefangene in britischen Lagern in England leben? Ich habe neulich ein solches Lager inspiziert. Ich fand ein siebzehnjähriges Mädchen, das in einer ungeheizten Zelle nur mit einer dünnen Decke versehen auf dem Steinboden lag. Ich fragte den Leiter dieses Lagers, warum dieses Mädchen so grausam behandelt werde, und er erwiderte: Dieses Mädchen hat ein besonders schweres Verbrechen begangen. Was nun hatte sie getan?

Sie war in Königsberg zwangsweise die Geliebte eines sowjetischen Offiziers des MWD geworden. Er hatte sie nach Holstein geschickt, damit sie ihm von dort bestimmte Informationen senden solle. Dort irrte sie herum und ist von unserem Intelligence Service verhaftet worden unter der erwiesenen Beschuldigung, Spionage zu treiben.

Der Kriegsminister erhob sich und sagte: My most learned friend wird bemerken, daß mir dieses Lager nicht untersteht.

Es war ein Lager des Intelligence Service.

Die gesamte liberale Presse Großbritanniens nahm dieses parlamentarische Duell im Unterhaus auf und richtete scharfe Angriffe gegen die Regierung.

Was jedoch die Verhältnisse in den Lagern der Besatzungszone anging, so gelang es erst, sie zu verbessern, als Lord Pakenham regelmäßig die britische Zone inspizierte und durch Gouverneur Berry mit uns in Verbindung trat. Es war uns verhältnismäßig leicht, ihn dazu zu bewegen, das interrogation camp in Bad Nenndorf zu besuchen, wo er die ihm geschilderten Mängel sehr schnell feststellen konnte. Lord Pakenham fand eine ausgezeichnete Lösung: er hob das Lager einfach auf.

Nur wenige Zeit später war er wieder in Hamburg. Inzwischen hatte der Intelligence Service – obstinat und überheblich, wie solche Einrichtungen bei allen Völkern und zu allen Zeiten sind – ein neues interrogation camp eingerichtet. Wir waren darüber orientiert. Wir luden die Lagerpfarrer dieses camp zu uns ein und gleichzeitig auch Lord Pakenham und Mr. Berry. Die Pfarrer berichteten über die Zustände in dem neuen Lager, die sich gegenüber den früheren in nichts gebessert hatten. Lord Pakenham war so wütend, wie es wohl keiner seiner Bekannten von ihm erwartet hätte. Er fuhr mit Gouverneur Berry – der für diese Frage überhaupt nicht zuständig war – sofort in das neue Lager und löste es mit aller Schärfe und Erbitterung auf.

Und was ist damit geschehen, so wird heute mancher fragen? Es ist der Gerechtigkeit Genüge getan. Mag sein, daß einige Insassen dieser Lager sehr schuldig waren, aber man hatte ihnen die Möglichkeit, sich zu rechtfertigen, verweigert.

Es gab damals noch andere Lager, um die wir uns kümmern mußten; sie enthielten Menschen, die nach mehr oder minder kontrollierbaren Angaben Kriegsverbrechen begangen hatten und die infolgedessen an kommunistische Staaten, insbesondere Polen und Rußland, ausgeliefert werden sollten. Die Art, wie hier von britischen Besatzungsstellen die Untersuchung für die Auslieferung geführt wurde, war schlichtweg abscheulich.

Ich entsinne mich genau eines Falles, in dem Hamburger Rechtsanwälte einwandfrei nachgewiesen hatten, daß es sich um eine Namensverwechslung handele, daß der angebliche Kriegsverbrecher, den man sich von Belgien hatte ausliefern lassen, weder zeitlich noch örtlich mit den ihm zugeschriebenen Verbrechen etwas hätte zu tun haben können; er wurde dennoch den Polen ausgeliefert. Allerdings war die polnische Rechtsfindung der britischen überlegen. Eine Reihe dieser ausgelieferten »Kriegsverbrecher« wurde von den Polen auf sehr höfliche Weise zurückgeschickt.

Auch hier haben wir von der »Zeit« unsere Stimme so laut erhoben, wie das damals möglich war. Es gab eine Frau, die sich dieser Unglücklichen leidenschaftlich annahm, die keine Gerichtsverhandlung versäumte, in der man über das Schicksal der angeblichen oder wirklichen Kriegsverbrecher vor Besatzungsgerichten entschied, das war Gräfin Bismarck, die Gattin des früheren Regierungspräsidenten von Potsdam. Weil er unter den Nazis ein Amt gehabt hatte, ohne jemals der Gesinnung nach ein Nazi gewesen zu sein, war diesem vorzüglichen Verwaltungsfachmann, den man in jener Zeit so gut hätte brauchen können, von den Engländern jede staatliche Betätigung verboten. Um so leidenschaftlicher setzte sich seine Frau, eine geborene Gräfin Hoyos, für diejenigen ein, die wie ihr Mann unter einem törichten Kollektivurteil zu leiden hatten. Der britische Intelligence Service sah ihre Tätigkeit mit äußerstem Mißfallen.

Eines Tages erhielt ich einen Anruf: »Hier ist Lagerpfarrer Müller. Wir Pfarrer danken Ihnen sehr, daß Sie sich so energisch für das Schicksal derer einsetzen, die die Engländer an die Ostmächte ausliefern wollen. Sie haben Ihre Informationen natürlich von Gräfin Bismarck.«

»Ich kenne keine Gräfin Bismarck. Meines Wissens gibt es nur eine Fürstin, und die kenne ich auch nicht.«

»Ach, Herr Tüngel, zu mir können Sie doch ganz offen sein, natürlich haben Sie Ihre Informationen von Gräfin Bismarck.«

»Ich habe Ihnen schon gesagt, daß ich keine Gräfin Bismarck kenne.«

»Nun, Herr Tüngel, wenn Sie Schwierigkeiten haben, dann berufen Sie sich auf mich. Ich sage Ihnen noch einmal meinen Namen: Pfarrer Müller. Ich werde den Engländern gern erklären, daß alle Informationen von mir stammen.«

Natürlich gab es diesen Pfarrer Müller nicht; die Namen der Lagerpfarrer waren uns sehr gut bekannt. Es war ein deutscher Mitarbeiter des Intelligence Service, der uns angerufen hatte, weil man die Gräfin Bismarck seit langem als lästig empfand und einen Vorwand finden wollte, sie zu verhaften.

Auch diese Auslieferungslager wurden auf Veranlassung von Lord Pakenham aufgehoben.

Die Amerikaner beginnen neue Prozesse in Nürnberg

Es blieb uns nicht erspart, auch mit der amerikanischen Besatzungsmacht in gleicher Weise scharf zu fechten. Vermutlich wird man es heute nicht mehr so leicht verstehen, in welchem Zwiespalt wir dabei waren.
Die »Freundeshilfe« aus den Vereinigten Staaten war überwältigend. Der Marshall-Plan, die wirtschaftliche Konsolidierung Europas, fing an Gestalt anzunehmen, und darüber hinaus: Mit dem amerikanischen Konsul in Hamburg verbanden uns freundschaftliche Beziehungen. Er war ein sehr musischer Mensch, und wir trafen uns nicht nur in seiner Wohnung bei Einladungen des Konsulats, sondern vor allem in der Oper, in der er ein ständiger Gast war. Es hatten sich überhaupt in der damaligen Zeit sehr herzliche Verbindungen zwischen unserer Redaktion und den in Hamburg akkreditierten Konsuln entwickelt:
So vor allem mit dem französischen Vertreter, Monsieur Gaillard, der mit seiner charmanten Gattin, einer Jugoslawin, ein sehr gastliches Haus führte, sowie mit dem Vertreter der französischen Armee beim englischen Gouverneur M. Dunoyer de Segonzac, einem Neffen des berühmten Malers, ferner mit dem italienischen Konsul Relli, einem Politiker von großem Fingerspitzengefühl, der lange Zeit Botschaftsrat in Moskau gewesen war, mit den schwedischen, norwegischen, dänischen und griechischen Konsuln. Ein solches Entgegenkommen von Vertretern ehemals feindlicher Nationen war natürlich für uns sehr verpflichtend.
Dennoch konnte eine deutsche Zeitung nicht darauf verzichten, eine Besatzungsmacht anzugreifen, wenn es zutage lag, daß ihre Militärbehörden Unrecht begingen: Eben deshalb konnten wir auch die Amerikaner nicht schonen.
In Nürnberg war der große Nürnberger Prozeß zu Ende gegangen, die Verurteilten waren teils gehängt, teils in das Gefängnis von Berlin-Span-

dau übergeführt worden. Aber danach entwickelten sich – immer noch in Nürnberg – eine Reihe weiterer Prozesse, die wir leider mit einem erheblichen Recht als Schauprozesse bezeichnen mußten, Prozesse, in denen Vertreter bestimmter Kategorien, der Generalität etwa, der Industrie, des Auswärtigen Amtes, der Wirtschaft, gewissermaßen stellvertretend für ihren ganzen Stand angeklagt wurden.

Es war für uns schwer, die völkerrechtliche Grundlage dieser Prozesse zu erkunden; in Nürnberg wurde vieles hinter einem Schleier verborgen, und deutsche Journalisten waren bei den Verhandlungen nicht beliebt.

Für uns war eines einwandfrei klar, daß es sich hier nämlich um rein amerikanische Gerichtsbarkeit handelte. Die Vertreter der Vereinigten Staaten haben dies immer erbittert geleugnet. Hätten sie es nämlich zugegeben, so wäre es möglich gewesen, aus der haßerfüllten Nürnberger Atmosphäre heraus im Revisionsverfahren an das Oberste Amerikanische Bundesgericht zu appellieren. Dies zu verhindern, war das eigentliche Motiv für die Fehlkonstruktion dieser amerikanischen Gerichtsbarkeit in Nürnberg, das geht eindeutig aus einem Urteil hervor, das das Oberste Bundesgericht der USA im Dezember 1948 gefällt hat.

Hier ging es darum, ob bei einem gleichgelagerten Verfahren – aber diesmal gegen zwei japanische Politiker – eine Revision zugelassen werden könne. Auch hier handelte es sich um »Kriegsverbrechen«, und das Urteil war bereits von General McArthur bestätigt – nicht anders als die Nürnberger Urteile durch General Clay. Dem Einspruch der Verurteilten wurde wider alles Erwarten vom Bundesgericht der USA stattgegeben. Den Ausschlag für dieses Urteil gab Bundesrichter Jackson, der in dem ersten Nürnberger Prozeß amerikanischer Hauptankläger gewesen war. Die Meinung im amerikanischen Bundesgericht, so erklärte er in einer Pressekonferenz, sei geteilt gewesen, sein Votum aber hätte den Ausschlag gegeben. Und dann fügte er dieser Bekanntgabe hinzu, frühere Einsprüche deutscher Kriegsverbrecher habe er unberücksichtigt gelassen, »um Verwirrung in den USA zu vermeiden, da er als amerikanischer Hauptankläger in den Prozessen gegen führende Nazis fungiert habe«. Dieser Meldung konnte ich nur hinzufügen:

»Hitler drückte sich so aus: Recht ist, was dem Volke nützt. Bei japanischen Verfahren ist eine Revision zulässig, bei deutschen nicht, weil dies wegen der Person des Bundesrichters Jackson ›Verwirrung‹ hervorrufen könnte. Dies ist entsetzlich. In Landsberg wird weiter gehängt. Wann wird man in den Weststaaten endlich einsehen, daß die Demokratie das Recht ist, nur das Recht, und nichts als das Recht?«

Die Diskussion in der »Zeit« entzündete sich an dem Prozeß gegen Alfried Krupp. Wie war es eigentlich zu diesem Prozeß gekommen? In

der vorbereitenden Verhandlung vom 14. November 1945 hatte der Verteidiger des Angeklagten Gustav Krupp von Bohlen und Halbach, Dr. Theodor Klefisch, sehr höflich darauf hingewiesen, daß Herr von Krupp nach seinem schweren Autounfall im Jahre 1943 nicht mehr in der Lage sei, den Sinn der gegen ihn gerichteten Anklage zu verstehen oder etwa der Gerichtsverhandlung zu folgen. Klefisch sagte nicht ohne juristischen Hohn:
»Es sind in den letzten Tagen und Wochen Stimmen laut geworden, daß die Weltöffentlichkeit es verlange, gegen den Angeklagten Krupp unter allen Umständen auch in Abwesenheit zu verhandeln, weil Krupp der Inhaber der größten deutschen Waffenschmiede und weil er einer der Hauptkriegsverbrecher sei. Soweit dieses Verlangen der Weltöffentlichkeit damit begründet wird, daß Krupp einer der Hauptkriegsverbrecher sei, ist zu erwidern, daß diese Beschuldigung vorerst nur eine These der Anklage ist, die erst im Verfahren zu beweisen ist. Ausschlaggebend ist aber meines Erachtens, daß es nicht darauf ankommt, ob die Weltöffentlichkeit oder, um einen aus der Nazi-Werkstatt hervorgegangenen Ausdruck zu gebrauchen, ›das gesunde Volksempfinden‹, oder politische Erwägungen eine Rolle spielen, sondern daß die Frage einzig und allein unter dem Gesichtspunkt entschieden werden muß, ob die Gerechtigkeit das Verfahren gegen den abwesenden Krupp erfordert.«
Der Verteidiger beendete sein Plädoyer damit, daß er darauf hinwies, die Verhandlung gegen einen Angeklagten, der verhandlungsunfähig sei und für den man infolgedessen eine ordnungsgemäße Verteidigung nicht führen könne, würde niemals eine gerechte und richtige Entscheidung garantieren.
Der amerikanische Ankläger Jackson trat Dr. Klefisch entgegen, und zwar nicht nur im Namen der Vereinigten Staaten, sondern auch im Namen der Sowjetunion und mit Zustimmung der französischen Abordnung.
»Wir vertreten drei Nationen dieser Erde; eine von ihnen wurde dreimal mit Kruppschen Waffen überfallen, eine andere hat im Verlauf des Krieges im Osten unter der Wucht des Krieges gelitten wie nie ein Volk zuvor, und eine von ihnen hat zweimal den Atlantik überquert, um, soweit es in ihren Kräften stand, Streitigkeiten zu beenden, die durch den deutschen Militarismus entfacht waren. Bei der Auslegung des Statuts in dieser Angelegenheit hat der Gerichtshof die Interessen der Gerechtigkeit wahrzunehmen, und er kann die Interessen der Anklagevertretung ebensowenig außer acht lassen wie die Interessen Krupps.«
Jackson behauptete, daß die Krupp-Unternehmungen seit mehr als 130 Jahren nur geblüht hätten, weil sie die deutsche Kriegsmaschine mit Kriegsmaterial versahen. Im Zeitraum zwischen den beiden Weltkriegen

sei der Angeklagte Krupp von Bohlen und Halbach der verantwortliche Direktor gewesen und in demselben Zeitraum habe er seinen ältesten Sohn Alfried in die Geschäftsführung in der Erwartung eingeweiht, daß er die Tradition weiterführen werde.

»Die Tätigkeit der Krupp-Werke war nicht auf die Ausführung von Regierungsaufträgen beschränkt. Die Krupp-Werke waren auch an der Aufhetzung zum Kriege aktiv beteiligt, sowie – durch Deutschlands Ausscheiden – an dem Schiffbruch der Abrüstungs-Konferenz und des Völkerbundes.

Es scheint darum, daß in einem Prozeß, in welchem wir den Grundsatz gerichtlich festzulegen suchen, daß die Anstiftung zum Angriffskrieg ein Verbrechen ist, wie dies bereits durch Verträge, Abkommen und internationalen Brauch festgelegt ist, es unglaublich wäre, wenn das Unternehmen, das ich eben umrissen habe, von unseren Erwägungen ausgeschlossen werden sollte.

Drei der anklagenden Mächte bitten um die Erlaubnis des Gerichtshofes, die Anklageschrift unverzüglich derart abzuändern, daß der Name Alfried Krupp von Bohlen und Halbach jedesmal in der Anklageschrift hinter dem Namen Gustav Krupp von Bohlen erscheine, und bitten ferner, daß der Gerichtshof die Anklageschrift sofort Alfried Krupp zustellen lassen möge. Wie berichtet wird, befindet er sich in Händen der britischen Armee am Rhein.«

Im weiteren Verlauf der Debatte gelang es dem sehr geschickten Vorsitzenden, Lord Justice Sir Geoffrey Lawrence, die Frage, ob gegen Gustav Krupp in absentia verhandelt werden solle, dadurch beiseite zu schieben, daß er feststellte, sowohl in England wie in Frankreich und den USA seien Verhandlungen in absentia gegen einen Mann, der offenbar verhandlungsunfähig ist, nach Landesrecht nicht zugelassen. Der Vertreter Sowjetrußlands protestierte nicht. Um so energischer bestand der französische Ankläger M. Dubost darauf, daß Alfried Krupp die Stelle des Angeklagten einnehmen solle.

»Es lag uns sehr viel daran, Herr Vorsitzender, daß ein zweiter Prozeß sofort nach Abschluß des ersten Prozesses eröffnet werde, bei dem die Frage der Großindustriellen gründlich untersucht werden sollte. Da dieser zweite Prozeß unmöglich ist, liegt uns sehr viel daran, daß ein Vertreter der Firma Krupp, der persönlich verantwortlich ist und gegen den Beschuldigungen erhoben werden, vor Gericht gestellt werde, um sich gegen die Anklagen zu verteidigen, die wir gegen die Firma Krupp und im allgemeinen auch gegen andere Großindustrielle vorbringen werden, die mit den Kruppschen Werken assoziiert waren.«

Der Gerichtshof hat diesem Antrage nicht entsprochen. Es blieb den amerikanischen Gerichtsbehörden vorbehalten, diesen Prozeß zusammen mit einer Reihe anderer nach Abschluß des großen IMT-Prozesses durchzuführen. Aus welchem Geiste dies geschehen würde, war schon aus den eben geschilderten Vorverhandlungen ersichtlich. Man wollte Sündenböcke haben, um ganze Gesellschaftsklassen stellvertretend zu diffamieren. Man scheute sich dabei von hoher richterlicher Stelle nicht, so unsinnige Behauptungen aufzustellen wie die des späteren Bundesrichters Jackson, daß die Firma Krupp den Austritt Deutschlands aus dem Völkerbund veranlaßt und den Abbruch der Abrüstungskonferenz verursacht habe. Man scheute sich auch nicht, über die Verwerflichkeit der Kruppschen Waffen zu sprechen, wenige Monate nachdem die ersten beiden Atombomben auf Japan gefallen waren.

Richard Tüngel contra Robert Kempner

Wir hatten bei diesen Gerichtsverhandlungen einen ausgezeichneten Mitarbeiter, Hans Georg von Studnitz, mit dem uns freundschaftliche Beziehungen verbanden. Er hat es damals nicht leicht gehabt. Neben seinen Artikeln schickte er uns auch Informationen, und ich arbeitete diese Informationen immer in seine Berichte ein, wodurch sie außerordentlich stachlig wurden. Infolgedessen hatte er in Nürnberg ständig Schwierigkeiten und eines Tages einen sehr bösen Zusammenstoß mit den amerikanischen Behörden. Man kannte seine Berichte, die er für »Christ und Welt« schrieb, und sagte ihm – katzenfreundlich –, selbstverständlich würden seine Artikel in der »Zeit« von dem Chefredakteur dieses Blattes bösartig umgeschrieben. Er erwiderte:
»Diese Artikel sind von mir, und sie sind genau in der Form veröffentlicht, wie ich sie geschrieben habe. Sie werden nicht verlangen, daß ein anständiger Journalist etwas anderes schreibt, als was er für richtig hält.«
Das war genau die richtige Antwort. Von nun ab ließ man ihn in Frieden. Er hatte uns damit einen großen Dienst erwiesen, wir waren, glaube ich – dank ihm –, die einzige Zeitung, die über die damaligen Nürnberger Prozesse ungehindert, frei und kritisch schreiben konnte.
Sehr lange hatten wir tatenlos diesen amerikanischen Prozessen in Nürnberg zugesehen, aus einem Gefühl der Achtung, die einem freien Lande gebührt, dessen Justiz wir für sauber und unanfechtbar hielten. Aber als im Krupp-Prozeß im Januar 1948 sechs deutsche Anwälte im Gerichtssaal verhaftet wurden, fühlten wir endlich die Verpflichtung, einzugreifen. Und wir taten dies so scharf wie möglich. Unter der Überschrift »Nürnberger Recht« schrieb ich damals gegen diese Besatzungs-Justiz. Der Artikel begann so:
»Wir haben zu vielem, was in Nürnberg unter Verantwortung der Anklagebehörde geschieht, bisher geschwiegen. Wir haben geschwiegen zu

dem, was sich in dem Zeugenflügel des Gerichts abspielt, wir haben geschwiegen zu den Drohungen und Einschüchterungen, denen Zeugen ausgesetzt sind und die unserer Gerichtsverfassung nicht entsprechen. Wir haben geschwiegen, als Zeugen uns berichteten, daß man sie veranlassen wollte, unrichtige Protokolle zu unterschreiben, die den Aussagen nicht glichen, für die man sie vereidigt hatte. Wir haben geschwiegen, obgleich wir wußten, daß unschuldige Zeugen monatelang in Haft gehalten worden sind – es war ein amerikanischer Richter, der dies im Generalprozeß festgestellt hat ...«

Dies klingt heute pathetisch, weil niemand mehr den Zorn nachempfinden kann, den wir im Herzen hatten. Wir kannten, um ein Beispiel unter vielen zu erwähnen, den Fall eines Hamburger Wirtschaftsführers, der als Zeuge vernommen werden sollte, in den übel berüchtigten Zeugenflügel des Nürnberger Gerichts gebracht wurde, dort mit einem Seesack erschien, in dem er die geringe Habe untergebracht hatte, die Zeugen mitzubringen erlaubt war. Im Gang erhielt er bei seinem ersten Erscheinen von einem amerikanischen Sergeanten einen Tritt, daß er der Länge nach hinfiel, und als er sich aufraffte und seinen Seesack aufheben wollte, wurde er von dem gleichen Sergeanten so ins Gesicht geschlagen, daß er eine Reihe Zähne verlor. Wir wußten auch, daß Zeugen, insbesondere der frühere Leiter der Rechtsabteilung im Auswärtigen Amt, Dr. Gauß, von den vernehmenden Anklägern auf das schamloseste unter Druck gesetzt wurden. Es war dringend nötig, hiergegen vorzugehen, und so schrieb ich in meinem Artikel weiter:

»Wir haben geschwiegen – wir haben zu den Methoden jenes Herrn Kempner geschwiegen, den der angesehenste Journalist Europas, Herr Oeri, in den ›Basler Nachrichten‹ einen Menschenjäger nannte, ohne daß dem – soweit wir wissen – öffentlich widersprochen worden sei, aber jetzt, nachdem sechs deutsche Anwälte im Gerichtssaal verhaftet wurden, können wir nicht mehr schweigen. (Die Anwälte hatten im Gerichtssaal die Verteidigung niedergelegt, weil ihr Mitverteidiger, der Rechtsanwalt Achenbach, verhaftet worden war.) Jetzt handelt es sich nicht mehr um die Anklagebehörde, sondern um das Gericht. Wir wollen uns nicht noch einmal den Vorwurf machen lassen, daß wir feige zusehen, wenn das Recht verletzt wird: Wir klagen an! Wir, die wir Hitler und sein Drittes Reich immer gehaßt, wir, die wir gefordert haben, daß die Schuldigen des Nazisystems streng bestraft werden sollen, wir sehen uns gezwungen, dafür einzutreten, daß in Nürnberg Recht geschieht.«

Ich fuhr dann fort, die Grundlagen dieser amerikanischen Gerichtsverfahren anzuzweifeln – und es war hohe Zeit, daß das geschah. Die damaligen amerikanischen Militärgerichte stellten sich offiziell auf den Stand-

punkt, daß sie Organe des Interalliierten Kontrollrats seien. Zwar kannte ich die eigentlichen Zusammenhänge damals nicht, aber ich bestritt diesen Gerichten das Recht, sich auf diese Weise zu legitimieren. Ich schrieb: »Bei jedem in Nürnberg im Namen der Vereinigten Staaten eröffneten Verfahren spricht der Gerichtsmarschall jedes der nur von amerikanischen Richtern besetzten Gerichte vor Beginn jeder Sitzung, neben der Fahne der Vereinigten Staaten stehend, die Worte: ›Gott schütze die Vereinigten Staaten von Amerika!‹
Der amerikanische Anwalt Carrol hat dem Frankfurter Vertreter der ›New York Herald Tribune‹ gegenüber erklärt, die Nürnberger Kriegsverbrecher-Prozesse seien eine ›tragische Verhöhnung der amerikanischen Justiz‹. Wir hoffen, daß der Antrag, den er beim Supreme Court der Vereinigten Staaten stellen will, diese Prozesse für ungültig zu erklären, wenigstens dazu führen wird, daß von hoher, unparteiischer Stelle die Methoden der Anklagebehörde überprüft werden, damit das deutsche Volk Vertrauen zu den Nürnberger Verfahren gewinnen kann.«
Die Zeitung war kaum ausgedruckt – und wie üblich sofort an die Press Section des Military Government durch Boten geschickt worden –, da wurden wir von britischer Seite angerufen, ich möchte mich um neun Uhr abends im Reichshof einfinden, um dort Major Michael Thomas zu treffen. Schmidt di Simoni teilte mir dies mit; er machte ein sehr langes Gesicht: »Wenn Sie drei Stunden später nicht wieder hier sind, müssen wir uns nach einem neuen Chefredakteur umsehen. Das kommt von Ihrer Glosse gegen Kempner.«
Ich gab ihm meinen Zimmerschlüssel, damit er mir wenigstens Wäsche, Pyjamas und mein Waschzeug in die Haft schicken könne.
Der Reichshof war damals für die Engländer beschlagnahmt. Ich war rechtzeitig da; aber kein Major Thomas war zu sehen. Er war irgendein hohes Tier in der Press Section der britischen Zone, und neben vielen Zeitungen und Zeitschriften waren auch wir ihm unterstellt. Wir hatten uns sehr schnell angefreundet, und ich war eigentlich infolgedessen recht guter Zuversicht. Aber es war sehr unangenehm, in einer Hotelvorhalle zu sitzen, ohne etwas bestellen zu können. Man konnte hier nur mit Besatzungsgeld bezahlen, und das hatte ich nicht. Bald jedoch kam ein alter Oberkellner auf mich zu und fragte: »Wollen Sie vielleicht einen trockenen Sherry?«
Ich sagte: »Ja, aber ich kann ihn nicht bezahlen.«
»Das wird sich finden«, erwiderte er.
Kurz darauf kam Thomas. Ich begrüßte ihn, und um ihn jeder Peinlichkeit zu entheben, sagte ich: »Ich weiß schon, weshalb Sie mich bestellt haben.«

»Wieso?«
»Haben Sie denn die neue Ausgabe der ›Zeit‹ noch nicht gelesen?«
»Nein. Was haben Sie denn wieder angerichtet?«
»Ich habe einen sehr scharfen Artikel gegen Robert Kempner geschrieben.«
Er sprang auf: »Lassen Sie sich umarmen!«
»Ich dachte schon, Sie wollten mich verhaften.«
»Keineswegs, ich beglückwünsche Sie. Ich habe Sie hierher gebeten, um Sie mit einem guten Freund bekannt zu machen, dem ehemaligen Legationsrat Dr. Blankenhorn, der jetzt Adenauers rechte Hand bei der CDU ist.«
Wir verbrachten einen sehr anregenden Abend.
Am Tage darauf rief mich der amerikanische Ankläger Robert Kempner an: »Herr Tüngel, wissen Sie, was Sie getan haben?«
»Ich habe einen Artikel geschrieben, in dem Sie vorkommen, Herr Kempner.«
»Mein ganzer Schreibtisch liegt voll von Drohbriefen.«
»Das tut mir leid, Herr Kempner, aber das ist wohl mehr Ihre als meine Schuld.«
»Haben Sie den Brief schon bekommen, den mein Presse-Assistent Ihnen geschrieben hat?«
»Nein.«
»Ich werde ihn Ihnen vorlesen.«
»Einen Augenblick, Herr Kempner, ich werde die Abhöranlage einschalten und meine Sekretärin rufen, damit sie mitstenografieren kann.«
Das war allerdings geblufft, denn eine Abhöranlage für Telefone gab es damals für Deutsche natürlich nicht. Kempner jedoch merkte sofort, daß er eine Riesendummheit begangen hatte. Er war nicht umsonst juristischer Mitarbeiter bei der Vossischen Zeitung gewesen. Er kannte die Presse.
»Das ist nicht nötig, Herr Tüngel, Sie brauchen auf den Brief auch nicht zu antworten.«
»Aber ich werde das sehr gern tun.«
»Nein, lassen Sie das nur, für mich ist die Angelegenheit erledigt.«
»Das sollte sie nicht sein, Herr Kempner. Ich stelle Ihnen meine Zeitung zur Verfügung. Sie können in einem Aufsatz oder einem offenen Brief sich gegen meine Angriffe verteidigen und die Rechtmäßigkeit der Nürnberger Prozesse beweisen.«
»Gut, ich werde dies tun.«
»Ich halte Sie bei diesem Versprechen.«
Der Brief des amerikanischen Presse-Assistenten George S. Martin traf

einige Tage später bei uns ein. Ich druckte ihn in der »Zeit« ab und schrieb darüber:
»Ein Brief ...«

An den Chefredakteur

»Office of Chief of Counsel for War Crimes APO 696 A

Sehr geehrter Herr!
Mit großem Interesse las ich den von Herrn Tüngel verfaßten Artikel ›Nürnberger Recht‹ in Ihrer Ausgabe vom 22. Januar 1948. Ich begrüße es, daß man in der deutschen Presse auch ab und zu einen Journalisten findet, der eine eigene Meinung hat und ausspricht. Ich begrüße dies noch mehr, wenn diese Meinung auf Tatsachen basiert ist.
Ihr ›Wir klagen an‹ hätte in meinen Ohren geklungen, hätte der Mangel an Tatsachen, verbunden mit dem Pathos des Artikels, mich nicht zur Heiterkeit gereizt, weil er mich so sehr an den ›Völkischen Beobachter‹ erinnerte.
Als überzeugter Demokrat habe ich in elf Feldzügen unter anderem auch dafür gekämpft, daß ein deutscher Demokrat endlich das Recht bekäme, seinen Mund aufzumachen und seine Meinung zu sagen. Ehrlich gesagt, weiß ich nicht – zumindest deutet in Ihrem Artikel nichts darauf hin –, ob Sie einer dieser Demokraten sind, für die ich gekämpft habe.
Kommen wir nun zu Ihrem Artikel, sachlich und ohne die Bosheit, die ich so gern habe. Ich weiß nicht, wie lange Sie bei uns im Zeugenflügel unseres Gerichts eingesperrt waren, eine so schöne und rührende Beschreibung von unseren Verhörmethoden zu geben. Einschüchterung, Drohungen, Versuche, unrichtige Protokolle unterschreiben zu lassen – das alles könnten Sie aus einem alten Bericht über die Gestapo abgeschrieben haben, wenn ich nicht wüßte, daß Sie diesen Artikel ja nie hätten veröffentlichen können.
Aber Sie haben eines übersehen. Bei der Gestapo wurde geprügelt. Sie haben vollkommen vergessen, das von uns zu behaupten. Warum diese plötzliche Sanftheit?
Sie schreiben, daß unschuldige Zeugen monatelang in Haft gehalten worden sind. Zeugen sind ja an sich unschuldig und werden im allgemeinen nicht in Haft gehalten, weil sie ja nicht angeklagt werden. Aber die Zeugen, die wir haben, wurden in Haft gehalten, weil sie von den Gerichten ihres eigenen Landes, nämlich Deutschland, unter Anklage gestellt werden. Diese Zeugen hier sind alles eher als unschuldig. Es ist eine Tatsache, daß viele von diesen Zeugen übermäßig lange in Haft waren oder sind. Leider oder erfreulicherweise, je nach dem Standpunkt, dauert die Vorbereitung unserer Prozesse sehr lang. Glauben Sie ernsthaft, daß wir zu dumm sind,

um es fertigzubringen, Leute nach fünf Stunden Gerichtsverhandlung, nach einem Urteil, das bereits vor Beginn der Verhandlung feststand, aufzuhängen? Es ist nicht eine Frage der Intelligenz, sondern des Wollens. Wir als Demokraten sind der Meinung, daß es besser ist, auch Verbrechern den Schutz des Rechtes zu gewähren.

Herr Oeri wird sich sicher freuen, wenn er liest, daß Sie ihn den angesehensten Journalisten Europas nennen. Mir, der ich mit meinem guten Gedächtnis noch nicht vergessen habe, daß die ›Basler Nachrichten‹ die einzige Schweizer Zeitung war, die im Dritten Reich erlaubt war, imponiert er eher weniger. Wieder stehe ich im Widerspruch zu Ihnen, denn obwohl ich von der Überlegenheit der amerikanischen Presse auf allen Gebieten fest überzeugt bin, weiß ich aus eigener Erfahrung, daß die europäische Presse Besseres zu bieten hat als den ›angesehensten Journalisten Europas‹. Seine Bemerkung über Dr. Kempner richtet sich selbst gegen ihn, denn ein Journalist, der über Dinge berichtet, die er nicht selbst gesehen hat, ist bei mir kein Journalist.

Und jetzt können Sie plötzlich nicht mehr schweigen, weil Achenbach und sechs Krupp-Anwälte verhaftet worden sind. Warum konnten Sie schweigen, als Achenbach die Verbrechen beging, wegen der die deutschen Behörden ihn verhaftet haben? Sie können sich darauf verlassen, daß wir unsere Nase nicht in die Angelegenheiten der deutschen Behörde stecken werden, die Achenbach verhaftet hat, sowie daß Achenbach nicht auf unsere Veranlassung verhaftet worden ist. Hätten wir das gewollt, so hätten wir das längst tun können, und zwar wegen Kriegsverbrechen und wegen Meineides. Achenbach hat hier unter Eid ausgesagt, daß er mit den in Frankreich begangenen Kriegsverbrechen, darunter Geiselmorde, nicht nur nichts zu tun gehabt hätte, sondern nicht einmal etwas davon wußte. Wenige Tage nach dieser Aussage unter Eid erhielten wir Dokumente aus Paris, die seine Unterschrift trugen und alles bewiesen, was wir zu wissen geglaubt haben. Trotzdem haben wir ihm erlaubt, die Verteidigung zu übernehmen, weil wir der Meinung sind, daß ein Nazi einen anderen Nazi mit mehr Überzeugung verteidigen kann als ein Mann, der ein Demokrat ist und dem vor dem Angeklagten graut.

Was sagen Sie dazu, daß wir aus diesem Grunde eine ganze Reihe von Nazianwälten hier zulassen, die vor keinem deutschen Gericht mehr plädieren können?

Die Kruppschen Anwälte – das Gericht hat zwei Tage seiner kostbaren Zeit damit verschwendet, bloß um der deutschen öffentlichen Meinung die Gründe klarzumachen, warum diese Anwälte mit 2000 Kalorien täglich ihr Wochenende verbringen durften. In Amerika wären diese Herren zu mindestens dreißig Tagen Gefängnis verurteilt worden, nicht wegen eines Verstoßes gegen die Verfahrensordnung, sondern wegen Nichtachtung des Gerichts. Ich muß allerdings sagen, daß ich mir keinen amerikanischen Anwalt vorstellen kann, der sich im Gerichtssaal ähnlich benommen hätte.

Wie merkwürdig, daß Sie in Ihrem Artikel, obgleich Sie doch keinen akkreditierten Berichterstatter hier haben, gerade einen Satz abdrucken, den Dr. Kranzbühler in seinem Plädoyer für die angeklagten Verteidiger aussprach, obwohl keine der Nachrichten-Agenturen, von denen, die hier vertreten sind, diesen Satz erwähnt hat, nämlich daß das Gericht im Milch-Prozeß gesagt hat: ›Dies ist ein amerikanisches Gericht.‹ Das ist an sich gesagt worden, bezog sich aber keineswegs auf die Rechtsgrundlagen des Gerichts, sondern lediglich auf den Grad der Fairneß, den das Gericht den Angeklagten schuldig war. Hätten Sie einen Berichterstatter hier, so wüßten Sie aus dem Juristenurteil sowie aus anderen Bemerkungen des Gerichts, daß die Frage, ob dieses Gericht amerikanisch oder international ist, längst mehrfach und einstimmig entschieden worden ist. Daran ändert auch die Tatsache nichts, daß der Gerichtsmarschall Gott darum ersucht, die Vereinigten Staaten zu segnen. Wenn Sie sich Ihre Brotration ansehen, würde es Ihnen auch gar nicht übel bekommen, Gott, oder wen sonst Sie wollen, um den gleichen Dienst zu ersuchen.

Wenn Sie einen Berichterstatter hier hätten oder auch nur ein bißchen guten Willens wären, dann hätten Sie nicht gefragt, warum deutsches Recht nicht auch angewendet wird. Sie hätten höchstens gefragt, ob es nicht auch angewendet wird. Und Ihr Berichterstatter hätte dann, wenn er auch nur das geringste vom Rechts- und Prozeßverfahren verstünde, geantwortet, daß es zum Teil geschieht. Ich gebe aber zu, daß wir nicht das deutsche Militärstrafgesetz zur Anwendung bringen, obwohl uns das genügen würde, die meisten der Angeklagten innerhalb von vierundzwanzig Stunden an die Wand zu stellen. Ich gebe zu, daß dies wesentlich billiger wäre, schneller ginge und wahrscheinlich von Ihnen besser verstanden würde.

Ich übergehe den nächsten Absatz Ihres Artikels, in dem die Tatsachen so entstellt beschrieben sind, daß es mir um das Papier leid tut, sowie um die Finger meiner Sekretärin, die ich bei einer Beantwortung übermäßig abnutzen würde. Lesen Sie doch einfach irgendeinen deutschen Agenturbericht über die wahren Vorgänge.

Und nun zu Ihrem Liebling, Carrol. Ich weiß nicht, ob Sie Mr. Carrol kennen. Ich tue es, und ich bin nicht stolz darauf, obwohl ich in meiner langen journalistischen Laufbahn genug Lumpen kennengelernt habe. Carrol sucht eine billige Reklame für seine Anwaltsfirma und glaubt, dies damit zu erreichen, daß er der Presse Lügenberichte abgibt. Mit einem

Ausweisungsbefehl in der Tasche hat er dem Gericht erklärt, er könnte die Verteidigung Krupps übernehmen. Ein Anwalt, der den Richter belügt, wird wohl in jedem Kulturstaat disqualifiziert werden. Vielleicht sind Sie anderer Meinung, aber vielleicht sind auch unsere Auffassungen von Kultur verschieden. Carrol hat in der Presse einen Brief verbreitet, der von falschen Anschuldigungen und richtigen Beleidigungen nur so strotzte. Wir und die amerikanische Militärregierung haben ihm geholfen, diesen Brief an die gesamte internationale Presse zu verbreiten, denn wir haben ja nichts zu fürchten. Wer sauber ist, braucht Anschuldigungen eines Feindes nicht zu vertuschen. Das bedauerliche an diesem Brief war nur, daß ein Carrol nicht den Mut hatte, ihn an General Clay zu senden. Ich kann Ihnen offiziell mitteilen, daß General Clay den Brief nie bekommen hat. Ich kann Ihnen ebenso mitteilen, daß bei der amerikanischen Feldpost keine Briefe verlorengehen.
Und nun noch eine letzte Enttäuschung für Sie. Carrol wird nie beim Obersten Gerichtshof der Vereinigten Staaten einen Antrag stellen, die Nürnberger Prozesse für illegal zu erklären, weil er allzugut weiß, daß er sich damit unsterblich blamieren würde.
Jetzt, zu spät, erst am Ende dieses Briefes, fällt mir ein, daß ich eigentlich gar nicht weiß, warum ich ihn Ihnen schreibe. Abdrucken werden Sie ihn ja nicht, denn man müßte ein sehr guter, erfahrener Demokrat sein, um es zu wagen, diesen Brief in seiner eigenen Zeitung zu veröffentlichen. Ich glaube kaum, daß Sie mir darauf antworten werden, denn die Antwort ist ziemlich schwierig. Es würde mich zwar freuen, wenn Sie mir antworten, aber wenn Sie es nicht tun, werde ich es auch überleben. Nur eines zum Abschied: Selbst wenn Sie den Schwanz einer Kuh ein Bein nennen (um ein altes Beispiel aus der Philosophie zu gebrauchen), hat die Kuh doch noch vier Beine. Nennen Sie nun Schwanz wie immer Sie wollen, es bleibt doch nur Schwanz. Beschimpfen Sie die Nürnberger Gerichte so viel Sie wollen, sie bleiben doch eine Einrichtung, an der man mit Stolz mitarbeiten kann. Wenn Sie einmal begriffen haben werden, was Demokratie ist, dann werden Sie auch das begreifen. Mit freundlichen Grüßen

George S. Martin
Deputy Public Relations Officer«

Natürlich antwortete ich, und zwar in der »Zeit« im Anschluß an diesen Abdruck seines Briefes. Die Überschrift lautete:
» ... und eine Antwort.«

»Die Zeit, Wochenzeitung für Politik,
Handel und Kultur

Sehr geehrter Mr. Martin!

Wir haben es uns lange überlegt, ob wir Ihren Brief abdrucken sollten, weil es uns ungerecht schien, ein Dokument zu veröffentlichen, das mit dem Briefkopf Office of Chief of Counsel for War Crimes versehen und nicht geeignet ist, dem Ansehen dieser Behörde zu dienen. Aber da Sie Zweifel in unsere demokratische Gesinnung gesetzt haben, blieb uns keine Wahl.

Ich hatte ein scharfes Wort des Herrn Oeri über einen der amerikanischen Ankläger in Nürnberg zitiert; ich hatte zugleich gesagt, daß Herr Oeri der angesehenste Journalist Europas sei und daß sein Angriff bisher unbeantwortet geblieben ist. Sie haben dies zum Anlaß genommen, ein vorschnelles Urteil über die ›Basler Nachrichten‹ zu fällen, indem Sie schreiben, daß sie ›die einzige Schweizer Zeitung war, die im Dritten Reich erlaubt war‹. Tatsächlich sind die ›Basler Nachrichten‹ bereits im Mai 1936 verboten worden, zu einer Zeit also, da man in Deutschland andere schweizerische und auch amerikanische Zeitungen und Zeitschriften frei lesen konnte. Zu unserer Beruhigung konnten wir feststellen, daß Sie sich bei Ihrer Invektive nicht auf offizielle Unterlagen der Anklagebehörde, sondern auf Ihr ›gutes Gedächtnis‹ stützen. Ferner gefällt es Ihnen, auf Umwegen Mr. Carrol als einen Lumpen zu bezeichnen, wobei Sie anführen, daß Sie ihn kennen. Sie lassen dann eine Reihe weiterer einseitiger Feststellungen folgen. Dem wäre an sich nichts hinzuzufügen. Doch da Sie, wie Sie schreiben, von ›der Überlegenheit der amerikanischen Presse auf allen Gebieten fest überzeugt‹ sind, will ich hier zitieren, was Mr. Hartrich in einem längeren Aufsatz in der New York Herald Tribune unter anderem schreibt: ›The red-faced lawyer is widely known in the European theater as a legal gadfly who was originally responsible for making the famed ‚Lichfield case‘ into a series of page one courts martial of American military personel for alleged cruelty to GI prisoners during war time*.‹ Ihnen als altem Amerikaner brauche ich diese Worte wohl nicht zu übersetzen. Vielleicht entnehmen Sie ihnen, daß es angesehene amerikanische Journalisten gibt, die anderes über Mr. Carrol zu berichten wissen als Sie. Ich hoffe, daß Sie sich jetzt nicht gereizt fühlen, gegen die

---

* Der Anwalt mit dem geröteten Gesicht ist in Europa weithin bekannt als eine juristische Stechfliege. Er war es, der den berühmten ›Fall Lichfield‹ ausgrub, worauf eine Folge von aufsehenerregenden Kriegsgerichtsverhandlungen entstand, wegen Mißhandlung gefangener amerikanischer Soldaten durch amerikanisches Bewachungspersonal.

New York Herald Tribune und Mr. Hartrich ähnlich unbegründete Vorwürfe zu erheben wie gegen die ›Basler Nachrichten‹ und Herrn Oeri. Sie glauben – ich will damit zu einer Feststellung kommen, die Sie offenbar mit Absicht in Ihrem Brief vorangestellt haben, weil sie Ihrer Ansicht nach besonders wichtig sei – Sie glauben, Ihre demokratische Überzeugung damit schlüssig beweisen zu können, daß Sie in elf Feldzügen unter anderem dafür gekämpft haben, daß ein deutscher Demokrat endlich das Recht bekäme, seinen Mund aufzumachen. Ich will Ihnen beileibe nicht vorwerfen, daß Sie der deutschen Sprache wenig mächtig sind und offenbar die Bedeutung des Wortes Feldzug nicht kennen – ein Presseoffizier allerdings sollte genau wissen, was er schreibt. Ich will auch gern darüber hinwegsehen, daß kriegerischer Selbstruhm besser in einer Kriegervereinssitzung vorgetragen wird als in einem zur Veröffentlichung gedachten Brief. Aber eines darf ich nicht unerörtert lassen. Sie sind, ich stelle dies mit Bedauern fest, dem gleichen Massenwahn erlegen wie Bolschewisten und Nationalsozialisten, dem Massenwahn nämlich, daß, eine Uniform zu tragen oder getragen zu haben, den Träger bereits zu einem besseren Menschen macht. Sich zu rühmen, daß man Frontkämpfer war, ist kein Beweis für demokratische Gesinnung. Es gab in allen Armeen Frontkämpfer, deren sich die Armeen zu schämen haben. Ich unterstelle selbstverständlich, daß Sie nicht zu solchen Subjekten gehören. Aber Ihre Argumentation: Weil ich Frontkämpfer war, bin ich ein besonders guter Demokrat, entstammt der gleichen monströsen Überheblichkeit wie der grauenhafte Satz der Nationalsozialisten: Weil er ein Jude ist, ist er ein Untermensch. Über die kleinen rhetorischen Tricks, deren Sie sich zu bedienen für gut finden, will ich hinwegsehen, so, wenn Sie mir den ›Völkischen Beobachter‹ zwischen die Zähne rücken. Ich kann mich hiergegen aus sachlicher Unkenntnis nicht einmal wehren, denn im Gegensatz zu Ihnen pflegte ich dieses Blatt nicht zu lesen. Sie wundern sich aber auch, daß ich nicht geschrieben habe, die Zeugen seien in Nürnberg verprügelt worden. Nun, mir sind darüber bisher Unterlagen nicht bekannt geworden, und ich habe auch nicht über das ehemalige Camp 8 in Garmisch, sondern über den Zeugenflügel des Nürnberger Gerichtes geschrieben.
Sie schreiben weiterhin, daß Zeugen in Nürnberg nur deswegen in Haft gehalten wurden, weil sie von deutschen Gerichten gesucht werden. Da ist es doch ganz unerfindlich, warum diese gleichen deutschen Gerichte so nachlässig sind, Zeugen, die die Nürnberger Anklagebehörde nach oft recht langer Zeit freiläßt, nunmehr ihrerseits nicht festzunehmen. Offenbar ist auch hier Ihr Argument nicht stichhaltig.
Sie wundern sich ferner darüber, daß ich die Verhaftung der Anwälte im Krupp-Prozeß zum Anlaß genommen habe, das Schweigen unserer Zei-

tung zu brechen. Meine Beweggründe werden bei der Nichtachtung, die Sie aller nicht-amerikanischen Presse gegenüber für richtig befinden, für Sie vermutlich keine Beweiskraft haben. So will ich denn auf die Gefahr hin, Ihren Zorn zu erregen, zitieren, was Mr. Hartrich in der New York Herald Tribune zur gleichen Zeit hierüber geschrieben hat: ›It appears here that the Nuremberg war crimes trials are entering into a crucial stage, in which the legal bickering is at least overriding basic issues involved. The tactic of the American prosecution, plus certain court decisions, appear to have given the German defence counsel valid grounds to make a public case that the legal rights of their clients to choose their own counsel are being sidetracked*.‹ Daß Sie im übrigen Haft gleichsetzen mit einem ›Wochenende mit 2000 Kalorien täglich‹, ist ein sehr merkwürdiger und – ich muß leider sagen – recht unausstehlicher Begriff von menschlicher Freiheit.

Was Dr. Achenbach angeht, so werden Sie mir zugeben, daß es eine sehr merkwürdige Koinzidenz ist, daß Haftbefehl gegen ihn erlassen worden ist wenige Tage, bevor der Fall seines Mandanten vor Gericht zur Verhandlung kam. Was Sie darüber schreiben, ist einstweilen für mich eine einseitige Stellungnahme. Es wäre interessant, die Nürnberger Spruchkammer darüber zu hören, auf welche Weise die angeblich belastenden und bisher unbekannten Dokumente ihr zugespielt worden sind. An uns soll es nicht fehlen, daß auch darüber Klarheit geschaffen wird.

Sie sprechen im Zusammenhang mit meinem Artikel von dem ›Deutschen Militärstrafgesetz‹. Aber ich kann in ihm die Paragraphen nicht finden, die als rechtmäßig erklären, was ich der Nürnberger Anklagebehörde vorgeworfen habe.

Und nun zur Berichterstattung. Sie schreiben: ›Ein Journalist, der über Dinge berichtet, die er nicht selbst gesehen hat, ist bei mir kein Journalist.‹ Und dann wenige Absätze später müssen Sie zugeben, daß die ›Zeit‹, ohne einen ›akkreditierten‹ Berichterstatter zu benutzen und ohne daß eine der Nachrichtenagenturen, die in Nürnberg vertreten sind, dies berichtet hätte, einen Satz aus dem ›Milch-Prozeß‹ richtig wiedergegeben habe. Sie finden dies merkwürdig. Ich finde es merkwürdig, daß Sie dies merkwürdig finden.

---

* Es hat den Anschein, daß die Nürnberger Kriegsverbrecherprozesse in ein schwieriges Stadium geraten, in dem nämlich juristisches Gezänk die eigentlichen Streitfragen zu überwuchern droht. Die Taktik der amerikanischen Ankläger scheint den deutschen Verteidigern gewichtige Gründe dafür gegeben zu haben, öffentlich zu behaupten, daß das gesetzlich festgelegte Recht ihrer Klienten, sich einen Anwalt zu wählen, verletzt worden ist.

Sie schreiben abschließend, eine Antwort auf Ihr Schreiben sei ›vielleicht schwierig‹. Auch hierin bin ich, wie Sie sehen, wieder einmal nicht Ihrer Meinung. Ich würde Ihnen empfehlen, Ihre philosophische Kuh zu schlachten: Sie hat zu wenig Milch gegeben.
Mit freundlichen Grüßen
Richard Tüngel«

Als Nachschrift zu diesem Briefwechsel hieß es in der »Zeit«:
»Den Aufsatz, den Dr. Robert Kempner, Hauptankläger im Nürnberger Kriegsverbrecher-Prozeß Nr. 11, uns telefonisch zugesagt hat, werden wir bringen, sobald er eingetroffen ist.«
Er traf niemals ein.
Wenige Wochen später fuhr ich mit Athanas Bobeff von Frankfurt nach Hamburg. Wir nahmen im Auto den früheren bulgarischen Gesandten mit, den letzten Königlich Bulgarischen Gesandten, den es in Berlin gegeben hatte. Er wollte in der Nähe von Hersfeld einen Freund besuchen. Auf der Fahrt sagte er zu mir: »Ich glaube, Sie wissen gar nicht, was Sie mit diesem Briefwechsel, den Sie veröffentlicht haben, eigentlich erreicht haben. Es ist das erste Mal, daß ein Offizier einer Besatzungsmacht öffentlich moralisch geohrfeigt worden ist, ohne daß der Journalist, der dies getan hat, verhaftet worden wäre. Dieses Beispiel wird Schule machen und die bisher nahezu totale Macht der Besatzung erheblich beschränken.«

Mit Robert Kempner mußte ich mich in der Folge immer wieder auseinandersetzen. Gewiß waren die Methoden, mit denen die amerikanischen Gerichtsverfahren in Nürnberg geführt wurden, bei keinem einzigen der Prozesse und keinem der verschiedenen Ankläger in irgendeiner Weise einwandfrei. Aber bei Kempner waren sie am schlimmsten. Vielleicht konnte man seinen Haß, mit dem er vor allem den ehemaligen Staatssekretär v. Weizsäcker verfolgte, aus seiner menschlichen Situation heraus begreifen. Er war zu Beginn der Hitlerzeit in die Schweiz emigriert; er hatte daran zweifellos gut getan, die Nazis hätten ihn, der als Beamter des Preußischen Innenministeriums Anweisungen an die Preußische Polizei hatte ausarbeiten lassen, wie man einem etwaigen Wahlsieg Hitlers mit Gewalt gegenübertreten könne, zweifellos umgebracht. Nachdem es ihm gelungen war, zu entweichen, hielten sie sich an seine Familie; von seinen näheren Verwandten konnte niemand auswandern, und keiner ist mit dem Leben davongekommen. Dann wurde er ausgebürgert, und an diesem Vorgang war Herr v. Weizsäcker in dienstlichem Auftrage beteiligt.
Es war natürlich ein ungeheuerlicher Fehler der Amerikaner, einen sol-

chen Mann ausgerechnet zum Ankläger gegen das Auswärtige Amt und gegen Herrn v. Weizsäcker zu machen. Die ganze diabolische Überheblichkeit dieser Prozeßführung, die zwischen Haß und Recht nicht unterscheiden konnte, kam derart aufs deutlichste zum Ausdruck.
So blieb mir denn bei allem persönlichen Verständnis nichts übrig, als Robert Kempner scharf anzugreifen.
Er hatte bei seiner Prozeßführung einen Kronzeugen, und den beschrieb unser Korrespondent, Hans Georg v. Studnitz, folgendermaßen:
»In der für das deutsche Gerichtspersonal und die freien Zeugen bestimmten Kantine des Nürnberger Militärtribunals kann man allmittäglich einen einsamen alten Mann beobachten. Mit einem einstmals hellgrau gewesenen Schlapphut und einem Ledermantel bekleidet, balanciert er sein Cafeteria-Tablett an einen der langen Tische und verzehrt still sein Mahl. Niemand nimmt von ihm Notiz, niemand grüßt ihn. Die ihn von früher kennen, schauen beiseite oder durch ihn hindurch. Er ist der einzige Gast, den Schweigen umhüllt in dieser von Lärm erfüllten Speisestätte. Sein Name ist Dr. Friedrich Gauß; bis 1945 war er Unterstaatssekretär im Auswärtigen Amt, ein eminenter Völkerrechtler des Kaiserlichen, des Weimaraner, des Hitlerischen Deutschland, Erfinder des juristischen Begriffes ›Protektorat‹ und intimer Mitarbeiter des Reichs-Außenministers von Ribbentrop. Kein Schriftstück zeichnete dieser, in das Gauß nicht Einblick genommen, das er nicht abgeändert, neu formuliert, verworfen oder gebilligt hätte.
›Ich muß mit Gauß darüber sprechen‹, war die ständige Redensart, mit der Ribbentrop, dessen Auffassungsgabe mit dem Tempo der Ereignisse nicht immer Schritt hielt, seine Entscheidungen hinauszog. Gauß war ein treuer Diener seines Herrn. Wenn dieser ihn telefonisch anrief, stand er auf – so wird erzählt –, denn sitzenzubleiben wäre respektwidrig gewesen. Seit dem Beginn der Nürnberger Prozesse ist Dr. Gauß ein ebenso treuer Mitarbeiter der Anklage gegen die Behörde, zu deren leitenden Beamten er Jahrzehnte gehört hat. Immer wieder stützt sich die Anklage auf die sogenannten ›Affidavits‹, auf die eidesstattlichen Erklärungen des einstigen Unterstaatssekretärs. Er hat deren so viele abgegeben, daß er im Nürnberger Gericht den Spottnamen ›Affidavits-Automat‹ erhalten hat.
Daß die Anklage von diesem Manne Gebrauch macht, wo immer es ihr nützlich erscheint, wird niemand ihr verdenken wollen. Aufgabe des amerikanischen Staatsanwalts ist es, die Schuld der Angeklagten nachzuweisen – und sonst gar nichts. Nach der amerikanischen Rechtsordnung ist der Staatsanwalt Partei und ist die objektive Wahrheitssuche ausschließlich Sache der Richter. Dies muß berücksichtigt werden, wenn man die Aussagen der Belastungszeugen prüft.

Am 27. Januar 1948 legte die Anklage dem Gericht ein Dokument vor, das in manchen Presse-Organen kritiklos als eine Sensation gewertet wurde. Es ist am 25. Januar 1948 von Gauß verfaßt worden und trägt neben seiner Unterschrift die des stellvertretenden Hauptanklägers Professor R. M. G. Kempner und der als Zeugen bei diesem historischen Akt gegenwärtig gewesenen Assistentinnen Jane Lester und Margot Lipton. Dr. Gauß schwört:
›Die deutsche politische Führung sah an dem japanischen Überfall auf Pearl Harbour am 7. Dezember 1941 den ersten Schritt zur Verwirklichung der Idee, ein Großgermanisches Reich zu gründen. Denn dieses Reich sollte nicht nur Europa beherrschen, sondern der entscheidende Faktor in der Lenkung des Weltgeschehens überhaupt sein ... Mit dem japanischen Angriff im Fernen Osten wollte die deutsche auswärtige Politik sich nunmehr dem noch weitergreifenden Ziele nähern, das Britische Weltreich für immer zu zertrümmern. Gleichzeitig sollten damit die Vereinigten Staaten eine Stellung zweiten Ranges erhalten, von der Erbschaft des Britischen Weltreichs ausgeschlossen und ihre Macht und ihr Einflußbereich auf den nördlichen Teil des amerikanischen Kontinents beschränkt werden ... Diese Aufteilung war kein bloßer Wunschtraum, sondern der Plan, den die deutsche Diplomatie mit dem Endsieg unmittelbar in die Wirklichkeit umsetzen wollte ... Die deutsche auswärtige Politik spielte damit die letzte politische Trumpfkarte aus, durch den japanischen Vorstoß gegen Singapore und Indien, dem Britischen Reich den Todesstoß zu versetzen ...‹
Was diese Behauptung von Dr. Gauß bezwecken soll, wird der weitere Verlauf des Prozesses erweisen. Doch fällt es schwer, zu glauben, es sei ihm wirklich entgangen, daß der japanische Angriff auf Pearl Harbour der Führung des Dritten Reiches völlig überraschend kam und daß der Ausbruch des Krieges zwischen Japan und den angelsächsischen Mächten das eigentliche Konzept Hitlers, Japan zu einem Angriff gegen die Sowjetunion zu veranlassen, völlig verdorben hat.
Es ist bekannt, daß Hitler, als ihm der Überfall auf Pearl Harbour gemeldet wurde, diese Nachricht mit der Bemerkung: ›Erzählen Sie mir nicht solchen Unsinn‹ quittierte. Daß weder er noch Ribbentrop von der japanischen Absicht im voraus unterrichtet worden waren und daß selbst General Oshima, der japanische Botschafter in Berlin, überrascht war und sich zunächst unfähig sah, Erklärungen abzugeben. Dies bereits widerlegt die Unterstellung, daß es der Akt von Pearl Harbour war, in dem Hitler den ersten Schritt zur Gründung seines Großgermanischen Reiches erblickte.
Man wird sich hüten müssen, gegenüber Dr. Gauß vorschnell Vorwürfe

zu erheben. Es wird berichtet, daß er in der Einsamkeit seiner Zelle im Zeugenflügel viel geweint hat. So wird man den seelischen Zustand eines Mannes berücksichtigen müssen, der in das Getriebe eines unheimlichen Prozesses geraten ist und in eine Situation, der er nicht gewachsen ist. Die Problematik seines Verhaltens wird sich klären, wenn, wie zu erwarten sein dürfte, er sich dem Kreuzverhör von Anklage und Verteidigung des Gerichts stellen und damit seine Affidavits in aller Öffentlichkeit bestätigen muß.«

Das war natürlich sehr zurückhaltend und sehr vorsichtig geschrieben. Studnitz war in Nürnberg und konnte jeden Augenblick verhaftet werden. In einem privaten Brief teilte er mir mit – was übrigens in Nürnberg allgemeines Gespräch war –, worauf dieser erstaunliche Einfluß, den Kempner auf Gauß hatte, angeblich beruhe. Wenn Gauß zu opponieren wagte, so erzählte man sich, pflegte Kempner ihn mit dem sanftesten Lächeln daran zu erinnern, daß Moskau einen Auslieferungsantrag gegen ihn gestellt hätte.

Ich bat nun Gräfin Dönhoff, da ich genau wußte, daß Kempner es nicht wagen würde, sie verhaften zu lassen, nach Nürnberg zu fahren und diesen Berichten auf den Grund zu gehen. Kempner, der sehr charmant sein konnte, lud sie nicht nur zum Essen ein, sondern inszenierte auch für sie ein Schau-Verhör. Es wurde der Zeuge v. Thadden vorgeführt, und Kempner fragte ihn, ob er sich im Nürnberger Gerichtsgebäude wohl fühle, ob er sich über irgend etwas zu beklagen habe, ob er etwa irgendeinem Druck ausgesetzt sei, ob er Wünsche habe, die man ihm erfüllen könne, wie es seiner Gattin ginge, ob er sie gern wiedersehen möchte; und alle Antworten fielen zur Zufriedenheit des amerikanischen Anklägers aus. Zwar machte der Angeklagte einen sichtlich verwirrten Eindruck, weil er sich diese Fragen natürlich nicht erklären konnte; sonst aber verlief alles genau der Inszenierung entsprechend.

Leider sagte der Zeuge v. Thadden vor Gericht im Kreuzverhör aus, er sei bei einer seiner ersten Vernehmungen bedroht und unter unzulässigen Druck gesetzt worden. Kempner behauptete dazu, es käme häufig vor, daß schwerbelastete Zeugen ihre Aussagen vor Gericht widerrufen. Aber mit solchen Feststellungen hatte er bei Gräfin Dönhoff kein Glück. Sie wies Kempner auf einen anderen Fall hin: Im Kreuzverhör durch den Rechtsanwalt Dr. Becker hatte nämlich Kempners gefügigster Zeuge, Gauß, zugeben müssen, daß er bei seinen Verhören durch den Ankläger Kempner in unzulässiger Weise »eingeschüchtert« worden war. Kempner versuchte zwar zu leugnen, daß Gauß dies gesagt habe, aber die stenografischen Protokolle waren nun einmal vorhanden und uns sehr gut bekannt. Danach verabschiedete sich Kempner, sehr wenig erfreut darüber, daß es ihm nicht gelungen war, Gräfin Dönhoff durch die Komödie zu täuschen, die er ihr hatte vorspielen lassen.

Der Prozeß verlief nicht so glatt, wie Kempner es sich gewünscht hatte; doch gelang es ihm schließlich, die Verurteilung des Staatssekretärs v. Weizsäcker durchzusetzen – und ich möchte hier wiederholen, was ich ihm auch persönlich gesagt habe: Zu unser aller Empörung. Wir wußten, daß Weizsäcker nur aus Pflichtgefühl der deutschen Opposition gegenüber und in enger Verbindung mit den Kreisen, die die Pläne betrieben haben, die am 20. Juli 1944 so unglücklich zu Ende gingen, in seinem Amt geblieben war; wir wußten, wieviel Gutes er gewirkt und wie vielen Menschen er das Leben gerettet hatte. Den substantiellen Grund zu seiner Verurteilung bildete ein Erlaß, den man mit den gesamten Akten des Auswärtigen Amtes beschlagnahmt hatte. Er war an die deutschen Auslandsvertretungen gerichtet, behandelte die Verschickung der Juden aus den besetzten Gebieten und aus Norditalien und enthielt den Satz, der Führer wünsche, daß für die Judenfrage eine Endlösung gefunden werde.

Weizsäcker, bei dem dieser Erlaß in einer Abschrift durchgelaufen war, hatte zum Zeichen, daß er ihn gelesen habe, seine Paraphe – seine Anfangsbuchstaben – daraufgesetzt. Hieraus folgerten Anklage und Gericht, er habe von der Absicht Hitlers, die Juden zu vergasen, Kenntnis gehabt und durch seine Paraphe dokumentiert, daß er sie billige. Es nützte dem Staatssekretär v. Weizsäcker nichts, daß er erklärte, unter der Endlösung habe er die oft besprochene Ansiedlung der Juden in Polen verstanden, worin er einen vernünftigen Schutz dieser unglücklichen Menschen erblickt habe; es nützte auch nichts, daß sich angesehene Männer des neutralen und feindlichen Auslandes öffentlich für ihn einsetzten. Auch die Erwägung, daß er sich dem Nürnberger Gericht überhaupt nicht hätte zu stellen brauchen, da er als letzter deutscher Gesandter beim Papst den Schutz des souveränen Vatikanstaates genoß, nützte ihm nichts. Er wurde verurteilt. Ich hatte hierüber eine erbitterte persönliche Auseinandersetzung mit Robert Kempner. Und das kam so:

Im Jahre 1949 war ich zur Wiederherstellung meiner Gesundheit im Haus Schloß-Baden in Badenweiler. Bei einem Spaziergang verstauchte ich mir meinen rechten Fuß. Als ich wieder aufstehen konnte, humpelte ich eines Nachmittags zu einer Bank in der Nähe des Sanatoriums. Plötzlich kam eine etwas aufgeregte Gesellschaft, ein Herr, zwei Damen und ein junger Mann, an meiner Bank vorbei, und der Herr wandte sich an mich: »Können Sie mir vielleicht sagen, wohin Herr Tüngel gegangen ist?«

Ich sagte: »Herr Dr. Kempner, der sitzt hier auf dieser Bank.«

Kempner wollte sich sofort neben mich setzen, aber seine Frau sagte: »Nein, ich setze mich zwischen euch, damit ihr euch nicht prügelt.«

Sie war, wie sich im weiteren Verlauf unseres Gesprächs herausstellte, ganz besonders freundlich und hatte zudem noch den Vorzug, sehr gut auszusehen.

Wir kamen natürlich in unserer Unterhaltung sofort auf Gauß und Weizsäcker. Er war zunächst außerordentlich aggressiv. Er hatte meinen Namen in der Kurliste gelesen und sich vorgenommen, mir die Hölle heiß zu machen. Nach einiger Zeit wurde er nachdenklich. Ich fragte ihn nämlich, ob er den philosophischen Begriff des »Apperzipierens« kenne. Es sei ja so, daß man sehr wohl etwas hören und sogar auch mündlich oder schriftlich bestätigen könne, ohne daß man den wahren Gehalt der Mitteilung in sein Bewußtsein aufnehme, also apperzipiere. Umgekehrt sei es auch möglich, daß man eine falsche Nachricht als wahr in sein Bewußtsein aufnehme und auf diese Weise echt, aber falsch apperzipiere. Und hierfür gab ich ihm ein Beispiel aus meinen eigenen Erlebnissen in der Kriegszeit.

Mein Arzt hatte mir erzählt, es würden Güterzüge, in deren Wagen man Juden eingeschlossen habe, nach Lettland geleitet und auf neu angelegten Gleisen in Wälder dirigiert, wo dann diese Unglücklichen vergast würden, und zwar innerhalb der Züge. Ich war immer geneigt, alles Schlechte zu glauben, was man von dem Hitler-Regime berichtete; diese Erzählung wurde für mich zur Wahrheit, so sehr hatte ich sie apperzipiert; erst nach dem Kriege habe ich erfahren, daß an ihr kein wahres Wort war.

»Allerdings«, sagte Kempner, »das ist in Lettland niemals geschehen.« »Nun«, erwiderte ich, »warum sollte denn Herr v. Weizsäcker durchaus apperzipieren, daß mit der ›Endlösung‹ die Vernichtung der Juden gemeint war? Ich traute den Nazis alles nur erdenklich Schlechte zu, Herr v. Weizsäcker konnte sich nicht vorstellen, daß eine deutsche Regierung so grauenhafte Maßnahmen im Schilde führen könnte. Er glaubte, ›Endlösung‹ bedeute Ansiedlung in Polen. Wir haben beide falsch apperzipiert. Aber deswegen durfte man ihn nicht verurteilen. Sie wissen ja gar nicht, Herr Kempner, wie schwer es auch für jemanden, der sich darum bemühte, war, Nachrichten über das Schicksal der Juden zu erhalten. Freunde von mir in Berlin waren abtransportiert worden; ich habe versucht, über den Berliner Rabbiner zu erfahren, wohin sie gekommen wären, und die Antwort lautete: ›Nach Auschwitz. Das soll ein sehr hartes Arbeitslager sein.‹ Nicht einmal der Rabbiner wußte, was sich dort in Wirklichkeit abspielte. Erst Ende 1943 sagte mir mit allen Zeichen der Erschütterung mein Freund Richter in Berlin: ›Es ist grauenhaft, in Rawa Russka gibt es große Öfen, in denen die Leichen von Juden verbrannt werden.‹ Und wie war es in Wirklichkeit? In Rawa Russka gab es keine Verbrennungsöfen. Sehen Sie, Herr Kempner, dies alles hätten Sie wissen müssen, bevor Sie Anklage in

Nürnberg erhoben. Aber kein Amerikaner hat jemals daran gedacht, uns Deutsche zu fragen, die wir die Nazizeit als erbitterte Feinde Hitlers und seiner Mitverbrecher durchgestanden haben.«
Jetzt erhob sich Frau Kempner.
»Ich glaube, ihr habt euch nun lange genug gestritten. Kommen Sie jetzt, Herr Tüngel, ich werde Sie im Sanatorium abliefern.«
Sie gab mir den Arm, und ich humpelte mit ihr nach Hause.

Neben dem Prozeß gegen »Weizsäcker und Genossen«, der auch den Titel »Omnibus-Prozeß« führte, weil in ihm gegen alle möglichen Reichsbehörden und Ministerien Anklage erhoben wurde, liefen in Nürnberg noch eine Reihe anderer Prozesse. Da waren zunächst die gegen die Wirtschaft, aus der man sich eine Reihe von Vertretern herausgeholt hatte, die stellvertretend für die gesamte deutsche Industrie verurteilt werden sollten. Da war unter anderem der Flick-Prozeß, der Krupp-Prozeß und der I.G.-Farben-Prozeß. Es ging immer um die gleichen Delikte, die man den Angeklagten zur Last legte: Vorbereitung eines Angriffskrieges durch Beteiligung an den Angriffsplänen Hitlers, Plünderung in den besetzten Gebieten durch Übernahme der dort beheimateten Fabriken sowie Sklaverei und Verbrechen gegen die Menschlichkeit durch Beschäftigung und schlechte Behandlung von Fremdarbeitern und KZ-Häftlingen. Eine große Rolle spielte hierbei in gerichtlichem Sinne die Verletzung der Haager Landkriegsordnung sowie der Genfer Konvention von 1929. Die Anklage sah die Inbetriebnahme ausländischer Fabriken in den besetzten Gebieten als Plünderung an, und zweifellos war die Beschäftigung von Kriegsgefangenen ein flagranter Verstoß gegen internationales Recht – allerdings bereits zur Gewohnheit geworden im Kriege 1914–1918.
Erstaunlicherweise erregten diese Prozesse in der deutschen Öffentlichkeit nur geringes Interesse. Dabei richteten sich die Vorwürfe im Grunde nicht nur gegen führende Industrielle, wie etwa Flick, Thyssen, Krupp, Krauch und Schmitz, sondern gegen einen großen Teil des ganzen deutschen Volkes, praktisch gegen alle Unternehmer, Handwerker, Bauern, ja alle Hausfrauen, die während des Krieges ausländische Arbeitskräfte beschäftigt hatten, ferner gegen all die vielen Deutschen, die als Treuhänder, Angestellte oder Arbeiter in Unternehmungen der besetzten Gebiete tätig gewesen waren.
Einer der Gründe für dieses mangelnde Interesse war zweifellos, daß nach dem Kriege, während der Besatzungszeit, die ganzen völkerrechtlichen Grundlagen überhaupt ins Wanken geraten waren. Es wurde offen darüber diskutiert, ob und inwieweit die Zurückbehaltung und Behandlung deut-

scher Kriegsgefangener bei den Alliierten dem Völkerrecht entspreche – was zweifellos nicht der Fall war. Das gleiche galt von den durchgeführten oder beabsichtigten Demontagen deutscher Industrieanlagen durch die Alliierten, von der Beschlagnahme des gesamten deutschen Patentbesitzes und der privaten Guthaben im Ausland.

Fast täglich, jedenfalls ohne Unterbrechung, wurden von den Besatzungsbehörden die Haager Landkriegsordnung und die Genfer Konvention von 1929 verletzt. Das galt insbesondere von der Methode der Nürnberger Prozesse – von den Dachauer Verhandlungen ganz zu schweigen. Die Grundlagen dieser Prozesse wurden von der Verteidigung immer wieder – so unter anderem im Flick-Prozeß, und zwar im Namen aller Verteidiger durch den Anwalt Dr. Rudolf Dix – in rechtlicher Hinsicht bestritten. Dix überreichte dem Gericht fünf von einer amerikanischen Anwaltsfirma ausgearbeitete verfahrensrechtliche Anträge. Er begründete diesen Schritt unter anderem mit der Unsicherheit, die selbst in offiziellen amerikanischen Kreisen über den Rechtscharakter der Nürnberger Militärtribunale und damit über das von ihnen anzuwendende Verfahren herrsche. Im Urteil des Militärgerichtes Nr. II, vor dem der Angeklagte General Milch stand, wurde hervorgehoben, daß es sich bei den Nürnberger Gerichten um amerikanische Gerichte handele, deren Aufgabe es sei, »die alten und fundamentalen Erkenntnisse des angelsächsischen Rechts anzuwenden«. Demgegenüber stellte sich die Rechtsabteilung der Militärregierung auf den Standpunkt, daß es sich um »Besatzungsgerichte« handele, die auf den Gesetzen des Kontrollrats beruhten. Der Hauptankläger, General Telford Taylor, endlich hatte erklärt, es handele sich um internationale Gerichtshöfe.

Diese erstaunliche Unklarheit der Situation veranlaßte amerikanische Anwälte, sich den deutschen Verteidigern im Flick-Prozeß zur Verfügung zu stellen und die oben erwähnten fünf Prozeßanträge auszuarbeiten. Sie stellten fest, daß die Nürnberger Tribunale amerikanische Militärgerichte seien. Sie stellten weiter fest, daß das Verfahren schwerwiegende Verstöße gegen die Gesetze und die Verfassung der Vereinigten Staaten von Amerika, aber auch die Verfahrensvorschriften aller zivilisierten Nationen enthalte. Die Angeklagten hätten sich zum Teil jahrelang in Gefangenschaft befunden, bevor sie einem Richter vorgeführt wurden, und die Beschlagnahme ihres gesamten Vermögens habe es ihnen unmöglich gemacht, die ihnen geeignet erscheinenden Schritte zu ihrer Verteidigung zu unternehmen. Auch sei die Besetzung der »Militärgerichte« mit Zivilisten nach den Gesetzen der Vereinigten Staaten unzulässig. Nach der Rechtsprechung des Obersten Amerikanischen Bundesgerichts sei die Gerichtsbarkeit von Militärgerichten und sogenannten militärischen Kommissionen

darauf beschränkt, über Angehörige der Streitkräfte, nicht aber über zivile Personen zu urteilen.
Bei allen Prozessen gegen Industrielle, Militärs und die Ministerialbürokratie mußten wir damals in der »Zeit« immer wieder auf diesen Rechtsstandpunkt zugunsten der deutschen Angeklagten hinweisen. Es war außerordentlich schwer, hier den richtigen Ton zu finden und das richtige Maß zu halten. Was wir wollten, was zu den Programmpunkten gehörte, die wir bei der Gründung unserer Zeitung aufgestellt hatten, war, in erster Linie im deutschen Volk wieder das Gefühl für das Recht zu wecken.
Weil die Anwälte in ihrer schwierigen Stellung bei den Nürnberger Prozessen eine Unterstützung durch die öffentliche Meinung dringend brauchten, waren wir gezwungen, das Versagen der amerikanischen Gerichtsbarkeit in aller Schärfe festzunageln. Aber andererseits bestand die große Gefahr, daß nationalistische Kreise und solche, die in ihrem Herzen immer noch Nazis waren, dies total mißverstehen und zu der Überzeugung kommen konnten, daß sie in ihren Ansichten gerechter seien als die Vertreter der westlichen Demokratien. Ich glaube, es ist uns, vor allem unserem Nürnberger Korrespondenten Hans Georg v. Studnitz, damals gelungen, den schmalen Weg der Mitte zu finden und einzuhalten.
Besonders schwierig war dies im OKW-Prozeß. Da ging es um den Befehl, den Hitler, schon drei Wochen vor Beginn des Krieges mit Rußland, erlassen hatte, daß alle politischen Kommissare der Sowjetarmee »Mit der Waffe zu erledigen seien«, wenn sie »im Kampf oder bei Widerstand ergriffen würden«; da ging es um den Erlaß Hitlers über die »Barbarossa-Kriegsgerichtsbarkeit«, der den Verfolgungszwang für Straftaten deutscher Soldaten gegen feindliche Zivilpersonen aufhob. Da war ferner der »Kommando-Befehl«, der anordnete, daß den Angehörigen von Sabotagetrupps kein Pardon zu geben sei, und endlich der berüchtigte »Nacht-und-Nebel-Erlaß«, der besagte, daß Straftaten von nicht-deutschen Zivilisten gegen das Reich oder die Besatzungsmacht grundsätzlich mit dem Tode bestraft werden sollten.
Die Verteidigung wies überzeugend nach, daß die Härte des russischen Krieges nicht nur von den Deutschen provoziert war. Die Anwälte hatten aus einer überreichen Fülle von Material einen 231 Seiten starken »Greuelband« zusammengestellt.
Gewiß waren die Befehle Hitlers unmenschlich und sie zum Teil befolgt zu haben ist ein Blatt der Schande im Buch der deutschen Armee. Aber was von der deutschen Verteidigung dem Gericht an Untaten dokumentarisch vorgelegt wurde, die die Sowjetrussen begangen hatten, stellt vieles in den Schatten, was damals von allen Kriegsschauplätzen berichtet worden ist.

Das Gericht erwähnte in seinem Urteilsspruch diese russischen Praktiken nicht mit einem Wort, obwohl es das Dokumentenbuch als Beweismittel angenommen hatte:
»Nach Ansicht des Gerichts kann die Behauptung, daß der Gegner Verstöße gegen das Völkerrecht begangen habe, nicht als Entschuldigung dienen.«
Das war ein strenger Spruch, sehr römisch-republikanisch, aber er wäre sicher anders ausgefallen, wenn in diesem Militärgericht – wie es Gesetz war – statt Zivilisten Offiziere gesessen hätten.
Wie schwierig war es, diesen Spruch den unendlich vielen Soldaten, die in Rußland gekämpft hatten, als ein verständliches Urteil zu schildern! Wir konnten dies nicht tun, ohne – und das entsprach unserer Auffassung von Gerechtigkeit – neben Hitlers Verbrechen die sowjetrussischen Greuel anklagend aufzuzeigen und immer wieder darauf hinzuweisen, wie die Sowjets sich an unseren Kriegs- und Zivilgefangenen als Schlächter und Verderber bewiesen hatten und weiter bewiesen.

Das Verbrechen der Dachauer Prozesse

Waren schon die Grundlagen der Nürnberger Verfahren in hohem Maße anfechtbar, so waren die Untersuchungsmethoden, die den Dachauer Prozessen vorangingen, ganz einfach ein Hohn auf alle westliche Zivilisation. Da wurde wahllos geprügelt, da wurden Geständnisse mit Foltern erpreßt, die an die schlimmsten Methoden des Ku-Klux-Klan erinnerten.
Selbstverständlich blieb das nicht verborgen. Hin und wieder kamen entlassene Untersuchungsgefangene zu mir und berichteten mir über die unerhörte Behandlung, die sie erfahren hatten. Über den sogenannten Malmedy-Prozeß türmten sich die Akten auf meinem Schreibtisch zu hohen Stapeln. Da waren lange Aussagen von Krankenschwestern, die die Gefolterten verbunden hatten – alles notariell beglaubigte eidesstattliche Erklärungen –; da waren die Briefe des Vaters von Oberst Peiper mit Anlagen, die viel einwandfreies Material enthielten.
Bei diesem Prozeß ging es um folgendes:
Amerikanische Gefangene waren zum Abtransport in Viererreihen angetreten – das war bei der Ardennen-Offensive, dem letzten Versuch Hitlers, die Westfront der Alliierten zu durchbrechen. Die Bewachung der Gefangenen war angeblich einem SS-Kommando unter Oberst Peiper anvertraut. Plötzlich fielen Schüsse. Der größte Teil der Gefangenen war tot. Peiper und eine Reihe anderer dieses SS-Kommandos waren nun angeklagt, daß sie wehrlose Gefangene ermordet hätten.
Die Angeklagten leugneten; es sei nicht nur kein Befehl zu einer Erschießung gegeben, sondern es sei auch von deutscher Seite überhaupt nicht geschossen worden, jedenfalls nicht von dem SS-Kommando, das sich in Dachau verantworten mußte. Da alle Prügel und alle Drohungen die deutschen Angeklagten nicht dazu bewegen konnten, anders auszusagen, griff man – so lauteten meine Unterlagen – zu folgender Methode:
Den Angeklagten wurde eine schwarze Kapuze über den Kopf gezogen,

die noch feucht war von dem Blut derjenigen, die vorher in ihr mißhandelt worden waren. Man schlug sie nun – so hieß es weiter – mit Stöcken auf den Kopf, bis auch sie bluteten. Als auch dies nichts nützte, erklärte man ihnen, sie würden jetzt aufgehängt, und führte an ihnen eine Scheinexekution durch. Doch auch dieser letzte Höhepunkt der Folterung habe zu keinen Geständnissen geführt.
Jetzt versuchte man – so lautete der mir vorliegende Bericht – es anders, indem man plötzlich an Ehre und Mannhaftigkeit appellierte. Man erklärte dem Oberst Peiper, er und alle seine Leute würden ohne weiteres zum Tode verurteilt werden, aber er könne das Leben seiner Untergebenen retten, wenn er ein Geständnis, das man ihm vorlegte, unterschriebe. Er würde dann zwar zum Tode verurteilt werden, aber die anderen kämen mit geringen Strafen davon. Peiper, aus einem falschen Gefühl von Kameradschaft heraus, habe dies Geständnis unterschrieben. Er wurde in der Tat zum Tode verurteilt – und außer ihm noch elf andere Mitglieder seines Kommandos.
Was sollte ich tun? Wir entschieden uns in der Redaktion, daß wir nicht angreifen, sondern versuchen wollten, mit einem persönlichen Appell bei der amerikanischen Militärregierung wenigstens zu erreichen, daß die Ausführung des Urteils aufgeschoben und eine Überprüfung der Urteile angeordnet werde.
So fuhr ich denn nach Frankfurt zum Sitz der Militärregierung.
Ich war telefonisch mit einem der nächsten Mitarbeiter von General Clay im IG-Haus verabredet. Über eine Stunde mußte ich warten. Das war sehr ungewöhnlich, denn gerade dieser Herr, mit dem ich sprechen sollte, war wegen seiner höflichen Korrektheit bekannt. Als er ins Zimmer trat, ein großer, schwerer Mann, wischte er sich den Schweiß von der Stirn: »Sie müssen bitte diese Verspätung entschuldigen; die Prinzessin Ysenburg hat zwei Stunden lang auf mich eingeredet, und ich konnte sie nicht loswerden. Es ist schrecklich, diese Deutschen lernen nichts. Sie wollte mich dazu bringen, Ohlendorf freizulassen. Er sei nur der Verführung Hitlers erlegen, habe eine gute, reine Seele und werde sicher wieder ein nützliches Mitglied der menschlichen Gesellschaft werden. Was sagen Sie dazu?«
»Ich bin anderer Meinung als die Prinzessin. Ich bin der Meinung, daß ein Verbrecher für seine Taten bestraft werden muß und daß man ihm nicht seine Strafe erlassen kann, weil er in Zukunft vielleicht ein guter Mensch werden wird. Und auch daß dieses eintreten könnte, glaube ich nicht: Ein guter Mensch verrät nicht die, mit denen er bisher kameradschaftlich zusammengearbeitet hat, um seinen Hals zu retten, so wie Ohlendorf dies im Nürnberger Prozeß getan hat. Aber ich sehe, daß ich

zu einem schlechten Zeitpunkt gekommen bin, und bedaure dies sehr.«
»Wie meinen Sie das?«
»Auch ich wollte für einen Landsberger Gefangenen eintreten, und ich fürchte, Sie werden nunmehr nicht mehr in der Stimmung sein, mich wohlwollend anzuhören.«
»Um wen handelt es sich?«
»Um Oberst Peiper.«
»Um Gottes willen, nennen Sie diesen Namen nicht.«
»Aber es sind bei den Verhandlungen gegen die Angeklagten des Malmedy-Prozesses abscheuliche Dinge passiert. Bitte, glauben Sie mir auf mein Wort, daß die Geständnisse erpreßt sind, und zwar auf höchst verdammenswerte Weise.«
»Herr Tüngel, ich glaube Ihnen, daß Sie solche Informationen haben. Sie brauchen sie mir auch gar nicht zu schicken. Sie wissen doch, daß der evangelische Landesbischof von Württemberg, Wurm, und der katholische Weihbischof von München, Neuhäusler, sich an uns gewandt haben, um eine Revision des Prozesses zu erlangen. Auch sie haben uns Material überreicht, vermutlich das gleiche, das Sie haben.«
»Ich weiß auch«, erwidere ich, »daß der amerikanische Verteidiger Oberst Everett scharf dagegen protestiert hat, daß die erpreßten Protokolle im Prozeß verwandt worden sind.«
»Herr Tüngel, ich will Ihnen jetzt genau erklären, wie der Fall liegt. Wir wissen, daß Inkorrektheiten bei dem Verfahren begangen worden sind. Und wir bemühen uns sehr um den Fall. Aber glauben Sie nur nicht, daß General Clay allmächtig ist. Wir müssen mit dem amerikanischen Kongreß, dieser wiederum muß mit der Stimmung des amerikanischen Volkes rechnen. Stören Sie bitte unsere Bemühungen nicht durch eine Veröffentlichung in Ihrer Zeitung. Sie würden damit dem Oberst Peiper nur schaden.«
Den gleichen Rat hatte ich schon vorher von sehr wohlwollender englischer Seite gehört, von in Frankfurt stationierten Mitgliedern der englischen Militärregierung, die ich um ihre Vermittlung gebeten hatte. So brach ich die Diskussion ab und ging zu anderen Themen über.
In Hamburg trug ich das Ergebnis meiner Frankfurter Besprechungen in der Redaktionskonferenz vor. Ich hatte das Gefühl, daß man doch nicht ganz schweigen könne, sondern daß man versuchen müsse, zwischen diejenigen Kreise, die für die Dachauer Verfahren verantwortlich waren, einerseits und die Spitze der Frankfurter Militärregierung andererseits einen Keil zu treiben in der Form, daß man die amerikanische Justiz von Dachau in ihren Vertretern persönlich angriff und von den Frankfurter Stellen absetzte. Hierzu mußten natürlich noch an Ort und Stelle genaue

Feststellungen getroffen werden. Ich schickte Claus Jacobi nach Landsberg und Frankfurt. Er schrieb dann in der »Zeit«:

»Die Mehrzahl der in Dachau arbeitenden Untersuchungsbeamten waren sogenannte ›1939er‹, frischgebackene US-Staatsbürger, die bis 1939 aus Deutschland emigrierten und nach Kriegsende als Racheengel wiederkehrten. Ihr damaliger Chef und jetziges Mitglied der Judge Advocates Section bestritt vergangenen Monat in ›Stars and Stripes‹ energisch, daß man gesetzwidrige Methoden angewandt habe, um zum Ziel zu kommen. Die Anklage in Dachau habe nur versucht, die mit allen Hunden gehetzten ›Galgenvögel‹ zu überlisten und sie irgendwie zu einem Geständnis zu bewegen. Dieser Herr ist offenbar bereit, Zeugnisse von ›Berufszeugen‹, die Akzeptierung unsinniger Selbstbeschuldigungen, erschlichene Geständnisse und die Verwertung unsignierter Dokumente und Durchschläge als rechtliche ›List‹ zu betrachten. Nun, wir sind dies nicht. Das Recht kennt keine List. Und außerdem ist das nicht alles. In Dachau wurden unter den Augen der US-Militärgerichte Verbrechen begangen.

Um 139 in diesem Lager in den Jahren 1946/47 zum Tode verurteilte Deutsche, deren Urteile fast alle weder mündlich noch schriftlich im einzelnen begründet sind, ist ein Streit entstanden. Schon vor Monaten wurde für sie durch das USA-Kriegsministerium ein Exekutionsstopp erlassen. Die ablehnende Empfehlung einer Prüfungskommission gab General Clay jedoch vor etwa drei Wochen – kurz nachdem die Begnadigung der Ilse Koch durch ihn bittere Kritik ausgelöst hatte – die Handhabe, die Vollstreckung aller Hinrichtungen zu befehlen. Neunundzwanzig Exekutionen sind bereits durchgeführt worden, und fünfundsechzig werden termingemäß innerhalb der nächsten sieben Wochen zu absolvieren sein. Fünfundvierzig Verurteilte sind zum zweitenmal von der Hinrichtungsliste gestrichen worden. General Clay überprüft ihre Urteile noch einmal. Wie wir erfahren, befinden sich zwölf Verurteilte des Malmedy-Prozesses darunter.«

Nach einiger Zeit wurde in der Tat das Todesurteil gegen Oberst Peiper in eine lebenslängliche Zuchthausstrafe umgewandelt. Daß aber damit der Gerechtigkeit Genüge getan wäre, davon kann keine Rede sein. Inzwischen hat die amerikanische Zeitschrift »Life« eine genaue Untersuchung mit vielen Bildern über dieses traurige Ereignis im Ardennenfeldzug gebracht. Danach scheint es doch wohl festzustehen, daß diese Erschießung amerikanischer Gefangener versehentlich durch amerikanische Truppen geschehen ist, die im Morgennebel den Zug der Gefangenen für aufmarschierende deutsche Soldaten gehalten haben. Vielleicht ist es auf diese Enthüllung zurückzuführen, daß man vor einiger Zeit daran dachte, den Oberst Peiper on parole provisorisch zu entlassen. Aber sofort stand

in Amerika der demokratische Senator Kefauver auf und erklärte, solange er in den USA irgend etwas zu sagen habe – er bildete sich ein, er könnte beim letzten Wahlkampf Vizepräsident der Vereinigten Staaten werden –, werde er dafür sorgen, daß Oberst Peiper niemals aus der Haft entlassen werde.
Es war und ist in den Vereinigten Staaten gewiß sehr schwierig, sich für Leute einzusetzen, die schuldlos verurteilt worden sind, wenn die öffentliche Meinung dem entgegensteht.
Ich habe dies auch sonst erfahren. Da war der Fall von Mildred Gillars, die den Spitznamen »Axis-Sally« hatte. Sie sprach im deutschen Rundfunk morgens um zwei Uhr zu den amerikanischen Soldaten in Nordafrika. Ihre Sendungen begann sie mit den Worten: »Halloh boys.« Nach dem Kriege wurde sie nach den Vereinigten Staaten gebracht und dort wegen Landesverrats verurteilt – völlig zu Unrecht und gegen jede demokratische Rechtsauffassung. Mildred Gillars war wie alle amerikanischen Staatsangehörigen von ihrem Konsulat in Berlin 1940/41 aufgefordert worden, Deutschland zu verlassen. Sie hatte dem Konsul ihren Paß hingeworfen und erklärt, sie gebe hiermit ihre amerikanische Staatsangehörigkeit auf. So war sie durch eigenes Verschulden länger als fünf Jahre nicht in den Vereinigten Staaten gewesen. Es kann kein Zweifel sein, daß sie bei Kriegsende die amerikanische Staatsangehörigkeit nicht mehr besaß. Dennoch verurteilte man sie wegen Landesverrats, und zwar zu fünfzehn bis dreißig Jahren Zuchthaus. Ich bat meinen Freund Volkmar von Zühlsdorff, der ihm persönlich bekannten amerikanischen Schriftstellerin Freda Utley zu schreiben, ob sie nicht etwas für diese unglückliche Frau tun könne. Sie antwortete, bei der Stimmung, die in Amerika herrsche, könne sie nichts unternehmen; sie würde damit Mildred Gillars einen schlechten Dienst erweisen. Es bestände die Gefahr, daß man dann von der Möglichkeit, sie mit der geringeren Strafe von fünfzehn Jahren Zuchthaus davonkommen zu lassen, keinen Gebrauch machen werde.
Ich habe mich daran gewöhnt, daß die Moral der Völker verschieden ist, und verschieden ist daher auch ihre Rechtsauffassung.

Die Nürnberger Prozesse waren zu Ende. Als Zeitung hatten wir die Pflicht, noch einmal abschließend zu ihnen Stellung zu nehmen.
Die Frage, die wir beantworten mußten, lautete: Was soll nun geschehen? Wir hatten die Unrechtmäßigkeit vieler Verfahren festgestellt, wir hatten die Verantwortlichen angegriffen, wir hatten offenbar nichts damit erreicht. Konnten wir nun einfach den ganzen Komplex in der Versenkung verschwinden lassen, weil wir unserer publizistischen Pflicht genügt hatten? Mußten wir nicht Vorschläge machen zur Lösung aller von uns sel-

ber angeschnittenen Probleme, soweit sie die alliierte Gerichtsbarkeit betreffen, um nicht nur dem Recht zu dienen, sondern auch einer Vergiftung der Atmosphäre zwischen uns und den westlichen Alliierten vorzubeugen? Friedländer und ich waren uns darüber klar – und ebenso dachte die ganze Redaktion –, daß hier etwas geschehen müsse. Wir teilten uns die Aufgabe: Er sollte über eine Revision schreiben, ich über den Akt der Gnade.

Friedländer schrieb:

»Das Bedenklichste an diesen amerikanischen Prozessen war die unzulässige Vermischung von moralischer und krimineller Schuld. Es gibt viele Menschen, die in den zwölf Jahren des Naziregimes versagt haben, durch Lässigkeit, durch Feigheit, durch zu viel Gehorsam. Es gibt nur wenige, die höchsten Ansprüchen genügten und die vor ihrem eigenen Gewissen die Frage nach dem mea culpa verneinen können. Auch der totalitäre Staat kennt nur eine kleine Zahl wirklicher Verbrecher und wirklicher Helden. Er kennt, am höchsten Maßstab des Helden gemessen, viele moralisch Schuldige. Aber wer darf so messen, und wer darf sagen: Du warst kein Held, also bist du ein Verbrecher. Ein irdisches Gericht ist hierzu nicht befugt. Ein irdisches Gericht darf Kriegsverbrechen ahnden, aber dabei muß es sich in jedem einzelnen Fall um klar umrissene kriminelle Tatbestände handeln, nicht aber um Inventuren menschlicher Schwächen. Zu viel Anklage bewirkt zu viel Verteidigung. Bei zu viel Anklage wird der allenfalls moralisch Schuldige zum Verbrecher gestempelt. Bei zu viel Verteidigung wird der kriminellen Schuld auch die moralische abgestritten. Die Nürnberger Prozesse und übrigens auch die Entnazifizierung haben bei uns zu einer fast allgemeinen Flucht in die völlige Unschuld geführt, sogar in die Kollektivunschuld. Ein schlechteres pädagogisches Ergebnis ist kaum denkbar.«

Und er beendete diesen Artikel, einen der großartigsten, den er bei uns geschrieben hat, mit den Worten:

»Die Nürnberger Prozesse sind zu Ende. Der Kampf um die Wahrheit muß weitergehen. Notleidendes Recht kann nicht durch Gnade, sondern nur durch besseres Recht geheilt werden. Und deshalb gibt es nur einen brauchbaren Weg: Revision. Die Nürnberger Urteile bedürfen der Nachprüfung. Die beste Instanz wäre ein internationales Gericht mit einem amerikanischen, einem neutralen und einem deutschen Richter. Die zweitbeste Instanz wäre ein amerikanisches Gericht in Washington, letzten Endes der amerikanische Supreme Court ... Die amerikanische Anwaltskammer hat die Absicht, sich mit den Nürnberger Verfahren und ihren Mängeln zu befassen. Rechtlich, politisch und menschlich ist diese Nachprüfung notwendig geworden. Hier geht es weder um das Prestige

von Siegern noch um den Trotz von Besiegten; kein Ressentiment darf wesentlich sein, wenn die höchsten Werte auf dem Spiele stehen: Wahrheit und Gerechtigkeit.«
Ich schrieb meinen zwischen uns verabredeten Artikel unter dem Titel »Wenn Gnade bei dem Recht steht«.
Das war ein Zitat aus Shakespeare, aus dem »Kaufmann von Venedig«. Ich hatte mich dieses Zitates schon einmal bedient; das war 1942 gewesen in dem jährlichen Kalender, den der Atlantis-Verlag herausbrachte. Was wir damals gegen das Hitler-Regime drucken lassen konnten, stand in ihm. Er war sofort vergriffen und ebenso der private Nachdruck, den Herr von Schweinichen, der später einer der Lizenzträger des »Tagesspiegels« wurde, mit unserer Zustimmung für seine Freunde hergestellt hatte. Es berührte mich eigentümlich und eigentlich sehr traurig, daß ich jetzt in den Tagen der westlichen Freiheit und Demokratie diese Sätze, im gleichen Sinne wie damals, als Motto über meinen Leitartikel setzen konnte:

> »Die Art der Gnade weiß von keinem Zwang...
> Sie thronet in den Herzen der Monarchen,
> Sie ist ein Attribut der Gottheit selbst,
> Und Erdenmacht kommt göttlicher am nächsten,
> Wenn Gnade bei dem Recht steht.«

Der Schluß meines Artikels lautete:
»Man hat in Nürnberg Männer vor Gericht gestellt, die gewissermaßen symbolisch einen ganzen Stand vertreten sollten – wir erinnern an den Krupp-Prozeß, in dem man, weil der Vater zu krank war, einfach den Sohn vor die Schranken des Gerichtes rief. Man hat Offiziere, Beamte, Industrielle mit Schwerverbrechern zusammengestellt und durcheinandergemischt, um ein Bild nachzuschaffen, das man sich vorher auf Grund nicht richtig apperzipierten Nachrichtenmaterials aufgebaut hatte – nicht nur in Deutschland nämlich ist falsch apperzipiert worden. Und bei der allgemeinen Entnazifizierung ist dies nicht anders gewesen als bei den Nürnberger Prozessen. Wer kann behaupten, daß ein PG von 1928 schuldiger sei als einer von 1941? Wer kann beschwören, daß jeder, der die berühmte weiße Weste trägt, weil er nicht in der Partei gewesen ist, ein Recht hat, für besser zu gelten als alle Parteimitglieder? Liegt es nicht auf der Hand, daß solche Vorstellungen nur aus falsch apperzipierten Nachrichten entstehen können? Aber wenn dies so ist – und wir sehen nicht ein, wie man diese Tatsache bezweifeln kann –, dann muß etwas geschehen, um die Maßstäbe, die verschoben sind, wieder zurechtzurücken. Das neue Völkerrecht, das die Alliierten konstituiert sehen woll-

ten, ist jetzt da, doch hat es viel Unrecht gekostet, es zu schaffen. Dieser Zustand kann nur wieder ins reine gebracht werden, wenn Gnade neben das Recht tritt.

Wohl mag es sein, daß bei einer großen Gnadenaktion auch Schuldige durch die Maschen schlüpfen werden. Andererseits werden manche wahrscheinlich darauf bestehen wollen, daß ihr Verfahren revidiert werde, weil ihnen Unrecht geschehen ist – die Gnadenaktion sollte die Möglichkeit einer solchen Revision niemals ausschließen. Es kann und soll auch durch eine Amnestie nicht ausgelöscht werden, was geschehen ist. Aber wir glauben, in dieser gnadenlosen Welt sollten endlich nach so vielen entsetzlichen Jahren die Menschen wieder auf die Gnade vertrauen dürfen, von der Shakespeare sagt:

> Sie träufelt wie des Himmels milder Regen
> Zur Erde unter ihr, zwiefach gesegnet,
> Sie segnet den, der gibt, und den, der nimmt.«

Auf unsere Artikel ist weder von deutscher noch von amerikanischer Seite irgend etwas erfolgt. Wir hatten beide, Friedländer und ich, wieder einmal in den Wind geschrieben.

Marshall-Plan, Währungsreform und die Büchse der Pandora

Der Streit über Nürnberg und Dachau war für uns in jeder Weise ärgerlich. Wir hatten fast keinen Erfolg und mußten Vertreter einer Nation bekämpfen, die in den gleichen Jahren Großartiges für die Freiheit der nicht-kommunistischen Welt, für Europa und damit auch für Deutschland leistete. Die damalige Politik war in der Tat die Grundlage für zwei Dinge, die uns heute ganz selbstverständlich erscheinen, an die man damals aber im Chaos der Nachkriegszeit kaum zu denken wagte: das Verteidigungsbündnis der westlichen Völker in der NATO und das energisch durchgeführte Bestreben, ein wirtschaftlich und politisch geeintes Europa zu schaffen.

Das begann mit der Rede, die Präsident Truman im März 1947 vor dem Kongreß hielt und in der er die Gewährung einer Anleihe von 400 Millionen Dollar für Griechenland und die Türkei forderte. Damit rückten die Vereinigten Staaten in die Positionen ein, die England räumen mußte, gezwungen durch seine finanzielle Lage und durch den Mangel an Arbeitskräften in der Heimat. Das Programm dieser Politik legte die Rede in wenigen Sätzen fest:

»Um ein friedliches Gedeihen der Nationen frei von Zwang zu sichern, haben die Vereinigten Staaten eine führende Rolle in der Gründung der UNO übernommen, die dazu dienen soll, dauernde Freiheit und Unabhängigkeit für all ihre Mitglieder möglich zu machen. Wir werden aber unser Ziel nicht erreichen, wenn wir nicht gewillt sind, freien Völkern zu helfen, ihre freien Einrichtungen und ihre nationale Unverletzbarkeit zu erhalten gegenüber Bewegungen, die versuchen, ein totalitäres System zu erzwingen.

Ich glaube, daß es die Politik der Vereinigten Staaten sein muß, freie Völker zu unterstützen, die dem Versuch einer Unterjochung durch bewaffnete Minderheiten oder durch einen Druck von außen widerstehen. Ich glaube, daß unsere Hilfe in wirtschaftlicher und finanzieller Unterstützung bestehen sollte, soweit sie notwendig ist für eine wirtschaftliche Stabilität und ein geordnetes politisches Leben. Die Welt ist nicht statisch, und der Status quo ist nicht geheiligt, aber wir können keinen Wechsel in diesem Status quo erlauben, der in Verletzung der UNO-Charta geschieht, und zwar durch solche Methoden wie Zwang und durch solche Manöver wie politische Infiltration.

Sollten wir es versäumen«, so fuhr der Präsident fort, »Griechenland und der Türkei in dieser schicksalhaften Stunde zu helfen, so würde das Ergebnis für den Westen sowohl wie für den Osten sehr weitreichend sein. Wir müssen sofort und sehr entschlossen handeln.«

Ich war begeistert: »In gleicher Weise«, sagte ich zu Bobeff, »hätte ein römischer Konsul vor dem Senat oder ein römischer Imperator sprechen können.«

Aber Bobeff erinnerte mich an eine andere Rede, die Rede, die Truman am ersten Army and Navy Day nach dem Kriege gehalten hatte. Hier hatte er gesagt, die Vereinigten Staaten hätten die stärkste Armee, die stärkste Luftwaffe und die stärkste Flotte der Welt und sie würden darauf bestehen, daß dies so bliebe. Inzwischen war die Armee auseinandergelaufen –, der Ausdruck stammt nicht von mir, sondern von einem amerikanischen Offizier, der sich mit diesen Worten in einem Gespräch in Berlin über die Demoralisierung der amerikanischen Armee mir gegenüber bitter äußerte –, die Flugzeuge waren zum großen Teil eingemottet. Würde es auch diesmal wieder so gehen, daß den kühnen Reden keine Taten entsprechen? Bobeff befürchtete es. Er hatte eine besondere Art, solche Befürchtungen vorzubringen. Er krähte vor Bosheit und Vergnügen, aber was er sagte, war niemals nur witzig, sondern meistens traf es genau ins Schwarze.

Ich aber hatte eine Vorliebe für diesen amerikanischen Präsidenten, sehr im Gegensatz zu denen, die ihn für einen politischen Emporkömmling hielten und ihn nach seinem früheren Beruf verächtlich als politischen Haberdasher bezeichneten. Er hatte zweifellos politischen Instinkt in allen Fragen der Außenpolitik; unglücklicherweise fiel seine Präsidentschaft in eine Zeit, in der die amerikanischen Bürger noch nicht begriffen hatten, welche Rolle die Vereinigten Staaten zwangsweise in der Weltpolitik spielen müssen, und als sie es noch beklagenswert fanden, daß die Zeit der splendid isolation vorbei war.

Präsident Truman hat in der Tat durch seine »Doktrin« verhindert, daß Griechenland kommunistisch wurde und daß die Türkei unter dem massiven Druck der Sowjetrussen zusammenbrach. Er hat zum zweitenmal mit erstaunlicher Energie eingegriffen, als die Kommunisten von Nord-

korea – mit Unterstützung von Moskau und Peking – versuchten, Südkorea zu überrennen.
An dem Abend, an dem in der Welt bekannt wurde, daß der Sicherheitsrat – in Abwesenheit des sowjetischen Vertreters – auf Drängen der Amerikaner den Beschluß gefaßt hatte, UNO-Truppen sollten zum Schutz der Südkoreaner eingreifen, traf ich an der Bar im Anglo-German Club in Hamburg einen prominenten China-Kaufmann. Wir verzankten uns ganz schnell. Er sagte, diese Initiative Trumans sei das Dümmste, was hätte geschehen können. Ich vertrat meinen Standpunkt: »Wenn die westliche Welt hier zurückweicht, können wir Asien abschreiben. Es ist möglich, daß die Geschäfte mit Rotchina nun noch schwieriger sein werden, aber in unseren Tagen darf Politik nicht mehr durch Geschäfte bestimmt werden.«
Diesen letzten Satz nahm er mir besonders übel.
Es gibt viele, die Truman vorwerfen, daß er dem Vorschlag von General McArthur, nötigenfalls unter Anwendung von Atomwaffen den Yalu-Fluß, die Grenze gegen Rotchina, zu überschreiten, nicht gefolgt sei, sondern statt dessen einen Rückzug der UNO-Truppen hingenommen habe. Truman hat nie eine starre Politik betrieben, er hat nur dafür gesorgt, daß Stützpunkte erhalten blieben, die für die Vereinigten Staaten Bedeutung hatten – im Balkan und in Korea. Daß man später von diesen Stützpunkten keinen Gebrauch zu machen wußte, daß die amerikanische Außenpolitik nicht mehr beweglich war, sondern puritanisch-doktrinär wurde, darf man ihm nicht vorwerfen.
Was uns Deutsche anlangt, so sind wir ihm für seine weitsichtige und mutige Politik zweifellos Dank schuldig.
Auf die Verkündung der Truman-Doktrin folgte zweieinhalb Monate später die Rede des Außenministers Marshall an der Universität Harvard, in der er die europäischen Nationen aufforderte, ein gemeinsames Programm für den Wiederaufbau ihrer Wirtschaft auszuarbeiten, mit dessen Hilfe der amerikanische Beitrag sachgemäß und wirkungsvoll einsetzen könne. Zweifellos sei in den nächsten drei oder vier Jahren eine großzügige Hilfe der Vereinigten Staaten erforderlich, wenn Europa nicht politisch, wirtschaftlich und sozial zusammenbrechen solle. Die Initiative zu diesem Plan müsse aber von Europa ausgehen. Amerika könne nichts weiter tun, als bei seiner Ausarbeitung zu helfen und seine spätere Ausführung, soweit es in seiner Macht stehe, zu unterstützen.
Dies ging sehr viel weiter als die Truman-Doktrin, betraf uns auch selber stärker. Wir hatten bisher gewiß keine angenehme Existenz gehabt, aber was die Weltpolitik anging, so hatten wir weitgehend ein Drohnenleben geführt, wir hatten in ihr keine Rolle zu spielen. Zwar waren wir inter-

essiert, aber doch hauptsächlich als Beobachter. Das wurde nun anders. Es konnte kein Zweifel sein, jetzt würde man uns einbeziehen.
Ich besprach dies wieder einmal mit Athanas Bobeff. Wir saßen zusammen in einer kleinen Kneipe, deren Wirt, Gerull, ein Ostpreuße, uns Zeitungsvolk gern hatte und – was damals eine Kostbarkeit war – immer Schnaps für uns bereit hielt.
Wir waren sehr nachdenklich. Ich malte Kreise auf ein Stück Papier: »Der Deckel von der Büchse der Pandora ist gelüftet. Ist das für uns befreiend oder nicht?«
»Das kommt darauf an, welch böse Gespenster herausfliegen«, sagte Bobeff, »aber vielleicht, Tüngel, können Sie das gar nicht übersehen.«
»Warum nicht?«
»Sehen Sie, alle Autorität im Deutschen Reich war doch schon dank der Nazis ins Fließen geraten.«
»Natürlich.«
»Sie und Ihre Freunde sind seit 1933 nicht nur zu Ihrer Regierung, sondern auch zu Ihrem Staat in Opposition gewesen. Was bei Ihnen 1945 zusammenbrach, das hatten Sie gehaßt.«
»Aber Deutschland habe ich geliebt...«
»Wir verstehen uns immer noch nicht. Sehen Sie, unser Staat war heil. Sie wissen, daß meine Familie mit dem Königshof sehr verbunden war. König Boris war gestorben, ganz kurz nach einem Flug von Deutschland nach Sofia. Was die Ursache seines Todes war, weiß man bis heute nicht. Bestimmt war er für Hitler unbequem geworden. Es wurden fünf Regenten ernannt. Sie versuchten gegenüber dem Westen zu kapitulieren, Bulgarien der freien Welt zu erhalten. Man überließ uns den Sowjetrussen.
Und in einer Winternacht standen die fünf Regenten, darunter Prinz Nikolaus, der Bruder des Königs, der sich geweigert hatte zu fliehen, nackt – Tüngel, sie mußten sich vor der Exekution im Schnee ausziehen, weil Dimitroffs Schergen Anzüge und Wäsche undurchschossen verwenden wollten –, nackt, am Rande einer großen Grube und mit ihnen Bulgariens regierende Schicht, mehrere hundert Menschen, alle nackt – und sie wurden erschossen. Wenn einer nicht von selbst in die Grube fiel, bekam die Leiche einen Tritt.
Was bedeutet dagegen die Exekution in Nürnberg? Da wurden Leute umgebracht, die es wohl alle verdient hatten. Aber wartet nur, was aus der Büchse der Pandora für euch noch herauskommen kann! Verlaßt euch nicht zu sehr auf eure westlichen Freunde.«
»Bobeff«, sagte ich, »was aber sollen wir sonst tun? Die Büchse der Pandora ist nun einmal geöffnet. Niemand holt die Gespenster ein, die aus ihr

entwichen sind. Man hat uns jetzt im Spiel, und wir kommen nicht mehr heraus.«

Der Marshall-Plan nahm seinen Lauf. Alle Völker Europas brauchten das gleiche: Einfuhren aus Amerika, und sie alle verfügten nicht über die Dollarmillionen, um sie zu bezahlen. Marshall stellte Hilfe in Aussicht und schloß hierbei die Sowjetunion und die sowjetischen Satelliten nicht aus. Er sagte:

»Unsere Politik ist nicht gegen irgendein Land oder irgendeine Lehre gerichtet. Allerdings: Regierungen, politische Parteien und Gruppen, die versuchen, die menschliche Not zu verewigen, um politischen oder anderen Nutzen daraus zu ziehen, werden die Gegnerschaft der Vereinigten Staaten herausfordern.«

Man schätzte, daß Amerika für den Wiederaufbau Europas fünfzehn Milliarden Dollar als Unterstützung zur Verfügung stellen werde, allerdings nur, wenn die europäischen Staaten von sich aus einen wirtschaftlichen Zusammenschluß vornähmen. Diese Schock-Therapie wirkte in dem uneinheitlichen Europa unerwartet schnell. Bevin erklärte sich bereit, mit Frankreich zusammen die Führung der Verhandlungen zu übernehmen. Holland, Belgien, Luxemburg und Italien gaben ihre Zustimmung zu dem Plan. Bidault fragte in Moskau an, ob die russische Regierung bereit sei, an den Vorbesprechungen teilzunehmen.

Molotow sagte zu. Er fuhr nach Paris, um mit Bevin und Bidault zu verhandeln. Die Konferenz war nur kurz und endete damit, daß die beiden Parteien sich gegenseitig vorwarfen, an ihrem Scheitern schuld zu sein. Die Ausdrücke, in denen dies geschah, waren ziemlich scharf; Molotow verstieg sich zuletzt zu Drohungen. Die Mächte, die den Marshall-Plan annähmen, würden dies eines Tages sehr bereuen.

Der Gegensatz der Meinungen war unüberbrückbar. Molotow hatte erklärt, die englisch-französische Forderung, der Wiederaufbau Europas müsse nach einer einheitlichen Wirtschaftsplanung aller beteiligten Völker erfolgen, bedeute einen Eingriff in die souveränen Rechte der kleinen Nationen. Bevin und Bidault wiederum hatten den russischen Vorschlag zurückgewiesen, daß jedes Land für sich seine eigenen Forderungen anmelden müsse, die dann gesammelt an Amerika weitergeleitet werden sollten. Ein solches Vorgehen entspreche nicht der Aufforderung Amerikas. Aus den Ankündigungen Marshalls gehe deutlich hervor, daß Europa zunächst einmal feststellen müsse, wieweit es sich selber helfen könne, und daß es dann den Bedarf anmelden solle, für den es amerikanische Hilfe brauche.

Wie stark diese Gegensätze ideologisch fundiert waren, ergab sich aus der Begleitmusik der Presse. Die kommunistischen Zeitungen warfen den

Westmächten Dollar-Imperialismus vor und beschuldigten sie, die Truman-Doktrin auf ganz Europa ausdehnen zu wollen. Die westliche Presse sprach von Sabotage des Weltfriedens durch die Sowjetrussen und von dem Wunsch Moskaus, Europa schwach zu halten, um es zu beherrschen. Tatsächlich wäre eine Einigung nur möglich gewesen, wenn entweder der Osten oder der Westen bereit gewesen wäre, sein Wirtschaftssystem aufzugeben und das des anderen anzunehmen.
Seit der Machtergreifung des Kommunismus in Rußland war die Einheit des Denkens in der Welt zerstört. Man muß sehr weit zurückgehen in der Geschichte, wenn man eine ähnliche Situation wiederfinden will, zurück bis zur ausgehenden Antike, als sich Christen und Heiden ebenso verständnislos gegenüberstanden wie heute die Kommunisten und ihre Gegner. Die Russen konnten, weil dies ganz einfach ihrer Ideologie nicht entsprach, auf den amerikanischen Plan, einen gemeinsamen freien Markt zu errichten, der sich über die ganze Welt erstrecken sollte, nicht eingehen; das kommunistische Wirtschaftssystem ließ dies nicht zu.
Aber wir, wie sollten wir uns verhalten? Was wurde aus Deutschland? Zweiundzwanzig europäische Staaten – alle mit Ausnahme der Sowjetunion und Spaniens – waren von Bevin und Bidault zu einer neuen Konferenz nach Paris eingeladen.
Deutschland sollte durch zwei Oberkommissare, den britischen und den französischen, vertreten werden. Aber die konnten natürlich nicht für die Sowjetzone sprechen. Was wurde aus der deutschen Sowjetzone? Wurde sie durch den Marshall-Plan aus dem übrigen Deutschland ausgeklammert? Jedenfalls konnte in Paris niemand auftreten, der für sie sprach. Im Kontrollrat hatte zwar General Clay und hatten auch hohe russische Offiziere erklärt, daß es über den Marshall-Plan nicht zu einer Teilung Deutschlands kommen dürfe; nach wie vor habe der Kontrollrat die Aufgabe, sich um einen gemeinsamen Friedensvertrag für alle vier deutschen Zonen zu bemühen. Aber durften wir darin mehr als schöne Worte sehen, hinter denen keine Überzeugung stand?
»Die Büchse der Pandora«, sagte Bobeff.
»Gewiß«, erwiderte ich, »aber wir müssen die Geister nennen, die aus ihr entflohen sind, sonst können wir sie weder fangen noch beherrschen.«
Friedländer meinte: »Lassen wir doch Beer aus Berlin kommen, er hat sicher präzise Eindrücke davon, wie dort die Dinge laufen. Es wäre gut, sich einmal mit ihm auszusprechen ...«
Karl Willy Beer war – ich erwähnte es schon kurz – unser Berliner Korrespondent. Er war gleich nach der Gründung der »Zeit« zu uns gestoßen. Bei seiner Tätigkeit für uns hatte er es gewiß nicht leicht, wir waren ausgesprochene Anti-Kommunisten, schonten die Sowjetrussen überhaupt

nicht und haben die Greuel, die sie nicht nur in der Sowjetzone, sondern überall, wo sie an der Macht waren – auch im eigenen Lande –, begingen, immer scharf angeprangert. Berlin, unter der Kontrolle der vier Mächte, war ein sehr heißes Pflaster, und schon mancher Journalist war dort spurlos verschwunden.
Beer kam, und das erste, was er uns erzählte, war gerade ein solcher Fall, über den er sich sehr empörte. Ein Berliner Journalist war verschwunden, Dieter Friede. Er war in seiner Wohnung im englischen Sektor angerufen worden, er möge im russischen Sektor nach einem kranken Freunde sehen; das war die letzte Nachricht, die man von ihm hatte. In der Stadtverordnetenversammlung gab es erregte Auseinandersetzungen. Der Polizeipräsident, der zur Verantwortung gezogen werden sollte, war ein ehemaliges Mitglied des National-Komitees deutscher Offiziere in Moskau, ein Oberst Markgraf, ein aktiver Angehöriger der SED. Das Mißtrauensvotum des Stadtparlaments lasse ihn völlig kühl, hatte er erklärt. Er würde seinen Posten nur verlassen, wenn die alliierte Kommandantur ihm dies befehle. Er konnte sich diese Unverschämtheit erlauben, denn bei Beschlüssen der Kommandantur hatte der sowjetische Vertreter ein Vetorecht.
»Sie wissen ja gar nicht, wie es bei uns wirklich aussieht«, sagte Dr. Beer, »in den letzten Monaten sind in Berlin fast fünfeinhalbtausend Menschen verschwunden, spurlos verschwunden, ohne daß die Polizei irgendeine Erklärung darüber abgibt. Und so sieht es überall in der Zone aus.«
»Ich weiß, Beer, ich weiß«, erwiderte ich, »ich weiß auch Dinge, die Sie vielleicht nicht wissen und bei denen Ihnen die Haare zu Berge stehen werden. Ich will hier nicht von den ständigen Vergewaltigungen reden, die immer noch in der ganzen Zone vor sich gehen; ich weiß auch von sowjetischen Morden auf einer Havelinsel, auf der ein Mädchen, das bei einem Vergewaltigungsversuch verwundet worden war, tagelang im Schilf verborgen werden mußte. Doch solche Dinge wissen Sie natürlich auch.«
»Allerdings.«
»Aber vorgestern war bei mir ein Mann, der als Gefangener der Sowjetrussen von einem Zuchthaus zum anderen durch die Zone geschleppt worden ist. Den haben sie im Winter in einen Drahtkäfig im Freien gesetzt und mit Wasser übergossen. Er war tagelang in einer Zelle eingeschlossen, in der er stehen mußte, aber gebückt, weil sie zu niedrig war. Anderthalb Jahre hat seine Haft gedauert; vorher war er schon von Hitler verhaftet gewesen und hatte in Spandau gesessen. Anderthalb Jahre, und nicht ein einziges Mal ist er verhört worden!«
»Tüngel, damit erzählen Sie mir nichts Neues. Ich kenne natürlich Ihren speziellen Fall nicht; aber was sich in den sowjetisch kontrollierten Zucht-

häusern abspielt, das wissen wir in Berlin sehr genau. Leider ist es so, daß es den Häftlingen in den deutschen Zuchthäusern und Gefängnissen, die von der SED kontrolliert werden, keineswegs besser geht.«
Hier mischte sich Friedländer ein: »Lassen wir einmal diese abscheulichen Dinge beiseite. Wie weit geht der sowjetische Einfluß in der Zone? Wie weit ist sie wirklich schon russifiziert?«
»Im äußeren sehr stark. Wenn Sie nach Weimar kommen, sehen Sie eine russische Kleinstadt. Viele dicke russische Madams in Kopftüchern, mit Kindern und Kinderwagen, und selbstzufriedene wohlbeleibte sowjetische Soldaten, die mit ihnen spazierengehen. Die deutsche Bevölkerung ist still und hält sich zurück. Ich glaube nicht, daß sie auch nur im geringsten russifiziert ist, mit Ausnahme eines Bruchteils kommunistischer Parteiangehöriger.«
»Und glauben Sie, daß eine Vereinigung Deutschlands durch den Marshall-Plan verhindert werden könnte?«
»Ich sehe überhaupt keinen Weg, der zu einer solchen Vereinigung führt, aber ich bin allerdings der Überzeugung, daß die Russen aus der Tatsache des Marshall-Plans so viel Vorwände wie irgend möglich ziehen werden, um die Spannungen zu erhöhen.«
»Die Büchse der Pandora«, sagte Bobeff.
»Und welche bösen Geister«, warf ich ein, »sehen Sie jetzt, Athanas?«
»Die Fronten werden sichtbar, die Standpunkte geklärt, das ist immer schlecht in der Politik.«
»Ja, die alte englische Methode: ›to muddle through‹«, sagte Beer, »ist natürlich prinzipiell besser. Aber mit den Russen kann man sich nicht durchmuscheln, sie sind zu unberechenbar. Nur in einem nicht: sie geben niemals auf, was sie einmal in Händen haben, es sei denn unter Zwang oder in einem Tausch, bei dem sie ein sehr gutes Geschäft machen.«
Wie recht Beer hatte, zeigte sich bald danach. Von den Satellitenstaaten hätte Polen sehr gern am Marshall-Plan teilgenommen, die Tschechoslowakei hatte sogar bereits ihre Teilnahme an den Pariser Verhandlungen zugesagt. Da griff Moskau mit aller Schärfe ein, und beide Staaten, ebenso wie auch die anderen Satelliten, zogen sich von den weiteren Verhandlungen zurück. Statt zweiundzwanzig waren es nunmehr nur noch vierzehn Länder, die bereit waren, sich am Marshall-Plan zu beteiligen.
Wollte man aber das Ziel des Marshall-Plans erreichen – den wirtschaftlichen Aufbau und die wirtschaftliche Vereinigung Europas –, mußte man, trotz aller politischer, wirtschaftlicher und stimmungsmäßiger Widerstände der ehemals feindlichen Staaten, Deutschland einbeziehen. Auf der zweiten Pariser Marshall-Plan-Konferenz waren die Westzonen noch durch die

Oberkommissare vertreten. Dieser politische Zustand war auf die Dauer unhaltbar. Alle europäischen Länder mußten innerhalb der Organisation des Marshall-Plans auf gleichem Fuße miteinander verkehren können; dies galt viel stärker noch als im politischen Sinne auf wirtschaftlichem Gebiet.

Die deutsche Währung hatte keinen internationalen Wert. Im Inneren war sie weitgehend durch den Schwarzen Markt außer Kurs gesetzt, soweit es Dinge des täglichen Bedarfes betraf, und in Handel und Industrie durch den Grauen Markt der Kompensationsgeschäfte. Daß es dringend nötig sei, um in Deutschland Ordnung zu schaffen, eine stabile Währung herzustellen, hatten die Amerikaner schon verhältnismäßig früh erkannt. Als ersten Versuch lancierten sie den Dodge-Plan, der stärker als die spätere Währungsreform darauf aufgebaut war, das private Kapital – wenn auch natürlich mit starker Abwertung – zu erhalten. Er wurde von den Engländern geradezu furios abgelehnt, weil mit ihm das verkündete Ideal einer »sozialistischen Demokratie« für Deutschland angegriffen wurde.

Der amerikanische Plan, so schrieb damals der »Economist«, habe auch die Gegnerschaft der Sozialdemokratie gefunden, die in ihm einen ungerechten Versuch sähe, die Kosten des Zusammenbruchs durch Erhöhung der Preise bei gleichbleibenden Löhnen auf die Schultern der Unbemittelten abzuladen. Auf die sozialdemokratische Partei und die Gewerkschaften müsse sich aber die britische Verwaltung stützen.

Tatsächlich hatte auch die SPD in ihrem »Kölner Programm« jede Verantwortung abgelehnt, wenn der Wiederaufbau Deutschlands nicht nach ihrem Programm, also auf sozialistischer Grundlage, erfolgen würde. Hier zeigte sich als Konsequenz des Besatzungsregimes eine Kluft zwischen dem »konservativen Süden« und dem »sozialistischen Norden«. Daran konnte sich auch nichts ändern, solange Mr. Hynd Minister für die britische Zone war und man ihm erlaubte, hier unbekümmert sozialistische Experimente zu machen, die sich die Labour Party in England nicht leisten konnte.

Auf den amerikanischen Währungsplan folgten eine Reihe deutscher. Dem Leiter unseres Wirtschaftsteils, Dr. Erwin Topf, der dieses Gebiet souverän beherrschte, machte es ein – ich möchte sagen geradezu diabolisches – Vergnügen, sie völlig ernsthaft zu erörtern und dann zu zerfetzen. Da war unter anderem der Biber-Plan, der im Auftrage der Hypothekenbanken vorgetragen wurde. Er ging davon aus, daß langfristige Hypotheken, Grund- und Rentenschulden wirtschaftlich als eine Art von Nutzungsrechten oder Beteiligungen am Grundbesitz angesehen werden müßten. Sie seien daher ihrem Wesen und ihrer Struktur nach den Eigentumsansprüchen am Grundbesitz viel mehr verwandt als den Geldforderungen. Das war natürlich, wie leicht nachzuweisen war, eine offenbare Verdrehung der wirklichen Tatbestände.

Daneben meldeten sich auch die Länder und Gemeinden als Träger der öffentlichen Finanzen, die Kirchen, die Träger der Sondervermögen für wissenschaftliche und kulturelle Aufgaben, die Landwirtschaft – gleich en bloc und mit der Begründung, daß sie für die Finanzierung des »Wiederaufbaus« im engeren wörtlichen Sinne leistungsfähig gemacht werden müßte. Reservatrechte forderten auch die Vertriebenen, die Bombengeschädigten, die aus dem Osten verdrängten Firmen.

Dann war da das »Mindener Gutachten«, das durch die Autorität des Verwaltungsamtes für Wirtschaft gedeckt war. Man unterschied damals ganz allgemein zwischen milden und strengen Lösungen bei der Währungsreform. Der Mindener Plan stellte das Musterbeispiel der milden Richtung dar. Natürlich sah auch er eine Entwertung vor, aber er enthielt den Plan, zwanzig v. H. der zunächst gesperrten Guthaben durch Auszahlung in neuem Geld freizugeben. Das hätte allerdings sofort zu einer Entwertung der soeben neu geschaffenen Währung geführt, denn hier wäre Kaufkraft am Markt erschienen, der keine volkswirtschaftlich sinnvolle Leistung gegenüberstand. Das Gleichgewicht von Angebot und Nachfrage wäre sofort wieder gestört worden.

Um zu wirklich vernünftigen Plänen zu kommen, war es nötig, zunächst einmal das Vorurteil zu zerstören, es sei das deutsche Geld überhaupt noch irgend etwas wert, während doch der Verkauf von Waren gegen Reichsmark nur noch auf dem Wege des gesetzlichen Zwanges erfolgte, und zwar in der breiten Schicht der Habenichtse. Sehr deutlich demonstrierte dies im Wirtschaftsteil der »Zeit« Harold Rasch. Er fing einen Aufsatz, der den Titel »Angst vor der Deflation« trug, damit an, daß er ein Wort des bekannten Berliner Bankiers Fürstenberg zitierte:

»Inflation, Deflation, Rationalisierung – alles nur Fremdwörter für Pleite.«

Und er fuhr fort:

»Noch stehen wir mitten in der Inflation, einer teils offenen, teils – wie die Fachleute sagen – zurückgestauten Inflation. Und schon erscheint in der Ferne ein neues Gespenst am Himmel, vor dem alle Welt zurückschreckt: die Deflation. Mehr oder weniger deutliche Erinnerungen an die Zeit der großen Weltwirtschaftskrise um 1930 herum, ein Gefühl des Unbehagens gegenüber ›undurchsichtigen Machenschaften des internationalen Finanzkapitals‹, ein erschreckendes Maß an volkswirtschaftlicher Unkenntnis und Halbbildung, nicht zuletzt ganz massive Interessentenwünsche mischen sich miteinander und erzeugen jene seltsame Psychose, die den Kranken vor Angst, eines Tages das Bett verlassen und aufstehen zu müssen, noch kranker werden läßt.«

Rasch stellte dann noch einmal den Zweck der bevorstehenden Neuordnung unseres Geldwesens dar, der im wesentlichen darin bestand, dem einzelnen und der Gesamtheit wieder ein richtiges Rechnen zu ermöglichen, damit ein weiterer Verzehr unseres Bestands verhütet werde. Auch müsse der Wirtschaft endlich ein allgemein anerkanntes Tauschmittel zur Verfügung gestellt werden, das jeden zu höchster Leistung im Rahmen einer arbeitsteiligen Wirtschaft anspore. Er verfocht genau wie Topf die These, daß dieser Zweck nur durch eine vollständige Blockierung oder Zertifizierung des bestehenden Noten- und Giral-Geldes und Ausgabe neuen Geldes im Kreditwege erreicht werden könne. Jede generelle Freigabe einer Quote (zehn oder zwanzig v. H.) des heutigen Geldes in neuem Geld würde es einer Vielzahl von Personen nach wie vor ermöglichen, in unkontrollierter Weise über ihr Einkommen hinaus zu verbrauchen und zu investieren, also gerade das zu tun, was unter allen Umständen verhindert werden müsse.

Das war, wie gesagt, genau der Standpunkt, den auch Dr. Topf immer bei uns vertreten hatte – ich glaube, ich darf sagen, den er von allen deutschen Wirtschaftsjournalisten am konsequentesten verfocht und mit dem er am Ende denn auch recht behalten hat. Natürlich gab es in dieser Frage neben dem währungstechnischen auch einen sozialen Aspekt. Die Lage der Arbeitslosen und Arbeitsunfähigen mußte berücksichtigt werden. Für sie alle schlug Topf die Freigabe eines den einfachsten Lebensunterhalt sichernden Betrages je Kopf und Monat vor. Dies sei geldpolitisch unbedenklich, solange der so zusätzlich in den Verkehr gegebene Betrag insgesamt nicht höher sei als die im gleichen Zeitraum aus dem Ausland gestundet hereinkommenden Lebensmittel- und Verbrauchsgütereinfuhren. Die weitere soziale Korrektur sei einem späteren Lastenausgleich vorzubehalten.

Topf schloß seinen kurz vor der Währungsreform erscheinenden Artikel mit diesen Worten:

»Der echte Erfolg der Währungssanierung wird davon abhängig, ob sie wirklich radikal und sozial durchgeführt wird. Der scharfe Schnitt schließt die Sozialität keineswegs aus, im Gegenteil. Aber unerläßlich bleibt die Verbindung mit dem Lastenausgleich, und ebenso unerläßlich ist schon in der ersten Phase die Rücksichtnahme auf die nicht Arbeitsfähigen, die Vermeidung aller vermeidbaren sozialen Härten. Auf seiten der verantwortlichen Behörden wird viel Umsicht, auf seiten des großen Publikums viel Disziplin notwendig sein.«

Am 16. Juni teilte der französische Außenminister Bidault in der Nationalversammlung mit, Frankreich habe sich verpflichtet, die zur Zeit erwogene deutsche Währungsreform in der französischen Zone gleichzeitig mit der Bizone durchzuführen. Zwei Tage später wurde über den Rundfunk das von den drei westlichen Militärgouverneuren erlassene Gesetz verkündet. Jeder Einwohner der drei Westzonen erhielt gegen 60,– Reichsmark einen Kopfbetrag von 60,– Deutschen Mark, von denen aber zunächst nur 40,– DM ausbezahlt wurden.

Ich war gerade auf der Insel Sylt, als die Währungsreform durchgeführt wurde. Natürlich mußte ich sofort zurück. Ich beglückwünschte Topf: »Sie haben wirklich richtig gelegen, es ist alles so gekommen, wie Sie es gefordert haben, bisher hat es noch keine Schwierigkeiten gegeben, wenigstens ich habe noch von keinen gehört.«

Topf liebte es, kauzige Bemerkungen zu machen; er sagte: »Der Blumenkohl hat die Währungsreform bei uns gerettet.« Das war so: In Schleswig-Holstein hatte es eine ungewöhnlich große Blumenkohlernte gegeben. Auf allen verfügbaren Lastwagen wurde sie in die Städte transportiert und fand als das erste Gemüse, das frei verkauft wurde, reißenden Absatz.

Das Geld erfüllte die Funktion, die man als nächstes von ihm erwartete, es rollte und setzte sich um – nicht nur mit Hilfe des Blumenkohls. Mein Arzt, Dr. Sander, erzählte mir ganz kurz nach der Währungsreform, es habe bei ihm am Sonntagvormittag eine Frau angerufen und gefragt, ob er sie wohl trotz des Feiertages verbinden würde, sie hätte sich in die Hand geschnitten. Er ließ sie sofort kommen, nähte die Wunde, und sie legte ihm – wirklich ganz kurz nach der Währungsreform – 50,– DM auf den Tisch. Er sagte ihr, daß dies viel zuviel sei, und sie erwiderte: »Lassen Sie nur, Herr Doktor, es ist ja heute Sonntag. Wir haben eine Bäckerei, wir können gar nicht so viel Kuchen backen, wie die Leute essen wollen, und außerdem haben wir auf der Straße einen Stand mit Eiswaffeln. Das geht nur immer so weg. Und die Steuer kann uns das Eis nicht nachrechnen. Es kann ja auch geschmolzen und weggelaufen sein.«

Es war nur gut, daß die Währungsreform von den Besatzungsmächten verordnet worden war, sonst hätte es unendlichen Zank, hitzige politische Intrigen, Vorwürfe und Verleumdungen gegeben. Insofern also konnten wir zufrieden sein; aber da war ein Aspekt, der böse und drohend aussah: Schon seit längerer Zeit gab es Krach im Berliner Kontrollrat zwischen den Sowjetrussen einerseits und den drei westlichen Mächten andererseits, wobei die Franzosen nicht immer den westlichen Standpunkt unterstützten. Aber erst über die Währungsreform kam es zum offenen Bruch, der die Blockade Berlins herbeiführte.

Berndorff betrachtet die Auswirkung der Besatzungszeit auf die Psychologie der deutschen Leserschaft

Die Währungsreform! Tüngel und ich diskutierten oft darüber, welche Art von Büchern, Zeitungen und Zeitschriften das deutsche Publikum kaufen würde, wenn Geld wieder Geld geworden sei.
Als wir auf dem Bauche krochen und Staub fraßen, nun – da fraß das deutsche Publikum alles das, was die Besatzungsmächte ihm als geistige Nahrung erlaubten. Jegliche Drucklegung mußte mit Erlaubnis der Besatzungsmächte vor sich gehen. Die Literatur in Zeitungen, Zeitschriften und Büchern wurde von den Besatzungsmächten gesteuert, und die Amerikaner überschwemmten den deutschen Markt schon während der Reichsmarkzeit mit amerikanischer geistiger Ware im Stile von Reader's Digest und verkündeten jedem, der es wissen wollte – und vor allen Dingen uns, die wir es nicht wissen wollten –, daß sie das mindestens vierzig Jahre lang so halten wollten.
Sie sagten, daß die schillernde europäische geistige Ware – sie waren großzügig und nannten in diesem Zusammenhang nicht nur die deutsche Literatur – an allem schuld sei. Sie glaubten, daß Europa zu einer Vereinfachung aller Begriffe zurückkehren müsse, und priesen den amerikanischen geistigen Hochstand, der sich nur auf dieser Vereinfachung hatte entwickeln können.
Sie zerpflückten also nun für Deutschland wahllos die Weltliteratur und verkauften sie billig in Traktätchenform. Zu unserem Entsetzen entdeckten wir also plötzlich, daß die Weltliteratur, geschickt zurechtgeschnitten, nur gute und schlechte Menschen kannte und daß die guten immer siegten und die schlechten immer vernichtet wurden.
Wir entdeckten auch, daß die Beschreibung der Taten der guten, was den Raum betrifft, auf dem sie dargestellt wurden, überwog, die Taten der schlechten Menschen wurden nur angedeutet.

Da aber nun gleichzeitig in allen deutschen Kinos fast ausschließlich amerikanische Filme liefen, so entdeckten wir, daß in ihnen die Taten der Gangster, die auf billige Manier mordeten, überwogen. Das Gute kam nur zum Schluß und auf wenigen Metern. Es waren überhaupt nur billige Gangster. Denn gute amerikanische Filme mit guten Schauspielern als Gangster schickte man nicht nach Deutschland. Es lohnte sich finanziell nicht.
Nun – die Währungsreform kam.
Sie rollte auf einen Publizisten meiner Art los wie eine Dampfwalze. Ich zitterte vor ihr und war der festen Überzeugung, daß sie mich zerquetschen würde. In Wirklichkeit kam die Währungsreform für Publizisten meiner Art daher wie eine Welle, auf der Delphine Schalmeien bliesen. Die Welle nahm uns auf und trug uns durchaus aimable dahin.
Am dritten Tag nach der Währungsreform rief mich Eduard Rhein zu sich und langsam und fast zärtlich blätterte er mir 1000,– DM in schönen neuen Scheinen auf seinen säuberlich aufgeräumten Schreibtisch, und zwar als Vorschuß auf einen Roman, den ich für seine Zeitschrift »Hör zu« schreiben sollte. Es war der erste Roman, der in diesem Blatt erschien. Und ich bin heute darauf noch stolz, weil die Auflage des Blattes mittlerweile die Drei-Millionen-Grenze überschritten hat. Nicht meine persönlichen Erlebnisse mit Rhein und mit »Hör zu« interessieren den Leser, aber ich muß Rhein beschreiben und die Geschichte von »Hör zu« erzählen, weil es auf dem europäischen Kontinent noch niemals eine Zeitung oder Zeitschrift gegeben hat, die eine solche Auflage erreicht hat. Auch zu den Zeiten nicht, als das »Großdeutsche Reich« mit Österreich und der Tschechoslowakei als Verbreitungsgebiet für Druckerzeugnisse in deutscher Sprache zur Verfügung stand.
Und diese Drei-Millionen-Auflage hat Eduard Rhein geschaffen. In unserer Branche nennt man ihn infolgedessen das »Springersche Dukatenmännchen«. Axel Springer ist der Verleger, und die Dukaten häuft ihm Rhein.
Springer hatte schon 1946, also in der Reichsmarkzeit, von den Engländern die Lizenz auf eine kleine Zeitschrift, die vorwiegend Rundfunkvorträge veröffentlichte, erhalten. Axel Eggebrecht und Peter von Zahn waren die Hauptmitarbeiter dieses Blattes, das den Namen »Nordwestdeutsche Hefte« trug. Wie alle Druckerzeugnisse in jener Zeit verkauften sich die »Nordwestdeutschen Hefte« damals mühelos. Aber am Tage nach der Währungsreform stellte sich heraus, daß das Publikum nicht mehr bereit war, seine nun vollgültigen Groschen für diese Zeitschrift auszugeben. Springer mußte sich überlegen, ob er die in ihrer bisherigen Form nun völlig unverkäuflich gewordene Zeitschrift einstellen sollte. Aber

damit hätte er einen Besitz von damals unermeßlichem Wert aufgeben müssen, nämlich eine Zeitschriften-Lizenz.
In dieses Dilemma schon griff Rhein ein. In einer Nacht schuf er ein Blatt, für das die Leute ihre Groschen gerne ausgaben. Er verwandelte in dieser einen Nacht – und das ist buchstäblich zu nehmen – die »Nordwestdeutschen Hefte« in die Zeitschrift »Kristall«.
Damit war die Lizenz gerettet. Die zweite Lizenz, die Springer in der Reichsmarkzeit erhielt, war die britische Erlaubnis, eine Rundfunkzeitschrift »Hör zu« herauszugeben.
Die Titeländerung brachte er dem Leser allerdings in sehr geschickter Weise nur tropfenweise bei. Es ist heute noch amüsant zu sehen, wie Rhein diese Titeländerung systematisch vollzog.
Chefredakteur von »Hör zu« war auch Rhein. Diese Zeitschrift hat er, ebenso wie »Kristall«, eigentlich »erfunden«. Er schuf nach dem Kriege den neuen Typ dieser beiden Blätter. Ich sah »Hör zu« erstaunt an und wußte zunächst nicht, welche geistige Spekulation der Schaffung dieses Blattes zugrunde lag.
Natürlich kannte ich Eduard Rhein. Vor dem zweiten Weltkrieg war er fünfundzwanzig Jahre lang Mitarbeiter bei großen Berliner Zeitschriften gewesen, davon hatte er sechzehn Jahre im Verlage Ullstein gearbeitet. Aus jener Zeit kannte ich ihn nicht anders als in »high spirits«. Er tauchte an einem Ende des Korridors auf, verschwand im Paternoster, eilte durch ein anderes Stockwerk, und wenn man diesen beweglichen, schnellen und doch präzisen Mann stellte und ihn fragte, was er im Augenblick gerade triebe, so steckte er stets bis zum Kragen in Projekten, Arbeiten, Plänen und schrieb manchmal an einem Tage drei Aufsätze über die verschiedenartigsten Themen für Zeitungen und Zeitschriften des Verlages Ullstein.
Als ich jetzt zu ihm kam, um den ersten Roman für »Hör zu« zu verfassen, wußte ich natürlich ganz genau, daß diese meine Arbeit für die Zeitschrift wichtig war. In Deutschland hängt für eine Zeitschrift, die nur einen Roman bringt, viel von dieser Erzählung ab. In angelsächsischen Ländern gibt es kaum eine Spekulation, die damit rechnet, daß der Leser von Woche zu Woche einen Roman liest. In Deutschland ist sie von jeher wichtig gewesen. Die Romane von Ludwig Wolf, von Vicki Baum waren es eigentlich, die die Berliner Illustrirte Zeitung als das damals größte Blatt des europäischen Kontinents zu einer Auflage von rund zwei Millionen Exemplaren steigen ließen.
Unser Gespräch begann damit, daß Rhein psychologische Fragen stellte. Wie ist der Deutsche von heute? fragte er sich im Selbstgespräch, und er antwortete: Er ist noch unruhig, unsicher, nervös. Er hat die Zeiten des

Krieges und die Reichsmarkzeit noch nicht verwunden. Man muß ihm also durch eine Zeitschrift wieder das Gefühl der Geborgenheit geben.
Das große Publikum in seiner überwiegenden Mehrheit ist gar nicht so sehr auf eine Sensation, auf eine Überraschung, auf eine neue Unruhe aus, sondern auf das Gegenteil, auf Ruhe und Sicherheit.
»Ja, zum Teufel«, fragte ich verwundert, »und wie wollen Sie ihm in der Zeitschrift ›Hör zu‹ ein solches Gefühl vermitteln?«
Er antwortete nicht sofort. Bei unserem Gespräch ging er ruhelos im Zimmer auf und ab. Ich saß. Alles, was er sagte, unterstrich er durch eine Geste, durch den Ausdruck seines Gesichtes, auch dadurch, daß er schneller oder langsamer ging. Bei der Pointe eines Satzes blieb er überraschend stehen.
»Das biologisch genommene bürgerliche Nest, das Sicherheit verleiht«, dozierte er, »ist die Familie. Schaffe ich eine große Familie, komme ich meinem Ziel schon näher. Mache ich aus ›Hör zu‹ eine Familienzeitschrift, so diene ich zweierlei Zwecken. Erstens einmal schaffe ich Lektüre für die Leute, die ahnen oder wissen, daß das Leben in einer Familie Sicherheit gibt, und zum zweiten vereine ich alle Leute mit dieser Tendenz und dieser Meinung zu einer großen Leserschaft. So komme ich zu einer ungewöhnlichen Auflage.«
Er war, wie sein Erfolg schon früh zeigte, viel einsichtiger als ich, der ich der Meinung war, daß die noch unruhigen Leser auch Unruhiges lesen wollten.
Jetzt sprachen wir vom Roman selbst. Ich schlug vor, die Handlung nach Hamburg zu legen und sie unter den obwaltenden Umständen spielen zu lassen. Das große Ereignis, das alle Leute stark berührte, die Währungsreform, sollte mitspielen. Eduard Rhein war sehr zufrieden mit meinem Vorschlag. Nun kamen wir zu der Überlegung, wie die Geschehnisse geschildert werden sollten.
Die Berliner Illustrirte Zeitung hatte von mir vier oder fünf Romane gebracht. Die waren alle mit Erfolg gelaufen, und Rhein wußte das. Vorsichtig schlug ich vor, daß ich in derselben Art schreiben wollte.
Sofort explodierte Rhein.
»Aber nein«, schrie er, »unter gar keinen Umständen! Was denken Sie sich denn?!«
Schnelle Gänge durch das Zimmer – plötzliches Verhalten und dann ganz leise:
»Das geht nicht! In der Art der Erzählung müssen wir noch auf die Mentalität der Leute von heute Rücksicht nehmen. Die Nerven unserer Leser sind im Kriege sehr angespannt worden, sie wurden mit Ereignissen konfrontiert, deren Dramatik echt und ungeheuerlich war. Infolgedessen ver-

tragen sie den geruhsamen Stil des Romans der Vorkriegszeit nicht mehr. Selbst so großartige Erzählungen wie ›Menschen im Hotel‹ von Vicki Baum oder ›Die Spieler‹ von Ludwig Wolf sind heute, in Wochenstücke zerschnitten, unlesbar. Ein Roman von heute muß viel spannender, muß in der Handlung viel konzentrierter sein als ein Roman von früher.«
Das war einzusehen.
Aber das Problem des Romans mußte ein »bürgerliches Problem« sein, darauf bestand er.
Dann kam er mit einer Forderung heraus, die mich umwarf. Er verlangte, daß der Roman schon in der Niederschrift »geschnitten« war. Das heißt: Er gab mir an, wieviel Zeilen ich als Platz für den Anfang und für jede Fortsetzung hatte. Und die Spannung war von vornherein, schon bei der Niederschrift, von Nummer zu Nummer genau ausgerechnet, zu komponieren.
Jetzt sprang ich auf und lief im Zimmer auf und ab. Hätte ein Dritter uns beobachten können, hätte er zwei Männer gesehen, die schweigend umeinander herumkreisten.
Zuerst protestierte ich. Ich rief ihm in Erinnerung, wie wir es früher bei der Berliner Illustrirten Zeitung gehalten hatten: der Roman wurde als Ganzes, ohne Rücksicht auf die Spannung in den einzelnen Kapiteln, geschrieben, und es war Sache des Redakteurs, nach einer geeigneten Stelle die beiden Worte »Fortsetzung folgt« anzufügen.
Das konnte ein schweres Brot werden. Er ließ nicht von seiner Forderung ab, und ich schrieb nach seinem Rezept. Verstieß ich einmal dagegen, so hatte es für mich den Anschein, als ginge die Welt unter. Er stürmte durch sein Zimmer, rang flehend die Hände, drohte mit den Fäusten und bestand auf seinem »Rezept«. Aber ich muß sagen, daß dies alles mir zum Heile war, denn ich begriff erst durch ihn, daß die Unterhaltungsliteratur in ihrer Wirkung, was die Zeitläufe anbetrifft, in der sie gelesen wird, variabel ist. In dem einen Jahrzehnt kann eine Erzählung dieser Art wie eine Bombe einschlagen, im nächsten Jahrzehnt ist sie unlesbar.
Der Erfolg der »Hör zu«-Romane, die auf diese Art und Weise geschrieben wurden, ist allzu bekannt, als daß darüber noch ein Wort zu sagen wäre. Ihre Buchauflagen gehen in die Hunderttausende, sie werden auch fast alle verfilmt.
Der Aufstieg von »Hör zu« war stetig und rasant. Als ich Rhein zur ersten Million gratulierte, sagte er:
»Ich werde auch die dritte Million schaffen.«
Ich fragte lachend:
»Genügt nicht die zweite?«
Er aber war eigensinnig und sagte:

»Nein, mir nicht! Ich will auch die dritte.«
Selbstverständlich ist die ungeheuer große Auflage von »Hör zu« ein finanzielles Fundament, auf dem vieles andere gebaut werden kann. Das Springersche »Hamburger Abendblatt« und später die »Bild-Zeitung« entstanden erst in der D-Mark-Zeit, aber sie konnten dies nur auf dem goldenen Fundament, das das »Springersche Dukatenmännchen«, Eduard Rhein, geschaffen hat. Er ist heute siebenundfünfzig Jahre alt, Rheinländer, und seine Lieblingsbehauptung ist die, daß er seinen wahren Beruf verfehlt habe. Schließlich hat er ein Vermögen verdient als Erfinder des Füllschrift-Verfahrens auf Schallplatten und als Verfasser populärwissenschaftlicher Bücher wie »Du und die Elektrizität« und »Wunder der Wellen«. Als Operetten-Librettist hat er sich betätigt. Beispielsweise ist der Text der Oper »Traumland« mit der Musik von Eduard Künnecke von ihm. Als Zeitungsmann hat er, wie geschildert, einen beispiellosen Erfolg. Spricht man ihn auf seine erstaunliche Vielseitigkeit an, so murrt er: »Diese Vielseitigkeit ist eben mein Fehler! Wenn ich mich auf eine Sache konzentriert hätte, wäre aus mir vielleicht etwas geworden.«
Ich wurde böse.
»Was wäre dann wohl aus Ihnen geworden?«
»Operetten-Komponist. Dann wäre ich heute ebenso erfolgreich und bekannt wie Lehár und Kálmán. Die Melodien strömen mir nur so zu. Aber ich kann sie leider nicht zu Papier bringen. Und heute habe ich auch gar keine Zeit mehr dazu.«
Das sind eigentlich traurige Worte. Der erfolgreichste Journalist Deutschlands wäre am liebsten Operetten-Komponist geworden!

Geheimrat Sauerbruch
schreibt einen Liebesbrief an Berndorff

Durch Eduard Rhein war ich wieder zu einer Beschäftigung gekommen, die meinen Neigungen entsprach. Für ihn durfte ich Geschichten erzählen. Der Zufall verhalf mir zur Rückkehr in Gefilde der Journalistik, denen meine Leidenschaft gehörte.
Eines Mittags rief mich der Verleger einer großen, in München erscheinenden Zeitschrift an. Er erzählte mir eine erstaunliche Geschichte. Zunächst las er mir den Brief eines Inseraten-Agenten vor. Der Geheimrat Professor Dr. Ferdinand Sauerbruch, so schrieb dieser Mann aus Berlin, habe ihm bei Kriegsende das Leben gerettet und infolgedessen fühle er sich ihm dankbar verbunden. Der Geheimrat brauche Geld und wolle seine Memoiren schreiben und verkaufen. Das fand ich großartig.
Der Verleger fragte: »Was glauben Sie, was ich dem Geheimrat auf den Tisch legen muß?«
Ich antwortete: »Ich denke, hunderttausend Mark.«
»Hm«, sagte der Verleger.
»Der Geheimrat ist in Berlin, nicht wahr?« fragte ich.
»Nein, der ist in Wiesbaden«, sagte er, »beim Internisten-Kongreß.«
»Also der Chirurg, Geheimrat Sauerbruch, ist beim Internisten-Kongreß in Wiesbaden. Wo wohnt er denn da?«
»So habe ich mir das gedacht«, rief der Verleger erfreut, »wann sind Sie denn in Wiesbaden? Wo er da wohnt, weiß ich nicht.«
»Heute abend bin ich in Wiesbaden, und Geheimrat Sauerbruch werde ich schon finden«, erklärte ich und hängte an.
Ich bekam schnell die telefonische Verbindung mit dem ersten Hotel in Wiesbaden und sprach mit dem Portier des Hauses. Reporter müssen Portiers und Barleute der großen Hotels in der Welt kennen. Sie müssen sogar mit ihnen befreundet sein. Wenn sie es nicht sind, gereicht es ihnen zum Nachteil.

»Also, Herr Berndorff«, sagte der Portier, »ein Zimmer? Klar doch, besorge ich Ihnen. Geheimrat Sauerbruch? Der ist zwar in Wiesbaden, aber er wohnt nicht bei uns, jedoch werde ich schon erfahren, wo er wohnt und was er treibt. Heute abend weiß ich alles.«
Dann holte ich meinen Wagen aus der Garage und fuhr nach Wiesbaden. Der Portier sagte: »Der Herr Geheimrat wohnt im Krankenhaus. Vor einer halben Stunde hat man mir durchtelefoniert, er säße beim Festmahl des Internisten-Kongresses, trinke viel Schaumwein und sänge mit den anderen: ›O alte Burschenherrlichkeit.‹ Ich glaube, Herr Berndorff, es ist besser, Sie warten bis morgen, wenn Sie etwas von ihm wollen. Aber der Herr Geheimrat verläßt Wiesbaden morgen wieder. Sie müssen also früh aufstehen.«
Jetzt erst, in der Nacht, bekam ich das Lampenfieber, das ich immer vor solchen Sachen habe. Sauerbruch! Die Erinnerungen Sauerbruchs!
Ich dachte mit Entsetzen an die vielen Fachleute, die ich schon interviewt hatte. Einmal hatte ich mit Dr. Hjalmar Schacht zu arbeiten. Es war im Grand-Hôtel in Igls in einem Salon des zweiten Stocks – weitab also von der Hotelbar –, da sprach ich mit ihm über das Zustandekommen des Young-Planes. Viele Zahlen, viele wirtschaftliche und finanzielle Probleme hatte ich aufgeschrieben. Ich konnte nur hoffen, daß ich alles bald wieder vergessen würde.
»Also gut«, sagte ich zu Dr. Hjalmar Schacht, »jetzt möchte ich noch etwas Menschliches.«
»Menschliches gab es nicht!« sagte Dr. Schacht.
»Also vielleicht ein bißchen über das Innenleben Ihrer Vertragspartner.«
»Hatten kein Innenleben«, sagte Schacht.
»Nun gut! Passierte denn nicht irgend etwas Nettes dabei? Vielleicht kam eine Katze ins Zimmer oder ein Hund oder draußen spielte jemand Drehorgel?«
»Passierte gar nichts. Keine Katze! Kein Hund! Keine Drehorgel! Passierte überhaupt nichts!«
Das Telefon läutete. Der Barmann war am Apparat und sagte, Frau Schacht und Frau Berndorff nähmen jetzt einen Martini und schlügen den Herren vor, endlich auch herunterzukommen. Ich sah im Geiste, wie nach dem ersten Martini ein schöner Glanz in die Augen der Damen kam. Ich dachte auch an das Elend mit dem Interview über den Young-Plan.
Zu Dr. Hjalmar Schacht sagte ich: »Also, die ganze Sache spielte sich in einem großen Raume des Hotels George V. in Paris ab. Was waren denn da für Möbel?«
»Rokoko, natürlich! Ganz blödes Rokoko.«
»Und was war an den Wänden?«

»Na, so blödes Zeug. So seidene Tapeten, seidene Wandteppiche, furchtbar viele Gardinen an den Fenstern. Kann nicht begreifen, was das mit dem Young-Plan zu tun hat.«
Ich verfiel in Trübsinn. Dr. Schacht brannte sich die vierzehnte schwarze Zigarre an und goß sich die vierundzwanzigste Tasse Tee des Tages ein. Der Barmann rief durchs Telefon herauf; die Damen tränken jetzt den zweiten Martini und wir möchten herunterkommen.
»O Gott«, sagte ich zu Dr. Schacht, »ist denn nun wirklich bei der Unterzeichnung des Young-Planes nicht das allergeringste passiert?«
»Gar nichts! Hab Hunger! Wollen hinuntergehen.«
Auf der Treppe blieb er stehen: »Wissen Sie, so Zufälligkeiten. Auch hier. Hat nichts mit dem Young-Plan zu tun. Deshalb nicht erwähnenswert. Wie ich die Feder ansetze, fängt alles plötzlich lichterloh an zu brennen. Ganzer Raum steht in Flammen. Belangloser Kurzschluß. Können die Sache aber nicht erwähnen, da ursächlicher Zusammenhang fehlt.«
Das war Schacht. Wie würde es mit Sauerbruch werden? Die Chirurgie war etwas, wovon ich selbstverständlich nicht das allergeringste verstand. Am nächsten Morgen um acht Uhr – für meine Begriffe kurz nach Mitternacht – erschien ich in dem Krankenhaus, fragte nach Geheimrat Sauerbruch und wurde in die Privatstation des leitenden Arztes gewiesen. Dort stieß ich auf eine Schwester:
»Guten Tag, Schwester! Ich möchte Herrn Geheimrat Sauerbruch sprechen.«
Schlecht gespieltes Erstaunen: »Geheimrat Sauerbruch? Der ist nicht hier!«
»Doch, Schwester, er ist hier, und ich möchte ihn gerne sprechen.«
»Aber nein, das geht nicht. Wenn Sie ihn konsultieren wollen, müssen Sie nach Berlin fahren. Gestern waren schon eine ganze Menge Leute hier. Der Geheimrat hält hier keine Sprechstunde ab.«
»Ich will aber den Herrn Geheimrat gar nicht konsultieren ...«
»Sie können den Herrn Geheimrat nicht sehen.«
Von irgendwoher kam das Schnarren einer Klingel.
Ich setzte mich in einen Sessel auf dem Flur. Die Schwester ging in ein Zimmer, kam wieder heraus und sagte. »Es hat gar keinen Zweck, daß Sie da herumsitzen. Sie müssen wieder gehen.«
Vorerst aber verschwand die Schwester, kam wieder mit einem Tablett. Auf dem stand ein Glas Wasser, und daneben lag ein Röhrchen mit Aspirin-Tabletten. Ich sagte mir: Aspirin-Tabletten? Schaumwein und Alte Burschenherrlichkeit? Aha!
Die Schwester kam aus dem Zimmer, schüttelte den Kopf und sagte: »Sie können hier nicht herumsitzen.«
Sobald sie verschwunden war, klopfte ich an die Tür des Zimmers, in das

sie das Aspirin gebracht hatte, öffnete sofort und sah an einem kleinen Tisch, schon im korrekten Anzug, den Geheimrat Sauerbruch sitzen, den ich von Bildern kannte. Er hatte gerade das Aspirin verschluckt und machte ein angewidertes Gesicht.
»Was willst du?« sagte er zu mir. »Wer bist du? Wie kommst du hier herein? Was fehlt dir?«
Ich wußte, daß der Geheimrat jeden Menschen duzte.
Auf dem Tisch stand ein ausgedehntes Frühstück.
Ich erklärte, mein Blatt habe gehört, daß der Herr Geheimrat seine Memoiren schreiben wolle.
»Will ich«, sagte der Geheimrat, »aber ihr müßt natürlich ziemlich viel Geld dafür geben.«
»Ja«, sagte ich, »natürlich, Herr Geheimrat.«
Sauerbruch: »Setz dich! Hast du schon gefrühstückt?«
»Nein.«
»Und dann merk dir bitte, ich mag es nicht, wenn mich die Leute mit ›Herr Geheimrat‹ anreden. Die Leute reden mich schlicht und einfach mit ›Chef‹ an.«
»Klar, Chef«, sagte ich, »werde mich natürlich daran halten.«
Die Tür öffnete sich, und die Schwester schoß mit hochrotem Kopf herein. Sie wies auf mich und sagte: »Verzeihen Sie, Herr Geheimrat ...«
»Bringen Sie dem Herrn ein Frühstück, Schwester«, befahl Sauerbruch.
Ich: »Schwester, der Chef wünscht nicht, daß man zu ihm ›Herr Geheimrat‹ sagt. Wollen Sie ihn bitte in Zukunft mit ›Chef‹ anreden.«
Sauerbruch sah mich lange an, und dann sagte er: »Du freche Kanaille! Wie heißt du eigentlich?«
Ich sagte es ihm.
Und dann begann er. Ja, er wolle jetzt seine Memoiren schreiben. Den größten Teil von dem, was er besessen habe, habe er verloren. Das große Vermögen seiner zweiten Frau liege in den von den Russen besetzten Gebieten – Ländereien und Fabriken – und sei infolgedessen auch als verloren zu betrachten. Als Staatsrat, und weil man ihm das goldene Parteiabzeichen verliehen hatte, sei er vor die Denazifizierungsgerichte gebracht worden und habe es deshalb schwer mit dem Geldverdienen.
Ich sagte ihm, daß er mit einem reichlichen Erlös rechnen könne, wenn er seine Erinnerungen schreiben wolle. Die Niederschrift müsse dann zuerst in unserer Zeitschrift und später als Buch erscheinen. Der Film werde wohl auch auf den Stoff reflektieren.
»Wie wollen Sie denn schreiben, Chef?« fragte ich.
»Erzähl mir was von dir«, befahl er unvermittelt. »Wer bist du denn nun so, was treibst du?«

Ich erzählte ihm was von mir.
Er schien zufrieden. Dann sagte er: »Du hast an der rechten Hand ein Überbein. Soll ich dir das mal eben rausschneiden? Das können wir unten machen, das ist 'ne Kleinigkeit.«
Ich wollte mich aber von meinem mir liebgewordenen Überbein nicht trennen.
Dann machte ich mit ihm einen Options-Vertrag. Einen ganz normalen Vertrag. Ich sagte ihm, er bekäme soundso viel für die Fortsetzung im Blatt und soundso viel vom Verkaufspreis jedes Buches. Den Vertrag schrieb ich auf die Rückseite des gedruckten Programms des Internisten-Kongresses. Aber nun kamen wir zum kritischen Punkt. Das war der Vorschuß.
»Du mußt mir eine ganz ordentliche Summe geben«, sagte er.
»Was hatten Sie sich denn gedacht, Chef?« fragte ich.
»Fünftausend Mark«, sagte er, »die will ich in dem Augenblick, in dem dein Verleger den Vertrag gegenzeichnet, in barem Geld haben.«
Ich hatte zwar in der Nacht zuvor keinen Schaumwein getrunken und auch nicht Alte Burschenherrlichkeit gesungen, aber nun drehte sich das Zimmer doch um mich. Ich wußte selbstverständlich, daß der Geheimrat Sauerbruch einen ganz anderen Vorschuß hätte verlangen und bekommen können.
Nachdem der Geheimrat unterschrieben und ich das Papier geborgen hatte, sagte ich: »Ich möchte noch einmal fragen, Chef! Wie wollen Sie denn nun schreiben?«
»Du kommst zu mir nach Berlin. Du bringst eine Sekretärin mit, und der diktiere ich alles. Und du bist immer dabei. Ich sage dir das Thema, über das ich schreiben will, und du sagst mir, ob die Leute das lesen wollen.«
Am Mittag flog er nach Berlin und ich fuhr nach München.
Der Verleger schickte ihm einen korrekten Vertrag. Das Geld wollte er ihm in bar nach Berlin bringen, und am Tage, bevor das geschah, fand ich mich schon in Berlin ein.
Sauerbruch bewohnte im Grunewald ein großes Haus. Ich trat ein, weil die Tür offen war, und wurde zunächst von einem recht alten Hund begrüßt. Ich sprach eine Weile mit ihm und fragte, wo der Chef sei. Bei dem Wort »Chef« wies er mit der Schnauze nach oben. In einem Zimmer fand ich zehn Leute, die schweigend herumsaßen. Ich setzte mich in einen anderen Raum ans Fenster. Es kam eine alte Frau in einem Kittel und sagte: »Sie müssen sich zu den anderen Patienten setzen.«
Es kam ein sehr verlegener Mann und fragte mich, ob ich für den Herrn Geheimrat bezahlen wollte. Ich forschte nach, was denn bezahlt werden sollte, und hörte, daß früheres Personal des Herrn Geheimrat ihn wegen

nicht abgeführter Lohnsteuer und wegen Krankenhausbeiträgen bedränge. Es ging um ein paar hundert Mark.
Ich sagte: »Sie können doch nicht den Geheimrat Sauerbruch bedrängen! Das ist Ihnen doch wohl klar, nicht wahr?«
»Mensch«, sagte er, »det is mir klar! Darüber brauchen wir jar nich zu reden. Ick hau ab und komm in vierzehn Tagen wieder. Und wenn dann nich is, is auch noch so.«
Dann kam die Gattin des Geheimrates. Eine junge, ausgezeichnet aussehende, sehr charmante und reizende Frau. Sie hat zum Zustandekommen des Buches viel beigetragen.
Ich hörte, daß der Geheimrat schlafe, fragte nach den Leuten, die im anderen Zimmer auf ihn warteten, und man sagte mir, das seien Kranke, die von dem Rat des berühmten Arztes profitieren wollten. Noch an diesem Tage saß ich dabei, wie er die Männer unter seinen Patienten verarztete. Alle, aber auch alle begannen etwa mit folgendem Satz: »Herr Geheimrat! Nur Sie können mir helfen! Aber ich muß eines von vornherein sagen, die Krankenkasse honoriert Ihre Rechnungen nicht, denn Sie dürfen ja nicht mehr für die Krankenkasse arbeiten. Ich selbst habe überhaupt kein Geld, und Sie sind ja wegen Ihrer Mildtätigkeit berühmt. Also die Symptome meines Leidens sind nun folgende ...«
Keinen warf er hinaus. Um alle kümmerte er sich. Später, als ich im Hause vertrauter wurde, habe ich viele hinausgeworfen.
Der Verleger, der am nächsten Tage kam, war großzügig und gerecht. Er legte sehr viel mehr als fünftausend Mark hin. Befreite den armen alten Herrn von den kleinen Verbindlichkeiten und ermöglichte es ihm, in Ruhe an dem Buch zu arbeiten.
Über das Zustandekommen dieses Buches – es erhielt später den Titel »Das war mein Leben« – ist viel geschrieben worden. Zu meiner Verblüffung konnte ich lesen, daß der Geheimrat es gar nicht selbst verfaßt habe, daß es aus vielerlei Quellen zusammengestellt worden sei. Dies alles ist Unsinn.
Ich kam zunächst mit einer Sekretärin zu dem Geheimrat. Ich mußte warten, bis er seine Schnorr-Patienten verarztet hatte. Dann setzte er sich zu mir und fragte: »Was soll ich denn nun jetzt erzählen?«
Ich sagte: »Fangen wir ganz vorne an – bei Ihren Eltern.«
»Nein«, sagte er, »bei meinem Großvater.«
Dann ging er im Zimmer auf und ab und erzählte von seinem Großvater. Die Sekretärin schrieb. Es war eine ausgezeichnete Sekretärin. Ich hatte ihr gesagt: »Schreiben Sie jedes Wort mit.«
Infolgedessen sah die Rohschrift des Manuskriptes folgendermaßen aus: »Vielleicht vier oder fünf Jahre war ich alt und saß auf dem Schoße mei-

ner Mutter. Der Hund sieht so hungrig aus, hat er heute schon etwas zu essen bekommen?«
Dann folgten sechs Seiten Text, und dann hieß es:
»Ich möchte jetzt einen Wermut haben. Sag mal, Berndorff, du sitzt hier herum und tust gar nichts. Gar nichts tust du bei dem Buch. Ich diktiere, die reizende Dame schreibt. Haben Sie da mal was an der Schulter gehabt, Fräulein? Da rechts? Das muß ich mir nachher mal ansehen. Aber, Kinder, das Buch wird nie fertig, wenn ihr mich dauernd unterbrecht. In Elberfeld lebte mein Großvater Hammerschmidt, der Vater meiner Mutter, der sich bald unserer Hilflosigkeit, ja, wie soll ich das denn nun sagen? Mensch, Berndorff, sitz doch nicht so herum!«
Ich: »Man könnte sagen ›annahm‹, Chef!«
»Selbstverständlich, das hätte ich auch ohne dich gefunden. Haben Sie das, Fräulein? Also dann nun mal weiter. Mit einem kleinen Vermögen, das für seinen eigenen Lebensabend ausreichen sollte ...«
Am Abend fuhren wir dann ins Hotel. Die Sekretärin mußte immer gelabt werden, und in der Nacht schrieb sie das Manuskript. Ich begriff, daß sie entweder mit der Arbeit aufhören oder im Irrenhaus landen würde. Wir arbeiteten mit zwei und später mit drei Sekretärinnen.
Meine Arbeit bestand nun darin, alles das aus dem Manuskript herauszustreichen, was nicht für das Manuskript gesagt worden war, und das Manuskript zu redigieren. Meine Rolle bei dem ganzen Buch war nicht gering, denn ohne daß ich bei ihm saß, diktierte Sauerbruch keine Zeile. Als ich ihn einmal bat, einen Tag ohne mich zu arbeiten:
»Das könnte dir so passen! Ich kann nicht ohne dich diktieren. Ich denke dann immer an dich und vermute dich auf Abwegen.«
Plötzlich, und für mich überraschend, merkte ich dann, wie wichtig ich tatsächlich für das Zustandekommen des Buches war. Vor langen Jahren hatte man mir am Hofe von Sofia erzählt, daß der Geheimrat Sauerbruch während des ersten Weltkrieges im geheimen Auftrage des deutschen Kaisers beim König in Bulgarien gewesen war.
Sauerbruch erzählte zu der Zeit gerade seine Erinnerungen aus dem Weltkrieg, aber die Episode Sofia kam nicht. Ich mahnte.
»Chef, Sie waren doch auch in Sofia.«
»Mensch«, sagte er, »woher weißt du das? Ich war tatsächlich in Sofia. Wilhelm hat mich hingeschickt. Aber glaubst du, daß das interessant ist?«
Sofort erzählte er die Episode Sofia, und sie war so aufregend, daß den Sekretärinnen, die sie mitschrieben, der Mund offenstehen blieb. Kaiser Wilhelm II. wünschte eine Annäherung der Politik Bulgariens und der Türkei. Ein machtpolitischer Zusammenschluß beider Staaten sollte Griechenland bedrohen, wo schon die Truppen der Entente standen, und auch

gegen Rumänien wirken. Der Kaiser wollte aber diese Aktion nicht auf üblichem diplomatischem Wege starten, weil er, durch Erfahrung gewitzt, Verrat fürchtete. So bekam Sauerbruch den Auftrag, nach Bulgarien und in die Türkei zu fahren. Offiziell als Inspekteur deutscher Kriegslazarette, in Wirklichkeit aber als Geheimkurier und Geheimagent, dem der Kaiser den Sinn seiner Sendung klargemacht hatte.
Sauerbruch erzählte die Sache reizend. Er traute sich in Sofia nicht in das Schloß des Königs, stand am Gartengitter und sprach von da aus den König an.
In der Türkei entdeckte er im Serail des Herrschers eine Jugendgespielin, die er dann sehr viel später als die Inhaberin eines berühmten öffentlichen Hauses in Leipzig wiedersah.
Es ergab sich eine andere Schwierigkeit. Die Familie seiner ersten Frau war gar nicht damit einverstanden, daß das Buch bei dem Münchener Verleger erscheinen sollte. Sie hatte andere Pläne. Da aber der Vertrag nun einmal abgeschlossen war, so konnte sie nichts gegen das Erscheinen des Werkes tun, aber sie wünschte, eine Kontrolle des Manuskriptes ausüben zu dürfen.
Nun schilderte sich Sauerbruch in seinem Buche so, wie er gewesen war. Lebhaft, mit viel Phantasie, gelegentlich grob und ganz unorthodox. Die Familie der ersten Frau, von vielen Ärzten unterstützt, wünschte nicht, daß das Bild des Geheimrates so gezeichnet würde, er müsse der Nachwelt, so hieß es, nur als Wissenschaftler, nur als Arzt erscheinen, das Menschliche könne man höchstens andeuten.
Natürlich wollte ich das nicht. Da schoß man eines Tages auf mich mit einer Kanone. Ich hatte der Familie einen Teil des Manuskriptes zur Prüfung gebracht, und auf den Seiten war beschrieben, wie Sauerbruch als junger Assistenzarzt in Berlin nach der ersten glücklichen Vorführung seiner Unterdruckkammer vor dem Internationalen Chirurgen-Kongreß – ein Tier wurde darin operiert – abends ins Hotel Bristol ging, um zu Abend zu essen. Er ärgerte sich über die Trompete im Orchester des Restaurants und ließ dem Kapellmeister durch den Weinkellner sagen, der Trompeter verstünde nichts von seiner Kunst. Der Kapellmeister ließ wieder durch den Weinkellner wütend zurückmelden, dann solle doch der Herr auf das Podium kommen und selbst Trompete blasen.
Der Assistenzarzt Dr. Sauerbruch ging auf das Podium und blies die Trompete in einem Potpourri aus Rossinis Oper »Wilhelm Tell«. Er blies richtig und schön, und der Kapellmeister machte ihm das Angebot, in sein Orchester einzutreten.
Diese Stelle wünschte die Familie der ersten Frau in dem Buch nicht zu sehen. So etwas verletze die Würde des Herrn Geheimrates.

Als ich anderer Meinung war, sagte man mir kurz und knapp: »Die Geschichte stimmt, wie viele andere Geschichten, nicht. Der Geheimrat hat sie erfunden.«
Das war natürlich für mich ein Schuß vor den Bug. Ich packte mein Manuskript ein und fuhr völlig verzweifelt ins Hotel Roxy am Kurfürstendamm. Diese Auskunft setzte das ganze Buch in Frage.
Ich ging an die Bar. Der Barmann war ein »Old-Timer«.
»Großer Gott«, sagte er, »warum sind Sie denn so böse?«
Er schob mir den üblichen drink hin und sofort noch einen.
Ich brauchte eine mitfühlende Brust und erzählte ihm die Geschichte, die mir passiert war. Er hörte sie aufmerksam an und sagte dann: »Der Weinkellner vom Bristol? Der ist über neunzig! Der lebt doch noch. Der war immer im Bristol. Der ist hier in Berlin – im Ostsektor. Wollen wir ihn holen lassen? Ich kenne den Mann sehr gut. Ich kann ihm einen Brief schreiben.«
Er schrieb einen Brief an den Mann im Ostsektor. Er solle mal herüberkommen, es handle sich um ein Interview über Sauerbruch. Abendbrot, Honorierung des Interviews in Westmark.
Ein Wagen fuhr los und kam zurück mit einem alten, würdevollen Mann. Der sagte seinem Kollegen guten Tag; ich wurde vorgestellt, und der ehemalige Weinkellner bat um ein Glas Wermut. Dann wandte er sich an mich: »Sauerbruch? Über den Geheimrat Sauerbruch wollen Sie etwas wissen? Sie können sich gar nicht vorstellen, wie das war, als ich ihn das erstemal sah. Wissen Sie, was er da getan hat? Da hat er Trompete geblasen im Orchester des Hotels Bristol. Im ›Wilhelm Tell‹ von Rossini. Und wie die Stelle kam ›So haben wir denn die Schweiz befreit!‹, da hat er aber losgelegt.«
Die Opposition gegen mein Manuskript hatte es am nächsten Tag mit mir nicht leicht, das wird jeder rechtlich denkende Mensch begreifen; und sie hatte es von da an mit mir immer schwerer.
Sauerbruch hatte mir erzählt, daß er, bevor er den Lehrstuhl in Zürich erhielt, die Champagner-Bestände der Schweiz erheblich vermindert hätte. Das war eine reizende Geschichte – aber die Familie behauptete, der Geheimrat habe übertrieben. Jetzt nach der Erfahrung mit dem Weinkellner von dem Hotel Bristol in Berlin recherchierte ich im Hotel Baur au Lac in Zürich. Der Geheimrat hatte die Champagnerbestände der Schweiz erheblich vermindert. In diesem Stile ging das weiter. Als ich so herumrecherchierte, stieß ich immerzu auf Leute, die mir Geschichten von Sauerbruch erzählten.
Vorwurfsvoll kam ich dann immer zum Chef und fragte: »Warum, Chef, haben Sie mir dies und jenes nicht erzählt?«

»Mensch«, rief er, »woher weißt du das?« Und dann erzählte er die Geschichte.

Anderthalb Jahre lang dauerte diese Arbeit. Ich verliebte mich in dieser Zeit in Sauerbruch. Anderthalb Jahre dauerte die Arbeit zu einem Teil auch deshalb, weil es jeweils Wochen gab, in denen man mit ihm nicht arbeiten konnte. Schließlich hatte er wieder Patienten, die er in einem Privatkrankenhaus im Grunewald behandeln konnte. Hatte er nun in seiner Praxis einen schweren Fall, der auf Leben und Tod ging, dann gab es keine Möglichkeit, ihn dazu zu bringen, an seinem Manuskript weiterzuarbeiten. Dann hatte er seinen Fall im Kopf, sprach von nichts anderem, lief ruhelos von der Klinik zu seinem Hause und von seinem Hause zur Klinik. Begleitet von seinem alten schwarzen Hunde – und von mir.

Endlich war das Manuskript fertig, und zur letzten Ausfeilung bat der Verlag Sauerbruch und seine Gattin nach München. Man bat mich, Frau Berndorff mitzubringen, damit Frau Sauerbruch in München eine Ansprache habe. Wir wohnten zu viert im Hotel Vier Jahreszeiten. Die Besitzer, die Gebrüder Walterspiel, kümmerten sich in geradezu rührender Weise um den alten Herrn; aber mit der Arbeit geriet ich sofort in Schwierigkeiten, denn kaum erschien Sauerbruch in irgendeinem Raum des Hotels, so stürzte sich mit Sicherheit ein Herr oder eine Dame auf ihn, die er operiert hatte. Es stand in der Zeitung, daß Sauerbruch im Hotel Vier Jahreszeiten abgestiegen war, und nun fand ich in seinem Hotelzimmer ständig irgend jemanden, der ihn um seinen ärztlichen Rat anging. Er verschloß sich keinem, und wenn ich maulte, erwiderte er: »Scher dich zum Teufel, du herzloses Biest!«

Er schloß Frau Berndorff in sein Herz. Er aß besonders gern frische Erdbeeren mit Schlagsahne, und – obwohl es Winter war – Walterspiel schaffte natürlich Erdbeeren herbei. Setzte er sich auch nur in die Halle, kam ein Kellner und brachte ihm Erdbeeren mit Schlagsahne zu jeder Tageszeit. Sah er Frau Berndorff, so rief er sie herbei: »Komm mal her!« Dann nahm er einen Löffel und fütterte Frau Berndorff mit Erdbeeren und Schlagsahne. Vertraulich flüsterte er ihr auch einmal ins Ohr: »Dein Mann! Das ist eine Nummer! Benimmt er sich dir gegenüber anständig, oder soll ich einmal mit ihm reden?«

Er redete dann auch mit mir.

In der Wohnung des Verlegers und in dem Hotel Vier Jahreszeiten las ich ihm sein ganzes Buch noch einmal vor. Viele hundert Seiten.

Schließlich kam ich an die Stelle, an der er davon spricht, wie es werden würde, wenn er einmal zur großen Armee abberufen würde, und wenn man ihn dann fragen werde – jetzt zitiere ich aus seinem Buch –:

»›Wer eigentlich, meine arme Seele, sollte wohl für dich zeugen?‹

Ich bin ganz getrost, ich werde antworten: ›Ich hoffe, daß zu meinen Gunsten die vielen Verwundeten und die vielen Kranken aussagen werden, denen ich geholfen und denen ich das Leben gerettet habe, mein lieber Ankläger.‹

›Mein *lieber* Ankläger‹, so werde ich ihn anreden, denn da oben darf man ja nicht grob sein.«

Als ich das vorgelesen hatte, wandte er sich ab, und ich sah, daß er weinte. Am nächsten Tage erhielt ich von ihm folgenden Brief:

»Mein lieber großer Freund.

Deine eindrucksvolle Leistung hat uns alle erfreut und beglückt. Ich sage Dir herzlichen Dank. Ich verehre Dich. Ich bewundere Deine Begabung, Deine Arbeitskraft.

Nie werde ich vergessen, was Du für mich getan hast, und Deiner immer voller Dankbarkeit gedenken. Wir wollen für immer wahre Freunde bleiben und uns in Zukunft gemeinsam des Lebens freuen. Ich werde immer in Dankbarkeit an Dich und Deine Frau denken.

Bei unserer Freundschaft ist es wohl berechtigt, daß wir uns von jetzt an Du nennen. Dein Sauerbruch.«

Was mich persönlich nun also anbetrifft, so werde ich ja auch wohl einmal zur großen Armee abberufen werden. Dann wird der Ankläger kommen und wird zu mir sagen:

»Mein lieber Freund, du hast dir im Leben vielleicht was zusammengeschrieben! Was kannst du anführen, das für dich spricht?«

Ich werde dann antworten: »Mein *lieber* Ankläger«, so werde ich ihn anreden, denn da oben darf man nicht grob sein, »der Geheimrat Professor Dr. Sauerbruch hat mir einen Brief geschrieben.«

Ich werde ihn aufsagen, und ich denke, der Ankläger wird mir den Weg freigeben.

Das Sauerbruch-Buch erreichte eine Auflage von vielen Hunderttausenden von Exemplaren.

Die Londoner Konferenz und die Blockade Berlins

Reibereien hatte es im Kontrollrat und in der Interalliierten Kommandantur stets gegeben. Ein erster ernsthafter Streit brach über das Projekt aus, die Bizone zu schaffen, die wirtschaftliche Vereinigung der britischen mit der amerikanischen Zone. Daß eine solche Maßnahme geplant sei, wurde bereits im Juni 1946 bekanntgegeben. Anderthalb Monate später teilte im Kontrollrat der britische Vertreter mit, seine Regierung habe sich entschlossen, dem amerikanischen Vorschlag zur Vereinigung der beiden Zonen zuzustimmen. Der Sowjetrusse erwiderte, daß seine Delegation im Gegensatz zu diesem Vorschlag für eine wirtschaftliche und politische Einheit von ganz Deutschland eintrete.
Einige Zeit darauf äußerte sich auch General König, der Oberkommandierende der französischen Besatzungstruppen, zu dem gleichen Thema: »Frankreich hat kein Interesse an einer Verschmelzung seiner Zone mit der amerikanischen und britischen. Wir wünschen, daß die fundamentalen Probleme, die einer Reorganisation Deutschlands zugrunde liegen, gelöst werden. Jene Deutschen, die eine verhängnisvolle Einheit des Deutschen Reiches früher oder später wiederhergestellt sehen wollen, sind Pan-Germanisten, nicht Demokraten, selbst wenn sie guten Glaubens sind.«
So zeichnete sich in der Behandlung dieser Frage deutlich die politische Einstellung der vier Mächte ab. Die Sowjetrussen stellten sich hier, wie auf allen Außenminister-Konferenzen in Paris, Moskau, New York, London, die bis zum Ende der vierziger Jahre stattfanden, immer wieder auf den Standpunkt, Deutschland müsse als Einheit behandelt werden. Das hatte verschiedene Gründe. Sie behaupteten hartnäckig, ihnen seien auf der Konferenz von Jalta zehn Milliarden Dollar Reparationen versprochen worden, was die angelsächsischen Mächte ebenso hartnäckig leugneten. Aus ihrer eigenen Zone hatten die Sowjetrussen damals mindestens schon die Hälfte dieser Summe an Werten entnommen. Ihr Plan war nun, auch

einen Zugriff auf das Ruhrgebiet zu bekommen, was bei einer einheitlichen Verwaltung von ganz Deutschland durch die vier Besatzungsmächte natürlich möglich gewesen wäre; Moskau hätte dann durch sein Vetorecht einen entscheidenden Einfluß auf die wirtschaftliche Entwicklung Deutschlands haben können. Und ferner: Wie das Beispiel in Polen, Ungarn und der Tschechoslowakei gezeigt hat, konnte eine militante kommunistische Gruppe, auch wenn sie in der Minderheit war, sehr wohl die Macht erobern, sogar unter äußerer Beobachtung »demokratischer« Spielregeln. Was in der sowjetischen Zone schon geschehen war und sich in Berlin bald abspielen sollte, hätte sich, nach den Plänen des Kreml, dann in ganz Deutschland vollziehen können. Und dies alles immer unter der biedermännischen Maske, daß man das Beste des deutschen Volkes wolle, da man ja im Gegensatz zu den anderen Besatzungsmächten für die Einheit Deutschlands eintrete.

Was die Franzosen betrifft, so ging aus dem, was General König sagte, deutlich das Ziel hervor, das von der Linken und Rechten, von Bidault bis de Gaulle einheitlich verfochten wurde: Deutschland sollte dadurch geschwächt werden, daß man es zerschlug, daß man die einzelnen Teile so selbständig wie möglich und dadurch das Ganze schwach, ja geradezu ohnmächtig machte.

England und Amerika endlich wollten zu vernünftigen wirtschaftlichen Ergebnissen kommen; insbesondere die Engländer waren es leid, jährlich viele Hunderte von Millionen für die Okkupation auszugeben. Außerdem wollten beide angelsächsischen Mächte unter keinen Umständen Deutschland als einen Herd ständiger Unruhe in Mitteleuropa haben.

Diese Spannungen blieben natürlich nicht nur auf den Kontrollrat beschränkt. Sie zeigten sich auch bei den internationalen Konferenzen. Auf der Außenminister-Konferenz in London, die vom 25. November bis 15. Dezember 1947 dauerte, kam es zu sehr scharfen Auseinandersetzungen. Es ging wieder um die alten Themen: Staatsvertrag mit Österreich, Friedensvertrag mit Deutschland, und zwar Begrenzung der Wirtschaft, Reparationen, Grenzen, einheitliche Verwaltung.

Zunächst nahm die Konferenz einen überraschend sanften Verlauf. Molotow war gut gelaunt, geschmeidig in der Verhandlung und bereit, in wesentlichen Punkten nachzugeben. Dann kam, was man natürlich auf dem Telegrafenamt in London kontrollieren konnte, eines Abends ein langes Telefongespräch aus Moskau; man wollte sogar wissen, daß am anderen Ende des Drahtes nicht Stalin persönlich, sondern der damals sehr gefürchtete Schdanow gesprochen habe. Jedenfalls war das Ergebnis niederschmetternd für Molotow. Am nächsten Tage war es mit seiner guten Laune vorbei, er war bleich, sichtlich nervös und widerrief gleich zu

Beginn der Sitzung alle seine bisherigen Zugeständnisse. Das wurde den Vertretern der Westmächte zuviel.

Sie zogen sich zurück und berieten.

Am nächsten Tage stellte Marshall seine Generalsstiefel auf den Tisch. Er rechnete Molotow vor, was die Sowjetunion aus ihrer Zone herausgepreßt habe, während die amerikanische Regierung keine Unternehmen in der Zone erworben habe und keine Profite durch den Verkauf von Kohle oder Holz mache.

Molotow wiederholte seine Forderung, daß die Fusion der britischen und der amerikanischen Zone rückgängig gemacht werde, verlangte abermals zehn Milliarden Dollar Reparationen, schließlich stellte er die Forderung, daß Mitglieder des »Deutschen Volkskongresses«, einer kommunistischen Organisation in Berlin, die sich als eine freie Vertretung des deutschen Volkes tarnte und im übrigen in den drei Westzonen verboten war, vor der Konferenz erscheinen und die Wünsche des deutschen Volkes vortragen sollten. Marshall und Bevin beantragten eine Vertagung der Konferenz; Bidault schloß sich ihnen an, nicht ohne zu erklären, daß Frankreich nicht an eine Fusion mit der Bizone denke. Molotow war außer sich; diesen Ausgang hatte er nicht erwartet.

»Aber man kann doch reden«, sagte er.

Dazu war es offenbar zu spät.

Engländer und Amerikaner zogen aus dem Verlauf dieser Konferenz die Konsequenz, die Verwaltung der Bizone nun noch stärker voranzutreiben. Frankfurt war zur Hauptstadt der Bizone erklärt worden. Die Verwaltungsämter, die zunächst dezentralisiert waren, wurden hier vereinigt. Ein Wirtschaftsrat – in Vertretung eines Parlaments – entstand in der Form, daß die Länderparlamente genau nach dem Schlüssel ihrer Parteiverhältnisse Vertreter entsandten. Darüber hinaus wurde ein Verwaltungsrat geschaffen, der aus den Direktoren der Verwaltungsämter bestand und den man etwa mit einer Regierung vergleichen konnte. Zudem gab es noch den Länderrat, in dem die deutschen Ministerpräsidenten und ihre Stellvertreter zusammengefaßt waren, im Prinzip nicht anders, als dies heute im Bundesrat der Fall ist.

Nach dem Abbruch der Londoner Konferenz wurde die Zahl der Abgeordneten im Wirtschaftsrat verdoppelt. Bei den nun erfolgenden Wahlen der Direktoren wurden alle Posten mit Mitgliedern der CDU besetzt. Hierzu erklärte der Fraktionsvorsitzende, Dr. Holzapfel, die CDU habe als stärkste Partei die Pflicht zur Verantwortung und sei der Meinung, daß man einen schwerkranken Patienten nicht durch zwei Ärzte mit verschiedenen Methoden behandeln könne. Der große Konflikt zwischen CDU und SPD, der die nächsten Jahre überschatten sollte, trat hier bereits deutlich zutage.

Natürlich erregten diese Frankfurter Vorgänge im Kreml äußerstes Mißtrauen. Es kam hinzu, daß sich daneben sehr deutlich Pläne abzeichneten, ein größeres Wirtschaftsbündnis des Westens zu schaffen, das natürlich eines Tages in ein politisches und militärisches einmünden konnte. Schon vor der Londoner Konferenz hatten Frankreich und Großbritannien in Dünkirchen einen Allianz-Vertrag unterzeichnet, der sich offiziell gegen Deutschland richtete und gegen jede mögliche Bedrohung, die von Deutschland ausgehen könne. Aber dieser Vertrag war mehr, er war die deutliche Betonung einer engen Verbundenheit.

Es war nur eine Konsequenz der Bestrebungen, die aus dem Marshall-Plan entstanden und die darauf hinausliefen, Europa zu konsolidieren, daß die drei Westmächte die Benelux-Staaten, Holland, Belgien und Luxemburg, zu einer Konferenz in London aufforderten, um zu einer vorläufigen Aufhebung des Kriegszustandes mit Deutschland zu kommen. Hierbei sollte die Rolle erörtert werden, die der deutschen Wirtschaft innerhalb der europäischen in Zukunft zugedacht war. Wichtigstes Ergebnis dieser Konferenz war das Ruhr-Statut, demzufolge die Kohle-, Koks- und Stahlproduktion kontrolliert werden sollte, um sie zwischen dem innerdeutschen Verbrauch und dem Export aufzuteilen. Gleichzeitig sollte die neue interalliierte Behörde auch das Recht haben, Preise und »Wirtschaftsmethoden« zu überprüfen.

Die Sowjetunion hatte hiergegen demonstrativ eine Konferenz der Tschechoslowakei, Polens und Jugoslawiens in Prag veranstaltet, auf der die drei Länder forderten, an den Londoner Besprechungen über die deutsche Wirtschaft beteiligt zu werden, und die Entstehung eigener politischer Gebilde in Westdeutschland scharf kritisierten.

Die Entschließungen dieser Prager Konferenz wurden von den drei westlichen Alliierten abgelehnt.

Jetzt schien den Sowjetrussen der Zeitpunkt gekommen, wo es taktisch nötig sei, mit der Faust auf den Tisch zu schlagen. Marschall Sokolowski, der turnusgemäß Vorsitzender des Kontrollrates war, las in der Sitzung vom 20. März 1948 ein Memorandum vor, in dem er erklärte, daß alles, was auf der Londoner Sechs-Mächte-Konferenz verhandelt worden sei, in Wirklichkeit unter die Kompetenz des Kontrollrates falle. Auch wünsche er eine Debatte über die Beschlüsse der Prager Konferenz.

Da die Vertreter der Westmächte sich diesem Memorandum widersetzten, verlas Marschall Sokolowski eine vorbereitete Erklärung, der Kontrollrat sei praktisch durch das Verhalten der Westmächte überflüssig geworden, er schlösse nunmehr die Sitzung, und danach verließ er mit der sowjetischen Delegation den Saal.

Daß dies alles genau von den Sowjetrussen vorbereitet war, ging nicht nur

aus den schriftlich aufgesetzten Erklärungen hervor, sondern auch aus der Tatsache, daß der übliche Kaviar und der übliche Wodka, die sonst nicht fehlen durften, wenn Sowjetrußland den Vorsitz hatte, diesmal nicht zur Stelle waren.
General Clay durchschaute die Situation sofort. Er gab eine scharfe Erklärung ab, die Vorfälle beeinträchtigten in keiner Weise die Entschlossenheit der Vereinigten Staaten, in Berlin zu bleiben.
Zehn Tage darauf war ich mit meinem Freund Michael Thomas, meinem vorgesetzten englischen Presseoffizier, zum Abendessen im Anglo-German Club verabredet. Bevor ich aus dem Pressehaus fortging, las ich schnell noch einmal die neuesten Meldungen, die Associated Press gerade durch den Fernschreiber gab. Im Club sagte ich zu Major Thomas: »Michael, soll ich dem Koch Bescheid sagen, daß er für Sie Butterbrote einpackt? Ich kann Ihnen auch meine Thermosflasche für Kaffee leihen.«
»Was soll das, Tüngel, ich verstehe Sie nicht.«
»Sie wollen doch nach Berlin fahren.«
»Natürlich, das wissen Sie doch.«
»Ebendeshalb sollten Sie Butterbrote mitnehmen; denn soviel ich weiß, hat der Militärzug keinen Speisewagen. Die Transporte werden von der sowjetischen Militärpolizei an den Kontrollpunkten angehalten.«
»Das ist doch unmöglich; aus welchen Gründen denn?«
»Sokolowski hat sich ausgedacht, daß für alle Insassen eines Militärzuges eine Liste angefertigt werden müsse, die, russisch geschrieben, Namen, Dienstgrad, Alter, Zweck der Reise und was dergleichen mehr ist, enthalten muß, damit das sowjetische Militär eine genaue Kontrolle des Zuges durchführen kann.«
»Das ist Unsinn, ich werde beim Military Government anrufen.«
Er kam zurück, sichtlich verärgert: »Sie sind auf irgendeine dumme Latrine hereingefallen.«
»Associated Press bringt keine Latrinen.«
»In diesem Fall doch, das Mil. Gov. hat keine Nachrichten aus Helmstedt.«
Er fuhr also ohne Butterbrote los und hat dann brav gehungert. Denn bis der erste Speisewagen kam, dauerte es vierundzwanzig Stunden.
Die Alliierten waren nun für ihren Nachschub an Material und Verpflegung sowie für ihre Reisen nach Berlin völlig auf den Luftverkehr angewiesen. Das hatte sein Gutes, denn damit waren sie auf die bald einsetzende Blockade Berlins in gewissem Sinn vorbereitet.
Die Monate bis zu diesem Ereignis waren angefüllt mit einem ständigen Gezänk zwischen den Vertretern der Besatzungsmächte im Sekretariat des Kontrollrats und in der Interalliierten Kommandantur.

Man versuchte, sich gegenseitig so viel Ärger anzutun wie nur möglich, und es darf wohl festgestellt werden, daß die Sowjetrussen aus ihrer Lage heraus in dieser Hinsicht viel erfolgreicher waren als die Westmächte. Manchmal sah die Situation brenzlig aus, so als eine sowjetische Jagdmaschine mit einem britischen Verkehrsflugzeug über Gatow zusammenstieß. Die Schuld lag einwandfrei bei dem Russen, der offenbar auf eigene Faust den Versuch gemacht hatte, das britische Flugzeug zum vorzeitigen Landen zu bewegen. Die sowjetische Militärverwaltung war zunächst sehr höflich und entschuldigte sich, drohte aber später – offenbar auf Moskauer Befehl –, in Zukunft werde auf jedes Flugzeug der Westalliierten geschossen werden, das sich nicht genau an die Grenzen der vorgeschriebenen Flugroute halte. Diese Drohung wurde überall in Deutschland von der Bevölkerung mit Beklemmung aufgenommen. Was sollte werden, wenn wirklich einmal geschossen wurde?
Da weder die Westmächte noch die Sowjetunion auch nur im geringsten daran dachten, nachzugeben oder einen Kompromiß einzugehen, kam es denn schließlich über die Währungsreform zur Blockade Berlins.
Am 16. Juni hatte Außenminister Bidault in der Nationalversammlung bekanntgegeben, Frankreich werde die Währungsreform gleichzeitig mit der Bizone durchführen. Am gleichen Tage wandte sich die sowjetische Militärverwaltung durch französische Vermittlung an die Westmächte mit dem Ersuchen, die Währungsreform um mindestens eine Woche zu verschieben. Am 17. Juni erklärte Marschall Sokolowski, die Sowjetunion sei bereit, an allen Maßnahmen teilzunehmen, um eine Währungsreform auf Vier-Mächte-Basis zu ermöglichen. Das klang nicht anders als das, was Molotow in London gesagt hatte, als die Konferenz abgebrochen wurde: »Man kann doch reden.«
Die westlichen Alliierten jedoch setzten die Währungsreform rücksichtslos in Kraft.
Daraufhin gab die sowjetische Militärverwaltung bekannt, daß sie im Interesse der Bevölkerung und der Wirtschaft in der Sowjetzone folgende Maßnahmen getroffen habe:
Einstellung der Personenzüge zwischen der Sowjetzone und den Westzonen; Sperre des Kraftwagen- und Fuhrwerksverkehrs aus den Westzonen in die Sowjetzone; der Verkehr aus der Zone nach Westen bleibe wie bisher geregelt.
Am 26. Juni begannen die anglo-amerikanischen Waren-Lufttransporte für die Versorgung Berlins, die sogenannte Luftbrücke. An ihr waren auch kanadische, neuseeländische und australische Flugzeuge beteiligt.
Bald danach wurden durch die Sowjetbehörden die Wasserstraßen nach Berlin gesperrt.

Ab 1. Juli wurden regelmäßig innerhalb von 24 Stunden für die Luftbrücke mehr als 400 Flugzeuge eingesetzt.
In dieser Zeit hat sich die Berliner Bevölkerung durch ihre mutige Haltung die Bewunderung der ganzen freien Welt erworben.
Wie schwer die Nervenbelastung damals war, konnten auch wir in Hamburg sehr deutlich spüren. Ich erinnere mich gut, daß Frauen mir sagten, sie könnten nachts vor Aufregung nicht schlafen, sie führen aus dem Schlummer schreiend hoch. Wenn ich in den Club kam, wurde ich von vielen Seiten gefragt: »Gibt es Krieg?«
Ich habe alle Menschen immer beruhigt; aber ob ich eigentlich ein Recht dazu hatte, darüber war ich mir durchaus nicht sicher. Natürlich hörte ich manches, worüber ich nicht sprach – am meisten durch Beer aus Berlin –, über sowjetische Truppenbewegungen, über die Massierung von Tankdivisionen in Mecklenburg; wer konnte wissen, ob es sich hier um Manöver oder um einen Aufmarsch handelte?
Militärische Sachverständige waren der Überzeugung, daß die Sowjetrussen Europa, zum mindesten bis zu den Pyrenäen, in einem Stoß überrennen könnten. Die Aufmarschbasis für die Rückeroberung wäre, so meinten sie, vermutlich in Nordafrika zu suchen. Es wurde von Hamburger Kaufleuten erzählt, die seegehende Jachten und Fischerboote gemietet hätten, und von Industriellen im Ruhrgebiet, daß ihre Kraftwagen ständig mit gepackten Koffern bereitstünden. Zu einer Panik ist es nicht gekommen. Dazu hat die feste Haltung der Alliierten, aber auch die Ruhe der führenden deutschen Politiker beigetragen.
Die Blockade endete für Sowjetrußland bis zu einem gewissen Grade mit einem Schlage ins Wasser.
Sie wurde offiziell am 5. Mai 1949 aufgehoben.
Es dauerte natürlich noch einige Wochen, bis der Verkehr wieder normal war, und die Luftbrücke blieb bis dahin noch bestehen.
Die Gegenleistung der westlichen Alliierten für die Aufhebung der Blockade bestand darin, daß sie sich zu einer neuen Konferenz über die Deutschland- und die Österreichfrage bereit erklärten.
Sie begann am 23. Mai im Rose-Palais in Paris. Von den alten Außenministern war nur noch Bevin da, neu waren Acheson, Schuman und Wyschinski. Praktisch wurde auf dieser Konferenz nichts erreicht, doch war es sicher richtig, wenn die »Prawda« schrieb, sie habe zur Herabminderung der internationalen Spannungen beigetragen.
Das war gewiß kein großer Erfolg für die Sowjets. Etwas anderes und sehr Gewichtiges aber hatte ihnen der Konflikt unter den Besatzungsmächten eingetragen: eine Vertiefung der deutschen Spaltung.
Kurz nach Beginn der Blockade hatten sie eine eigene Währungsreform

in der Sowjetzone durchgeführt, die sich zunächst auch auf ganz Berlin erstreckte. Daß diese Währung sich nicht halten konnte, lag an dem kommunistischen System; aber natürlich machte die Doppelwährung den Güterverkehr zwischen den drei Westzonen und der Sowjetzone recht schwierig.
Dann war es auch zu einer Teilung Berlins gekommen. Das war so: Die Stadtverordnetenversammlung tagte noch im Neuen Stadthaus in Ostberlin. Zweimal an aufeinanderfolgenden Tagen zogen Hunderte von kommunistischen Demonstranten gegen das Gebäude. Sie besetzten den Sitzungssaal. Der Fraktionsführer der kommunistischen SED hatte sie hereingelassen, der kommunistische Vorsitzende der Gewerkschaften hatte erklärt, Abstimmungen nach westlicher Art wünsche man nicht mehr. Am 6. September konnte die Sitzung der Stadtverordneten nicht eröffnet werden, da das Stadthaus durch Demonstranten umstellt und zum Teil besetzt war.
Bürgermeister Dr. Friedensburg ließ 200 Polizisten aus den Westsektoren kommen; sie konnten aber nicht durchgreifen. Ein Teil wurde von Polizisten des Ostsektors und sowjetischer Militärpolizei festgenommen, der Rest flüchtete in die Amtsräume der alliierten Verbindungsoffiziere im Stadthaus. Auch dort wurden sie festgenommen.
Stadtverordnetenvorsteher Dr. Suhr eröffnete die Stadtverordnetenversammlung am Abend in dem Studentenheim der Technischen Hochschule Charlottenburg. Die Abgeordneten der SED erschienen nicht.
In Ostberlin wurde das Neue Stadthaus durch Ostzonen-Polizei abgeriegelt. Ein Versuch amerikanischer Militärwagen, einen Teil der Westpolizisten abzutransportieren, scheiterte. Schließlich erreichte der französische Militärgouverneur, General Ganeval, von General Kotikow sicheres Geleit für neunzehn Westpolizisten, die sich noch in den französischen Amtsräumen des Stadthauses befanden. Beim Abtransport unter französischem Geleit wurden sie von sowjetischer Polizei festgenommen. General Ganeval erklärte, es müsse sich um ein Mißverständnis handeln, da er nicht annehmen könne, daß ein russischer General sein Wort bräche.
Auf seinen Protest antwortete der stellvertretende sowjetische Militärgouverneur, Generaloberst Dratwin, die Verhaftung sei durch deutsche Behörden erfolgt und in Verhandlung mit diesen zu regeln.
So spielten sich damals sowjetische und deutsche Kommunisten in die Hände. Genau so spielte auch der Kreml ständig allein ein Doppelspiel. Was damals in Moskau in Verhandlungen mit den Alliierten festgelegt wurde, hat Marschall Sokolowski in Berlin nie eingehalten. Wer daran glaubt, er könne mit Kommunisten Verträge schließen, die erfüllt werden, mag daraus seine Lehre ziehen.

Erste Pläne für eine deutsche Verfassung

Nachdem die englische und die amerikanische Militärregierung den Wirtschaftsrat und den Verwaltungsrat in Frankfurt eingesetzt hatten, konnte jeder politisch denkende Deutsche einsehen, daß damit der Anfang zu einem westdeutschen Staat geschaffen war.
Dieser Staat aber mußte eine Verfassung haben. Sollten wir es den Alliierten überlassen, sie zu entwerfen, oder war es nicht besser, diese Aufgabe selber in die Hand zu nehmen?
Wir von der »Zeit« waren der Meinung, daß es Sache der Deutschen sei, die Form ihres staatlichen Aufbaus selber zu bestimmen. Friedländer und ich begannen darüber, zunächst im kleinen Kreis der politischen Redaktion, zu diskutieren. Wir hatten mit den deutschen Parteien in der Nachkriegszeit nicht so sehr gute Erfahrungen gemacht. Es war unerfreulich gewesen, wie sie ihre Macht dadurch zu stärken versuchten, daß sie sich an die Rockschöße der Militärregierungen hängten.
Wir fragten uns, ob es nicht möglich sei, in die Verfassung ein Element einzuführen, das dem Einfluß der Parteien entzogen war, einen Senat, der auf ständischer Grundlage aufgebaut sein sollte. Diesen Senat dachten wir uns ähnlich, wie er später in Bayern konstituiert wurde, ein Oberhaus, das aus Vertretern der Arbeiter, des Handwerks, der Landwirtschaft, des Handels, der Industrie und der freien Berufe bestände, zu denen noch Repräsentanten der Hochschulen und der Kirchen treten sollten. Natürlich hätte ein solches Oberhaus wirkliche Kompetenzen haben müssen, anders als heute in Bayern, wo es nur beratend tätig sein kann. Wir hofften, daß die Zusammenarbeit von Parlament und Oberhaus deswegen besonders fruchtbar sein könnte, weil beide aus getrennten Sphären entstehen würden, das Parlament aus den politischen Leidenschaften der Parteien, das Oberhaus aus dem Sachverstand, nötigenfalls auch aus dem Egoismus der Berufstätigen.
Ich besprach dies einmal auf einem Empfang, den Gouverneur Berry für

einen englischen Journalisten gab, mit ihm und Mr. Bermann, dem Nachfolger von Sefton Dellmer bei G. N. S. Berry und Bermann sahen sich mit einem vielsagenden Blick an. Ich konnte mir sehr gut deuten, was sie meinten: da haben wir es wieder, der Nazigeist ist bei den Deutschen nicht auszutreiben. Was nicht in das angelsächsische Schema paßte, wurde mit solchen Urteilen leicht abgetan.
Die Entwicklung verlief denn auch ganz anders. Die zweite Kammer, der Bundesrat, ist eine Vertretung der Länder geworden. Friedländer und ich haben dagegen geschrieben. Wir wiesen darauf hin, daß ja auch die Länderregierungen aus der Sphäre der Parteien stammten, daß also auf beiden Ebenen, denen der ersten und der zweiten Kammer, Parteigesichtspunkte entscheidend sein würden.
Wir haben darin zweifellos recht behalten. Das hat sich bei den Verhandlungen über den Aufbau einer deutschen Wehrmacht gezeigt. Die Gesetze, die der Bundestag beschlossen hatte, blieben so lange in der Schwebe, bis sich nach Neuwahlen in den Ländern eine ausreichende Mehrheit im Bundesrat ergab.
Natürlich war es nicht befriedigend, daß wir unsere Pläne immer nur unter uns besprechen konnten. Zwar kam hin und wieder auch ein führender Politiker zu uns. So entsinne ich mich, daß wir unsere Vorschläge einmal Franz Blücher vortrugen, aber alles, was wir schließlich aus ihm herauspressen konnten, war der Satz: »Wie beneide ich Sie, meine Herren, daß Sie Zeit und Muße haben, sich mit solchen Problemen zu beschäftigen!«
In diese erzwungene Atmosphäre der Selbstbescheidung kam geradezu erlösend eine Einladung des »Heidelberger Kreises«, an Besprechungen über Verfassungsfragen teilzunehmen.
Diese Vereinigung war von Deutschen geschaffen, die sich leidenschaftlich mit den Problemen eines modernen Staatsaufbaus beschäftigten. Im Vorstand saßen der Verleger Lambert Schneider, Professor Alfred Weber von der Heidelberger Universität und der Schriftsteller Dolf Sternberger. Was an Vorträgen und Aufsätzen gedruckt wurde, war durch den Verlag Lambert Schneider vertrieben; der Zusammenhalt war ziemlich lose, das konnte auch nicht anders sein, weil die Mitglieder über alle drei westlichen Zonen und Berlin verstreut waren. Man zahlte auch, soweit ich mich entsinne, keine festen Beiträge, sondern jeder so viel, wie er konnte.
Bobeff und ich fuhren nach Heidelberg. Es war bitter kalt, aber ich war glänzender Stimmung. Ich sang, ganz wie Bismarck, nachdem er die Emser Depesche verfaßt hatte, aus Offenbachs »Pariser Leben«: »Jetzt geht's los«, nur daß ich nicht, wie er, dazu chassieren konnte, weil ich im Auto saß.

Es dauerte einige Zeit, bis wir die erste Panne hatten; aber die hatte es in sich. Das Wasser im Kühler begann zu kochen. Bobeff, der technisch sehr begabt ist, konnte die Ursache nicht finden. Bei Alfeld fuhren wir von der Autobahn ab zu einer Reparatur- und Tankstelle, bei der ich später immer wieder gehalten habe, weil die Leute damals so besonders nett gewesen waren. Der Meister schüttelte den Kopf, viel könne er nicht machen, der Kühler sei völlig zugelötet, wir sollten vorsichtig nach Frankfurt fahren in die dortige Mercedes-Werkstatt.

Was war geschehen? In der Hamburger Garage hatte man nicht aufgepaßt, das Wasser im Kühler war gefroren und der Kühler geplatzt. Dann hatte man ihn, um dies zu verbergen, ganz einfach zugelötet. Die Reparatur in Frankfurt war sehr teuer, sie kostete mehrere Stangen amerikanische Zigaretten und dazu noch einen kleinen Betrag in Reichsmark, über den wir eine Quittung erhielten.

Glücklicherweise hatten wir uns reichlich Zeit genommen, da ich sowieso in Frankfurt einige Besprechungen führen wollte. Wir wohnten in einem kleinen Hotel in Oberursel, natürlich ungeheizt, bei 10 Grad Kälte. Am nächsten Tage sah ich mir Frankfurt an. Bobeff besuchte bulgarische Bekannte. Ich kann nicht sagen, daß ich einen guten Eindruck von Parlament und Verwaltung der Bizone bekommen hätte. Es gab zu viele Aasgeier in der Stadt. Überall auf den Straßen – soweit man sie betreten durfte, denn ein erheblicher Teil der Stadt war mit Stacheldraht für die amerikanische Besatzung abgesperrt – traf man schwere Wagen aus Holland, Belgien und der Schweiz, und die Besitzer dieser Wagen konnte man in den Vorzimmern der Wirtschaftsverwaltung finden. Man klagt heute über den Lobbyismus in Bonn. Was man damals in Frankfurt sah, konnte man nicht als Lobbyismus, sondern nur als Schiebertum bezeichnen. Es gab viele Nachtlokale – allerdings in Reichsmark konnte man dort nicht zahlen. Sie wirkten wie ein Symbol für die ganze überhitzte Atmosphäre: Talmi und unreal.

Ein halbes Jahr darauf, kurz nach der Währungsreform, war ich wieder in Frankfurt. Damals saß ich mit Bobeff, seinen bulgarischen Bekannten und einigen Freunden mit geschäftemachenden Amerikanern aus der Militärverwaltung in einem dieser Lokale. Die Zeche betrug mehrere hundert Deutsche Mark und wurde von den Amerikanern und den Bulgaren spielend beglichen – gewiß ein Zeichen, wie gut das neue Geld rollte, aber kein sehr erfreuliches.

Im Februar 1948 war dies alles so besonders ärgerlich, weil das deutsche Volk nicht nur erbärmlich fror, sondern auch richtig hungerte. Der Frankfurter Wirtschaftsrat beschloß damals in echter Verzweiflung ein gutgemeintes, aber besonders törichtes »Notgesetz«, das sogenannte Speise-

kammergesetz, demzufolge die Polizei das Recht haben sollte, Speisekammern auf schwarzgekaufte Vorräte zu kontrollieren. In Frankfurt sagte man: Laßt uns mit den Abgeordneten des Wirtschaftsrats anfangen!
Es war gewiß nicht zu verachten, wenn man damals im Vorzimmer des Direktors eines Verwaltungsamtes, der also einem heutigen Minister entsprach, dicke Steaks mit Bratkartoffeln, Burgunder und französischen Kognak sowie besten Schweizer Nescafé serviert bekam, aber angenehm war mir dabei nicht zumute.
Der erfreulichste Eindruck, den ich von Frankfurt mitnahm, war meine Begegnung mit unserem neuen Korrespondenten Dr. Robert Strobel; er ist noch heute Korrespondent der »Zeit« in Bonn. Er hat jenes politische Fingerspitzengefühl, das vielen österreichischen Journalisten eigentümlich ist. Dazu ist er witzig, kann auf reizende Weise boshaft sein und hat außerdem, was in dieser Zusammensetzung selten ist, auch Humor. Die politische chronique scandaleuse der damaligen Bizone und der heutigen Bundesrepublik beherrschte er jederzeit überlegen.
In Heidelberg fror es immer noch entsetzlich, und unser Quartier war ungeheizt. Die Sitzungen des Heidelberger Kreises fanden im Seminar für Zeitungswissenschaft der Universität statt, dem damals Professor v. Eckardt vorstand, ein großer Kenner der russischen Geschichte, der auch die Vorgänge im kommunistischen Rußland gut zu deuten verstand. Am Vorstandstisch saß außer Lambert Schneider, Alfred Weber, Dolf Sternberger auch der ehemalige Ministerpräsident Prof. Dr. Geiler; im Parkett gab es einige illustre Köpfe. Unter anderem waren da der ehemalige Reichsfinanzminister Dr. Hermann Dietrich, der Staatsrechtler Prof. Dr. Kaufmann, der Abgeordnete Prof. Carlo Schmid, der Bankier Hermann Abs. Um es gleich zu sagen: Es kam bei den Sitzungen nicht viel heraus. Das lag daran, daß zwei Männer da waren, die über eine hervorragende Eloquenz verfügten und sich zugleich spinnefeind gegenüberstanden: Alfred Weber und Carlo Schmid. Es war ein Vergnügen, diesem – an sich völlig sinnlosen – Rededuell zu folgen. Hin und wieder beugte sich Hermann Abs, der schräg vor mir saß, zu mir zurück und würzte die Debatte mit treffendem Spott. Vergebens versuchten die Berliner Vertreter einzugreifen, indem sie das Thema der Freiheit eines Staatsbürgers aufwarfen, wobei sie darauf hinwiesen, daß die westliche Freiheit auch nicht immer so frei sei, wie wir das immer darstellten. Alles wurde mit blendender Beredsamkeit von Carlo Schmid niedergewalzt. Ich stand auf und sagte, man müsse doch weiterkommen, es habe doch keinen Sinn, hier über Prinzipien zu streiten, viel wichtiger sei es, Arbeit zu leisten. Ich schlüge vor, einen ständigen Ausschuß zu bilden, der einen Verfassungsentwurf ausarbeiten solle. Wir dürften dies nicht einfach den Alliierten überlassen, und wenn unser

Entwurf als Ganzes auch später verworfen würde, so würde doch sicher einiges erhalten bleiben und seinen Einfluß ausüben. Wir könnten auch abweichende Meinungen protokollieren, aber worauf es ankäme, sei, endlich zu beginnen.
Jetzt erhob sich Carlo Schmid zu seiner vollen Größe und sagte: »Eine Verfassung ist immer der Spiegel der Macht, die hinter ihr steht, oder der Spiegel des Kompromisses, den zwei Mächte miteinander austragen. Man kann eine Verfassung nicht aus dem Leeren schaffen; deshalb verwerfe ich diesen Antrag.«
Und damit blieb er verworfen.
Der einzige, dem niemand widersprach und der einen großen Beifall hatte, war Minister Dietrich. Er stand da, schwer auf seine Stuhllehne gestützt, ein alemannischer Patriarch. Er sagte, er wolle hier keine theoretischen Eröffnungen machen, er wolle nur erzählen, was er nach dem Zusammenbruch getan habe, als die amerikanischen Truppen über den Ort am Bodensee weiter vorgestoßen seien, in dem er sich damals aufhielt. Er habe sich daran erinnert, daß sein Heimatort im Schwarzwald ja nun vermutlich keinen Bürgermeister mehr habe. Da habe er sich einen Rucksack auf den Buckel geschnallt und sei zu Fuß dorthin gegangen, immer auf der Bahnlinie entlang, weil ja damals doch keine Züge fuhren. Er sei in seinem Ort Bürgermeister geworden und habe mit den Bürgern und Bauern zusammen ein vernünftiges Regiment geführt; die Besatzungstruppen hätten das respektiert. Diese demokratische Haltung im kleinen müsse die Grundlage für die demokratische Haltung im großen sein. Man müsse von unten nach oben aufbauen, dann werde der Staat gesund bleiben, niemals aber solle man dies von oben nach unten versuchen.
In einer Pause ging ich auf ihn zu. Er streckte mir die Hand entgegen:
»Wir kennen uns doch?«
»Ja, Herr Minister.«
»Woher?«
»Aus Berlin. Wir haben uns bei Karl Richter getroffen. Und nun möchte ich Sie fragen, haben Sie getan, was mein Freund Richter Ihnen dringend ans Herz gelegt hat? Haben Sie Ihre Memoiren geschrieben? Es gibt niemanden mehr, der mit solcher Autorität über die Zeit nach 1919 schreiben könnte.«
Er winkte müde ab und sagte: »Ich glaube nicht, daß ich das schreiben werde.«
Ich bin heute noch traurig darüber, daß man diesem Manne bei dem Aufbau des deutschen Staates keinen einflußreichen Platz eingeräumt hat. Bei der Wahl der Verwaltungsdirektoren für den Wirtschaftsrat am 1. März

1948 war er von der FDP als Vorsitzender des Verwaltungsrates vorgeschlagen worden. Er erhielt nur die Stimmen dieser Partei.
Als die Heidelberger Tagung ohne irgendein greifbares Resultat zu Ende gegangen war, verabschiedete ich mich auf der Straße von Lambert Schneider und Alfred Weber. Sie waren beide ehrlich bedrückt.
»Es ist sehr schade«, sagte Alfred Weber, »daß wir in dem Eifer der Diskussion auf Ihren Antrag nicht eingegangen sind. Er hätte uns weiterbringen können.«
»Ich glaube nicht«, erwiderte ich, »die Ansichten gingen viel zu weit auseinander. Eigentlich hatte jeder seine eigene Ansicht, die mit der der anderen nicht übereinstimmte.«
Alfred Weber und Lambert Schneider taten mir leid. Sie waren offenbar sehr enttäuscht und niedergeschlagen.
Während dieser Tage waren Bobeff und ich viel mit Carlo Schmid zusammen. Bobeff war sehr von ihm eingenommen. Er meinte zu mir, der gäbe einmal einen zukünftigen Kanzler. Auch mir imponierte Carlo Schmid. Er war ein glänzender Debatter und plauderte kultiviert, mit großer Kenntnis der romanischen Kultur. Ich erzählte ihm, daß ich Karl Voßler veranlaßt hätte, die »Göttliche Komödie« zu übersetzen, was er mir aber nicht als einen Vorzug anrechnete. Er fand diese Übertragung ganz einfach schlecht. Ich widersprach ihm und würde ihm heute noch immer widersprechen; aber gegen seine Argumente und seinen Sachverstand kam ich damals nicht auf. Hatte er doch vor dem Kriege in Tübingen in seinem eigenen Hause eine Art privates Seminar über Dante für seine Studenten abgehalten.
Einer dieser ehemaligen Studenten traf gegen Ende der Tagung in Heidelberg ein: mein Presseoffizier Michael Parker! Er war mit der Familie v. Eckardt bekannt und arrangierte in deren Hause ein Zusammentreffen junger Studenten. Hier war Carlo Schmid in seinem Element. Bobeff und ich betrachteten ihn mit ausgesprochenem Vergnügen. Er war ein Rattenfänger, und diese jungen Leute hingen an seinen Lippen.
Aber da war eine Gefahr: er formulierte zu glänzend, und um der Formulierungen willen kam es dann zu gewagten Behauptungen und schiefen Feststellungen. So erinnere ich mich, daß er sagte: »Die Arbeiter haben in Deutschland drei Revolutionen verloren, die von 1848, die von 1918 und die von 1933; sie dürfen die jetzige nicht auch wieder verlieren, denn sonst kann es zu einer Explosion kommen, bei der wir alle zugrunde gehen.«
In Gegenwart der jungen Leute wollte ich ihm nicht widersprechen, und hinterher hatte ich keine Gelegenheit dazu, aber im Auto, als wir nach Frankfurt fuhren, sagte ich zu Bobeff: »1848 haben die Arbeiter überhaupt

keine Revolution gemacht, sondern die Bürger und Handwerker. 1918 hatten wir keine Revolution, sondern einen Zusammenbruch, der durch einen verlorenen Krieg hervorgerufen war und nicht durch revolutionäre Ideen. Das Jahr 1933 stellte eine typische Revolution eines bürgerlich-spießigen Mittelstandes dar, und wo ist eigentlich seit 1945 auch nur das geringste Zeichen einer Revolution in Deutschland vorhanden? Solche Sätze klingen bei Schmid sehr bestechend. Ich hoffe, daß er selber nicht an sie glaubt, sondern nur mit der Formulierung spielt.«
Ich habe den Politiker Carlo Schmid in der »Zeit« oft angegriffen, den Menschen habe ich immer besonders gern gehabt. Im Bundestag machte er eine hervorragende Figur, und seine absolute Integrität schuf ihm allgemeinen Respekt.

Der Parlamentarische Rat beschließt das Grundgesetz

Am 1. Juli 1948 teilten die drei Militärgouverneure der Westzone den Regierungschefs der westdeutschen Länder die alliierten Vorschläge zur Bildung einer westdeutschen verfassunggebenden Versammlung und einer westdeutschen Regierung mit. Es folgten Sitzungen der deutschen Ministerpräsidenten – in Schloß Niederwald bei Wiesbaden. Die Besatzungsmächte drängten, die verfassunggebende Versammlung solle möglichst bald, aber spätestens am 1. September 1948 zusammentreten. Es gab noch ein Zwischenspiel: In Herrenchiemsee versammelte sich ein Ausschuß der elf Länder der Westzonen, um einen Verfassungsentwurf auszuarbeiten. Die Beratungen fanden unter strenger Klausur statt. Die Denkschrift, die hier entstand, umfaßte 300 Seiten und sollte die Grundlage für die Verfassungsdebatten des »Parlamentarischen Rates« – diesen Namen hatte die verfassunggebende Versammlung inzwischen erhalten – bilden. Um diese Denkschrift wurde ein großes Geheimnis gemacht, jedenfalls bekamen wir sie nicht zu sehen, wie überhaupt das deutsche Volk nicht gerade sehr viel von den Einzelheiten der kommenden Verfassung erfuhr, denn die wichtigsten Beratungen fanden nicht im Plenum, sondern in den Ausschüssen statt. Im ganzen hatte diese verfassunggebende Versammlung nicht das hohe Niveau wie die seinerzeitige von Weimar.
Gewiß waren auch in Bonn einige Parlamentarier von Format vorhanden, um nur einige zu nennen: Paul Löbe, Konrad Adenauer, Theodor Heuß, Adolf Schönfelder, Carlo Schmid sowie der Berliner Oberbürgermeister Ernst Reuter. Aber auch sie konnten nicht über einen Schatten springen, der damals über allen Verhandlungen lag; das war der Schatten, den immer noch Hitler warf.
Die Abgeordneten des Parlamentarischen Rates waren nicht fähig, sich von der Weimarer Verfassung zu lösen. Sie versuchten nur, sie nach den Erkenntnissen der letzten dreißig Jahre zu ergänzen, zu stärken oder ein-

zuschränken, und so waren alle Änderungen negative Änderungen insofern, als sie dazu dienen sollten, den freiheitlichen Optimismus von Weimar gehörig zu dämpfen. Weimar, gesehen im Licht eines unbotmäßigen Reichstags und undisziplinierter Parteienwirtschaft und weiter gesehen im Lichte der grauenhaften Rechtlosigkeit unter der Hitlerdiktatur, das war das Zwielicht, in dem das Grundgesetz entstand.

Es war sehr bezeichnend, zu sehen, was man sich ausgedacht hatte, um die Regierung zu stabilisieren und für die Dauer einer Legislaturperiode vom Parlament unabhängig zu machen. Bereits in dem ersten Entwurf war vorgeschlagen, daß ein Kanzler nur durch ein sogenanntes konstruktives Mißtrauensvotum gestürzt werden könne, daß also eine oppositionelle Mehrheit sich auf einen gemeinsamen Kandidaten einigen müsse, der Bundeskanzler werden solle. Damit war allerdings von vornherein ein so unsinniges Bündnis ausgeschlossen wie das der Kommunisten und Nationalsozialisten im Reichstag der Weimarer Republik, das es Hitler schließlich ermöglichte, die Macht zu ergreifen. Doch darüber hinaus waren dem Bundeskanzler in dem ersten Entwurf so viele Rechte gegenüber dem Parlament, ja sogar gegenüber der Bevölkerung gegeben, daß seine Macht über die eines amerikanischen Präsidenten weit hinausging. Auf den Gedanken, daß es einmal einen Bundeskanzler geben könne, der in seinem Innern nicht demokratisch gesonnen sei, war damals offenbar niemand gekommen. Durch ein mögliches Zusammenspiel mit dem Bundesrat, der aus Vertretern der Länderregierungen, also aus Männern der Exekutive bestehen sollte, hätte nach diesem Entwurf der Kanzler tatsächlich die Legislative ihrer Rechte fast völlig berauben können. General Clay sagte dazu, für diese Bestimmung sei es typisch, daß bis auf acht alle Abgeordneten des Parlamentarischen Rates Beamte seien, also Experten der Exekutive.

Friedländer und ich betrachteten diese Entwicklung mit Sorge. Ich schrieb in der »Zeit«:

»Verfassungen sind nicht starr, sie werden in der Praxis und aus ihrem Geiste heraus ausgelegt, daher wäre eine genaue Formulierung des immer gebrauchten und doch so vieldeutigen Begriffes ›demokratisch‹ sehr erwünscht. Den Parteien ist aufgegeben, daß ihre innere Ordnung ›demokratischen‹ Grundsätzen entsprechen muß – hier wird mancher schmunzeln –, aber wer verhindert, daß eine Partei im Zusammenspiel mit ihrem Bundeskanzler sich diktatorischen Neigungen hingeben könnte, daß sie etwa, um am Ruder zu bleiben, das Wahlverfahren ändert?

Der vorliegende Entwurf enthält weder eine Definition des Wahlverfahrens noch die Bestimmung, daß es nur durch ein verfassungsänderndes Gesetz umgestoßen werden kann. Bisher ist nur ein Wahlgesetz für das erste Parlament beschlossen worden, ein besonders schlechtes Gesetz, denn es gibt sich den Anschein, dem Prinzip der Mehrheitswahl zu folgen, und vertritt in Wirklichkeit ein Verhältniswahlrecht, bei dem die Hälfte der Abgeordneten nicht vom Volk gewählt, sondern von den Parteien einer Liste entnommen wird. Es soll ja nur für diese eine Wahl gelten, später werde man es ändern, hat Carlo Schmid tröstend gesagt. So kann es denn hin und her gehen. Sind die Wahlaussichten für die Partei eines Bundeskanzlers gut, wählt man das Mehrheitswahlverfahren, sind sie schlecht, entscheidet man sich für das Verhältniswahlrecht. Festlegen will man sich bezeichnenderweise heute keineswegs, obgleich doch das Wahlverfahren den Aufbau der Bundesverfassung wesentlich beeinflussen müßte.

Man mache uns nicht den Vorwurf, wir suchten bei unseren heutigen Politikern immer wieder Neigungen zur Herrschsucht zu entdecken. Es liegen hierfür zu viele Beweise vor. Um ein Beispiel zu erwähnen: Der provisorische Sitz der Bundesregierung steht noch nicht fest. Man hat für Bonn plädiert mit der fadenscheinigen Begründung, die Bundesregierung müsse dem Einfluß der Militärregierung in Frankfurt entzogen werden. General Clay hat kühl erwidert, die Militärregierungen würden dorthin gehen, wo sich die Bundesregierung niederläßt. Nun hat Ministerpräsident Arnold in einer Denkschrift an den Parlamentarischen Rat erklärt, die Hauptstadt müsse nahe bei der Ruhr liegen, in der Nähe des internationalen Ruhr-Kontrollapparates, also doch der Militärregierung. Und um dieser Forderung Nachdruck zu verleihen, hat die Regierung von Nordrhein-Westfalen mir nichts, dir nichts den Bau eines Parlamentsgebäudes in Bonn befohlen. Dies ist ein so grotesker Fall politischer Herrschsucht, daß wir ihn nur mit äußerster Mißbilligung vermerken können, er ist geradezu, da die Denkschrift ausdrücklich das europäische Gewicht dieses Vorschlages betont, ein politisches Vergehen gegen unsere wirkliche Hauptstadt Berlin.«

Bei dem heftigen Streit im Parlamentarischen Rat ging es in erster Linie um zwei Komplexe. Der erste betraf Elternrecht und Konkordat, also das Recht der Eltern, ihre Kinder in eine konfessionelle Schule zu schicken, und die Pflicht des Staates, solche konfessionellen Schulen einzurichten oder zum mindesten zuzulassen. Diese Frage wurde nicht gelöst und ist heute noch ein Streitpunkt zwischen den Parteien.

Der zweite Komplex betraf die Finanzhoheit des Bundes und der Länder, ging also um die prinzipielle Frage: Zentralismus oder Föderalismus? Im interfraktionellen Siebenerausschuß des Parlamentarischen Rates hatte man sich darauf geeinigt, daß die Verwaltung der Bundes- und Ländersteuern durch den Bund erfolgen solle. Die Militärgouverneure erklärten diese Vorschläge für nicht befriedigend. Sie bestanden darauf, daß die

Finanzhoheit und auch die Steuerverwaltung bei den Ländern liegen müsse. Dies entspreche dem föderalistischen Aufbau der zukünftigen Bundesrepublik, auf den man sich bei den Londoner Verhandlungen geeinigt habe. Für die SPD erklärte der Vorsitzende des Siebenerausschusses, seine Partei sei bei dem überreichten Kompromißvorschlag der deutschen Fraktionen so weit gegangen, wie dies nur irgend möglich sei. Sie habe zwar einer Trennung nach Bundes- und Ländersteuern zugestimmt, aber an einer einheitlichen Verwaltung müsse sie festhalten. Die CDU/CSU hingegen vertrat die Meinung, daß das Grundgesetz an der Frage der Finanzhoheit nicht scheitern dürfe.

Auf einer Versammlung der nordbadischen CDU in Karlsruhe sagte Konrad Adenauer, angesichts der Tatsache, daß die SPD, trotz der Intervention der Gouverneure, auf ihrem Standpunkt beharre, müsse man sich fragen, woher diese Partei einen solchen Rückhalt bekomme. Die Machtprobe der SPD könne man den anderen Parteien gegenüber nicht als fair play bezeichnen. Über die Hintergründe der SPD-Tendenz müsse Klarheit von den Militärgouverneuren verlangt werden. Schumacher schlug zurück. In einem Interview im Berliner »Telegraph« sagte er auf die Frage, wie er sich die Haltung der CDU erkläre, diese Partei wolle ihre alten überföderalistischen und partikularistischen Wünsche mit Hilfe der Aliierten durchsetzen, insbesondere die linksrheinischen und südbayerischen Föderalisten wollten jetzt die Ernte in die Scheuer bringen. Diese Politik der CDU entspreche der Tradition des klerikalen Partikularismus und komme den französischen Wünschen entgegen.

Da zeichnete sich also der Konflikt zwischen diesen beiden bedeutendsten Politikern der deutschen Nachkriegszeit, der bis zum Tode Schumachers nie gelöst oder überbrückt werden konnte, deutlich ab. Vergebens versuchte Theodor Heuß zu vermitteln; die SPD blieb unnachgiebig. Auf einer erweiterten Vorstandssitzung in Hannover verwarf sie alle Vorschläge der Westalliierten, den deutschen Verfassungsentwurf zu verändern. Sie verlangte kategorisch Sicherung ausreichender Einkommensquellen für den Bund, um der Bundesregierung ihre finanzielle Unabhängigkeit gegenüber den Ländern zu garantieren.

Schließlich kam dank der Autorität und vor allem der Sachkenntnis des ehemaligen preußischen Finanzministers Dr. Hoepker-Aschoff doch noch ein Kompromiß zustande, in dem die Steuern zwischen Bund und Ländern aufgeteilt wurden, die Finanzverwaltung aber ganz bei den Ländern blieb. Die Militärgouverneure der drei Westzonen empfingen die Delegation, die diesen Kompromißvorschlag vertreten sollte und die unter Führung Konrad Adenauers stand, in Frankfurt im IG-Haus. General Clay, der den Vorsitz führte, war verärgert und bissig. Er vermute, sagte er eini-

germaßen scharf, daß die britischen Vertreter die Beschlüsse der drei Außenminister, in denen diese sich unter Klausur geeinigt hatten, wie weit sie eventuell nachgeben würden, frühzeitig an die SPD weitergeleitet hätten. Anderenfalls hätte der Vorsitzende der SPD, Dr. Schumacher, in Hannover nicht eine so starke Haltung einnehmen können.
Ich mußte, als ich dies aus Frankfurt durch Dr. Strobel erfuhr, an die Worte denken, die Carlo Schmid in Heidelberg gesprochen hatte, als er gegen meinen Vorschlag auftrat, man solle in unserem Kreise sogleich mit der Ausarbeitung einer Verfassung beginnen: »Eine Verfassung ist immer der Spiegel der Macht, die hinter ihr steht, oder der Spiegel des Kompromisses, den zwei Mächte miteinander austragen. Man kann eine Verfassung nicht aus dem Leeren machen; deshalb verwerfe ich diesen Antrag.«
Da hatten wir nun die Mächte, die hinter dieser Verfassung standen. England, das aus sozialistischer Kameradschaft die SPD stützte, und Frankreich und die USA, an die sich die CDU anlehnte.
Am Schluß der Frankfurter Sitzung genehmigten die drei Militärgouverneure den Verfassungsentwurf des Parlamentarischen Rates. Dieser Entwurf ging nunmehr an die Parlamente der Länder; er wurde überall angenommen, nur der Bayerische Landtag lehnte ihn ab, aber mit dem Zusatz, falls er von zwei Dritteln der übrigen Länder angenommen würde, wolle man sich diesem Votum fügen. Nunmehr fanden die Wahlen statt, und am 12. September 1949 trat die Bundesversammlung zusammen, die aus den 402 Abgeordneten des Bundestages und weiteren 402 von den Länderparlamenten gewählten Abgeordneten bestand. Sie hatte die Aufgabe, den Bundespräsidenten zu ernennen. Im zweiten Wahlgang fiel die Mehrheit der Stimmen auf Theodor Heuß.
Der neue Bundespräsident schlug Konrad Adenauer als Bundeskanzler vor. Mit einer Stimme Mehrheit wurde er drei Tage später gewählt. Deutschland war, um ein Bismarcksches Wort zu gebrauchen, in den Sattel gesetzt, ob es reiten könne, mußte sich erweisen.

Berndorff und die Tabus

Das Fernsehen meldete sich bei mir, das noch recht in den Kinderschuhen steckende Fernsehen. Der damalige Hamburger Chefredakteur dieser Institution, Claus Besser, erklärte mir, man habe einen Film, der die Flüge verschiedener Luftschiffe vom Typ Zeppelin zeige und auch die Katastrophe des letzten Luftschiffes dieser Art, der »Hindenburg«, in Lake Hurst. Ich sei doch auf der Jungfernfahrt der »Hindenburg« nach Rio de Janeiro dabei gewesen. Ob ich zu den Filmen und zu einigen Standfotos, auf denen auch ich zu sehen sei, sprechen wolle. Ich wollte.

Das Fernsehen wohnte damals noch in einem Bunker beim Heiligengeistfeld, und als ich eintraf, stellte ich fest, daß ich mich in einer ganz ungewöhnlichen Situation befinden würde. Im größten Raum des Bunkers, in dem also Tausende von Menschen Schutz vor den Bomben gesucht hatten, saßen jetzt Hunderte von Leuten und warteten auf eine Varieté-Vorstellung, die für das Fernsehen veranstaltet werden sollte. Vor der Varieté-Vorstellung sollte ich eine Stunde lang sprechen, was mir deshalb sehr ungemütlich war, weil die unten auf das Varieté wartenden Leute die Bilder und die Filme, die ich kommentieren sollte, gar nicht sehen konnten. Mir würden sie in einem kleinen Gerät – »Monitor« genannt –, das zu meinen Füßen stand, erscheinen.

Kaum war ich in den Bunker getreten, als sich ein Dutzend Leute auf mich stürzten, um mich zu schminken und mir Anweisungen zu geben, mir ein sehr kompliziertes System von Lampen auseinanderzusetzen, die aufleuchten und erlöschen würden. Auf dem Podium, auf das man mich brachte, sah ich die bunten Lampen mißtrauisch an, und ehe ich mich versah, ging die Geschichte los. Ich sollte zuerst ohne Filme und Bilder wenige Minuten sprechen, dann sollte ein grünes Licht aufleuchten, das mir anzeigte, daß der erste Film lief. Im selben Augenblick, in dem das geschehen sollte, machte es knacks, und die ganze prächtige komplizierte Signalanlage war zusammengebrochen.

Ich sah das Entsetzen in allen Gesichtern, bei Kamera- und Mikrofonleuten, Aufnahmeleitern und Beleuchtern. Ich merkte, daß man glaubte, ich würde das Fernsehpublikum um Entschuldigung bitten und die Sendung unterbrechen. Ich tat das Gegenteil. Ich erzählte dem Fernsehpublikum alles, was soeben passiert war. Bat, Mitleid mit mir zu haben – »ich mache das nämlich zum erstenmal« –, und dann ging die ganze Geschichte prächtig weiter trotz der ausgefallenen Signalanlagen. Obwohl mich von unten aus dem Bunker-Saal Hunderte von Leuten bleich vor Wut anstarrten, denn solange ich da oben nicht geendet hatte, kamen sie nicht zu dem Genuß der Varieté-Vorführung, und sie langweilten sich schrecklich. Das war mein Debüt beim Fernsehen, und dann wurde ich anschließend ein ganzes Jahr ein Fernsehstar. Man wünschte sich eine regelmäßige Glosse zu den Tagesgeschehnissen. Als Partner präsentierte man mir Müller-Marein von der »Zeit«.
Die Sendung wurde ein ungewöhnlicher Erfolg. Wir glossierten frech alles, was sich in der vergangenen Woche ereignet hatte. Aber bald gab es einen Proteststurm der Zuschauer, der mich darüber belehrte, daß es in Deutschland gewisse Tabus gibt, die ein Publizist nicht verletzen darf.
Bei den Papuas ist so etwas schlimm. Bei den Papuas bestimmt der Volksstamm, wer ein Tabu verletzt hat. Wer das getan hat, wird erschlagen und aufgefressen. Ähnlich ist es auch in Deutschland. Müller-Marein und ich verstießen gegen ein Tabu. Nachdem der Innenminister sich mit der Frage befaßt hatte, ob Deutsche Orden tragen dürfen oder nicht, kamen wir in unserem improvisierten Gespräch unserer frechen Art gemäß darauf zu sprechen. Uns erschien die ganze Sache wenig belangvoll – wir glaubten, daß es für das Parlament wichtigere Dinge gäbe als die Ordensfrage.
Ich kam auf eine schreckliche Idee. Ich erzählte, daß ich einmal im Kriege 1914/18 mit einem hohen Orden dekoriert worden sei, und zitierte, um zu erklären, weshalb ich den Orden bekommen hatte, eine Verlautbarung unseres damaligen Regimentsadjutanten, die folgendermaßen hieß: »Tapferer –, aber völlig unsinnigerweise führte Leutnant Berndorff die 8. Batterie auf den Hügel 218.«
Kaum hatte ich das gesagt, da – das erfuhr ich natürlich erst nach der Sendung – war die Telefonzentrale des Hamburger Fernsehhauses blockiert. Aus ganz Deutschland riefen Hunderte von empörten Menschen an, verlangten den sofortigen Abbruch der Sendung und erklärten, sie wünschten niemals wieder Herrn Berndorff auf dem Fernsehschirm zu sehen.
Sie sahen mich trotzdem noch oft, aber als ich einmal in der Nähe von Köln in einem sehr eleganten Schloßrestaurant saß und zu Mittag aß, erkannten mich einige Herren und verlangten von dem Wirt, daß er mich auf der Stell hinausschmeiße. Ich hatte gegen ein Tabu verstoßen.

Ich habe mehrfach in meinem Leben gegen ein Tabu verstoßen. Als ich einmal für Tüngel und »Die Zeit« einen Aufsatz über die Geschichte der deutschen Abwehr schrieb, kamen Hunderte von Drohbriefen an die »Zeit«, man werde das Blatt abbestellen, wenn dieser Berndorff weiter in ihm schreibe.

Die deutsche Abwehr ist ein gefährliches Tabu. Ein Publizist, der heute in Deutschland die Ansicht äußert, daß es in der Abwehr Leute gegeben habe, die seit dem Jahre 1933 treu zu Hitler gestanden, die nicht mit dem Feinde konspiriert, sondern die sich emsig bemüht hätten, der deutschen Nation so zu dienen, daß sie den Krieg gewinnen würde – der kann einiges erleben. Ich habe es erlebt.

Die »Rote Kapelle« ist ein Tabu. Die »Rote Kapelle« war eine von den Sowjets finanzierte Spionage-Organisation in Deutschland, zu deren prominentesten Mitgliedern der Chef der Attaché-Abteilung im Luftfahrtministerium gehörte. Sein Name war Schulze-Boysen. Er ließ über Geheimsender beispielsweise die deutschen Lufteinsätze in Rußland vorher den Sowjets funken. Die ganze Geschichte der »Roten Kapelle«, zu der viele Leute mit recht bekannten Namen gehört haben, kann man deshalb einer breiteren Öffentlichkeit nicht erzählen, weil man kein großes Blatt finden wird, das sie drucken würde. Gegen dieses Tabu habe ich deshalb nicht verstoßen, weil man mich nicht schreiben ließ.

Der Fall John ist ein Tabu, und zwar deshalb, weil der Bundesinnenminister Schroeder sich allzu fair verhalten hat. John ist der Regierung Westdeutschlands durch die Engländer aufgezwungen worden. Die deutsche Regierung ist zu anständig gewesen, das der deutschen Öffentlichkeit mit aller Deutlichkeit zu sagen. Seine wirkliche Geschichte in der Deutschen Lufthansa, Johns Erlebnisse nach seiner Flucht in Spanien – das alles kann man niemals schreiben.

Tüngel hat dieses Tabu verletzt. Er hat die Folgen zu spüren bekommen. Sein Kampf gegen John war zugleich der Beginn einer sich ständig steigernden Verfolgung, der er ausgesetzt war, denn John war mit dem 20. Juli verbunden, und der ist das oberste aller deutschen Tabus.

Warum kann man über all dieses nicht schreiben? Weil das an das große und allgemeine Tabu der Deutschen rührt, das wahrscheinlich sogar mit Recht besteht. Wer hat sein Vaterland verraten? Derjenige, der für Hitler entweder ohne oder trotz besserer Einsicht sein Leben aufs Spiel setzte oder sogar verlor? Oder hat der sein Vaterland verraten, der Kontakt mit dem Feinde aufnahm? Diese Frage – um mit Fontane zu sprechen – ist ein weites Feld ...

Die Planung eines vereinten Europa

Während sich im Innern die Bundesrepublik konsolidierte, vollzog sich außerhalb unserer Grenzen der Aufbau eines neuen politischen Zusammenschlusses, den man noch vor kurzem für eine Chimäre gehalten hatte:
Es begann die Grundsteinlegung zu einem Vereinten Europa.
Das Projekt an sich war nicht neu, schon nach dem ersten Weltkrieg hatte Graf Coudenhove-Calergi eine etwas anämische Bewegung mit gleichem Ziel in Wien gegründet; jetzt aber lieh diesem Plan ein Mann sein politisches Gewicht, der als der bedeutendste Staatsmann seiner Zeit galt: Winston Churchill.
Bereits am 20. September 1946 hatte er an der Universität Zürich eine Rede an die akademische Jugend der Welt gehalten, in der er in geradezu visionärer Weise das Bild eines kommenden Vereinten Europa beschwor.
Er sagte:
»Wir alle wissen, daß beide Weltkriege dem eitlen Wahn des neuen geeinten Deutschland entsprungen sind, eine beherrschende Rolle in der Welt zu spielen. In diesem letzten Kampf sind Verbrechen und Massaker begangen worden, für die es seit dem Tatareneinbruch im 14. Jahrhundert in der Geschichte der Menschheit kein Beispiel gibt. Die hierfür Schuldigen müssen bestraft werden. Deutschland muß der Möglichkeit entkleidet werden, wieder aufzurüsten und einen neuen Aggressionskrieg auszulösen. Aber wenn all dies geschehen ist, wie es geschehen wird und geschieht, dann muß der Vergeltung ein Ende gesetzt werden. Dann muß das eintreten, was Gladstone vor Jahren einen ›gesegneten Akt des Vergessens‹ genannt hat. Wir alle müssen den Schrecken der Vergangenheit den Rücken kehren und uns der Zukunft zuwenden. Wir können es uns einfach nicht leisten, durch all die kommenden Jahre den Haß und die Rache mit uns fortzuschleppen, die den Ungerechtigkeiten der Vergangenheit entsprossen sind. Sollte das die einzige Lehre der Geschichte sein, die die

Menschheit zu erlernen unfähig ist? Laßt Gerechtigkeit, Barmherzigkeit und Freiheit walten! Ich will jetzt etwas sagen, was Sie vielleicht in Erstaunen setzen wird: Der erste Schritt bei der Neubildung der europäischen Familie muß ein Zusammengehen zwischen Frankreich und Deutschland sein.«
Von diesem Zeitpunkt an verfolgte er diesen Plan weiter mit der ihm eigentümlichen Energie und Konsequenz. Die Stimmung der Hoffnungslosigkeit, die überall in Europa angesichts der wirtschaftlichen Not und der Furcht vor den Kommunisten herrschte, war ein günstiger Nährboden für diesen optimistischen Plan. Es bildeten sich in den westeuropäischen Ländern politische Komitees, die sich zu größeren Verbänden zusammenschlossen und die mit Begeisterung Churchills Ideen verfochten. Große Staatsmänner, Herriot, de Gasperi, van Zeeland, setzten sich öffentlich für diese populäre Bewegung ein. Nur, was heute rückblickend erstaunlich klingt – die Sozialisten versagten sich der Teilnahme an diesen Bestrebungen.
In Den Haag sollte im Mai 1948 ein internationaler Kongreß mit dem Thema der europäischen Einheit stattfinden. Churchill schrieb an Premierminister Attlee, prominente Sozialisten anderer Länder hätten die Einladung zu dem Kongreß angenommen. Churchill fragte nun Attlee, wie sich die britische Arbeiterpartei hierzu stelle. Attlee antwortete, seine Regierung werde keine offiziellen Schritte unternehmen, und im Namen des Exekutivkomitees der Labour Party antwortete Shinwell, daß die Frage der europäischen Einheit viel zu bedeutend sei, als daß man sie einem nicht repräsentativen Kongreß anvertrauen könne, gegen dessen Zusammensetzung, besonders infolge Beteiligung bestimmter Privatleute, Einwendungen erhoben werden müßten. Die endgültige Entscheidung der Sozialisten wurde im Anschluß an eine Sitzung der Comisco (des Komitees für internationale sozialistische Zusammenarbeit) gefällt. Man beschloß, an der Haager Konferenz, die von der Europa-Bewegung und einigen ähnlichen Verbänden einberufen werden sollte, nicht teilzunehmen. Die Ideale der europäischen Einheit könnten vor der Korruption durch reaktionäre Politiker nur bewahrt werden, wenn sich die Sozialisten an die Spitze der Bewegung setzten.
Natürlich konnte das Abseitsstehen der Sozialisten den Fortgang der Bewegung für ein Vereintes Europa nicht hemmen. Die Haager Konferenz fand statt und führte zu einem großen Erfolg für Winston Churchill. In seiner Eröffnungsrede sagte er mit einem deutlichen Hieb auf die englische Labour Party, die Bewegung sei eine Bewegung der Völker, nicht der Parteien, und habe keinen Platz für den Ehrgeiz von Einzelpersonen. Es wurde ein internationales Komitee für die Einheit Europas gebildet,

dem Paul Ramadier, Paul van Zeeland und Dr. Salvador de Madariaga (von den Exilspaniern) angehörten. Auch in Amerika bildete sich ein Komitee für ein freies und geeintes Europa.
Überraschend schnell wurden diese Anregungen der Europa-Bewegung von den westeuropäischen Staaten aufgenommen und zu einem Ergebnis geführt. Bereits am 5. Mai 1949 wurde im St.-James-Palast in London durch die Außenminister von zehn europäischen Mächten ein Abkommen über die Statuten des Europa-Rates, der seinen Sitz in Straßburg haben sollte, unterzeichnet. Am 9. August fand die erste Sitzung des Ministerkomitees statt, und am 10. August trat die Konsultativversammlung zusammen.
Naturgemäß erhob sich nun die Frage, auf welche Weise die Bundesrepublik in den Straßburger Europa-Rat einbezogen werden könne. Die ersten, die auf einer Teilnahme Deutschlands bestanden, waren die Niederlande. Auch die Vereinigten Staaten übten in dieser Hinsicht einen Druck aus. Staatssekretär Acheson sagte auf einer Pressekonferenz, eine Einladung an Deutschland würde von den Vereinigten Staaten sehr begrüßt werden. Außenminister Bevin vertrat den gleichen Standpunkt. Bei einer Debatte im Unterhaus sagte er:
»Ich ersuche das Haus, sich bei der Behandlung des deutschen Problems sehr zu mäßigen. Unsere Erinnerungen an den Krieg 1914/18 und an das, was nachher geschah, sind bitter, aber dieses Gefühl der Bitterkeit ist in Frankreich noch tiefer als bei uns. Bei jedem Schritt, den wir unternehmen, müssen wir vorsichtig sein. Wir können beim Aufbau des Friedens des neuen Europa die Leiden Frankreichs und Belgiens und unsere eigenen Leiden nicht übersehen. Auf der anderen Seite wünschen wir eine Politik fortzusetzen, die das Ziel verfolgt, das deutsche Volk in das übrige Europa einzugliedern, und zwar so, daß es mit Europa zusammenarbeitet.«
Michael Thomas hatte mir schon ein Jahr zuvor gesagt, es sei eigentlich ein tragisches Mißverständnis, daß man Bevin immer für einen Deutschenfeind halte. Nach außen hin gäbe er sich allerdings diesen Anschein. Aber hinter den Kulissen sei er derjenige der alliierten Außenminister, der am meisten für Deutschland spräche; er habe vieles verhindert, was uns abträglich hätte sein müssen. Auch auf Bevin hatte die Haltung der Berliner Bevölkerung während der Blockade einen außerordentlichen Eindruck gemacht. Er hatte einen geplanten achtundvierzigstündigen Aufenthalt in Berlin ganz unprogrammäßig auf zweiundsiebzig Stunden erweitert und – ganz improvisiert – auf der Treppe des Schöneberger Rathauses an die Berliner, die sich dort versammelt hatten, um ihn zu sehen, eine Rede gehalten.
»Ich verspreche, daß ich in Paris keinem Schritt zustimmen werde, der die

Freiheit Deutschlands einengt. Für uns gibt es nur eine Regelung der deutschen Frage: Freiheit, Demokratie und fair play!«

Ernste Schwierigkeiten entstanden in Frankreich, und zwar über die Frage, ob das Saargebiet gleichzeitig mit der Bundesrepublik als selbständiger Staat in den Europa-Rat aufgenommen werden solle. Sowohl der französische Außenminister Schuman wie auch Dr. Adenauer versuchten diese Frage auszuklammern, indem sie sagten, beide deutschen Gebiete sollten zunächst nur als außerordentliche Mitglieder am Europa-Rat teilnehmen. Hiergegen wandten sich mit äußerster Vehemenz die deutschen Sozialdemokraten. Schumacher forderte sofort, daß die Bundesrepublik unter keinen Umständen einen Antrag stellen dürfe, in den Europa-Rat aufgenommen zu werden, daß man vielmehr warten müsse, bis eine Einladung ergehe. Das alles klang überspitzt nationalistisch, war aber im Grunde genommen nur ein Ausdruck der Enttäuschung darüber, daß den Sozialisten immer mehr die Führung in den europäischen Angelegenheiten entglitt.

Bei uns in der »Zeit« hatte sich Ernst Friedländer mit großer Begeisterung aller Fragen angenommen, die mit dem Plan eines Vereinten Europa zusammenhingen. Ich selber war viel skeptischer als er. Ich stimmte in vielem mit Schumacher überein, nur aus ganz anderen Gründen: Ich war, genau wie er, der Meinung gewesen, daß man die Finanzverwaltung beim Bund konzentrieren solle, aber nur deswegen, weil ich es für nötig hielt, der Bundesregierung den Unterbau einer Verwaltung zu geben und sie dadurch zu stärken, keineswegs weil ich wie die Sozialdemokratie der Ansicht war, daß eine Dezentralisierung der Finanzverwaltung die Gesetzgebung für eine Sozialisierung erschwere. Ich trat dafür ein, daß man ein Angebot des Europa-Rates abwarten müsse, um bessere Bedingungen zu erhalten, so etwa für die Rückkehr des Saargebiets nach Deutschland. Aber ich teilte nicht die Ansicht, daß die Führung in den Europa-Fragen den Sozialisten überlassen werden sollte.

Friedländer stimmte – im Gegensatz zu mir – der Adenauerschen Politik der Vorleistungen zu, die ich für falsch hielt. Ich gestehe heute gern, daß er recht gehabt hat. Aber ich ließ ihm auch damals freie Bahn.

So kam es denn zu einem Interview, das er mit dem Bundeskanzler hatte, einem Interview, das in gewissem Sinne Geschichte gemacht hat.

Friedländer traf zur verabredeten Zeit ein; aber – wie das damals eben war – der Bundeskanzler hatte eine Aufforderung bekommen, die alliierten Oberkommissare auf dem Petersberg, wo sie ihre gemeinsamen Besprechungen abhielten, aufzusuchen, eine Aufforderung, die in jenen Monaten noch einem Befehl gleichkam. Friedländer konnte also nur kurz mit Dr. Adenauer konferieren, das Thema wurde schnell durchgesprochen,

und dann sagte der Bundeskanzler: »Setzen Sie sich nur an meinen Schreibtisch und schreiben Sie das Interview auf, ich werde es hinterher korrigieren.«
Friedländer setzte sich also in den Kanzlerstuhl am Kanzlerschreibtisch und tippte sorgfältig abwägend und genau formulierend, wie es seine Art war, das Interview. Als der Kanzler zurückkam, änderte er ein paar Kleinigkeiten an dem Text, und in der Form, wie er nun vorlag, druckten wir ihn ab. Er lautete so:
»Die Zeit: Welche Bedeutung messen Sie, Herr Bundeskanzler, innerhalb der gesamteuropäischen Politik dem deutsch-französischen Verhältnis zu?
Bundeskanzler: Die allergrößte Bedeutung. Ich bin, wie Sie wissen, Rheinländer, und ich habe meine engere Heimat immer als eine natürliche Brücke zwischen Deutschland und Frankreich erlebt. Wohl weiß ich, daß viel historisches Gestrüpp den beiden Völkern die Aussicht versperrt und den Weg zueinander erschwert. Aber im heutigen Stadium Europas sind ›Erbfeindschaften‹ völlig unzeitgemäß geworden. Ich bin daher entschlossen, die deutsch-französischen Beziehungen zu einem Angelpunkt meiner Politik zu machen. Ein Bundeskanzler muß zugleich guter Deutscher und guter Europäer sein. Weil ich beides zu sein wünsche, muß ich eine deutsch-französische Verständigung anstreben. Eine solche Politik darf nicht dahin mißdeutet werden, daß sie pro-französisch und womöglich anti-britisch wäre. Es handelt sich für uns keinesfalls darum, eine ausländische Macht gegen die andere auszuspielen, die Freundschaft mit England ist ebenso wesentlich wie die mit Frankreich, aber eine Freundschaft mit Frankreich bedarf größerer Anstrengungen, weil sie bisher stärker gehemmt war. Sie wird zu einem Angelpunkt unserer Politik, weil sie der wunde Punkt unserer Politik ist.
Die Zeit: Glauben Sie, daß eine solche Politik die volle Unterstützung des deutschen Volkes finden wird?
Bundeskanzler: Das deutsche Volk besteht aus sehr verschiedenen Menschen. Man kann niemals auf die Zustimmung aller rechnen, aber ich glaube sagen zu dürfen, daß die Verständigung mit Frankreich heute in Deutschland populärer ist als zu irgendeinem Zeitpunkt vor 1945. Sie war vielleicht unmittelbar nach dem Zusammenbruch noch volkstümlicher als heute. In den letzten viereinhalb Jahren ist manches geschehen, was zu neuen Hemmungen, zu neuen Mißverständnissen Anlaß geben könnte. Aber die Grundtendenz ist in Deutschland gleich geblieben.
Die Zeit: Welche konkreten Hindernisse erschweren Ihrer Auffassung nach eine deutsch-französische Verständigung?
Bundeskanzler: Da ist natürlich die Saar. Aber lassen Sie mich zunächst einmal von dieser Frage ganz absehen, denn auch das Saarproblem wird

erst verständlich, wenn man es im Zusammenhang mit dem französischen Sicherheitsbedürfnis betrachtet, das gleiche gilt etwa für die Demontagen. Die Sicherheitsfrage ist tatsächlich die Kernfrage des deutsch-französischen Verhältnisses. In ihr sind auch die wirklichen, die konkreten Hindernisse für eine Verständigung enthalten. Und das ist im wesentlichen eine Sache des Maßes, mit der Gefahr der Maßlosigkeit auf beiden Seiten.
Die Zeit: Was könnte von unserer Seite getan werden, um dieses richtige Maß zu finden?
Bundeskanzler: Zunächst einmal dies: daß wir die Sicherheitsfrage weder rundweg leugnen noch bagatellisieren. Es nützt nichts, daß wir tatsächlich ungefährlich sind, sondern es kommt darauf an, ob Frankreich uns für gefährlich hält. Die Psychologie hinkt immer hinter der realen geschichtlichen Entwicklung her. Ob uns das heutige französische Sicherheitsbedürfnis überholt vorkommt, ob es tatsächlich überholt ist, dies alles ist nicht entscheidend. Auch wenn Frankreich sich im Irrtum befindet, so ist sein Verlangen nach Sicherheit doch psychologisch vorhanden und also eine politische Tatsache, mit der wir zu rechnen haben. Wir tun daher gut daran, wenn wir auch uns überflüssig erscheinende Sicherheiten in Kauf nehmen, sofern unsere Existenz hierdurch nicht ernstlich gefährdet wird. Wir müssen nicht überall ein ›kaudinisches Joch‹ wittern ... Unsere Politik muß nicht starr, sondern elastisch sein. Es gibt hierfür wohl kaum ein besseres Beispiel als die Möglichkeiten, die sich für uns aus dem Ruhr-Statut ergeben.
Die Zeit: Welchen Zusammenhang sehen Sie zwischen dem Ruhr-Statut und der deutsch-französischen Verständigung?
Bundeskanzler: Der Zusammenhang ist recht eng, von uns aus gesehen ist eine internationale Ruhr-Kontrollbehörde in Deutschland entweder ein ›kaudinisches Joch‹ oder aber sie ist der erste Schritt zu einer Kontrolle der gesamten westeuropäischen Schwerindustrie. Ich glaube, daß die zweite Auffassung sinnvoller und zukunftsreicher ist. Ich bin zudem der Ansicht, daß die Ruhr-Behörde als eine politische Realität zu gelten hat, auf die man nicht nur mit Gefühlen reagieren darf. Schmollwinkel sind nicht die richtigen Antworten auf politische Realitäten ...«
Dieses Interview enthielt eigentlich alles, was zu diesem Zeitpunkt geeignet war, die Sozialdemokraten zu reizen. Das Ruhr-Statut war für Schumacher das rote Tuch. Bereits beim Abschluß der Londoner Sechs-Mächte-Konferenz hatte der Parteivorstand gegen diese Regelung protestiert:
»Das Statut wird nicht verfehlen, in Deutschland eine schwere Vertrauenskrise gegenüber der Demokratie hervorzurufen. Die Frankreich

gemachten Zugeständnisse gehen auf Kosten des deutschen Volkes. Das zentrale Problem Europas, von dem die wirtschaftliche und politische Gesundung des Kontinents abhängt, ist durch taktische Manöver zwischen den Siegermächten geregelt worden. Das Ruhr-Statut übersteigt die schlimmsten Befürchtungen, die in Deutschland gehegt wurden. Die einseitige Internationalisierung der Ruhr, die mit dem Marshall-Plan unvereinbar ist, kann keine fruchtbringende internationale Zusammenarbeit bringen.«
Es wäre sehr falsch, in dieser durch Schumacher formulierten Stellungnahme das Zeichen einer nationalistischen Gesinnung zu sehen. Schumacher war nun einmal der festen Überzeugung, daß der Aufbau Deutschlands und Europas nur unter sozialistischer Führung in demokratischem Sinne erfolgen könne. Diesen Standpunkt hatte er bereits 1946 in der »Zeit« vertreten. Im Ruhr-Statut sah er – nicht zu Unrecht – ein Instrument kapitalistischer Kreise, des comité des forges und der ehemaligen Ruhrindustriellen. Seine Kritik an Friedländers Interview mit dem Bundeskanzler war ätzend und böse.
Friedländer schlug ebenso hart zurück.
»Es gibt einige Gewissensfragen für den deutschen Sozialisten. Eine von ihnen lautet: Bist du für eine deutsch-französische Verständigung, falls sie damit erkauft werden müßte, daß die Sozialisierung der deutschen Schwerindustrie unmöglich wird? Eine andere heißt: Wenn du die Wahl hast zwischen einem Deutschland innerhalb eines nicht-sozialistischen Europas und einem sozialistischen Deutschland außerhalb Europas, was wählst du dann? Kurz gefaßt bedeutet diese Frage: Was ist hier wichtiger, Europa oder der Sozialismus? Die Führung der SPD hat durch ihre Reaktion auf die Frankreich-Politik des Bundeskanzlers ihre eigene Parole deutlich gemacht. Sie heißt: Sozialismus, nationaler Sozialismus über alles! Um dies nicht allzu sichtbar werden zu lassen, wird der Bundesregierung die Parole ›Kapitalismus, internationaler Kapitalismus über alles‹ in die Schuhe geschoben. Dabei ist es doch ganz klar, daß in einem noch nicht sozialistischen Europa internationale finanzielle Verflechtungen – etwa eine Beteiligung Frankreichs an deutschen industriellen Unternehmungen – gar nicht mit sozialistischen Methoden durchgeführt werden können.«
Es konnte nicht wundernehmen, daß nach diesem Artikel die Beziehungen zwischen der »Zeit« und dem sozialdemokratischen Parteivorstand gespannt waren. Mir hat das sehr leid getan, aber ich habe es nicht ändern können. Einseitiges Machtstreben ist mir immer zuwider gewesen; auch bei der Kanzlerpartei habe ich es später bekämpft. Ich wußte auch, wie sehr Schumacher unter seiner schweren Krankheit litt und unter dem Gedanken, das Werk, das er sich vorgenommen hatte, nicht vollenden zu

können. Als ich eines Tages im Restaurant des Bundestages saß, nahm er, gestützt auf seine Sekretärin, am Nebentisch Platz. Einer seiner Parteifreunde fragte ihn, wie es ihm gehe.

»Ich habe entsetzliche Schmerzen«, sagte er. Er hat mir damals sehr leid getan.

Der Kanzler läßt Tüngel nach Bonn kommen

Wenige Tage, nachdem Friedländers Aufsatz erschienen war, erhielt ich einen Anruf aus dem Bundeskanzleramt in Bonn. Blankenhorn, der inzwischen Ministerialdirektor und Adenauers rechte Hand geworden war, bat mich, sofort hinüberzukommen. Er könne mir nicht sagen, um was es sich handele, aber der Kanzler wünsche mir eine wichtige Information zu geben. Falls es mir nicht gelänge, einen Schlafwagen zu bekommen, werde man von Bonn aus versuchen, auf die Eisenbahndirektion in Altona einen Druck auszuüben.
Nun, ich bekam einen Schlafwagen, und in der Frühe holte mich am Bahnhof unser Bonner Korrespondent, Dr. Robert Strobel, ab. Wir frühstückten zusammen – das konnte man damals seit kurzem wieder – in der Nähe des Bahnhofs. Ich fragte ihn, ob er eine Ahnung habe, worum es sich bei dieser dringenden Aufforderung handeln könne. Er meinte, vermutlich um Affären mit dem Petersberg, wo damals die Verhandlungen zwischen den drei alliierten Oberkommissaren und dem Bundeskanzler stattzufinden pflegten, wahrscheinlich im Anschluß an die erste außenpolitische Debatte von vorgestern, bei der Schumacher das Interview von Friedländer scharf zerpflückt hatte – vielleicht auch um die Vorbereitung der zweiten außenpolitischen Debatte in der kommenden Woche. Mehr konnte er mir trotz seiner vorzüglichen Verbindungen nicht sagen. Er fuhr mich dann zum Museum König, das damals das Bundeskanzleramt beherbergte, und überließ mich meinem Schicksal.
Blankenhorn war sehr liebenswürdig, er sagte mir, er freue sich, mich wiederzusehen, plauderte ein wenig und ging dann zum Thema über. Zwischen dem Kanzler und den alliierten Oberkommissaren sei ein Abkommen geschlossen worden über eine definitive Einschränkung der Demontagen. Natürlich wären hierfür von deutscher Seite auch Zugeständnisse nötig gewesen. Er gab mir dann eine Abschrift aller Vertrags-

bestimmungen. Er bat mich, sie durchzulesen und dann zu erklären, ob ich bereit sei, darüber einen Leitartikel zu schreiben.
Mir war sofort klar, daß es sich hier um einen entscheidenden Einschnitt in der Besatzungspolitik handele. Zum erstenmal wurde nicht befohlen, sondern verhandelt. Natürlich wollte ich helfen, dieses Abkommen durchzuführen. Schwierig war nur, die Zeit für das Erscheinen des Artikels festzulegen.
Am Dienstag, dem 22. November 1949, wollte der Kanzler nach Unterrichtung des Kabinetts die Regierungsparteien empfangen, um ihnen die Einzelheiten des Petersberger Abkommens zu erläutern. Am Mittwochvormittag sollte die Unterrichtung der Opposition folgen. Am Mittwochnachmittag, so war es geplant, hätte dann die Ausgabe der »Zeit« in Bonn zur Verteilung kommen müssen. Blankenhorn fragte mich, nachdem alles abgemacht war, ob ich den Kanzler sprechen wolle; ich überlegte ganz kurz und sagte: »Nein. Ich möchte immer sagen können, daß ich ihn in dieser Angelegenheit nicht gesprochen habe. Und, bitte, sagen Sie dem Herrn Bundeskanzler, die ›Zeit‹ sei keine Regierungszeitung. Ich würde ihn aber immer unterstützen, wenn ich der gleichen Meinung sei wie er.« Der Kanzler ließ mir durch Blankenhorn bestellen, er sei mit dem, was ich gesagt habe, einverstanden.
Wieder in Hamburg, schrieb ich meinen Artikel, der angesichts der politischen Situation sehr kämpferisch war und infolgedessen nicht versöhnlich, sondern scharf:
»Durch das Interview, das Bundeskanzler Dr. Adenauer der ›Zeit‹ gegeben habe, so sagte in der ersten außenpolitischen Debatte des Bundestages der sozialdemokratische Abgeordnete und stellvertretende Fraktionsführer Carlo Schmid, sei einiges in den Ausgangsphasen deutscher Außenpolitik zertrümmert worden. Von einer Basis aus aber, die zertrümmert worden sei, könne man nicht mehr operieren. Es seien in diesem Interview Angebote gemacht worden, die sich von vornherein mit dem Maximum der Forderungen des maximal Fordernden gedeckt hätten. Den gleichen Vorwurf, die deutschen Trümpfe vorzeitig aus der Hand gegeben zu haben, erhob der sozialdemokratische Parteiführer Dr. Schumacher. Nun Anklagen von so gewichtiger Stelle verdienen es, daß man ihnen nachgeht.«
Ich zählte nun noch einmal in allen Einzelheiten das auf, was der Bundeskanzler in seinem Interview mit Friedländer gesagt hatte, zunächst über die Politik mit Frankreich, ferner was die Frage der Sicherheit anging, über die Internationale Ruhrbehörde, über die Teilnahme am Europa-Rat und über die Absicht, die Saarfrage einstweilen auszuklammern und auf die lange Bank zu schieben. Ich fuhr fort:

»Das also ist die zertrümmerte Basis deutscher Außenpolitik, von der aus nach Ansicht von Carlo Schmid und Dr. Schumacher nicht mehr operiert werden kann.
Der Bundeskanzler hat es dennoch getan und legt nun das Ergebnis der Verhandlungen vor, die nach dem Diktum der sozialdemokratischen Abgeordneten von vornherein so vollständig zum Scheitern verurteilt waren, daß der sozialdemokratische Parteiführer prophezeit hatte, Dr. Adenauer werde mit leeren Händen vor das Parlament treten. Dies nun ist es, wie man hört, was der Bundeskanzler in seinen leeren Händen mitbrachte:
In einer Reihe von Fabriken wird die Demontage eingestellt. Dazu gehören unter anderem die sechs größten und wichtigsten Betriebe der Stahlerzeugung sowie alle neun Werke für synthetischen Treibstoff, bei denen allerdings die Herstellung von synthetischem Gummi und synthetischem Öl weiter verboten bleibt. Es gehören dazu ferner die Anilinfabriken der IG in Ludwigshafen und Borsig, Berlin. Ausgeschlossen bleiben leider alle Werke der verbotenen Industrien, und da ist um der kommenden Arbeitslosigkeit willen menschlich besonders bedauerlich die Demontage der Werke von Salzgitter.
Weiter: Die Hohen Kommissare haben dem Bundeskanzler gegenüber erklärt, daß die Deutschen die ihnen gestellte Aufgabe, ihre Küstenschiffahrt wieder aufzubauen, jetzt erfüllt hätten. Man werde ihnen daher nunmehr erlauben, Schiffe zu bauen, die innerhalb ihrer Klasse in Größe und Schnelligkeit mit der Schiffahrt anderer Länder konkurrieren können. Das heißt also, daß wir darangehen können, uns wieder eine Handelsflotte zu bauen.
Und endlich: Die Bundesrepublik soll das Recht haben, im Ausland einen konsularischen Dienst einzurichten. Das geht über die bisherigen Bestimmungen des Besatzungsstatuts, die uns nur Handelsvertretungen gestatteten, erheblich hinaus und ist ein Schritt auf dem Wege zu einer selbständigen deutschen Außenpolitik. Auch soll eine Liste der großen internationalen Vereinigungen aufgestellt werden, an denen wir uns beteiligen dürfen, wodurch viele Einschränkungen, die Folgen des bestehenden Kriegszustandes sind, aufgehoben werden.
Das ist, von einer ›zerstörten Basis‹ aus operiert, immerhin ein erhebliches Maß schöner Ergebnisse, das der deutsche Bundeskanzler von seinen Verhandlungen nach Hause gebracht hat.«
Ich zählte dann die Konzessionen auf, die Dr. Adenauer zum Ausgleich hatte machen müssen.
Die Bundesrepublik werde dem Ruhr-Statut beitreten und einen Vertreter an die Ruhr-Behörde entsenden. Die Bundesregierung werde in dem alliierten Sicherheitsamt mitarbeiten, insbesondere auch soweit dies zum

Schutz der Bundesrepublik nötig sein könnte. Sie werde dafür sorgen, daß das neue Beamtengesetz keinen Rückfall in zentralistisch-autoritäre Gedankengänge enthalte. Und endlich werde sie dem Bundesparlament ein Gesetz über die Dekartellisierung vorlegen.
Es folgte eine sehr scharfe Polemik mit den Sozialdemokraten, denen ich vorwarf, sie trieben in der Außenpolitik – und hier konnte ich Schumacher zitieren – »Opposition ohne jedes schmückende Beiwort« – also weder eine konstruktive noch eine sachliche, sondern Opposition um der Opposition willen. Ebenso aber hielt ich mich für verpflichtet, auch den Bundeskanzler anzugreifen:
»Angesichts einer derartigen Haltung der sozialdemokratischen Opposition ist es menschlich begreiflich, daß der Bundeskanzler sich in der Debatte zu einer schroffen Behandlung des Parlaments hat hinreißen lassen. Wir billigen dies keineswegs; wir wollen zwar gern zugeben, daß es ungezogen ist, wenn Mitglieder des Außenpolitischen Ausschusses streng vertrauliche Mitteilungen der Bundesregierung nach der Sitzung in Bonn herumschwätzen, aber wir bedauern, daß hier von der Regierung her, die es angesichts der törichten Haltung der Opposition leicht hatte, überlegen zu sein, der Zwiespalt noch vergrößert worden ist. Wir haben heute allen Grund, uns in Deutschland gemeinsam zu freuen und gemeinsam dankbar zu sein. Und so ist es denn traurig, daß in diesem Augenblick – nicht im deutschen Volke, wohl aber im deutschen Parlament – eine Spaltung besteht ...«
Natürlich hatte ich mich verpflichtet, über die Informationen, die ich durch Dr. Blankenhorn erhalten hatte, völliges Stillschweigen zu bewahren. Ich gab den Artikel so spät in Satz, daß ich von der Druckerei aus keine unzeitgemäßen Indiskretionen zu befürchten hatte. Am Dienstagnachmittag erfuhr ich, daß die vorgesehene Unterrichtung des Kabinetts und der Parteien durch Bundeskanzler Adenauer verschoben worden war. Mit der kleinen Einfügung »wie man hört« trug ich dieser Verschiebung der Termine, die nicht vorgesehen war, Rechnung. Am Abend rief Blankenhorn sehr aufgeregt an. Ich war nicht zu erreichen. So bat er Schmidt di Simoni, den Druck anzuhalten, bis ich meinen Artikel den neuen Umständen entsprechend umgeschrieben hätte. Es dauerte zwei Stunden, bis ich dies erfuhr; dann ließ ich die Rotationsmaschine sofort wieder anlaufen. Paul Bourdin, der inzwischen Bundespressechef geworden war, rief Dr. Lorenz an, er möge doch eingreifen; aber dieser antwortete ihm, ich hätte ihm gesagt, es sei alles in Ordnung, und schließlich sei ich ja ein alter Journalist. Diese Verzögerung, die durch Bonn veranlaßt worden war, führte dazu, daß die Zeitung nicht wie gewöhnlich am Mittwoch, sondern erst am Donnerstagvormittag in der Bundeshauptstadt ausgeliefert

wurde. Dadurch wurde der Artikel nun wirklich zu einer besonderen Sensation.
Dr. Strobel rief mich am späten Abend an. Er sagte, schon bei Beginn der Bundestagssitzung sei eine geradezu elektrische Spannung im Sitzungssaal unverkennbar gewesen. Fast alle Abgeordneten hätten die »Zeit« vor sich gehabt und in ihr gelesen – ich hatte dafür gesorgt, daß der Zeitungsstand im Bundeshaus diesmal stärker beliefert wurde als gewöhnlich.
Die Debatte wurde außerordentlich hart geführt, sowohl von den Regierungsparteien wie von der Opposition. Der sozialdemokratische Abgeordnete Adolf Arndt nannte den Abschluß des Petersberger Abkommens durch den Bundeskanzler einen autoritären Handstreich. Er sei ein neues Glied in der Kette der Versuche, das Parlament auszuschalten. Dr. Adenauer verwahrte sich gegen diesen Vorwurf und griff die Sozialdemokraten an, indem er sagte, es ginge dieser Partei in Wirklichkeit überhaupt nicht um die Frage der Demontagen, sondern darum, welche Partei in Deutschland die Macht haben solle. Schumacher, aufs äußerste gereizt, rief hierauf, gegen Adenauer gewandt:
»Bundeskanzler der Alliierten!«
Dr. Köhler, der Bundestagspräsident, reagierte auf diesen Zuruf nicht; aber Adenauer, der den politischen Vorsprung, der sich ihm hier bot, nicht aufgeben wollte, unterbrach seine Rede und fixierte den Bundestagspräsidenten mit seinen Blicken so lange, bis dieser sich erst zu einem Ordnungsruf bequemte und dann die Sitzung unterbrach.
Schumacher wurde durch den Ältestenrat für zwanzig Tage von den Sitzungen des Bundestages ausgeschlossen. Das Parlament stimmte dann dem Petersberger Abkommen indirekt zu, indem es Mißtrauensanträge der SPD und KPD ablehnte.
Damit war erreicht, was ich gehofft hatte, aber unter welchen Auspizien! Welch böse Feindschaft zwischen den Parteien war hier ausgebrochen, während wir doch alle gehofft hatten, daß wir nach der entsetzlichen Hitlerzeit gemeinsam und ohne Zwist an dem Wiederaufbau Deutschlands arbeiten würden.
Am Tage danach traf ich Berndorff im Anglo-German Club in Hamburg.
»Haben Sie gelesen?« fragte ich ihn.
»Ja«, erwiderte er, »Ihren Artikel und die Sitzungsberichte.«
»Berndorff, wir haben gewonnen, der Weg zur deutschen Souveränität ist frei!«
»Gewonnen, Tüngel? Verloren haben wir.«
»Ich verstehe Sie nicht, wieso verloren?«
»Tüngel, überlegen Sie sich einmal, was wir beide uns gemeinsam vorgenommen hatten, als wir uns nach dem Kriege in Hamburg wiedersahen.

Wir wollten dem deutschen Volke die Wahrheit sagen, über die Verbrechen der Hitlerzeit, über die Schuld, die wir alle auf uns geladen haben, weil wir nicht rechtzeitig genug protestiert und gekämpft haben. Wir wollten für eine saubere Atmosphäre sorgen, für ein kameradschaftliches Verhalten der Deutschen untereinander. Wir wußten doch, wieviel Not es gab und wie vielen Menschen geholfen werden mußte. Haben Sie es erreicht, daß die Menschen nicht mehr kollektiv denken? Sollte nicht einer den anderen um seines unverwechselbaren Daseins und seines persönlichen Charakters wegen achten? Ist dies heute der Fall? Hat diese Debatte im Bundestag das gezeigt?«
»Berndorff, solange wir Parteien haben, gibt es kollektives Denken.«
»Und wo ist die Hilfsbereitschaft? Sind die Reichen nicht noch gieriger, fetter und gefräßiger geworden und die Armen noch ärmer als früher?«
Ich schwieg. Ich dachte an das, was mir der holländische Journalist gesagt hatte, kurz nachdem ich Chefredakteur geworden war: Glauben Sie mir, die Deutschen sind sehr reizende Leute, solange es ihnen schlecht geht, und unerträglich, wenn es ihnen gut geht.
Den Rest dieses Abends sprachen wir von gleichgültigen Dingen. Wir waren beide deprimiert.

Tüngel spricht mit Ernst Reuter in Berlin

Meine Depression hielt an. Und wie immer nach dem Kriege, wenn ich frischen Mut schöpfen wollte, fuhr ich nach Berlin. Wie Antaios seine Kraft aus der Berührung mit der Mutter Erde zog, so holte ich mir neue Kraft aus einem Wiedersehen mit Berlin.
Ich hatte Karl Willy Beer gebeten, mir ein Interview mit dem Oberbürgermeister Ernst Reuter zu verschaffen. Wir traten in sein Zimmer, jeder eine Baskenmütze in der Hand.
Reuter saß am Schreibtisch und lachte, als er uns sah. Er deutete auf die Mützen, und – auf seine eigene anspielend, die in der ganzen Welt bekannt war – sagte er: »Aber meine Herren, das hätte wirklich nicht nötig getan.«
Damit war sogleich das Eis gebrochen. Reuter fing an zu erzählen. Am Tage vorher war das neue Westberliner Elektrizitätswerk eingeweiht worden. Damit war man von dem Elektrizitätswerk Rummelsburg im Ostsektor unabhängig geworden. Der Strom für Westberlin konnte nicht mehr nach dem Belieben der kommunistischen Machthaber der Sowjetzone abgestellt werden. Reuter war natürlich stolz auf diesen Bau.
Ich begann nun mit meinem Interview. Ich fragte sehr direkt: »Durch das Bonner Abkommen sind jetzt die Blicke vieler Deutscher nach Westeuropa gerichtet, so wie während der Blockade alles auf Berlin schaute. Sehen Sie in dieser veränderten Blickrichtung einen Nachteil oder gar eine Gefahr für Berlin?«
»Durchaus nicht. Wir begrüßen insbesondere die Versöhnung mit Frankreich. In Berlin hat es niemals eine Xenophobie, eine Fremdenfeindlichkeit, gegeben. Deshalb gibt es auch keinen Nationalismus in Berlin. Sehen Sie, da wird immer wieder gesagt, die letzten Berliner Wahlen seien nationalistisch gewesen, im Grunde genommen habe man nämlich gegen die Russen gestimmt. Das ist grundfalsch. Die Berliner haben für ein freies Berlin gestimmt, weil die Berliner Bevölkerung die geschichtliche Auf-

gabe, die ja nun einmal gestellt ist, begriffen hat. Da war neulich der amerikanische Kriegsminister Johnson hier, der sagte zu mir in seiner freundlichen Art: Wir werden euch nicht vergessen, denn ihr seid ein Beispiel. Und in der Tat, so fühlt sich der Berliner auch, und darauf ist er stolz. Mit Nationalismus hat das gewiß nichts zu tun.«

Ich fragte nun, ob man nicht auch in Berlin gespürt habe, daß die Franzosen die deutsche Hauptstadt mit Mißtrauen betrachteten, und ob man nicht fürchten müsse, daß eine engere Bindung der Bundesrepublik an Frankreich möglicherweise dazu führen würde, daß diese Stimmung sich auch auf den deutschen Westen übertragen könne.

»Wir haben hier von Anfang an die besten Beziehungen zu der französischen Besatzungsmacht gehabt. Da war die leidige Frage der Demontage von Borsig; das war ein Vier-Mächte-Beschluß. Die Franzosen haben uns immer gesagt, wie sehr sie bedauerten, ihn ausführen zu müssen. Jetzt ist er durch das neue Abkommen aus der Welt geschafft worden. Schon deshalb begrüßen wir es, daß die Verhandlungen auf dem Petersberg erfolgreich waren.

Natürlich gibt es in Frankreich noch Politiker, die mißtrauisch sind gegenüber Berlin; aber ich will nicht behaupten, daß diese Spezies in Westdeutschland etwa ausgestorben sei. Ich erlaube mir darüber kein Urteil; ich besitze keine Quarzlampe, mit der ich in die geheimsten Gedanken anderer Menschen hineinleuchten könnte. Ich habe mit sehr großer Freude festgestellt, daß in Frankreich die Bereitwilligkeit gewachsen ist, die Berliner Haltung anzuerkennen. Das ist gewiß in erster Linie dem Widerstand zu verdanken, den Westberlin gemeinsam mit den drei westlichen Besatzungsmächten gegen die Blockade geleistet hat; doch spielt dabei mehr und mehr auch eine Rolle, daß ganz allgemein in der westlichen Welt die Aufgabe begriffen wird, die Berlin als einem vorgeschobenen Posten westlicher Ideale und westlicher Kultur zugefallen ist. Oft wird dies im Ausland besser begriffen als in Deutschland. Da sagte mir doch vor einiger Zeit ein westdeutscher Politiker: Ihr Berliner seid ja geradezu die Stimme Amerikas. Umgekehrt, habe ich ihm erwidert, die Amerikaner sind die Stimme Berlins, die haben nämlich begriffen, welche Bedeutung unser Kampf für die Freiheit hat.«

Ich sprach nun die Befürchtung aus, daß durch den vorgesehenen Beitritt der Bundesrepublik zum Europa-Rat nicht nur die Spaltung zwischen den Westzonen und der Sowjetzone vergrößert würde, sondern daß auch eine gewisse Entfremdung gegen Berlin eintreten könne.

»Das ist eine falsche Fragestellung. Ich will Ihnen das an einem Beispiel erklären. Die gleiche Frage tauchte auf, als von den drei westlichen Militärgouverneuren den Ministerpräsidenten der deutschen Länder in den drei Westzonen nahegelegt worden war, eine Verfassung für die deutsche Bundesrepublik vorzubereiten. Wir tagten damals im Jagdschloß Niederwald, und es wurden viele Zweifel geäußert, ob ein solcher westdeutscher Bundesstaat nicht eine endgültige Spaltung Deutschlands herbeiführen würde. Da bin ich aufgestanden und habe gesagt: Die Spaltung wird nicht geschaffen, sie ist vorhanden. Worauf es ankommt, ist, daß alles, was in Deutschland geschieht, zu dem Ende geschieht, ein leuchtendes Beispiel zu geben. Der ganze Osten Europas schaut heute auf Deutschland, und was er sieht, muß vorbildlich sein. Dieser Aufgabe sollte man im freien Deutschland immer eingedenk sein. Die Deutschen neigen dazu, wenn sie etwas Neues ergreifen, es sofort zu übertreiben. Wenn man ihnen sagt, ihr sollt föderalistisch sein, dann sind sie es gleich im Übermaß. So sagte mir doch neulich in Frankfurt ein neuer eingefleischter Föderalist: Es gibt eben drei Deutschland, ein Weindeutschland, ein Bierdeutschland und ein Schnapsdeutschland. Kommen Sie nach Berlin, habe ich ihm geantwortet, da können Sie alle drei haben. So wird es gewiß auch jetzt wieder Kreise geben, die um der Europa-Begeisterung willen uns vergessen werden. Das ist nicht gefährlich. Berlin kann aus Europa nicht mehr ausgeschlossen werden, weder fahrlässig noch mit Absicht. Und ich glaube, daß dies allerdings bei allen europäischen Völkern – zum mindesten gefühlsmäßig – verstanden worden ist. Völker sind ja, ganz allgemein gesprochen, oft intelligenter als ihre politische Führung.«

Ich endete nun mit einer Frage, die für jeden Journalisten, der Berlin so liebt wie ich, selbstverständlich ist: »Herr Oberbürgermeister, was können wir im deutschen Westen Besonderes und Dringendes für unsere Hauptstadt Berlin tun? Wollen Sie uns dies zum Abschluß noch sagen?«

»Auch hier möchte ich wieder auf dem gleichen bestehen, was ich Ihnen schon zuvor mehrmals gesagt habe. Es gibt ein einheitliches Deutschland, auch wenn es heute durch Besatzungsgrenzen und verschiedene Regierungssysteme getrennt ist. Dies ist es, was man im deutschen Westen immer wieder präsent halten sollte. Es ist gewiß bewundernswert, wie der deutsche Westen seinen Aufbau durchführt. Er sollte aber immer daran denken, daß er dies nicht nur für sich, sondern zugleich auch für uns und die unfreie Sowjetzone tut.

Was wir schmerzlich empfinden, ist, daß deutsche Länderregierungen kulturelle, wirtschaftliche und staatliche Institutionen, die in Berlin beheimatet waren, von hier abziehen und daß immer noch keine Entscheidung getroffen worden ist, welche Bundesbehörden endgültig nach Berlin verlegt werden sollen.

Ich wiederhole immer wieder, weite Kreise des Auslandes haben begriffen, welche Bedeutung im Kampf um die Freiheit unserem Westberlin

zukommt. Und so sollten auch in der deutschen Bundespolitik und den westdeutschen Ländern mehr als bisher alle Entschlüsse immer unter diesem Aspekt gefaßt oder revidiert werden.«
Ich habe in den folgenden Jahren immer wieder an diese Unterhaltung mit Berlins Oberbürgermeister Ernst Reuter denken müssen.
Was an uns lag, seinem politischen Vermächtnis in Westdeutschland Geltung zu verschaffen, das habe ich, so möchte ich meinen, getan.

László F. Földényi
EUROPA

Lars van Trier: Europa

> Wenn nicht endlich jeder einzelne für sich Ernst macht mit der Suprematie des Geistes gegenüber allen politischen oder ökonomischen Lebensbezirken; wenn nicht endlich der Widerstand gegen die Geistfeindlichkeit jeder Diktatur von der politischen auf die geistige Ebene erhoben wird, wo die eigentlichen letzten Entscheidungen fallen; wenn man statt dessen den progressiven Selbstmord der Intelligenz sich immer weiter vollziehen und schließlich vielleicht dadurch vollenden läßt, daß man die letzten, schon heute furchtbar isolierten geistigen Menschen in einen nicht mehr metaphorischen Selbstmord treibt: dann muß die dauernde geistige Katastrophe unserer Zeit – eine Katastrophe, weit verhängnisvoller und unabsehbarer als ihre politischen und ökonomischen Folgeerscheinungen, die man hartnäckig als Ursachen darzustellen pflegt – in einem vernichtenden Untergang der gesamten europäischen Kultur ihr Ende mit Schrecken finden.
>
> FRANZ SCHOENBERNER in *Die Sammlung,* 1935
> (Querido, Amsterdam)

In Deutschland sieht *die öffentliche Meinung* bis zum heutigen Tag im 8. Mai 1945 und der nachfolgenden Zeit die Stunde Null. Sie dauerte nach der Ansicht vieler bis 1949, als aus den Besatzungszonen BRD und DDR gebildet wurden. Die meisten benutzten den Ausdruck zweifellos in gutem Glauben: für sie bedeutet die »Stunde Null« den Beginn einer neuen Zeit und den Bruch mit dem Hitlerschen System – nach vielen abgebrochenen Versuchen können sie endlich darangehen, ein freies Deutschland aufzubauen, das auf Waffen verzichtet und dessen Aufmerksamkeit vor allem dem Frieden gilt. Die »Stunde Null« ist ein Wendepunkt in der deutschen Geschichte *insgesamt;* vielleicht kann die tra-

ditionelle »deutsche Misere« (Marx) diesmal abgelöst werden durch »Reichtum«, weniger in materiellem als vielmehr in politischem und moralischem Sinn. Von Heinrich Böll bis zu der Generation der Achtundsechziger, die sich selbstbewußt (nach 1989 ein wenig verworren und mit zunehmend konservativer Maskierung) für linksorientiert hielt, war die Zeitbezeichnung in diesem Sinn gang und gäbe.
Doch Schlagworte mahnen zur Vorsicht. Denn wenn wir nach dem Ursprung des Ausdrucks forschen, zeigt sich, daß seine gutwilligen Benutzer gerade von denjenigen zu seiner Akzeptanz erzogen wurden, denen nichts an der »Heilung«, der historischen des Deutschseins lag, sondern die es ganz im Gegenteil zerbrechen wollten. Die Bezeichnung »Stunde Null« bekam Deutschland nämlich von seinen Besetzern geliehen, und sie benutzten sie durchaus nicht in verschwommenem und sentimentalem Sinn. Auffällig ist, daß der Ausdruck bereits vor dem Ende des Kriegs geprägt wurde: der Emigrant Albert Schreiner veröffentlichte 1944 in London das Buch mit dem Titel *Zero Hour for Germany*, das eindeutig den Standpunkt der angehenden Sieger repräsentierte. Die prosaische Bedeutung der »Stunde Null« ist diese: Deutschland muß seine Geschichte neu beginnen, es muß also mit der eigenen Tradition brechen – beziehungsweise es soll von ihr nur behalten, was nach dem Geschmack der Besetzer ist. Für den Sieger bedeutet der Neuanfang, den Deutschen die Mentalität, das politische System und sogar den Geschmack einerseits der Russen und andererseits des Westens (insbesondere der Amerikaner) als Maßstab schmackhaft oder verbindlich zu machen. Ihnen soll also die Tradition einer anderen Kultur anerzogen werden – von oben und von außen. Kein Wunder, daß den Ausdruck, den die meisten Deutschen später arglos nachplapperten, Churchill, Roosevelt und auch Stalin offen und unumwunden mit der *Enthauptung* Deutschlands in Verbindung brachten. Am 16. August 1945 erklärte Churchill vor dem englischen Unterhaus: »Deutschland ist den Siegern ohne Kopf in die Hände gefallen.«
Ohne Kopf jedoch kann man nichts wollen (nicht nur keinen Krieg, auch keinen Frieden, keine Demokratie), kann man nicht planen, kann man keine Freiheit herbeisehnen, kann man kaum leben. Genau das wollten die Sieger mit der Stunde Null: Deutschlands vermuteten – auch geistigen – Irrweg kappen. (Dabei wäre zwischen »demokratischer Normalentwicklung« und »deutschem Sonderweg« noch viel Raum für ein angemessenes Verständnis der deutschen Vergangenheit.) Zwar begannen die Besiegten den Ausdruck schon bald zu benutzen, aber das bedeutete letztlich, daß sie unbewußt die Situation billigten. Sie nahmen nicht nur die Niederlage bzw. die Okkupation zur Kenntnis (etwas anderes blieb

ihnen auch nicht übrig), sie sahen es auch als normal und akzeptabel an, daß einem Land jede Selbständigkeit (der Kopf) genommen wird. 1991 drehte der junge dänische Regisseur Lars van Trier seinen in Cannes mehrfach ausgezeichneten Film *Europa;* er spielt in dieser Stunde Null, zwischen dem Oktober und Weihnachten 1945. Um diesen kühnen und an vielen Tabus rührenden Film zu verstehen, sollten wir uns den Ablauf der »Enthauptung« ins Gedächtnis rufen. Am 30. April ernennt Hitler den Großadmiral Dönitz zu seinem Nachfolger, wenig später nimmt er sich das Leben. Am 8. Mai ratifiziert in Berlin Keitel, Hitlers nächster militärischer Berater, die bedingungslose Kapitulation der Wehrmacht, an allen Fronten werden die Kämpfe eingestellt. Da die militärische Kapitulation keinerlei politische Maßnahmen vorsieht, bezieht sich der Vertrag nur auf die militärische Situation. Die Regierung Dönitz, deren rechtmäßigen Status die Kapitulation nicht in Zweifel zog, versucht nunmehr die staatsrechtliche Kontinuität des jetzt friedfertigen Nachkriegsdeutschland und damit die Einheit des Reichs zu retten. Im Interesse dessen bietet die Regierung den Besetzern die Hilfe der Fachministerien an, und noch vor den Siegern beginnt Graf Schwerin-Krosigk, der dem Kabinett vorsteht, mit der Aufdeckung und Untersuchung der in den Konzentrationslagern begangenen Verbrechen. Die Deutschen erleben den seltenen Moment einer toten Niete. Am 13. Mai wird Keitel festgenommen, später werden die Minister für Verkehr, Post, Landwirtschaft, Versorgung usw. ins Hauptquartier gerufen und gleichfalls verhaftet. Die sowjetische Propaganda beginnt die Regierung als »Dönitz-Bande« zu bezeichnen. Truman befürwortet am 23. Mai die Verhaftung der gesamten deutschen Regierung (wobei er sich unter anderem auf deren antisowjetische Haltung beruft). Mit dem 23. Mai hört das Deutsche Reich also auf zu existieren. Am 5. Juni wird in allen Zonen die Oberhoheit (»supreme authority«) der vier Besatzungsmächte eingeführt; alle Regierungsaufgaben, von den obersten Organen bis zu den untersten Verwaltungseinheiten, gehen in ihre Kompetenz über. Mit der Selbständigkeit Deutschlands ist es vorbei, was von nun an geschieht, hängt vom Willen und von der Zustimmung der Besatzungsmächte ab. Das Land hat seinen Kopf verloren.

Die »Stunde Null« war der Augenblick der Freiheit. Der Freiheit wovon? Der Befreiung von den Nationalsozialisten. Und der Freiheit wozu? Die Freiheit bedeutete für die Deutschen, daß sie frei den Siegern gehorchen konnten – allesamt, nicht nur die Schuldigen, auch die Millionen Unschuldigen. Es dauerte nicht lange, und der Gedanke von der Schuldhaftigkeit des ganzen Volkes kam auf; von ihr sprachen immer mehr Menschen, vor allem der Theologe Karl Barth, aber auch Ilja Ehrenburg, der sagte, es gebe nichts Schöneres als den Anblick einer deutschen Leiche. Schuldig sei jeder, der nicht Sieger sei – diese falsche Logik besiegelte das Schicksal der Deutschen. Opfer dieser Entwicklung wurden die 2,4 Millionen Deutschen, die *nach* dem 8. Mai 1945 ihr Leben verloren: durch Vergeltung, Volkszorn, Aussiedlung, Vertreibung, Unbedachtheit, Massenmord usw. (sowie die 2 Millionen, die in russischer Gefangenschaft starben) – unter anderem mit der Zustimmung Eisenhowers, der die Völker kurz nach dem Krieg vollmundig aufgefordert hatte, Pflüge aus den Waffen zu schmieden.

Mit der »Stunde Null« begann eine Umerziehung, die systematische Maßregelung eines Volkes – des Volkes, das zwölf Jahre vorher fast zur Hälfte gegen Hitler gestimmt hatte. Ein gutes Beispiel dafür bietet, wie die britische Kontrollkommission Juli 1945 den Plan zur Einflußnahme auf die deutsche Presse faßte. Der Anfangsgedanke deckt sich noch mit den Grundprinzipien der liberalen Pressefreiheit: Dem deutschen Leser, der jahrelang nur die Hitlersche Propaganda zu hören bekommen hatte, sollte vorgeführt werden, daß »Nachrichten allein aus Gründen des Nachrichtenwertes und nicht aus politischen Motiven gebracht oder weggelassen« würden. Doch gleich darauf weicht der liberale Ansatz dem sittenpolizeilichen Tonfall: »Haben wir dabei Erfolg, dann wird es um so leichter sein, jene Nachrichten einzubringen, die darauf abzielen, ihn dahin zu beeinflussen, daß er seine Interessen mit denen Großbritanniens identifiziert, ohne dabei das Gefühl der Propaganda zu haben« (zitiert nach Gina Thomas, *Typisch für die deutsche Jugend,* FAZ, 29. November 2002). Die Besatzer nahmen keine Rücksicht auf die Besetzung, sie verfolgten ihre eigene Politik, und der Sieg berechtigte sie dazu, diese mit dem höchsten Guten gleichzusetzen; das galt für die Russen ebenso wie für die Amerikaner. So wurde Deutschland rasch zur Reibungsfläche *außer*europäischer Interessen: In Vorbereitung auf den kalten Krieg probierten die Besatzer unter dem Vorwand der Bestrafung eines Landes (Volkes) die Lebensfähigkeit ihrer Politik aus. Als sie die Spaltung Deutschlands besiegelten, dachten sie nicht mehr an eine Bestrafung der Deutschen; da rivalisierten sie bereits. (Und zur Vereinigung kam es auch nicht, weil die Deutschen »Buße getan« oder das Geschehene wiedergutgemacht hatten, sondern weil die Interessen der beiden außereuropäischen Großmächte etwas anderes verlangten.) Deutschland wurde zum Vorwand, ein Präzedenzfall für das Schicksal ganz Europas. Der amerikanische Außenminister John Foster Dulles drückte es zu Beginn der fünfziger Jahre offen so aus: »In Deutschland betreiben wir keine deutsche Politik, in Europa betreiben wir keine französische Politik, in Europa betreiben wir amerikanische Politik.« Oder denken wir an Kissingers

Metternich-Monographie, deren Thema die Balance der Großmächte ist und die fast unverblümt auf die europäische Nachkriegssituation anspielt. Denken wir auch an Wyschinski, der dem gegen die kommunistische Machtübernahme protestierenden und auf Jalta pochenden rumänischen König Michael diese Antwort gab: »Jalta? Was ist das, Jalta? Jalta bin ich!«

Deutschland in der Stunde Null. Enthauptet und besetzt. Auf der einen Seite die Russen, auf der anderen die Westmächte, vor allem die Amerikaner. Sie achten nicht auf Deutschland und auch nicht auf Europa, sie achten auf sich selbst und natürlich aufeinander. Und Europa muß darunter leiden. Besonders Osteuropa. Frankreich wird das zuerst bewußt, England ein wenig später, Deutschland erst am Ende der achtziger Jahre.

Doch wir befinden uns jetzt in der Stunde Null: im luftleeren Raum, ohne die späteren Erfahrungen von (West-) Demokratie und (Ost-)Totalitarismus. Hierher verschlägt es im Oktober 1945 Leopold Kessler, einen deutschstämmigen jungen Amerikaner, der vermutlich Jude ist – als ob Roßmann aus Kafkas Amerika nach Hause zurückgekehrt wäre. Er ist – zurück – nach Europa gekommen, um beim Wiederaufbau zu helfen. Der Weg nach Europa führt durch Deutschland; und der Zug, in den er steigt und in dem ihm klar wird, was Europa bedeutet, verläßt während seiner schier endlosen Fahrt Deutschland nicht. Kesslers Ankunft zu Beginn des Films gleicht der Ankunft in einer Welt der Utopie; alles ist fremd, unverständlich. Er hat einen Angsttraum: statt Europa erwarten ihn Kafkasche Visionen, die Lars van Trier mit einer den expressionistischen Filmen entliehenen Technik mal ins Groteske, mal ins Komische, mal ins Unerträgliche steigert. Kessler begreift nichts. Nichts bestätigt die Vorstellungen, die er aus der Neuen Welt mitgebracht hat; er findet sich nicht zurecht, wie es sich für einen tüchtigen Amerikaner gehören würde, er gerät ins Taumeln. Verständnislos und wie eine Marionette läßt er sich von den Ereignissen treiben. Er spaziert in den Film hinein, als stände er vom ersten Augenblick an unter Hypnose. Daran ändert sich auch später nichts; als er am Ende des Films stirbt, ist auch sein Tod traumartig, er erinnert eher an eine Vision als an richtiges Ertrinken. Die Welt, in die er aus Amerika kommend geraten ist, türmt sich in jeder Hinsicht hoch über ihn, er ist ständig in Eile, er hastet und keucht, als fürchte er, alles werde auf ihn herabstürzen.

Ein Amerikaner, in Europa angekommen und verloren. Dabei steht er auf der Seite der Sieger; in dem Zug, wo er Schlafwagenschaffner wird, wimmelt es von amerikanischen Soldaten, seinen Landsleuten. Kessler aber ist nicht Soldat, sondern Zivilist, er gehört zu denen, die *nach* den Soldaten kommen und für die die Soldaten das Terrain vorbereiten. Die Soldaten im Film wissen genau, was sie zu tun haben; nicht einmal ihre Hautfarbe (viele von ihnen sind Schwarze) läßt sie in diesem europäischen Chaos wankend werden. Kessler hat keine Waffe, wohl aber ein vages, schwer definierbares amerikanisch-deutsch-jüdisches Selbstbewußtsein. In Deutschland ist er der Sieger; dennoch scheint es, als sei in diesem Film er der einzige Besiegte. Seine Irrfahrt allein suggeriert schon, das besetzte, zerstörte Deutschland verfüge noch immer über eine rätselhafte Gabe, den Sieger zu hypnotisieren.

Nach Hypnose strebt der Film von den ersten Bildern an. Nicht nur, daß Deutschland Kessler hypnotisiert, der Regisseur möchte das gleiche beim Zuschauer erreichen. Europa und Deutschland sind in diesem Film nicht Gegenstand politischer, historischer und soziologischer Spitzfindigkeiten, sondern Gegenstand des Meditierens – und der Zuschauer muß gleichsam in einen Zustand der Betäubung verfallen, wenn er den Film nach der Intention des Regisseurs sehen will. Im Dienst dieser Betäubung, dieser Ekstase steht alles, die hypnotische Stimme des Narrators, Max von Sydow, das Bild der stummen Soldaten in den Wartesälen, das medizinische Labor, das Rattern der Räder, die Kirchenruine im Schneefall, der Kuß, das Wasser, sogar das marionettenhafte Gebaren der preußischen Beamten.

Auffällig, wie sehr das alles den jungen Amerikaner verstört. Sein *Amerikanertum* wappnet ihn nicht gegen das *Deutschtum*. Geplant hatte er die Heimkehr, aber »daheim« wartet eine Kultur auf ihn, in der er sich verirrt und die ihn verwirrt – er versteht überhaupt nichts. Das ist um so auffälliger, als alle anderen in diesen Gegebenheiten etwas Natürliches sehen – abgesehen von den amerikanischen militärischen Ordnungshütern freilich, die im Gegensatz zu Kessler gar nicht den Versuch unternehmen, sich heimisch zu fühlen, und deshalb in diesem Film wie Fremdkörper wirken. Kessler aber möchte sich einfügen; sein Zwiespalt hat deshalb etwas Bedauernswertes. Er bemerkt nicht, daß er, der sich von den besten Absichten leiten läßt, auf der Gegenseite unterkommt: bei den Werwölfen. Sie sind die einzigen, die Deutschland vorgeblich zu retten versuchen: mit Sabotageakten, selbstmörderischen Aktionen, verzweifelten Attentaten. Als einziger Ausweg bleibt ihm der Freitod: eine zutiefst romantische Geste, mit der er allerdings immer noch den Werwölfen hilft – er zündet ihre Bombe, als der Zug auf einer Brücke steht. Kessler ist gekommen, um beim Aufbau Europas mitzuhelfen, um also *Herr* über den Kontinent zu sein. Aber nun verschluckt ihn Europa wie ein Strudel. Statt Herr ist er Opfer geworden. Doch auch die Kultur,

die ihn verschluckt, ist zu einer Opferrolle gezwungen. Der Regisseur verheimlicht nicht, daß er Deutschland am Gerüst des *romantischen Mythos* festnageln möchte. In seinem Film sehen wir ein stilisiertes Land, in das Caspar David Friedrich (Messe in der verschneiten Kirchenruine) ebenso gehört wie Heinrich von Kleist, Richard Wagner oder der Liebestod, wie die Beschwörung des Geistes von Visconti, der über die Deutschen einen Film dreht (die Szene, in der sich Kessler und sein Mädchen lieben, während im Bad der Vater sich die Pulsader aufschneidet, erinnert mich an Visconti) oder wie Céline (das Umherreisen läßt mich an sein Buch *Von einem Schloß zum andern,* in dem er auch von seiner Gefangenschaft in Deutschland erzählt, und der durch das Dunkel fahrende Zug an seinen Roman *Reise ans Ende der Nacht* denken); das Gefühl, ich hätte es mit einem deutschen Mythos zu tun, stärkten auch Fassbinders Schauspieler, nämlich Barbara Sukowa und Udo Kier, und sogar der Gesang von Nina Hagen. (Damit das Bild vollständig wird, fehlen eigentlich nur Helmut Berger und ein wenig Homoerotik.)
Diese Auffassung vom deutschen Mythos hätte sich nicht herausbilden können, wenn es sich nicht um ein Land handelte, das an alles den höchsten Maßstab anlegte und immer in tiefste Tiefen stürzte. Voraussetzung einer Kultur, die Kraft aus dem Leiden schöpft, war nicht das prosaische Abwägen, sondern die romantische *Hingabe,* was der Pfarrer im Film so ausdrückt: Die wirklich Schuldigen sind die Gleichgültigen und Kaltherzigen, und Absolution können nur diejenigen erwarten, die einmal im Leben zu etwas aus vollem Herzen ja gesagt haben. Der Gebrauch des Attributs »romantisch« ist beabsichtigt. Der Gedanke des Pfarrers ist nämlich keineswegs neuartig. Seine Worte finden sich fast wörtlich in Heinrich von Kleists 1809 in Dialogform verfaßtes und gegen Napoleon gerichtetes Pamphlet *Katechismus der Deutschen.* Darin ist zu lesen: »*Frage:* Sage mir, mein Sohn, wohin kommt der, welcher liebt? In den Himmel oder in die Hölle? *Antwort:* In den Himmel. *Frage:* Und der, welcher haßt? *Antwort:* In die Hölle. *Frage:* Und der, welcher weder liebt noch haßt: wohin kommt der? ... *Antwort:* Der kommt in die siebente, tiefste und unterste Hölle.« Kleists Pamphlet ist einerseits radikal nationalistisch und antiliberal. Andererseits drückt sich darin eine charakteristische seelisch-geistige Haltung aus, die aus ihrem eigenen Nachteil (ihrer gesellschaftlichen und politischen Rückständigkeit) einen Vorteil ziehen will. Lars van Triers Film handelt indirekt auch von dieser eigentümlichen Doppelgesichtigkeit der deutschen »politischen Romantik«, allerdings gewappnet mit dem Wissen der Nachwelt. Zu den Ursachen des Weltenbrandes gehörte auch, daß der politische Rückstand als Vorzug ausgelegt wurde. Diese Haltung des »Alles-oder-nichts«, die Kleist

genauso verkörpert wie van Triers Pfarrer, ist die Waffe der In-die-Ecke-Getriebenen. Sie zeigt ein Minimum an politischer Besonnenheit und Umsicht und das Fehlen eines demokratischen Konsenses – etwas, was östlich des Rheins schon seit der französischen Revolution als geistiger Vorzug, als Reichtum an »Innerlichkeit« aufgefaßt wurde, und was mit Ausnahme der Linkshegelianer, von Heine und Marx, nur wenige als Armut, als Misere empfanden. Lars van Trier zeichnet diese Misere gleichsam »von innen«, er identifiziert sich in einer Art und Weise damit, daß er dabei mit feinem Gespür auch seine Außenseiterposition beibehält. Er zeigt etwas, was die Sieger aus verständlichen Gründen nicht zur Kenntnis nehmen wollten: warum hätte sich jemand auch für die innere Misere der deutschen Entwicklung interessieren sollen, wenn diese Entwicklung nun einmal das Leben aller Völker Europas schrecklich zerstört hatte. Vor allem büßen sollte Deutschland; und es gleicht fast einem Wunder, daß nicht wie in der Bibel sieben Generationen büßen mußten, sondern nur zwei. Insofern handelt dieser Film auch von der Zukunft: von jenem mehrere Jahrzehnte währenden Lern- (und Buß-)prozeß, den Deutschland wird durchmachen müssen, der bis 1989 dauern wird, und zu dem die Demokratisierung der Bundesrepublik genauso unerläßlich dazugehört wie die Totalisierung der DDR. Und ich möchte die Betonung auf das Wort »Buße« legen. Ostdeutschland hat in der Tat gebüßt. Aber auch die Demokratisierung der Bundesrepublik kann als eine solche Buße aufgefaßt werden: denn in gewissem Sinn mußten auch die Westdeutschen gewaltsam dazu gebracht werden, sich eine Mentalität und politische Verhaltensweise anzueignen, deren Fehlen Europa und die Welt so leidensreich erfahren mußten.

Das Geheimnis des Leids und der Unterjochung wird der Sieger nie nachvollziehen können. Das hat einen einfachen Grund: Nicht er wurde unterjocht, und nicht er leidet darunter. Darin liegt das Mutige in Lars van Triers Unternehmen. Er legt die Handlung seines Films in die Stunde Null und hebt aus der deutschen Geschichte ein einziges, aber um so gewichtigeres Moment heraus: das Erlebnis des Geköpft- und Gedemütigtseins. Die hypnotischen Elemente und die Hinweise auf den romantischen Mythos im Film dienen dazu, daß wir *in diesem Fall die Geschichte ausschließlich aus der Perspektive der Besiegten, der Leidenden sehen* und nicht auf das Leid achten, das diese Besiegten früher anderen zugefügt haben. Obendrein handelt es sich um Besiegte, die sich nicht alle bedingungslos mit den Zielen des Dritten Reiches identifizieren. Sie waren *allesamt Feinde,* aber *nicht allesamt* Verbrecher. Lars van Trier beschäftigt das gleiche Dilemma wie Ernst Jünger, der es so ausdrückt: »Wir dürfen nicht wie die Soldaten auf der Gegenseite für uns in

Anspruch nehmen, an einem Kreuzzug beteiligt gewesen zu sein. Allerdings kannten sie auch nicht den unlösbaren Konflikt, der uns bedrückte – einerseits den Krieg auf grausame Weise zu verlieren, andererseits einer Führung ausgeliefert zu sein, die wir nicht weniger als sie verachteten.« (Aus einer Dankesrede anläßlich der Auszeichnung mit der Ehrendoktorwürde der Universität Madrid-Alcalà, gehalten am 7. Juli 1995, in: Frankfurter Allgemeine Zeitung, 14. 7. 1995, S. 29) Wenn die Rede auf das Nachkriegsleid Deutschlands kommt, zuckt seit 1945 die Welt nur mit den Schultern: Deutschland hat bekommen, was es verdient. In der Tat kann gar nicht genug gebüßt werden für das, was viele Deutsche (aber nicht alle Deutschen) begangen haben. Doch der Schmerz, den der Schuldige erleidet, unterscheidet sich – mag die Strafe noch so verdient sein – nicht vom Schmerz des Opfers. Das *Leid* und das *moralische Urteil* bewegen sich auf zweierlei Bahnen. Und das wird im Zusammenhang mit Deutschland gewöhnlich vergessen. Auschwitz, Nürnberg, dann die prosperierende BRD – und zugleich kein Wort über den mal von berechtigtem, mal von unberechtigtem Leid verursachten Schmerz, kein Wort davon, daß die Besatzer auf ihr Siegerrecht pochend und oftmals die eigene Würde vergessend nach Rache lechzten, unerwähnt bleibt, daß die Herausstreichung der Kollektivschuld beim Opfer auch das zerbricht, was der Sieger behüten müßte – und schließlich kein Wort davon, daß die BRD reich, ja sehr reich wurde, was aber (wie gerne betont wird) nicht als Sieg anzusehen ist: der Preis für diesen Reichtum waren die Treulosigkeit gegenüber der Tradition und der Vergangenheit, die Zerstückelung des Landes, der Verzicht auf Trauer darüber, daß Breslau und Königsberg nicht mehr deutsch sind (jenseits der Schuldfrage) – das aber wiegt kein materieller Sieg auf. (Die Geschichte Ungarns dieses Jahrhunderts hat mich gelehrt, diesen Schmerz mitzuempfinden.)
Dieses Thema ist politisch überaus empfindlich, und es bedarf sehr großer Umsicht, um die Frage des »Leidens der Deutschen« so aufzuwerfen, daß es nicht sofort zum Vorwand und Ausgangspunkt für ganz andere politische Zielsetzungen wird. Der anläßlich der Veröffentlichung von Jörg Friedrichs Buch *Der Brand* entbrannte Streit im Herbst 2002 hat deutlich gezeigt, daß die Analyse des »Leidens der Deutschen« auch heute noch als Tabubruch gilt. Denn dieses Thema hatte bis dahin mit Vorliebe die Rechte für sich vereinnahmt, und während sie dem Anschein nach das »Leiden der Deutschen« erörterte, schwebten ihr in Wahrheit revanchistische Ziele vor. Für die Linke wiederum war das Thema deswegen zu einem Tabu geworden, weil die Rechte die Frage des »Leidens« stets so aufwarf, daß sie dabei mit unsauberen Karten spielte. Wie Lars van Trier trennt auch Friedrich klar zwischen der Frage

des Leidens und der moralischen Verantwortung (dasselbe taten auch Hans Erich Nossack, Gert Ledig, Dieter Forte und W. G. Sebald) und spielt das eine nicht gegen das andere aus. Zwar entgeht auch er gelegentlich nicht einem rechten Sprachgebrauch (die Opfer der Bombenangriffe sind »Gefallene«, die Bombardierung ein »mongolischer Luftvernichtungsorkan«, die britischen Bombenverbände »Einsatztruppen«). Dennoch ist es ein grundsätzlich neuer, positiver Ansatz, daß er die Deutschen nicht freispricht, sondern gerade *unter Betonung* ihrer Verbrechen die Zeit gekommen sieht, auch über ihr Leiden zu schreiben. Dazu ist er um so mehr berechtigt, als schon seit Jahren der Streit unter den Fachleuten im Gange ist, bis zu welchem Zeitpunkt die alliierten Luftangriffe gerechtfertigt waren und von wo an sie es nicht mehr waren. John Rawls etwa hält die Bombardierung deutscher Städte zwischen Sommer 1940 und Herbst 1940 für gerechtfertigt, danach hingegen für nicht gerechtfertigt. [Auch die von den Amerikanern nach dem Krieg erstellte Untersuchung »Strategic Bombing Survey« vertritt den Standpunkt, daß die Bombardierungen, in deren Verlauf 635 000 Zivilisten den Tod fanden (aber vergessen wir nicht: auch 55 000 Engländer!) militärisch nicht zum erhofften Ergebnis geführt hatten.] Friedrichs Buch deckt Tatsachen auf – und erst wenn man im Besitz der Tatsachen ist, besteht überhaupt die Möglichkeit, sachlich über das Verhältnis von *Moral* und *Politik* zu sprechen.

Lars van Trier nimmt ein einziges Moment unter die Lupe – und das kann er um so mehr tun, als das Erleiden von Schmerz ebenso zur deutschen Geschichte gehört wie das Verursachen von Schmerz. Das ist es, was den aus Amerika heimgekehrten Kessler so verstört. Obgleich ein direkter Hinweis fehlt, ist Kessler nicht nur deutscher, sondern sicherlich auch jüdischer Abstammung – seine Gestalt zeigt mit Nachdruck eine Parallele zu der des Karl Roßmann in Kafkas Roman *Amerika*. Das ist für mich der spannendste Aspekt des Films. Ein Jude, der Einblick hat ins deutsche Leid – das allein läßt schon auf eine Sicht schließen, deren Horizont nicht bei den gerade aktuellen politischen und Machtplänkeleien Europas endete. Aber daß sich dieser Jude allmählich in dieses Leid hineingetraut und es sogar als Mit-Leidender (sym-pathein) auf sich nimmt, das ist ein Zeichen einer apokalyptischen Sicht, die das Leid in der Welt nicht auf diese oder jene politischen, moralischen usw. Gründe zurückführt, d.h. es nicht für menschlich eliminierbar hält, sondern aus ihm auf die Fehlerhaftigkeit der Schöpfung schließt.

Kessler begibt sich Schritt für Schritt tiefer. Er verliebt sich in ein Mädchen, das den Werwölfen angehört; er wird Zeuge, wie die Amerikaner die Bevölkerung schikanieren (jeder Deutsche ab dem 18. Lebensjahr hat in der US-Zone einen aus 131 [!] Punkten bestehenden Fragebogen – zusammengestellt vielleicht von amerikanischen Preußen? – auszufüllen, und nur mit dem entsprechenden Nachweis erhält er Arbeit oder Nahrungsmittel. Muß erwähnt werden, welchen moralischen Schaden diese Verfahrensweise gerade bei den Unschuldigen anrichtete?); er sieht, daß die Amerikaner im Zug ein regelrechtes Konzentrationslager eingerichtet haben – nun mit deutschen Insassen –, das sich im Film nicht von den bekannten deutschen KZ unterscheidet; er hilft ungewollt einem ergreifend schönen Werwolf-Jüngelchen, einen gerade erst ernannten jüdischen Bürgermeister, der das Vertrauen der Amerikaner genießt, abzuschießen; und er wird auch Zeuge des Todes von Hartmann, dem Chef der Eisenbahngesellschaft. Dieser Mann, der Vater seines Mädchens, hat sich im Krieg wahrscheinlich so gut wie nichts zuschulden kommen lassen. Um seinen hohen Posten zu behalten, benötigt er Unterstützung. Sein amerikanischer Bekannter schmiert einen jungen Juden (den Lars van Trier spielt), dieser macht die Falschaussage, er sei von dem älteren Mann im Krieg versteckt worden. Hartmann dürfte in seiner Stellung bleiben – aber er begeht Selbstmord. Er wählt lieber den Freitod, als sich mit den Siegern zu identifizieren, indem er weiterlebt.

Nicht daß er Nationalsozialist war – aber er mochte weder ein Günstling noch ein Besiegter sein.

Das alles treibt Kessler in eine immer tiefere Verzweiflung. Sein Mädchen – er heiratet sie – klärt ihn über das wahre Wesen des Werwolfs auf: er ist am Tag ein Mensch, in der Nacht ein Wolf. Und so sieht Kessler vermutlich auch Deutschland. Aber bis ihm das klar wird, ist er selbst ein Werwolf. Nicht nur insofern, als er an den Werwolf-Aktionen teilnimmt; er entzweit sich mit sich selbst. Ein siegreicher Amerikaner, der sich im deutschen Sumpf heimisch fühlt. Sein Tod ist apokalyptisch: er reißt alles mit sich. In dem Zug sind alle, die für ihn Deutschland bedeuten: seine Frau, sein Onkel, der Werwolf-Anführer, die preußischen Beamten, die schwarzhäutigen amerikanischen Soldaten und der amerikanische, einst deutsche Offizier. Alle sterben – ohne Auferstehung. Sie gibt es höchstens für Kessler. In den letzten Filmbildern schwimmt seine Leiche friedlich unter dem Spiegel des klaren Wassers, still und nun fern von der unverständlichen Welt da oben.

Warum bekam dieser Film, der nicht nur ausschließlich in Deutschland spielt, sondern dessen gesamte Sicht von höchstem Interesse an allem Deutschen bestimmt ist, den Titel *Europa*? Mehrere Erklärungen kommen in Betracht. Die erste und naheliegende: Wenn sich ein *dänischer*

Regisseur in Europa umsehen will, ist Deutschland die erste Station. Und nicht nur die erste, sondern – zumindest nach dem Zeugnis der dänischen Geschichte – auch die gefährlichste. Die zweite Möglichkeit wäre eine Voreingenommenheit des Regisseurs für die deutsche Kultur. Und eine dritte: Der letzte und für das Schicksal Europas ausschlaggebende Krieg ging von Deutschland aus, also ist dort der Grund vor allem zu suchen, und nur von dort kann auch der Kontinent geheilt werden.

Ich möchte noch eine vierte Möglichkeit in Betracht ziehen. Der Film handelt von der Demütigung und dem Elend der Deutschen; wenn er aber den Titel *Europa* trägt, dann bezieht der sich sinngemäß auf den gesamten Kontinent. Halten wir nun Europa für gedemütigt, dann können die Demütiger Europas keine Europäer sein. Indirekt handelt der Film auch davon. Nach dem Kriegsende versuchten Nicht-Europäer, Europa mit Beschlag zu belegen, um im einen Teil den asiatischen und im anderen den amerikanischen Geist anzusiedeln. Ich habe Dulles zitiert; ich möchte aber auch den englischen Historiker Arnold Toynbee zitieren, der im November 1947, also vor der Bildung der beiden deutschen Staaten, über einen möglichen dritten Weg zwischen dem Kapitalismus und dem Kommunismus geschrieben hat. Er kommt zu einem eigenwilligen Resultat: Europa müsse sich vor dem Einfluß sowohl Amerikas als auch der Sowjetunion schützen, ohne den Weg des Faschismus einzuschlagen. Hier nun fährt er fort: ein eigenständiges Europa bedeute ein starkes Europa, ein starkes Europa wiederum bedeute, daß auch Deutschland erstarke – in einer Europäischen Gemeinschaft, die die USA und die Sowjetunion ausschließe, müsse Deutschland früher oder später, so oder so an die Spitze kommen. (Zitiert nach Carl Schmitt: *Glossarium. Aufzeichnungen der Jahre 1947–1951*, Duncker & Humblot, Berlin 1991, S. 127) Deutschland ist also eine Hürde auf dem dritten Weg für Europa, und da Deutschland Zügel angelegt werden müssen, wozu ja nur die Amerikaner und die Russen in der Lage sind, sollte man auf ein starkes Europa lieber verzichten. Im Klartext: Damit uns Deutschland erspart bleibt, sollten wir Europa anderen Kontinenten opfern.

Noch im Herbst 1995 kommentierte Margaret Thatcher die Wiedervereinigung mit den folgenden Worten: ich war »von Anfang an gegen die deutsche Wiedervereinigung ... Deutschland zu vereinigen hieß, es zur beherrschenden Nation in der Europäischen Gemeinschaft zu machen. Sie sind mächtig, und sie sind tüchtig. Es würde ein deutsches Europa werden. ... Jedenfalls ist Deutschland jetzt wieder sehr mächtig. Sein Nationalcharakter wird dominieren. Und außer Deutschland haben wir jetzt in Europa auch noch Österreich, was den deutschen Faktor stärkt. Präsident Mitterrand und ich wissen das. Deutschland wird seine Macht

einsetzen. Es wird die Tatsache nutzen, daß es am meisten zu Europa beiträgt.« (*Die Zeit,* 8. März 1996, S. 9-10)
Beim Betrachten des 1991 gedrehten und von Deutschland handelnden Films *Europa* ist es unmöglich, nicht daran zu denken, wie es um Europa nach Ablauf der Stunde Null stand. Ende 1945 weiß man noch nicht, wie sich das Schicksal des *einheitlich* besetzten Landes gestalten wird; man weiß noch nicht, daß sich im Westteil eine Demokratie herausbilden und daß der Ostteil eine Diktatur bleiben wird; man ahnt noch nicht, daß es sich hier viel leichter und menschenwürdiger wird leben lassen als im Osten; und natürlich weiß man nicht, daß sich der Westen nach dem Sturz des Bösen im Osten 1989 nicht nur in der Rolle des *Siegers* vor den nun wieder Freien gefallen, sondern daß er auch die Maske des *einzig Guten* anlegen wird; ebensowenig weiß man, daß der Osten mit der von oben erhaltenen Demokratie und dem von oben erhaltenen moralisch Guten schwer umgehen können und enttäuscht sein wird. Alles ist also ungewiß – was auch bedeutet, daß die Mehrheit der Deutschen *damals* die Niederlage nicht (oder noch nicht) als Befreiung empfinden konnte. So erkennt selbst Jürgen Habermas in seiner Rede zum 50. Jahrestag des 8. Mai 1945 in der Frankfurter Paulskirche an, man könne von den Deutschen nicht rückwirkend wünschen, daß sie das Ende des Kriegs als Befreiung erleben, denn damit würden sie »unsere Interpretation auf ein von den Nazis unterdrücktes Volk, auf die eigene Jugend oder die Eltern und Großeltern zurückprojizieren«. Der Film *Europa* greift einen Augenblick heraus, in dem sich noch nichts voraussagen ließ. Aber wichtig ist, wann er entstand. Er entstand, als Europa langsam wieder auf die Beine kam; heute sind seine Grenzen ebenso in Bewegung geraten wie die Interessensphären, in denen nach vier Jahrzehnten viele etwas Natürliches zu sehen begannen.
In einer Szene des Films läuft Leopold Kessler vor einer überdimensionierten tickenden Uhr vorüber. Es ist die Uhr des Sprengsatzes. Im letzten Augenblick hält er sie an, dann setzt er sie wieder in Bewegung. Alles explodiert, und gleich danach erscheint, das Ende des Films anzeigend, in roten Buchstaben das Wort »Europa«. Diese Uhr hat eine symbolische Bedeutung. Der Zweite Weltkrieg fängt derzeit an, zu Ende zu gehen. Wir leben noch in der Stunde Null, aber wir können bereits beginnen, die Zeit zu messen.

Aus dem Ungarischen von Hans Skirecki und Akos Doma

László F.
Földényi
**Ein Foto
aus
Berlin**

Matthes & Seitz

INHALT

ERSTER TEIL

Richard Tüngel beginnt	9
Berndorff beginnt: Er fliegt aus dem Stab eines britischen Admirals heraus und will eine Zeitung gründen	18
Tüngel erzählt, wie er sich gleichfalls vornimmt, eine Zeitung zu gründen	29
Berndorff beschreibt, wie er Reporter beim englischen Nachrichtendienst »German News Service« wird. Er soll umerzogen werden und bei der Umerziehung der deutschen Nation helfen	35
Berndorff erfährt, daß die deutschen Atomforscher nach England gebracht worden sind	51
Berndorff fährt zu dem ersten KZ-Prozeß nach Lüneburg	58
Tüngel erzählt die Geschichte von der Sekretärin Bormanns	71
Berndorff erzählt das Inferno von Belsen	75
Berndorff erfährt, daß ein deutscher Oberst die Gefangenen von Bergen-Belsen retten wollte und erschossen wurde	84
Was Tüngel während des Lüneburger Prozesses in Hamburg tat	95
Berndorff, sein Landsmann, der Angeklagte Oskar Schmitz, und der britische Sergeant	100
Das Lüneburger Urteil	112
Berndorff: Zwischen Lüneburger und Nürnberger Prozeß	117
Bormanns Sekretärin gibt Tüngel ein Dokument für Berndorff	123
Berndorff im Nürnberger Prozeß	126
Berndorff sieht und hört, wie die großen Mörder auftreten	139
Tüngel erzählt, wie »Die Zeit« entsteht. Das Problem der »Entnazifizierung«	153
Tüngel reist nach Berlin	167
Der Chefredakteur der »Zeit«, Ernst Samhaber, erhält Schreibverbot	187
Berndorff erfährt: Wer Blut vergoß, war unverdächtig	193
Tüngel wird Chefredakteur der »Zeit« und kommt sofort in Gegensatz zum Intelligence Service	205
Berndorff weiter im Nürnberger Prozeß: Das Großdeutsche Reich von Baku bis zu den Pyrenäen	209

ZWEITER TEIL

Tüngel zum Abschluß des ersten Nürnberger Prozesses 239
Die Affäre Schacht 253
Angriff der »Zeit« gegen die Besatzungsmächte 258
Die Redaktion der »Zeit« übernimmt die Pflichten eines
  Auswärtigen Amtes 267
Die »Zeit« streitet gegen Frankreich 274
Frankreich: Deutschland der Erbfeind 278
Frankreich und der Marshall-Plan 282
Berndorff fliegt bei G.N.S. hinaus 292
Tüngel fährt in die Schweiz 302
Die große Familie der »Zeit« 309
Interrogation camps und Auslieferungslager 315
Die Amerikaner beginnen neue Prozesse in Nürnberg 321
Richard Tüngel contra Robert Kempner 326
Das Verbrechen der Dachauer Prozesse 347
Marshall-Plan, Währungsreform und die Büchse der Pandora .. 355
Berndorff betrachtet die Auswirkung der Besatzungszeit auf die
  Psychologie der deutschen Leserschaft 367
Geheimrat Sauerbruch schreibt einen Liebesbrief an Berndorff . 373
Die Londoner Konferenz und die Blockade Berlins 384
Erste Pläne für eine deutsche Verfassung 392
Der Parlamentarische Rat beschließt das Grundgesetz 399
Berndorff und die Tabus 404
Die Planung eines vereinten Europa 407
Der Kanzler läßt Tüngel nach Bonn kommen 415
Tüngel spricht mit Ernst Reuter in Berlin 421

NACHWORT

László F. Földényi EUROPA 425